해커스 한국사능력검정시험
초단기 5일 합격 심화(1 · 2 · 3급)

흐름, 암기, 합격 실력을 모두 잡아주니까!

3
시대 흐름 잡기와
쌩초보 탈출구로
복잡한 흐름을
단번에 이해!

4
초성 퀴즈와
필수 기출문제로
반복 학습하여 암기!

5
FINAL
최빈출 모의고사로
합격 실력을
최종 점검!

합격을 앞당기는

해커스 한국사능력검정시험 **초단기 5일 합격** 심화 1·2·3급

추가자료

---

1 무료

한국사 시대 흐름 잡기 특강

이용방법　교재 내 QR 코드를 찍어서 이동

2

폰 안에 쏙! 출제예감 인물 카드 (PDF)　　`CMMQ 9287 XENZ 3579`

폰 안에 쏙! 혼동 포인트 30 (PDF)　　`WXMV 9778 EKCN 3557`

이용방법　해커스한국사 사이트(history.Hackers.com) 접속 후 로그인 ▶
　　　　　사이트 메인 상단의 **[교재/자료]** 클릭 ▶
　　　　　[교재 자료 다운로드] 페이지에서 본 교재 우측의 해당자료 **[다운로드]** 클릭 ▶
　　　　　위 쿠폰번호 입력 후 이용

3

합격 예측 기출문제 모바일 서비스

이용방법　교재 내 QR 코드를 찍어서 이동

* 이 외 쿠폰 관련 문의는 해커스 고객센터(02-537-5000)로 연락 바랍니다.

해커스
한국사
국사
능력
검
정시험 심화 [1·2·3급]

초단기 5일 합격

🏛 해커스한국사

1일

선사 시대 ~ 고대

2일

고려 시대

3일

조선 시대

★★★★★
합격

이 책의 활용법

1 이야기와 연표로 쉽고 빠르게 시대 흐름을 잡는다!

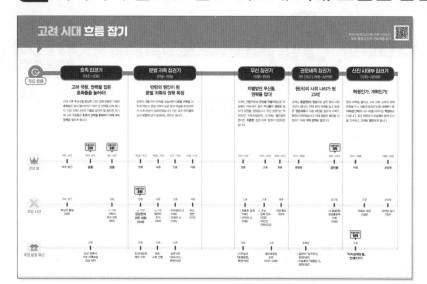

이야기로 주요 흐름 이해하기!
시대별로 반드시 알아둬야 할 주요 흐름을 술술 읽어보면서 시대의 큰 흐름을 알아두세요.

연표로 빈출 키워드 파악하기!
각 시대에서 자주 나오는 영역별로 구성한 연표로 어떤 빈출 키워드가 나오는지 짚고 넘어가세요.

2 빈출 개념을 공부하고 기출 선택지를 바로 암기한다!

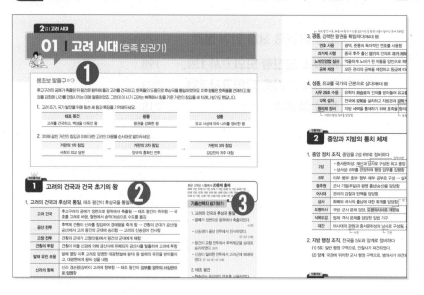

❶ 쌩초보 탈출구로 개념 감 잡기!
이번 단원에서 배울 내용을 가볍게 읽어보고, 어떤 내용을 중요하게 알아둬야 하는지 짚고 넘어가요.

❷ 또 나올 빈출 개념만 집중 학습하기!
최근 3개년 시험에서 자주 출제된 개념만 빠르게 학습하세요. 학습 전 전체 타이틀을 한 번 쭉 읽어보면 학습이 쉬워져요.

❸ 필수 기출 선택지로 핵심 암기하기!
빈출 개념 학습과 동시에 관련된 필수 기출 선택지를 보면서 핵심 키워드를 빠르게 암기하세요.

③ 기출문제로 **합격 실력**과 **실전 감각**을 한 번에 끌어올린다!

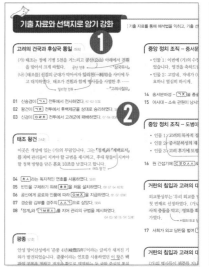

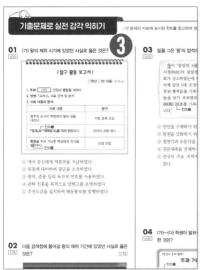

❶ 기출 자료로 자료 해석법 익히기

기출 자료에서 핵심 키워드를 찾는 자료 해석법을 빠르게 익힐 수 있어요.

❷ 초성 퀴즈로 암기 강화하기

앞에서 암기한 기출 선택지를 초성 퀴즈로 풀면서 핵심 키워드의 암기를 강화하세요.

❸ 기출문제로 실전 감각 익히기

필수 기출문제의 자료에 표시된 힌트를 보고, 정답을 찾다 보면 실전 감각을 쉽게 익힐 수 있어요.

④ 복습과 **암기**, **합격 실력 점검**까지 끝내고 학습을 마무리한다!

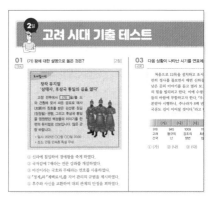

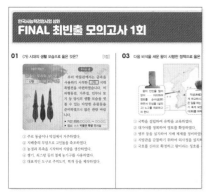

시대별 기출 테스트로 복습하기

시대별로 다양한 유형의 기출문제를 풀면서, 개념을 복습하고 약점을 보완하세요.

초성 퀴즈로 최종 암기 점검하기

자주 나오는 주제별로 기출 선택지 초성 퀴즈를 풀고, 빈출 키워드를 제대로 암기했는지 최종 점검하세요.

FINAL 최빈출 모의고사 2회분으로 합격 실력 점검하기

실제 시험과 동일한 구성의 모의고사를 풀어보면서, 실제 시험을 미리 경험하고 합격을 확신하세요.

해커스가 알려주는
한국사능력검정시험 A to Z

☐ 한국사능력검정시험이란?

한국사능력검정시험은 한국사와 관련된 유일한 국가 자격 시험으로 국사편찬위원회에서 주관합니다. 한국사에 대한 전국 민적 공감대를 형성하고 역사에 대한 관심을 확산·심화시키기 위한 목적으로 시행되는 시험이며, 선발 시험(상대 평가)이 아닌 일정 수준의 점수를 취득하면 인증서가 주어지는 인증 시험입니다.

☐ 한국사능력검정시험의 종류 및 인증 등급

시험 종류	인증 등급	합격 점수	문항 수(객관식)	시험 시간
심화	1급	80점 이상	50문항 (5지 택1)	80분
	2급	79점~70점		
	3급	69점~60점		
기본	4급	80점 이상	50문항 (4지 택1)	70분
	5급	79점~70점		
	6급	69점~60점		

☐ 2024년 한국사능력검정시험 심화 일정

구분		제69회	제70회	제71회	제72회
시험일		2월 17일(토)	5월 25일(토)	8월 10일(토)	10월 20일(일)
원서 접수 기간	접수	1월 16일(화)~ 1월 23일(화)	4월 23일(화)~ 4월 30일(화)	7월 9일(화)~ 7월 16일(화)	9월 3일(화)~ 9월 10일(화)
	추가 접수	1월 30일(화)~ 2월 2일(금)	5월 7일(화)~ 5월 10일(금)	7월 23일(화)~ 7월 26일(금)	10월 1일(화)~ 10월 4일(금)
합격자 발표		2월 29일(목)	6월 5일(금)	8월 22일(목)	10월 31일(목)

• 한국사능력검정시험은 시도별 원서 접수 가능 일자가 다르니, 홈페이지를 참고하세요.
• 한국사능력검정시험은 시험장이 한정되어 있으므로, 특별히 원하는 지역이나 시험장이 있는 응시자는 서둘러 접수하는 것을 추천합니다.
• 원서 접수 기간 종료 후 잔여 좌석에 대하여 추가 접수를 할 수 있습니다. 추가 접수는 원서 접수 기간 취소 등의 사유로 인한 잔여 좌석에 한해 신청하는 것으로, 잔여 좌석이 없을 경우 시험에 응시할 수 없습니다.

한국사능력검정시험의 활용 및 특전(2024년 1월 기준)

1. 각종 공무원 시험의 응시자격 부여
- 국가·지방공무원 7급 공개경쟁채용시험(2급 이상)
- 5급 국가공무원 공개경쟁채용시험(2급 이상)
- 외교관 후보자 선발시험(2급 이상)
- 교원임용시험(3급 이상)
- 지역인재 7급 수습직원 선발시험 추천자격 요건

2. 한국사 시험 대체
- 군무원 공개경쟁채용시험의 한국사 시험
- 국비 유학생, 해외파견 공무원 선발 시 한국사 시험
- 이공계 전문연구요원(병역) 선발 시 한국사 시험
- 경찰청 및 해양경찰청 순경 공개경쟁채용시험의 한국사 시험
- 소방 및 소방 간부후보생 공개경쟁채용시험의 한국사 시험

3. 일부 공기업 및 민간 기업 채용·승진
- 한국공항공사 5급(1급)
- 인천국제공항공사(2급 이상)
- 한국전력공사(3급 이상)
- 한국무역보험공사(2급 이상)
- 국민체육진흥공단(1~3급)

4. 사관학교 입시 가산점 부여
- 4대 사관학교(공군·육군·해군·국군간호사관학교) 입시
  ※학교별 가산점 부여 방식이 상이함
- 공무원 경력경쟁채용 시험

* 한국사능력검정시험은 자체적인 유효 기간은 없습니다. 그러나 인증서를 요구하는 기관·기업마다 인정 기간·가산점 부여 방법 등이 다르므로, 반드시 지원하는 시험·기관·기업을 통해 인정 기간을 확인하시기 바랍니다.

한국사능력검정시험 To Do 리스트

시험 D-DAY

✅ 시험장 준비물 챙기기
① 수험표

② 신분증

③ 컴퓨터 수성사인펜, 수정 테이프

시험 응시 후

✅ 바로 채점하기
- 해커스 한국사 홈페이지(history. Hackers.com)에서 오늘 본 시험의 정답을 확인하고 합격 여부를 예측해보세요.
- 보다 자세한 해설이 필요하시다면 해커스 한국사 홈페이지에서 무료 동영상 해설 서비스를 만나보실 수 있습니다.

합격자 발표일

✅ 합격 여부 확인하기
- 한국사 능력검정시험 홈페이지(http://www.historyexam.go.kr/)에서 성적 통지서와 인증서를 출력할 수 있어요.
- 별도로 성적 통지서와 인증서를 발급해주지 않으니 필요할 때마다 직접 출력해야 합니다.

1일

선사 시대~고대

⏰ 오늘 배울 시대

구석기 시대 시작
약 70만년 전

삼국 건국
기원전 1세기경

고려 건국
918년

선사 시대

고대

고려 시대

1일

2일

📁 최근 3개년 시험 [68~51회] 기출 출제율

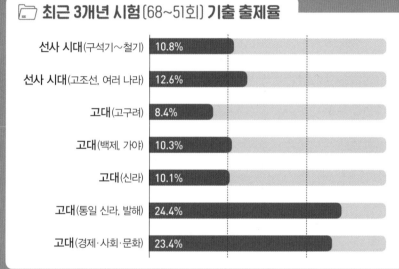

선사 시대 (구석기~철기)	10.8%
선사 시대 (고조선, 여러 나라)	12.6%
고대 (고구려)	8.4%
고대 (백제, 가야)	10.3%
고대 (신라)	10.1%
고대 (통일 신라, 발해)	24.4%
고대 (경제·사회·문화)	23.4%

👑 **1위** **고대** (통일 신라, 발해) **24.4%**
통일 신라의 발전을 이끈 신문왕의 업적과 발해의 특징을 묻는 문제가 주로 출제됩니다.

👑 **2위** **고대** (경제·사회·문화) **23.4%**
고대의 문화 중 신라 승려들의 활동과 각 나라의 탑과 불상을 묻는 문제가 주로 출제됩니다.

👑 **3위** **선사 시대** (고조선, 여러 나라) **12.6%**
선사 시대에서는 여러 나라의 특징을 묻는 문제가 주로 출제됩니다.

조선 건국 1392년	흥선 대원군 집권 1863년	국권 피탈 1910년	광복 1945년
조선 시대	**근대**	**일제 강점기**	**현대**
3일	4일	4일	5일

선사 시대 ~ 고대 흐름 잡기

선사 시대

주요 흐름

구석기 시대	신석기 시대

한반도에 등장한 최초의 인류

최초의 인류는 돌을 떼어 만든 **뗀석기** 같은 도구를 만들어 사용하기 시작하였는데, 이때부터를 **구석기 시대**라고 합니다. 구석기 시대 사람들은 뗀석기를 가지고 **사냥·채집** 등을 하였고, **이동 생활**을 하며 막집이나 동굴에서 거주하였습니다.

생활을 180도 바꾼 농경의 시작

신석기 시대에는 석기를 만드는 기술이 발전하여 돌을 갈아 만든 **간석기**를 사용하기 시작하였습니다. 이 시대에는 **농경과 목축**이 시작되면서 사람들이 **정착 생활**을 하였는데, 주로 **움집**에서 생활하였습니다. 또한 빗살무늬 토기와 같은 토기를 만들어 수확물을 저장·조리하는 데 사용하였습니다.

국가

무리 + 평등 사회

부족 + 평등 사회

대표 유물

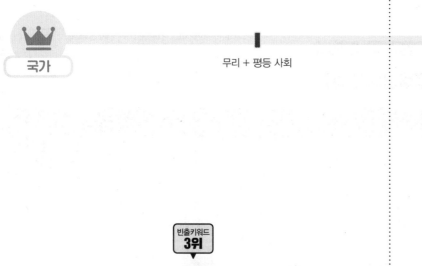

빈출키워드 **3위**

주먹도끼 슴베찌르개

빈출키워드 **2위**

빗살무늬 토기 **가락바퀴** 갈돌과 갈판

청동기 시대

계급이 발생한 청동기 시대

중국으로부터 청동기 문화가 전파되면서 **청동기 시대**가 시작되었습니다. 이 시대에는 **벼농사가 시작**되고 반달 돌칼 등의 석기가 사용되어 **농업 생산량**이 크게 증가하였고, 힘센 사람이 더 많은 생산물을 갖게 되면서 **계급이 발생**하였습니다. 점차 경쟁이 커지면서 한반도 최초의 국가인 **고조선**이 등장하였습니다.

빈출키워드
4위

고조선 건국

철기 시대

철기 문화를 바탕으로 성장한 '여러 나라'

청동보다 단단한 철을 사용하기 시작하면서 **철기 시대**가 시작되었습니다. 철기 문화는 고조선을 뒤이은 **위만 조선**에서 적극적으로 수용하며 널리 퍼졌습니다. 한편 위만 조선이 멸망한 후 옛 고조선 땅과 한반도 남부에는 철기 문화를 바탕으로 **부여**, 고구려, 옥저, 동예, 삼한과 같은 여러 나라가 등장하였습니다.

위만 조선 | 고조선 멸망 | 초기 국가의 등장
성립

• **부여**
• 고구려
• 옥저
• 동예
• 삼한

빈출키워드
5위

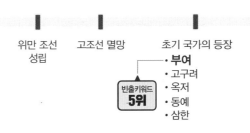

빈출키워드
1위

반달 돌칼 | 비파형동검 | 미송리식 토기 | 고인돌

세형동검 | 명도전

선사 시대 ~ 고대 흐름 잡기

고대

주요 흐름

삼국의 성립과 백제 전성기
[기원전 1~4c]

삼국 중 가장 먼저 전성기를 맞이한 '백제'

주몽(동명성왕)이 고구려를, 온조가 백제를, 박혁거세가 신라를 건국한 이후 삼국이 성장하면서 삼국 시대가 시작되었습니다. 삼국 중 백제는 한강 유역을 바탕으로 영토를 확장하여 가장 먼저 전성기를 맞이하였습니다.

고구려 전성기[5c]

만주 벌판을 호령한 '고구려'

고구려는 백제의 공격으로 왕이 사망하는 위기를 겪었습니다. 그러나 소수림왕이 나라의 기틀을 다진 것을 바탕으로 광개토 대왕과 장수왕 때 만주에서 한강 유역까지 광대한 영토를 차지하며 전성기를 맞이하였습니다.

빈출키워드 **4위**

주요 왕

기원전 1c	179~197	346~375	371~384	391~412	412~491	455~475
[신라] 박혁거세 [고구려] 동명성왕 [백제] 온조왕	[고구려] 고국천왕	[백제] 근초고왕	[고구려] 소수림왕	[고구려] 광개토 대왕	**[고구려] 장수왕**	[백제] 개로왕

주요 정치 사건

[가야] 김수로왕	[고구려] 고국천왕	[백제] 근초고왕	[고구려] 광개토 대왕	[고구려] 장수왕	[고구려] 장수왕
금관가야 건국 (기원후 1c)	진대법 실시 (194)	평양성 공격, 고구려 고국원왕 전사 (371)	신라 구원 (400)	평양 천도 (427)	• 백제의 한성 함락 • 백제, 웅진 천도(475)

주요 문화 사건

[고구려] 소수림왕	[백제] 침류왕
불교 수용·공인	불교 수용·공인

신라 전성기 [6c]

삼국의 중심으로! '신라'

신라는 귀족의 세력이 강해 삼국 중 가장 늦게 국가 체제를 정비하기 시작하였습니다. 차근차근 힘을 기른 신라는 **진흥왕** 때 한강 유역을 차지하고 영토를 확장하며 전성기를 맞이하였고, 삼국 통일의 기틀을 마련하였습니다.

신라의 삼국 통일과 남북국 시대 [7~8c]

삼국을 통일한 '신라', 고구려를 계승한 '발해'

신라는 당나라와 동맹을 맺어 **백제, 고구려**를 멸망시킨 후 **당나라**까지 물리쳐 삼국 통일을 완성하였습니다. 한편 고구려 멸망 이후 고구려 유민인 **대조영**이 고구려를 계승한 발해를 건국하면서, 한반도 남과 북에 두 나라가 존재하는 **남북국 시대**가 시작되었습니다.

신라 하대와 후삼국 시대 [9~10c]

다시 삼국으로 갈라진 통일 신라

통일 이후 강력했던 신라의 왕권이 점차 약해지면서 귀족들의 왕위 쟁탈전이 일어났습니다. 이를 틈타 지방에서 성장한 호족 세력 중 **견훤**이 후백제를, **궁예**가 후고구려를 건국하면서 신라가 다시 삼국으로 갈라지게 되었습니다(**후삼국 시대**).

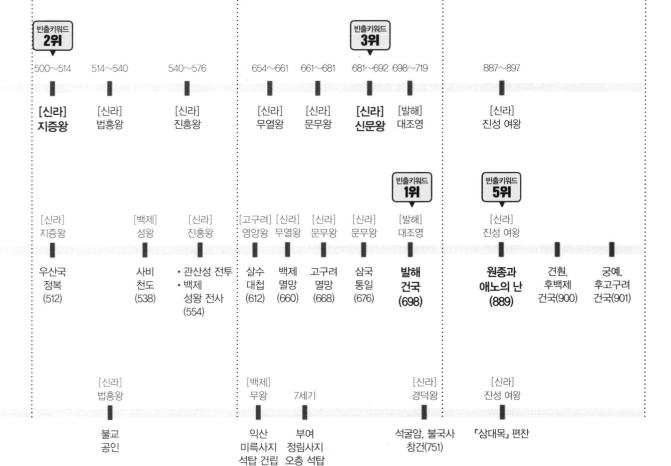

빈출키워드 2위						빈출키워드 3위			
500~514	514~540	540~576		654~661	661~681	681~692	698~719		887~897
[신라] 지증왕	[신라] 법흥왕	[신라] 진흥왕		[신라] 무열왕	[신라] 문무왕	[신라] 신문왕	[발해] 대조영		[신라] 진성 여왕

			빈출키워드 1위		빈출키워드 5위	
[신라] 지증왕	[백제] 성왕	[신라] 진흥왕	[고구려] 영양왕	[신라] 무열왕	[신라] 문무왕	[신라] 문무왕	[발해] 대조영	[신라] 진성 여왕
우산국 정복 (512)	사비 천도 (538)	·관산성 전투 ·백제 성왕 전사 (554)	살수 대첩 (612)	백제 멸망 (660)	고구려 멸망 (668)	삼국 통일 (676)	발해 건국 (698)	원종과 애노의 난 (889)	견훤, 후백제 건국(900)	궁예, 후고구려 건국(901)

[신라] 법흥왕		[백제] 무왕	7세기		[신라] 경덕왕	[신라] 진성 여왕	
불교 공인		익산 미륵사지 석탑 건립	부여 정림사지 오층 석탑 건립		석굴암, 불국사 창건(751)	『삼대목』 편찬	

01 | 선사 시대 (구석기 ~ 철기)

쌩초보 탈출구 🗝️

선사 시대는 사용한 도구에 따라 돌을 깨뜨려 도구를 만든 구석기 시대와 돌을 갈아 도구를 만든 신석기 시대로 나뉘어요. 이후 청동을 사용해 무기를 만든 청동기 시대와 철을 사용한 철기 시대가 나타났어요. 시대마다 사용한 도구뿐만 아니라 생활 모습도 다르게 나타났답니다.

1. 구석기·신석기·청동기·철기 시대에 사용되었던 주요 도구의 이름을 알아두면 각 시대를 쉽게 구분할 수 있어요.

구석기 시대	신석기 시대	청동기 시대	철기 시대
주먹도끼, 찍개, 슴베찌르개	빗살무늬 토기, 가락바퀴	비파형동검, 반달 돌칼	쟁기, 쇠스랑, 세형동검

2. 구석기·신석기·청동기·철기 시대의 생활 모습을 구분해 알아두세요.

구석기 시대	신석기 시대	청동기 시대	철기 시대
동굴·막집에 거주	움집에 거주, 농경·목축 시작	지배층 출현, 고인돌 축조	중국과 교류

최빈출개념
1 구석기 시대와 신석기 시대

최근 3개년 시험에서 11문제 출제
66회 1번, 64회 1번, 63회 1번, 61회 1번, 59회 1번, 58회 1번,
56회 1번, 55회 1번, 54회 1번, 53회 1번, 51회 1번

1. 구석기 시대, 돌을 깨뜨려 사냥 도구를 만들다

(1) 도구
  ① 뗀석기: 돌을 깨뜨리고 떼어 내어 날을 만든 도구인 뗀석기를 주로 사용하였다.
  ② 주요 뗀석기: 주먹도끼, 찍개, 슴베찌르개, 찌르개, 밀개, 긁개 등이 있다.

주먹도끼	슴베찌르개

(2) 생활 모습
  ① 경제: 열매 채집, 사냥, 어로(물고기잡이) 활동을 통해 식량을 구하였다.
  ② 주거: 식량을 찾아 이동 생활을 하며 주로 동굴이나 강가의 막집에서 거주하였다.
    └ 강가 근처의 언덕에 나무 줄기 등을 얽어 지은 집
(3) 사회: 계급이 없는 평등한 공동체 생활을 하였다.
(4) 주요 유적: 충남 공주 석장리, 경기 연천 전곡리, 충북 단양 수양개 유적
    └ 아슐리안형 주먹도끼가 출토됨

2. 신석기 시대, 돌을 갈아 사냥 도구를 만들고 흙을 빚어 토기를 만들다

(1) 도구
  ① 간석기: 갈돌과 갈판, 돌낫, 돌괭이 등 돌을 갈아서 만든 간석기를 사용하였다.
  ② 토기: 처음으로 빗살무늬 토기, 이른 민무늬 토기 등을 만들어 식량을 조리·저장하였다.
  ③ 수공업 도구: 가락바퀴로 실을 뽑고, 뼈바늘을 이용하여 옷과 그물을 만들었다.

갈돌과 갈판	빗살무늬 토기	가락바퀴

기출선택지 암기하기

1. 구석기 시대
- 주먹도끼, 찍개 등을 만들기 시작하였다.
  60·57회
- 사냥을 위해 슴베찌르개를 처음 제작하였다. 37회
- 주로 동굴에 살면서 **사냥**과 **채집**을 하였다.
  56·42회
- 주로 동굴이나 **막집**에서 거주하였다.
  68·67·66·63·62·59회
- 계급이 없는 평등한 공동체 생활을 하였다.
  52·45회

2. 신석기 시대
- 빗살무늬 토기를 만들어 식량을 저장하였다. 67·66·63·60·59회
- **토기**가 처음으로 등장하였다. 23회
- 가락바퀴를 이용하여 실을 뽑았다.
  65·58·57·54·53·52·51회

(2) 생활 모습

① 경제: 농경(밭농사 중심)과 목축을 시작하여 식량을 생산하였으나, 여전히 열매 채집·사냥·물고기 잡이도 함께 하였다.

② 주거: 수확을 하기 위해 한 곳에 머물면서 정착 생활이 시작되었고, 주로 강가나 바닷가에 움집을 짓고 살았다. └ 중앙에 화덕이 있는 원형·방형의 반지하 집

(3) 사회: 구석기 시대와 마찬가지로 계급이 없는 평등한 공동체 생활을 하였다.

(4) 주요 유적: 서울 암사동, 제주 한경 고산리, 황해도 봉산 지탑리, 경남 창녕 비봉리 유적 등
└ 신석기 시대의 집터가 발견됨   └ 탄화된 좁쌀이 출토됨

해커스 한국사능력검정시험 초단기 5일 합격 심화

---

2 청동기 시대와 철기 시대

최근 3개년 시험에서 **7문제 출제**
68회 1번, 67회 1번, 65회 1번, 62회 1번, 60회 1번, 57회 1번, 52회 1번

1. 청동기 시대, 청동으로 무기를 만들고 지배층이 출현하다

(1) 도구: 청동은 재료가 귀하고 다루기 어려워 의식용 도구나 무기로 사용되었다.

청동기	비파형동검, 거친무늬 거울, 청동 거울과 방울(의례 도구) 등
석기	반달 돌칼 등 농기구는 여전히 간석기를 사용함(청동은 단단하지 못함)
토기	민무늬 토기, 송국리식 토기, 미송리식 토기, 붉은 간 토기 등을 제작함

비파형동검	반달 돌칼
	곡식의 이삭을 자르는 데 사용함

(2) 생활 모습

① 경제: 밭농사가 농경의 중심이었으나 일부 저습지에서는 벼농사가 시작되었다.

② 주거: 외부의 침입에 대비하기 위해 목책(나무 울타리 기둥)과 환호(도랑)를 설치하였다.

(3) 사회

사유 재산 발생	농업 생산력의 증가로 발생한 잉여 생산물을 힘이 강한 자가 소유하게 됨
계급 발생	사유 재산에 따라 빈부 격차가 나타나면서 계급이 발생함
지배층의 출현	• 군장 출현: 권력과 경제력을 가진 지배자가 등장함 • 고인돌 축조: 많은 인력을 동원하여 지배층의 무덤을 축조함
제정일치 사회	정치적 지배인 군장이 제사장의 역할까지 동시에 수행함

(4) 주요 유적: 여주 흔암리, 부여 송국리 유적, 의주 미송리 동굴 등
└ 비파형동검, 거푸집 등이 출토됨

2. 철기 시대, 철을 사용해 농기구와 무기를 만들다

(1) 도구

① 철기: 쟁기, 쇠스랑 등의 철제 농기구와 철제 무기를 제작하여 사용하였다.

② 청동기: 거푸집을 이용하여 세형동검과 잔무늬 거울 등을 제작하였다.
└ 청동 제품을 제작하는 틀로, 청동기 시대 후기부터 사용됨

(2) 생활 모습

① 정치: 철제 무기를 사용하여 전투력을 키운 부족들이 정복 활동으로 세력을 키웠고, 그 결과 만주와 한반도 지역에 여러 나라가 성립되었다.

② 경제: 중국과 교류할 때 중국 화폐인 명도전, 반량전, 오수전, 화천 등을 사용하였다.

③ 문화: 경남 창원 다호리에서 붓이 출토되어 당시 한자를 사용하였음을 짐작할 수 있다.

④ 무덤: 구덩이를 파고 직접 시신을 묻는 널무덤과 항아리나 독 두 개를 붙여 관으로 사용한 독무덤이 제작되었다.

구석기 시대 63·61회

단양 수양개 유적에서 출토된 이 슴베찌르개는 주먹도끼와 함께 (가) 시대의 대표적인 유물 중 하나입니다. 이 유적에서는 슴베찌르개와 함께 돌날과 몸돌 등의 뗀석기도 출토되었습니다. → 구석기 시대

충청북도 청주시 오송읍에서 주먹도끼, 찍개 등 이 시대의 대표적 유물인 뗀석기가 다수 발굴되었습니다. 이번 발굴로 청주시 일대에 이 시대의 유적이 다수 분포되어 있음을 알 수 있습니다. → 구석기 시대

이 그림은 한 미군 병사가 경기도 연천군 전곡리에서 이 시대의 대표적인 유물인 주먹도끼 등을 발견하고 그린 것입니다. 그가 발견한 아슐리안형 주먹도끼는 이 시대 동아시아에는 찍개 문화만 존재하고 주먹도끼 문화는 없었다는 모비우스(H. Movius)의 학설을 뒤집는 증거가 되었습니다. → 구석기 시대

01 주ㅁㄷㄲ, 찍개 등을 만들기 시작하였다. 60·57회
02 사냥을 위해 ㅅㅂㅉㄹㄱ를 처음 제작하였다. 37회
03 주로 동굴에 살면서 ㅅㄴ과 ㅊㅈ을 하였다. 56·42회
04 주로 동굴이나 ㅁㅈ에서 거주하였다. 68·67·66·63·62·59·58·57회
05 ㄱㄱ이 없는 평등한 공동체 생활을 하였다. 52·45회

신석기 시대 56·54회

이것은 제주 고산리 유적에서 발굴된 이른 민무늬 토기입니다. 이 토기의 출토로 우리나라의 (가) 시대가 기원전 8000년경부터 시작되었음을 알게 되었습니다. 고산리 유적에서는 화살촉, 갈돌, 갈판 등의 석기도 나왔습니다. → 신석기 시대

경기도 김포시 신안리 유적 발굴 조사에서 총 23기의 집터가 확인되었습니다. 이 집터 내부에서 출토된 빗살무늬 토기, 갈돌, 갈판 등의 유물을 통해 정착 생활과 농경이 시작된 (가) 시대의 생활 모습을 살펴볼 수 있을 것으로 기대됩니다. → 신석기 시대

06 ㅂㅅㅁㄴ 토기를 만들어 식량을 저장하였다. 67·66·63·60·59회
07 ㅌㄱ가 처음으로 등장하였다. 23회
08 ㄱㄹㅂㅋ를 이용하여 실을 뽑았다. 65·58·57·54·53·52·51회
09 ㄴㄱ과 ㅁㅊ을 시작하여 식량을 생산하였다. 61·56회
10 ㅈㅊ 생활이 시작되면서 움집이 나타났다. 37회

청동기 시대 65·60·45회

사유 재산과 계급이 출현한 이 시대의 대표적 유적지인 부여 송국리 유적에서 축제를 개최합니다. 다양한 행사에 참여하여 당시 생활을 체험해 보시기 바랍니다.
• 비파형동검 모형 만들기
• 민무늬 토기 조각 맞추기 → 청동기 시대
• 증강 현실로 환호와 목책 보기

이곳은 유네스코 세계유산으로 등재된 화순 고인돌 유적입니다. 여기에는 계급이 발생한 (가) 시대의 고인돌이 밀집되어 있고, 인근에서는 덮개돌을 캐낸 채석장이 발견되어 고인돌의 축조 과정을 살펴볼 수 있습니다. → 청동기 시대

11 거푸집을 이용하여 ㅂㅍㅎ동검을 제작하였다. 46회
12 의례 도구로 ㅊㄷ 방울 등을 제작하였다. 64·54·52회
13 ㅂㄷ ㄷㅋ로 벼를 수확하였다. 68·66·62·60·59회
14 지배층의 무덤으로 ㄱㅇㄷ을 축조하였다. 63·51회

철기 시대 14회

경남 창원 다호리에서 다량의 유물들이 발견되었다. 널무덤에서 발견된 붓을 비롯하여 통나무 목관, 오수전, 감과 밤 등이 담긴 옻칠 제사 용기 등이 발굴되었다. → 철기 시대

15 쟁기, 쇠스랑 등의 ㅊㅈ 농기구를 사용하였다. 65·62·58·56·51회
16 거푸집을 이용하여 ㅅㅎ동검을 제작하였다. 63·55·54·53·51회
17 ㅁㄷㅈ을 이용하여 중국과 교역하였다. 61·59·54회
18 ㅂㄹㅈ, 명도전 등의 화폐를 사용하였다. 66·64·58·55회
19 ㅇㅅㅈ, 화천 등의 중국 화폐를 사용하였다. 68·52회

정답 01 주먹도끼 02 슴베찌르개 03 사냥, 채집 04 막집 05 계급 06 빗살무늬 07 토기 08 가락바퀴 09 농경, 목축 10 정착 11 비파형 12 청동 13 반달 돌칼 14 고인돌 15 철제 16 세형 17 명도전 18 반량전 19 오수전

기출문제로 실전 감각 익히기

각 문제의 자료에 표시된 힌트를 참고하여 정답을 선택하세요!

01 (가) 시대의 생활 모습으로 옳은 것은? [1점]
66회

공주 석장리 (가) 축제

♥20개 ── 힌트❶

내가 만든 주먹도끼 구경할 사람?

#공주_석장리_유적 #뗀석기_제작_체험
── 힌트❷

💬 댓글 2개

○○○: 주먹도끼가 뭐야?
└ △△△: (가) 시대의 대표적인 유물
이야. 동물을 사냥하거나 가죽을 벗기는
등 다양한 용도로 사용했대.

① 반달 돌칼로 벼를 수확하였다.
② 주로 동굴이나 막집에서 살았다.
③ 반량전, 명도전 등 화폐를 사용하였다.
④ 빗살무늬 토기를 만들어 식량을 저장하였다.
⑤ 가락바퀴와 뼈바늘을 이용하여 옷을 만들었다.

02 (가) 시대의 생활 모습으로 옳은 것은? [1점]
56회

── 힌트❶ ── 힌트❷
이것은 제주 고산리 유적에서 발굴된 이른 민
무늬 토기입니다. 이 토기의 출토로 우리나라의
(가) 시대가 기원전 8000년경부터 시작되었
음을 알게 되었습니다. 고산리 유적에서는 화살촉,
갈돌, 갈판 등의 석기도 나왔습니다.

── 힌트❸

이른 민무늬 토기

① 고인돌, 돌널무덤 등을 만들었다.
② 거푸집을 이용하여 청동검을 제작하였다.
③ 농경과 목축을 시작하여 식량을 생산하였다.
④ 주로 동굴에 살면서 사냥과 채집 생활을 하였다.
⑤ 쟁기, 쇠스랑 등의 철제 농기구를 써서 농사를 지었다.

03 (가) 시대의 생활 모습으로 옳은 것은? [1점]
51회

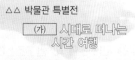

△△ 박물관 특별전

(가) 시대로 떠나는
시간 여행

◉ 기간: 2021. ○○. ○○.~○○. ○○.
◉ 장소: △△ 박물관 특별 전시실

── 힌트❶
모시는 글
우리 박물관에서는 농
경과 정착 생활이 시작된
(가) 시대 특별전을 마
련하였습니다. 덧무늬 토
기, 흙으로 빚은 사람 얼굴
상, 갈돌과 갈판 등 다양한
유물들을 전시하고 있으니
많은 관람 바랍니다.
── 힌트❷

① 가락바퀴를 이용하여 실을 뽑았다.
② 주로 동굴이나 강가의 막집에서 살았다.
③ 지배층의 무덤으로 고인돌을 축조하였다.
④ 거푸집을 이용하여 세형동검을 제작하였다.
⑤ 쟁기, 쇠스랑 등의 철제 농기구를 사용하였다.

04 (가) 시대의 생활 모습으로 옳은 것은? [1점]
67회

── 힌트❶ ── 힌트❷
계급이 출현한 (가) 시대의 생활상을 엿볼 수 있는 환호, 고
인돌, 민무늬 토기 등이 울주 검단리 유적에서 발굴되었습니다.
특히 마을의 방어 시설로 보이는 환호는 우리나라의 (가) 시대
유적에서 처음 확인된 것으로, 둘레가 약 300미터에 달합니다.

① 철제 무기로 정복 활동을 벌였다.
② 주로 동굴이나 막집에서 거주하였다.
③ 소를 이용한 깊이갈이가 일반화되었다.
④ 비파형동검과 청동 거울 등을 제작하였다.
⑤ 빗살무늬 토기에 음식을 저장하기 시작하였다.

정답 및 해설 ⇒ 218쪽

02 | 선사 시대 [고조선, 여러 나라]

쌩초보 탈출구 🔑

청동기 문화를 바탕으로 우리나라 최초의 국가인 고조선이 건국되었어요. 이후 고조선은 위만 조선 시기에 철기 문화를 수용하여 강해지기도 했지만, 중국 한나라의 공격으로 멸망하게 되었습니다. 고조선이 멸망한 이후에는 옛 고조선과 한반도 땅에 여러 새로운 나라가 등장했습니다.

1. 고조선의 발전과 멸망 과정을 단군 조선과 위만 조선으로 구분해 알아두면 흐름을 이해하기 쉬워져요.

단군 조선		위만 조선		멸망
부왕·준왕 왕위 세습, 연나라의 침입	→	중계 무역	→	우거왕 때 한 무제의 공격

2. 철기 시대의 여러 나라는 하늘에 제사를 지내는 제천 행사를 열었어요. 각 나라와 제천 행사의 이름을 연결해서 알아두세요.

부여	고구려	동예	삼한
영고(12월)	동맹(10월)	무천(10월)	수릿날(5월), 계절제(10월)

빈출개념
1

고조선 – 단군 조선과 위만 조선

최근 3개년 시험에서 6문제 출제
68회 2번, 65회 2번, 59회 2번, 58회 2번, 57회 2번, 52회 2번

1. 고조선(단군 조선), 우리나라 최초의 국가가 건국되다

(1) **건국**: 단군왕검이 기원전 2333년에 청동기 문화를 바탕으로 고조선을 건국하였다.

(2) **발전**

중국의 전국 7웅 중 한 나라

고조선의 성장	기원전 4세기경 중국의 연나라와 대적할 만큼 성장함
연나라의 침입	기원전 3세기 초 연나라 장수 진개의 침입으로 영토를 빼앗김
정치 조직 정비	• 왕위 세습: 부왕과 같은 강력한 왕이 등장하여 준왕에게 왕위를 세습함 • 관직 정비: 왕 아래에 상, 대부, 장군 등의 관직을 둠

2. 위만 조선, 위만이 고조선의 새로운 왕이 되다

고조선으로 망명할 때 호복(호선인의 옷)을 입고 있었다고 전해짐

위만의 이주	기원전 2세기 중국의 진·한 교체기에 위만이 고조선 준왕에게 투항함
위만의 성장	위만이 준왕의 신임을 받아 서쪽 변경을 수비하는 임무를 맡음
위만 조선 성립	기원전 2세기경 세력을 확대한 위만이 준왕을 몰아내고 왕이 됨(위만 조선)
위만 조선의 발전	• 영토 확장: 진번과 임둔 지역을 복속시켜 세력을 확장함 • 경제 발전: 중국의 한과 한반도 남부의 진국 사이에서 중계 무역을 전개함

3. 고조선의 멸망, 한 무제의 공격으로 멸망하다

(1) **한 무제의 공격**: 우거왕 때 중국의 한 무제가 군사를 보내 수도인 왕검성을 공격하였다.

(2) **고조선의 멸망**: 우거왕이 피살되고 왕검성이 함락되면서 고조선이 멸망하였다.
　　└ 위만의 손자

4. 고조선의 사회, 범금 8조로 질서를 유지하다

목적	사회 질서를 유지하기 위해 범금 8조(8조법)를 제정함
기록	8개의 조항 중 살인죄, 상해죄, 절도죄에 대한 3개 조항의 내용만 전해짐

기출선택지 암기하기

1. 고조선(단군 조선)

• 전국 7웅 중 하나인 **연**과 대립할 만큼 강성하였다. 59회

• 연의 장수 **진개**의 공격을 받았어요.
　　　　　　　　　　　　64·61·57·52회

• **부왕**(否王) 등 강력한 왕이 등장하여 왕위를 세습하였습니다. 42회

• 왕 아래 **상, 대부, 장군** 등의 관직을 두었다. 58회

2. 위만 조선

• 위만이 준왕을 몰아내고 왕이 되었다. 41회

• **진번과 임둔**을 복속시켜 세력을 확장하였다. 68·52회

• **한(漢)과 진국(辰國)** 사이에서 중계 무역을 하였습니다. 42회

3. 고조선의 멸망

• 한 무제의 공격으로 멸망하였다.
　　　　　　　　　　　　64·62·55회

4. 고조선의 사회

• 사회 질서를 유지하기 위해 **범금 8조**를 두었다. 66·65·64·63·62·60회

2 여러 나라의 성장

최근 3개년 시험에서 **14문제** 출제
68회 3번, 67회 2번, 66회 2번, 64회 2번, 63회 2번, 61회 2번, 60회 2번, 57회 3번, 56회 2번, 55회 2번, 54회 2번, 53회 2번, 52회 4번, 51회 2번

1. 부여, 왕 아래 부족들이 행정 구역을 다스리다

위치	만주 쑹화 강 유역의 넓은 평야 지대(동이 지역 중에서 가장 평탄하고 넓은 곳)
정치	• 5부족 연맹: 왕 아래에 마가, 우가, 저가, 구가라는 가(加)들이 존재함 • 사출도: 여러 가(加)들이 별도로 **사출도**라는 행정 구역을 다스림
풍속과 문화	• 영고(12월): 매년 12월에 제천 행사를 개최해 하늘에 제사를 지냄 • 장례 풍속: 왕이 죽으면 함께 사람을 묻는 순장의 풍습이 있었고, 왕의 장례에 옥갑을 사용함 ┌ 옥을 꿰매어 만든 장례 용구 • 1책 12법: 도둑질한 자에게 12배로 배상하게 하는 법률이 있었음

2. 고구려, 주몽이 고구려를 건국하다

위치	압록강 유역의 만주 졸본 지역
건국	부여 계통의 유이민(주몽)과 압록강 토착 세력이 결합하여 고구려를 건국함
정치	왕 아래에 대가들이 존재하였고, 대가들은 **사자·조의·선인** 등 관리를 거느림
경제	지배층의 집집마다 **부경**이라는 창고를 두어 곡식을 저장함
풍속과 문화	• 동맹(10월): 매년 10월에 제천 행사를 개최하여 하늘에 제사를 지냄 • 서옥제: 혼인 후 신랑이 신부 집 뒤꼍에 지어진 조그만 집(서옥)에 살다가, 자식이 장성하면 신랑 집으로 돌아가는 혼인 풍속 • 1책 12법: 도둑질한 자에게 12배로 배상하게 하는 법률이 있었음

3. 옥저와 동예, 왕 없이 읍군·삼로가 나라를 다스리다

	옥저	동예
위치	함경도 및 강원도 북부의 동해안 지역	
정치	읍군, 삼로라는 지배자(군장)가 자기 부족을 통치한 군장 국가	
경제	맥포(삼베), 어염(생선과 소금), 해산물 등을 고구려에 공물로 납부함	단궁(활), 과하마(작은 말), 반어피(바다표범의 가죽) 등이 특산물로 유명함
풍속과 문화	• 민며느리제: 혼인을 약속한 여자 아이를 데려다 키운 후 남자가 여자 집에 예물을 치르고 혼인한 풍속 • 가족 공동묘(골장제): 가족이 죽으면 가매장하였다가, 그 뼈를 추려서 가족 공동 무덤인 커다란 목곽에 안치함	• 무천(10월): 매년 10월에 제천 행사를 개최함 • 책화: 읍락 간의 경계를 중시하여 다른 부족의 영역을 침범하면 노비나 소·말 등으로 변상하게 한 제도

4. 삼한, 정치와 종교가 일찍부터 분리되다

위치	한반도 남부 지방
정치	• 연맹체 형성: 마한(천안·익산), 진한(대구·경주), 변한(김해) 아래의 많은 소국들로 구성됨, 마한의 소국 중 하나인 **목지국**의 지배자가 삼한 전체를 이끎 • 지배 세력: **신지·읍차** 등의 지배자(군장)가 다스림 ┌ 군장의 세력이 미치지 못함 • 제정 분리: 제사장인 **천군**이 신성 지역인 **소도**에서 의례를 주관함
경제	• 벼농사 발달: 저수지를 축조하고 철제 농기구를 사용하여 벼농사가 발달함 • 철 생산: 변한은 철이 많이 생산되어 낙랑과 왜에 수출함
풍속과 문화	해마다 씨뿌리기가 끝난 5월(수릿날)과 추수를 마친 10월(계절제)에 제천 행사를 개최함

기출선택지 암기하기

1. 부여
• 여러 가(加)들이 별도로 사출도를 주관하였다. 68·66·65·62·61·60·57회
• 12월에 영고라는 제천 행사를 열었다. 67·64·56·52·51회
• 도둑질한 자에게 12배로 배상하게 하였다. 58·53회

2. 고구려
• 대가들이 사자, 조의, 선인을 거느렸습니다. 68·52·51회
• 집집마다 부경이라는 창고가 있었다. 68·65·64·52회

3. 옥저와 동예
• 옥저 – 혼인 풍습으로 민며느리제가 있었다. 68·66·62·61·54회
• 옥저 – 가족의 유골을 한 목곽에 안치하는 풍습이 있었다. 46회
• 동예 – 읍군이나 삼로라는 지배자가 있었다. 55회
• 동예 – 단궁, 과하마, 반어피 등이 특산물로 유명하였습니다. 68·61·56·55회
• 동예 – 무천이라는 제천 행사를 열었다. 67·63·59회
• 동예 – 읍락 간의 경계를 중시하는 책화가 있었다. 65·64·62·60·58·56·54·53회

4. 삼한
• 목지국을 비롯한 많은 소국으로 이루어졌다. 52회
• 신지, 읍차 등의 지배자가 있었다. 58·53·52·51회
• 제사장인 천군과 신성 지역인 소도가 있었습니다. 64·62·51회
• 변한 – 철이 많이 생산되어 낙랑과 왜에 수출하였다. 58·56·52회

고조선(단군 조선) 39회

범금 8조가 있다. 남을 죽이면 즉시 죽음으로 갚고, 남을 상해하면 곡식으로 배상한다. 남의 물건을 훔친 자가 남자면 그 집의 노(奴)로 삼으며 여자면 비(婢)로 삼는데, 자신의 죄를 용서받으려는 자는 한 사람마다 50만[전]을 내야 한다.
　　　　　　　　　　　　　　　　　　　－『한서』
→ 고조선

01 전국 7웅 중 하나인 ㅇ과 대립할 만큼 강성하였다. 59회

02 기원전 3세기 초 연의 장수 ㅈㄱ의 공격을 받았어요. 64·61·57·52회

03 ㅂㅇ(준王) 등 강력한 왕이 등장하여 왕위를 세습하였습니다. 42회

04 왕 아래 ㅅ, ㄷㅂ, ㅈㄱ 등의 관직을 두었다. 58회

위만 조선 44회

누선장군 양복이 병사 7천 명을 거느리고 먼저 왕검성에 이르렀다. 이 나라의 우거왕이 성을 지키고 있다가 양복의 군사가 적음을 알고 곧 성을 나와 공격하자, 양복의 군사가 패배하여 흩어져 달아났다. 한 무제는 두 장군이 이롭지 못하다 생각하고, 이에 위산으로 하여금 군사의 위엄을 갖추고 가서 우거왕을 회유하도록 하였다.
　　　　　　　　　　　　　　→ 위만 조선 ←

05 ㅇㅁ이 준왕을 몰아내고 왕이 되었다. 41회

06 ㅈㅂ과 ㅇㄷ을 복속시켜 세력을 확장하였다. 68·52회

07 한(漢)과 진국(辰國) 사이에서 ㅈㄱ 무역을 하였습니다. 42회

08 사회 질서를 유지하기 위해 ㅂㄱ 8ㅈ를 두었다. 66·65·64회

부여 40회

『삼국지』 동이전에 따르면 (가)은/는 장성 북쪽에 있었던 나라로, 여러 가(加)들이 별도로 주관하는 사출도가 있었다.
→ 부여

09 여러 가(加)들이 다스리는 ㅅㅊㄷ가 있었다. 68·66·65·62·61·60·57회

10 12월에 ㅇㄱ라는 제천 행사를 열었다. 67·64·56·52·51회

11 ㄷㄷㅈ한 자에게 12배로 배상하게 하였다. 58·53회

고구려 48회

이 나라에는 왕이 있고 벼슬로는 상가·대로·패자·고추가·주부·우태·승·사자·조의·선인이 있으며, …… 모든 대가들도 스스로 사자·조의·선인을 두었는데, 그 명단은 모두 왕에게 보고하여야 한다.
　　　　　　　　　　　　　　→ 고구려
　　　　　　　　　　　　　　－『삼국지』 동이전

12 ㄷㄱ들이 사자, 조의, 선인을 거느렸습니다. 68·52·51회

13 집집마다 ㅂㄱ이라는 창고가 있었다. 68·65·64·52회

옥저와 동예 – 옥저 66회

장사를 지낼 때 큰 나무 곽을 만드는데, 길이가 10여 장이나 되며 한쪽을 열어 놓아 문을 만든다. 사람이 죽으면 모두 가매장을 해서 …… 뼈만 추려 곽 속에 안치한다. 온 집 식구를 모두 하나의 곽 속에 넣어 두는데, 죽은 사람의 숫자대로 나무를 깎아 생전의 모습과 같이 만든다.
　　　　　　　　　　　　　　　－『삼국지』 동이전
가족 공동묘(골장제) → 옥저

14 혼인 풍습으로 ㅁㅁㄴㄹㅈ가 있었다. 68·66·62·61·54회

15 ㄱㅈ의 유골을 한 목곽에 안치하는 풍습이 있었다. 46회

옥저와 동예 – 동예 54회

해마다 10월이면 하늘에 제사를 지내는데, 밤낮으로 술마시며 노래 부르고 춤추니 이를 무천(舞天)이라 한다. …… 낙랑의 단궁이 그 지역에서 산출된다. 과하마가 있으며 바다에서는 반어가 난다.
→ 동예
　　　　　　　　　　　　　　　－『후한서』

16 ㅇㄱ이나 ㅅㄹ라는 지배자가 있었다. 55회

17 ㄷㄱ, ㄱㅎㅁ, ㅂㅇㅍ 등이 특산물로 유명하였습니다.
　　　　　　　　　　　　　　　68·61·56·55회

18 ㅁㅊ이라는 제천 행사를 열었다. 67·63·59회

19 읍락 간의 경계를 중시하는 ㅊㅎ가 있었다.
　　　　　　　　　　　65·64·62·60·58·56·54·53회

삼한 39회

해마다 5월이면 씨뿌리기를 마치고 귀신에게 제사를 지낸다. 무리 지어 모여서 노래와 춤을 즐긴다. 술을 마시고 노는데 밤낮을 가리지 않는다. 춤은 수십 명이 모두 일어나서 뒤를 따라가고, 땅을 밟고 몸을 구부렸다 펴면서 손과 발로 장단을 맞추며 춘다. …… 10월에 농사일을 마치고 나서도 이렇게 한다. －『삼국지』 동이전
→ 삼한

20 ㅁㅈㄱ을 비롯한 많은 소국으로 이루어졌다. 52회

21 ㅅㅈ, ㅇㅊ 등의 지배자가 있었다. 58·53·52·51회

22 제사장인 ㅊㄱ과 신성 지역인 ㅅㄷ가 있었습니다. 64·62·51회

23 변한 – ㅊ이 많이 생산되어 낙랑과 왜에 수출하였다. 58·56·52회

정답 01 연 02 진개 03 부왕 04 상, 대부, 장군 05 위만 06 진번, 임둔 07 중계 08 범금 8조 09 사출도 10 영고 11 도둑질 12 대가 13 부경 14 민며느리제 15 가족 16 읍군, 삼로 17 단궁, 과하마, 반어피 18 무천 19 책화 20 목지국 21 신지, 읍차 22 천군, 소도 23 철

기출문제로 실전 감각 익히기

각 문제의 자료에 표시된 힌트를 참고하여 정답을 선택하세요!

01 [50회]

(가) 나라에 대한 설명으로 옳은 것을 〈보기〉에서 고른 것은? [2점]

> 아들을 거쳐 손자 우거 때 이르러서는 …… 주변의 여러 나라들이 글을 올려 천자를 알현하고자 하였으나, 또한 가로막고 통하지 못하게 하였다. …… 좌장군이 두 군대를 합하여 맹렬히 ___(가)___을/를 공격하였다. 상 노인, 상 한음, 니계상 참, 장군 왕협 등이 서로 [항복을] 모의하였다. …… [우거]왕이 항복하려 하지 않았다. 한음, 왕협, 노인이 모두 도망하여 한에 항복하였는데, 노인은 도중에 죽었다. ─ 힌트❷
> 힌트❶
> ─ 「사기」

〈보기〉
ㄱ. 22담로에 왕족을 파견하였다.
ㄴ. 빈민을 구제하기 위해 진대법을 실시하였다.
ㄷ. 진번과 임둔을 복속시켜 세력을 확장하였다.
ㄹ. 살인, 절도 등의 죄를 다스리는 범금 8조가 있었다.

① ㄱ, ㄴ   ② ㄱ, ㄷ   ③ ㄴ, ㄷ
④ ㄴ, ㄹ   ⑤ ㄷ, ㄹ

02 [51회]

(가) 나라에 대한 설명으로 옳은 것은? [2점]

이 유물은 중국 지린성 쑹화강 유역의 둥퇀산 유적에서 출토된 ___(가)___의 금동제 가면이다. 「삼국지」 동이전에 따르면 ___(가)___에는 여러 가(加)들이 별도로 관할하는 사출도가 있었으며, 사람을 죽여 순장하는 풍습이 행해졌다고 한다.
힌트❶ ─ 힌트❷

① 12월에 영고라는 제천 행사를 열었다.
② 신지, 읍차라고 불린 지배자가 있었다.
③ 제사장인 천군과 신성 지역인 소도가 존재하였다.
④ 대가들이 사자, 조의, 선인 등의 관리를 거느렸다.
⑤ 다른 부족의 영역을 침범하면 소나 말로 변상하였다.

03 [57회]

(가), (나) 나라에 대한 설명으로 옳은 것은? [2점]

> (가) 그 나라에는 왕이 있고, 벼슬로는 상가·대로·패자·고추가·주부·우태·승·사자·조의·선인이 있으며, 신분의 높고 낮음에 따라 각각 등급을 두었다. …… 10월에 지내는 제천 행사는 국중대회로 이름하여 동맹이라 한다.
> 힌트❶
> 힌트❷ ─ 「삼국지」 동이전
>
> (나) 그 나라의 풍속은 산천을 중요시하여 산과 내마다 각기 구분이 있어 함부로 들어가지 않는다. …… 해마다 10월이면 하늘에 제사를 지내는데, 주야로 술을 마시고 노래를 부르며 춤추니 이를 무천이라 한다. 또 호랑이를 신으로 여겨 제사를 지낸다. ─ 힌트❶ ─ 「삼국지」 동이전

① (가) - 낙랑과 왜에 철을 수출하였다.
② (가) - 서옥제라는 혼인 풍습이 있었다.
③ (나) - 연의 장수 진개의 공격을 받았다.
④ (나) - 가(加)들이 별도로 사출도를 다스렸다.
⑤ (가), (나) - 골품에 따라 관등 승진에 제한이 있었다.

04 [53회]

밑줄 그은 '이 나라'에 대한 설명으로 옳은 것은? [2점]

이 나라에는 제사장인 천군과 신성 지역인 소도가 존재했어. ─ 힌트❶
─ 힌트❷

5월과 10월에 하늘에 제사 지내는 풍습도 있었어.

① 신지, 읍차 등의 지배자가 있었다.
② 혼인 풍습으로 서옥제가 존재하였다.
③ 여러 가(加)들이 별도로 사출도를 주관하였다.
④ 남의 물건을 훔쳤을 때에는 12배로 갚게 하였다.
⑤ 부족 간의 경계를 중시하는 책화라는 풍습이 있었다.

정답 및 해설 ⇒ 218쪽

03 | 고대 (고구려)

쌩초보 탈출구 🔑

고구려는 철기 시대에 건국된 여러 나라들 중 하나였는데요. 1~4세기에 고대 국가로 성장하여 5세기에는 전성기를 맞이했어요. 하지만 7세기에 중국 수·당나라의 침입을 받아 힘이 약해졌고, 이후 나·당 연합군의 공격을 받아 결국 멸망했어요.

1. 고구려와 관련하여 가장 많이 출제되는 소수림왕, 광개토 대왕, 장수왕의 업적을 꼭 기억해 두세요!

소수림왕		광개토 대왕		장수왕
불교 수용, 율령 반포, 태학 설립	→	신라 구원, '영락' 연호 사용	→	평양 천도, 백제 한성 함락

2. 고구려가 중국 수·당나라의 침입에 맞서 싸운 대표적인 전투를 기억하세요.

살수 대첩	안시성 전투
을지문덕이 수나라 군대 격파	안시성의 군·민이 당나라 군대 격파

빈출개념

1 고구려의 성장

최근 3개년 시험에서 **5문제 출제**
68회 8번, 65회 5번, 62회 4번, 56회 3번, 55회 3번

1. **고구려의 성장**, 체제를 정비하고 영토를 확장하다(1~4세기)

(1) **태조왕**: 옥저를 정복하고, 동해안으로 진출하였다.

(2) **고국천왕**

왕의 아들이 왕위를 이어받도록 하는 제도

부자 상속제 확립	왕위 계승을 형제 상속제에서 부자 상속제로 변경함
5부 개편	부족적 전통의 5부를 행정적 성격의 5부로 개편함
을파소 등용	을파소를 발탁하여 국상으로 등용함
진대법 실시	춘궁기에 백성에게 곡식을 빌려주고 추수기에 갚도록 하는 구휼 제도를 실시하여 빈민을 구제함

(3) **동천왕**: 중국 위나라 장수 관구검이 이끄는 공격을 받아 환도성이 함락되었다.

(4) **미천왕**

서안평 점령	서안평(중국 요동 지역)을 공격하여 점령함
낙랑군·대방군 축출	중국 한나라가 고조선 멸망 이후 고조선의 영토에 설치하였던 낙랑군과 대방군을 몰아냄

(5) **고국원왕**: 백제 근초고왕이 평양성을 공격하자, 이에 맞서 싸우다가 전사하였다(평양성 전투).
이름: 사유

(6) **소수림왕**: 아버지인 고국원왕이 전사한 국가적 위기 상황에서 즉위하였다.

불교 수용	중국 전진의 승려 순도를 통해 불교를 수용·공인함
태학 설립	우리나라 최초의 국립 대학인 태학을 설립하여 인재를 양성함
율령 반포	국가 통치의 기본법인 율령을 반포하여 중앙 집권 체제를 강화함

기출선택지 암기하기

1. 고구려의 성장

- 고구려의 태조왕이 옥저를 복속시켰다. 45·44회

- 고국천왕 – 빈민을 구제하기 위해 **진대법**을 실시하였다. 68·65·64·62·61회

- 동천왕 – 관구검이 이끄는 위의 군대가 고구려를 침략하였다. 65·60·55회

- 미천왕이 서안평을 점령하였다. 68·56회

- 미천왕이 낙랑군을 몰아내었다. 66·65·61·60회

- 고국원왕이 백제의 **평양성** 공격으로 전사하였다. 54회

- 소수림왕 – 전진의 순도를 통해 불교를 수용하였다. 60회

- 소수림왕 – 태학을 설립하여 인재를 양성하였다. 68·61·56회

2 고구려의 전성기와 멸망

최근 3개년 시험에서 **8문제** 출제
66회 4번, 64회 7번, 61회 4번, 60회 5번, 59회 4번, 58회 5번, 53회 3번, 52회 7번

1. 고구려의 전성기, 최대 영토를 차지하다(5세기)

(1) 광개토 대왕

요동 차지	거란과 후연(선비족)을 공격하여 요동(랴오둥) 지역을 차지함
백제 공격	백제를 토벌하여 한강 이북 지역을 차지함
신라 구원	신라 내물 마립간의 요청으로 신라에 침입한 왜를 격퇴하고 금관가야까지 공격함 → 가야 연맹의 중심지가 금관가야에서 대가야로 이동하는 배경이 됨
연호 사용	영락이라는 독자적인 연호를 사용함

└ 이름: 거련

(2) 장수왕

평양 천도	국내성에서 평양으로 수도를 옮겨 남하(남진) 정책의 의지를 드러냄
백제 한성 함락	백제를 공격하여 수도인 한성을 함락시키고 백제 개로왕을 사살함
광개토 대왕릉비 건립	아버지 광개토 대왕의 업적을 기리기 위해 국내성(중국 지린성) 지역에 비석을 건립함

(3) **문자왕**: 부여를 복속하여 고구려 최대의 영토를 차지하였다.

2. 고구려의 대외 항쟁, 수·당나라를 물리치다(7세기)

고구려의 선제공격	수나라가 중국을 통일하고 세력을 확대하자, 위기를 느낀 고구려 영양왕이 수나라의 요서 지방을 선제공격함

▼

수 문제의 침입	수 문제가 30만 대군을 이끌고 고구려에 침입하였으나 실패함

▼

수 양제의 침입	수 양제가 100만 대군을 이끌고 고구려에 침입함

▼

살수 대첩	고구려 장수 을지문덕이 살수에서 우중문이 이끄는 수나라의 군대를 크게 격파함

▼

수나라 멸망·당나라 건국	수나라가 멸망하고 당나라가 건국됨

▼
부여성~비사성

천리장성 축조	고구려 영류왕이 당의 침략에 대비해 천리장성 축조를 시작함, 이때 연개소문이 천리장성의 축조를 감독함

▼

연개소문의 정변	힘을 키운 연개소문이 정변을 일으켜 영류왕을 폐하고 보장왕을 세운 후 막리지가 되어 정권을 장악함

└ 행정권과 군사권을 장악한 최고 관직

▼

안시성 전투	당 태종(이세민)이 고구려를 침입하자, 안시성의 군사와 백성들이 협력하여 당의 군대를 격파함

3. 고구려의 멸망, 나·당 연합군에 의해 멸망하다(7세기)

(1) **지배층의 내분**: 수·당과의 전쟁으로 국력이 약해진 상황에서 연개소문이 죽은 후에 지배층이 분열되었다.

(2) **평양성 함락**: 나·당 연합군의 공격으로 평양성이 함락되었고, 보장왕이 항복하면서 고구려가 멸망하였다.
└ 신라·당나라

기출선택지 암기하기

1. 고구려의 전성기
- **광개토 대왕** – 후연을 격파하고 백제를 공격하였다. 56회
- 고구려의 광개토 대왕이 백제를 공격하였다. 45회
- 광개토 대왕이 군대를 보내 신라에 침입한 왜를 격퇴하였다. 63·59·56회
- **광개토 대왕** – **가야** 연맹의 중심지가 이동한 배경을 조사한다. 46회
- **광개토 대왕** – 영락이라는 녹자석인 연호를 사용하였다. 68·66·61·60회
- 장수왕이 **평양**으로 천도하고 **남진** 정책을 추진하였다. 61회
- 장수왕이 백제를 공격하여 한성을 함락시켰다. 49회
- **장수왕** – 백제의 한성을 공격하여 개로왕을 전사시켰다. 36회

2. 고구려의 대외 항쟁
- 을지문덕이 살수에서 수의 군대를 물리쳤다. 67·66·65·64·61·60회
- 연개소문이 정변을 일으켜 권력을 장악하였다. 61회
- 안시성의 군사와 백성들이 당군을 물리쳤다. 68회

3. 고구려의 멸망
- 나·당 연합군이 **평양성**을 공격하였다.
28회

고구려의 성장 – 고국원왕 63회

10월에 백제왕이 병력 3만 명을 거느리고 평양성을 공격해 왔다. 왕이 군대를 출정시켜 백제군을 막다가 흐르는 화살(流矢)에 맞아 이 달 23일에 서거하였다. — 『삼국사기』
↳ 고국원왕

01 고국원왕이 백제의 ㅍㅇㅅ 공격으로 전사하였다. 54회

고구려의 성장 – 소수림왕 68회

○ 왕은 이름이 구부이고, 고국원왕의 아들이다. 신체가 장대하고, 웅대한 지략이 있었다.
↳ 소수림왕

○ 진(秦)왕 부견이 사신과 승려 순도를 보내 불상과 경문을 주었다. 왕이 사신을 보내 답례로 방물(方物)을 바쳤다.

02 전진의 순도를 통해 ㅂㄱ를 수용하였다. 60회
03 ㅌㅎ을 설립하여 인재를 양성하였다. 68·61·56회

고구려의 전성기 – 광개토 대왕 66회

왕이 보병과 기병 등 5만 명을 보내 신라를 구원하게 하였다. 고구려군이 남거성을 거쳐 신라성에 이르렀는데, 그곳에 왜적이 가득하였다. 고구려군이 도착하자 왜적이 퇴각하였다.
↳ 광개토 대왕

04 ㅎㅇ을 격파하고 백제를 공격하였다. 56회
05 고구려의 광개토 대왕이 ㅂㅈ를 공격하였다. 45회
06 광개토 대왕이 군대를 보내 ㅅㄹ에 침입한 왜를 격퇴하였다. 63·59회
07 ㄱㅇ 연맹의 중심지가 이동한 배경을 조사한다. 46회
08 ㅇㄹ이라는 독자적인 연호를 사용하였다. 68·66·61·60회

고구려의 전성기 – 장수왕 41회

고구려왕 거련이 몸소 군사를 거느리고 백제를 공격하였다. 백제왕 경(慶)이 아들 문주를 (신라에) 보내 구원을 요청하였다. 왕이 군사를 내어 구해 주려 하였으나 미처 도착하기도 전에 백제가 이미 (고구려에) 함락되었고, 경(慶) 역시 피살되었다.
↳ 장수왕 — 『삼국사기』

09 장수왕이 평양으로 천도하고 ㄴㅈ 정책을 추진하였다. 61회
10 장수왕이 백제를 공격하여 ㅎㅅ을 함락시켰다. 49회
11 백제의 한성을 공격하여 ㄱㄹㅇ을 전사시켰다. 36회

고구려의 대외 항쟁 – 살수 대첩 49회

살수에 이르러 [수의] 군대가 반쯤 건너자 을지문덕이 군사를 보내 그 후군을 공격하였다. 우둔위 장군 신세웅을 죽이니, [수의] 군대가 걷잡을 수 없이 모두 무너져 9군의 장수와 병졸이 도망쳐 돌아갔다.
↳ 살수 대첩

12 ㅇㅈㅁㄷ이 살수에서 수의 군대를 물리쳤다. 67·66·65·64회

고구려의 대외 항쟁 – 연개소문의 정변 52회

[연개]소문은 부병(部兵)을 모두 모아놓고 마치 군대를 사열할 것처럼 꾸몄다. …… 손님이 이르자 모두 살해하니, 1백여 명이었다. [그리고] 말을 달려 궁궐로 들어가 왕을 시해하였다. …… [연개소문은] 왕제(王弟)의 아들인 장(藏)을 세워 왕으로 삼고 스스로 막리지가 되었다.
↳ 연개소문의 정변 — 『삼국사기』

13 ㅇㄱㅅㅁ이 정변을 일으켜 권력을 장악하였다. 61회

고구려의 대외 항쟁 – 안시성 전투 35회

여러 장수가 급히 안시성을 공격하였다. …… 강하왕 도종이 무리를 독려하여 성의 동남 모퉁이에 흙산을 쌓아 침입하려고 하니, 성 안에서도 성벽을 높여서 막았다.
↳ 안시성 전투 — 『삼국사기』

14 ㅇㅅㅅ의 군사와 백성들이 당군을 물리쳤다. 68회

고구려의 멸망 42회

계필하력이 먼저 군사를 이끌고 평양성 밖에 도착하였고, 이적의 군사가 뒤따라 와서 한 달이 넘도록 평양을 포위하였다. …… 남건은 성문을 닫고 항거하여 지켰다. …… 5일 뒤에 신성이 성문을 열었다. …… 남건은 스스로 칼을 들어 자신을 찔렀으나 죽지 못했다. [보장]왕과 남건 등을 붙잡았다. — 『삼국사기』
↳ 평양성 함락 → 고구려 멸망

15 나·당 연합군이 ㅍㅇㅅ을 공격하였다. 28회

정답 01 평양성 02 불교 03 태학 04 후연 05 백제 06 신라 07 가야 08 영락 09 남진 10 한성 11 개로왕 12 을지문덕 13 연개소문 14 안시성 15 평양성

기출문제로 실전 감각 익히기

각 문제의 자료에 표시된 힌트를 참고하여 정답을 선택하세요!

01 (가) 왕의 업적으로 옳은 것은? [2점]
56회

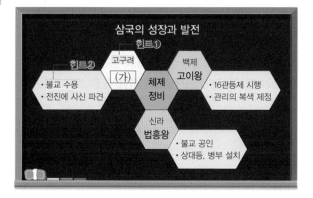

삼국의 성장과 발전

힌트❶
고구려
(가) → 체제 정비

힌트❷
· 불교 수용
· 전진에 사신 파견

백제
고이왕
· 16관등제 시행
· 관리의 복색 제정

신라
법흥왕
· 불교 공인
· 상대등, 병부 설치

① 도읍을 국내성에서 평양으로 옮겼다.
② 태학을 설립하여 인재를 양성하였다.
③ 서안평을 공격하여 영토를 확장하였다.
④ 연가라는 독자적인 연호를 사용하였다.
⑤ 신라에 군대를 파견하여 왜를 격퇴하였다.

02 다음 자료를 활용한 탐구 활동으로 가장 적절한 것은? [2점]
46회

힌트❶

경자년에 왕이 보병과 기병 5만 명을 보내어 신라를 구원하게 하였다. [고구려군이] 남거성을 거쳐 신라성에 이르니, 그곳에 왜적이 가득하였다. 고구려군이 막 도착하니 왜적이 퇴각하였다. 그 뒤를 급히 추격하여 임나가라의 종발성에 이르니 성이 곧 항복하였다. …… 예전에는 신라 매금이 몸소 [고구려에 와서] 보고를 하며 명을 받든 적이 없었는데, …… 신라 매금이 …… 조공하였다.

힌트❷

① 백강 전투의 전개 과정을 살펴본다.
② 안동 도호부가 설치된 경위를 찾아본다.
③ 백제가 사비로 천도한 원인을 알아본다.
④ 나·당 연합군이 결성된 계기를 파악한다.
⑤ 가야 연맹의 중심지가 이동한 배경을 조사한다.

03 (가)~(다)를 일어난 순서대로 옳게 나열한 것은? [3점]
53회

힌트❶　　힌트❷
(가) 온달이 왕에게 아뢰기를, "신라가 한강 이북 땅을 빼앗아 군현으로 삼았습니다. …… 저에게 군사를 주신다면 단번에 우리 땅을 반드시 되찾겠습니다."라고 하였다.

힌트❶　　힌트❷
(나) 10월에 백제 왕이 병력 3만 명을 거느리고 평양성을 공격해 왔다. 왕이 군대를 내어 막다가 날아온 화살에 맞아 이달 23일에 서거하였다.
힌트❸

힌트❶
(다) 9월에 왕이 병력 3만 명을 거느리고 백제를 침략하여 도읍 한성을 함락하였다. 백제 왕 부여경을 죽이고 남녀 8천 명을 포로로 잡아 돌아왔다.
힌트❷

① (가) - (나) - (다)
② (가) - (다) - (나)
③ (나) - (가) - (다)
④ (나) - (다) - (가)
⑤ (다) - (나) - (가)

04 (가), (나) 사이의 시기에 있었던 사실로 옳은 것은? [3점]
49회

힌트❶　　힌트❷
(가) 살수에 이르러 [수의] 군대가 반쯤 건너자 을지문덕이 군사를 보내 그 후군을 공격하였다. 우둔위 장군 신세웅을 죽이니, [수의] 군대가 걷잡을 수 없이 모두 무너져 9군의 장수와 병졸이 도망쳐 돌아갔다.
- 「삼국사기」

힌트❶
(나) [신라군이] 당군과 함께 평양을 포위하였다. 고구려 왕은 먼저 연남산 등을 보내 영공(英公)에게 항복을 요청하였다. 이에 영공은 보장왕과 왕자 복남·덕남, 대신 등 20여만 명을 이끌고 당으로 돌아갔다.
- 「삼국사기」
힌트❷

① 안승이 신라에 의해 보덕국왕에 책봉되었다.
② 미천왕이 서안평을 공격하여 영토를 넓혔다.
③ 광개토 대왕이 신라에 침입한 왜를 물리쳤다.
④ 연개소문이 정변을 일으켜 권력을 장악하였다.
⑤ 장수왕이 백제를 공격하여 한성을 함락시켰다.

정답 및 해설 ⇨ 219쪽

04 | 고대 (백제, 가야)

쌩초보 탈출구 🔑

백제는 4세기에 삼국 중 가장 먼저 전성기를 열었어요. 하지만, 5세기부터 위기를 맞아 두 차례에 걸쳐 수도를 옮기기도 하였죠. 한편 가야 연맹은 여러 작은 나라가 연합한 연맹 국가였는데요, 전기·후기의 가야 연맹을 이끈 금관가야와 대가야는 신라에 의해 멸망하게 됩니다.

1. 백제가 각 수도에 머물던 시기의 주요 왕과 그 업적을 알아두는 것이 중요해요.

한성 시기	→	웅진 시기	→	사비 시기
근초고왕: 평양성 공격		무령왕: 22담로 설치		성왕: 사비 천도

2. 전기 가야 연맹과 후기 가야 연맹을 각각 이끌었던 금관가야와 대가야가 신라의 어느 왕에 의해 멸망했는지를 기억해 두세요.

금관가야(김해)	대가야(고령)
신라 **법흥왕**에 의해 멸망	신라 **진흥왕**에 의해 멸망

최빈출개념

1 백제

최근 3개년 시험에서 **12문제 출제**
67회 3번, 66회 5번, 64회 6번, 63회 4번, 61회 3·6번, 59회 3·5번, 57회 5·7번, 55회 4번, 53회 4번

1. 백제의 건국과 성장, 한강 유역에 나라를 세우다(기원전 1세기~3세기)

(1) **건국**: 고구려에서 남하한 온조가 한강 유역의 토착 세력과 결합하여 한성(하남 위례성)에서 백제를 건국하였다.
　└ 고구려 주몽의 아들

(2) **고이왕**: 율령을 반포하고, 6좌평과 16관등제의 기본 골격을 마련하였다.
　└ 백제의 벼슬 등급인 16관등 중 가장 높은 등급

2. 백제의 전성기, 삼국 중 가장 먼저 전성기를 열다(4세기)

(1) **근초고왕**
　└ 이름: 사유

평양성 공격	고구려의 평양성을 공격하여 고국원왕을 전사시킴
대외 교류	일본 규슈(큐슈)에 진출하고, 왜왕에게 철제 칼인 칠지도를 하사함
「서기」 편찬	박사 고흥에게 역사서인 「서기」를 편찬하게 함

(2) **침류왕**: 중국 동진에서 온 승려 마라난타를 통해 불교를 수용·공인하였다.

3. 백제의 위기, 고구려에게 수도를 빼앗기다(5세기)

(1) **비유왕**: 고구려 장수왕이 남진 정책을 추진하자, 신라 눌지 마립간과 나·제 동맹을 체결하였다.

(2) **개로왕**: 고구려를 견제하고자 중국 북위에 국서를 보내 도움을 요청하였으나, 고구려 장수왕의 공격으로 한성이 함락되고 개로왕이 전사하였다.

4. 백제의 중흥 노력, 수도를 옮겨 중흥을 꾀하다(5세기 말~7세기)

(1) **문주왕**: 한성이 함락되자 웅진(공주)으로 수도를 옮겼다.

(2) **동성왕**: 신라 소지 마립간과 결혼 동맹을 맺어 나·제 동맹을 강화하였다.

(3) **무령왕**
　└ 이름: 사마

22담로 설치	지방에 22담로를 두고 왕족을 파견하여 지방에 대한 통제를 강화함
대외 교류	중국 남조의 양나라와 외교 관계를 강화함
　└ 남조의 영향을 받아 축조된 벽돌무덤인 무령왕릉이 남아 있음

기출선택지 암기하기

1. 백제의 건국과 성장
• 고이왕 – 내신 좌평, 위사 좌평 등 **6좌평**의 관제를 마련하였다. 62·60·52·51회

2. 백제의 전성기
• 근초고왕 – 평양성을 공격하여 고구원왕을 전사시켰다. 64·57회
• 근초고왕 – 고흥으로 하여금 「서기」를 편찬하게 하였다. 67·66·64·62·53회
• 침류왕 – 동진에서 온 마라난타를 통해 **불교를 수용**하였다. 67·59·57·55·53회

3. 백제의 위기
• 비유왕 – 백제가 신라와 나·제 동맹을 맺었다. 18회
• 개로왕 – 고구려를 견제하고자 북위에 국서를 보냈다. 67·64·59회

4. 백제의 중흥 노력
• 백제의 문주왕이 웅진으로 천도하였다. 45회
• 동성왕이 나·제 동맹을 강화하였다. 61회
• 무령왕 – 지방에 **22담로**를 두어 왕족을 파견하였다. 68·66·62·60·59·55·54회

(4) 성왕

천도·국호 변경	사비(부여)로 천도하고 국호를 '남부여'로 변경함
체제 정비	중앙 관청을 22부로 확대함, 행정 구역을 5부(수도)·5방(지방)으로 정비함
한강 유역 회복	신라 진흥왕과 연합하여 일시적으로 한강 하류 지역을 회복함 → 진흥왕의 배신으로 한강 하류 지역을 신라에 빼앗김 → 신라를 공격하였으나 관산성 전투에서 전사함

(5) 무왕: 익산(금마저)으로 천도를 시도하였으며, 익산에 미륵사라는 절을 창건하였다.

5. 백제의 멸망, 나·당 연합군에 의해 멸망하다(7세기)

(1) 의자왕의 정복 활동: 신라를 공격하여 대야성을 비롯한 40여 성을 탈취하였다.

(2) 멸망(의자왕)

황산벌 전투	신라 김유신의 군대가 침입하자, 의자왕이 보낸 계백의 결사대가 황산벌에서 신라군에 맞서 싸웠으나 크게 패함
사비성 함락	나·당 연합군의 공격으로 사비성이 함락되면서 백제가 멸망함

빈출개념

2 가야 연맹

┌─ '가라국'이라고도 불림

1. 금관가야, 전기 가야 연맹을 이끌다

건국	김수로왕이 김해 지역에서 금관가야를 건국함
발전과 쇠퇴	• 3세기경 금관가야를 중심으로 전기 가야 연맹이 결성됨 • 고구려 광개토 대왕의 신라 구원 과정에서 금관가야까지 공격을 받아 쇠퇴함(400)
멸망	신라 법흥왕의 공격으로 멸망함, 김구해 등의 왕족이 신라의 진골 귀족으로 편입됨
경제	풍부한 철을 낙랑과 왜 등에 수출함, 덩이쇠를 화폐처럼 이용함
유적	김해 대성동 고분군
문화유산	▲ 철제 갑옷 ▲ 원통형, 파형 동기 ▲ 청동솥

2. 대가야, 후기 가야 연맹을 이끌다

건국	이진아시왕이 고령 지방을 중심으로 대가야를 건국함
발전	금관가야가 쇠퇴한 이후 대가야를 중심으로 후기 가야 연맹이 결성됨
멸망	신라 진흥왕의 공격으로 멸망함, 가야 연맹이 완전히 해체됨
유적	고령 지산동 고분군
문화유산	▲ 금동관 ▲ 판갑옷과 투구

백제의 중흥 노력 – 문주왕 33회

고구려가 침입해 와 한성을 포위하였다. 개로왕이 성문을 굳게 닫고 직접 방어하며, 태자 문주를 신라에 보내어 구원을 요청하였다. 문주가 신라 병력 1만 명을 얻어 돌아왔다. 고구려 군사는 비록 물러갔으나 한성이 파괴되고 개로왕이 사망하여, 마침내 왕이 즉위하였다.

— 『삼국사기』

→ 문주왕

01 백제의 문주왕이 [ㅇㅈ]으로 천도하였다. 45회

백제의 중흥 노력 – 동성왕 48회

백제왕 모대가 사신을 보내 혼인하기를 청하였다. [신라]왕은 이벌찬 비지(比智)의 딸을 보냈다.

— 『삼국사기』

→ 결혼 동맹 → 동성왕

02 동성왕이 [ㄴ·ㅈ ㄷㅁ]을 강화하였다. 61회

백제의 중흥 노력 – 무령왕 46·12회

영동 대장군인 백제 사마왕은 나이가 62세 되는 계묘년 5월 임진일인 7일에 돌아가셨다. 을사년 8월 갑신일인 12일에 안장하여 대묘에 올려 뫼시며, 기록하기를 이와 같이 한다.

→ 무령왕

03 지방에 [22ㄷㄹ]를 두어 왕족을 파견하였다. 68·66·62·60·59·55·54회

백제의 중흥 노력 – 성왕 36회

왕 16년 봄, 사비(일명 소부리라고 한다)로 도읍을 옮기고 국호를 남부여라고 하였다.

— 『삼국사기』

→ 성왕(무령왕의 아들)

04 [ㅅㅂ]로 천도하고 국호를 [ㄴㅂㅇ]로 고쳤다. 61·59·57회

05 중앙 관청을 [22ㅂ]로 확대하였다. 35회

06 진흥왕과 연합하여 [ㅎㄱ ㅎㄹ] 지역을 되찾았다. 50·48회

07 성왕이 [ㄱㅅㅅ] 전투에서 피살되었다. 68·62·61회

백제의 중흥 노력 – 무왕 37회

어느 날 왕이 부인과 함께 사자사(獅子寺)에 가려고 용화산 밑의 큰 못가에 이르렀는데, 미륵 삼존이 연못 가운데서 나타나므로 수레를 멈추고 절을 올렸다. …… 왕이 이를 허락하여 …… 미륵이 세 번 법화를 연 것을 본따 법당과 탑과 낭무(廊廡)를 각각 세 곳에 세우고, 절 이름을 미륵사라고 하였다.

— 『삼국유사』

→ 무왕

08 익산에 [ㅁㄹㅅ]를 창건하였다. 67·64·63·60회

백제의 멸망 – 의자왕 37회

의자왕은 당과 신라 군사들이 이미 백강과 탄현을 지났다는 소식을 듣고 장군 계백을 시켜 결사대 5천명을 거느리고 황산으로 가서 신라 군사와 싸우게 하였다.

→ 황산벌 전투 → 의자왕

09 윤충을 보내 [ㄷㅇㅅ]을 함락하였다. 67·64·61·60회

10 [ㄱㅂ]의 결사대를 보내 신라군에 맞서 싸웠다. 68·66·65·60회

금관가야 50회

문화재청이 김해 대성동과 양동리 고분에서 출토된 목걸이 3점에 대해 보물 지정을 예고했습니다. 이 유물은 김수로왕이 건국했다고 전해지는 (가)의 수준 높은 공예 기술을 보여줍니다. 또한 출토지가 명확하고 보존 상태가 온전하여 학술 및 예술적 가치가 높은 것으로 평가됩니다.

→ 금관가야

11 시조 [ㄱㅅㄹㅇ]의 설화가 『삼국유사』에 전해진다. 44회

12 일부 왕족이 멸망 후 [ㅅㄹ]의 진골로 편입되었다. 33회

13 [ㅊ]이 많이 생산되어 왜 등에 수출하였다. 68·58·56·52회

14 문화유산 – 철제 [ㄱㅇ] 48·45·43회

대가야 43회

경상북도 고령군 지산동 고분군에서 발굴 조사 중 그림이 새겨진 직경 5cm 가량의 토제 방울 1점을 비롯하여 곱은옥, 화살촉 등 다양한 유물이 출토되었습니다. 이번 발굴로 이진아시왕을 시조로 이 지역에서 발전한 (가)에 대한 연구가 활발하게 이루어질 전망입니다.

→ 대가야

15 [ㅎㄱ ㄱㅇ ㅇㅁ]을 주도하였다. 43회

16 [ㅈㅎㅇ] 때 신라에 복속되었다. 64회

17 문화유산 – [ㄱㄷㄱ] 64회

정답 01 웅진 02 나·제 동맹 03 22담로 04 사비, 남부여 05 22부 06 한강 하류 07 관산성 08 미륵사 09 대야성 10 계백 11 김수로왕 12 신라 13 철 14 갑옷 15 후기 가야 연맹 16 진흥왕 17 금동관

기출문제로 실전 감각 익히기

각 문제의 자료에 표시된 힌트를 참고하여 정답을 선택하세요!

01 (가), (나) 사이의 시기에 있었던 사실로 옳은 것은? [2점]

[55회]

> (가) 고구려 병사는 비록 물러갔으나 성이 파괴되고 왕이 죽어서 [문주가] 왕위에 올랐다. …… 겨울 10월, 웅진으로 도읍을 옮겼다.
> └ 힌트❶
> - 『삼국사기』
>
> (나) 왕이 신라를 습격하고자 몸소 보병과 기병 50명을 거느리고 밤에 구천(狗川)에 이르렀는데, 신라 복병을 만나 그들과 싸우다가 살해되었다.
> └ 힌트❷
> - 『삼국사기』

① 익산에 미륵사가 창건되었다.

② 흑치상지가 임존성에서 군사를 일으켰다.

③ 동진에서 온 마라난타를 통해 불교가 수용되었다.

④ 지방을 통제하기 위하여 22담로에 왕족이 파견되었다.

⑤ 계백이 이끄는 결사대가 황산벌에서 신라군에 맞서 싸웠다.

02 다음 자료에 해당하는 왕에 대한 설명으로 옳은 것은? [1점]

[67회]

① 국호를 남부여로 개칭하였다.

② 금마저에 미륵사를 창건하였다.

③ 고흥에게 『서기』를 편찬하게 하였다.

④ 윤충을 보내 대야성을 함락하였다.

⑤ 동진에서 온 마라난타를 통해 불교를 수용하였다.

03 (가) 나라의 문화유산으로 옳은 것은? [2점]

[48회]

> └ 힌트❶
> 이곳은 김해 대성동 고분군 108호분 발굴 조사 설명회 현장입니다. 대형 덩이쇠 40매와 둥근고리큰칼, 화살촉 등 130여 점의 철기 유물이 출토되었습니다. 이번 발굴로 김수로왕이 건국하였다고 전해지는 (가) 에 대한 연구가 활발하게 이루어질 전망입니다. └ 힌트❷

①

②

③

④

⑤

04 (가) 나라에 대한 탐구 활동으로 가장 적절한 것은? [2점]

[54회]

> [가] **체험 축제**
> └ 힌트❶ └ 힌트❷
> 이진아시왕이 고령 일대에 세운 나라의 문화를 체험하는 축제에 여러분을 초대합니다.
>
> ◈ 주요 프로그램 ◈
> - 금동관 모형 제작하기
> - 투구와 갑옷 착용하기
> - 지산동 고분군 야간 트레킹
>   └ 힌트❸
> ■ 기간: 2021년 ○○월 ○○일 ~ ○○일
> ■ 장소: 경상북도 고령군 일대

① 범금 8조의 의미를 살펴본다.

② 임신서기석의 내용을 분석한다.

③ 안동도호부가 설치된 경위를 찾아본다.

④ 22담로에 왕족이 파견된 목적을 알아본다.

⑤ 가야 연맹의 중심지가 이동한 과정을 조사한다.

정답 및 해설 ⇒ 219쪽

05 | 고대 (신라)

쌩초보 탈출구 🔑

신라는 고구려와 백제보다 발전이 늦었지만, 6세기 법흥왕 때 나라의 체제를 정비하고 진흥왕 때 전성기를 맞이하였어요. 이후 신라는 7세기에 당나라와 손을 잡아 백제와 고구려를 차례로 멸망시키고, 당나라를 몰아내 삼국 통일을 완성하였습니다.

1. 신라와 관련하여 자주 나오는 법흥왕과 진흥왕의 업적을 구별해서 알아두세요.

법흥왕	진흥왕
병부·상대등 설치, 연호 '건원' 사용, 불교 공인	화랑도 개편, 역사서 『국사』 편찬

2. 신라가 삼국을 통일하는 과정을 순서대로 알아두세요.

나·당 동맹 결성 → 백제 멸망 → 고구려 멸망 → 나·당 전쟁 승리 → 삼국 통일

빈출개념

1 신라의 성립과 발전

최근 3개년 시험에서 **5문제 출제**
64회 5번, 63회 7번, 54회 4번, 52회 3번, 51회 3번

1. 신라의 건국, 박혁거세가 신라를 건국하다(기원전 1세기)
  (1) **건국**: 박혁거세가 경주 지역의 토착민과 유이민 집단을 결합하여 건국하였다.
  (2) **초기 성격**: 박·석·김의 3성이 교대로 왕위를 차지하였다.

2. 신라의 발전, 체제를 정비하고 고대 국가로 발전하다(4~6세기)
  (1) **내물 마립간**

	연장자라는 뜻
마립간 칭호 사용	최고 지배자의 칭호를 이사금에서 마립간으로 변경함
김씨 세습 확립	박·석·김씨 중 김씨가 독점적으로 왕위를 세습함
왜 격퇴	고구려 광개토 대왕의 도움으로 왜를 격퇴함

  (2) **눌지 마립간**: 백제 비유왕과 나·제 동맹을 체결하였다.
  (3) **소지 마립간**: 백제 동성왕과 결혼 동맹을 체결하여 나·제 동맹을 강화하였다.
  (4) **지증왕**

국호·왕호 변경	국호를 신라, 왕호를 마립간에서 '왕'으로 변경함
우경 장려·순장 금지	소를 이용해 농사를 짓는 우경을 장려함, 순장을 금지함
우산국 정복	장군 이사부를 보내 우산국(울릉도)을 복속시킴
동시전 설치	시장을 관리하는 기관인 동시전을 수도 경주에 설치함

  (5) **법흥왕**

군사력을 강화하기 위한 중앙 부서 ┐   귀족들의 대표 관직 ┐   관리들이 입는 옷으로, 붉은 빛과 자주 빛 등으로 등급을 표시함 ┐

지배 체제 정비	병부와 상대등을 설치함, 율령을 반포함, 공복을 제정함
불교 공인	이차돈의 순교를 계기로 불교를 공인함
연호 사용	'건원'이라는 독자적인 연호를 사용함
금관가야 정복	금관가야를 복속시킴, 항복한 김구해를 예로써 대접하고 벼슬을 줌

└ 금관가야의 마지막 왕

기출선택지 암기하기

1. 신라의 건국
  • 박·석·김의 3성이 교대로 왕위를 계승하였다. 50·45·44회

2. 신라의 발전
  • **내물 마립간** – 마립간이라는 칭호를 처음 사용하였다. 62·51회
  • **내물 마립간** – 신라가 고구려의 도움으로 왜를 격퇴하였다. 48회
  • **지증왕** – 국호를 신라로 정하고 왕이라는 칭호를 사용하였다. 37회
  • **지증왕** – 이사부를 보내 우산국을 복속시켰다. 66·64·63·62·61·60·57회
  • **지증왕** – 시장을 관리하기 위하여 동시전이 설치되었다. 67·66·65·64·56·52회
  • **법흥왕** – 병부와 상대등을 설치하였다. 62·54·51회
  • **법흥왕** – 이차돈의 순교를 계기로 불교를 공인하였다. 68·63·62·61·59·54·51회
  • **법흥왕** – 건원이라는 독자적인 연호를 사용하였다. 67·60·52회
  • **법흥왕** – 금관가야를 복속하여 영토를 확대하였다. 60·58·57·52회

3. 신라의 전성기, 한강 유역을 차지하다(6~7세기)

(1) 진흥왕

한강 유역 확보	백제 성왕과 연합하여 고구려의 한강 상류 지역을 확보한 후, 백제가 점령했던 한강 하류 지역까지 확보함
대가야 정복	대가야를 정복하여 낙동강 유역까지 영토를 확장함
화랑도 개편	청소년 집단인 화랑도를 국가적 조직으로 개편함
비석 건립	단양 신라 적성비, 진흥왕 순수비(북한산비, 창녕비, 황초령비, 마운령비)를 건립함
『국사』 편찬	거칠부에게 역사서인 『국사』를 편찬하게 함

└ 고구려 영양왕 때 온달이 한강 이북 땅을 회복하고자 하였으나 실패하였음 (한강 유역 확보)
└ 나라 안의 지역을 두루 살핀 후 건립한 비석 (비석 건립)

(2) 선덕 여왕

└ 황룡사는 진흥왕 때 완공됨 / 천체 관측 시설

문화 정책	승려 자장의 건의로 황룡사 구층 목탑을 건립함, 첨성대를 세움
대야성 함락	백제 의자왕의 공격으로 대야성이 함락당함

└ 성골 출신의 마지막 왕

(3) 진덕 여왕: 김춘추를 당나라에 파견하여 나·당 동맹을 체결하였으며, 집사부를 설치하였다.
└ 왕명을 수행하는 기구

2 신라의 삼국 통일

1. 삼국 통일 준비, 신라가 당나라와 동맹을 맺다

나·당 동맹 결성	진덕 여왕 때 김춘추가 중국으로 건너가 당 태종에게 군사 동맹을 제의하면서 나·당 동맹이 결성됨
김춘추 즉위	진골 출신인 김춘추가 진덕 여왕의 뒤를 이어 태종 무열왕으로 즉위함

2. 삼국 통일 과정, 백제와 고구려를 멸망시키고 삼국 통일을 이루다

백제 멸망	• 황산벌 전투: 신라 김유신의 군대가 백제 계백의 결사대를 격파함(660) • 나·당 연합군의 공격으로 사비성이 함락됨, 백제가 멸망함(의자왕, 660)

▼

└ 의자왕의 아들

백제 부흥 운동	• 복신과 도침이 주류성에서 부여풍을 왕으로 추대함 • 흑치상지가 임존성에서 소정방이 지휘하는 당군을 격퇴함 • 백강 전투: 왜의 수군이 백제 부흥군을 돕기 위해 백강 근처까지 왔으나 나·당 연합군에 패배함(663) → 백제 부흥 운동이 실패함

▼

고구려 멸망	나·당 연합군의 공격으로 평양성이 함락됨, 고구려가 멸망함(보장왕, 668)

▼

└ 보장왕의 외손자 혹은 서자

고구려 부흥 운동	• 고구려의 장군인 검모잠이 안승(안순)을 왕으로 추대하고 부흥 운동을 전개함 → 내분이 발생하여 안승이 검모잠을 죽이고 신라로 달아남 • 신라 문무왕이 안승을 보덕국의 왕으로 임명함

▼

나·당 전쟁	• 원인: 당이 백제와 고구려 멸망 이후 각각 웅진 도독부와 안동 도호부를 설치하였고, 신라에는 계림 도독부를 설치하여 한반도 전체를 지배하려는 야심을 드러냄 • 전개 　－ 매소성 전투: 당의 20만 대군을 매소성에서 격파함(675) 　－ 기벌포 전투: 설인귀가 이끄는 당의 수군을 기벌포에서 섬멸함(676) • 결과: 신라가 삼국 통일을 달성함(676, 신라 문무왕), 당이 안동 도호부를 요동 지역으로 옮김

---

3. 신라의 전성기
- 진흥왕 – 대가야를 정복하여 영토를 확장하였다. 68·66·64·51회
- 진흥왕 – 국가적인 조직으로 화랑도를 개편하였다. 68·66·63·62·59회
- 진흥왕 – 거칠부에게 『국사』를 편찬하게 하였다. 68·67·61·60·55·54·51회
- 진흥왕 – 마운령, 황초령 등에 순수비를 세웠다. 52회
- 선덕 여왕 – 자장의 건의로 황룡사 구층 목탑을 건립하였다.
  68·64·60·59·58·55·51회
- 선덕 여왕 – 첨성대를 세워 천체를 관측하였다. 60·52회
- 진덕 여왕 – 집사부를 설치하고 장관을 중시라고 하였다. 58회

최근 3개년 시험에서 **11문제 출제**
68회 5번, 67회 5번, 65회 6번, 61회 7번, 60회 4번, 58회 6번, 56회 5번, 55회 6번, 54회 6번, 53회 5번, 51회 5번

기출선택지 암기하기

1. 삼국 통일 준비
- 김춘추가 당과 군사 동맹을 체결하였다.
  65·64·62·61·58회

2. 삼국 통일 과정
- 백제 부흥 운동 – 복신과 도침이 부여풍을 왕으로 추대하였다. 68·62·58·52회
- 백제 부흥 운동 – 흑치상지가 임존성에서 군사를 일으켰다. 55·53회
- 백제 부흥 운동 – 부여풍이 백강에서 왜군과 함께 당군에 맞서 싸웠다.
  67·61·53·52회
- 고구려 부흥 운동 – 안승이 보덕국의 왕으로 임명되었다. 68·67·60·58·53·52회
- 나·당 전쟁 – 신라군이 당의 군대에 맞서 매소성에서 승리하였다. 59·52회
- 나·당 전쟁 – 신라군이 기벌포에서 적군을 격파하였다. 66회
- 당이 안동 도호부를 평양에 설치하였다.
  59·52회

기출 자료와 선택지로 암기 강화

기출 자료를 통해 해석법을 익히고, 기출 선택지 초성 퀴즈로 암기를 강화하세요!

신라의 발전 – 지증왕 33회

- ○ 500년 즉위
- ○ 502년 순장을 금지하고 우경(牛耕)을 장려
- ○ 503년 신하들의 건의를 받아들여 국호를 '신라'로 확정하고 '왕' 이라는 칭호 사용 → 지증왕
- ○ 505년 이사부를 실직주의 군주로 삼음

01 국호를 ㅅㄹ로 정하고 ㅇ이라는 칭호를 사용하였다. 37회

02 이사부를 보내 ㅇㅅㄱ을 복속시켰다. 66·64·63·62·61회

03 시장을 관리하기 위하여 ㄷㅅㅈ이 설치되었다. 67·66·65·64회

신라의 발전 – 법흥왕 44·43회

김구해가 아내와 세 아들, 즉 큰 아들 노종, 둘째 아들 무덕, 셋째 아들 무력과 함께 나라의 창고에 있던 보물을 가지고 와서 항복하였다. 왕이 예로써 그들을 우대하여 높은 관등을 주고 본국을 식읍으로 삼도록 하였다. – 『삼국사기』 → 법흥왕

- ○ 정월에 율령을 반포하고, 처음으로 관리들의 공복(公服)을 제정하였다. 붉은 빛과 자주 빛으로 등급을 표시하였다.
- ○ 4월에 이찬 철부를 상대등으로 삼아 나라의 일을 총괄하게 하였다. 상대등의 관직은 이때 처음 생겼는데, 지금의 재상과 같다. → 법흥왕 – 『삼국사기』

04 ㅂㅂ와 ㅅㄷㄷ을 설치하였다. 62·54·51회

05 ㅇㅊㄷ의 순교를 계기로 ㅂㄱ를 공인하였다. 68·63·62·61회

06 ㄱㅇ이라는 독자적인 연호를 사용하였다. 67·60·52회

07 ㄱㄱㄱㅇ를 복속하여 영토를 확대하였다. 60·58·57·52회

신라의 전성기 – 진흥왕 44회

왕 6년 가을 7월에 이찬 이사부가 아뢰기를, "국사(國史)라는 것은 군주와 신하의 선악을 기록하며 만대에 포폄(褒貶)을 보여주는 것이니 편찬하지 않으면 후대에 무엇을 보이겠습니까?"라고 하였다. 이에 왕이 진실로 그렇다고 여겨서 대아찬 거칠부 등에게 명하여 널리 문사들을 모아서 [이를] 편찬하도록 하였다. – 『삼국사기』 → 진흥왕

08 ㄷㄱㅇ를 정복하여 영토를 확장하였다. 68·66·64·51회

09 국가적인 조직으로 ㅎㄹㄷ를 개편하였다. 68·66·63·62회

10 거칠부에게 『ㄱㅅ』를 편찬하게 하였다. 68·67·61·60회

11 마운령, 황초령 등에 ㅅㅅㅂ를 세웠다. 52회

삼국 통일 준비 – 나·당 동맹 결성 48회

당에 파견되었던 이찬 김춘추가 오늘 무사히 귀국하였습니다. 김춘추는 그곳에서 큰 환대를 받았고, 태종의 군사적 지원을 이끌어내는 성과를 거두었습니다. → 나·당 동맹 결성

12 김춘추가 ㄷ과 군사 동맹을 체결하였다. 65·64·62·61회

삼국 통일 과정 – 백제 부흥 운동 43회

흑치상지가 좌우의 10여 명과 함께 [적을] 피해 본부로 돌아가 흩어진 자들을 모아 임존산(任存山)을 지켰다. 목책을 쌓고 굳게 지키니 열흘 만에 귀부한 자가 3만여 명이었다. 소정방이 병사를 보내 공격하였는데, 흑치상지가 죽음을 두려워하지 않고 막아 싸우니 그 군대가 패하였다. 흑치상지가 본국의 2백여 성을 수복하니 소정방이 토벌할 수 없어서 돌아갔다. → 백제 부흥 운동

13 ㅂㅅ과 ㄷㅊ이 부여풍을 왕으로 추대하였다. 68·62·58·52회

14 부여풍이 ㅂㄱ에서 왜군과 함께 당군에 맞서 싸웠다. 67·61·53·52회

15 ㅎㅊㅅㅈ가 임존성에서 군사를 일으켰다. 55·53회

삼국 통일 과정 – 고구려 부흥 운동 62·51회

검모잠이 국가를 다시 일으키기 위하여 당을 배반하고 왕의 외손 안순[안승]을 세워 임금으로 삼았다. 당 고종이 대장군 고간을 보내 동주도(東州道) 행군총관으로 삼고 병력을 내어 그들을 토벌하니, 안순이 검모잠을 죽이고 신라로 달아났다. – 『삼국사기』 → 고구려 부흥 운동

16 안승이 ㅂㄷㄱ의 왕으로 임명되었다. 68·67·60·58회

삼국 통일 과정 – 나·당 전쟁 61회

이근행이 군사 20만 명을 이끌고 매소성에 주둔하였다. 신라 군사가 공격하여 달아나게 하고 말 3만여 필을 얻었는데, 남겨 놓은 병장기의 수도 그 정도 되었다. → 나·당 전쟁

17 신라군이 당의 군대에 맞서 ㅁㅅㅅ에서 승리하였다. 59·52회

18 신라군이 ㄱㅂㅍ에서 적군을 격파하였다. 66회

19 당이 ㅇㄷㄷㅎㅂ를 평양에 설치하였다. 59·52회

정답 **01** 신라, 왕 **02** 우산국 **03** 동시전 **04** 병부, 상대등 **05** 이차돈, 불교 **06** 건원 **07** 금관가야 **08** 대가야 **09** 화랑도 **10** 국사 **11** 순수비 **12** 당 **13** 복신, 도침 **14** 백강 **15** 흑치상지 **16** 보덕국 **17** 매소성 **18** 기벌포 **19** 안동 도호부

기출문제로 실전 감각 익히기

각 문제의 자료에 표시된 힌트를 참고하여 정답을 선택하세요!

01 밑줄 그은 '이 왕'에 대한 설명으로 옳은 것은? [2점]
54회

┌─ 힌트❶ ──── 힌트❷ ┐

이것은 국보 제242호인 울진 봉평리 신라비로 병부를 설치하고 율령을 반포한 이 왕 때 건립되었습니다. 이 비석에는 신라 6부의 성격과 관등 체계, 지방 통치 조직과 촌락 구조 등 당시 사회상을 알려주는 내용이 담겨 있습니다.

① 이사부를 보내 우산국을 복속하였다.
② 관료전을 지급하고 녹읍을 폐지하였다.
③ 이차돈의 순교를 계기로 불교를 공인하였다.
④ 인재 등용을 위해 독서삼품과를 시행하였다.
⑤ 거칠부에게 명하여 『국사』를 편찬하게 하였다.

02 다음 검색창에 들어갈 왕에 대한 설명으로 옳은 것은? [2점]
52회

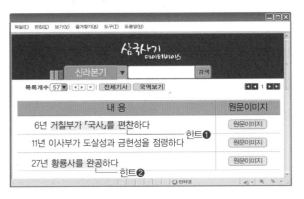

① 불국사 삼층 석탑을 건립하였다.
② 첨성대를 세워 천체를 관측하였다.
③ 마운령, 황초령 등에 순수비를 세웠다.
④ 금관가야를 복속하여 영토를 확대하였다.
⑤ 시장을 감독하는 관청인 동시전을 설치하였다.

03 (가), (나) 사이의 시기에 있었던 사실로 옳은 것은? [2점]
65회

┌─ 힌트❶ ──── 힌트❷ ┐

(가) 당의 손인사, 유인원과 신라왕 김법민은 육군을 거느려 나아가고, 유인궤 등은 수군과 군량을 실은 배를 거느리고 백강으로 가서 육군과 합세하여 주류성으로 갔다. 백강 어귀에서 왜의 군사를 만나 …… 그들의 배 4백 척을 불살랐다. └ 힌트❸

(나) 이근행이 군사 20만 명을 이끌고 매소성에 머물렀다. 신라군이 공격하여 달아나게 하고 말 3만여 필을 얻었는데, 노획한 병장기의 수도 그 정도 되었다.
└─ 힌트❷

① 장문휴가 당의 등주를 공격하였다.
② 원광이 왕명으로 걸사표를 작성하였다.
③ 을지문덕이 살수에서 대승을 거두었다.
④ 김춘추가 당과의 군사 동맹을 성사시켰다.
⑤ 검모잠이 안승을 왕으로 세워 부흥 운동을 벌였다.

04 (가)에 들어갈 내용으로 가장 적절한 것은? [3점]
67회

한국사 동영상 제작 계획안

삼국이 하나 되다
○학년 ○반 ○모둠

■ 제작 의도
    삼국 통일 과정을 사건의 발생 순서대로 구성하여 그 의의와 한계를 살펴본다.

■ 장면별 구성 내용
#1. 김춘추가 당과의 군사 동맹을 성사시키다
#2. 백제의 결사대 5천 명이 황산벌에서 패하다
#3. 연개소문이 죽고 내분이 일어나다
#4. _____(가)_____
#5. 신라 수군이 기벌포에서 승리하다
└─ 힌트❶

① 흑치상지가 당의 유인궤에게 항복하다
② 문무왕이 안승을 보덕국왕으로 책봉하다
③ 을지문덕이 살수에서 수의 군대를 물리치다
④ 부여풍이 백강에서 왜군과 함께 당군에 맞서 싸우다
⑤ 개로왕이 북위에 사신을 보내 고구려 공격을 요청하다

정답 및 해설 ⇨ 220쪽

06 | 고대 (통일 신라, 발해)

쌩초보 탈출구 🔑

삼국을 통일한 이후 신라는 통치 체제를 재정비하여 왕권을 강화시켰어요. 그리고 북쪽에서는 발해가 세워져 바야흐로 남북국 시대가 시작되었죠.
하지만 통일 신라 말에는 사회가 혼란해진 틈을 타 지방에서 후백제와 후고구려가 건국되면서 후삼국이 형성되었습니다.

1. 통일 신라와 발해가 나라를 다스리기 위해 정비한 통치 체제를 중앙과 지방으로 구분해서 알아두세요.

통일 신라의 통치 체제	발해의 통치 체제
중앙 – 집사부 외 13부, 지방 – 9주 5소경	중앙 – 3성 6부, 지방 – 5경 15부 62주

2. 후백제와 후고구려를 세운 인물 및 수도를 비교해 알아두는 것이 중요해요.

후백제	후고구려
견훤, 수도 완산주(전주)	궁예, 수도 송악(개성)

빈출개념
1 통일 신라의 발전

최근 3개년 시험에서 **6문제 출제**
67회 7번, 62회 8번, 60회 8번, 59회 7번, 57회 8번, 56회 8번

1. 통일 이후 왕권의 강화, 왕에게 권력이 집중되다

(1) 문무왕

삼국 통일 완성	• 당과 연합하여 고구려를 멸망시킴(668) • 매소성 전투, 기벌포 전투에서 당의 군대를 격파하여 삼국 통일을 완성함(676)
외사정 파견	지방관을 감찰하기 위해 외사정이라는 관리를 파견함

┌ 문무왕에게 받은 대나무로 만파식적이라는 피리를 만들었다는 설화가 전해짐

(2) 신문왕
┌ 신라 중대의 귀족으로, 신문왕의 장인이 됨

김흠돌의 난 진압	김흠돌의 난을 진압하고 진골 귀족 세력을 숙청해 왕권을 강화함
지방 행정 제도 정비	지방 행정 제도를 9주 5소경으로 정비함
토지 제도 개편	관리들에게 수조권을 행사할 수 있는 토지인 관료전을 지급하고, 귀족의 경제적 기반이었던 녹읍을 폐지함
국학 설립	유학 교육을 위해 국학이라는 교육 기관을 설립함
감은사 완성	아버지인 문무왕 때부터 짓기 시작한 절인 감은사를 완성함

(3) 성덕왕: 백성에게 정전이라는 토지를 지급하여 토지 소유를 법제적으로 인정하였다.

2. 통일 신라의 통치 체제, 강력한 왕권을 바탕으로 체제를 정비하다

(1) 중앙 정치 제도: 집사부 외에 위화부, 사정부 등 13부를 두어 행정 업무를 분담하였다.
└ 관리 감찰   └ 인사 담당

(2) 지방 행정 제도
└ 경주(금성)   └ 수도의 위치가 치우친 것을 보완하기 위해 설치함

① 9주 5소경: 전국을 9개의 주로 나누고, 수도 외에 중요한 지역에 5소경을 설치하였다.

② 상수리 제도: 지방 세력을 견제하기 위해 향리를 일정 기간 수도에 머무르게 하였다.

(3) 군사 제도: 9서당(중앙군) 10정(지방군)의 군사 조직을 완비하였다.

기출선택지 암기하기

1. 통일 이후 왕권의 강화

• **문무왕** – 매소성 전투에서 당의 군대를 격파하였다. 59·52회

• **문무왕** – 지방관을 감찰하기 위해 외사정을 파견하였다. 68·61·59·54·53·52회

• **신문왕** – 김흠돌을 비롯한 진골 귀족 세력을 숙청하였다. 63·54회

• **신문왕** – 관리에게 관료전을 지급하고 녹읍을 폐지하였다. 67·63·62·60·56회

• **성덕왕** – 백성에게 정전을 지급하였다. 63회

2. 통일 신라의 통치 체제

• **중앙 정치 제도** – 집사부 외 13부를 두고 행정 업무를 분담하였다. 68·58·52회

• **지방 행정 제도** – 9주 5소경의 지방 행정 제도를 갖추었다. 68·55·51회

• **지방 행정 제도** – 상수리 제도를 시행하여 지방 세력을 견제하였다. 63·60·56·51회

• **군사 제도** – 9서당 10정의 군사 조직을 갖추었다. 65·62·61·60·59·57회

최근 3개년 시험에서 **15문제 출제**
67회 9번, 65회 7번, 63회 8번, 62회 7번, 61회 10번, 60회 6번,
59회 9번, 58회 8번, 57회 8번, 54회 7번, 52회 9번, 51회 8번,
54회 7번, 52회 9번, 51회 8번

1. 발해, 고구려의 옛 땅에 나라를 세우다

(1) 발해의 건국과 발전

대조영	고구려 유민을 이끌고 만주 지린성(길림성) 동모산에서 나라를 세움
무왕(대무예)	• 연호 사용: 인안이라는 연호를 내세워 당과 대등하다는 의식을 드러냄 • 대당 강경책: 동생 대문예를 파견하여 흑수말갈을 정벌하게 함, 당나라 산 동 반도의 등주성에 장문휴를 보내 당의 군대를 격파함 ┌ 당과 연결을 시도함
문왕(대흠무)	• 연호 사용: 대흥, 보력이라는 연호를 사용함 ┌ 이불 병좌상이 발견됨 • 수도 이동: 수도를 중경 현덕부 → 상경 용천부 → 동경 용원부로 옮김
선왕(대인수)	고구려의 옛 땅을 대부분 회복하고 전성기를 맞이해 해동성국이라 불림

└ 정혜 공주와 정효 공주의 아버지　　　　　　　　　└ 바다 동쪽의 융성한 나라

(2) 발해의 통치 체제

중앙 정치 제도	• 3성: 정당성, 선조성, 중대성으로 구성됨, 대내상이 국정을 총괄함 • 6부: 충·인·의·지·예·신부로 구성됨 ┌ 정당성의 장관 • 기타: 중정대(관리 감찰), 문적원(서적 관리), 주자감(국립 대학)
지방 행정 제도	선왕 때 5경 15부 62주의 지방 행정 제도를 갖춤

2. 발해의 고구려 계승 의식, 스스로를 고구려라 칭하다

(1) **일본에 보낸 국서**: 일본에 보낸 국서에 '고려', '고려 국왕'이라는 명칭을 사용하였다.

(2) **고구려 문화 계승**: 대형 치미, 온돌, 이불 병좌상, 발해 석등 등이 고구려 문화와 유사하다.

기출선택지 암기하기

1. 발해
• 무왕 – 인안(仁安)이라는 독자적인 연호를 사용하였다. 47회
• 문왕 – 중경 현덕부에서 상경 용천부로 천도하였다. 63회
• 전성기에 해동성국이라고도 불렸다. 46회
• 중앙 관제를 3성 6부로 정비했습니다. 58회
• 정당성의 대내상이 국정을 총괄하였다. 50회
• 중정대를 두어 관리를 감찰하였다. 60·51회
• 주자감을 설치하여 인재를 양성하였다. 62·58·52회
• 5경 15부 62주의 지방 행정 제도를 갖추었다. 63·56·54·51회

2. 발해의 고구려 계승 의식
• 일본에 보낸 국서에 고려국왕이라는 명칭을 사용하였다. 29회

최근 3개년 시험에서 **19문제 출제**
68회 6번, 67회 8번, 66회 7·9번, 64회 9·10번, 63회 11번, 62회 9번,
61회 8·11번, 60회 9번, 57회 10번, 56회 12번, 55회 9번, 54회 8·10번,
53회 6번, 52회 10번, 51회 7번

1. 통일 신라 말의 혼란, 왕권이 약화되고 반란들이 일어나다

(1) **통일 신라 말의 상황**: 왕권이 약화되어 지방에서 호족들이 반독립적인 세력으로 성장하였으며, 승진에 제한이 있었던 6두품 세력은 당나라로 떠나 빈공과에 응시하였다.

(2) 통일 신라 말 주요 왕들의 업적 및 사건

원성왕	독서삼품과를 실시하여 관리를 채용함 → 진골 귀족들의 반발로 실패함
헌덕왕	웅천주(공주) 도독 김헌창이 반란을 일으켰으나 실패함(김헌창의 난)
진성 여왕	『삼대목』(향가집) 편찬, 원종과 애노의 난 발생, 최치원이 시무 10여 조 건의

└ 사벌주에서 일어남

2. 후삼국 시대, 다시 삼국으로 나뉘다

(1) **후삼국 시대의 성립**: 견훤이 후백제를, 궁예가 후고구려를 건국하였다.

└ 신라 왕족 출신

(2) 후백제와 후고구려

구분	후백제	후고구려
건국	견훤이 완산주(전주)에서 건국함(900)	궁예가 송악(개성)에서 건국함(901)
활동	• 중국의 후당·오월에 사신을 파견함 • 신라의 수도인 금성(경주)을 습격하여 신라 경애왕을 죽게 함	• 국호 변경 및 천도: '마진'으로 국호를 바꾸고 '무태'라는 연호를 사용함 → 철원으로 천도함 → 국호를 '태봉'으로 바꿈 • 관제 정비: 국정 총괄 기관인 광평성을 비롯한 각종 정치 기구를 마련함

기출선택지 암기하기

1. 통일 신라 말의 혼란
• 빈공과를 준비하는 6두품 출신 유학생 65·64회
• 원성왕 – 독서삼품과를 실시하여 관리를 채용하였다. 67·66·63·60·59·57회
• 헌덕왕 – 웅천주 도독 김헌창이 반란을 일으켰다. 67·66회
• 진성 여왕 – 원종과 애노의 난 등 농민 봉기가 일어났다. 68·63·62·61회
• 진성 여왕 – 최치원이 왕에게 시무 10여 조를 건의하였다. 65·64·63·62·58회

2. 후삼국 시대
• 후백제 – 후당, 오월에 사신을 파견하였다. 66·64·63·62·60·56·52회
• 후백제 – 신라의 금성을 습격하여 경애왕을 죽게 하였다. 61·56회
• 후고구려 – 마진이라는 국호와 무태라는 연호를 사용하였다. 63·55회
• 후고구려 – 광평성을 비롯한 각종 정치 기구를 마련하였다. 67·66·65·64·60회

기출 자료와 선택지로 암기 강화

기출 자료를 통해 해석법을 익히고, 기출 선택지 초성 퀴즈로 암기를 강화하세요!

통일 이후 왕권의 강화 – 신문왕 46회

오늘은 감은사를 완성한 왕에 대해 이야기해 볼게요. 그는 동해의 용이 되어 나라를 지키겠다는 유언을 남긴 선왕에 감사하는 마음을 담아 감은사라는 이름을 붙였다고 해요. 또한 김흠돌의 난을 진압하고 진골 귀족을 숙청하여 왕권을 강화했어요. 이 왕이 추진한 다른 정책에 대해 말해 볼까요?
└ 유학 교육을 위해 국학을 설립하였어요.
└ (가)   → 신문왕 →

01 [ㄱㅎㄷ]을 비롯한 진골 귀족 세력을 숙청하였다. 63·54회
02 관리에게 [ㄱㄹㅈ]을 지급하고 [ㄴㅇ]을 폐지하였다. 67·63·62·60회

통일 신라의 통치 체제 36회

〈중앙 통치 체제〉
– 집사부, 병부, 위화부 등 총 14개의 중앙 부서 운영
– 집사부의 장관인 시중이 왕명을 받들어 국정 수행
– 감찰 기구인 사정부를 두어 관리의 비리 방지
– 중앙 교육 기관으로 국학 설치
                              → 통일 신라의 통치 체제

03 [ㅈㅅㅂ] 외 13부를 두고 행정 업무를 분담하였다. 68·58·52회
04 [9ㅈ 5ㅅㄱ]의 지방 행정 제도를 갖추었다. 68·55·51회
05 [ㅅㅅㄹ] 제도를 시행하여 지방 세력을 견제하였다. 63·60·56·51회
06 [9ㅅㄷ 10ㅈ]의 군사 조직을 갖추었다. 65·62·61·60·59회

발해 65회

처음에 이 나라의 왕이 자주 학생들을 경사의 태학에 보내어 고금의 제도를 배우고 익혀 가더니, 드디어 해동성국이 되었다. 그 땅에는 5경 15부 62주가 있다.
                              – 「신당서」
                         → 발해

07 무왕 – [ㅇㅇ](仁安)이라는 독자적인 연호를 사용하였다. 47회
08 문왕 – [ㅈㄱ] 현덕부에서 [ㅅㄱ] 용천부로 천도하였다. 63회
09 전성기에 [ㅎㄷㅅㄱ]이라고도 불렸다. 46회
10 중앙 관제를 [3ㅅ 6ㅂ]로 정비했습니다. 58회
11 [ㅈㄷㅅ]의 대내상이 국정을 총괄하였다. 50회
12 [ㅈㅈㄷ]를 두어 관리를 감찰하였다. 60·51회
13 [ㅈㅈㄱ]을 설치하여 인재를 양성하였다. 62·58·52회
14 [5ㄱ 15ㅂ 62ㅈ]의 지방 행정 제도를 갖추었다. 63·56·54·51회

통일 신라 말의 혼란 66회

진성왕 3년, 나라 안의 모든 주군에서 공물과 부세를 보내지 않아 창고가 비고 재정이 궁핍해졌다. 왕이 관리를 보내 독촉하니 곳곳에서 도적이 벌떼처럼 일어났다. 이때 원종, 애노 등이 사벌주를 근거지로 반란을 일으켰다.
                              – 「삼국사기」
       원종·애노의 난 → 통일 신라 말의 혼란

15 [ㅂㄱㄱ]를 준비하는 6두품 출신 유학생 65·64회
16 원성왕 – [ㄷㅅㅍㄱ]를 실시하여 관리를 채용하였다. 67·66·63·60·59회
17 헌덕왕 – 웅천주 도독 [ㄱㅎㅊ]이 반란을 일으켰다. 67·66회
18 진성 여왕 – [ㅇㅈ]과 [ㅇㄴ]의 난 등 농민 봉기가 일어났다. 68·63·62·61회
19 진성 여왕 – [ㅊㅊㅇ]이 왕에게 시무 10여 조를 건의하였다. 65·64회

후삼국 시대 – 후백제 42회

이곳 동고산성은 신라 말의 혼란을 틈타 완산주에 나라를 건국한 (가)와/과 관련된 유적으로 알려져 있습니다. 조선 숙종 때 쓰여진 전주 성황사 중창기와 1980년 이곳에서 발견된 '전주성(全州城)'이라는 명문이 새겨진 와당이 이를 뒷받침하고 있습니다.
                         견훤 → 후백제

20 [ㅎㄷ], [ㅇㅇ]에 사신을 파견하였다. 66·64·63·62회
21 신라의 금성을 습격하여 [ㄱㅇㅇ]을 죽게 하였다. 61·56회

후삼국 시대 – 후고구려 52회

(가)이/가 스스로 왕이라 칭하며 말하기를, "지난 날 신라가 당에 군사를 청하여 고구려를 격파하였다. 그래서 평양 옛 도읍은 잡초만 무성하게 되었으니, 내가 반드시 그 원수를 갚겠다."라고 하였다.
                    궁예 → 후고구려 – 「삼국사기」

22 [ㅁㅈ]이라는 국호와 무태라는 연호를 사용하였다. 63·55회
23 [ㄱㅍㅅ]을 비롯한 각종 정치 기구를 마련하였다. 67·66·65·64회

정답 01 김흠돌 02 관료전, 녹읍 03 집사부 04 9주 5소경 05 상수리 06 9서당 10정 07 인안 08 중경, 상경 09 해동성국 10 3성 6부 11 정당성 12 중정대 13 주자감 14 5경 15부 62주 15 빈공과 16 독서삼품과 17 김헌창 18 원종, 애노 19 최치원 20 후당, 오월 21 경애왕 22 마진 23 광평성

기출문제로 실전 감각 익히기

각 문제의 자료에 표시된 힌트를 참고하여 정답을 선택하세요!

01 (가)에 들어갈 내용으로 옳은 것은? [2점]
[62회]

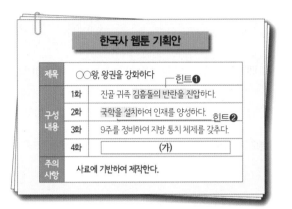

한국사 웹툰 기획안

제목	○○왕, 왕권을 강화하다 — 힌트❶
구성 내용	1화 진골 귀족 김흠돌의 반란을 진압하다.
	2화 국학을 설치하여 인재를 양성하다. — 힌트❷
	3화 9주를 정비하여 지방 통치 체제를 갖추다.
	4화 (가)
주의 사항	사료에 기반하여 제작한다.

① 관료전을 지급하고 녹읍을 폐지하다.
② 마립간이라는 칭호를 처음 사용하다.
③ 이사부를 보내 우산국을 복속시키다.
④ 화랑도를 국가적 조직으로 개편하다.
⑤ 이차돈의 순교를 계기로 불교를 공인하다.

02 지도와 같이 행정 구역을 정비한 국가에 대한 설명으로 옳은 것을 〈보기〉에서 고른 것은? [3점]
[56회]

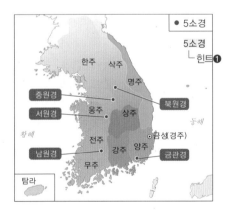

〈보기〉
ㄱ. 9서당 10정의 군사 조직을 운영하였다.
ㄴ. 욕살, 처려근지 등을 지방관으로 파견하였다.
ㄷ. 상수리 제도를 실시하여 지방 세력을 견제하였다.
ㄹ. 북계에 병마사를 파견하여 적의 침입에 대비하였다.

① ㄱ, ㄴ   ② ㄱ, ㄷ   ③ ㄴ, ㄷ
④ ㄴ, ㄹ   ⑤ ㄷ, ㄹ

03 (가) 국가에 대한 설명으로 옳은 것은? [1점]
[54회]

오늘 소개해주실 자료는 무엇인가요?

이것은 일본의 이시야마사에 소장된 가구 영험불정존승다라니기입니다. 해동성국이라 불린 (가) 의 사신 이거정이 가져간 것으로, 당시 양국의 교류와 불교 문화를 엿볼 수 있는 중요한 자료로 평가받고 있습니다. — 힌트❶

① 광군을 창설하여 외침에 대비하였다.
② 9서당 10정의 군사 조직을 운영하였다.
③ 광덕, 준풍 등의 독자적인 연호를 사용하였다.
④ 5경 15부 62주의 지방 행정 제도를 갖추었다.
⑤ 지방관을 감찰하기 위해 외사정을 파견하였다.

04 (가) 인물에 대한 설명으로 옳은 것을 〈보기〉에서 고른 것은? [3점]
[50회]

(가) 은/는 상주 가은현 사람이다. …… [왕의] 총애를 받던 측근들이 정권을 마음대로 휘둘러 기강이 문란해졌다. 기근까지 겹쳐 백성들이 떠돌아다니고, 여러 도적들이 봉기하였다. 이에 (가) 이/가 몰래 [왕위를] 넘겨다 보는 마음을 갖고 …… 드디어 무진주를 습격하여 스스로 왕이 되었으나, 아직 감히 공공연하게 왕을 칭하지는 못하였다. …… 서쪽으로 순행하여 완산주에 이르니 그 백성들이 환영하였다. — 힌트❶ – 『삼국사기』

〈보기〉
ㄱ. 후당, 오월에 사신을 파견하였다.
ㄴ. 광평성을 비롯한 각종 정치 기구를 마련하였다.
ㄷ. 신라의 금성을 습격하여 경애왕을 죽게 하였다.
ㄹ. 『정계』와 『계백료서』를 지어 관리의 규범을 제시하였다.

① ㄱ, ㄴ   ② ㄱ, ㄷ   ③ ㄴ, ㄷ
④ ㄴ, ㄹ   ⑤ ㄷ, ㄹ

정답 및 해설 ⇨ 221쪽

07 | 고대 [경제·사회·문화]

쌩초보 탈출구 🔑

고대의 국가들은 경제·문화적으로 주변 국가와 활발히 교류하였어요. 특히 삼국 시대에는 한반도로 불교가 전해지면서 승려들의 활동이 두드러졌고, 부처에 대한 믿음을 바탕으로 많은 탑과 불상이 제작되었답니다.

1. 통일 신라의 무역항과 발해의 교통로를 구별하여 알아두세요!

    통일 신라 – 당항성, 울산항, 청해진   **발해 – 영주도, 일본도, 신라도, 거란도**

2. 백제·신라·통일 신라·발해의 탑을 구별해서 암기해 두세요.

백제	신라	통일 신라	발해
익산 미륵사지 석탑, 부여 정림사지 오층 석탑	경주 분황사 모전 석탑	경주 불국사 삼층 석탑, 경주 불국사 다보탑	영광탑

최빈출개념

1 고대의 경제·사회

최근 3개년 시험에서 11문제 출제
66회 6번, 64회 8번, 63회 3·5번, 59회 8번, 58회 7·10번,
56회 9번, 55회 5·7번, 53회 7번

1. 통일 신라의 경제, 대외 무역이 활발해지다

(1) 대외 무역
  ① 대표 무역항: 당항성(한강 유역)과 울산항이 무역항으로 번성하였다.
  ② 청해진: 장보고가 완도에 설치한 청해진이 국제 무역 거점으로 번성하였다.

(2) 상업 발달: 통일 이전인 지증왕 때 설치된 동시전이 통일 이후에도 시장을 감독하였다.

(3) 민정 문서(신라 촌락 문서): 조세 징수와 노동력 징발에 활용하기 위해 작성되었다.

발견	일본 도다이사(동대사) 쇼소인(정창원)에서 발견됨
작성 방법	토착 세력인 촌주가 매년 변동 사항을 조사하여 3년마다 작성함
기록 내용	호(戸)의 등급과 변동 상황, 성별·연령별 인구 규모 등 촌락의 경제 상황

2. 발해의 경제, 교통로를 두어 주변 국가와 교류하다

(1) 교통로 설치: 영주도(당), 일본도(일본), 신라도(신라), 거란도(거란)를 통해 교류하였다.
(2) 특산물: 목축이 발달하여 담비 가죽과 솔빈부의 말이 특산물로 유명하였다.

3. 삼국의 지배층과 귀족 회의, 귀족들이 국가의 중대사를 결정하다

구분	고구려	백제	신라
지배층	고씨 + 5부 출신 귀족 (왕족)	부여씨 + 8성의 귀족 (왕족)	성골, 진골, 6~1두품
귀족 회의	제가 회의	정사암 회의	화백 회의(만장일치제)

└ 귀족들이 모여 국가의 중대사를 결정함   └ 천정대라고도 불리는 바위

4. 신라의 골품제, 출신 성분에 따라 신분을 나누다

(1) 구성: 출신 성분에 따라 성골, 진골, 6개의 품으로 신분이 나누어졌다.
              └ 집과 수레의 크기 등
(2) 성격: 골품에 따라 관직 승진의 제한이 있었으며, 일상 생활까지 규제하였다.
    └ 6두품은 제6관등인 아찬까지만 승진이 가능했음

기출선택지 암기하기

1. 통일 신라의 경제
• 울산항, 당항성이 무역항으로 번성하였다. 63·56회
• 청해진이 국제 무역 거점으로 번성하였다. 63·62·61·58·57·56·55·53회
• 시장을 감독하는 관청인 동시전이 있었다. 67·66·65·64·63·62·61회

2. 발해의 경제
• 거란도, 영주도 등을 통해 주변 국가와 교류하였다. 64·63·53회
• 솔빈부의 말이 특산물로 거래되었다. 67·66·63·62·61·59회

3. 삼국의 지배층과 귀족 회의
• 고구려 – 제가 회의에서 나라의 중요한 일을 결정하였습니다. 61·54회
• 백제 – 왕족인 부여씨와 8성의 귀족이 지배층을 이루었다. 68·64·61·60·57회
• 백제 – 정사암에 모여 재상을 선출하였다. 67·66·64·63·62·60회
• 신라 – 화백 회의에서 국가의 중대사를 논의하였다. 62·60회

4. 신라의 골품제
• 골품에 따라 관직 승진에 제한을 두었다. 63·62·61·57회

2 고대의 문화

최근 3개년 시험에서 **22문제 출제**
68회 4·10번, 67회 4·6번, 66회 3·8번, 65회 4·8번, 64회 4번,
63회 6·10번, 62회 5번, 61회 5번, 60회 7번, 59회 6번, 57회 4번,
56회 7번, 55회 8번, 53회 9번, 52회 6번, 51회 6·9번

1. 승려, 불교를 전파하다

원효 └설총의 아버지	• 불교의 대중화: 무애가(불교의 이치를 담은 노래)를 지어 민간에 유포함 • 일심 사상 주장: 모든 진리는 한마음에서 나온다는 일심 사상을 주장함 • 저술: 『십문화쟁론』, 『대승기신론소』, 『금강삼매경론』 등
의상 └당에 유학 하고 돌아옴	• 화엄종 정리: 『화엄일승법계도』를 저술하여 화엄종을 정리함 • 관음 신앙 강조: 질병이나 재해 등 현세의 고난에서 구제받고자 함 • 영주 부석사를 창건함
혜초	인도와 중앙아시아를 여행하고 『왕오천축국전』을 지음

2. 고대의 문화유산, 불교와 도교의 문화유산을 남기다

(1) 탑

익산 미륵사지 석탑 (백제)	부여 정림사지 오층 석탑(백제)	경주 분황사 모전 석탑(통일 이전 신라)	경주 불국사 삼층 석탑(통일 신라)
현존하는 삼국 시대 석탑 중 가장 규모가 큰 탑으로, 탑 내부에서 금제 사리봉영기가 발견됨		벽돌탑(전탑)을 모방했다는 뜻	석가탑으로도 불림
백제 무왕 때 건립된 탑	백제의 대표 석탑	현존하는 신라 석탑 중 가장 오래됨	『무구정광대다라니경』이 출토됨
경주 불국사 다보탑 (통일 신라)	양양 진전사지 삼층 석탑(통일 신라)	화순 쌍봉사 철감선 사 승탑(통일 신라)	영광탑(발해)
독특하고 복잡한 양식으로 건립됨	기단부와 탑신부에 불상을 조각함	철감선사 도윤의 사리를 모신 승탑	중국(당)의 영향을 받아 만든 전탑

(2) 불상

금동 연가 7년명 여래 입상(고구려)	서산 용현리 마애 여래 삼존상(백제)	경주 배동 석조 여래 삼존 입상(신라)	경주 석굴암 본존불 (통일 신라)
	절벽에 새겨진 불상의 이름에 붙는 명칭		
후광(광배) 뒷면에 글씨가 새겨져 있음	'백제의 미소'라는 별칭을 가지고 있음	신라 조각의 정수를 보여줌	신라 예술의 뛰어난 균형미를 보여 줌

(3) 도교 관련 문화유산

고구려 강서 대묘 사신도	백제 금동대향로	백제 산수무늬 벽돌
도교의 방위신 중 북쪽의 현무를 그린 벽화	부여 능산리 절터에서 출토, 도교와 불교의 요소가 복합적으로 표현됨	산과 신선(도교 상징)이 그려진 벽돌

기출선택지 암기하기

1. 승려
• 원효 – 무애가를 지어 불교 대중화에 노력하였다. 67·60·55·53·51회
• 원효 – 『대승기신론소』, 『십문화쟁론』을 저술하였다. 38회
• 원효가 『금강삼매경론』을 저술하였습니다. 47·46회
• 의상 – 『화엄일승법계도』를 지어 화엄종을 정리하였다. 66·65·60·56·55회
• 의상 – 현세의 고난에서 구제받고자 하는 관음 신앙을 강조하였다. 67회
• 의상 – 영주에 부석사를 창건하다. 47회
• 혜초 – 인도와 중앙아시아를 여행하고 『왕오천축국전』을 지었다. 65·63·62·61·60회

2. 고대의 문화유산
• 탑 – 익산 미륵사지 석탑 67·63·62·57회

• 탑 – 부여 정림사지 오층 석탑 67·63·57회

• 탑 – 경주 분황사 모전 석탑 67·62·59회

• 탑 – 영광탑 67·66·62·57·51회

• 불상 – 서산 용현리 마애 여래 삼존상 67·59·53회

• 도교 관련 문화유산 – 백제 금동대향로 66·64·59회

통일 신라의 경제 63회

○ 소장처: 일본 도다이사 쇼소인
○ 소개 ← 민정 문서(신라 촌락 문서) → 통일 신라의 경제
이 문서는 조세 수취와 노동력 동원에 활용할 목적으로 작성된 것이다. 여기에는 (가)의 5소경 중 하나인 서원경 부근 4개 촌락의 인구 현황, 토지의 종류와 면적, 뽕나무와 잣나무 수, 소와 말의 수 등을 3년마다 조사한 내용이 상세히 기재되어 있다.

01 [ㅇㅅ]항, 당항성이 무역항으로 번성하였다. 63·56회
02 [ㅊㅎㅈ]이 국제 무역 거점으로 번성하였다. 63·62·61·58회
03 시장을 감독하는 관청인 [ㄷㅅㅈ]이 있었다. 67·66·65·64·63회

발해의 경제 36회

귀중히 여기는 것은 태백산의 토끼, 남해의 다시마, 책성의 된장, …… 막힐의 돼지, 솔빈의 말, 현주의 베, 옥주의 면, 용주의 명주, 위성의 철, 노성의 벼, 미타호의 붕어이다. …… 이 밖의 풍속은 고구려, 거란과 대개 같다. ← 발해 ―「신당서」

04 거란도, [ㅇㅈ]도 등을 통해 주변 국가와 교류하였다. 64·63·53회
05 [ㅅㅂ]부의 말이 특산물로 거래되었다. 67·66·63·62·61회

신라의 골품제 43회

설계두가 이르기를, "신라에서는 사람을 등용하는 데 (가)을/를 따져서 진실로 그 족속이 아니면 비록 큰 재주와 뛰어난 공이 있더라도 [그 한도를] 넘을 수가 없다. 나는 원컨대, 중국으로 가서 세상에서 보기 드문 지략을 떨쳐서 특별한 공을 세우고 싶다. ……" 라고 하였다. ← 골품제

06 골품에 따라 [ㄱㅈ] 승진에 제한을 두었다. 63·62·61·57회

승려 – 원효 38회

• 생몰: 617년~686년
• 가계: 부(父) 담날, 자(子) 설총
• 주요 활동
 – 무애가를 지어 불교 대중화에 기여함.
 – 모든 진리는 한마음에서 나온다는 일심 사상을 주장함. ← 원효

07 [ㅁㅇㄱ]를 지어 불교 대중화에 노력하였다. 67·60·55·53회
08 『[ㄷㅅㄱㅅㄹㅅ]』, 『[ㅅㅁㅎㅈㄹ]』을 저술하였다. 38회
09 원효가 『[ㄱㄱㅅㅁㄱㄹ]』을 저술하였습니다. 47·46회

승려 – 의상 61회

(가)은/는 화엄 사상의 요지를 정리한 『화엄일승법계도』를 저술하였다. 또한 부석사를 비롯한 여러 사원을 건립하였고, 현세의 고난에서 구제받고자 하는 관음 신앙을 강조하였다. ← 의상

10 『[ㅎㅇㅇㅅㅂㄱㄷ]』를 지어 화엄 사상을 정리하였다. 66·65·60·56회
11 현세의 고난에서 구제받고자 하는 [ㄱㅇ ㅅㅇ]을 강조하였다. 67회
12 영주에 [ㅂㅅㅅ]를 창건하였다. 47회

고대의 문화유산 – 경주 분황사 모전 석탑 46회

(가)

국보 제30호로 현재 남아 있는 신라 석탑 중에 가장 오래된 것이다. 돌을 벽돌 모양으로 다듬어 쌓았다는 점이 특징이며, 선덕 여왕 3년에 건립된 것으로 추정된다. ← 경주 분황사 모전 석탑

13 [ㄱㅈ ㅂㅎㅅ] 모전 석탑 67·62·59회

고대의 문화유산 – 서산 용현리 마애 여래 삼존상 39회

(가)

• 종목: 국보 제84호
• 소재지: 충청남도 서산시
• 소개: 이 석불은 6세기 말에서 7세기 초, 서산 일대에서 부여로 가는 길목에 조성된 것으로 '백제의 미소'로 널리 알려져 있다. 연꽃잎을 새긴 대좌 위의 여래상은 전체 얼굴 윤곽이 둥글고 풍만하여 백제 불상 특유의 자비로운 인상을 보여준다. ← 서산 용현리 마애 여래 삼존상

14 [ㅅㅅ ㅇㅎㄹ] 마애 여래 삼존상 67·59·53회

정답 01 울산 02 청해진 03 동시전 04 영주 05 솔빈 06 관직 07 무애가 08 대승기신론소, 십문화쟁론 09 금강삼매경론 10 화엄일승법계도 11 관음 신앙 12 부석사 13 경주 분황사 14 서산 용현리

기출문제로 실전 감각 익히기

각 문제의 자료에 표시된 힌트를 참고하여 정답을 선택하세요!

01

53회

(가) 국가에 대한 설명으로 옳은 것을 〈보기〉에서 고른 것은? [2점]

〈한국사 온라인 강좌〉

우리 연구소에서는 [(가)]의 역사적 의미를 조명하기 위해 온라인 강좌를 마련하였습니다. 관심 있는 분들의 많은 참여 바랍니다.

■ 강좌 주제 ■

제1강 일본에 보낸 외교 문서에 나타난 역사 의식 — 힌트①
제2강 정혜 공주 무덤의 구조로 알 수 있는 고분 양식
제3강 장문휴의 등주 공격을 통해 본 대외 인식
제4강 인안, 대흥 연호 사용에 반영된 천하관
— 힌트③   — 힌트②

■ 일시 : 2021년 6월 매주 목요일 19:00~21:00
■ 방식 : 화상 회의 플랫폼 활용
■ 주관 : △△ 연구소

─〈보기〉─
ㄱ. 철전인 건원중보를 발행하였다.
ㄴ. 솔빈부의 말이 특산물로 거래되었다.
ㄷ. 지방관을 감찰하고자 외사정을 파견하였다.
ㄹ. 거란도, 영주도 등을 통해 주변국과 교류하였다.

① ㄱ, ㄴ   ② ㄱ, ㄷ   ③ ㄴ, ㄷ
④ ㄴ, ㄹ   ⑤ ㄷ, ㄹ

02

55회

밑줄 그은 '이 제도'에 대한 설명으로 옳은 것은? [1점]

축하드립니다. 이번에 대아찬으로 승진하셨다고 들었습니다.

고맙네. 하지만 6두품인 자네는 이 제도 때문에 아찬에서 더 이상 올라갈 수 없다는 것이 안타깝네 그려. — 힌트①
— 힌트②

① 원화(源花)에 기원을 두고 있다.
② 을파소의 건의로 처음 마련되었다.
③ 서얼의 관직 진출을 법으로 제한하였다.
④ 집과 수레의 크기 등 일상 생활을 규제하였다.
⑤ 문무 5품 이상 관리의 자손을 대상으로 하였다.

03

56회

(가), (나) 인물에 대한 설명으로 옳은 것은? [2점]

힌트① 힌트②
당에 유학하고 돌아와 영주에 부석사를 세우고 많은 제자를 양성하였습니다.

오늘은 두 분의 고승을 모시고 어떤 활동을 하셨는지 들어 보겠습니다.

힌트① 무애가를 지어 세상에 퍼뜨렸고, 이로 인해 많은 사람이 '나무아미타불'을 외우게 되었지요.

홀로그램으로 만나는 역사 인물

(가)   (나)

① (가) – 법화 신앙을 바탕으로 백련 결사를 이끌었다.
② (가) – 『화엄일승법계도』를 지어 화엄 사상을 정리하였다.
③ (나) – 불교 교단을 통합하기 위해 천태종을 개창하였다.
④ (나) – 인도와 중앙아시아를 여행하고 『왕오천축국전』을 저술하였다.
⑤ (가), (나) – 심성 도야를 강조한 유·불 일치설을 주장하였다.

04

53회

(가)에 해당하는 문화유산으로 옳은 것은? [2점]

— 힌트①
국보로 지정된 이 마애불은 둥근 얼굴 윤곽에 자비로운 인상을 지녀 '백제의 미소'라고 불립니다. 6세기 말에서 7세기 초, 중국을 오가던 사람들의 안녕을 기원하고자 교통로에 만들어진 것으로 보입니다.
— 힌트②

한국의 마애불

(가)

①   ②   ③

④   ⑤

정답 및 해설 ⇒ 221쪽

01 (가) 시대의 생활 모습으로 옳은 것은? [1점]
52회

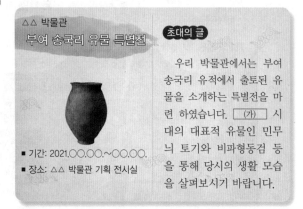

△△ 박물관
부여 송국리 유물 특별전

초대의 글

우리 박물관에서는 부여 송국리 유적에서 출토된 유물을 소개하는 특별전을 마련하였습니다. (가) 시대의 대표적 유물인 민무늬 토기와 비파형동검 등을 통해 당시의 생활 모습을 살펴보시기 바랍니다.

■ 기간: 2021.○○.○○.~○○.○○.
■ 장소: △△ 박물관 기획 전시실

① 주로 동굴이나 강가의 막집에서 살았다.
② 계급이 없는 평등한 공동체 생활을 하였다.
③ 오수전, 화천 등의 중국 화폐로 교역하였다.
④ 실을 뽑기 위해 가락바퀴를 처음 사용하였다.
⑤ 의례 도구로 청동 거울과 청동 방울 등을 제작하였다.

02 (가) 나라에 대한 설명으로 옳은 것은? [2점]
49회

위만이 망명하여 호복을 하고 동쪽의 패수를 건너 준왕에게 투항하였다. 위만은 서쪽 변경에 거주하도록 해주면, 중국의 망명자를 거두어 (가) 의 번병(藩屛)*이 되겠다고 준왕을 설득하였다. 준왕은 그를 믿고 총애하여 박사로 삼고 …… 백 리의 땅을 봉해 주어 서쪽 변경을 지키게 하였다. - 『삼국지』 동이전
*번병: 변경의 울타리

① 국가 중대사를 정사암에서 논의하였다.
② 마립간이라는 왕의 칭호를 사용하였다.
③ 여러 가(加)들이 다스리는 사출도가 있었다.
④ 빈민을 구제하기 위해 진대법을 시행하였다.
⑤ 사회 질서를 유지하기 위해 범금 8조를 두었다.

03 (가), (나) 나라에 대한 설명으로 옳은 것은? [2점]
52회

(가) 장사를 지낼 때 큰 나무 곽을 만드는데, 길이가 10여 장이나 되며 한쪽을 열어 놓아 문을 만들었다. 사람이 죽으면 모두 가매장을 해서 …… 뼈만 추려 곽 속에 안치하였다. 온 집 식구를 모두 하나의 곽 속에 넣어 두는데, 죽은 사람의 숫자대로 나무를 깎아 생전의 모습과 같이 만들었다. - 『삼국지』 동이전

(나) 귀신을 믿기 때문에 국읍마다 한 사람을 세워 천신의 제사를 주관하게 하니 천군이라고 하였다. 또 나라마다 별읍이 있으니 소도라 하였다. 그곳에서는 큰 나무를 세우고 방울과 북을 매달아 놓고 귀신을 섬겼다. 그 안으로 도망쳐 온 사람들은 모두 돌려보내지 않았다. - 『삼국지』 동이전

① (가) - 혼인 풍습으로 서옥제가 있었다.
② (가) - 목지국 등 많은 소국들로 이루어졌다.
③ (나) - 신지, 읍차 등의 지배자가 있었다.
④ (나) - 12월에 영고라는 제천 행사를 열었다.
⑤ (가), (나) - 여러 가(加)들이 사출도를 별도로 주관하였다.

04 다음 검색창에 들어갈 왕에 대한 설명으로 옳은 것은? [2점]
60회

내 용	원문이미지
56년 신라의 실직주성을 빼앗다	원문이미지
60년 북위에 사신을 파견하다	원문이미지
63년 백제 도성을 함락시키다	원문이미지

삼국사기 데이터베이스
고구려본기 ▼ [검색]
목록개수 74 ◀ ▶ 전체기사 국역보기

① 도읍을 국내성에서 평양으로 옮겼다.
② 낙랑군을 몰아내고 영토를 확장하였다.
③ 을파소의 건의로 진대법을 실시하였다.
④ 영락이라는 독자적 연호를 사용하였다.
⑤ 전진의 순도를 통해 불교를 수용하였다.

05
64회

밑줄 그은 '이 왕'에 대한 설명으로 옳은 것은? [2점]

무령왕의 뒤를 이어 즉위한 이 왕은 국호를 고치고 중앙 관청을 22부로 정비하였어.

신라와 연합하여 한강 유역을 되찾았지만, 신라에 다시 빼앗겼지.

결국 신라와 전쟁을 벌이다가 관산성 전투에서 전사하였어.

① 금마저에 미륵사를 창건하였다.
② 수도를 웅진에서 사비로 옮겼다.
③ 윤충을 보내 대야성을 함락하였다.
④ 고흥으로 하여금 『서기』를 편찬하게 하였다.
⑤ 북위에 사신을 보내 고구려 공격을 요청하였다.

06
50회

(가) 나라에 대한 설명으로 옳은 것은? [2점]

문화재청이 김해 대성동과 양동리 고분에서 출토된 목걸이 3점에 대해 보물 지정을 예고했습니다. 이 유물은 김수로왕이 건국했다고 전해지는 (가) 의 수준 높은 공예 기술을 보여줍니다. 또한 출토지가 명확하고 보존 상태가 온전하여 학술 및 예술적 가치가 높은 것으로 평가됩니다.

대성동과 양동리 출토 목걸이, 보물로 지정 예고

① 골품에 따라 관등 승진에 제한이 있었다.
② 만장일치제로 운영된 화백 회의가 있었다.
③ 여러 가(加)들이 별도로 사출도를 주관하였다.
④ 박, 석, 김의 3성이 교대로 왕위를 계승하였다.
⑤ 철이 많이 생산되어 낙랑과 왜 등에 수출하였다.

07
63회

밑줄 그은 '왕'의 업적으로 옳은 것은? [2점]

○ 담당 관청에 명하여 월성의 동쪽에 새 궁궐을 짓게 하였는데, 그곳에서 황룡이 나타났다. 왕이 이것을 기이하게 여기고는 [계획을] 바꾸어 사찰을 짓고, '황룡'이라는 이름을 내려 주었다.

○ [거칠부가] 왕의 명령을 받들어 여러 문사(文士)를 모아 『국사』를 편찬하였다. ─ 『삼국사기』

① 이사부를 보내 우산국을 복속시켰다.
② 예성강 이북에 패강진을 설치하였다.
③ 관료전을 지급하고 녹읍을 폐지하였다.
④ 국가적인 조직으로 화랑도를 개편하였다.
⑤ 이차돈의 순교를 계기로 불교를 공인하였다.

08
52회

(가), (나) 사이의 시기에 있었던 사실로 옳은 것은? [3점]

(가) 정관 16년에 …… 여러 대신들과 건무가 의논하여 개소문을 죽이고자 하였다. 일이 누설되자 개소문은 부병을 모두 불러 모아 군병을 사열한다고 말하고 …… 왕궁으로 달려 들어가 건무를 죽인 다음 대양의 아들 장을 왕으로 세우고 스스로 막리지가 되었다.
　　　　　　　　　　　　　　　　　─ 『구당서』 동이전

(나) 건봉 원년에 …… 개소문이 죽고 아들 남생이 막리지가 되었다. 남생은 아우 남건·남산과 화목하지 못하여 각자 붕당을 만들어 서로 공격하였다. 남생은 두 아우에게 쫓겨 국내성으로 달아났다. ─ 『구당서』 동이전

① 을지문덕이 살수에서 대승을 거두었다.
② 당이 안동 도호부를 평양에 설치하였다.
③ 신라군이 매소성에서 당군을 격파하였다.
④ 복신과 도침이 부여풍을 왕으로 추대하였다.
⑤ 안승이 신라에 의해 보덕국왕으로 임명되었다.

09 밑줄 그은 '왕'에 대한 설명으로 옳은 것은? [2점]
50회

> 용이 검은 옥대를 바쳤다. …… 왕이 놀라고 기뻐하여 오색 비단·금·옥으로 보답하고, 사람을 시켜 대나무를 베어서 바다로 나오자, 산과 용은 홀연히 사라져 보이지 않았다. 왕이 감은사에서 유숙하고 …… 행차에서 돌아와 그 대나무로 피리를 만들어 월성의 천존고에 보관하였다. 이 피리를 불면 적병이 물러가고 병이 나으며, 가물 때 비가 오고 비올 때 개며, 바람이 잦아들고 파도가 평온해졌다. 이를 만파식적(萬波息笛)이라 부르고 국보로 삼았다.
>
> – 『삼국유사』

① 병부와 상대등을 설치하였다.
② 이사부를 보내 우산국을 복속하였다.
③ 마립간이라는 칭호를 처음 사용하였다.
④ 매소성 전투에서 당의 군대를 격파하였다.
⑤ 김흠돌을 비롯한 진골 귀족 세력을 숙청하였다.

10 (가) 국가에 대한 설명으로 옳은 것은? [2점]
55회

> 오늘 소개해 주실 문화유산은 무엇입니까?

> 이것은 (가) 의 5경 중 하나인 동경 용원부 유적에서 발견된 불상입니다. 보탑(寶塔) 안의 다보불이 설법하던 석가불을 불러 함께 나란히 앉았다는 『법화경』의 내용을 형상화하였습니다.

① 왜에 칠지도를 만들어 보냈다.
② 2군 6위의 군사 조직을 운영하였다.
③ 신라도를 통하여 신라와 교류하였다.
④ 광평성 등의 정치 기구를 마련하였다.
⑤ 9주 5소경의 지방 행정 제도를 갖추었다.

11 (가)~(마) 문화유산에 대한 설명으로 옳은 것은? [3점]
54회

답사 계획서

■ 주제: 유네스코 세계유산 백제 역사 유적 지구를 찾아서
■ 기간: 2021년 ○○월 ○○일 ~ ○○일
■ 답사 지역 및 일정 안내

1일차 (가) ◎송산리 고분군 (나) ◎공산성
2일차 (다) ◎관북리 유적과 부소산성 (라) ◎능산리 고분군 ◎정림사지
3일차 (마) ◎미륵사지 ◎왕궁리 유적

◎ 유네스코 세계유산

① (가) – 백제 금동대향로가 출토되었다.
② (나) – 온조왕이 왕성으로 삼았다.
③ (다) – 재상을 선출하던 천정대가 있었다.
④ (라) – 무령왕과 왕비의 무덤이 발굴되었다.
⑤ (마) – 석탑 해체 과정에서 금제 사리봉영기가 발견되었다.

12 (가)에 해당하는 문화유산으로 옳은 것은? [3점]
67회

> 국보로 지정된 (가) 은 현존하는 신라 탑 중에 가장 오래된 것으로 평가받습니다. 이 탑은 돌을 벽돌 모양으로 다듬어 쌓았다는 특징이 있으며, 선덕 여왕 3년에 건립된 것으로 추정됩니다.

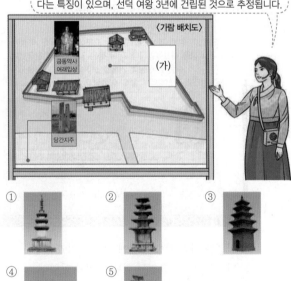

〈가람 배치도〉
금동약사여래입상
(가)
당간지주

① ② ③ ④ ⑤

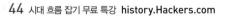

13 (가) 시기에 있었던 사실로 옳은 것은? [2점]

51회

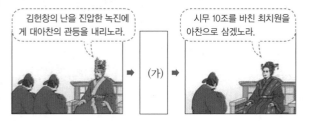

김헌창의 난을 진압한 녹진에게 대아찬의 관등을 내리노라.

→ (가) →

시무 10조를 바친 최치원을 아찬으로 삼겠노라.

① 이차돈의 순교로 불교가 공인되었다.
② 원종과 애노가 사벌주에서 봉기하였다.
③ 관료전을 지급하고 녹읍을 폐지하였다.
④ 거칠부가 왕명을 받들어 『국사』를 편찬하였다.
⑤ 최고 지배자의 칭호가 마립간으로 바뀌었다.

14 (가) 국가에 대한 설명으로 옳은 것은? [2점]

56회

네! 궁예가 세운 (가) 의 도성 터를 현장 조사하고 왔습니다. 화면과 같이 도성 터는 비무장지대에 있어 현재는 발굴 조사가 어려운 상황입니다. 앞으로 이곳에 대한 남북 공동 연구가 이뤄진다면 한반도 평화와 화합의 상징이 될 것으로 기대합니다.

얼마 전 강원도 철원에 다녀오셨지요?

북방한계선
내성
외성
군사분계선
남방한계선

① 각간 대공이 반란을 일으켰다.
② 광평성 등의 정치 기구를 두었다.
③ 후당과 오월에 사신을 파견하였다.
④ 고창 전투에서 후백제군과 싸워 승리하였다.
⑤ 5경 15부 62주의 지방 행정 제도를 갖추었다.

15 (가) 인물에 대한 설명으로 옳은 것은? [1점]

55회

다큐멘터리 공모 신청서

공모 분야	역사 – 인물 탐사 다큐멘터리
작품명	(가) 의 저서, 위대한 역사 기록이 되다
기획 의도	8세기 인도와 중앙아시아의 실상을 전해주는 중요한 기록을 남긴 신라 승려가 있다. 글로벌 시대를 맞아 (가) 의 기록이 우리에게 남긴 의미를 재조명한다.
차별화 전략	기존에 간과해 왔던 이슬람 세계와 비잔틴 제국에 대한 기록까지도 현지 답사를 통해 고증하고자 한다.
주요 촬영국	중국, 인도, 이란, 아프가니스탄, 우즈베키스탄 등

① 향가 모음집인 『삼대목』을 편찬하였다.
② 화랑도의 규범인 세속 5계를 제시하였다.
③ 무애가를 지어 불교 대중화에 기여하였다.
④ 구법 순례기인 『왕오천축국전』을 저술하였다.
⑤ 『화엄일승법계도』를 지어 화엄 사상을 정리하였다.

16 (가)에 들어갈 내용으로 가장 적절한 것은? [1점]

66회

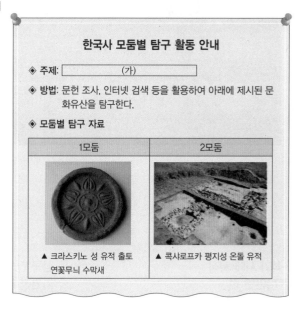

한국사 모둠별 탐구 활동 안내

◆ 주제: (가)

◆ 방법: 문헌 조사, 인터넷 검색 등을 활용하여 아래에 제시된 문화유산을 탐구한다.

◆ 모둠별 탐구 자료

1모둠	2모둠
▲ 크라스키노 성 유적 출토 연꽃무늬 수막새	▲ 콕샤로프카 평지성 온돌 유적

① 백제 문화의 국제성
② 신라와 서역의 교류
③ 가야 문화의 일본 전파
④ 고려에서 유행한 몽골풍
⑤ 발해와 고구려의 문화적 연관성

정답 및 해설 ⇨ 222쪽

고려 시대

오늘 배울 시대

구석기 시대 시작 약 70만년 전	삼국 건국 기원전 1세기경	고려 건국 918년
선사 시대	**고대**	**고려 시대**

1일

2일

📁 최근 3개년 시험 [68~51회] 기출 출제율

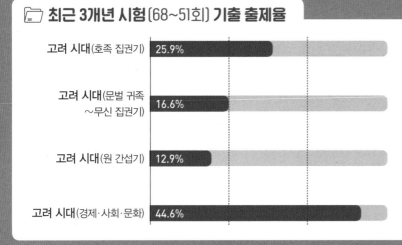

고려 시대(호족 집권기)	25.9%
고려 시대(문벌 귀족 ~무신 집권기)	16.6%
고려 시대(원 간섭기)	12.9%
고려 시대(경제·사회·문화)	44.6%

👑 **1위** **고려 시대**(경제·사회·문화) **44.6%**
고려 시대의 문화 중 승려의 활동과 문화유산을
묻는 문제가 주로 출제됩니다.

👑 **2위** **고려 시대**(호족 집권기) **25.9%**
초기 왕들의 업적과 거란의 침입에 대한 대응을
묻는 문제가 주로 출제됩니다.

👑 **3위** **고려 시대**(문벌 귀족~무신 집권기) **16.6%**
문벌 귀족~무신 집권기에 일어난 여진·몽골의
침입을 묻는 문제가 주로 출제됩니다.

조선 건국 1392년	흥선 대원군 집권 1863년	국권 피탈 1910년	광복 1945년
조선 시대	**근대**	**일제 강점기**	**현대**
3일	4일		5일

고려 시대 흐름 잡기

주요 흐름

호족 집권기 [태조~성종]	문벌 귀족 집권기 [현종~의종]
고려 국왕, 권력을 잡은 호족들을 눌러라!	**반란의 원인이 된 문벌 귀족의 권력 독점**
건국 이후 후삼국을 통일한 고려. 고려 건국에 기여한 **호족**들은 왕의 할아버지가 되어 큰 권력을 잡게 됩니다. 이로 인해 나라의 기틀을 잡아야 할 중요한 시기에 고려 국왕들은 호족의 권력을 통제하기 위해 여러 정책을 펼치게 됩니다.	호족이 대를 이어 관직을 세습하면서 **문벌 귀족**을 이루게 되었고, 문벌 귀족이 넓은 땅과 벼슬을 독점하면서 사회 모순이 심화되었습니다. 이는 결국 **이자겸의 난**과 **묘청의 난**이 발생하는 원인이 됩니다.

주요 왕

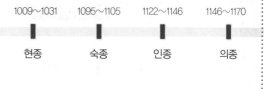

918~943	빈출키워드 **2위** 949~975	빈출키워드 **3위** 981~997	1009~1031	1095~1105	1122~1146	1146~1170
태조 왕건	**광종**	**성종**	현종	숙종	인종	의종

주요 사건

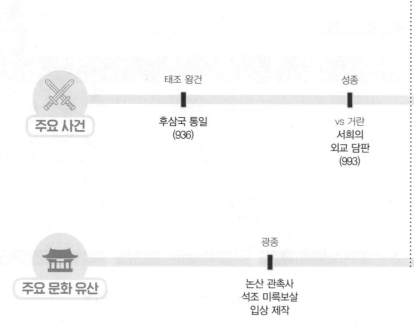
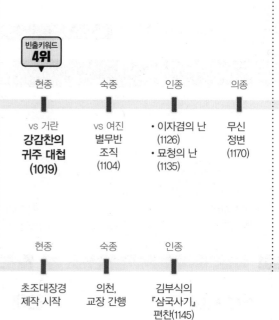

태조 왕건	성종	빈출키워드 **4위** 현종	숙종	인종	의종
후삼국 통일 (936)	vs 거란 서희의 외교 담판 (993)	vs 거란 **강감찬의 귀주 대첩** (1019)	vs 여진 별무반 조직 (1104)	• 이자겸의 난 (1126) • 묘청의 난 (1135)	무신 정변 (1170)

주요 문화 유산

광종	현종	숙종	인종
논산 관촉사 석조 미륵보살 입상 제작	초조대장경 제작 시작	의천, 교장 간행	김부식의 『삼국사기』 편찬(1145)

무신 집권기
(명종~원종)

차별받던 무신들, 권력을 잡다!

고려는 전통적으로 **무신**을 **차별**하였는데, 이 상황이 지속되자 결국 **무신들**이 정변을 일으켜 정권을 잡았습니다. 무신 집권기는 약 100년간 지속되었는데, 초기에는 불안정하였지만, **최충헌** 집권 이후 정권이 안정되었습니다.

권문세족 집권기
(원 간섭기, 원종~공민왕)

원(元)의 사위 나라가 된 고려!

고려는 **몽골(원)의 침입**으로 결국 원의 사위 나라가 됩니다. 이때 원의 세력을 업고 등장한 **권문세족**이 각종 폐단을 일으켜 사회가 혼란스러워졌습니다. 이에 왕들은 폐단을 시정하기 위해 **개혁 정책**을 펼칩니다.

신진 사대부 집권기
(우왕~공양왕)

혁명인가, 개혁인가!

원의 세력을 몰아낸 고려. 이후 고려의 개혁 방향을 두고 새롭게 등장한 **신진 사대부**가 유지파(온건파)와 새 나라를 세우자는 **혁명파**로 나뉩니다. 결국 혁명파가 **이성계**와 함께 조선을 건국하고, **고려는 멸망**하게 됩니다.

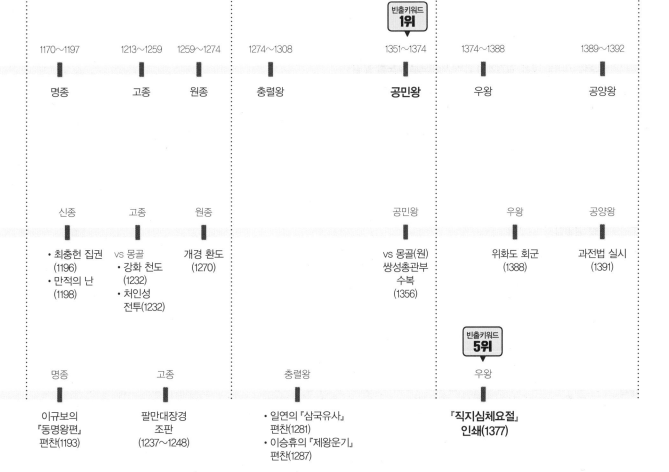

1170~1197	1213~1259	1259~1274	1274~1308	빈출키워드 1위 1351~1374	1374~1388	1389~1392
명종	고종	원종	충렬왕	**공민왕**	우왕	공양왕

신종	고종	원종		공민왕	우왕	공양왕
• 최충헌 집권 (1196) • 만적의 난 (1198)	vs 몽골 • 강화 천도 (1232) • 처인성 전투(1232)	개경 환도 (1270)		vs 몽골(원) 쌍성총관부 수복 (1356)	위화도 회군 (1388)	과전법 실시 (1391)

명종	고종		충렬왕		빈출키워드 5위 우왕	
이규보의 『동명왕편』 편찬(1193)	팔만대장경 조판 (1237~1248)		• 일연의 『삼국유사』 편찬(1281) • 이승휴의 『제왕운기』 편찬(1287)		**『직지심체요절』** 인쇄(1377)	

01 | 고려 시대 (호족 집권기)

쌩초보 탈출구 🔑

후고구려의 궁예가 축출된 뒤 왕건은 왕위에 올라 고려를 건국하고, 호족들의 도움으로 후삼국을 통일하였어요. 이후 왕들은 호족들을 견제하고 왕권을 강화해 나라를 안정시키는 데에 열중하였죠. 그런데 이 시기 고려는 북쪽에서 힘을 키운 거란의 침입을 세 차례나 받기도 했답니다.

1. 고려 초기, 국가 발전을 위해 힘쓴 세 왕과 특징을 기억해두세요.

태조 왕건	광종	성종
고려를 건국하고, 백성을 다독인 왕	왕권을 강화한 왕	유교 사상에 따라 나라를 정비한 왕

2. 3차에 걸친 거란의 침입과 이에 대한 고려의 대응을 순서대로 알아두세요.

거란의 1차 침입	→	거란의 2차 침입	→	거란의 3차 침입
서희의 외교 담판		양규의 흥화진 전투		강감찬의 귀주 대첩

최빈출개념

1 고려의 건국과 건국 초기의 왕

1. 고려의 건국과 후삼국 통일, 태조 왕건이 후삼국을 통일하다

고려 건국	후고구려의 궁예가 정변으로 왕위에서 축출됨 → 태조 왕건이 즉위함 → 국호를 고려로 바꿈, 철원에서 송악(개성)으로 수도를 옮김
공산 전투	후백제 견훤이 신라를 침입하여 경애왕을 죽게 함 → 견훤의 군대가 공산(팔공산)에서 고려 왕건의 군대에 승리함 → 고려의 신숭겸이 전사함
고창 전투	견훤의 군대가 고창(안동)에서 왕건의 군대에게 패함
견훤의 투항	견훤이 아들 신검에 의해 금산사에 유폐되자 금산사를 탈출하여 고려에 투항
발해 유민 포용	발해 멸망 이후 고려로 망명한 대광현(발해 왕자) 등 발해의 유민을 받아들이고, 대광현에게 왕씨 성을 내림
신라의 항복	신라 경순왕(김부)이 고려에 항복함 → 태조 왕건이 김부를 경주의 사심관으로 임명함
일리천 전투	후백제 신검의 군대가 일리천(구미)에서 왕건의 군대에게 패함
후삼국 통일	후백제가 멸망하고 고려가 후삼국을 통일함

2. 태조 왕건, 고려를 안정시키다 (제1대 왕)

┌ 천수라는 독자적인 연호를 사용함

┌ 빈궁한 백성에게 곡식을 빌려주었다가 추수기에 갚도록 한 빈민 구제 기관

흑창 설치	민생 안정을 위해 흑창을 처음 설치하여 빈민을 구제함
호족 통합·견제책	• 통합책: 역분전(공로와 인품에 따라 공신에게 준 토지)을 지급함 • 견제책: 기인 제도(향리의 자제를 인질로 삼음)와 사심관 제도(중앙 고위 관리를 출신 지역의 사심관으로 삼음)를 실시함 ┌ 경순왕 김부가 최초의 사심관
통치 이념 제시	• 『정계』와 『계백료서』를 지어 관리가 지켜야 할 규범을 제시함 • 훈요 10조를 남겨 후대 왕들이 지켜야 할 정책 방향을 제시함

└ 불교 장려, 서경 중시, 연등회·팔관회 중시

최근 3개년 시험에서 20문제 출제
68회 11번, 67회 10·11번, 67회 11·12번, 65회 10·11번, 64회 11번, 63회 12번, 62회 10번, 61회 9번, 59회 10번, 57회 12번, 56회 15번, 55회 10·11번, 54회 11번, 53회 10번, 52회 11번, 51회 10번

기출선택지 암기하기

1. 고려의 건국과 후삼국 통일

• 궁예가 정변으로 왕위에서 축출되었다. 44회

• 신숭겸이 공산 전투에서 전사하였다. 07·03·51회

• 왕건이 고창 전투에서 후백제군을 상대로 승리하였다. 56회

• 신검이 일리천 전투에서 고려군에 패배하였다. 67·64·60·52·51회

2. 태조 왕건

• 천수라는 독자적인 연호를 사용하였다. 59회

• 빈민을 구제하기 위해 흑창을 처음 설치하였다. 68·67·64·62·61·60회

• 공신에게 공로와 인품에 따라 역분전을 지급하였다. 65·62·60·53회

• 경순왕 김부를 경주의 사심관으로 삼았다. 58회

• 『정계』와 『계백료서』를 지어 관리의 규범을 제시하였다. 64·63·58·55·54·53회

• 후세의 정책 방향을 제시하기 위해 훈요 10조를 남겼다. 67회

3. 광종, 강력한 왕권을 확립하다(제4대 왕)

태조 왕건 사후, 혜종 때 왕규가 난을 일으키는 등 왕권 다툼이 일어난 후에 즉위함

연호 사용	광덕, 준풍의 독자적인 연호를 사용함
과거제 시행	중국 후주 출신 쌍기의 건의로 과거 제도를 도입함
노비안검법 실시	억울하게 노비가 된 자들을 양인으로 해방시켜 재정을 확충함
공복 제정	모든 관리의 공복을 제정하고 등급에 따라 색깔을 구분함

4. 성종, 유교를 국가의 근본으로 삼다(제6대 왕)

시무 28조 수용	유학자 최승로의 건의를 받아들여 유교를 정치의 근본으로 삼음
12목 설치	전국에 12목을 설치하고 지방관과 경학 박사·의학 박사를 파견함
향리제 정비	지방 세력을 통제하기 위해 호족을 향리(호장, 부호장)로 편입시킴

의학 교육 담당

└ 지방의 행정 실무를 담당함   └ 유학 교육 담당

빈출개념 2

중앙과 지방의 통치 체제

최근 3개년 시험에서 **4문제 출제**
67회 18번, 66회 12번, 53회 11번, 51회 11번

1. 중앙 정치 조직, 중앙을 2성 6부로 정비하다

2성	• 중서문하성: 재신과 낭사로 구성된 최고 중앙 관서, 수장인 문하시중이 국정 총괄 • 상서성: 6부를 관장하며 행정 업무를 집행함
6부	이부·병부·호부·형부·예부·공부로 구성 → 실제 행정 업무를 담당함
중추원	군사 기밀(추밀)과 왕명 출납(승선)을 담당함
어사대	관리의 감찰과 탄핵을 담당함
삼사	화폐와 곡식의 출납에 대한 회계를 담당함
도병마사	국방·군사 문제 담당, 도평의사사로 개편됨
식목도감	법제·격식 문제를 담당한 입법 기구
대간	어사대의 관원과 중서문하성의 낭사로 구성됨, 간쟁·봉박·서경권을 행사함

정책 비판

정책 심의·결정

원 간섭기에 개편됨

중서문하성과 중추원의 고위 관료들이 모임

합의제로 운영된 임시 회의 기구

잘못된 조칙 반려

└ 대관   └ 간관   └ 관리 임명, 법령의 개폐 동의

└ 국왕의 비행에 대해 간언

2. 지방 행정 조직, 전국을 5도와 양계로 정비하다

(1) 5도: 일반 행정 구역으로, 안찰사가 파견되었다.

(2) 양계: 국경에 위치한 군사 행정 구역으로, 병마사가 파견되었다.

기출선택지 암기하기

3. 광종
- 쌍기의 건의를 받아들여 과거제를 시행하였다. 67·66·61·58·57회
- 왕권을 강화하기 위해 노비안검법을 실시하였다. 61·60·59·54·53회

4. 성종
- 최승로의 시무 28조를 받아들여 통치 체제를 정비하였다. 68·66·63·60·58회
- 전국에 12목을 설치하고 지방관을 파견하였다. 67·62·61·57·56회
- 지방 세력 통제를 위해 향리제를 정비하였다. 46회

기출선택지 암기하기

1. 중앙 정치 조직
- 중서문하성 – 국정을 총괄하는 최고 중앙 관서였다. 53회
- 어사대 – 소속 관원이 낭사와 함께 서경권을 행사하였다. 67·66·53회
- 삼사 – 화폐와 곡식의 출납 회계를 담당하였다. 67·60·59회
- 도병마사 – 원 간섭기에 도평의사사로 개편되었다. 67·66·53회

2. 지방 행정 조직
- 5도 – 지방관으로 안찰사를 파견했습니다. 47회

빈출개념 3

거란과의 대외 관계

최근 3개년 시험에서 **8문제 출제**
65회 12번, 63회 14번, 62회 12번, 60회 14번, 59회 14번, 56회 13번, 55회 13번, 53회 13번

1. 거란의 침입과 격퇴, 서희·양규·강감찬이 거란에 대응하다

거란이 보낸 낙타 50마리를 만부교에 매달아 굶어죽게 한 사건

(1) **건국 초기의 관계**: 태조 왕건이 발해를 멸망시킨 거란에 대한 강경책을 실시하여 만부교 사건이 일어났다. 이후 정종(제3대 왕) 때 거란의 침입에 대비하기 위해 광군을 조직하였다.

(2) **거란의 침입 과정**

고려의 무신 강조가 목종을 폐위하고 현종을 왕위에 올린 사건

1차 침입(성종)	거란 장수 소손녕의 침입(993) → 서희가 외교 담판으로 강동 6주 획득
2차 침입(현종)	거란이 강조의 정변을 구실로 재침입 → 개경이 함락, 현종이 나주까지 피난 → 양규가 흥화진 전투에서 승리함, 현종의 입조를 조건으로 거란이 철수
3차 침입(현종)	거란 장수 소배압이 강동 6주의 반환을 요구하며 침입 → 강감찬이 귀주에서 거란군 격퇴(귀주 대첩, 1019)

└ 초조대장경의

초조대장경의 조판이 시작됨

(3) **영향**: 강감찬의 건의로 개경에 나성을 축조하였고, 국경 지역에는 천리장성을 축조하였다.

기출선택지 암기하기

1. 거란의 침입과 격퇴
- 태조 때 거란을 배척하여 만부교 사건이 일어났다. 67·52회
- 광군을 조직하여 침입에 대비하였다. 67·66·65·64·63·58·54·53회
- 1차 침입 – 서희가 외교 담판을 벌여 강동 6주를 획득하였다. 67·65·64·61·60회
- 3차 침입 – 강감찬이 귀주에서 대승을 거두었다. 64·61·59·52회
- 거란의 침입에 대비하여 개경에 나성을 축조하였다. 66·61·59·53회

기출 자료와 선택지로 암기 강화

기출 자료를 통해 해석법을 익히고, 기출 선택지 초성 퀴즈로 암기를 강화하세요!

고려의 건국과 후삼국 통일 48회

(가) 태조는 정예 기병 5천을 거느리고 공산(公山) 아래에서 견훤을 맞아서 크게 싸웠다. → 공산 전투 →「삼국유사」

(나) [태조를] 신검의 군대가 막아서자 일리천(一利川)을 사이에 두고 대치하였다. 태조가 견훤과 함께 병사들을 사열한 후 …… → 일리천 전투 →「고려사절요」

01 신숭겸이 ㄱㅅ 전투에서 전사하였다. 67·63·51회

02 왕건이 ㄱㅊ 전투에서 후백제군을 상대로 승리하였다. 56회

03 신검이 ㅇㄹㅊ 전투에서 고려군에 패배하였다. 67·64·60회

태조 왕건 24회

이곳은 개성에 있는 (가)의 무덤입니다. 그는 『정계』와 『계백료서』를 지어 관리들이 지켜야 할 규범을 제시하고, 후대 왕들이 지켜야 할 정책 방향을 담은 훈요 10조를 남겼다고 합니다. → 태조 왕건

04 ㅊㅅ 라는 독자적인 연호를 사용하였다. 59회

05 빈민을 구제하기 위해 ㅎㅊ 을 처음 설치하였다. 68·67·64·62회

06 공신에게 공로와 인품에 따라 ㅇㅂㅈ 을 지급하였다. 65·62·60회

07 경순왕 김부를 경주의 ㅅㅅㄱ 으로 삼았다. 58회

08 『정계』와 『ㄱㅂㄹㅅ』를 지어 관리의 규범을 제시하였다.
64·63·58·55·54·53회

광종 57회

안성 망이산성에서 '준풍 4년(峻豊四年)'이라는 글씨가 새겨진 기와가 발견되었습니다. 준풍이라는 연호를 사용하였던 이 왕은 백관의 공복을 정하고 개경을 황도로 명명하는 등 국왕 중심의 통치 체제 확립을 도모하였습니다. → 광종

09 ㅆㄱ 의 건의를 받아들여 ㄱㄱㅈ 를 시행하였다. 67·66·61·58회

10 왕권을 강화하기 위해 ㄴㅂㅇㄱㅂ 을 실시하였다. 61·60·59회

성종 41회

왕이 교서를 내려 말하기를, "…… 이제 경서에 통달하고 책을 두루 읽은 선비와 온고지신하는 무리를 가려서, 12목에 각각 경학 박사 1명과 의학 박사 1명을 뽑아 보낼 것이다."라고 하였다. –「고려사」 → 성종

11 ㅊㅅㄹ 의 ㅅㅁ 28ㅈ 를 받아들여 통치 체제를 정비하였다. 68·66회

12 전국에 12ㅁ 을 설치하고 지방관을 파견하였다. 67·62·61·57회

13 지방 세력 통제를 위해 ㅎㄹㅈ 를 정비하였다. 46회

중앙 정치 조직 – 중서문하성과 어사대 44회

• 인물 1: 이번에 (가)의 수장인 문하시중의 자리에 오르셨다고 들었습니다. 영전을 축하드립니다. → 중서문하성

• 인물 2: 고맙네. 자네가 (나)에서 맡고 있는 어사대부 직책도 중요하니 열심히 하시게. → 어사대

14 중서문하성 – ㄱㅈ 을 총괄하는 최고 중앙 관서였다. 53회

15 어사대 – 소속 관원이 낭사와 함께 ㅅㄱ 권을 행사하였다. 67·66·53회

중앙 정치 조직 – 도병마사 59회

• 인물 1: 고려의 독자적 정치 기구인 (가)에 대해 말해보자.

• 인물 2: 중서문하성의 재신과 중추원의 추밀이 참여했어.

• 인물 3: 고려 후기에 도평의사사로 개편되었어. → 도병마사

16 원 간섭기에 ㄷㅍㅇㅅㅅ 로 개편되었다. 67·66·53회

거란의 침입과 고려의 대응 – 1차 침입 23회

외교통상부는 '우리 외교를 빛낸 인물로 고려 초의 문신 (가)을/를 첫 번째로 선정하였다. (가)은/는 993년(성종 12)에 외교로써 군사적 충돌을 막고, 영토를 확장한 인물로 뛰어난 외교관이자 협상가였다. → 서희의 외교 담판 → 거란의 1차 침입에 대한 고려의 대응

17 서희가 외교 담판을 벌여 ㄱㄷ 6ㅈ 를 획득하였다. 67·65·64회

거란의 침입과 고려의 대응 – 3차 침입 63회

(가)의 병사들이 귀주를 지나가자 강감찬등이 동쪽 교외에서 전투를 벌였다. …… 적병이 북쪽으로 달아나자 아군이 그 뒤를 좇아가서 공격하였는데, 석천을 건너 반령에 이르기까지 시신이 들에 가득하였다. → 귀주 대첩 → 거란의 3차 침입에 대한 고려의 대응

18 강감찬이 ㄱㅈ 에서 대승을 거두었다. 65·61·59회

정답 01 공산 02 고창 03 일리천 04 천수 05 흑창 06 역분전 07 사심관 08 계백료서 09 쌍기, 과거제 10 노비안검법 11 최승로, 시무 28조 12 12목 13 향리제 14 국정 15 서경 16 도평의사사 17 강동 6주 18 귀주

기출문제로 실전 감각 익히기

각 문제의 자료에 표시된 힌트를 참고하여 정답을 선택하세요!

01 (가) 왕의 재위 시기에 있었던 사실로 옳은 것은? [2점]

65회

〈 탐구 활동 보고서 〉

○학년 ○반 이름: △△△

1. 주제: (가) , 안정과 통합을 꾀하다
2. 방법: 『고려사』 사료 검색 및 분석
3. 사료 내용과 분석

사료 내용	분석
명주의 순식이 투항하자 왕씨 성을 내리다.	지방 호족 포섭
┌힌트❶ 『정계』와 『계백료서』를 지어 반포하다.	관리의 규범 제시
흑창을 두어 가난한 백성에게 곡식을 빌려주다. └힌트❷	민생 안정

① 개국 공신에게 역분전을 지급하였다.
② 외침에 대비하여 광군을 조직하였다.
③ 광덕, 준풍 등의 독자적 연호를 사용하였다.
④ 관학 진흥을 목적으로 양현고를 운영하였다.
⑤ 주전도감을 설치하여 해동통보를 발행하였다.

02 다음 검색창에 들어갈 왕의 재위 기간에 있었던 사실로 옳은 것은? [2점]

53회

시 기	내 용	원문이미지
1년	연호를 광덕으로 정하다 └힌트❶	원문이미지
3년	후주에 토산물을 보내다	원문이미지
11년	백관의 공복을 정하다 ── 힌트❷	원문이미지
19년	혜거와 탄문을 국사와 왕사로 삼다	원문이미지

① 전국에 12목을 설치하고 관리를 파견하였다.
② 주전도감을 설치하여 해동통보를 발행하였다.
③ 왕권을 강화하기 위해 노비안검법을 실시하였다.
④ 거란 침입에 대비하여 개경에 나성을 축조하였다.
⑤ 국자감에 서적포를 두어 출판을 담당하게 하였다.

03 밑줄 그은 '왕'의 업적으로 옳은 것은? [1점]

54회

┌힌트❶

왕이 "중앙의 5품 이상 관리들은 각자 봉사를 올려 시정(時政)의 잘잘못을 논하라."라고 명령하였다. 최승로가 상소하였는데 대략 다음과 같은 내용이었다. "…… 이제 앞선 5대 조정의 정치와 교화에 대해서 잘되고 잘못된 행적들을 기록하고, 거울로 삼거나 경계할 만한 것들을 삼가 조목별로 아뢰겠습니다. …… 신이 또 시무(時務) 28조를 기록하여 장계와 함께 따로 봉하여 올립니다."
└힌트❷   – 『고려사절요』

① 빈민을 구제하기 위해 흑창을 처음 설치하였다.
② 왕권을 강화하기 위해 노비안검법을 실시하였다.
③ 청연각과 보문각을 두어 학문 연구를 장려하였다.
④ 권문세족을 견제하기 위해 전민변정도감을 운영하였다.
⑤ 전국의 주요 지역에 12목을 설치하여 지방관을 파견하였다.

04 (가)~(다) 학생이 발표한 내용을 일어난 순서대로 옳게 나열한 것은? [2점]

66회

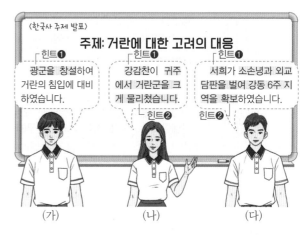

① (가) - (나) - (다)
② (가) - (다) - (나)
③ (나) - (가) - (다)
④ (나) - (다) - (가)
⑤ (다) - (나) - (가)

정답 및 해설 ⇒ 225쪽

02 | 고려 시대 (문벌 귀족~무신 집권기)

쌩초보 탈출구 🔑

문벌 귀족들이 권력을 장악한 시기에는 이자겸의 난과 묘청의 난이 연달아 일어났고, 여진을 정벌하기도 했어요. 이후 무신을 하대하는 분위기가 점점 심해졌는데요, 결국 무신들이 정변을 일으켜 정권을 장악하면서 무신 집권기가 형성되었답니다. 그러나 이때 몽골의 침입을 받아서 무신 집권기가 흔들리기 시작했어요.

1. 문벌 귀족 집권기에 일어난 여진 정벌 과정과 대표적인 두 개의 사건을 시간 순서대로 알아두세요.

별무반 설치	→	여진 정벌과 동북 9성 설치	→	이자겸의 난	→	묘청의 난

2. 몽골의 침입과 이에 맞선 고려의 항쟁을 순서대로 알아두세요.

1차 침입	→	2차 침입	→	3차 침입
박서의 귀주성 전투		김윤후의 처인성 전투		팔만대장경 조판 시작

빈출개념

1 문벌 귀족 집권기

최근 3개년 시험에서 **4문제 출제**
64회 12번, 61회 12번, 59회 12번, 55회 15번

1. 문벌 귀족 사회의 성립과 동요, 이자겸과 묘청이 난을 일으키다

(1) **성립**: 고려 초기에 지방의 호족, 신라의 6두품 출신 유학자들이 중앙 관료로 진출하며 여러 대에 걸쳐 고위 관직자를 배출한 가문이 문벌 귀족을 형성하였다.

(2) **동요**: 문벌 귀족이 권력을 독점하자, 왕과 신진 관료들이 연합하여 문벌 귀족과 대립하였다.

이자겸의 난 (1126)	• **배경**: 문벌 귀족 이자겸(인종의 장인·외조부)이 왕실의 외척이 되어 권력을 독점함 • **전개**: 인종이 이자겸 제거를 시도했으나 실패함 → 이자겸이 척준경과 난을 일으킴 → 인종이 척준경을 설득하여 이자겸을 제거하고, 척준경까지 축출함 • **결과**: 왕궁이 불타고, 왕실의 권위가 하락함
묘청의 난 (1135)	• **배경**: 인종이 왕권 회복을 위한 개혁을 추진하는 과정에서 개경파(김부식)와 서경파(묘청·정지상)의 대립이 발생함 ┌ 황제를 칭하고 연호를 사용하자는 주장 • **전개**: 묘청 등 서경파가 서경 천도와 금국(여진) 정벌, 칭제 건원을 주장함 → 개경파의 반대로 서경 천도 실패 → 묘청이 국호를 대위, 연호를 천개라 하며 난을 일으킴 → 김부식이 이끄는 관군에 의해 진압됨 • **의의**: 신채호가 '조선 역사상 일천년래 제일 대사건'으로 평가함 └ 일제 강점기의 민족주의 사학자

기출선택지 암기하기

1. 문벌 귀족 사회의 성립과 동요
- 이자겸의 난 – 왕실의 외척인 이자겸이 권력을 독점하였다. 55·51회
- 이자겸의 난 – 이자겸과 척준경이 반란을 일으켜 궁궐을 불태웠다. 66회
- 묘청의 난 – 묘청 등이 중심이 되어 서경 천도를 주장하였다. 66·52·51회
- 묘청의 난 – 서경에서 난을 일으키고 국호를 대위로 하였다. 62회
- 묘청의 난 – 김부식 등이 이끈 관군에 의해 진압되었다. 63·59·55회

최빈출개념

2 무신 집권기

최근 3개년 시험에서 **11문제 출제**
68회 15번, 67회 13번, 66회 14번, 64회 14번, 63회 9번, 62회 16번, 61회 13번, 60회 15번, 56회 14번, 53회 15번, 51회 14번

1. 무신 정변, 무신들이 정변을 일으켜 정권을 장악하다

┌ 문신 위주로 정치가 이뤄지고 당시 왕이었던 의종이 문신에만 의존함

배경	묘청의 난 이후 무신을 하대하는 분위기가 지속되었고, 하급 군인들의 불만이 커짐
전개	정중부·이의방 등 무신들이 보현원에서 정변을 일으켜 문신을 제거함(무신 정변, 1170) → 의종을 폐위하고 거제도로 유배 보냄 → 명종을 임금으로 세우고 정권을 장악함

기출선택지 암기하기

1. 무신 정변
- 정중부 등이 정변을 일으켜 권력을 장악하였다. 63·62·54·51회

2. 무신 집권기, 무신들이 100년에 걸쳐 집권하다

(1) **초기 집권자의 변화**: 정중부가 정권을 장악한 이후, 경대승과 이의민이 차례로 집권하였다.

(2) **최충헌**: 이의민을 제거하고 집권하였으며, 이후 60여 년 간 최씨 무신 정권이 이어졌다.

봉사 10조 제시	명종에게 사회 개혁안을 10가지 조목으로 올려 건의함
교정도감 설치	• 반대 세력 감시를 위해 교정도감을 설치함 → 국정 총괄 기구로 부상함 • 최충헌이 교정별감이 되어 인사, 재정 등 국정 전반을 장악함
도방 확대	경대승이 설치한 사병 집단인 도방을 확대함

└ 교정도감의 수장

(3) **최우**

└ 문신들에게 숙직하면서 자문하게 함

정방·서방 설치	인사 행정 담당 기구(정방)와 문신 숙위 기구(서방)를 설치함
삼별초 조직	• 최우 때 설치된 야별초에서 유래됨 • 좌별초, 우별초, 신의군으로 구성된 군대로, 최씨 무신 정권의 군사적 기반이 됨
강화도 천도	몽골과의 장기 항쟁을 위해 수도를 옮김

3. 무신 집권기의 사회 혼란, 곳곳에서 난이 일어나다

(1) **농민과 하층민의 봉기**

└ 특수 행정 구역으로, 이곳의 주민들은 일반 군현민에 비해 차별을 받았음

망이·망소이의 난	공주 명학소에서 망이·망소이가 가혹한 수탈에 저항하여 봉기함
김사미·효심의 난	김사미는 운문(청도), 효심은 초전(울산)에서 봉기함
만적의 난	최충헌의 노비인 만적을 중심으로 개경에서 신분 해방을 주장함

(2) **반 무신의 난**: 의종의 복위를 주장하며 동북면 병마사 김보당이 봉기하였고(김보당의 난), 서경 유수 조위총이 정중부를 제거하기 위해 난을 일으켰다(조위총의 난).

---

3 여진·몽골과의 대외 관계

최근 3개년 시험에서 7문제 출제
68회 13번, 67회 14번, 66회 13번, 61회 17번, 57회 11번,
54회 12번, 51회 12번

1. 여진과의 대외 관계, 여진을 정벌하였으나, 금의 사대 요구를 수용하다

(1) **여진 정벌 과정**

여진과의 전투(숙종)	고려가 기병(말을 타고 싸우는 군사) 중심의 여진에게 패배함
별무반 설치(숙종)	윤관의 건의로 신기군(기병)·신보군(보병)·항마군(승병)으로 구성된 별무반을 조직함(1104)
여진 정벌(예종)	윤관이 별무반을 이끌고 여진을 정벌하고 동북 9성을 축조함(1107)
동북 9성 반환(예종)	관리에 어려움을 겪자 2년 후 여진에게 동북 9성을 반환함

(2) **금의 사대 요구 수용**: 여진이 세력을 키워 건국한 금나라가 거란(요)을 멸망시킨 후 고려에 사대를 요구하였다. 이에 당시 집권자였던 이자겸이 금의 사대 요구를 수용하였다.

└ 작은 나라가 큰 나라를 섬김

2. 몽골과의 대외 관계, 몽골의 침입에 맞서 항전하다

(1) **배경**: 몽골이 강동성 전투 때 고려를 도운 것이 큰 은혜라며 고려에 무리한 조공을 요구하였다.

(2) **몽골의 침입과 대몽 항쟁**

└ 고려·몽골·동진 연합군이 거란을 격파한 전투

1차 침입	• 몽골 사신 저고여가 국경에서 피살되자 몽골이 이를 구실로 침입함 • 박서가 귀주성에서 항쟁하였으며, 몽골이 고려와 강화를 맺고 돌아감
2차 침입	• 최우가 대몽 항쟁을 위해 강화도로 천도하자 몽골이 다시 침입함 • 승려 김윤후가 처인성에서 몽골 장수 살리타이(살례탑)를 사살함(처인성 전투)
3차 침입	• 경주 황룡사 구층 목탑이 소실되고 팔만대장경의 조판이 시작됨

---

2. 무신 집권기

3. 무신 집권기의 사회 혼란

기출선택지 암기하기

1. 여진과의 대외 관계

2. 몽골과의 대외 관계

기출 자료와 선택지로 암기 강화

기출 자료를 통해 해석법을 익히고, 기출 선택지 초성 퀴즈로 암기를 강화하세요!

문벌 귀족 사회의 성립과 동요 – 이자겸의 난 59회

이자겸과 척준경이 왕을 위협하여 남궁(南宮)으로 거처를 옮기게 하고 안보린, 최탁 등 17인을 죽였다. 이 외에도 죽인 군사가 헤아릴 수 없을 정도였다. → 이자겸 → 이자겸의 난

01 왕실의 [ㅇㅊ]인 이자겸이 권력을 독점하였다. 55·51회

02 이자겸과 [ㅊㅈㄱ]이 반란을 일으켜 궁궐을 불태웠다. 66회

문벌 귀족 사회의 성립과 동요 – 묘청의 난 33회

'서경 임원역 지세가 궁궐을 짓기에 매우 좋은 땅'이라며 천도를 주장해오던 (가)이/가 서경에서 반란을 일으켰다. 그는 국호를 대위, 연호를 천개라고 칭하며 1년여 간 중앙 정부와 대치하였다. 그러나 반란 세력은 김부식이 이끄는 정부군에 의해 진압되었다. → 묘청의 난

03 묘청 등이 중심이 되어 [ㅅㄱ] 천도를 주장하였다. 66·52·51회

04 서경에서 난을 일으키고 국호를 [ㄷㅇ]로 하였다. 62회

05 [ㄱㅂㅅ] 등이 이끈 관군에 의해 진압되었다. 63·59·55회

무신 집권기 – 최충헌 22회

엎드려 보건대, 적신 이의민은 성품이 사납고 잔인하여 윗사람을 업신여기고 아랫사람을 능멸하였습니다. …… 신 등이 폐하의 위령(威靈)에 힘입어 일거에 소탕하였습니다. 원컨대 폐하께서는 옛 정치를 혁신하고 새로운 정치를 도모하시어 태조의 바른 법을 행하여 빛나게 중흥하소서. 삼가 열 가지 일을 조목으로 아룁니다. → 최충헌 ← 봉사 10조

06 최충헌이 [ㅂㅅ 10ㅈ]를 올려 시정 개혁을 건의하였다. 66·64·59·57·56회

07 국정을 총괄하는 기구로 [ㄱㅈㄷㄱ]이 설치되었다. 67·62·59회

08 [ㄱㅈㅂㄱ]이 되어 인사, 재정 등 국정 전반을 장악하였다. 60·51회

무신 집권기 – 최우 39회

고종 12년, …… 이때부터 (가)은/는 정방을 자기 집에 설치하고 문사를 선발하여 여기에 소속시켰으니, 이를 비칙치라고 불렀다. → 최우 – 「고려사」

09 최우가 인사 행정 담당 기구로 [ㅈㅂ]을 설치하였다. 64·63회

10 좌별초, 우별초, 신의군의 [ㅅㅂㅊ]가 조직되었다. 56회

11 최우가 [ㄱㅎㄷ]로 도읍을 옮겨 장기 항전을 준비하였다. 65·63회

무신 집권기의 사회 혼란 49회

만적 등이 노비들을 불러 모아서 말하기를, "장군과 재상에 어찌 타고난 씨가 있겠는가? 때가 되면 누구나 할 수 있는 것이다."라고 하였다. → 만적의 난 → 무신 집권기의 사회 혼란

12 공주 명학소에서 [ㅁㅇ·ㅁㅅㅇ]가 난을 일으켰다. 68·67·66회

13 [ㄱㅅㅁ]와 [ㅎㅅ]이 가혹한 수탈에 저항하여 봉기하였다. 64·59회

14 [ㅁㅈ]을 비롯한 노비들이 신분 해방을 도모하였다. 63·62·61회

15 [ㅈㅇㅊ]이 군사를 일으켜 정중부 등의 제거를 도모하였다. 67회

여진과의 대외 관계 50회

윤관 등이 여러 군사들에게 내성(內城)의 목재와 기와를 거두어 9성을 쌓게 하고, 변경 남쪽의 백성을 옮겨 와 살게 하였다. → 동북 9성 축조 → 여진과의 대외 관계

16 [ㅂㅁㅂ]을 편성하고 동북 9성을 축조하였다. 66·65·61·58회

여진과의 대외 관계 – 금의 사대 요구 수용 45회

백관을 소집하여 금을 섬기는 문제에 대한 가부를 의논하게 하니 모두 불가하다고 하였다. 유독 이자겸, 척준경만이 "…… 사신을 보내 먼저 예를 갖추어 찾아가는 것이 옳습니다."라고 하니 왕이 이 말을 따랐다. → 금의 사대 요구 수용 – 「고려사」

17 [ㅇㅈㄱ]이 금의 사대 요구 수용을 주장하였다. 63회

몽골과의 대외 관계 42회

(가)에서 조서를 보내 이르기를, "…… 너희들이 모의하여 [우리 사신] 저고여를 죽이고서는 포선만노의 백성들이 죽였다고 한 것이 세 번째 죄이다. ……"라고 하였다. – 「고려사」 → 저고여 피살 → 몽골과의 대외 관계

18 [ㄱㅇㅎ]가 처인성에서 몽골군을 물리쳤다. 64·62·57회

19 외적의 침입을 받아 [ㅎㄹㅅ] 구층 목탑이 소실되었다. 46회

20 대장도감을 설치하여 [ㅍㅁㄷㅈㄱ]을 만들었다. 60·57·51회

정답 01 외척 02 척준경 03 서경 04 대위 05 김부식 06 봉사 10조 07 교정도감 08 교정별감 09 정방 10 삼별초 11 강화도 12 망이·망소이 13 김사미·효심 14 만적 15 조위총 16 별무반 17 이자겸 18 김윤후 19 황룡사 20 팔만대장경

합격예측 기출문제
풀어보기

기출문제로 실전 감각 익히기

각 문제의 자료에 표시된 힌트를 참고하여 정답을 선택하세요!

01
55회

다음 대화에 나타난 사건에 대한 설명으로 옳은 것은? [2점]

힌트❶

서경 천도와 금국 정벌을 주장하며 일어났어.

힌트❷

연호를 천개로 하는 대위국이 선포되었어.

신채호는 '조선 역사상 일천년래 제일 대사건'으로 평가하였어.

① 국왕이 나주까지 피란하였다.
② 초조대장경 간행의 계기가 되었다.
③ 김부식 등이 이끈 관군에 의해 진압되었다.
④ 이성계가 정권을 장악하는 결과를 가져왔다.
⑤ 여진 정벌을 위한 별무반 편성에 영향을 주었다.

02
67회

(가) 인물의 활동으로 옳은 것은? [2점]

힌트❶

이것은 이의민을 제거하고 정권을 장악한 (가) 의 묘지명 탁본입니다. 여기에는 그가 명종의 퇴위와 신종의 즉위에 관여한 사실 등이 기록되어 있습니다.

① 인사 행정을 담당하던 정방을 폐지하였다.
② 교정도감을 두어 국가의 중요한 사무를 처리하였다.
③ 삼별초를 이끌고 진도로 이동하여 대몽 항쟁을 펼쳤다.
④ 화약과 화포 제작을 위한 화통도감 설치를 건의하였다.
⑤ 후세의 정책 방향을 제시하기 위해 훈요 10조를 남겼다.

03
51회

(가)에 대한 고려의 대응으로 옳은 것은? [1점]

힌트❶

이 그림은 윤관이 (가) 을/를 정벌하고 동북 9성을 설치한 후 고려의 경계를 알리는 비석을 세우는 장면을 그린 척경입비도입니다.

힌트❷

① 화통도감을 두어 화포를 제작하였다.
② 박위를 파견하여 근거지를 토벌하였다.
③ 연개소문을 보내어 천리장성을 축조하였다.
④ 대장도감을 설치하여 팔만대장경을 간행하였다.
⑤ 신기군, 신보군, 항마군 등으로 구성된 별무반을 조직하였다.

04
49회

(가) 국가의 침입에 대한 고려의 대응으로 옳은 것은? [2점]

힌트❶

이곳 죽주산성은 송문주 장군이 (가) 의 침입을 격퇴한 장소입니다. 사신 저고여의 피살을 빌미로 (가) 이/가 쳐들어오자, 송문주 장군은 귀주성과 이곳에서 거듭 물리쳤습니다.

① 화통도감을 두어 화포를 제작하였다.
② 진관 체제를 실시하여 국방을 강화하였다.
③ 별무반을 편성하고 동북 9성을 축조하였다.
④ 삼수병으로 구성된 훈련도감을 설치하였다.
⑤ 대장도감을 설치하여 팔만대장경을 간행하였다.

정답 및 해설 ⇒ 225쪽

03 | 고려 시대 (원 간섭기)

쌩초보 탈출구 🔑

고려가 몽골과 강화를 맺고 몽골의 사위국이 되어 내정을 간섭받으면서 원 간섭기가 시작되었어요. 하지만 공민왕은 원의 간섭에 맞서 여러 개혁을 실시하였는데, 이때 성장한 신진 사대부를 중심으로 새로운 나라를 세우려는 움직임이 나타납니다.

1. 원나라가 고려의 내정에 어떻게 간섭하였는지, 원의 영향으로 고려의 사회가 어떻게 변했는지를 알아두세요.

내정 간섭	사회 모습
정동행성 설치, 관제 격하, 쌍성총관부 설치	변발·호복 유행

2. 공민왕의 반원 자주 정책과 왕권 강화 정책을 알아두세요!

반원 자주 정책	왕권 강화 정책
기철 숙청, 정동행성 이문소 폐지, 쌍성총관부 공격, 변발·호복 폐지	정방 폐지, 성균관 정비, 전민변정도감 설치

빈출개념

1 삼별초의 항쟁과 원 간섭기 (권문세족 집권기)

최근 3개년 시험에서 8문제 출제
68회 16번, 67회 15번, 65회 15번, 64회 15번, 62회 15번, 59회 17번, 57회 14번, 52회 13번

1. 삼별초의 항쟁, 몽골에 맞서 끝까지 싸우다

(1) **배경**: 당시 태자였던 원종이 몽골과 강화를 맺고 대몽 항쟁을 주장하던 무신 정권이 붕괴되자, 원종은 개경 환도를 결정하였다.

(2) **삼별초의 항쟁**: 최씨 무신 정권의 군사적 기반이었던 삼별초가 개경 환도 결정에 반발하였다.

강화도	왕족 승화후 온을 왕으로 추대하고 정부를 수립함
진도	배중손의 지휘 아래 진도로 옮긴 후, 용장성을 쌓고 몽골에 대항함
제주도	김통정의 지휘 아래 제주도에서 싸웠으나 고려·원 연합군에 의해 진압됨

└ 배중손 사후 삼별초를 지휘함

2. 원 간섭기, 원의 간섭을 받고 새로운 풍습이 나타나다

(1) **원의 내정 간섭**: 고려가 원의 사위(부마)국이 되면서 간섭을 받게 되었다.

일본 원정 동원	충렬왕 때 두 차례 실시된 원의 일본 원정에 강제로 동원됨
중앙 관제 및 왕실 호칭 격하	• 2성(중서문하성, 상서성)이 첨의부로, 6부가 4사로 격하됨 • 왕의 시호 앞에 '충성할 충(忠)'을 붙임, 선지 → 왕지, 짐 → 고로 바뀜
영토 상실	원이 우리 영토에 쌍성총관부, 동녕부, 탐라총관부를 설치함
정동행성 설치	일본 원정을 위해 설치된 정동행성이 고려의 내정을 간섭함
다루가치 파견	다루가치라는 감찰관을 파견하여 고려의 내정을 간섭함
인적·물적 수탈	고려의 처녀들이 원에 공녀로 징발되고, 응방이 설치됨

└ 매를 징발하기 위한 관청

(2) **사회 모습**

권문세족의 권력 독점	친원 세력인 권문세족이 도평의사사를 장악하고 고위 관직을 독점함
몽골풍 유행	변발, 족두리, 호복 등의 몽골 풍습이 고려에서 유행함
만권당 설치	연경에 학문 연구소인 만권당을 설치함, 이제현이 유학자들과 교류함

└ 원나라 수도

기출선택지 암기하기

1. 삼별초의 항쟁

• 삼별초 – 최씨 무신 정권의 군사적 기반이었다. 56·54회

• 삼별초가 용장성을 쌓고 몽골에 대항하였다. 68·67·65·64·61회

• 진도와 제주도로 근거지를 옮기면서 항쟁하였다. 38회

2. 원 간섭기

• 원의 요청으로 일본 원정에 참여하였다. 68·54회

• 중서문하성과 상서성이 첨의부로 개편되었다. 66회

• 일본 원정을 위해 정동행성이 설치되었다. 67·60회

• 결혼도감을 통해 공녀가 징발되었다. 59회

• 변발과 호복이 지배층을 중심으로 확산되었다. 68·62·59회

• 권문세족이 도평의사사를 장악했어요. 47회

• 이제현이 만권당에서 유학자들과 교류하였다. 68·67·66·53·52회

2 공민왕의 개혁 정치

└ 원나라의 노국 대장 공주와 혼인함

1. 공민왕의 반원 자주 정책, 원의 간섭에서 벗어나고자 하다

친원 세력 숙청	권문세족인 기철을 비롯한 친원 세력을 숙청함
기구 혁파	고려의 내정을 간섭하던 정동행성 이문소를 폐지함 ┌ 정동행성의 부속 관서
관제 복구	원의 연호 사용을 중지함, 첨의부로 격하된 중서문하성과 상서성을 복구함
영토 회복	유인우, 이자춘 등이 쌍성총관부를 공격하여 철령 이북의 땅을 수복함
몽골풍 폐지	변발을 금지함, 호복(오랑캐의 복장)을 폐지함

2. 공민왕의 왕권 강화 정책, 권문세족을 억압하고 왕권을 강화하고자 하다

정방 폐지	인사 행정을 담당하던 정방을 폐지함
성균관 정비	국립 교육 기관인 국자감을 성균관으로 개칭하고 유학 교육을 강화함
전민변정도감 설치	• 토지와 노비 문제를 해결하기 위해 설치된 임시 기구로, 권문세족을 견제하는 역할을 함 • 승려 신돈을 전민변정도감의 책임자로 임명함 • 불법적으로 빼앗긴 토지를 원래의 주인에게 돌려주거나 억울하게 노비가 된 자들을 본래 신분으로 되돌려줌

3 고려 말 외적의 침입과 정치 상황

1. 고려 말 외적의 침입, 홍건적과 왜구가 침입하다

(1) **홍건적의 침입**: 공민왕 때 홍건적의 침입으로 개경이 함락되자, 공민왕이 왕비와 함께 복주(안동)로 피난하였다. 이때 정세운·최영·이성계 등이 홍건적을 격퇴하였다.

(2) **왜구의 침입**: 고려 말 왜구가 내륙 지방까지 침입하여 큰 피해를 주었다.

홍산 대첩	최영이 홍산(부여)에서 왜구를 토벌함
진포 대첩	• 최무선의 건의로 화약 및 화기의 제조를 담당하는 **화통도감**을 설치함 • 진포(금강 하구)에서 **화포를 사용**해 왜구를 격파함
황산 대첩	이성계가 황산(남원)에서 왜구를 격퇴함

2. 고려 말의 정치 상황, 새롭게 등장한 세력이 고려의 운명을 바꾸다

(1) **신흥 세력의 성장**

신진 사대부	• 무신 집권기부터 등장한 세력으로 과거를 통해 정계에 진출함 • 공민왕의 개혁 과정에서 권문세족을 비판하며 성장함 • 고려의 개혁 방향을 두고 온건파 사대부와 혁명파 사대부로 나뉨 – 온건파 사대부: 고려 왕조 유지 – 혁명파 사대부: 새로운 왕조의 개창 주장, 조선 건국 주도
신흥 무인 세력	고려 말 외적의 침입을 물리치는 과정에서 최영, 이성계 등이 성장함

(2) **요동 정벌과 위화도 회군** ┌ 공민왕이 시해된 후, 이인임 등에 의해 옹립됨
└ 군사적 행정 기관

요동 정벌	우왕 때 명이 철령 이북에 철령위를 설치할 것을 통보함 → 최영이 요동 정벌을 주장함, 이성계는 4불가론을 들어 반대함
위화도 회군	우왕과 최영이 요동 정벌을 명령하자 이성계가 위화도에서 회군을 단행함

└ 요동 정벌이 불가한 4가지 이유

삼별초의 항쟁 29회

원종의 개경 환도 결정에 반발한 (가)은/는 왕온을 왕으로 추대하고 근거지를 진도로 옮겨 남부 연안 지역을 점령하였다. 이들은 고려 정부를 자처하면서 일본에 외교 문서를 보내기도 하였다. 이러한 사실은 일본측 문서인 '고려첩장불심조조'를 통해 알 수 있다.
→ 삼별초의 항쟁

01 [ㅊㅆ ㅁㅅ ㅈㄱ]의 군사적 기반이었다. 56·54회
02 삼별초가 [ㅇㅈㅅ]을 쌓고 몽골에 대항하였다. 68·67·65회
03 [ㅈㄷ]와 [ㅈㅈㄷ]로 근거지를 옮기면서 항쟁하였다. 38회

원 간섭기 54회

다루가치가 왕을 비난하면서 말하기를, "선지(宣旨)라 칭하고, 짐(朕)이라 칭하고, 사(赦)라 칭하니 어찌 이렇게 참람합니까?"라고 하였다. …… 이에 (왕)이 선지를 왕지(王旨)로, 짐을 고(孤)로, 사를 유(宥)로, 주(奏)를 정(呈)으로 고쳤다.
왕실 호칭 격하
→ 원 간섭기 - 『고려사』

04 원의 요청으로 [ㅇㅂ] 원정에 참여하였다. 68·54회
05 중서문하성과 상서성이 [ㅊㅇㅂ]로 개편되었다. 66회
06 일본 원정을 위해 [ㅈㄷㅎㅅ]이 설치되었다. 67·60회
07 결혼도감을 통해 [ㄱㄴ]가 징발되었다. 59회
08 [ㅂㅂ]과 [ㅎㅂ]이 지배층을 중심으로 유행하였다. 68·62·59회
09 [ㄱㅁㅅㅈ]이 도평의사사를 장악했어요. 47회
10 이제현이 [ㅁㄱㄷ]에서 유학자들과 교류하였다. 68·67·66회

공민왕의 반원 자주 정책 37회

왕이 원(元) 연호의 사용을 중지시키면서 교서를 내렸다. "근래에 나라의 풍속이 크게 바뀌어 오직 권세만을 추구하게 되었으니, 기철 일당이 권세를 믿고 나라의 법도를 뒤흔드는 일이 벌어졌다. …… 법령을 다듬어 명확히 하고 기강을 정돈함으로써 조종(祖宗)이 세운 법을 회복하여 온 나라 백성들과 함께 새롭게 시작하고자 한다."
→ 공민왕의 반원 자주 정책

11 대표적 친원 세력인 [ㄱㅊ]이 숙청되었다. 45회
12 [ㅈㄷㅎㅅ] 이문소가 폐지되었다. 56회
13 [ㅈㅅㅁㅎㅅ]과 [ㅅㅅㅅ]을 복구하였다. 49회
14 쌍성총관부를 공격하여 [ㅊㄹ] 이북을 수복하였다. 63·58회
15 유인우, 이자춘 등이 [ㅆㅅㅊㄱㅂ]를 수복하였다. 64·55·54회

공민왕의 왕권 강화 정책 38회

신돈이 (가)을/를 설치할 것을 정하고 스스로 판사(判事)가 되었다. …… 권제가와 부호 중에 빼앗았던 토지와 노비를 그 주인에게 돌려주는 자가 많아, 온 나라 사람들이 기뻐하였다.
전민변정도감 → 공민왕의 왕권 강화 정책

16 인사 행정을 담당하던 [ㅈㅂ]이 폐지되었다. 67·56회
17 국자감을 [ㅅㄱㄱ]으로 개칭하고 유학 교육을 강화하였다. 59·58회
18 [ㅅㄷ]을 등용하고 전민변정도감을 두었다. 68·67·64·62회

고려 말 외적의 침입 – 왜구의 침입 65회

왜구가 배 5백 척을 이끌고 진포 입구에 들어와서는 큰 밧줄로 배를 서로 잡아매고 병사를 나누어 지키다가, 해안에 상륙하여 여러 고을로 흩어져 들어가 불을 지르고 노략질을 자행하였다. …… 나세, 심덕부, 최무선 등이 진포에 이르러, 최무선이 만든 화포를 처음으로 사용하여 그 배들을 불태웠다.
→ 진포 대첩 → 왜구의 침입

19 최영이 [ㅎㅅ] 전투에서 큰 승리를 거두었다. 64·62·60회
20 [ㅎㅌㄷㄱ]을 두어 화포를 제작하였다. 64·63·60·58·55회
21 나세, 심덕부 등이 [ㅈㅍ]에서 왜구를 격퇴하였다. 62·56·55회

고려 말의 정치 상황 – 요동 정벌 63회

우왕이 요동을 공격하는 일을 최영과 은밀하게 의논하였다. …… 마침내 8도의 군사를 징발하고 최영이 동교에서 군사를 사열하였다.
→ 요동 정벌

22 명이 [ㅊㄹㅇ] 설치에 반발하여 요동 정벌이 추진되었다. 64·60회
23 [ㅊㅇ]을 중심으로 요동 정벌을 추진하였다. 61회
24 [ㅇㅅㄱ]가 위화도에서 회군하여 최영을 제거하였다. 65·56회

정답 01 최씨 무신 정권 02 용장성 03 진도, 제주도 04 일본 05 첨의부 06 정동행성 07 공녀 08 변발, 호복 09 권문세족 10 만권당 11 기철 12 정동행성 13 중서문하성, 상서성 14 철령 15 쌍성총관부 16 정방 17 성균관 18 신돈 19 홍산 20 화통도감 21 진포 22 철령위 23 최영 24 이성계

기출문제로 실전 감각 익히기

각 문제의 자료에 표시된 힌트를 참고하여 정답을 선택하세요!

01 (가) 군사 조직에 대한 설명으로 옳은 것은? [1점]

62회

> 처음에 최우가 나라 안에 도적이 많음을 근심하여 용사들을 모아 매일 밤 순행하면서 포악한 짓들을 금하였는데, 이로 인하여 이름을 야별초(夜別抄)라고 하였다. 도적들이 여러 도에서도 일어났으므로 별초를 나누어 보내 이들을 잡게 하였다. 그 군사가 매우 많아 마침내 나누어 좌우로 삼았다. 또 우리나라 사람으로서 몽골로부터 도망쳐 돌아온 자들을 한 부대로 삼아 신의군(神義軍)이라고 불렀는데, 이들이 [(가)]이/가 되었다. ─ 힌트❸

힌트❶ 힌트❷

① 광군사의 통제를 받았다.
② 정미 7조약에 의해 해산되었다.
③ 4군 6진을 개척해 영토를 확장하였다.
④ 개경 환도 결정에 반발하여 항쟁하였다.
⑤ 유사시에 향토 방위를 담당하는 예비군이었다.

02 밑줄 그은 '이 시기'에 있었던 사실로 옳은 것은? [2점]

50회

힌트❷
힌트❶
> 이곳은 김방경의 묘입니다. 그는 개경 환도 이후 몽골의 간섭이 본격화된 이 시기에 여·몽 연합군의 고려군 도원수로 일본 원정에 참여하였습니다.

① 삼수병으로 구성된 훈련도감이 창설되었다.
② 삼군부가 부활하여 군국 기무를 전담하였다.
③ 중서문하성과 상서성이 첨의부로 개편되었다.
④ 인재를 양성하기 위한 초계문신제가 시행되었다.
⑤ 국방 문제를 논의하기 위한 비변사가 설치되었다.

03 (가), (나) 사이의 시기에 있었던 사실로 옳은 것은? [3점]

54회

힌트❶
> (가) 다루가치가 왕을 비난하면서 말하기를, "선지(宣旨)라 칭하고, 짐(朕)이라 칭하고, 사(赦)라 칭하니 어찌 이렇게 참람합니까?" 라고 하였다. …… 이에 선지를 왕지(王旨)로, 짐을 고(孤)로, 사를 유(宥)로, 주(奏)를 정(呈)으로 고쳤다. ─ 힌트❷
>
> (나) 왕이 시해당하자 태후가 종실에서 [후사를] 골라 세우고자 하니, 시중 이인임이 백관을 거느리고 우왕을 세웠다. ─「고려사」

힌트❶
힌트❷

① 화통도감을 설치하여 화포를 제작하였다.
② 유인우, 이자춘 등이 쌍성총관부를 수복하였다.
③ 정중부 등이 정변을 일으켜 권력을 장악하였다.
④ 최우가 강화도로 도읍을 옮겨 장기 항전을 준비하였다.
⑤ 명의 철령위 설치에 반발하여 요동 정벌을 추진하였다.

04 다음 상황이 나타난 시기를 연표에서 옳게 고른 것은? [2점]

67회

힌트❶ 힌트❷
> 명 황제가 말하기를, "철령을 따라 이어진 북쪽과 동쪽과 서쪽은 원래 개원로(開元路)*가 관할하던 군민(軍民)이 속하던 곳이니, 한인·여진인·달달인·고려인을 그대로 요동에 소속시켜라."라고 하였다. …… 왕은 최영과 함께 요동을 공격하기로 계책을 결정하였으나, 감히 드러내어 말하지 못하고 사냥 간다는 핑계를 대고 서쪽으로 해주에 행차하였다.
>
> *개원로(開元路): 원이 설치한 행정 구역

힌트❸
힌트❹

(가)	(나)	(다)	(라)	(마)
1351 공민왕 즉위	1359 홍건적 침입	1380 황산 대첩	1391 과전법 실시	1394 한양 천도	1400 태종 즉위

① (가) ② (나) ③ (다) ④ (라) ⑤ (마)

정답 및 해설 ⇨ 226쪽

04 | 고려 시대 (경제·사회·문화)

쌩초보 탈출구 🔑

고려는 건국 초기부터 주변국들과 활발히 교류하였어요. 벽란도를 중심으로 송, 일본, 아라비아 상인들과 무역이 이루어졌으며, 상업이 발달하자 화폐가 주조되었죠. 또한 고려 시대에는 불교가 발달하여 활발히 활동하는 승려들이 있었어요.

1. 고려 시대의 경제 상황과 관련된 키워드를 알아두는 것이 중요해요!

전시과	벽란도	건원중보	은병(활구)
토지 제도	무역항	성종 때 주조된 화폐	숙종 때 주조된 화폐

2. 고려 시대에 불교 통합을 위해 노력한 대표적인 승려의 활동을 구분하여 외워두세요.

의천	지눌
국청사, 교관겸수	송광사·수선사, 정혜쌍수·돈오점수

---

1 고려의 경제·사회

최근 3개년 시험에서 17문제 출제
66회 10번, 65회 16번, 64회 13번, 63회 12·18번, 62회 12번, 61회 16번, 60회 13번, 59회 11번, 57회 13번, 56회 10번, 55회 12번, 54회 15번, 53회 14번, 52회 12·15번, 51회 13번

1. 토지 제도의 변화, 관리들에게 토지를 지급하는 방식을 정비하다

역분전(태조)	후삼국 통일의 공신들에게 인품과 공로에 따라 토지를 지급함 ─ 땔감을 얻을 수 있는 땅
시정 전시과(경종)	전·현직 관리에게 인품과 공복을 기준으로 토지(전지와 시지)를 지급함
개정 전시과(목종)	전·현직 관리에게 관등에 따라 토지를 차등 지급함 ─ 농사를 짓는 땅
경정 전시과(문종)	현직 관리에게 토지를 지급함
과전법(공양왕)	신진 사대부의 주도로 경기 지역에 한정하여 과전을 지급함 ─ 수조권이 설정된 토지

2. 상업의 발달, 화폐 주조와 무역이 발달하다

도시 상업 발달	• 관영 상점 운영: 대도시에 서적점, 다점(차를 판매) 등의 관영 상점이 운영됨 • 경시서 설치: 시전의 상행위를 감독하는 관청이 설치됨
화폐 주조	• 성종: 건원중보가 발행되어 금속 화폐의 통용이 추진됨 • 숙종: 아우 의천의 건의로 주전도감 설치, 해동통보·은병(활구) 등을 주조
무역 활동	예성강 하구의 벽란도가 국제 무역항으로 발달함 ─ 중국 송나라, 아라비아 상인들과 교류함

3. 민생 안정책, 백성들의 생활을 안정시키다

제위보	광종 때 설치된 기금을 모아 그 이자로 빈민을 구제하는 기구
흑창·의창	흉년에 곡식을 빌려주는 기구로, 흑창이 성종 때 의창으로 개칭됨
상평창	성종 때 설치된 물가 조절 기구
구제도감	병자의 치료를 위해 설치된 시설
혜민국	예종 때 설치된 병자에게 의약품을 지급하는 기구
동·서 대비원	환자의 치료와 빈민 구제를 담당한 기구

기출선택지 암기하기

1. 토지 제도의 변화

• 전시과 제도를 마련하여 관리에게 토지를 지급하였다. 67·62회

• 시정 전시과 - 관리의 인품과 공복을 기준으로 하여 토지를 지급하였다. 60회

• 개정 전시과 - 관등에 따라 관리에게 전지와 시지를 차등 지급하였다. 43회

2. 상업의 발달

• 경시서의 관리들이 수도의 시전을 감독하였다. 66·64·60·59·57회

• 건원중보가 발행되어 금속 화폐의 통용이 추진되었다. 63·62·59·56회

• 주전도감을 설치하여 해동통보를 발행하였다. 65·64·60·59·53회

• 예성강 하구의 벽란도가 국제 무역항으로 번성하였다. 66·64·63·62·58·56회

3. 민생 안정책

• 기금을 모아 그 이자로 빈민을 구제하는 제위보를 운영하였어. 58·54·52회

• 물가 조절을 위해 상평창을 설치하였어. 48회

• 병자에게 의약품을 제공하는 혜민국이 있었어요. 65회

• 환자 치료와 빈민 구제를 위해 동·서 대비원을 두었어. 52회

2 고려의 문화

최근 3개년 시험에서 **29문제 출제**
68회 17번, 67회 16·17번, 66회 16번, 65회 13번, 64회 16번, 63회 16·46번, 62회 13·18번, 61회 18번, 60회 10·17번, 59회 15·18번, 57회 15·16번, 56회 16·17번, 55회 16·17번, 54회 14·16번, 53회 16·17번, 52회 14번, 51회 16·17·18번

1. 관학 진흥을 위한 노력, 사학에 대응하여 관학 진흥에 힘쓰다

(1) 배경: 고려 중기에 최충의 9재 학당을 비롯한 사학이 발달하여 관학이 위축되었다.

(2) 관학 진흥책: 숙종은 국자감(국학)에 서적포를 두었으며, 예종은 전문 강좌인 **7재**를 개설하였다.
또한 장학 재단인 **양현고**를 두어 장학 기금을 마련하였으며, **청연각**을 설치하였다.
└ 책의 출판을 담당하는 기관   └ 학술 연구 기구

2. 역사서, 다양한 관점의 역사서를 편찬하다

┌ 역사를 본기, 열전 등 여러 항목으로 나누어 편찬하는 역사 서술 방식

『삼국사기』	• 인종 때 김부식이 왕명을 받아 편찬한 현존하는 우리나라 최고(最古)의 역사서 • 유교적 합리주의 사관에 기초하여 기전체 형식으로 서술함
『동명왕편』	• 이규보의 문집인 『동국이상국집』에 수록되어 있음 • 고구려 건국 시조인 동명왕(주몽)의 일대기를 서사시 형태로 서술함
『삼국유사』	• 충렬왕 때 승려 일연이 편찬한 역사서로, 「왕력편」·「기이편」 등으로 구성됨 • 불교사를 중심으로 민간 설화 등을 수록함, 단군 신화를 수록함
『제왕운기』	충렬왕 때 이승휴가 편찬한 역사서로, 고조선의 건국 이야기가 수록되어 있음

3. 승려, 불교계를 개혁하다

의천 (대각국사)	• 국청사를 중심으로 해동 천태종을 창시함 • 이론의 연마와 실천을 함께 강조하는 교관겸수를 제시함 • 불교 서적들을 수집하여 그 목록을 정리한 『신편제종교장총록』을 편찬함
지눌 (보조국사)	• 불교계의 개혁을 위해 순천 송광사에서 수선사 결사 운동을 벌임 • 정혜쌍수·돈오점수를 강조함 ─ 내가 곧 부처임을 깨닫고 꾸준한 수행으로 이를 확인해야 함
요세	법화 신앙을 중심으로 강진 만덕사에서 백련 결사를 주도함

└ 선정과 지혜를 함께 닦아 수행해야 함

4. 문화유산, 불교 문화유산이 발달하다

(1) 사원
우리나라에 남아있는 목조 건축물 중 가장 오래됨 ┐   ┌ 배흘림 기둥에 주심포 양식으로 축조되었음

안동 봉정사 극락전	영주 부석사 무량수전	예산 수덕사 대웅전	황해도 사리원 성불사 응진전

(2) 탑

평창 월정사 팔각 구층 석탑	경천사지 십층 석탑
송의 영향을 받은 다각 다층탑	• 원의 영향을 받은 석탑 • 조선의 원각사지 십층 석탑에 영향을 줌

(3) 불상
┌ 은진 미륵이라고도 불림

하남 하사창동 철조 석가여래 좌상	논산 관촉사 석조 미륵보살 입상	영주 부석사 소조 여래 좌상	안동 이천동 마애여래 입상

기출선택지 암기하기

1. 관학 진흥을 위한 노력

• 최충이 9재 학당을 세워 유학 교육을 실시하였다. 59·56·55·51회

• 국자감에 **7재**라는 전문 강좌를 개설하였다. 67·64·62·56·55·54회

• 관학을 진흥하고자 **양현고**를 설치하였다. 67·65·63·61·59·58회

• 청연각과 보문각을 두어 학문 연구를 장려하였다. 67·54회

2. 역사서

• 『삼국사기』 – 현존하는 우리나라 최고(最古)의 역사서이다. 58·54·51회

• 『삼국사기』 – 기전체 형식으로 서술하였습니다. 66·61·55·54·51회

• 『동명왕편』 – 고구려 건국 시조의 일대기를 서사시로 표현하였다. 67·66·59회

• 『삼국유사』 – 불교사를 중심으로 고대의 민간 설화 등을 수록하였습니다. 67·66·61·55·52회

• 『삼국유사』 – 단군의 건국 이야기를 수록하였다. 66·58·54회

• 『제왕운기』 – 단군의 고조선 건국 이야기를 수록하였다. 66·58·54·51회

3. 승려

• 의천 – 불교 교단을 통합하기 위해 해동 천태종을 개창하였다. 68·66·65·63회

• 의천 – 이론 연마와 수행을 함께 강조하는 교관겸수를 제시하였다. 48회

• 의천 – 『신편제종교장총록』을 편찬하였다. 47·46회

• 지눌 – 불교 개혁을 주장하며 수선사 결사를 조직하였다. 65·62회

• 지눌이 정혜쌍수와 돈오점수를 내세웠습니다. 66·63·61·57·53회

• 요세 – 법화 신앙을 바탕으로 백련 결사를 이끌었다. 56·53회

4. 문화유산

• 탑 – 평창 월정사 팔각 구층 석탑 66·64·63·59회

• 불상 – 논산 관촉사 석조 미륵보살 입상 67·64·56·55회

해커스 한국사능력검정시험 초단기 5일 합격 심화

토지 제도의 변화 – 전시과 32회

(가) 경종 원년, 처음으로 직관(職官)과 산관(散官) 각 품의 전시과(田柴科)를 제정하였다. → 시정 전시과

(나) 목종 원년, 문무 양반 및 군인의 전시과를 개정하였다. → 개정 전시과

(다) 문종 30년, 양반 전시과를 다시 고쳐 정하였다. → 경정 전시과

01 전시과 제도를 마련하여 관리에게 ㅌㅈ 를 지급하였다. 67·62회

02 시정 전시과 – 관리의 ㅇㅍ 과 ㄱㅂ 을 기준으로 하여 토지를 지급하였다. 60회

03 개정 전시과 – ㄱㄷ 에 따라 관리에게 전지와 시지를 차등 지급하였다. 43회

상업의 발달 – 화폐 주조 42회

왕 6년 주전도감(鑄錢都監)에서 아뢰기를, "백성들이 비로소 동전 사용의 이로움을 알아 편리하게 여기고 있으니 종묘에 고하소서."라고 하였다. 또한 이 해에 은병(銀瓶)을 사용하여 화폐로 삼았다. → 화폐 주조 → 상업의 발달

04 ㄱㅅㅅ 의 관리들이 수도의 시전을 감독하였다. 66·64·60회

05 ㄱㅇㅈㅂ 가 발행되어 금속 화폐의 통용이 추진되었다. 63·62회

06 ㅈㅈㄷㄱ 을 설치하여 해동통보를 발행하였다. 65·64·60회

07 예성강 하구의 ㅂㄹㄷ 가 국제 무역항으로 번성하였다. 66·64·63회

민생 안정책 – 의창 56회

우리 태조께서 흑창을 두어 가난한 백성에게 진대(賑貸)하게 하셨다. 지금 백성들이 점차 늘어나고 있는데 저축한 바는 늘어나지 않았으니, 미(米) 1만 석을 더하고 이름을 (가)(으)로 고친다. 또한 모든 주와 부에도 각각 (가)을/를 설치하도록 하라. → 의창 → 민생 안정책

08 기금을 모아 그 이자로 빈민을 구제하는 ㅈㅇㅂ 를 운영하였어. 58·54·52회

09 물가 조절을 위해 ㅅㅍㅊ 을 설치하였어요. 48회

10 병자에게 의약품을 제공하는 ㅎㅁㄱ 이 있었어요. 65회

11 환자 치료와 빈민 구제를 위해 개경에 ㄷ·ㅅ ㄷㅂㅇ 을 두었어요. 52회

관학 진흥을 위한 노력 57회

최충이 세운 문헌공도를 비롯한 사학 12도에 학생이 몰려들어 사학이 크게 융성하고 있다. 이러한 상황에서 국자감 운영에 어려움을 겪게 되자, 정부는 제술업, 명경업 등에 새로 응시하려는 사람은 국자감에 300일 이상 출석해야 한다는 규정을 만드는 등 관학을 진흥하기 위한 방안을 마련하고 있다. → 관학 진흥책

12 ㅊㅊ 이 9재 학당을 세워 유학 교육을 실시하였다. 59·56회

13 국자감에 7ㅈ 라는 전문 강좌를 개설하였다. 67·64·62회

14 관학을 진흥하고자 ㅇㅎㄱ 를 설치하였다. 67·65·63·61회

15 ㅊㅇㄱ 과 보문각을 두어 학문 연구를 장려하였다. 67·54회

역사서 – 『삼국유사』 33회

이로 보건대 삼국의 시조가 모두 신비로운 데에서 탄생하였다고 하여 이상할 것이 없다. 이 책 머리에 「기이(紀異)」편을 싣는 까닭도 바로 여기에 있는 것이다. → 『삼국유사』

16 ㅂㄱ 사를 중심으로 고대의 민간 설화 등을 수록하였습니다. 67·66·61·55회

17 ㄷㄱ 의 건국 이야기를 수록하였다. 66·58·54회

승려 – 의천 53회

이것은 개경 흥왕사 터에서 출토된 대각국사의 묘지명 탁본입니다. 여기에는 문종의 넷째 아들인 그가 송에 유학하고 돌아온 후 국청사를 중심으로 천태종을 개창한 내용이 기록되어 있습니다. → 의천

18 불교 교단을 통합하기 위해 해동 ㅊㅌㅈ 을 개창하였다. 68·66·65회

19 이론 연마와 수행을 함께 강조하는 ㄱㄱㄱㅅ 를 제시하였다. 48회

20 『ㅅㅍㅈㅈ ㄱㅈㅊㄹ』 을 편찬하였다. 47·46회

승려 – 지눌 39회

이 곳 송광사 국사전에는 이 절이 배출한 16국사 진영이 모셔져 있습니다. 이 가운데 (가)은/는 수선사 결사를 창립하여 불교계의 개혁 운동을 이끌었습니다. → 지눌

21 불교 개혁을 주장하며 ㅅㅅㅅ 결사를 조직하였다. 65·62회

22 지눌이 ㅈㅎㅆㅅ 와 ㄷㅇㅈㅅ 를 내세웠습니다. 66·63·61회

정답 01 토지 02 인품, 공복 03 관등 04 경시서 05 건원중보 06 주전도감 07 벽란도 08 제위보 09 상평창 10 혜민국 11 동·서 대비원 12 최충 13 7재 14 양현고 15 청연각 16 불교 17 단군 18 천태종 19 교관겸수 20 신편제종교장총록 21 수선사 22 정혜쌍수, 돈오점수

기출문제로 실전 감각 익히기

각 문제의 자료에 표시된 힌트를 참고하여 정답을 선택하세요!

01 다음 자료에 나타난 시기의 경제 상황으로 옳은 것은? [1점]
52회

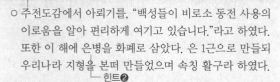

— 힌트❶
○ 주전도감에서 아뢰기를, "백성들이 비로소 동전 사용의
이로움을 알아 편리하게 여기고 있습니다."라고 하였다.
또한 이 해에 은병을 화폐로 삼았다. 은 1근으로 만들되
우리나라 지형을 본떠 만들었으며 속칭 활구라 하였다.
— 힌트❷
○ 저포, 은병으로 가치를 표준하여 교역하고 작은 일용품
은 쌀로 가격을 계산하여 거래한다. 백성들은 그런 풍
속에 익숙하여 편하게 여긴다.

① 책문 후시를 통한 교역이 활발하였다.
② 송상이 전국 각지에 송방을 설치하였다.
③ 감자, 고구마 등이 구황 작물로 재배되었다.
④ 경시서의 관리들이 수도의 시전을 감독하였다.
⑤ 광산을 전문적으로 경영하는 덕대가 나타났다.

02 (가)에 들어갈 내용으로 옳은 것은? [1점]
63회

최충의 9재 학당을 비롯한 사학
이 융성하였던 시기에 위축된 관학
을 진흥하기 위해 정부가 추진한
정책을 대화창에 올려 주세요.

— 힌트❶

— 힌트❷
서적포를 두어 출판을
담당하게 하였어요.

국자감에 전문 강좌인
7재를 개설하였어요.
— 힌트❸
(가)

① 독서삼품과를 통해 인재를 등용하였어요.
② 사액 서원에 서적과 노비를 지급하였어요.
③ 중등 교육 기관으로 4부 학당을 설립하였어요.
④ 양현고를 설치하여 장학 기금을 마련하였어요.
⑤ 초계문신제를 시행하여 문신을 재교육하였어요.

03 밑줄 그은 '역사서'에 대한 설명으로 옳은 것은? [1점]
59회

— 힌트❶
이곳은 경상북도 군위군에 위치한 인각사
로 승려 일연이 마지막 여생을 보낸 곳입니
다. 그는 불교사를 중심으로 민간 설화 등을
수록한 역사서를 저술하였습니다. — 힌트❷

① 편년체 형식으로 기술되었다.
② 고조선의 건국 이야기가 서술되었다.
③ 남북국이라는 용어가 처음 사용되었다.
④ 왕명에 의해 고승들의 전기가 기록되었다.
⑤ 고구려 시조의 일대기가 서사시로 표현되었다.

04 (가) 인물에 대한 설명으로 옳은 것은? [2점]
54회

— 힌트❶
이곳은 (가) 이/가 불교계 개혁 운동을 전개한 순천 송광사
입니다. 그는 수행 방법으로 돈오점수를 주장하였습니다.

보조국사
감로탑   국사전

① 승려들의 전기를 담은 『해동고승전』을 집필하였다.
② 『화엄일승법계도』를 지어 화엄 사상을 정리하였다.
③ 『권수정혜결사문』을 작성하여 정혜쌍수를 강조하였다.
④ 불교 경전에 대한 주석서를 모아 교장을 편찬하였다.
⑤ 「보현십원가」를 지어 불교 교리를 대중에게 전파하였다.

정답 및 해설 ⇒ 226쪽

01 (가) 왕에 대한 설명으로 옳은 것은? [2점]
55회

초대합니다

창작 뮤지컬
'삼태사, 후삼국 통일의 길을 열다'

고창 전투에서 (가) 을/를 도와 견훤에 맞서 싸운 공로로 태사(太師)의 칭호를 받은 김선평·장길(장정필)·권행, 그리고 후삼국 통일을 염원했던 백성들의 이야기를 한 편의 뮤지컬로 선보입니다. 많은 관람 바랍니다.

· 일시: 2021년 ○○월 ○○일 20:00
· 장소: 안동 민속촌 특설 무대

① 신라에 침입하여 경애왕을 죽게 하였다.
② 국자감에 7재라는 전문 강좌를 개설하였다.
③ 마진이라는 국호와 무태라는 연호를 사용하였다.
④ 『정계』와 『계백료서』를 지어 관리의 규범을 제시하였다.
⑤ 후주와 사신을 교환하여 대외 관계의 안정을 꾀하였다.

02 밑줄 그은 '이 왕'의 재위 시기에 있었던 사실로 옳은 것은?
57회
[2점]

안성 망이산성에서 '준풍 4년(峻豊四年)'이라는 글씨가 새겨진 기와가 발견되었습니다. 준풍이라는 연호를 사용하였던 이 왕은 백관의 공복을 정하고 개경을 황도로 명명하는 등 국왕 중심의 통치 체제 확립을 도모하였습니다.

준풍4년

① 12목에 지방관이 파견되었다.
② 쌍기의 건의로 과거제가 시행되었다.
③ 대장도감에서 팔만대장경이 간행되었다.
④ 안우, 이방실 등이 홍건적을 격파하였다.
⑤ 신돈이 전민변정도감의 책임자가 되었다.

03 다음 상황이 나타난 시기를 연표에서 옳게 고른 것은? [3점]
65회

처음으로 12목을 설치하고 조서를 내려 말하기를, "부지런히 정사를 돌보면서 매번 신하들의 충고를 구하고 있다. 낮은 곳의 이야기를 듣고 멀리 보고자 어질고 현명한 이들의 힘을 빌리려고 한다. 이에 수령들의 공로에 의지해 백성들의 바람에 부합하고자 한다. 『우서(虞書)』의 12목 제도를 본받아 시행하니, 주나라가 8백 년간 지속하였듯이 우리의 국운도 길이 이어질 것이다."라고 하였다.

	(가)	(나)	(다)	(라)	(마)	
918		945	1009	1196	1270	1351
고려 건국		왕규의 난	강조의 정변	최충헌 집권	개경 환도	공민왕 즉위

① (가) ② (나) ③ (다) ④ (라) ⑤ (마)

04 ㉠~㉢ 기구에 대한 설명으로 옳은 것을 〈보기〉에서 고른 것은?
67회
[2점]

🔍 역사 돋보기 **왕실과의 혼인을 통한 이자겸의 출세**

음서로 관직에 진출한 이자겸은 1108년 둘째 딸이 예종의 비가 되면서 빠른 속도로 출세하였다.
1109년 ㉠추밀원(중추원) 부사, 1111년 ㉡어사대의 대부가 된다. 1113년에는 ㉢상서성의 좌복야에 임명되었고, 1118년 재신으로서 판이부사를 맡았으며, 1122년 ㉣중서문하성 중서령에 오른다.

〈보기〉
ㄱ. ㉠ - 군사 기밀과 왕명 출납을 담당하였다.
ㄴ. ㉡ - 소속 관원이 낭사와 함께 서경권을 행사하였다.
ㄷ. ㉢ - 화폐·곡식의 출납과 회계를 담당하였다.
ㄹ. ㉣ - 원 간섭기에 도평의사사로 개편되었다.

① ㄱ, ㄴ   ② ㄱ, ㄷ   ③ ㄴ, ㄷ
④ ㄴ, ㄹ   ⑤ ㄷ, ㄹ

05 (가) 국가에 대한 고려의 대응으로 옳은 것은? [2점]

53회

> [(가)] 임금이 강조를 토벌한다는 구실로 친히 군사를 거느리고 와서 흥화진을 포위하였다. 양규는 도순검사가 되어 성문을 닫고 굳게 지켰다. …… [(가)] 이/가 강조의 편지를 위조하여 흥화진에 보내어 항복하라고 설득하였다. 양규가 말하기를, "나는 왕명을 받고 온 것이지 강조의 명령을 받은 것이 아니다."라고 하면서 항복하지 않았다.

① 광군을 조직하여 침입에 대비하였다.
② 윤관을 보내 동북 9성을 개척하였다.
③ 화통도감을 설치하여 화포를 제작하였다.
④ 강화도로 도읍을 옮겨 장기 항전을 준비하였다.
⑤ 쌍성총관부를 공격하여 철령 이북을 수복하였다.

06 밑줄 그은 '반란'이 일어난 시기를 연표에서 옳게 고른 것은?

64회
[1점]

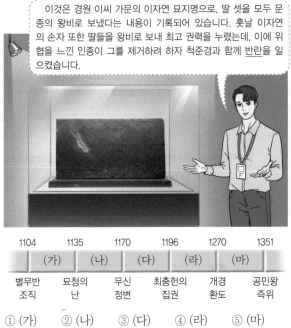

> 이것은 경원 이씨 가문의 이자연 묘지명으로, 딸 셋을 모두 문종의 왕비로 보냈다는 내용이 기록되어 있습니다. 훗날 이자연의 손자 또한 딸들을 왕비로 보내 최고 권력을 누렸는데, 이에 위협을 느낀 인종이 그를 제거하려 하자 척준경과 함께 반란을 일으켰습니다.

1104		1135		1170		1196		1270		1351
	(가)		(나)		(다)		(라)		(마)	
별무반 조직		묘청의 난		무신 정변		최충헌의 집권		개경 환도		공민왕 즉위

① (가)　② (나)　③ (다)　④ (라)　⑤ (마)

07 다음 사건이 전개된 시기의 사회 모습으로 옳은 것은? [2점]

56회

사건 일지

2월 10일　망이 등이 다시 반란을 일으켜 가야사를 습격함.
3월 11일　망이 등이 홍경원에 불을 지르고 승려 10여 명을 죽임.
6월 23일　망이가 사람을 보내 항복을 청함.
7월 20일　망이·망소이 등을 체포하여 청주 감옥에 가둠.

① 서얼이 통청 운동을 전개하였다.
② 원종과 애노가 사벌주에서 봉기하였다.
③ 적장자 위주의 상속 제도가 확립되었다.
④ 읍락 간의 경계를 중시하는 책화가 있었다.
⑤ 특수 행정 구역인 소의 주민들이 차별을 받았다.

08 (가) 인물의 활동으로 옳은 것은? [2점]

64회

> 고려 고종의 능인 홍릉이 강화도에 조성된 이유는 무엇일까?

> 몽골 침략 당시 실권자였던 [(가)] 이/가 항전을 위해 강화 천도를 강행한 후에 고종이 이곳에서 승하했기 때문이야.

① 인사 행정 담당 기구로 정방을 설치하였다.
② 봉사 10조를 올려 시정 개혁을 건의하였다.
③ 삼별초를 이끌고 진도 용장성에서 항전하였다.
④ 군사를 일으켜 정중부 등의 제거를 도모하였다.
⑤ 전민변정도감의 책임자로 임명되어 권문세족을 견제하였다.

09 [60회] (가)~(다)를 일어난 순서대로 옳게 나열한 것은? [2점]

(가) 백관을 소집하여 금을 섬기는 문제에 대한 가부를 의논하게 하니 모두 불가하다고 하였다. 이자겸, 척준경만이 "사신을 보내 먼저 예를 갖추어 찾아가는 것이 옳습니다."라고 하니 왕이 이 말을 따랐다.

(나) 나세·심덕부·최무선 등이 왜구를 진포에서 공격해 승리를 거두고 포로 334명을 구출하였으며, 김사혁은 패잔병을 임천까지 추격해 46명을 죽였다.

(다) 몽골군이 쳐들어와 충주성을 70여 일간 포위하니 비축한 군량이 거의 바닥났다. 김윤후가 괴로워하는 군사들을 북돋우며, "만약 힘을 다해 싸운다면 귀천을 가리지 않고 모두 관작을 제수할 것이니 불신하지 말라."라고 하였다.

① (가) - (나) - (다)
② (가) - (다) - (나)
③ (나) - (가) - (다)
④ (나) - (다) - (가)
⑤ (다) - (가) - (나)

10 [53회] 밑줄 그은 '이 왕'의 정책으로 옳은 것은? [2점]

이곳에는 이 왕과 그의 왕비인 노국 대장 공주의 영정이 봉안되어 있습니다. 조선의 종묘에 고려 왕의 신당이 조성되었다는 점이 특이합니다. 이 왕은 기철 등 친원 세력을 숙청하고 정동행성 이문소를 폐지하였습니다.

① 만권당을 두어 원의 학자들과 교유하였다.
② 신돈을 등용하여 전민변정도감을 운영하였다.
③ 쌍기의 건의를 받아들여 과거제를 실시하였다.
④ 『정계』와 『계백료서』를 지어 관리의 규범을 제시하였다.
⑤ 최승로의 시무 28조를 받아들여 통치 체제를 정비하였다.

11 [50회] 다음 정책을 실시한 국가의 경제 상황으로 옳은 것은? [1점]

○ 토지의 비옥함과 척박함을 구분하여 문무백관에서 부병(府兵), 한인(閑人)에 이르기까지 모두 과(科)에 해당하는 토지를 주고, 또 과에 따라 땔나무를 구할 땅을 주었다.

○ 도평의사사에서 방을 붙여 알리기를, "지금부터 은병 1개를 쌀로 환산하여 개경에서는 15~16석, 지방에서는 18~19석의 비율로 하되, 경시서에서 그 해의 풍흉을 살펴 그 값을 정할 것이다."라고 하였다.

① 모내기법이 전국적으로 확산되었다.
② 덕대가 광산을 전문적으로 경영하였다.
③ 면화, 담배 등이 상품 작물로 재배되었다.
④ 예성강 하구의 벽란도가 국제 무역항으로 번성하였다.
⑤ 토지의 비옥도에 따라 6등급으로 나누어 전세를 거두었다.

12 [66회] (가)에 해당하는 문화유산으로 옳은 것은? [3점]

13

62회

다음 상황이 나타난 시기의 사회 모습으로 옳은 것은? [1점]

제국 대장 공주가 일찍이 잣과 인삼을 [원의] 강남 지역으로 보내 많은 이익을 얻었다. 나중에는 환관을 각지에 파견하여 잣과 인삼을 구하게 하였다. 비록 나오지 않는 땅이라 하더라도 강제로 거두니 백성들이 매우 괴로워하였다.

① 원종과 애노가 사벌주에서 봉기하였다.
② 대각국사 의천이 해동 천태종을 개창하였다.
③ 지배층을 중심으로 변발과 호복이 유행하였다.
④ 기근에 대비하기 위해 『구황촬요』가 간행되었다.
⑤ 국난 극복을 기원하며 초조대장경이 조판되었다.

14

52회

(가)에 들어갈 문화유산으로 옳은 것은? [2점]

국보 제18호인 (가) 은 고려 시대의 목조 건물로, 배흘림 기둥에 주심포 양식으로 축조되었습니다. 건물 내부에는 국보 제45호인 소조여래 좌상이 봉안되어 있습니다.

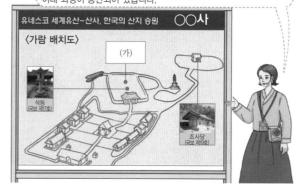

①
공주 마곡사 대웅보전

② 영주 부석사 무량수전

③
예산 수덕사 대웅전

④
구례 화엄사 각황전

⑤
안동 봉정사 극락전

15

65회

(가)에 들어갈 내용으로 옳은 것은? [2점]

왕후(王煦), 왕자로 태어나 승려가 되다

문종의 아들로 불법(佛法)을 구하러 송에 유학하였다. 귀국 후 흥왕사에서 『신편제종교장총록』을 간행하였다. 이 책은 송·거란·일본 등 동아시아 각지의 불교 서적을 수집하여 정리한 것이다. 이후 (가)

① 국청사의 주지가 되어 해동 천태종을 개창하였다.
② 불교 개혁을 주장하며 수선사 결사를 조직하였다.
③ 『선문염송집』을 편찬하고 유·불 일치설을 주장하였다.
④ 불교 관련 자료를 중심으로 『삼국유사』를 집필하였다.
⑤ 인도와 중앙아시아를 순례하고 『왕오천축국전』을 남겼다.

16

66회

(가) 인물에 대한 설명으로 옳은 것은? [3점]

이것은 전라남도 강진군 월남사지에 있는 (가) 의 비입니다. 비문에는 지눌의 제자인 그가 수선사의 제2대 사주가 된 일, 당시 집권자인 최우가 그에게 두 아들을 출가(出家)시킨 일 등이 기록되어 있습니다.

① 『화엄일승법계도』를 지어 화엄 사상을 정리하였다.
② 해동 천태종을 개창하여 불교 교단 통합에 힘썼다.
③ 『선문염송집』을 편찬하고 유·불 일치설을 주장하였다.
④ 『권수정혜결사문』을 작성하여 정혜쌍수를 강조하였다.
⑤ 『보현십원가』를 지어 불교 교리를 대중에게 전파하였다.

정답 및 해설 ⇒ 227쪽

3일

조선 시대

구석기 시대 시작
약 70만년 전

삼국 건국
기원전 1세기경

고려 건국
918년

선사 시대

고대

고려 시대

1일

2일

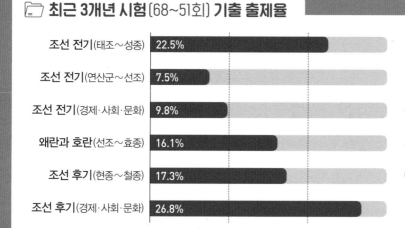

📁 최근 3개년 시험 (68~51회) 기출 출제율

구분	출제율
조선 전기 (태조~성종)	22.5%
조선 전기 (연산군~선조)	7.5%
조선 전기 (경제·사회·문화)	9.8%
왜란과 호란 (선조~효종)	16.1%
조선 후기 (현종~철종)	17.3%
조선 후기 (경제·사회·문화)	26.8%

👑 **1위 조선 후기** (경제·사회·문화) **26.8%**
조선 후기의 경제 상황과 실학자들의 활동을 묻는 문제가 주로 출제됩니다.

👑 **2위 조선 전기** (태조~성종) **22.5%**
초기 왕들의 업적과 주요 정치 조직의 특징을 묻는 문제가 주로 출제됩니다.

👑 **3위 조선 후기** (현종~철종) **17.3%**
영조·정조의 탕평 정치와 세도 정치 시기의 사실을 묻는 문제가 주로 출제됩니다.

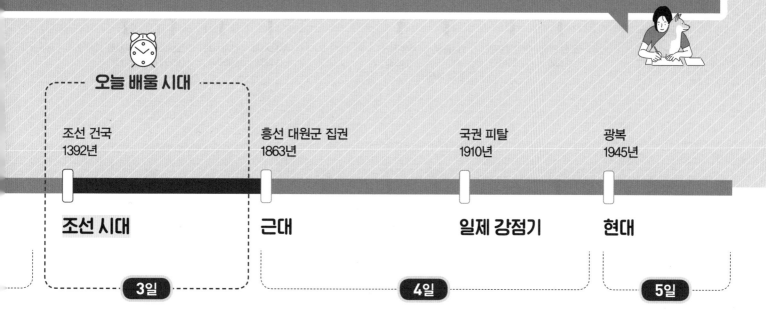

⏰ **오늘 배울 시대**

조선 건국 1392년	흥선 대원군 집권 1863년	국권 피탈 1910년	광복 1945년
조선 시대	**근대**	**일제 강점기**	**현대**
3일	4일		5일

조선 시대 흐름 잡기

주요 흐름

조선 전기 [태조~성종]

건국과 체제 · 문물 정비에 집중한 초기 왕들

태조 이성계의 조선 건국 이후, 초기 왕들은 조선의 기틀을 다지는 데 집중하였습니다. **태종**은 왕권을 강화하고, **세종**은 한글을 창제하며 문화를 발전시켰습니다. 이후 **성종** 때 법전인 『경국대전』이 반포되어 나라의 기틀이 완성되었습니다.

조선 전기 [연산군~선조]

권력을 차지하기 위한 관리들의 정치 싸움

성종 때 정계에 등장한 **사림** 세력들은 적극적인 개혁 정치를 펼치며 기존의 훈구 세력과 대립하였습니다. 연산군 때부터는 사림이 막대한 피해를 입는 **사화**가 발생했으나, 사림들은 지방에서 세력을 확대하였습니다. 이들이 정계로 다시 등장해 정국을 주도하면서 **붕당** 정치가 시작되었습니다.

빈출키워드 1위

주요 왕

1392 ~1398	1400 ~1418	1418 ~1450	1455 ~1468	1469 ~1494	1494 ~1506	1506 ~1544	1545 ~1567	1567 ~1608
태조	태종	**세종**	세조	성종	연산군	중종	명종	선조

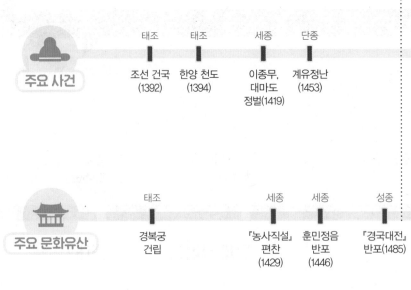

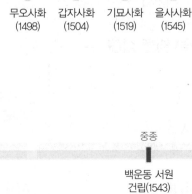

주요 사건

태조	태조	세종	단종	연산군	연산군	중종	명종
조선 건국 (1392)	한양 천도 (1394)	이종무, 대마도 정벌(1419)	계유정난 (1453)	무오사화 (1498)	갑자사화 (1504)	기묘사화 (1519)	을사사화 (1545)

주요 문화유산

태조	세종	세종	성종	중종
경복궁 건립	『농사직설』 편찬 (1429)	훈민정음 반포 (1446)	『경국대전』 반포(1485)	백운동 서원 건립(1543)

왜란과 호란 (선조~효종)

조선을 뒤흔든 전쟁,
이후 전쟁을 수습하기 위한 노력

선조 때 일본의 침입으로 **임진왜란**이 일어났습니다. 왜란은 약 7년 만에 끝났으나, 전쟁의 혼란이 완전히 수습되기 전인 **인조** 때 후금이라는 오랑캐의 침입을 받았습니다. 이후 **후금**은 세력을 키워 **청**이라는 나라를 세운 후 또 다시 조선을 침입하였고, 조선은 위기에 빠지게 되었습니다.

조선 후기 (현종~철종)

개혁 군주들의 심폐 소생,
그러나 계속되는 백성들의 고통

숙종은 탕평 정치의 일환으로 **환국**을 시도하였으나, 결과적으로 한 붕당이 정권을 독차지하게 되는 현상이 나타났습니다. 이후 **영조**와 **정조**는 탕평을 실시하며 다양한 개혁을 시도하였습니다. 그러나 조선 후기에는 왕실의 외척인 **세도 가문**이 정권을 장악하면서 사회 혼란이 심화되었습니다.

빈출키워드 **3위**

1674 ~1720	1724 ~1776	1776 ~1800	1800 ~1834	1849 ~1863
숙종	**영조**	정조	순조	철종

1608 ~1623	1623 ~1649		1649 ~1659
광해군	인조		효종

빈출키워드 **2위**

선조

**임진왜란
발발(1592)**

광해군

인조반정
(1623)

인조

정묘호란
(1627)

빈출키워드 **5위**

인조

**병자호란
(1636)**

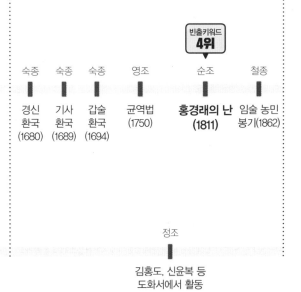

빈출키워드 **4위**

숙종

경신
환국
(1680)

숙종

기사
환국
(1689)

숙종

갑술
환국
(1694)

영조

균역법
(1750)

순조

**홍경래의 난
(1811)**

철종

임술 농민
봉기(1862)

선조

이황,
『성학십도』
저술(1568)

광해군

허준,
『동의보감』
편찬(1610)

정조

김홍도, 신윤복 등
도화서에서 활동

01 | 조선 전기 [태조~성종]

쌩초보 탈출구 🗝️

고려 말에 이성계는 혁명파 사대부와 힘을 합쳐 새 나라 조선을 건국하였어요. 이후 즉위한 태종, 세종, 세조, 성종은 조선의 새로운 기틀을 마련하였답니다. 새 나라 조선의 중앙은 의정부와 6조를 중심으로 운영되었고, 지방은 8도와 그 아래 부·목·군·현으로 나뉘어 운영되었어요.

1. 조선의 건국과 발전에 힘쓴 왕들의 순서를 첫 글자만 따서 외워두세요.

태조	–	정종	–	태종	–	세종	–	문종	–	단종	–	세조	–	예종	–	성종
조선 건국				왕권 강화		민족 문화 발전				어린 나이에 즉위		약해진 왕권 강화				조선의 기틀 완성

2. 조선이 새롭게 정비한 중앙과 지방의 통치 체제를 구분하여 알아두세요.

중앙 – 의정부, 6조, 3사(사헌부·사간원·홍문관)	지방 – 8도, 부·목·군·현

최빈출개념

1 조선의 건국과 기틀 마련

최근 3개년 시험에서 **27문제 출제**
68회 18·19·22번, 67회 22번, 66회 18·19번, 65회 19·21번, 64회 17·22번, 63회 21번, 62회 19·21·22번, 61회 20번, 60회 20번, 59회 20번, 57회 17번, 56회 19·20번, 55회 18번, 54회 18·20번, 53회 20번, 52회 16·18번, 51회 19번

1. 조선의 건국, 이성계와 혁명파 신진 사대부가 주도하다

위화도 회군	요동 정벌에 나섰던 **이성계가 위화도에서 군대를 돌려** 돌아와 권력을 장악함 (1388) → 우왕·창왕을 폐하고 공양왕을 추대함

▼ ─ 혁명파 신진 사대부

과전법 제정	조준 등의 건의로 **과전법**을 실시함(1391) → 경제적 기반 마련

└ 전·현직 관리들에게 토지에 대한 수조권을 지급한 제도

▼

조선 건국	이성계가 즉위하며 국호를 조선으로 바꿈(1392)

▼ ─ 국토와 곡식의 번창을 기원하던 제사 장소

한양 천도	조선 건국 후 **수도를 한양으로 옮김**(1394), 한양에 경복궁과 종묘·사직 등 건설

└ 역대 왕과 왕비의 신주를 모신 사당

2. 태조 이성계, 조선을 건국하고 정도전을 등용하다
─ 항상 정사를 부지런히 돌보는 전각이라는 뜻

정도전 등용	• 경복궁과 근정전 등 주요 전각의 이름을 지음 • 왕도 정치를 바탕으로 재상 중심의 국정 운영을 강조함 • 저술: 『**불씨잡변**』(불교의 폐단 비판), 『**조선경국전**』(통치 제도 정리) 등
제1차 왕자의 난	세자 책봉에 불만을 품은 다섯째 아들 이방원이 세자로 책봉된 막내 아들 이방석을 살해하고, 개국 공신인 정도전 등을 제거함 → 정종(이방원의 형)이 즉위함

└ 정종 때 일어난 제2차 왕자의 난을 통해 즉위함　　　└ 이방석을 세자로 추천하였음

3. 태종 이방원, 왕권을 강화하다
─ 6조의 판서(장관)가 왕에게 직접 보고하도록 한 제도

왕권 강화	6조 직계제 처음 실시, 사병 혁파, 문하부 낭사를 분리하여 **사간원으로 독립**시킴
호패법 실시	호구 파악과 백성의 유망 방지를 위해 일종의 신분증인 호패를 지니게 함
사회·문화 정책	주자소(활자 주조 담당 관청) 설치 및 **계미자**(활자) 주조, 혼일강리역대국도지도 (세계 지도) 제작, **신문고** 설치

└ 억울한 일을 왕에게 호소할 수 있는 북

기출선택지 암기하기

1. 조선의 건국
• 이성계가 위화도에서 **회군**하여 최영을 제거하였다. 65·56·51회
• 조준 등의 건의로 **과전법**을 제정하였다. 60·58회
• 국호를 조선으로 바꾸고 수도를 한양으로 옮겼다. 50·44회

2. 태조 이성계
• 정도전 – 『**불씨잡변**』을 지어 불교를 비판하였다. 67·60·56·52회
• 정도전 – 『**조선경국전**』을 저술하여 통치 제도 정비에 기여하였다. 68회
• 왕자의 난으로 정도전 등이 피살되었다. 42회

3. 태종 이방원
• 문하부 낭사를 분리하여 **사간원**으로 독립시켰다. 65·52회
• 백성의 유망을 막기 위하여 **호패법**이 실시되었다. 40회
• 주자소를 설치하여 **계미자**를 주조하였다. 68·65·63·61·59·64·61회
• 세계 지도인 **혼일강리역대국도지도**가 만들어졌다. 68·62·59·54회

4. 세종, 민족 문화 발전에 힘쓰다

> 6조에서 올라오는 모든 일을 의정부에서 논의한 뒤 국왕에게 올라가게 한 제도

유교 정치 실현	의정부 서사제 실시, 집현전을 확대·개편함
공법 실시	연분 9등법(풍흉 기준)과 전분 6등법(토지 비옥도 기준)의 공법 실시
대외 정책	• 여진: 4군(최윤덕) 6진(김종서) 설치, 북평관 설치 • 일본(왜): 이종무를 보내 대마도(쓰시마 섬) 정벌, 계해약조 체결 〔제한된 범위의 무역을 허용한 조약〕
문화 정책	• 과학 기구 제작: 측우기, 앙부일구, 자격루, 혼천의 등〔장영실의 발명품〕 • 주자소에서 갑인자(활자)를 주조함 • 서적 편찬: 『칠정산』(역법), 『농사직설』(농업), 『향약집성방』(의학) 등

> 이순지가 편찬하였으며, 『내·외편』으로 구성되어 있음

5. 세조(수양 대군), 약해진 왕권을 다시 강화하다

왕권 강화 정책	• 조카 단종이 어린 나이에 즉위하여 왕권이 약해지자, 한명회 등과 계유정난을 일으켜 권력을 장악한 후 즉위함 • 강력한 왕권 행사를 위해 6조 직계제를 재실시함 〔함경도 지역 차별 등에 반발해 일으킨 난〕 • 이시애의 난을 진압하고, 난을 후원하였다는 이유로 유향소를 폐지함 • 성삼문 등이 일으킨 단종 복위 운동을 진압하고 집현전·경연을 폐지함
직전법 제정	관리들에게 지급할 토지가 부족해지자, 현직 관리에게만 수조지를 지급함

> 집현전 학자

6. 성종, 조선의 기틀을 완성하다

> 세조 때부터 편찬 시작

『경국대전』 완성	조선의 기본 법전을 완성·반포하여 국가의 통치 규범을 마련함
홍문관 설치	집현전을 계승한 홍문관을 설치하고, 경연을 활성화함 〔왕에게 유학 경서와 사서를 강론하는 일〕
편찬 사업	『국조오례의』(예법), 『악학궤범』(음악), 『동국여지승람』(지리) 등

4. 세종
• 전제상정소를 설립하고 전분 6등법을 제정하였다. 52회
• 4군 6진을 설치하여 북방 영토를 개척하였다. 62·56·55·54회
• 제한된 범위의 무역을 허용한 계해약조가 체결되었다. 65·63·61·56회
• 한양을 기준으로 한 역법서인 『칠정산』을 만들었다. 63·62·61·59·53회
• 우리 풍토에 맞는 농법을 소개한 『농사직설』이 간행되었다. 68·66·65·63·61·55회

5. 세조
• 계유정난을 통해 정권을 장악하였다. 65회
• 함길도 토착 세력이 일으킨 이시애의 난을 진압하였다. 65·55회
• 성삼문 등이 상왕의 복위를 꾀하다가 처형되었다. 61·60·59회

6. 성종
• 『경국대전』을 완성하여 국가의 통치 규범을 마련하였다. 68·66·64·62·60·59·58회
• 집현전을 계승한 홍문관을 설치하였다. 65·58회

중앙과 지방의 통치 체제

최근 3개년 시험에서 **9문제 출제**
68회 25번, 67회 21번, 62회 20번, 61회 22번, 60회 21번, 57회 19번, 56회 22번, 54회 19번, 51회 21번

1. 중앙 정치 조직, 의정부와 6조 중심으로 운영하다

의정부	재상(영의정·좌의정·우의정)의 합의를 통해 국정을 총괄한 최고 권력 기구
6조	왕의 명령을 집행한 행정 기구, 이·호·예·병·형·공조로 구성됨
승정원	왕명 출납을 담당한 왕의 비서 기관, 은대라고도 불림
의금부	반역죄, 강상죄 등 국가의 대역 죄인을 심판한 국왕 직속의 사법 기구
삼사	• 역할: 언론 활동 → 권력 독점과 부정 방지 〔유교 윤리를 어긴 죄〕 • 대표 기관 　－ 사헌부: 관리 감찰, 수장은 대사헌 〔5품 이하 관리의 임명에 대한 동의권〕 　－ 사간원: 정책에 대한 간언·간쟁, 수장은 대사간 〔양사(대간): 서경권 행사〕 　－ 홍문관: 경연 주관, 궁중의 서적과 문서 관리, 수장은 대제학
기타	성균관(최고 교육 기관), 춘추관(역사서 편찬·보관), 한성부(수도의 행정·치안 담당)

> 옥당, 옥서 등의 별칭이 있음

2. 지방 행정 조직, 전국을 8도로 정비하다

(1) **지방 행정 구역**: 전국을 8도로 나누고, 8도 아래에 부·목·군·현을 두어 수령을 파견하였다.

(2) **지방 행정 조직의 운영**

① 관찰사: 8도에 파견된 지방관, 관할 고을의 수령을 감독함, 감사·도백으로 불렸다.

② 수령: 부·목·군·현에 파견된 지방관, 지방의 행정·사법·군사권을 행사하였다.

③ 향리: 수령의 행정 실무를 보좌하고, 직역을 세습하여 중인층을 형성하였다.

> 수장을 호장이라고 부름

기출선택지 암기하기

1. 중앙 정치 조직
• 승정원 – 왕명 출납을 맡은 왕의 비서 기관이었다. 68·62·60·56·54회
• 의금부 – 국왕 직속 사법 기구로 반역죄, 강상죄 등을 처결하였다. 68·62·60회
• 사헌부, 사간원 – 5품 이하 관리의 임명 과정에서 서경권을 행사하였다. 61·58·55회
• 홍문관 – 사헌부, 사간원과 함께 3사로 불렸다. 63·62·59·56·54회

2. 지방 행정 조직
• 관찰사를 보내어 관할 고을의 수령을 감독하였어요. 54회
• 수령 – 지방의 행정·사법·군사권을 행사하였다. 51회
• 향리 – 수령을 보좌하며 행정 실무를 담당하였다. 68회

조선의 건국 – 위화도 회군 63회

대군이 압록강을 건너서 위화도에 머물렀다. …… 이성계가 회군한다는 소식을 듣고는 사람들이 다투어 밤낮으로 달려서 모여든 사람이 천여 명이나 되었다.

→ 위화도 회군 → 조선의 건국 ←

– 『태조실록』

01 이성계가 ㅇㅎㄷ 에서 회군하여 최영을 제거하였다. 65·56회

02 조준 등의 건의로 ㄱㅈㅂ 을 제정하였다. 60·58회

03 국호를 조선으로 바꾸고 수도를 ㅎㅇ 으로 옮겼다. 50·44회

태종 이방원 47회

• 왕은 우리나라에 서적이 대단히 적어서 유생들이 널리 볼 수 없는 것을 염려하여 주자소를 설치하고 구리로 글자 자형을 떠서 활자를 만드는 대로 인출(印出)하게 하였다.

• 왕이 시경·서경·좌전의 고주본을 자본으로 삼아 이직 등에게 십만 자를 주조하게 하였는데, 이것이 계미자이다.

→ 태종 이방원

04 문하부 낭사를 분리하여 ㅅㄱㅇ 으로 독립시켰다. 65·52회

05 백성의 유망을 막기 위하여 ㅎㅍㅂ 이 실시되었다. 40회

06 ㅈㅈㅅ 를 설치하여 계미자를 주조하였다. 68·65·63회

07 세계 지도인 ㅎㅇㄹㄹㅁㄷㄷㄱㄷ 지도가 만들어졌다. 68·62회

세종 38회

이 작품은 야연사준도로 김종서가 두만강 일대에 흩어져 살던 여진족을 몰아내고 동북면의 6진을 개척한 뒤의 일화를 그린 것이다. 그림 속에는 연회 중 갑자기 화살이 날아와 큰 술병에 꽂히자, 다른 장수 들은 겁을 먹었지만 김종서는 침착하게 연회를 진행하였다는 이야기가 묘사되어 있다.

→ 6진 개척 → 4군(최윤덕) 6진(김종서) 개척 → 세종

08 전제상정소를 설립하고 ㅈㅂ 6ㄷㅂ 을 제정하였다. 52회

09 4ㄱ 6ㅈ 을 설치하여 북방 영토를 개척하였다. 62·56·55·54회

10 제한된 범위의 무역을 허용한 ㄱㅎㅇㅈ 가 체결되었다. 65·63·61·56회

11 한양을 기준으로 한 역법서인 『ㅊㅈㅅ』을 편찬하였다. 63·62·61·59회

12 우리 풍토에 맞는 농법을 소개한 『ㄴㅅㅈㅅ』이 간행되었다. 68·66·65·63·61·55회

세조 46회

성삼문이 아버지 성승 및 박팽년 등과 함께 상왕의 복위를 모의하여 중국 사신에게 잔치를 베푸는 날에 거사하기로 기약하였다. …… 왕이 친히 국문하면서 꾸짖기를 "그대들은 어찌하여 나를 배반하였는가?"하니 성삼문이 소리치며 말하기를 "상왕을 복위시키려 했을 뿐이오."라고 하였다.

→ 단종 복위 운동 → 세조

13 ㄱㅇㅈㄴ 을 통해 정권을 장악하였다. 65회

14 함길도 토착 세력이 일으킨 ㅇㅅㅇ 의 난을 진압하였다. 65·55회

15 ㅅㅅㅁ 등이 상왕의 복위를 꾀하다가 처형되었다. 61·60·59회

성종 44회

이 책은 (가) 왕 때 신숙주, 정척 등이 왕실의 각종 행사를 유교의 예법에 맞게 정리하여 완성한 『국조오례의』입니다. 국가의 기본 예식인 오례, 즉 제사 의식인 길례, 관례와 혼례 등의 가례, 사신 접대 의례인 빈례, 군사 의식에 해당하는 군례, 상례 의식인 흉례에 대한 규정을 정리해 놓았습니다.

→ 성종

16 『ㄱㄱㄷㅈ』을 완성하여 국가의 통치 규범을 마련하였다.

68·66·64·62·60·59·58회

17 집현전을 계승한 ㅎㅁㄱ 을 설치하였다. 65·58회

중앙 정치 조직 – 사헌부 61회

조선 시대에 언론 활동, 풍속 교정, 백관에 대한 규찰과 탄핵 등을 관장하던 기구이다. 대사헌, 집의, 장령, 감찰 등의 직제로 구성되어 있다.

→ 사헌부

18 5품 이하 관리의 임명 과정에서 ㅅㄱㄱ 을 행사하였다. 61·58·55회

중앙 정치 조직 – 홍문관 46회

조선 시대 옥당, 옥서로 불렸던 (가)의 관직을 역임한 인물들의 성명, 주요 관직, 본관 등을 기록한 책이다. (가)은/는 집현전의 기능을 이었으며, 직제에는 영사, 대제학, 부제학, 응교, 교리 등이 있다.

→ 홍문관

19 사헌부, 사간원과 함께 3ㅅ 로 불렸다. 63·62·59·56·54회

정답 **01** 위화도 **02** 과전법 **03** 한양 **04** 사간원 **05** 호패법 **06** 주자소 **07** 혼일강리역대국도 **08** 전분 6등법 **09** 4군 6진 **10** 계해약조 **11** 칠정산 **12** 농사직설 **13** 계유정난 **14** 이시애 **15** 성삼문 **16** 경국대전 **17** 홍문관 **18** 서경권 **19** 3사

기출문제로 실전 감각 익히기

각 문제의 자료에 표시된 힌트를 참고하여 정답을 선택하세요!

01 (가)~(다)를 일어난 순서대로 옳게 나열한 것은? [2점]
[47회]

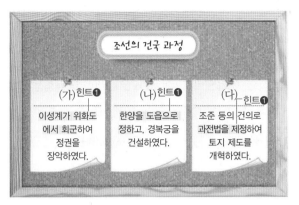

조선의 건국 과정

(가) 힌트❶
이성계가 위화도에서 회군하여 정권을 장악하였다.

(나) 힌트❶
한양을 도읍으로 정하고, 경복궁을 건설하였다.

(다) 힌트❶
조준 등의 건의로 과전법을 제정하여 토지 제도를 개혁하였다.

① (가) – (나) – (다)
② (가) – (다) – (나)
③ (나) – (가) – (다)
④ (나) – (다) – (가)
⑤ (다) – (나) – (가)

02 밑줄 그은 '임금'의 재위 시기에 있었던 사실로 옳은 것은? [2점]
[59회]

힌트❶
얼마 전에 임금께서 원통하고 억울한 일을 당한 백성들을 위해 신문고를 설치하라고 명하셨다더군.

뿐만 아니라 문하부를 없애고 의정부를 설치하면서 문하부 낭사를 사간원으로 독립시키셨다네.
└ 힌트❷

① 명의 신종을 제사하는 대보단이 설치되었다.
② 백과사전류 의서인 『의방유취』가 편찬되었다.
③ 왕권 강화를 위해 6조 직계제가 실시되었다.
④ 조선의 기본 법전인 『경국대전』이 반포되었다.
⑤ 역대 문물제도를 정리한 『동국문헌비고』가 간행되었다.

03 밑줄 그은 '왕'의 재위 시기에 있었던 사실로 옳은 것은? [2점]
[55회]

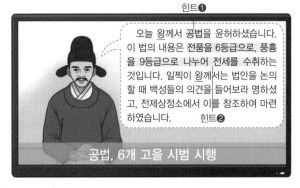

힌트❶
오늘 왕께서 공법을 윤허하셨습니다. 이 법의 내용은 전품을 6등급으로, 풍흉을 9등급으로 나누어 전세를 수취하는 것입니다. 일찍이 왕께서는 법안을 논의할 때 백성들의 의견을 들어보라 명하셨고, 전제상정소에서 이를 참조하여 마련하였습니다. 힌트❷

공법, 6개 고을 시범 시행

① 음악 이론 등을 집대성한 『악학궤범』이 완성되었다.
② 민간의 광산 개발을 허용하는 설점수세제가 시행되었다.
③ 우리 풍토에 맞는 농법을 소개한 『농사직설』이 편찬되었다.
④ 현직 관리에게만 수조권을 지급하는 직전법이 제정되었다.
⑤ 우리나라와 중국의 의서를 망라한 『동의보감』이 간행되었다.

04 (가) 기구에 대한 설명으로 옳은 것은? [2점]
[54회]

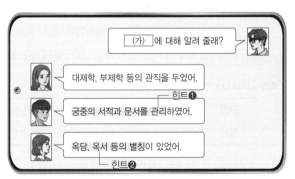

(가) 에 대해 알려 줄래?

대제학, 부제학 등의 관직을 두었어.

궁중의 서적과 문서를 관리하였어. ─ 힌트❶

옥당, 옥서 등의 별칭이 있었어.
└ 힌트❷

① 수도의 행정과 치안을 맡아보았다.
② 사헌부, 사간원과 함께 3사로 불렸다.
③ 을묘왜변을 계기로 상설 기구화되었다.
④ 왕의 비서 기관으로 왕명의 출납을 담당하였다.
⑤ 국왕 직속 사법 기구로 반역죄, 강상죄 등을 처결하였다.

정답 및 해설 ⇒ 230쪽

02 | 조선 전기 [연산군 ~ 선조]

쌩초보 탈출구 🔑

조선의 건국과 세조의 즉위를 도왔던 '훈구'와 성종 때부터 등용된 '사림' 간의 갈등이 일어났어요. 이때 사림이 네 차례나 화를 입는데요, 이를 사화라고 해요. 선조 때 사림은 다시 정치의 주도권을 잡기는 하지만, 사림 내부의 정치적 의견 대립으로 동인과 서인으로 나뉘어 붕당을 형성한답니다.

1. 네 차례 일어난 사화의 순서를 그 당시의 왕과 함께 알아두세요.

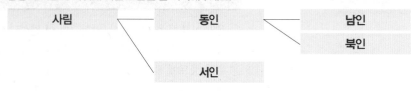

무오사화 (연산군) → 갑자사화 (연산군) → 기묘사화 (중종) → 을사사화 (명종)

2. 붕당의 이름과 나뉘게 되는 흐름을 잘 기억해두세요!

사림	동인	남인
		북인
	서인	

최빈출개념 👑

1 사림의 등장과 사화

최근 3개년 시험에서 12문제 출제
66회 20번, 65회 20번, 64회 23번, 63회 20번, 62회 26번, 61회 21번, 59회 21번, 57회 18번, 56회 21번, 55회 19번, 54회 21번, 52회 19번

1. 훈구와 사림, 조선의 정치 세력이 둘로 나뉘다

(1) 훈구와 사림

훈구	조선 건국에 공을 세운 혁명파 사대부, 세조의 즉위에 공을 세운 공신들
사림	조선 건국에 참여하지 않고 지방에서 학문 연구와 교육에 힘쓴 신진 사대부

(2) 사림의 진출: 성종 때부터 **김종직** 등 사림이 중앙 정계에 진출하기 시작하였다. 주로 언론 기관인 삼사에 등용된 사림이 훈구의 부정부패를 비판하면서 두 세력의 대립이 심화되었다.

2. 사화의 전개, 사림이 네 차례 화를 입다

(1) 무오사화(연산군)

> ┌ 중국 초나라의 왕 의제의 죽음을 애도하며 쓴 글로, 훈구는 단종을 쫓아내고 왕위를 차지한 세조를 비판하는 내용이라고 주장함

원인	사림 김일손이 스승 **김종직**의 「조의제문」을 실록의 초안인 「사초」에 기록함
전개	훈구가 이를 문제 삼자, 연산군이 김일손을 처형하고 사림을 제거함

(2) 갑자사화(연산군)

> ┌ 연산군의 어머니인 폐비 윤씨가 사약을 받아 죽은 사건

원인	연산군의 측근 세력이 연산군에게 **폐비 윤씨 사사 사건**을 고발함
전개	연산군이 사건을 주도한 훈구와 이에 연루된 김굉필 등의 사림을 처벌함

(3) 중종반정: 두 차례의 사화와 연산군의 폭정이 원인이 되어 반정이 일어났다. 그 결과 **연산군이 폐위되고 중종이 즉위**하였으며, 중종 즉위에 공을 세운 훈구가 권력을 장악하였다.

(4) 조광조의 개혁 정치(중종)

① 배경: 중종이 훈구를 견제하기 위해 조광조 등의 신진 사림을 등용하였다.

② 조광조의 개혁 추진: 조광조는 현량과(신진 사림 등용을 위한 일종의 추천제) 실시, 소격서 폐지, 중종반정 공신의 위훈(정국 공신의 거짓 공훈) 삭제, 「소학」의 보급과 공납의 개선 등 급진적인 개혁 정치를 추진하였다.

> └ 도교의 제사인 초제를 담당하였던 기관

기출선택지 암기하기

1. 훈구와 사림

• 사림 – **김종직** 등 사림이 중앙 정계에 진출하기 시작하였다. 62회

2. 사화의 전개

• 무오사화 – 김종직의 「조의제문」이 빌미가 되었다. 57회

• 무오사화 – 「조의제문」이 발단이 되어 김일손 등이 화를 입었다. 64·61·54·52회

• 갑자사화 – 폐비 윤씨 사사 사건을 빌미로 사화가 발생하였다. 66·65·62·59회

• 중종반정으로 연산군이 폐위되었다. 58회

• 조광조(중종) – 신진 인사를 등용하기 위한 **현량과**를 실시하였다. 64·55·54회

• 조광조 – 반정 공신의 **위훈 삭제**를 주장하였다. 68·67·62·57회

• 조광조 – 「소학」의 보급과 공납의 개선을 주장하였다. 39회

(5) 기묘사화(중종)

원인	조광조가 추진한 위훈 삭제에 대한 훈구의 반발이 심화됨
결과	훈구인 남곤 등의 고변으로 조광조를 포함한 사림 세력이 제거됨

└ 나뭇잎에 '주초위왕(조씨가 왕이 된다)'을 새김

(6) 을사사화(명종)

┌ 나이 어린 왕이 즉위했을 때 어머니나 할머니가 대신 나랏일을 결정하는 정치 형태

배경	중종의 아들인 인종이 일찍 죽고 어린 명종이 즉위하자, 명종의 어머니인 문정 왕후가 수렴청정을 하게 됨
원인	윤임 등 인종의 외척(대윤)과 윤원형 등 명종의 외척(소윤) 간의 권력 다툼 발생
전개	윤임 일파가 제거되었고, 윤임을 지원했던 사림까지 피해를 입음

(7) 명종 재위 시기의 상황(을사사화 이후)
① 양재역 벽서 사건: 양재역에 윤원형 일파와 문정 왕후를 비판하는 익명의 벽서가 붙자, 윤원형 세력이 이를 구실로 반대파를 숙청하였다.
② 권세가들의 부패: 명종의 외척인 윤원형 등 권세가들의 부패가 심해졌다.
③ 임꺽정의 등장: 사회가 혼란해지자 임꺽정과 같은 도적이 나타나 활동하였다.

2 붕당의 형성과 분화

최근 3개년 시험에서 **1문제 출제**
55회 20번

1. 사림의 세력 확대, 향약과 서원으로 세력을 키우다
(1) **사화 이후**: 네 차례의 사화로 피해를 입은 사림은 향촌 사회에서 기반을 강화하는 데 힘썼다.
(2) **사림의 세력 기반** ┌ 향촌의 질서를 유지하기 위해 만든 향촌 자치 규약
① **향약**: 사림은 향약을 만들어 향촌 사회에서 풍속 교화와 향촌 자치를 담당하였다.
② **서원**: 사림은 지방에 교육 기관인 서원을 주로 설립하여 인재 양성에 힘썼다.
(3) **정국 주도**: 선조 즉위 이후, 사림이 다시 중앙 정계에 진출하여 정국을 주도하였다.

2. 붕당의 형성, 사림이 동·서로 나뉘다
(1) **원인** ┌ 여론 형성에 중요한 3사의 관리를 추천하고, 자신의 후임자 추천권을 갖고 있었음
① **이조 전랑 임명 문제**: 이조 전랑 임명을 둘러싸고 사림인 **김효원**과 **심의겸**이 대립하였다.
② **외척 정치 청산**: 명종 때의 외척 정치 청산 문제를 두고 대립하였다.
(2) **결과**: 사림이 동인(신진 사림)과 서인(기성 사림)으로 나뉘며 붕당이 형성되었다.

동인	• 김효원 등 신진 사림 중심, 이황·조식·서경덕의 문인 계열 • 외척 정치 청산에 적극적인 태도를 취함
서인	• 심의겸 등 기성 사림 중심, 이이·성혼의 문인 계열 • 외척 정치 청산에 소극적인 태도를 취함

3. 동인의 분화, 동인이 남·북으로 나뉘다
(1) **원인**

정여립 모반 사건 (기축옥사)	동인 정여립이 준비한 역모 사건이 발각됨 → 서인 정철이 이를 확대하여 **이발** 등 동인 세력이 제거됨(기축옥사)
건저의 사건	서인 정철이 광해군을 세자로 책봉할 것을 건의하였다가, 선조의 미움을 사게 됨 → 동인이 정철을 공격함

(2) **결과**: 정철 처리에 대한 입장을 두고 동인이 **남인**과 **북인**으로 나뉘었다.

남인	정철 처리에 온건, 이언적과 이황의 제자들이 주류를 이룸
북인	정철 처리에 강경, 조식의 제자들이 주류를 이룸, 광해군 때 국정을 주도함

기출선택지 암기하기

1. 사림의 세력 확대
• 향약 – 풍속 교화와 **향촌 자치**의 역할을 하였다. 64회
• 서원 – 지방의 **사림** 세력이 주로 설립하였다. 47·42회

2. 붕당의 형성
• 이조 전랑 임명을 둘러싸고 **김효원**과 **심의겸**이 대립하였다. 60회
• 이조 전랑 임명을 둘러싸고 사림이 동인과 서인으로 나뉘었다. 55회
• **사림**이 동인과 서인으로 나뉘었다. 62회

3. 동인의 분화
• 정여립 모반 사건으로 **기축옥사**가 일어났다. 66·64·58·57·54회
• 기축옥사로 이발 등 동인 세력이 화를 입었다. 55회
• 서인 – 정여립 모반 사건을 내세워 **기축옥사**를 주도하였다. 44회
• 남인 – 이언적과 이황의 제자들이 주류를 이루었다. 44회
• 북인 – 광해군 시기에 국정을 이끌었다. 44회

• **기묘사화** – 위훈 삭제에 대한 훈구 세력의 반발이 원인이었다. 49회
• **기묘사화** – 위훈 삭제를 주장한 조광조가 제거되었다. 64·60·59회
• 외척 사이의 권력 다툼으로 **을사사화**가 발생하였다. 62회
• **을사사화** – 외척 세력인 대윤과 소윤의 대립으로 사화가 일어났다. 43회
• **을사사화** – 윤임 일파가 제거되는 결과를 가져왔다. 61·57·52회
• 명종 때 **양재역 벽서 사건**이 일어났다. 57회

사화의 전개 – 무오사화 66회

"지금 김종직의 「조의제문」을 보니, 차마 읽을 수도 볼 수도 없습니다. …… 마땅히 대역의 죄로 논단하고 부관참시해서 그 죄를 분명히 밝혀 신하들과 백성들의 분을 씻는 것이 사리에 맞는 일이옵니다."라고 하였다.
→ 무오사화

01 ㄱㅈㅈ의 「조의제문」이 빌미가 되었다. 57회
02 「조의제문」이 발단이 되어 ㄱㅇㅅ 등이 화를 입었다. 64·61·54·52회

사화의 전개 – 갑자사화 34회

생모 윤씨를 폐비하는 의논에 참여한 자와 (어머니에게) 존호(尊號)를 올려서는 안 된다고 주장한 자를 모두 중형으로 다스려, 죽은 자는 그 시체를 베고 가산을 몰수하였으며, 그 가족이나 친족은 연좌하였다. 살아 있는 자는 매[杖]로 때리며 심문한 후 멀리 귀양 보냈다.
→ 폐비 윤씨 사사 사건 → 갑자사화

03 ㅍㅂ ㅇㅆ 사사 사건을 빌미로 사화가 발생하였다. 66·65·62회
04 이후의 사실 – ㅈㅈㅂㅈ으로 연산군이 폐위되었다. 58회

사화의 전개 – 조광조의 개혁 정치(중종) 39회

이것은 위훈 삭제 등 개혁 정치를 추진하다가 훈구파의 반발로 유배되어 사사당한 그의 옛 자취가 기록된 비입니다.
→ 조광조

05 신진 인사를 등용하기 위한 ㅎㄹㄱ를 실시하였다. 64·55·54회
06 반정 공신의 ㅇㅎ ㅅㅈ를 주장하였다. 68·67·62회
07 「ㅅㅎ」의 보급과 공납의 개선을 주장하였다. 39회

사화의 전개 – 기묘사화 46회

정국공신을 개정하는 일로 전지하기를, "충신이 힘을 합쳐 나를 후사(後嗣)로 추대하여 선왕의 유업을 잇게 하니, 그 공이 적다할 수 없으므로 훈적(勳籍)에 기록하여 영구히 남도록 명하였다. 그러나 초기에 일이 황급하여 바르게 결단하지 못하고 녹공(錄功)을 분수에 넘치게 하여 뚜렷한 공신까지 흐리게 하였으니 …… 내 어찌 공훈 없이 헛되이 기록된 것을 국시(國是)로 결단하지 않을 수 있겠는가?"
→ 위훈 삭제 → 기묘사화

08 위훈 삭제에 대한 ㅎㄱ 세력의 반발이 원인이었다. 49회
09 위훈 삭제를 주장한 ㅈㄱㅈ가 제거되었다. 64·60·59회

사화의 전개 – 명종 재위 시기의 상황 41회

포도대장 김순고가 왕에게 아뢰기를, "풍문으로 들으니 황해도의 흉악한 도적 임꺽정의 일당인 서임이란 자가 이름을 엄가이로 바꾸고 숭례문 밖에 와서 산다고 하므로, 가만히 엿보다가 잡아서 범한 짓에 대하여 심문하였습니다.
→ 명종 재위 시기의 상황

10 외척 세력인 ㄷㅇ과 ㅅㅇ의 대립으로 사화가 일어났다. 62회
11 ㅇㅇ 일파가 제거되는 결과를 가져왔다. 61·57·52회
12 명종 때 ㅇㅈㅇ 벽서 사건이 일어났다. 57회

붕당의 형성 63회

처음에 심의겸이 외척으로 권세를 부리니 당시 명망 있는 사람들이 섬겨 따랐다. 그런데 김효원이 전랑(銓郞)이 되어 그들을 배척하자 심의겸의 무리가 그를 미워하니, 점차 사람이 나뉘어 동인과 서인이라는 말이 나오게 되었다.
→ 이조 전랑 임명 문제 → 붕당의 형성

13 이조 전랑 임명을 둘러싸고 ㄱㅎㅇ과 ㅅㅇㄱ이 대립하였다. 60회
14 이조 전랑 임명을 둘러싸고 ㅅㄹ이 동인과 서인으로 나뉘었다. 55회

동인의 분화 21회

여기는 정여립이 죽은 진안의 죽도입니다. 정여립 모반 사건으로 서인에 의해 옥사가 일어나 동인이 많이 죽었습니다. 이후 동인은 서인에 대한 강경파인 북인과 온건파인 (가)으로 분열되었습니다.
→ 정여립 모반 사건(기축옥사) → 동인의 분화

15 ㄱㅊㅇㅅ로 이발 등 동인 세력이 화를 입었다. 66·64·58회
16 남인 – ㅇㅇㅈ과 ㅇㅎ의 제자들이 주류를 이루었다. 44회
17 북인 – ㄱㅎㄱ 시기에 국정을 이끌었다. 44회

정답 01 김종직 02 김일손 03 폐비 윤씨 04 중종반정 05 현량과 06 위훈 삭제 07 소학 08 훈구 09 조광조 10 대윤, 소윤 11 윤임 12 양재역 13 김효원, 심의겸 14 사림 15 기축옥사 16 이언적, 이황 17 광해군

기출문제로 실전 감각 익히기

각 문제의 자료에 표시된 힌트를 참고하여 정답을 선택하세요!

01 (가)~(라) 사건을 일어난 순서대로 옳게 나열한 것은? [3점]

48회

(가) 갑자년 봄에, 임금은 어머니가 비명에 죽은 것을 분하게 여겨 그 당시 논의에 참여하고 명을 수행한 신하를 모두 대역죄로 추죄(追罪)하여 팔촌까지 연좌시켰다.

(나) 정문형, 한치례 등이 의논하기를, "지금 김종직의 「조의제문」을 보니, 차마 읽을 수도 볼 수도 없습니다. …… 마땅히 대역의 죄로 논단하고 부관참시해서 그 죄를 분명히 밝혀 신하들과 백성들의 분을 씻는 것이 사리에 맞는 일이옵니다."라고 하였다.

(다) 정유년 이후부터 조정 신하들 사이에는 대윤이니 소윤이니 하는 말들이 있었다. …… 자전(慈殿)*은 밀지를 윤원형에게 내렸다. 이에 이기, 임백령 등이 고변하여 큰 화를 만들어 냈다.

(라) 언문으로 쓴 밀지에 이르기를, "조광조가 현량과를 설치하자고 청한 것도 처음에는 인재를 얻기 위해서라고 생각했더니 …… 경들은 먼저 그를 없앤 뒤에 보고하라."라고 하였다.

*자전(慈殿): 임금의 어머니

① (가) – (나) – (다) – (라)
② (가) – (나) – (라) – (다)
③ (나) – (가) – (라) – (다)
④ (나) – (다) – (가) – (라)
⑤ (다) – (라) – (나) – (가)

02 다음 검색창에 들어갈 왕이 추진한 정책으로 옳은 것은?

55회 [2점]

한국사 전자 사료관

[   ] 검색

조선 시대	왕대별 보기	원문 고어
재위 시기	**내용**	**원문 이미지**
5년 4월	제포·부산포·염포에서 왜인이 난동을 일으키다	원문 이미지
13년 9월	정광필 등의 건의에 따라 소격서 혁파를 전교하다	원문 이미지
14년 10월	대사헌 등이 정국공신의 훈적 삭제에 대해 아뢰다	원문 이미지

① 조총 부대를 나선 정벌에 파견하였다.
② 4군 6진을 설치하여 북방 영토를 개척하였다.
③ 단종 복위 운동을 계기로 집현전을 폐지하였다.
④ 국가의 의례를 정비한 『국조오례의』를 편찬하였다.
⑤ 신진 인사를 등용하기 위한 현량과를 실시하였다.

03 (가), (나) 사이의 시기에 있었던 사실로 옳은 것은? [3점]

52회

(가) 대사헌 등이 아뢰기를, "정국공신은 책봉된 지 오래되었지만 폐주(廢主)의 총신(寵臣)도 많이 선정되었을 뿐 아니라, 그 중에는 반정 때 뚜렷한 공을 세우지 못한 사람도 많습니다. 지금이라도 이런 폐단을 고치지 않는다면 나라가 바로 서지 않을 것이니 삭훈해야 마땅합니다."라고 하였다.

(나) 김효원과 심의겸의 두 당이 원수처럼 서로 공격하였다. 당초 심의겸이 김효원을 비방하자 김효원도 심의겸을 비난하여 각기 붕당이 나뉘어 대립하였다.

① 외척 간의 대립으로 윤임이 제거되었다.
② 「조의제문」이 발단이 되어 김일손 등이 화를 입었다.
③ 붕당의 폐해를 경계하기 위한 탕평비가 건립되었다.
④ 희빈 장씨 소생의 원자 책봉 문제로 환국이 발생하였다.
⑤ 폐비 윤씨 사사 사건의 전말이 알려져 김굉필 등이 처형되었다.

04 다음 상황 이후에 전개된 사실로 옳은 것은? [3점]

55회

선전관 이용준 등이 정여립을 토벌하기 위하여 급히 전주에 내려갔다. 무리들과 함께 진안 죽도에 숨어 있던 정여립은 군관들이 체포하려 하자 자결하였다.

① 이시애가 길주를 근거지로 난을 일으켰다.
② 기축옥사로 이발 등 동인 세력이 제거되었다.
③ 양재역 벽서 사건으로 이언적 등이 화를 입었다.
④ 수양 대군이 김종서 등을 살해하고 권력을 장악하였다.
⑤ 이조 전랑 임명을 둘러싸고 사림이 동인과 서인으로 나뉘었다.

정답 및 해설 ⇨ 230쪽

03 | 조선 전기 (경제·사회·문화)

쌩초보 탈출구 🔑

조선 전기에는 경제·사회·문화와 관련된 제도들도 정비되었어요. 경제적으로는 관리들에게 토지를 지급하는 토지 제도가 여러 차례 변화하였고, 사회적으로는 신분 제도가 정비되었죠. 또한 유학 교육을 담당하는 여러 교육 기관도 설립되었어요.

1. 조선 전기에 토지 제도가 어떻게 바뀌었는지 실시한 왕과 함께 순서대로 알아두세요!

과전법(고려 공양왕)	→	직전법(세조)	→	관수 관급제(성종)	→	직전법 폐지(명종)

2. 조선의 여러 교육 기관을 교육 단계로 나눠 알아두세요!

초등 교육 기관	→	중등 교육 기관	→	최고 학부
서당		서원, 향교, 4부 학당		성균관

빈출개념 1

조선 전기의 경제·사회

최근 3개년 시험에서 3문제 출제
64회 19번, 53회 19번, 51회 21번

1. 경제, 토지 제도와 수취 제도가 정비되다

(1) 토지 제도

과전법 실시 (고려 공양왕)	• 전·현직 관리에게 경기 지역에 한하여 토지의 수조권을 지급함 _{└ 재혼하지 않은 처에게 지급한 토지}
	• 원칙적으로 세습이 불가하였으나, 관리의 사망 시 유가족에게 수신전과 휼양전을 지급하여 사실상 세습이 허용됨 └ 남겨진 자식에게 상속되는 토지
직전법 실시 (세조)	• 배경: 토지가 세습되어 관리에게 지급할 토지가 부족해짐
	• 내용: 현직 관리를 대상으로 토지의 수조권을 지급함, 수신전·휼양전 등의 명목으로 세습되는 토지를 폐지함
관수 관급제 실시 (성종)	• 배경: 수조권을 가진 관리들이 농민에게 과다한 세금을 걷음
	• 내용: 소재지의 관청에서 세금을 대신 거두고 관리에게 지급함
직전법 폐지(명종)	직전법을 폐지하고 녹봉(물질적인 급여)만 지급함 → 수조권이 소멸됨

(2) 수취 제도: 세종 때 전분 6등법(토지의 비옥도 기준), 연분 9등법(풍흉 기준)의 공법을 마련하여 세금을 거두었다.

2. 사회, 신분이 네 개로 나뉘다

양반	관료(문반 + 무반)를 뜻하였으나 추후 그 가문까지 칭하는 신분으로 정착됨
중인	• 서얼: 양반 첩의 자식(서자), 원칙적으로 과거(문과) 응시가 금지됨 • 기술직 중인: 역관·기술관·의관·천문관 등의 기술관 • 향리: 지방에서 수령의 행정 실무를 보좌함, 직역을 세습함
상민	농민·수공업자·상인 등이 속하며, 신량역천도 포함됨
천민	• 구성: 노비, 백정, 무당, 광대 등으로 구성됨 └ 신분은 양인이나 천역을 담당한 계층 • 노비: 매매·상속·증여의 대상, 장례원을 통해 국가의 관리를 받음 └ 노비 문서의 관리와 노비 소송을 맡아보던 기관

기출선택지 암기하기

1. 경제

- 고려 공양왕 때 경기 지역에 한하여 과전법이 실시되었다. 68·60회
- 과전법 – 관리의 사망 시 유가족에게 수신전과 휼양전을 지급하였다. 40회
- 현직 관리를 대상으로 직전법이 실시되었다. 68·63·61·59·55·53회
- 직전법 – 수조권이 세습되던 수신전과 휼양전을 폐지하였다. 65·54·52회
- 전분 6등법 – 토지의 비옥도에 따라 6등급으로 나누어 전세를 거두었다. 50회
- 연분 9등법 – 풍흉에 따라 9등급으로 전세를 부과하였다. 65·57·54회

2. 사회

- 중인 – 서얼은 원칙적으로 과거에 응시할 수 없었다. 45회
- 천민 – 노비는 매매, 상속, 증여의 대상이 되었다. 68회
- 천민 – 노비는 장례원을 통해 국가의 관리를 받았다. 45회

최빈출개념

2 조선 전기의 문화

최근 3개년 시험에서 **13문제 출제**
68회 21번, 67회 20번, 65회 22번, 63회 22번, 57회 20번, 56회 25번,
54회 20번, 53회 18·21번, 52회 17·20번, 51회 20·22번

1. 교육 기관, 유학 교육에 힘쓰다

교육 단계	교육 기관	특징
초등	서당	지방의 마을에서 선비와 평민의 자제를 가르침
중등	서원	• 지방 **사림** 세력이 주로 설립, 선현 제사와 성리학 연구를 담당함 • 주세붕이 세운 백운동 서원을 시작으로 설립됨 • **사액 서원**은 국왕으로부터 편액과 함께 서적, 노비 등을 받음
	향교	• 전국의 부·목·군·현에 각각 하나씩 설립된 **지방 교육 기관** • 중앙에서 교관인 **교수와 훈도를 파견**함 • 대표 건물: 대성전과 동·서무, 명륜당, 동·서재 등
	4부 학당	한양에 설치됨(중학·동학·서학·남학)
최고 학부	성균관	• 15세 이상의 소과(생원시, 진사시) 합격자가 입학함 • 대표 건물: 대성전, 명륜당(강의실), 동·서재(기숙사) 등

└ 한양에 위치함 └ 유교 경전에 대한 지식을 시험함

(4부 학당) 문예 창작의 재능을 시험함

2. 과학 기술, 국력을 키우기 위해 과학 기술이 발전하다

천문학	자격루·앙부일구(시간 측정, 세종), 측우기(강우량 측정, 세종), 혼천의·간의(천체 관측, 세종)
역법	『칠정산』(세종): 한양을 기준으로 한 역법서, 「내편」과 「외편」으로 구성됨
인쇄술	활자 주조 담당 관청인 **주자소** 설치(태종), 계미자(태종)·**갑인자**(세종) 주조
농업	• 『농사직설』(세종): 정초, 변효문 등이 우리 풍토에 맞는 농법을 종합함 • 『금양잡록』(성종): 강희맹이 손수 농사를 지은 경험과 견문을 종합함
의학	『향약집성방』(세종): 국산 약재를 소개하고, 치료 예방법을 제시함

3. 건축과 예술, 새로운 건물들이 지어지고 그림과 도자기가 만들어지다

(1) 건축

북궐이라고도 불림

경복궁	• 조선 건국 이후 태조 때 한양으로 천도하며 지은 궁궐 • 대표 건물: 광화문, 근정전, 건청궁, 경회루 등
창덕궁	태종 때 지은 궁궐, 유네스코 세계 문화유산에 등재됨
종묘	왕과 왕비의 신주를 모신 사당, 유네스코 세계 문화유산에 등재됨
해인사 장경판전	팔만대장경을 보관하는 건물, 유네스코 세계 문화유산에 등재됨
원각사지 십층 석탑	세조 때 원나라 탑 양식과 경천사지 십층 석탑의 영향을 받아 건립됨

└ 고려 시대 몽골의 침입을 극복하기 위해 제작됨 └ 고려 후기의 탑

(2) 예술

그림	몽유도원도(안견), 고사관수도(강희안), 초충도(신사임당)
공예	• 분청사기(15세기): 청자에 분을 칠하여 만든 회청색의 도자기 • 백자(16세기): 깨끗하고 담백한 분위기가 선비와 어울려 널리 사용됨

원각사지 십층 석탑	몽유도원도(안견)	고사관수도(강희안)

경제 – 토지 제도 40·28·20회

공양왕 3년(1391) 5월, 도평의사사가 글을 올려 과전을 주는 법을 정하자고 요청하니 왕이 따랐다. → 과전법

신이 생각하기에 이 법은 국초의 법이 아닙니다. 수신전·휼양전을 폐지하고 이 법을 만드는 바람에 지아비에게 신의를 지키려고 하는 자는 의지할 바를 잃게 되었고, …… → 직전법

왕 1년 4월, (대왕대비가) 전지하기를, "직전(職田)의 세는 소재지의 관리로 하여금 감독하여 거두어 주도록 하라." 하였다. → 관수 관급제

01 과전법 – 고려 공양왕 때 ㄱㄱ 지역에 한하여 과전법이 실시되었다. 68·60회

02 과전법 – 관리의 사망 시 유가족에게 ㅅㅅ 전과 ㅎㅇ 전을 지급하였다. 40회

03 직전법 – ㅎㅈ 관리를 대상으로 직전법이 실시되었다. 68·63·61회

교육 기관 – 서원 39회

주세붕이 처음 (가)을/를 세울 때 세상에서는 의심하였습니다. 주세붕은 뜻을 더욱 가다듬어 많은 비웃음을 무릅쓰고 비방을 물리쳐 지금까지 누구도 하지 못했던 장한 일을 이루었습니다. 아마도 하늘이 (가)을/를 세우는 가르침을 동방에 흥하게 하여 [우리나라가] 중국과 같아지도록 하려는 것인가 봅니다.
→ 백운동 서원 → 서원
– 『퇴계선생문집』

04 지방의 ㅅㄹ 세력이 주로 설립하였다. 47·42회

05 국왕으로부터 ㅍㅇ 과 함께 서적 등을 받기도 하였다. 46회

교육 기관 – 향교 30회

1. 정의: 조선 시대 지방 교육 기관
2. 구조 → 향교
   – 제사공간: 대성전, 동·서무
   – 교육공간: 명륜당, 동·서재
3. 학생 수: 군·현의 규모에 따라 배정

06 전국의 ㅂ·ㅁ·ㄱ·ㅎ 에 하나씩 설립되었다. 67·60·56회

07 중앙에서 ㄱㅅ 와 ㅎㄷ 를 파견하기도 하였다. 67·64·57·56회

교육 기관 – 성균관 42회

『경국대전』에 정원이 200명으로 정해져 있었다. 생원·진사인 상재생과 상재생이 모자랄 때 유학(幼學)으로 보충하는 기재생으로 구분되었다. 이들에게는 원점(圓點) 300을 얻으면 문과 초시에 응시할 수 있는 자격을 주었는데, 아침·저녁 식당에 출석하는 것을 원점 하나로 계산해 주었다. 재학 연한은 제한되어 있지 않았다.
● 주요 시설: 대성전, 명륜당 → 성균관

08 최고의 ㄱㄹ 교육 기관으로 성현의 제사도 지냈다. 42회

09 ㅅㄱ 에 합격해야 입학 자격이 주어졌다. 56회

10 ㅅㅇ 시나 ㅈㅅ 시의 합격자에게 입학 자격이 부여되었다. 56·54회

과학 기술 40회

세종 대에는 실용적인 학문이 발전하고 여러 분야에 걸쳐 과학 기술의 진전이 이루어졌습니다. 그 구체적인 사례로 무엇이 있을까요? → 15세기 과학 기술
ㄴ 시간을 측정하기 위해 해시계인 앙부일구가 만들어졌어요.
ㄴ 한양을 기준으로 한 역법서인 『칠정산』이 편찬되었어요.
ㄴ (가)

11 한양을 기준으로 한 역법서인 『ㅊㅈㅅ』을 만들었다. 63·62회

12 세종 때 개량된 금속 활자인 ㄱㅇㅈ 가 주조되었어요. 64·52회

13 『ㄴㅅㅈㅅ』 – 정초, 변효문 등이 우리 풍토에 맞는 농법을 종합하여 편찬 50회

14 국산 약재와 치료 방법을 정리한 『ㅎㅇㅈㅅㅂ』이 간행되었어. 58·53회

건축과 예술 – 건축 33회

15세기에는 궁궐과 관아, 성곽 등이 건축의 중심을 이루었습니다. 또한 이 시기에는 불교 건축물 중에서도 (가)와/과 같이 뛰어난 문화유산이 만들어졌습니다. → 조선 전기의 불교 건축물

15 ㅎㅇㅅ 장경판전 33회

16 ㅇㄱㅅㅈ 십층 석탑 57회

정답 01 경기 02 수신, 휼양 03 현직 04 사림 05 편액 06 부·목·군·현 07 교수, 훈도 08 관립 09 소과 10 생원, 진사 11 칠정산 12 갑인자 13 농사직설 14 향약집성방 15 해인사 16 원각사지

기출문제로 실전 감각 익히기

각 문제의 자료에 표시된 힌트를 참고하여 정답을 선택하세요!

01 밑줄 그은 '이 제도'에 대한 설명으로 옳은 것은? [2점]

53회

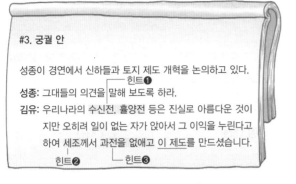

#3. 궁궐 안

성종이 경연에서 신하들과 토지 제도 개혁을 논의하고 있다.
힌트❶
성종: 그대들의 의견을 말해 보도록 하라.
김유: 우리나라의 수신전, 휼양전 등은 진실로 아름다운 것이
지만 오히려 일이 없는 자가 앉아서 그 이익을 누린다고
하여 세조께서 과전을 없애고 이 제도를 만드셨습니다.
힌트❷   힌트❸

① 전지와 시지를 등급에 따라 지급하였다.

② 풍흉에 관계없이 전세 부담액을 고정하였다.

③ 현직 관리에게만 토지의 수조권을 지급하였다.

④ 관리에게 녹봉을 지급하고 수조권을 폐지하였다.

⑤ 개국 공신에게 인성, 공로를 기준으로 토지를 지급하였다.

02 (가) 교육 기관에 대한 설명으로 옳은 것은? [2점]

50회

그림으로 보는 조선 국왕의 일생
교육

이 그림은 효명 세자가 (가) 에 입학하는
의식을 그린 『왕세자입학도첩』 중 「입학도」이다.
효명 세자는 이날 궁을 나와 (가) 에 도착하
여 먼저 대성전의 공자 신위에 술을 올린 후, 명
륜당에 가서 스승에게 교육을 받았다.
힌트❸

① 전문 강좌인 7재가 운영되었다.

② 전국의 부·목·군·현에 하나씩 설립되었다.

③ 중앙에서 교관인 교수나 훈도가 파견되었다.

④ 생원시나 진사시의 합격자에게 입학 자격이 부여되었다.

⑤ 한어(漢語), 왜어(倭語), 여진어 등 외국어 교육을 담당
하였다.

03 (가)에 들어갈 내용으로 옳지 않은 것은? [2점]

53회

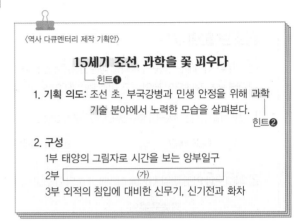

〈역사 다큐멘터리 제작 기획안〉

15세기 조선, 과학을 꽃 피우다
힌트❶

1. 기획 의도: 조선 초, 부국강병과 민생 안정을 위해 과학
기술 분야에서 노력한 모습을 살펴본다.
힌트❷

2. 구성
1부 태양의 그림자로 시간을 보는 앙부일구
2부   (가)
3부 외적의 침입에 대비한 신무기, 신기전과 화차

① 『기기도설』을 참고하여 설계한 거중기

② 국산 약재와 치료법을 소개한 『향약집성방』

③ 한양을 기준으로 한 역법서인 『칠정산』 「내편」

④ 활판 인쇄술의 발달을 가져온 계미자와 갑인자

⑤ 우리나라 실정에 맞는 농법을 소개한 『농사직설』

04 (가)에 해당하는 문화유산으로 옳은 것은? [2점]

57회

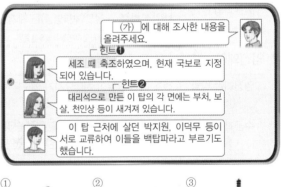

(가) 에 대해 조사한 내용을
올려주세요.
힌트❶

세조 때 축조하였으며, 현재 국보로 지정
되어 있습니다.
힌트❷

대리석으로 만든 이 탑의 각 면에는 부처, 보
살, 천인상 등이 새겨져 있습니다.

이 탑 근처에 살던 박지원, 이덕무 등이
서로 교류하여 이들을 백탑파라고 부르기도
했습니다.

①   ②   ③

④  ⑤

정답 및 해설 ➡ 231쪽

04 | 왜란과 호란 (선조~효종)

쌩초보 탈출구 🔑

선조 재위 시기에는 왜군의 침략을 받은 왜란이, 인조 재위 시기에는 후금과 청의 침략을 받은 호란이 일어났어요. 호란은 명과 후금 사이에서 중립 외교를 펼친 광해군이 폐위되고, 이후 왕이 된 인조가 오랑캐인 후금을 배척하는 정책을 펼친 결과 일어났답니다.

1. 왜란 때 이순신 장군이 수군을 이끌고 활약했던 네 전투를 일어난 순서대로 알아두세요!

옥포 해전	→	한산도 대첩	→	명량 해전	→	노량 해전

2. 광해군과 인조 재위 시기에 집권했던 붕당의 외교 정책을 구분하여 알아두세요!

광해군(북인)	인조(서인)
중립 외교 정책 (명과 후금 사이에서 실제 이익을 추구)	친명 배금 정책 (명과의 의리를 중시, 후금을 배척)

최빈출개념

1 왜란

최근 3개년 시험에서 **10문제 출제**
68회 20번, 67회 24번, 66회 22번, 64회 24번, 62회 25번,
60회 25번, 56회 23번, 55회 23번, 54회 23번, 51회 23번

1. 왜란 이전의 대외 관계, 명·일본과 관계를 맺다

명과의 관계	• 건국 직후(태조): 개국공신 정도전을 중심으로 요동 정벌을 추진함 • 태종 이후: 원칙적으로 사대 관계를 맺고, 정기적으로 명에 사신을 파견함
일본과의 관계	3포 왜란(중종) 이후 의정부와 별도로 국방 문제를 논의하기 위한 **비변사가 임시로 설치됨** → 을묘왜변(명종)을 계기로 비변사가 상설 기구화됨

└ 삼포에서 거주하던 왜인들이 일으킨 폭동
└ '변방의 일을 예방하다'라는 뜻

2. 임진왜란, 왜군이 조선을 침략하다

임진왜란 발발 (1592)	선조 때 도요토미 히데요시가 왜군을 보내 부산 침략 → 충주 탄금대 전투(신립) 패배 → 왜군의 북상 → 선조의 의주 피난
수군과 의병의 활약	• 수군의 활약(이순신): 옥포 해전 승리 → 한산도 대첩(학익진 전법) 승리 • 의병의 활약: 곽재우, 정문부, 조헌 등이 이끄는 의병들이 활약함
조선의 반격	**진주 대첩(김시민) 승리 → 조·명 연합군의 평양성 탈환(1593) → 행주 대첩(권율) 승리** → 명과 일본의 휴전 협상 시작
휴전 협상 중 훈련도감 설치	• 왜군의 조총 부대에 맞서 훈련도감이라는 부대가 신설됨 • 포수(총)·사수(활)·살수(칼·창)의 삼수병으로 편제됨
왜군의 재침입 (정유재란)	휴전 협상 결렬 → 일본의 재침입(정유재란, 1597) → **명량 해전(이순신) 승리** → 도요토미 히데요시 사망, 왜군 철수(1598) → 노량 해전(이순신) 승리

└ 학이 날개를 펼친 모습으로 적을 포위하는 전법

3. 왜란 이후의 상황, 일본과 국교를 재개하다

조선	임진왜란을 거치면서 비변사의 기능이 확대되어 국정 최고 기구로 성장함
일본	• 통신사 파견: 일본 에도 막부의 요청으로 조선 통신사를 파견함(문화 교류의 역할) • 기유약조 체결(광해군): 제한된 범위 내에서의 교섭을 허용함
중국	명의 국력이 약화되고, 북쪽의 여진족이 급성장하여 후금(청)을 건국함

기출선택지 암기하기

1. 왜란 이전의 대외 관계
- 일본 – 3포 왜란 이후 국방 문제를 논의하기 위한 비변사가 설치되었다.
  68·65·62·56·53회

2. 임진왜란
- 신립이 배수의 진을 치고 왜군에 항전하였다. 67·62회
- 이순신이 한산도 앞바다에서 학익진을 펼쳐 승리하였다. 67·62·55·54회
- 조헌이 금산에서 의병을 이끌고 활약하였다. 54회
- 김시민이 진주성에서 적군을 크게 물리쳤다. 66·61·55회
- 조·명 연합군이 평양성을 탈환하였다. 65·55·54회
- 권율이 행주산성에서 크게 승리하였다. 67·58·55·54·53회
- 포수·사수·살수의 삼수병으로 편제된 훈련도감이 신설되었다. 66·63·62·59·58·56·55회
- 이순신이 명량에서 대승을 거두었다. 58회

3. 왜란 이후의 상황
- 조선 – 비변사가 임진왜란을 거치면서 국정 최고 기구로 성장하였다. 61회
- 일본 – 기유약조를 체결하고 부산에 왜관을 설치하였다. 68·66·62회

2 광해군과 인조의 정책

최근 3개년 시험에서 **3문제 출제**
66회 21번, 52회 21번, 51회 24번

1. 광해군, 전란을 수습하고 중립 외교를 펼치다

(1) 전란 수습책

① 대동법 실시: 농민의 공납 부담을 줄이기 위해 선혜청을 설치하고, 경기도에 한해서 대동법을 실시하였다.
└ 지역의 토산물을 현물로 내는 세금 제도

② 『동의보감』 완성: 허준에 의해 전통 한의학을 정리한 『동의보감』이 간행되었다.
└ 선조 때부터 편찬 시작

(2) 중립 외교 정책

배경	명이 후금의 공격을 받자, 조선에 지원병을 요청함
전개	• 광해군은 명과 후금(여진) 사이에서 중립 외교 정책을 전개함 • 강홍립 부대를 참전시켜 명을 지원하였으나, 전투 상황에 따라 대처하도록 함

(3) 인조반정

배경	광해군의 중립 외교 정책과 폐모살제(인목 대비 유폐, 영창 대군 사사)
결과	서인의 반정으로 광해군이 폐위되고 인조가 즉위함, 서인이 정권을 장악함
└ 중립 외교 정책이 명에 대한 의리를 저버리는 것이라고 비판함

2. 인조, 중앙군을 강화하고 수취 체제를 정비하다

(1) 중앙군 강화: 도성·외곽을 방어하는 어영청·총융청·수어청을 설치하였다.

(2) 영정법 제정: 전세를 풍흉에 관계없이 토지 1결당 4~6두로 고정하였다.

기출선택지 암기하기

1. 광해군
• 경기도에 한해서 **대동법**이 실시되었다.
63·61·59회
• 명과 후금 사이에서 **중립 외교**를 펼쳤다.
39회
• 강홍립 부대가 사르후 전투에 참전하였다.
65·64·61·57회
• 인목 대비 유폐와 영창 대군 사사를 명분으로 폐위되었다. 47·46회
• 인조반정 – 서인이 반정을 일으켜 정권을 장악하였다. 59·51회

2. 인조
• **총융청**과 **수어청**을 설치하여 도성을 방비하였다. 52회
• 전세를 1결당 4~6두로 고정하는 **영정법**을 제정하였다. 66·58·55회

3 호란

최근 3개년 시험에서 **7문제 출제**
66회 25번, 65회 23번, 61회 24번, 57회 21번, 53회 22번, 52회 21·23번

1. 정묘호란, 후금이 조선을 침략하다
└ 이괄 등이 인조반정의 공신 책봉에 불만을 품고 일으킨 난

배경	• 서인 정권이 친명 배금 정책을 실시하여 후금을 자극함 • 이괄의 난 이후 잔여 세력들이 후금으로 도망가 인조 즉위의 부당함을 알림
전개	후금이 광해군을 위해 보복한다는 명분으로 침입함 → 인조가 강화도로 피난함, 정봉수·이립이 의병을 이끌고 항전함
결과	후금과 정묘약조를 체결하여 형제 관계를 맺음

2. 병자호란, 청이 조선을 침략하다
└ 왕과 신하의 관계

배경	• 세력을 키운 후금이 '청'으로 국호를 고치고 조선에 군신 관계를 요구함 • 청의 요구에 주화론(최명길)과 주전론(김상헌)으로 국론이 분열됨 → 주전론이 우세해지자 청이 조선에 침입함 └ 전쟁을 피하고 화해하거나 평화롭게 지내자는 주장
전개	• 김준룡(광교산)과 임경업(백마산성)이 항전하고, 김상용은 강화도에서 순절함 • 인조는 남한산성으로 피난하여 청군에 저항함
결과	• 청과 군신 관계 체결(삼전도의 굴욕) • 소현 세자, 봉림 대군(이후 효종)과 김상헌 등의 척화론자들이 볼모로 청에 압송됨
└ 인조가 삼전도에서 청에 치욕적인 항복을 한 사건, 이후 청의 요구에 따라 삼전도비를 건립함

3. 효종, 청에 대한 치욕을 갚고자 하다

(1) 북벌 추진: 어영청을 중심으로 북벌을 추진하였으며, 서인 송시열 등을 등용하였다.

(2) 나선 정벌: 청의 요청으로 두 차례 조총 부대를 동원하여 러시아군을 격퇴하였다.

기출선택지 암기하기

1. 정묘호란
• 배경 – 공신 책봉에 불만을 품고 이괄이 반란을 일으켰다. 66·64·61·60·53회
• 정봉수와 이립이 용골산성에서 항전하였다. 66·58·53회

2. 병자호란
• 김준룡이 근왕병을 이끌고 광교산에서 항전하였다. 65·57회
• 임경업이 백마산성에서 항전하였다. 61·60회
• 김상용이 강화도에서 순절하였다. 66·64·60회

3. 효종
• 어영청을 중심으로 북벌이 추진되었다. 68·66·63·59·57·53회
• 나선 정벌을 위하여 조총 부대를 파견하였다. 65·63·61·58·57·55회

해커스 한국사능력검정시험 초단기 5일 합격 심화

기출 자료와 선택지로 암기 강화

기출 자료를 통해 해석법을 익히고, 기출 선택지 초성 퀴즈로 암기를 강화하세요!

임진왜란 47회

이 무기는 불랑기포라고 하는데, 서양에서 명에 전래되었기 때문에 이렇게 불렀습니다. 불랑기포는 (가) 당시 조·명 연합군이 일본군으로부터 평양성을 탈환하는 데 기여하였습니다. → 임진왜란

01 [ㅅㄹ]이 배수의 진을 치고 왜군에 항전하였다. 67·62회
02 이순신이 [ㅎㅅㄷ] 앞바다에서 학익진을 펼쳐 승리하였다. 67·62회
03 조헌이 금산에서 [ㅇㅂ]을 이끌고 활약하였다. 54회
04 [ㄱㅅㅁ]이 진주성에서 적군을 크게 물리쳤다. 66·61·55회
05 조·명 연합군이 [ㅍㅇㅅ]을 탈환하였다. 65·55·54회
06 [ㄱㅇ]이 행주산성에서 크게 승리하였다. 67·58·55·54·53회
07 포수·사수·살수의 삼수병으로 편제된 [ㅎㄹㄷㄱ]이 신설되었다. 68·63·62·59·58·56회
08 이순신이 [ㅁㄹ]에서 대승을 거두었다. 58회

왜란 이후의 상황 – 비변사의 기능 강화 63회

오늘에 와서는 큰일이건 작은 일이건 중요한 것으로 취급되지 않는 것이 없어, 의정부는 한갓 헛이름만 지니고 6조는 모두 그 직임을 상실하였습니다. 명칭은 '변방의 방비를 담당하는 것'이라고 하면서 과거 시험에 대한 판하(判下)나 비빈 간택 등의 일까지도 모두 (가)을/를 경유하여 나옵니다. → 비변사

09 국방 문제를 논의하기 위한 [ㅂㅂㅅ]가 설치되었다. 68·65·62·56회
10 [ㅇㅈㅇㄹ]을 거치면서 국정 최고 기구로 성장하였다. 61회

광해군 32회

왕이 이르기를, "양평군 허준은 일찍이 의방(醫方)을 찬집(撰集)하라는 선왕의 특명을 받아 몇 년 동안 자료를 수집하였고, 심지어 유배되어 옮겨 다니는 가운데서도 그 일을 쉬지 않고 하여 이제 비로소 책으로 엮어 올렸다. 이에 생각건대, 선왕 때 명하신 책이 과인이 계승한 뒤에 완성을 보게 되었으니, 내가 비감(悲感)한 마음을 금치 못하겠다. 허준에게 말 한 필을 직접 주어 그 공에 보답하고 속히 간행하도록 하라."라고 하였다. → 『동의보감』 완성 → 광해군

11 경기도에 한해서 [ㄷㄷㅂ]이 실시되었다. 63·61·59회
12 명과 후금 사이에서 [ㅈㄹ] 외교를 펼쳤다. 39회
13 [ㄱㅎㄹ] 부대가 사르후 전투에 참전하였다. 65·64·61회
14 인목 대비 유폐와 [ㅇㅊ] 대군 사사를 명분으로 폐위되었다. 47·46회
15 인조반정 – [ㅅㅇ]이 반정을 일으켜 정권을 장악하였다. 59·51회

인조 44·26회

왕 1년 → 인조반정 → 인조
3월 14일 광해를 폐하여 군으로 봉하다
이광정, 이귀, 김류 등에게 관직을 제수하다
3월 25일 반정에 공이 있는 김자점 등을 6품직에 제수하다

부원수 이괄이 금부도사 고덕률 등을 죽이고 군사를 일으켜 반역하였다. …… → 이괄의 난 → 인조

16 [ㅊㅇㅊ]과 [ㅅㅇㅊ]을 설치하여 도성을 방비하였다. 52회
17 전세를 1결당 4~6두로 고정하는 [ㅇㅈㅂ]을 제정하였다. 66·58·55회

병자호란 58회

최명길을 보내 오랑캐에게 강화를 청하면서 그들의 진격을 늦추도록 하였다. 왕이 수구문(水溝門)을 통해 남한산성으로 향했다. 변란이 창졸 간에 일어났기에 도보로 따르는 신하도 있었고 성안 백성의 통곡 소리가 하늘을 뒤흔들었다. 초경을 지나 왕의 가마가 남한산성에 도착하였다. → 병자호란

18 [ㄱㅈㄹ]이 근왕병을 이끌고 광교산에서 항전하였다. 65·57회
19 [ㅇㄱㅇ]이 백마산성에서 항전하였다. 61·60회
20 [ㄱㅅㅇ]이 강화도에서 순절하였다. 66·64·60회

효종 42회

제시된 자료는 이 왕이 세자 시절 쓴 칠언시입니다. 척화를 주장했던 신하들과 함께 청에 볼모로 잡혀갔다 돌아온 후에 지은 것으로 보입니다. → 효종(봉림 대군)

세상의 뜬 이름 / 모두 다 헛되니
물가에서 뛰어난 흥취를 / 한 잔 술에 붙이노라.
높은 수레 발이 묶여 / 참으로 부끄러운데
샘물 소리 도도하니 / 나의 한도 끝이 없노라.

21 [ㅇㅇㅊ]을 중심으로 북벌이 추진되었다. 68·66·63·59회
22 [ㄴㅅ] 정벌을 위하여 조총 부대를 파견하였다. 65·63·61·58·57회

정답 01 신립 02 한산도 03 의병 04 김시민 05 평양성 06 권율 07 훈련도감 08 명량 09 비변사 10 임진왜란 11 대동법 12 중립 13 강홍립 14 영창 15 서인 16 총융청, 수어청 17 영정법 18 김준룡 19 임경업 20 김상용 21 어영청 22 나선

기출문제로 실전 감각 익히기

각 문제의 자료에 표시된 힌트를 참고하여 정답을 선택하세요!

01 밑줄 그은 '이 전쟁' 중에 있었던 사실로 옳지 <u>않은</u> 것은?

[54회] [2점]

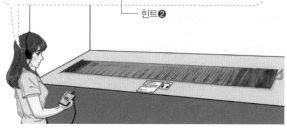

— 힌트❶

이 자료는 이 전쟁에서 공을 세운 김시민을 선무 2등 공신으로 책봉한 교서입니다. 그는 진주성 전투에서 대승을 거두어 왜군의 보급로를 끊었으며 전라도의 곡창 지대를 지키는 데 기여하였습니다.

— 힌트❷

① 임경업이 백마산성에서 항전하였다.
② 조·명 연합군이 평양성을 탈환하였다.
③ 권율이 행주산성에서 크게 승리하였다.
④ 조헌이 금산에서 의병을 이끌고 활약하였다.
⑤ 이순신이 한산도 앞바다에서 학익진을 펼쳐 승리하였다.

02 다음 기사에 보도된 전투 이후의 사실로 옳은 것은? [2점]

[67회]

역사 신문

제△△호   ○○○○년 ○○월 ○○일

힌트❶ —**조·명 연합군, 평양성 탈환**— 힌트❷

평안도 도체찰사 류성룡, 도원수 김명원이 이끄는 관군이 명 제독 이여송 부대에 합세하여 평양성을 되찾았다. 이번 전투에서 아군의 불랑기포를 비롯한 화포가 위력을 발휘하여 일본군은 크게 패하고 남쪽으로 내려갔다. 이 전투의 승리는 향후 전쟁의 판도를 바꿀 것으로 기대된다.

① 송상현이 동래성에서 항전하였다.
② 권율이 행주산성에서 적군을 격퇴하였다.
③ 이순신이 한산도 앞바다에서 대승을 거두었다.
④ 신립이 탄금대 앞에서 배수의 진을 치고 싸웠다.
⑤ 최윤덕이 올라 산성에서 이만주 부대를 정벌하였다.

03 밑줄 그은 '왕'이 추진한 정책으로 옳은 것은? [2점]

[50회]

역사 신문

제△△호   2020년 ○○월 ○○일

호패법 재실시 발표

금일, 왕이 호패법을 다시 시행하라고 명령하였다. 이 힌트❶
는 문란해진 군적을 정비하고 이괄의 난 이후 심상치 않은 백성들의 동태를 점검하기 위한 것으로 보인다. 호패법은 반정(反正) 직후부터 논의되어 왔으나, 새로 군역에 편입될 백성들의 반발을 우려하여 지금까지 시행이 미루어져 왔다. 힌트❷

① 공신에게 공로와 인품에 따라 역분전을 지급하였다.
② 삼정의 문란을 해결하고자 삼정이정청을 설치하였다.
③ 시전 상인의 특권을 축소하는 신해통공을 단행하였다.
④ 전세를 1결 당 4~6두로 고정하는 영정법을 제정하였다.
⑤ 1년에 2필씩 걷던 군포를 1필로 줄이는 균역법을 시행하였다.

04 밑줄 그은 '전란' 중에 있었던 사실로 옳은 것은? [2점]

[61회]

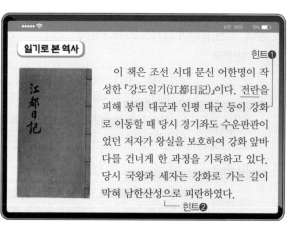

일기로 본 역사   힌트❶

이 책은 조선 시대 문신 어한명이 작성한 『강도일기(江都日記)』이다. 전란을 피해 봉림 대군과 인평 대군 등이 강화로 이동할 때 당시 경기좌도 수운판관이었던 저자가 왕실을 보호하여 강화 앞바다를 건너게 한 과정을 기록하고 있다. 당시 국왕과 세자는 강화로 가는 길이 막혀 남한산성으로 피란하였다. 힌트❷

① 정문부가 길주에서 의병을 이끌었다.
② 강홍립이 사르후 전투에 참전하였다.
③ 김시민이 진주성에서 적군을 크게 물리쳤다.
④ 임경업이 백마산성에서 적의 침입에 대비하였다.
⑤ 최윤덕이 올라산성에서 이만주 부대를 정벌하였다.

정답 및 해설 ➡ 232쪽

05 | 조선 후기 [현종~철종]

쌩초보 탈출구 🔑

조선 후기인 현종과 숙종 때에는 붕당의 대립이 매우 심했어요. 현종 때에는 예송, 숙종 때에는 환국이 일어났죠. 이러한 상황에서 즉위한 영조와 정조는 붕당 간의 대립을 막고자 탕평 정치를 실시하였어요. 그러나 정조 사후에는 외척 세력이 권력을 독점하는 세도 정치가 나타났답니다.

1. 예송·환국의 순서와 각 사건 이후 집권하는 붕당을 순서대로 기억해두세요!

| 1차 예송
(현종) | → 서인 → | 2차 예송
(현종) | → 남인 → | 경신환국
(숙종) | → 서인 → | 기사환국
(숙종) | → 남인 → | 갑술환국
(숙종) | → 서인 |

2. 탕평 정치 시기와 세도 정치 시기에 재위했던 왕을 순서대로 알아두세요!

탕평 정치			세도 정치		
영조	→	정조	→ 순조	→ 헌종	→ 철종

---

1 붕당 정치의 변질 (현종, 숙종)

최근 3개년 시험에서 5문제 출제
68회 26번, 61회 23번, 60회 29번, 57회 22번, 51회 25번

1. 예송, 예법을 둘러싼 논쟁이 일어나다 (현종)

(1) **의미**: 자의 대비의 상복 착용 기간을 두고 서인과 남인 사이에 발생한 전례 문제이다. ┌ 인조의 계비

(2) **서인과 남인의 입장**: 서인은 왕과 사대부는 같은 예법을 따라야 한다고 주장(신권 강화론)하였고, 남인은 왕과 사대부가 다른 예법을 따라야 한다고 주장(왕권 강화론)하였다.
└ 인조의 차남

(3) **전개**: 효종과 효종비의 죽음 이후 두 차례의 예송이 전개되었다.
   ① 1차 예송: 효종 사후에 발생하였고, 서인(1년)의 주장이 받아들여졌다(남인은 3년 주장).
   ② 2차 예송: 효종비 사후에 발생하였고, 남인(1년)의 주장이 받아들여졌다(서인은 9개월 주장).

2. 환국, 집권 붕당이 급격히 바뀌다 (숙종)

(1) 경신환국

원인	남인 허적이 왕의 허락 없이 왕실용 천막을 무단으로 사용하여 숙종의 불신을 샀고, 때마침 서인이 허견(허적의 서자)의 역모 사건을 고발함
결과	• 허적과 윤휴 등 남인들이 축출되고 서인이 권력을 장악함 • 서인이 남인 처벌 문제를 두고 노론(강경파)과 소론(온건파)으로 분열됨

(2) 기사환국

아직 세자에 책봉되지 않은 왕의 맏아들

원인	숙종이 희빈 장씨 아들(이후 경종)의 명호를 원자로 정하자, 서인 송시열이 원자의 명호를 정한 것이 이르다고 상소를 올림
결과	• 서인(송시열 등)이 축출되고 남인이 권력을 장악함 • 인현 왕후(서인 계열)가 폐위되고 희빈 장씨(남인 계열)가 왕비로 책봉됨

(3) 갑술환국

원인	남인이 인현 왕후 복위 운동을 빌미로 서인을 제거하려 함
결과	남인이 몰락함, 송시열의 관직이 회복됨, 노론과 소론이 정국을 주도함

기출선택지 암기하기

1. 예송
• 자의 대비의 복상 문제로 예송이 전개되었다. 67·66·64·60·57회
• 서인과 남인 사이에 발생한 전례 문제이다. 43회

2. 환국
• 경신환국 – 허적과 윤휴 등 남인들이 대거 축출되었다. 54·51회
• 기사환국 – 희빈 장씨 소생의 원자 책봉 문제로 환국이 발생하였다. 59·52회
• 기사환국 – 남인이 권력을 장악하고 희빈 장씨가 왕비로 책봉되었다. 65·63·53회
• 갑술환국 – 남인이 축출되고 노론과 소론이 정국을 주도하였다. 41회

2 탕평 정치와 개혁 정책(영조, 정조)

최근 3개년 시험에서 **14문제 출제**
68회 24번, 67회 27번, 66회 23번, 65회 24번, 64회 26번,
63회 19번, 61회 26번, 59회 24번, 57회 24번, 56회 24번,
55회 21·24번, 53회 26번, 52회 25번

1. 영조, 강력한 왕권으로 탕평 정치를 펼치다

└ 소론과 남인 일부가 영조의 즉위 과정에 의혹을 제기하며 일으킨 난

(1) **탕평 정책**: 붕당의 폐해 속에 즉위한 영조는 이인좌의 난을 진압하였으며, 붕당의 폐해를 경계하고자 성균관 입구에 탕평비를 세웠다.

(2) **개혁 정책**

	└ 군역을 대신해 내는 옷감
균역법 시행	• 군역의 부담을 줄여주고자 1년에 2필씩 걷던 **군포를 1필로 줄임** • 부족한 재정은 균역청을 설치하여 어염세, 은결, 선무군관포 등으로 보충
신문고 부활	백성들의 억울함을 풀어주기 위해 신문고를 다시 설치함
청계천 준설	준천사라는 관청을 설치하고 청계천 준설 사업을 시행함
편찬 사업	『동국문헌비고』(역대 문물 정리), 『속대전』(통치 체제 정비)

2. 정조, 다양한 개혁 정책을 실시하다

(1) **탕평 정책**: 붕당에 관계없이 능력이 있는 인물을 등용하여 적극적인 탕평 정책을 실시하였다.

(2) **개혁 정책**

규장각 설치	• 왕실 도서관으로, 학문 연구 기관이자 정책 연구를 담당한 핵심 기구 • 박제가 등 서얼 출신의 학자들을 검서관으로 기용함
초계문신제 실시	유능한 인재를 양성하기 위해 문신들을 재교육함
장용영 설치	왕권 강화를 위하여 설치한 국왕의 친위 부대로, 수원 화성에 외영을 둠
수원 화성 건설	정치적 이상을 실현하는 상징적인 도시로 육성함, 거중기를 사용함
신해통공 반포	육의전을 제외한 시전 상인의 특권인 금난전권을 폐지함
편찬 사업	『대전통편』, 『무예도보통지』, 『동문휘고』 등

└ 통치 체제 정비 └ 훈련 교범 └ 대외 관계 정리

└ 난전(허가없이 물건을 파는 행위)을 금지할 수 있는 권리

기출선택지 암기하기

1. 영조
• 붕당의 폐해를 경계하고자 **탕평비**를 세웠다. 67·65·62·57·56·55·54회
• 1년에 2필씩 걷던 군포를 1필로 줄이는 **균역법**을 시행하였다. 68·61·56회
• 『동국문헌비고』를 간행하여 역대 문물을 정리하였다. 66·64·59·54·52회
• 『속대전』을 편찬하여 통치 체제를 정비하였다. 66·65·63·61·58·54회
• 준천사를 신설하여 홍수에 대비하였다. 52회

2. 정조
• 서얼 출신의 학자들이 **규장각 검서관**에 기용되었다. 62회
• 초계문신제를 실시하여 문신들을 재교육하였다. 68·67·66·64·63·58·57회
• 국왕의 친위 부대인 **장용영**이 설치되었다. 68·59·57·54·53·52·51회
• 육의전을 제외한 시전 상인의 **금난전권**이 폐지되었다. 62·61·60·56·53회
• 통치 체제를 정비하기 위해 『대전통편』이 편찬되었다. 62·55회

3 세도 정치(순조, 헌종, 철종)

최근 3개년 시험에서 **11문제 출제**
67회 28번, 64회 21번, 61회 27번, 59회 28번, 57회 28번, 56회 28번,
55회 28번, 54회 29번, 53회 28번, 52회 28번, 51회 28번

1. 세도 정치, 외척 가문이 세력을 잡다

└ 안동 김씨, 풍양 조씨 등

(1) **배경**: 정조가 갑작스럽게 사망한 후, 정조 이후 국왕들이 강력한 왕권을 펼치지 못하면서 소수의 외척 가문이 권력을 독점하였다.

(2) **특징**: 비변사를 중심으로 소수의 가문이 권력을 행사하였고, 삼정의 폐단이 심화되었다.

└ 전정·군정·환곡

2. 민중 봉기의 확산, 세도 정치에 맞서다

(1) **홍경래의 난**(순조)

원인	세도 정치 시기의 수탈과 평안도(서북) 지역에 대한 차별 대우
전개	홍경래, 우군칙 등이 주도하여 가산에서 봉기함 → 선천, 정주성 등 청천강 이북 지역을 장악함 → 관군에 의해 진압됨

(2) **임술 농민 봉기**(철종)

원인	경상 우병사 백낙신의 가혹한 수탈
전개	몰락 양반 유계춘을 중심으로 진주에서 봉기함 → 전국적으로 확산됨
결과	• 박규수가 상황의 수습을 위해 안핵사로 파견됨 • 정부는 삼정의 문란을 해결하기 위해 삼정이정청을 설치함

기출선택지 암기하기

1. 세도 정치
• 비변사를 중심으로 소수의 가문이 권력을 행사하였다. 40·36회

2. 민중 봉기의 확산
• 세도 정치기의 수탈과 지역 차별에 반발하여 일어났다. 63·58·56회
• 홍경래의 난 - 홍경래, 우군칙 등이 주도하였다. 61·59회
• 홍경래의 난 - 선천, 정주 등 청천강 이북의 여러 고을을 점령하였다. 55회
• 임술 농민 봉기 - 상황 수습을 위해 **박규수**가 안핵사로 파견되었다. 67·59·56·55·52회
• 임술 농민 봉기 - 삼정의 문란을 해결하기 위해 **삼정이정청**을 설치하였다. 66·65·57·54·53·52회

예송 30회

(가): 돌아가신 효종 대왕을 장자의 예로 대우하여 대왕대비의 복상(服喪) 기간을 3년으로 정하는 것이 마땅합니다.

(나): 아닙니다. 효종 대왕은 장자가 아니므로 1년으로 해야 합니다. → 남인 + 서인 → 예송

01 ㅈㅇㄷㅂ 의 복상 문제로 예송이 전개되었다. 67·66·64·60회

02 ㅅㅇ 과 ㄴㅇ 사이에 발생한 전례 문제이다. 43회

환국 – 기사환국 45회

임금이 말하기를, "송시열은 산림의 영수로서 나라가 어렵고 인심이 좋지 않을 때에 감히 원자(元子)의 명호(名號)를 정한 것이 너무 이르다고 하였으니, 삭탈 관작하고 성문 밖으로 내쳐라. 반드시 송시열을 구하려는 자가 있겠지만, 그런 자는 비록 대신이라 하더라도 용서하지 않을 것이다."라고 하였다. → 기사환국

03 희빈 장씨 소생의 ㅇㅈ 책봉 문제로 환국이 발생하였다. 59·52회

04 ㄴㅇ 이 권력을 장악하고 희빈 장씨가 왕비로 책봉되었다. 65·63회

환국 – 갑술환국 39회

기사년 원자 명호(名號)를 정한 것에 반대한 송시열의 관직을 회복시키고 제사를 지낼 수 있도록 하라. → 갑술환국

05 남인이 축출되고 ㄴㄹ 과 ㅅㄹ 이 정국을 주도하였다. 41회

영조 63회

이것은 『어전준천제명첩』에 담긴 어제사언시(御製四言詩)로, (가)이/가 홍봉한 등 청계천 준설 공사에 공이 있는 신하들의 노고를 치하하며 지은 것이다. 청계천 준설을 추진한 (가)은/는 탕평, 균역 등도 자신의 치적으로 거론한 글을 남겼다. → 영조

06 붕당의 폐해를 경계하고자 ㅌㅍㅂ 를 세웠다. 67·65·62·57·56·55회

07 1년에 2필씩 걷던 군포를 1필로 줄이는 ㄱㅇㅂ 을 시행하였다. 68·61·56회

08 『ㄷㄱㅁㅎㅂㄱ』를 간행하여 역대 문물을 정리하였다. 66·64·59회

09 『ㅅㄷㅈ』을 편찬하여 통치 체제를 정비하였다. 66·65·63회

10 ㅈㅊㅅ 를 신설하여 홍수에 대비하였다. 52회

정조 45회

이곳 만석거(萬石渠)는 (가) 왕이 수원 화성을 건립하면서 축조한 수리 시설 중 하나입니다. 수갑(水閘) 및 수도(水道)를 만든 기술의 혁신성, 백성들의 식량 생산에 이바지 한 점, 풍경의 아름다움 등 역시 문화적 가치를 인정받아 2017년 세계 관개 시설물 유산으로 등재되었습니다. → 정조

11 ㅅㅇ 출신의 학자들이 규장각 검서관에 기용되었다. 62회

12 ㅊㄱㅁㅅㅈ 를 실시하여 문신들을 재교육하였다. 68·67·66·64·63·58회

13 국왕의 친위 부대인 ㅈㅇㅇ 이 설치되었다. 68·59·57·54·53회

14 육의전을 제외한 시전 상인의 ㄱㄴㅈㄱ 이 폐지되었다. 62·61회

15 통치 체제를 정비하기 위해 『ㄷㅈㅌㅍ』이 편찬되었다. 62·55회

민중 봉기의 확산 – 홍경래의 난 41회

우군칙: 금광을 연다고 하여 사람들을 모으고, 군사 훈련을 하여 거사를 일으킵시다.

김창시: 평안도민에 대한 차별을 부각하는 격문을 발표한다면 더 많은 사람들이 호응할 것입니다. → 홍경래의 난

16 ㅅㄷ 정치기의 수탈과 ㅈㅇ 차별에 반발하여 일어났다. 63회

17 ㅎㄱㄹ, 우군칙 등이 주도하였다. 61회

18 선천, ㅈㅈ 등 ㅊㅊㄱ 이북의 여러 고을을 점령하였다. 55회

민중 봉기의 확산 – 임술 농민 봉기 40회

금번 진주의 난민들이 소란을 일으킨 것은 오로지 전 경상 우병사 백낙신이 탐학스러워 백성을 침학했기 때문입니다. 경상 우병영의 환곡 결손 및 도결(都結)에 대해 시기를 틈타 한꺼번에 6만냥의 돈을 가호(家戶)에 배정하여 억지로 부과하려고 하니, 민심이 크게 들끓고 백성들의 분노가 폭발하여 전에 듣지 못했던 소란이 발생하기에 이른 것입니다. → 임술 농민 봉기

19 상황의 수습을 위해 ㅂㄱㅅ 가 안핵사로 파견되었다. 67·59·56·55·52회

20 삼정의 문란을 해결하기 위해 ㅅㅈㅇㅈㅊ 을 설치하였다. 66·65·57·54회

기출문제로 실전 감각 익히기

각 문제의 자료에 표시된 힌트를 참고하여 정답을 선택하세요!

01 (가)~(다)를 일어난 순서대로 옳게 나열한 것은? [3점]

61회

(가) 임금이 궐내에 있던 기름 먹인 장막을 허적이 벌써 가져갔음을 듣고 노하여 이르기를, "궐내에서 쓰는 것을 마음대로 가져가는 것은 한명회도 못하던 짓이다."라고 하였다. …… 임금이 허적의 당파가 많아 기세가 당당하다는 말을 듣고 그들을 제거하고자 결심하였다. ── 힌트①, 힌트②

(나) 비망기를 내려, "국운이 안정되어 왕비가 복위하였으니, 백성에게 두 임금이 없는 것은 고금을 통한 의리이다. 장씨의 왕후 지위를 거두고 옛 작호인 희빈을 내려 주되, 세자가 조석으로 문안하는 예는 폐하지 않도록 하라."라고 하였다. ── 힌트①, 힌트②

(다) 임금이 말하기를, "송시열은 산림의 영수로서 나라의 형세가 험난한 때에 감히 원자(元子)의 명호를 정한 것이 너무 이르다고 하였으니, 삭탈 관작하고 성문 밖으로 내쳐라. 반드시 송시열을 구하려는 자가 있겠지만, 그런 자는 비록 대신이라 하더라도 용서하지 않을 것이다."라고 하였다. ── 힌트①, 힌트②

① (가) - (나) - (다)
② (가) - (다) - (나)
③ (나) - (가) - (다)
④ (나) - (다) - (가)
⑤ (다) - (나) - (가)

02 (가) 왕에 대한 설명으로 옳은 것은? [1점]

66회

특별 전시회

탕평 군주 ── 힌트①
(가)을/를 만나다

전시 유물 소개

「수문상친림관역도」 ── 힌트②
한성의 홍수 예방을 위해 실시한 청계천 준설 공사 현장을 (가)이/가 지켜보는 모습을 담은 그림

「균역사실」 ── 힌트③
균역법의 제정 배경 및 과정, 균역청의 운영 등을 담은 책

■ 기간: 2023년 ○○월 ○○일~○○월 ○○일
■ 장소: △△ 박물관 특별 전시실

① 학문 연구 기관으로 집현전을 두었다.
② 삼수병으로 구성된 훈련도감을 설치하였다.
③ 『속대전』을 편찬하여 통치 체제를 정비하였다.
④ 궁중 음악을 집대성한 『악학궤범』을 편찬하였다.
⑤ 시전 상인의 특권을 축소하는 신해통공을 단행하였다.

03 (가) 사건에 대한 설명으로 옳은 것은? [1점]

56회

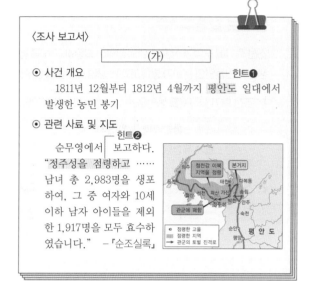

〈조사 보고서〉

(가)

⊙ 사건 개요 ── 힌트①
  1811년 12월부터 1812년 4월까지 평안도 일대에서 발생한 농민 봉기

⊙ 관련 사료 및 지도
  순무영에서 보고하다. ── 힌트②
  "정주성을 점령하고 …… 남녀 총 2,983명을 생포하여, 그 중 여자와 10세 이하 남자 아이들을 제외한 1,917명을 모두 효수하였습니다." ─『순조실록』

① 청의 군대에 의해 진압되었다.
② 척왜양창의를 기치로 내걸었다.
③ 선혜청과 일본 공사관을 공격하였다.
④ 사건 수습을 위해 박규수가 안핵사로 파견되었다.
⑤ 세도 정치기의 수탈과 지역 차별에 반발하여 일어났다.

04 밑줄 그은 '사건'에 대한 설명으로 옳은 것은? [1점]

54회

진주의 난민들이 경상 우병사 백낙신을 협박하고 사람을 참혹하게 죽이는 사건이 일어났다고 합니다. ── 힌트①, 힌트②

난민들이 이렇게 극도에 이른 경우는 없었는데, 평소에 잘 위무했다면 어찌 이런 일이 있었겠는가? 박규수를 경상도 안핵사로 내려보내 사태를 수습토록 하라. ── 힌트③

① 청의 군대에 의해 진압되었다.
② 삼정이정청이 설치되는 계기가 되었다.
③ 서북인에 대한 차별에 반발하여 일어났다.
④ 남접과 북접이 연합하여 조직적으로 전개되었다.
⑤ 함경도와 황해도에 방곡령이 선포되는 결과를 가져왔다.

정답 및 해설 ⇒ 232쪽

06 | 조선 후기 [경제·사회·문화]

쌩초보 탈출구 🔑

조선 후기에 농업과 상공업, 대외 무역이 발달하자, 부를 쌓은 상민들이 신분 상승을 하게 되어 양반 중심의 질서가 무너졌어요. 또한 경제적 여유가 생긴 서민들만의 문화가 발달하였고, 농업과 상공업 등 실생활에 도움이 되는 학문으로서 실학이 활발하게 연구되었답니다.

1. 조선 후기 실학자를 농업을 중시한 중농학파와 상공업을 중시한 중상학파로 구분하여 알아두세요.

중농학파 (농업 중시)	중상학파 (상공업 중시)
반계 유형원, 성호 이익, 다산 정약용	농암 유수원, 담헌 홍대용, 연암 박지원, 초정 박제가

2. 조선 후기에 발달한 서민 문화를 각 분야별로 알아두세요.

음악	문학	그림
판소리, 탈춤	한글 소설, 사설시조	풍속화, 민화

최빈출개념

1 조선 후기의 경제·사회

> **최근 3개년 시험에서 14문제 출제**
> 66회 26번, 65회 25번, 63회 25번, 62회 23번, 61회 25번,
> 59회 22번, 57회 23번, 55회 28번, 54회 25·26번, 53회 24번,
> 52회 22·24번, 51회 26번

1. 경제 변화, 농업·상업·광업이 크게 발달하다

(1) 경제 상황

농업	모내기법 확대, 상품 작물 재배(담배·면화), 구황 작물 전래(감자·고구마)
상업	• 사상의 성장: 육의전을 제외한 시전 상인의 금난전권이 폐지되는 등 자유로운 상업 활동이 가능해지면서 경강 상인(한강), 송상(개성), 만상(의주), 내상(동래) 등의 사상이 전국의 장시를 연결함 • 장시와 보부상의 발달: 장시(정기 시장)가 발달하고, 보부상이 장시를 돌아다니며 활동함 • 화폐의 유통: 장시에서 상평통보가 유통되었고, 전황이 나타나기도 함
광업	광산 경영 전문가인 덕대가 광산을 전문적으로 경영함

└ 시장에 내다 팔기 위해 재배하는 작물
└ 봇짐이나 등짐을 지고 전국의 장시를 돌아다니며 물건을 파는 상인
└ 화폐 유통량이 부족해지는 현상

(2) 수취 체제의 변화

영정법(인조)	풍흉에 관계없이 전세(토지에 부과되는 세금)를 토지 1결당 쌀 4두로 고정함
대동법 (광해군)	• 공납의 폐단을 해결하기 위해 경기도에서 처음 시행되다가 점차 확대됨 • 토지 결 수에 따라 특산물 대신 쌀(12두), 베, 동전 등으로 납부하게 함 • 관청에 필요한 물품을 조달하는 공인이 등장하는 배경이 됨
균역법(영조)	• 1년에 2필씩 내던 군포를 절반인 1필로 줄임 • 부족한 재정은 선무군관포, 결작, 잡세(어염세·선박세)로 보충함

└ 강원도, 충청도로 확대
└ 지방의 토호나 부유한 집안의 자제들에게 선무군관이라는 명예직을 수여한 후 징수한 포

2. 사회 변화, 신분제가 동요되고 새로운 사상이 등장하다

(1) 신분제의 동요

양반 증가	임진왜란 이후 공명첩과 족보 위조 등으로 양반이 증가함
노비 감소	순조 때 세금을 납부하는 상민층을 늘리기 위해 공노비를 해방함
중인의 활동	기술직 중인들이 문예 모임인 시사를 조직하여 활동함

└ 이름을 기재하지 않은 백지 임명장

기출선택지 암기하기

1. 경제 변화
- 모내기법의 확산으로 벼와 보리의 이모작이 성행하였다. 60회
- 담배와 면화 등이 상품 작물로 재배되었다. 65·64·63·61·59·57회
- 육의전을 제외한 시전 상인의 금난전권이 폐지되었다. 62·61·60·56회
- 송상, 만상이 대청 무역으로 부를 축적하였다. 62·53·51회
- 여러 장시를 돌며 물품을 판매하는 보부상 68·66·62·54·53회
- 대동법 – 특산물 대신 쌀, 베, 동전 등으로 납부하게 하였다. 49회
- 대동법 – 관청에 물품을 조달하는 공인이 등장하게 되었다. 66·65·57·51회
- 균역법 – 부족한 재정의 보충을 위해 선무군관포를 징수하였다. 54회
- 균역법 – 어염세, 선박세를 국가 재정으로 귀속시켰다. 57회

2. 사회 변화
- 기술직 중인 – 시사를 조직하여 활동하는 중인 67·65·60·57·54·53회

(2) 새로운 사상의 등장

천주교
(서학)
	• 청에 다녀온 사신들에 의해 서학으로 소개되었다가 신앙으로 받아들여짐
	• 조상에 대한 제사와 신주를 모시는 것을 거부하여 정부의 탄압을 받음
	• 대표 사건 ┌ 윤지충이 모친의 신주를 불사르고 천주교식으로 장례를 치른 사건
	  – 신해박해(정조): 진산 사건을 일으킨 윤지충, 권상연이 처형됨
	  – 신유박해(순조): 이승훈이 처형되고 정약용 등이 유배됨, 황사영 백서 사건
	    으로 탄압이 심화됨 ┌ 황사영이 신유박해의 전말을 베이징 주재
	                            └ 주교에게 보고하려다 발각된 사건

동학	• 창시: 최제우가 서학에 반대한다는 의미로 동학을 창시함 • 주요 사상: 시천주(마음 속에 한울님을 모심)와 인내천(사람이 곧 하늘) 사상 • 탄압: 최제우가 혹세무민(세상을 어지럽히고 백성을 현혹함)의 죄로 처형됨 • 정비: 2대 교주 최시형이 동학의 경전인 『동경대전』, 『용담유사』를 간행함

2 조선 후기의 문화

최근 3개년 시험에서 27문제 출제
68회 23번, 67회 25번, 66회 24번, 65회 27·28번, 64회 20·25·27번, 63회 27번, 62회 27·28번, 61회 28번, 60회 24번, 59회 25·27번, 57회 25·26번, 56회 26·33번, 55회 25·27번, 54회 24·27·28번, 52회 26·27번, 51회 27번

1. 실학, 실생활에 도움이 되는 학문이 등장하다

(1) 중농학파 실학자: 자영농 육성을 강조하며 농업 중심의 개혁론을 제시하였다.

반계 유형원	균전론: 『반계수록』에서 신분에 따라 토지를 차등 분배할 것을 주장함
성호 이익	• 한전론: 『곽우록』에서 토지 매매를 제한하는 한전론을 제시함 • 『성호사설』을 편찬함, 나라를 좀먹는 6좀을 지적함
다산 정약용	• 여전론: 마을 단위의 토지 분배와 공동 경작을 제안함 • 거중기 제작: 『기기도설』을 참고하여 제작함, 수원 화성 축조에 이용함 • 『목민심서』(지방 행정 개혁안), 『경세유표』(국가 개혁 방향 제시), 『마과회통』 (홍역에 대한 의학 지식 정리) 등을 편찬함

(2) 중상학파 실학자: 상공업의 발전을 추구하며 상업 중심의 개혁론을 제시하였다.

농암 유수원	『우서』에서 사·농·공·상의 직업적 평등과 전문화를 강조함
담헌 홍대용	지전설과 무한 우주론을 주장하고 혼천의를 제작함, 『의산문답』 등을 저술함
연암 박지원	• 수레와 선박의 이용을 강조함, 화폐 유통의 필요성을 주장함 • 『열하일기』, 「양반전」, 「허생전」 등을 저술함
초정 박제가	『북학의』에서 재물을 우물에 비유하여 절약보다 소비를 권장함

└ 지구가 우주의 중심이 아니라는 주장

2. 문화의 변화, 서민 문화와 그림이 발달하다

(1) 서민 문화: 판소리와 탈춤, 한글 소설, 사설시조 등이 유행하였다. 또한 소설을 읽어주고 일정한 보수를 받는 전기수가 등장하였다.

(2) 그림

┌ 자연을 사실적으로 표현한 화풍

진경 산수화	겸재 정선을 중심으로 진경 산수화가 유행함
풍속화	김홍도(서민 생활을 표현)와 신윤복(남녀 간의 애정을 감각적으로 묘사) 등의 풍속화가가 풍속화를 그림
기타	김정희(세한도), 강세황(영통동구도)

인왕제색도(정선)	무동(김홍도)	월하정인(신윤복)	세한도(김정희)

└ 현존하는 유일한 조선 시대 목탑

(3) 건축: 김제 금산사 미륵전, 구례 화엄사 각황전, 보은 법주사 팔상전 등이 건축되었다.

기출선택지 암기하기

• 천주교 – 청을 다녀온 사신들에 의하여 서학으로 소개되었다. 58회
• 천주교 – 제사와 신주를 모시는 문제로 정부의 탄압을 받았다. 57회
• 동학 – 마음 속에 한울님을 모시는 시천주를 강조하였다. 44회
• 동학 – 『동경대전』과 『용담유사』를 경전으로 삼았다. 66·58회

1. 실학

• 유형원 – 자영농 육성을 위해 신분에 따른 토지의 차등 분배를 주장하였다. 44회
• 이익 – 『곽우록』에서 토지 매매를 제한하는 한전론을 제시하였다. 67·65·57회
• 정약용 – 여전론을 통해 마을 단위 토지 분배와 공동 경작을 주장하였다. 67회
• 정약용 – 『경세유표』를 저술하여 국가 제도의 개혁 방향을 제시하였다. 68·60회
• 정약용 – 『마과회통』에서 홍역에 대한 의학 지식을 정리하였다. 65회
• 홍대용 – 지전설과 무한 우주론을 주장하였다. 68·56회
• 홍대용 – 『의산문답』에서 중국 중심의 세계관을 비판하였다. 67·65·60·59·58회
• 홍대용 – 천체의 운행과 위치를 측정하는 혼천의를 제작하였다. 50회
• 박지원 – 「양반전」을 지어 양반의 허례와 무능을 풍자하였다. 66·63·60·58회
• 박제가 – 『북학의』에서 재물을 우물에 비유하여 절약보다 소비를 권장하였다. 68·66·58·56회

2. 문화의 변화

• 서민 문화 – 노래와 사설로 줄거리를 풀어 가는 판소리가 발달하였습니다. 57회
• 서민 문화 – 한글 소설과 사설시조가 유행하였다. 35회
• 저잣거리에서 한글 소설을 읽어 주는 전기수 68·62·60·54회
• 그림 – 풍속화를 그리는 화원 29회

기출 자료와 선택지로 암기 강화

기출 자료를 통해 해석법을 익히고, 기출 선택지 초성 퀴즈로 암기를 강화하세요!

경제 변화 – 농업 19회

이른바 이앙법의 이(利)라는 것은 봄보리를 갈아먹고 물을 몰아 모내기를 하여 벼를 수확하니 1년에 두 번 농사지음이 그것이다.
→ 모내기법 → 조선 후기　　　　　　　　　　– 「석천유집」

01 ⬚ㅁㄴㄱㅂ의 확산으로 벼와 보리의 이모작이 성행하였다. 60회
02 담배와 면화 등이 ⬚ㅅㅍㅈㅁ로 재배되었다. 65·64·63·61회

경제 변화 – 상업 42회

호조 판서 이성원이 말하기를, "종전에 허다하게 주조한 돈을 결코 작년과 금년에 다 써버렸을 리가 없고, 경외(京外) 각 아문의 봉부동전(封不動錢) 역시 새로 조성한 것이 아닙니다. 작년과 금년에 전황(錢荒)이 극심한 것은 아마도 부상(富商)과 대고(大賈)가 이 때를 틈타 갈무리해 두고 이익을 취하려는 것으로 보이는데, 그 폐단을 바로잡을 방책이 없습니다."라고 하였다.　– 「비변사등록」
→ 조선 후기

03 육의전을 제외한 시전 상인의 ⬚ㄱㄴㅈㄱ이 폐지되었다. 62·61회
04 ⬚ㅅㅅ, ⬚ㅁㅅ이 대청 무역으로 부를 축적하였다. 62·53·51회
05 여러 장시를 돌며 물품을 판매하는 ⬚ㅂㅂㅅ 68·66·62회

경제 변화 – 대동법 38회

좌의정 이원익의 건의로 이 법을 비로소 시행하여 백성의 토지에서 미곡을 거두어 서울로 옮기게 했는데, 먼저 경기에서 시작하고 드디어 선혜청을 설치하였다. …… 우의정 김육의 건의로 충청도에도 시행하게 되었으며 …… 황해도 관찰사 이언경의 상소로 황해도에도 시행하게 되었다.
→ 대동법 – 「만기요람」

06 ⬚ㅌㅅㅁ 대신 쌀, 베, 동전 등으로 납부하게 하였다. 49회
07 관청에 필요한 물품을 조달하는 ⬚ㄱㅇ이 등장하게 되었다.
66·65·57·51회

경제 변화 – 균역법 37회

왕이 명정전에 나아가 전·현직 대신을 비롯한 여러 신하들을 불러 양역의 변동 대책에 대해 논의하면서 말하였다. "호포나 결포가 모두 문제점이 있으니, 이제는 1필로 줄이는 것으로 온전히 돌아갈 것이다. 경들은 1필을 줄였을 때 생기는 세입 감소분을 대신할 방법을 강구하라."
→ 균역법

08 부족한 재정의 보충을 위해 ⬚ㅅㅁㄱㄱㅍ를 징수하였다. 54회
09 ⬚ㅇㅇㅅ, ⬚ㅅㅂㅅ를 국가 재정으로 귀속시켰다. 57회

실학 – 다산 정약용 37회

이 그림은 『화성성역의궤』에 수록된 거중기 전도이다. 거중기는 화성 건설에 참여했던 (가)이/가 고안하였다. 그는 조선 후기의 실학자로 『경세유표』를 통해 국가 제도의 개혁 방향을 제시하였으며, 지방 행정의 개혁안을 담은 『목민심서』를 저술하였다.
→ 정약용

10 ⬚ㅇㅈㄹ을 통해 마을 단위 토지 분배와 공동 경작을 주장하였다. 67회
11 『ㄱㅅㅇㅍ』를 저술하여 국가 제도의 개혁 방향을 제시하였다. 68회
12 『ㅁㄱㅎㅌ』에서 홍역에 대한 의학 지식을 정리하였다. 65회

실학 – 담헌 홍대용 36회

한국천문연구원은 "국내 연구진이 발견한 새로운 소행성에 대해, 호가 담헌인 그의 인명을 헌정하여 국제천문연맹으로부터 최종 승인을 받았다."라고 밝혔다. 인명이 헌정된 이유는 그가 무한 우주론과 지전설 등을 주장한 조선 후기의 대표적인 과학자이자 실학자이기 때문이다.
→ 홍대용

13 ⬚ㅈㅈㅅ과 ⬚ㅁㅎ ㅇㅈㄹ을 주장하였다. 68·56회
14 『ㅇㅅㅁㄷ』에서 중국 중심의 세계관을 비판하였다. 67·65·60회
15 천체의 운행과 위치를 측정하는 ⬚ㅎㅊㅇ를 제작하였다. 50회

문화의 변화 – 서민 문화 34회

전기수(傳奇叟)가 동대문 밖에 살고 있었다. 한글로 된 소설을 잘 읽었는데 「숙향전」, 「소대성전」, 「심청전」, 「설인귀전」 같은 것들이었다. …… 전기수의 책을 읽는 솜씨가 뛰어나서 주위에 많은 사람들이 모였다.
→ 조선 후기 문화

16 노래와 사설로 줄거리를 풀어 가는 ⬚ㅍㅅㄹ가 발달하였습니다. 57회
17 ⬚ㅎㄱ 소설과 사설시조가 유행하였다. 35회
18 저잣거리에서 한글 소설을 읽어 주는 ⬚ㅈㄱㅅ 68·62·60회
19 ⬚ㅅㅅ를 조직하여 활동하는 중인 67·65·60·57회

정답 01 모내기법　02 상품 작물　03 금난전권　04 송상, 만상　05 보부상
06 특산물　07 공인　08 선무군관포　09 어염세, 선박세　10 여전론
11 경세유표　12 마과회통　13 지전설, 무한 우주론　14 의산문답　15 혼천의　16 판소리　17 한글　18 전기수　19 시사

기출문제로 실전 감각 익히기

각 문제의 자료에 표시된 힌트를 참고하여 정답을 선택하세요!

01
66회

다음 일기가 작성된 시기의 경제 상황으로 적절하지 않은 것은? [1점]

┌─ 힌트❶
5월 ○○일, 앞 밭에 담배를 파종했다.
5월 ○○일, 비록 비가 여러 날 내렸으나 큰비는 끝내 내리지 않았다. 가물어서 고답(高畓)은 모두
힌트❶─ 이앙을 하지 못하였다.
6월 ○○일, 목화밭에 풀이 무성해서 노비 5명에게 김매기를 하도록 시켰다.
└─ 힌트❶

① 상평통보가 화폐로 사용되었다.
② 시장을 관리하기 위한 동시전이 설치되었다.
③ 관청에 물품을 조달하는 공인이 활동하였다.
④ 보부상이 장시를 돌아다니며 상품을 판매하였다.
⑤ 국경 지대에서 개시 무역과 후시 무역이 이루어졌다.

03
52회

(가) 인물에 대한 설명으로 옳은 것은? [2점]

┌─ 힌트❶
(가) 이/가 과학 기술인 명예의 전당에 헌정되었습니다. 그는 천문학에 조예가 깊어 기존의 혼천의를 개량했으며, 그의 학문은 『담헌서』로 정리되어 오늘날 전해지고 있습니다.

(가), 과학 기술인 명예의 전당에 헌정

① 『의산문답』에서 무한 우주론을 주장하였다.
② 『기기도설』을 참고하여 거중기를 설계하였다.
③ 자동 시보 장치를 갖춘 자격루를 제작하였다.
④ 사상 의학을 정립한 『동의수세보원』을 편찬하였다.
⑤ 서양의 과학 기술을 정리한 『지구전요』를 저술하였다.

02
65회

(가) 제도에 대한 설명으로 옳은 것은? [2점]

┌─ 힌트❶ ┌─ 힌트❷
광해군 때 이원익이 방납의 폐단을 혁파하고자 선혜청을 두고 (가) 을/를 실시할 것을 청하였다. …… 맨 먼저 경기도 내에 시범적으로 실시하니 백성들은 대부분 편리하게 여겼다. 다만 권세가와 부호들은 방납의 이익을 잃기 때문에 온갖 방법으로 반대하였다.
└─ 힌트❸ – 『국조보감』

① 양반에게도 군포를 부과하였다.
② 수신전과 휼양전을 폐지하였다.
③ 양전 사업을 실시하여 지계를 발급하였다.
④ 전세를 풍흉에 따라 9등급으로 차등 과세하였다.
⑤ 관청에 물품을 조달하는 공인이 등장하는 배경이 되었다.

04
54회

다음 자료의 상황이 나타난 시기에 볼 수 있는 모습으로 적절하지 않은 것은? [2점]

┌─ 힌트❶
비변사에서 임금에게 아뢰었다. "삼남에서 특산물로 종이를 바치는 공인이 청원하기를 '승려들의 숫자가 줄어 종이의 양이 부족한 데도 각 지방의 군영과 관아에서 먼저 가져갑니다. 이로 인해 중앙에 공물로 납부할 종이가 부족해 공인이 처벌되는 일이 이어지고 있습니다. …… 송상들이 각 사찰에 출입하며 종이를 몰래 사들여 책문에 가서 시장을 만드는 행위를 엄금해 은밀히 국경을 넘는 폐단을 없애 주십시오.' 라고 하였습니다."
└─ 힌트❷

① 시사(詩社)를 조직하여 활동하는 중인
② 송방부의 특산품인 말을 수입하는 상인
③ 여러 장시를 돌며 물품을 판매하는 보부상
④ 저잣거리에서 한글 소설을 읽어 주는 전기수
⑤ 채소, 담배 등의 상품 작물을 재배하는 농민

정답 및 해설 ➡ 233쪽

01

64회 밑줄 그은 '왕'의 재위 시기에 있었던 사실로 옳은 것은? [2점]

이달의 책

『동국정운』

이 책의 제목은 우리나라의 바른 음이라는 뜻으로, 집현전 학사인 신숙주, 최항, 박팽년 등이 왕의 명을 받아 편찬하였습니다. 우리나라 한자음을 바로잡아 통일된 표준음을 정하려는 목적으로 만들어진 이 책은 국어 연구 자료로서 높이 평가되고 있습니다.

① 금속 활자인 갑인자가 제작되었다.
② 수도 방어를 위해 금위영이 설치되었다.
③ 훈련 교범인 『무예도보통지』가 편찬되었다.
④ 국가의 기본 법전인 『경국대전』이 완성되었다.
⑤ 신진 인사를 등용하기 위해 현량과가 시행되었다.

02

56회 다음 대화가 이루어진 시기에 볼 수 있는 모습으로 가장 적절한 것은? [2점]

> 며칠 전 전하께서 과전을 혁파하고 직전을 설치하라는 명을 내리셨다고 하네.

> 이제 현직 관원들만 수조권을 지급받게 되겠군.

① 왕에게 직계하는 이조 판서
② 임꺽정 무리를 토벌하는 관군
③ 『동몽선습』을 공부하는 서당 학생
④ 『동의보감』을 요청하는 중국 사신
⑤ 시장에 팔기 위해 담배를 재배하는 농민

03

56회 (가) 왕의 재위 기간에 있었던 사실로 옳은 것은? [2점]

> 이곳은 창경궁의 정문인 홍화문입니다. 창경궁은 (가) 이/가 정희 왕후 등 세 분의 대비를 모시기 위해 수강궁을 수리하여 조성한 궁궐입니다. (가) 은/는 『경국대전』 완성 등 많은 업적을 남겼습니다.

① 탕평비가 건립되었다.
② 상평통보가 주조되었다.
③ 『악학궤범』이 간행되었다.
④ 훈련도감이 설치되었다.
⑤ 초계문신제가 시행되었다.

04

68회 (가) 관서에 대한 설명으로 옳은 것은? [2점]

체험 활동 소감문

2023년 12월 2일 ○○○

지난 토요일에 '승경도' 놀이를 체험했다. 승경도는 조선 시대 관직 이름을 적은 놀이판이다. 윷을 던져 말을 옮기는데, 승진을 할 수도 있지만 자칫하면 파직이 되거나 사약까지 받을 수 있어 흥미진진했다.

놀이 규칙에 은대법이 있는데, (가) 을/를 총괄하는 도승지 자리에 도착한 사람은 당하관 자리에 있는 사람들이 던진 윷의 결괏값을 이동할 수 있는 규칙이다. 은대가 무엇인지 몰랐는데, (가) 을/를 뜻함을 알게 되었다.

① 수도의 행정과 치안을 맡아보았다.
② 재상들이 합의하여 국정을 총괄하였다.
③ 반역죄, 강상죄를 범한 중죄인을 다스렸다.
④ 왕의 비서 기관으로 왕명의 출납을 담당하였다.
⑤ 외적의 침입에 대비하기 위한 임시 기구로 설치되었다.

05 [56회] 다음 주장이 공통으로 제기된 시기를 연표에서 옳게 고른 것은? [3점]

○ 중앙에서는 홍문관·육경·대간, 지방에서는 감사와 수령이 천거한 사람들을 한 곳에 모아 시험을 치르면 많은 인재를 얻을 수 있을 것입니다. 이는 한(漢)에서 시행한 현량과의 뜻을 이은 것입니다.

○ 정국공신은 이미 10년이 지난 일이지만 허위가 많았습니다. 공신 기록을 유자광이 홀로 맡아서 이렇게까지 외람되었습니다. 지금 고치지 않으면 개정할 수 없을 것입니다.

1494	1504	1545	1567	1623	1659
(가)	(나)	(다)	(라)	(마)	
연산군 즉위	갑자 사화	을사 사화	선조 즉위	인조 반정	기해 예송

① (가) ② (나) ③ (다) ④ (라) ⑤ (마)

06 [62회] 밑줄 그은 '임금'의 재위 기간에 있었던 사실로 옳은 것은? [3점]

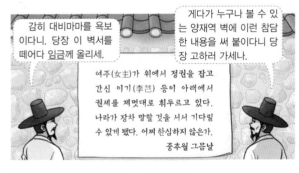

감히 대비마마를 욕보이다니. 당장 이 벽서를 떼어다 임금께 올리세.

게다가 누구나 볼 수 있는 양재역 벽에 이런 참담한 내용을 써 붙이다니 당장 고하러 가세나.

여주(女主)가 위에서 정권을 잡고 간신 이기(李芑) 등이 아래에서 권세를 제멋대로 휘두르고 있다. 나라가 장차 망할 것을 서서 기다릴 수 있게 됐다. 어찌 한심하지 않은가. 중추월 그믐날

① 사림이 동인과 서인으로 나뉘었다.
② 외척 간의 대립으로 을사사화가 일어났다.
③ 서인이 반정을 일으켜 정권을 장악하였다.
④ 김종직 등 사림이 중앙 정계에 진출하기 시작하였다.
⑤ 폐비 윤씨 사사 사건의 전말이 알려져 김굉필 등이 처형되었다.

07 [54회] (가) 교육 기관에 대한 설명으로 옳은 것은? [2점]

이곳은 경기도 수원시에 위치한 조선 시대 지방 교육 기관인 (가) 입니다. 대부분 지방 관아 가까운 곳에 위치하였으며 제향 공간인 대성전, 강학 공간인 명륜당, 기숙사인 동재와 서재 등으로 이루어져 있습니다.

① 전문 강좌인 7재를 운영하였다.
② 풍기 군수 주세붕이 처음 세웠다.
③ 생원과 진사에게 입학 자격을 부여하였다.
④ 중앙에서 교수나 훈도를 파견하기도 하였다.
⑤ 유학을 비롯하여 율학, 서학, 산학을 교육하였다.

08 [56회] (가) 교육 기관에 대한 설명으로 옳은 것은? [1점]

조사 보고서

1. 주제: 조선의 교육 기관 (가) 을/를 찾아서

2. 개관
   중종 38년(1543) 풍기 군수 주세붕이 처음 건립하였다. 국왕으로부터 현판과 토지, 노비 등을 받기도 하였다. 흥선 대원군에 의해 정리되어 47곳이 남았는데, 이 중 대표적인 9곳이 유네스코 세계유산으로 등재되었다.

3. 주요 건물 배치도

사당 / 강당 / 서재 / 동재

① 전국의 모든 군현에 하나씩 설치되었다.
② 선현의 제사와 유학 교육을 담당하였다.
③ 전문 강좌인 7재가 설치되어 운영되었다.
④ 중앙에서 교수나 훈도를 교관으로 파견하였다.
⑤ 소과에 합격한 생원, 진사에게 입학 자격이 부여되었다.

09
62회

다음 전투 이후에 전개된 사실로 옳은 것은? [2점]

> 권율이 정병 4천 명을 뽑아 행주산 위에 진을 치고는 책(柵)을 설치하여 방비하였다. …… 적은 올려다보고 공격하는 처지가 되어 탄환도 맞히지 못하는데 반해 호남의 씩씩한 군사들은 모두 활쏘기를 잘하여 쏘는 대로 적중시켰다. …… 적이 결국 패해 후퇴하였다.
>
> ─『선조수정실록』

① 최영이 홍산에서 대승을 거두었다.
② 이순신이 한산도 대첩에서 승리하였다.
③ 휴전 회담의 결렬로 정유재란이 시작되었다.
④ 이종무가 왜구의 근거지인 쓰시마를 정벌하였다.
⑤ 신립이 탄금대에서 배수의 진을 치고 왜군에 항전하였다.

10
49회

(가) 전쟁 이후에 있었던 사실로 옳은 것은? [2점]

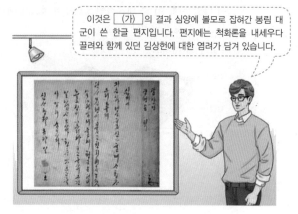

이것은 (가) 의 결과 심양에 볼모로 잡혀간 봉림 대군이 쓴 한글 편지입니다. 편지에는 척화론을 내세우다 끌려와 함께 있던 김상헌에 대한 염려가 담겨 있습니다.

① 국경 지역에 4군 6진이 개척되었다.
② 나선 정벌에 조총 부대가 동원되었다.
③ 강홍립 부대가 사르후 전투에 참전하였다.
④ 정봉수와 이립이 용골산성에서 항전하였다.
⑤ 제한된 무역을 허용한 기유약조가 체결되었다.

11
53회

검색창에 들어갈 왕에 대한 설명으로 옳은 것은? [1점]

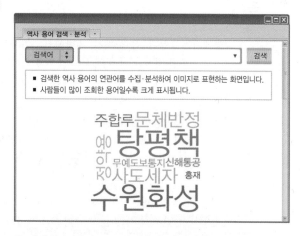

① 어영청을 중심으로 북벌을 추진하였다.
② 국왕의 친위 부대인 장용영을 설치하였다.
③ 조선의 기본 법전인『경국대전』을 완성하였다.
④ 청과의 경계를 정한 백두산 정계비를 세웠다.
⑤ 군역의 부담을 줄이기 위해 균역법을 제정하였다.

12
64회

다음 상황이 전개된 배경으로 옳은 것은? [2점]

며칠 전 안핵사로 파견된 박규수가 전하께 특별 기구 설치를 상소하였다고 하네.

그렇다네. 전하께서 이를 받아들여 삼정이정청을 설치하고, 각 고을마다 대책을 모아 올려 보내라고 명하셨지.

① 이만손 등이 영남 만인소를 올렸다.
② 운요호가 강화도와 영종도를 공격하였다.
③ 동학교도가 교조 신원을 주장하며 삼례 집회를 개최하였다.
④ 황사영이 외국 군대의 출병을 요청하는 백서를 작성하였다.
⑤ 백낙신의 탐학이 발단이 되어 진주에서 농민들이 봉기하였다.

13
[54회] 밑줄 그은 '방책'에 해당하는 내용으로 옳은 것은? [2점]

국왕께서 군포를 2필에서 1필로 감면하라는 명을 내리셨다고 들었습니다.

그렇습니다. 백성들의 군역 부담을 줄이기 위한 조치입니다. 아울러 감면으로 인한 재정 부족 문제를 해결할 수 있는 방책도 마련하라고 하셨습니다.

① 일부 부유한 양민에게 선무군관포를 징수하였다.
② 풍흉에 따라 전세를 9등급으로 차등 과세하였다.
③ 백성들에게 곡식을 빌려주는 진대법을 시행하였다.
④ 수신전, 휼양전 등의 명목으로 세습되는 토지를 폐지하였다.
⑤ 기금을 모아 그 이자로 빈민을 구제하는 제위보를 운영하였다.

14
[55회] (가)에 해당하는 문화유산으로 옳은 것은? [1점]

나
어제, 오전 9시 30분

#국보 #충청북도 #보은군
#조선 시대 #불교 건축 #부처의 생애

(가)

👍 좋아요 6   💬 댓글 2   ➜ 공유

정유재란으로 소실되었다가 인조 때 중건되었다고 해.

현존하는 유일한 조선 시대 목탑이야.

① 법주사 팔상전
② 화엄사 각황전
③ 금산사 미륵전
④ 무량사 극락전
⑤ 마곡사 대웅보전

15
[56회] (가)~(마)에 들어갈 내용으로 옳은 것은? [3점]

〈온라인 한국사 교양 강좌〉

인물로 보는
조선 후기 사회 개혁론

우리 학회에서는 조선 후기 학자들의 다양한 개혁론을 이해하는 교양 강좌를 마련하였습니다. 많은 분들의 관심과 참여 바랍니다.

◼ 강좌 안내 ◼

제1강 이익,	(가)
제2강 홍대용,	(나)
제3강 박지원,	(다)
제4강 박제가,	(라)
제5강 정약용,	(마)

• 기간: 2021년 ○○월 ○○일~○○월 ○○일
　매주 화요일 16:00
• 방식: 화상 회의 플랫폼 활용
• 주최: ◇◇ 학회

① (가) – 『의산문답』에서 중국 중심의 세계관을 비판하다
② (나) – 『목민심서』에서 지방 행정의 개혁안을 제시하다
③ (다) – 『열하일기』에서 수레와 선박의 필요성을 강조하다
④ (라) – 『성호사설』에서 사회 폐단을 여섯 가지 좀으로 규정하다
⑤ (마) – 『북학의』에서 절약보다 적절한 소비를 권장하다

16
[48회] (가) 종교에 대한 설명으로 옳은 것은? [1점]

경주 사람 최복술은 아이들에게 공부 가르치는 것을 직업으로 삼았다. 그런데 양학(洋學)이 갑자기 퍼지는 것을 차마 보고 앉아 있을 수 없어서, 하늘을 공경하고 순종하는 마음으로 글귀를 지어, ［(가)］(이)라 불렀다. 양학은 음(陰)이고, ［(가)］은/는 양(陽)이기 때문에 양을 가지고 음을 억제할 목적으로 글귀를 외우고 읽고 하였다.

① 배재 학당을 세워 신학문 보급에 기여하였다.
② 박중빈을 중심으로 새 생활 운동을 추진하였다.
③ 일제의 통제에 맞서 사찰령 폐지 운동을 벌였다.
④ 마음속에 한울님을 모시는 시천주를 강조하였다.
⑤ 황사영이 외국 군대의 출병을 요청하는 백서를 작성하였다.

정답 및 해설 ⇒ 234쪽

4일

근대 ~ 일제 강점기

구석기 시대 시작 약 70만년 전	삼국 건국 기원전 1세기경	고려 건국 918년
선사 시대	**고대**	**고려 시대**

2일

1일

2일

📁 최근 3개년 시험 (68~51회) 기출 출제율

근대 (흥선 대원군~개항)	12.9%
근대 (임오군란~갑신정변)	5.2%
근대 (동학 농민 운동~개혁)	9.4%
근대 (독립 협회~대한 제국)	7.8%
근대 (국권 피탈 과정)	17.5%
일제 강점기 (1910년대)	12.2%
일제 강점기 (1920년대)	14.0%
일제 강점기 (1930년~광복 직전)	21.0%

1위 일제 강점기 (1930년~광복 직전) **21.0%**

민족 말살 통치 시기 일제의 정책과 이에 맞서 조직된 독립군들의 활동을 묻는 문제가 주로 출제됩니다.

2위 근대 (국권 피탈 과정) **17.5%**

국권 피탈 과정에서 체결된 조약과 이 시기에 활동한 단체들을 묻는 문제가 주로 출제됩니다.

3위 일제 강점기 (1920년대) **14.0%**

의열단의 활동과 민족 유일당 운동의 결과 창립된 신간회에 관한 문제가 주로 출제됩니다.

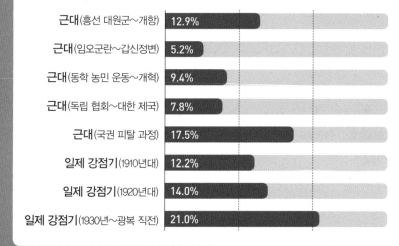

오늘 배울 시대

조선 건국	흥선 대원군 집권	국권 피탈	광복
1392년	1863년	1910년	1945년

조선 시대	근대	일제 강점기	현대
	3일	4일	5일

근대 ~ 일제 강점기 흐름 잡기

근대

주요 흐름

흥선 대원군 집권기	개항기
서양 세력이 나타나다!	**개항과 개혁의 격변기**

19세기부터 **서양 세력**이 통상 수교를 요구하였는데, 당시 집권자이던 **흥선 대원군**은 모두 거부하였습니다. 결국 **프랑스**는 강화도를 공격하며 통상 수교를 요구하였지만 조선군에게 격퇴되었고(**병인양요**), 이후 **미국**도 강화도에 침입하였으나 조선 수비대의 저항으로 결국 퇴각하였습니다(**신미양요**).

흥선 대원군의 하야 이후 조선은 **일본, 미국**과 조약을 체결하며 문호를 개방하였습니다. 이후 정부는 근대 문물을 받아들이며 개화 정책을 펼쳤으나 임오군란, 갑신정변, 동학 농민 운동이 전개되면서 격변기를 맞게 됩니다.

주요 사건

빈출키워드 4위		빈출키워드 1위	빈출키워드 2위	

고종 즉위, 흥선 대원군 집권(1863)

- 제너럴 셔먼호 사건
- **병인양요 (1866)**

오페르트 도굴 사건 (1868)

신미양요 (1871)

임오군란 (1882)

갑신 정변 (1884)

- **동학 농민 운동**
- 갑오개혁 (1894)

- 을미사변
- 을미개혁 (1895)

주요 조약

빈출키워드 5위

강화도 조약 (1876)

- **제물포 조약**
- **조·청 상민 수륙 무역 장정 (1882)**

- 한성 조약 (1884)
- 톈진 조약 (1885)

시모노세키 조약(1895)

주요 근대 문물

- 전환국, 박문국 설치
- 한성순보 발행
- 원산학사 설립(1883)

육영 공원 설립 (1886)

대한 제국 성립기

고종의 마지막 승부수, 대한 제국

열강들의 이권 침탈이 심해지고 **아관 파천**으로 인해 나라의 위신이 떨어지자, **고종**은 러시아 공사관에서 덕수궁으로 환궁한 뒤 조선이 자주 독립 국가임을 내세우며 **대한 제국**을 선포하였습니다. 또한 구본신참의 원칙에 따라 **광무개혁**을 실시하였습니다.

국권 피탈기

국권이 피탈되다

청과 러시아를 물리치고 조선 내의 주도권을 장악한 **일본**은 대한 제국을 식민지로 만들기 위한 준비를 시작하였습니다. 일본은 **을사늑약**을 체결하여 외교권을 빼앗고, **고종 황제를 강제로 퇴위**시켰으며, 대한 제국의 군대도 강제로 해산하였습니다. 결국 1910년, 대한 제국은 일본과 강제로 **병합 조약**을 체결하여 일본의 식민지가 되었습니다(경술국치).

빈출키워드
3위

• **아관 파천**
• **독립 협회 창립(1896)**

대한 제국 선포(1897)

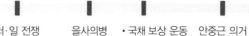

러·일 전쟁 발발(1904)

을사의병 (1905)

• 국채 보상 운동
• 신민회 결성
• 고종 강제 퇴위
• 정미의병(1907)

안중근 의거 (1909)

• 관민 공동회
• 헌의 6조 채택 (1898)

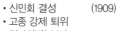

• 한·일 의정서
• 제1차 한·일 협약(1904)

을사늑약 (1905)

한·일 신협약 (1907)

한·일 병합 조약(1910)

독립신문 창간 (1896)

독립문 건립 (1897)

전차 개통 (1899)

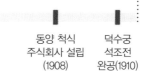

동양 척식 주식회사 설립 (1908)

덕수궁 석조전 완공(1910)

근대 ~ 일제 강점기 흐름 잡기

일제 강점기

🕐 **주요 흐름**

무단 통치 시기
(1910년대)

칼로 다스리는 무단 통치가 시작되다

조선을 식민지로 삼은 **일제**는 총칼을 이용한 **무단 통치**를 자행하였습니다. 일제의 **헌병 경찰**은 즉결 처분권과 **조선 태형령**을 통해 한국인을 억압하였고, 공포 분위기를 조성하였으며, **기본권도 박탈**하였습니다.

문화 통치 시기
(1920년대)

눈 가리고 아웅, 문화 통치

3·1 운동 이후, 강압적인 방법만으로 조선을 다스릴 수 없음을 깨달은 일제는 온화한 **문화 통치**를 실시하였습니다. 그러나 문화 통치는 **우리 민족을 이간시키기 위한 기만적인 정책**이었고, 결국 이로 인해 일제에 타협하는 민족주의자들이 등장하였습니다.

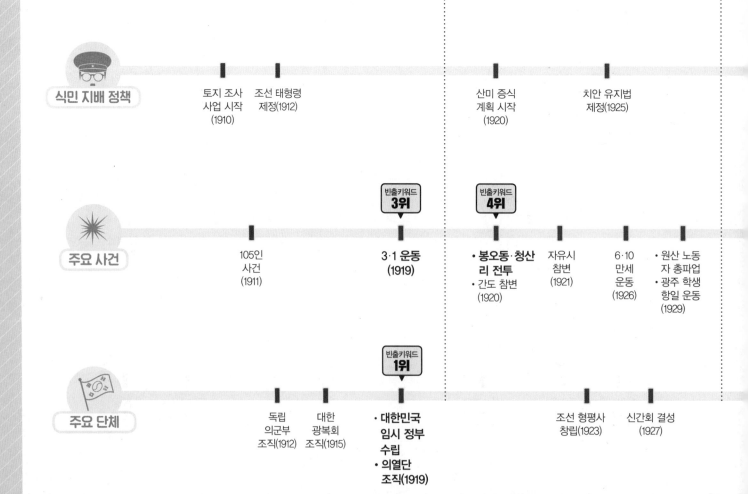

식민 지배 정책

- 토지 조사 사업 시작 (1910)
- 조선 태형령 제정(1912)
- 산미 증식 계획 시작 (1920)
- 치안 유지법 제정(1925)

주요 사건

- 105인 사건 (1911)
- **[빈출키워드 3위]** 3·1 운동 (1919)
- **봉오동·청산리 전투** / • 간도 참변 (1920) **[빈출키워드 4위]**
- 자유시 참변 (1921)
- 6·10 만세 운동 (1926)
- • 원산 노동자 총파업 / • 광주 학생 항일 운동 (1929)

주요 단체

- 독립 의군부 조직(1912)
- 대한 광복회 조직(1915)
- **[빈출키워드 1위]** • 대한민국 임시 정부 수립 / • 의열단 조직(1919)
- 조선 형평사 창립(1923)
- 신간회 결성 (1927)

민족 말살 통치 시기
(1930년대)

중 · 일 전쟁의 시작,
병참 기지화가 되어가는 조선

세계적인 경제 불황에서 벗어나기 위해 일제는 만주 사변을 일으키며 중국을 침략하였습니다. 이와 함께 조선을 전쟁 수행에 필요한 군수 물자를 제공하는 병참 기지로 만들고자 하였습니다. 일제는 국가 총동원법을 제정해 우리나라에서 수탈할 수 있는 모든 자원을 빼앗았고, 성과 이름을 일본식으로 바꾸도록 하는 등 우리 민족의 민족성을 말살시키기 위한 정책도 실시하였습니다.

민족 말살 통치 시기
(1940년대)

쌀도 사람도 모조리 뺏어가네,
민족 말살 통치

일제는 중국을 침략하는 것에 그치지 않고 미국의 진주만을 공격하면서 태평양 전쟁까지 일으킵니다. 침략 전쟁을 수행하기 위해 필요한 병력을 채우기 위해 학도 지원병제를 실시하여 학생들도 전쟁에 동원하였고, 징병제를 실시하여 한국 청년들을 전쟁터로 끌고 갔습니다. 게다가 일할 사람이 부족해지자, 여자 정신 근로령을 공포하여 젊은 여성들까지 공장에서 일하게 하였습니다.

농촌 진흥
운동(1932)

조선 사상범
보호 관찰령
제정(1036)

국가
총동원법
제정(1938)

- 국민 징용령
  공포
- 창씨개명
  공포(1939)

조선 사상범
예방 구금령
시행(1941)

학도 지원병제
실시(1943)

- 징병제 시행
- 여자 정신 근로령 공포(1944)

중·일 전쟁
발발(1937)

태평양 전쟁
발발(1941)

조선어 학회
사건(1942)

빈출키워드
5위

빈출키워드
2위

한인
애국단
의거(1932)

조선 의용대
조직(1938)

- 임시 정부, 충칭
  정착
- 한국광복군 창
  설(1940)

조선 건국
동맹 결성
(1944)

01 | 근대 (흥선 대원군~개항)

쌩초보 탈출구 🔑

철종의 뒤를 이어 어린 나이에 즉위한 고종을 대신하여 아버지 흥선 대원군이 정치를 하게 되는데, 이 시기에 조선은 통상을 요구하는 여러 서양 세력의 침략을 받게 돼요. 통상을 거부하던 흥선 대원군이 물러나자 고종은 일본과 강화도 조약을 체결하여 개항하였고, 부국강병을 위해 다양한 개화 정책을 실시하였답니다.

1. 흥선 대원군 집권 시기에 서양 세력이 침입하여 발생한 사건의 이름과 나라를 순서대로 알아두세요.

> 병인양요 (프랑스) → 오페르트 도굴 사건 (독일) → 신미양요 (미국)

2. 정부가 개화 정책을 실시하는 과정에서 새롭게 설치한 기구의 이름을 분야별로 구분하여 알아두세요!

총괄	군사	인쇄	무기	화폐 주조
통리기무아문	별기군	박문국	기기창	전환국

최빈출개념

1 흥선 대원군의 개혁과 서양 세력의 침략

└ 고종이 어린 나이에 왕위에 오르자 고종의 아버지인 흥선 대원군이 실권을 장악함

최근 3개년 시험에서 17문제 출제
67회 29번, 66회 28번, 65회 29번, 64회 28번, 62회 30번, 61회 31번, 60회 31번, 59회 30번, 56회 30번, 55회 29·30번, 54회 30·31번, 53회 29·30번, 52회 29·31번

1. 흥선 대원군의 개혁, 어린 고종의 아버지로서 권력을 잡다

비변사 축소·폐지	비변사 축소·폐지 → 의정부(정치)의 기능 회복, 삼군부(군국 기무) 부활
법전 편찬	통치 체제를 정비하기 위해 『대전회통』, 『육전조례』 등 법전을 편찬함
경복궁 중건	• 목적: 경복궁을 중건하여 왕실의 권위를 세우기 위함 • 내용: 궁궐 중건 비용을 마련하기 위해 당백전을 발행함 ─ 고액 화폐, 물가 급등을 초래함
서원 철폐	전국의 서원을 47개소로 정리하고, 만동묘를 철폐함 ─ 임진왜란 때 조선을 도와준 명나라 황제의 제사를 지내던 사당
삼정의 개혁	양전 사업을 실시함(전정), 호포제를 실시하여 양반에게도 군포를 부과함(군정), 사창제를 실시함(환곡)

└ 전정, 군정, 환곡   └ 환곡 제도를 향촌민들이 자치적으로 운영하도록 함

2. 서양 세력의 침략, 미국·프랑스·독일의 통상을 거부하다

제너럴셔먼호 사건 (미국, 1866. 7.)	• 전개: 미국 상선 제너럴셔먼호가 조선에 통상을 요구했다가 거부당하자, 조선의 관리를 살해하고 민가를 약탈함 • 결과: 평안도 관찰사 박규수와 평양 관민들이 제너럴셔먼호를 불태움
병인양요 (프랑스, 1866. 9.)	• 배경: 흥선 대원군이 프랑스 선교사와 천주교도를 처형함(병인박해, 1866) • 전개: 프랑스 로즈 제독의 함대가 강화도를 침략함 → 한성근(문수산성), 양헌수(정족산성) 부대가 프랑스군을 격퇴함 • 결과: 『의궤』를 비롯한 외규장각의 도서가 약탈당하는 피해를 입음
오페르트 도굴 사건(독일, 1868)	독일 상인 오페르트가 남연군(흥선 대원군의 아버지)의 유해를 이용하여 통상을 요구하기 위해 묘 도굴을 시도하였으나 실패함
신미양요 (미국, 1871)	• 배경: 미국이 제너럴셔먼호 사건을 구실로 조선과 통상 수교를 시도함 • 전개: 미국이 강화도로 침입하여 초지진·덕진진을 점령하고, 광성보를 공격함 → 어재연이 이끄는 부대가 광성보에서 결사 항전함
척화비 건립(1871)	흥선 대원군이 통상 수교 거부 의지를 담아 전국에 척화비를 건립함

기출선택지 암기하기

1. 흥선 대원군의 개혁
• 삼군부가 부활하여 군국 기무를 전담하였다. 67·58회
• 궁궐 중건 비용을 마련하기 위해 당백전을 발행하였다. 62·57회
• 양반에게도 군포를 징수하는 호포제를 추진하였다. 65·57회
• 환곡의 폐단을 시정하기 위해 사창제를 전국적으로 시행하였다. 55회

2. 서양 세력의 침략
• 제너럴셔먼호 사건 – 평양 관민이 제너럴셔먼호를 불태웠다. 61·60·55·53·52회
• 병인박해로 천주교 선교사와 신자들이 처형되었다. 56회
• 병인양요 – 양헌수 부대가 정족산성에서 프랑스군을 격퇴하였다. 60·55회
• 병인양요 – 외규장각 도서가 약탈당하는 피해를 입었다. 67·64·57·52회
• 오페르트 도굴 사건 – 오페르트가 남연군 묘 도굴을 시도하였다. 65·64·61·60회
• 신미양요 – 어재연 부대가 광성보에서 결사 항전하였다. 67·53회
• 종로와 전국 각지에 척화비를 건립하였다. 61·57·56·54·53회

2 개항과 불평등 조약의 체결

1. 강화도 조약(조·일 수호 조규), 일본과 조약을 맺고 개항하다

강화도 조약의 공식 명칭

1873년 최익현의 상소를 계기로 고종이 친정을 선언함

배경	• 흥선 대원군이 물러나고 고종의 친정이 시작됨, 개항의 필요성이 나타남 • <u>운요호 사건</u>(1875): 일본이 보낸 군함 운요호가 **강화도**에서 무력 시위하자 조선이 경고 사격함 → 운요호가 영종도에 불법 침입함, 일본이 조선에 개항을 강요함
체결	조선측 대표 신헌과 일본측 대표 구로다가 강화도 연무당에서 조약을 체결함(1876)
주요 내용	• 조선에 대한 청의 종주권 부인(조선은 자주국) • **부산, 원산, 인천에 개항장을 설치함** ─ 외국인이 체류하는 국가의 법 대신 본국 법에 따라 재판 받을 권리 • 불평등 조항: 조선 해안의 측량권 허용, 치외 법권 인정
영향	김기수가 1차 수신사로 일본에 파견됨
부속 조약	• 조·일 수호 조규 부록: 개항장에서 일본 화폐 유통 허용, 일본 외교관의 여행 허용 • 조·일 무역 규칙(조·일 통상 장정): 양곡의 무제한 유출 허용, 무관세 규정 • 개정 조·일 통상 장정: 방곡령(곡물의 수출을 금지한 명령)을 선포할 수 있는 조항 명시 → 함경도와 황해도에 방곡령이 선포되었으나 절차상의 문제로 실패

2. 조·미 수호 통상 조약, 서양 국가와 최초로 근대적 조약을 맺다

러시아를 막기위해 중국을 가까이하고, 일본과 공고히 하며, 미국과 연계해야 한다는 내용

배경	2차 수신사 김홍집이 황준헌의 『조선책략』을 국내에 들여옴
체결	청의 알선으로 서양 국가와 최초로 조약을 체결함(1882)
주요 내용	• **거중조정**: 양국 중 한 나라가 위협을 받으면 서로 도울 것을 규정함 • 관세 부과: 수출입 상품에 대해 낮은 비율의 관세를 부과함(최초로 관세권 인정) • 불평등 조항: 외국에 대한 **최혜국 대우**를 처음으로 규정, 치외법권을 허용함
영향	• 보빙사 파견: 전권 대신 민영익 등을 보빙사라는 사절단으로 미국에 파견함 • 프랑스, 영국, 러시아 등 다른 서양 국가와도 조약을 체결하게 됨

한 나라가 제3국에 부여하고 있는 가장 유리한 대우를 상대국에도 부여하는 것

기출선택지 암기하기

1. 강화도 조약
- 배경 – 운요호가 강화도와 영종도를 공격하였다. 66·65·64·62·60회
- **부산, 원산, 인천**에 개항장이 설치되는 결과를 가져왔다. 62·59·53회
- 김기수가 **수신사**로 일본에 파견되는 결과를 가져왔다. 61·60·59·56·53회
- **조·일 무역 규칙** – 양곡의 수출을 허용하고 관세를 설정하지 않았다. 41회
- **개정 조·일 통상 장정** – 함경도와 황해도에 **방곡령**이 선포되는 결과를 가져왔다. 60·54회

2. 조·미 수호 통상 조약
- 배경 – 제2차 수신사 김홍집이 『조선책략』을 들여왔다. 68·67·62·56회
- 청의 알선으로 서양 국가와 맺은 최초의 조약이다. 41회
- **거중조정**에 대한 내용을 포함하였다. 50·48·45회
- 외국에 대한 **최혜국 대우**를 처음으로 규정하였다. 59·51회

3 정부의 개화 정책과 위정척사 운동

1. 정부의 개화 정책, 개항 이후 근대화 정책을 실시하다

교린사, 군무사, 통상사 등

(1) **통리기무아문 설치**(1880): 개화 정책을 총괄하는 핵심 기구로, 소속 부서로 12사를 두었다.

(2) **군사 제도 개편**: 신식 군대인 **별기군**을 창설하였으며(1881), 구식 군대인 기존의 5군영을 무위영(궁궐 방위)과 장어영(수도 방위)의 2영으로 축소하였다.

(3) **근대 시설 설치**: 박문국(인쇄 담당, 한성순보·한성주보 간행, 1883), **기기창**(근대 무기 제조 공장, 1883), 전환국(화폐 주조, 1883), 우정국(우편 담당, 1884) 등의 근대 시설이 설치되었다.

(4) **영선사 파견**: 근대식 무기 제조 기술 도입을 위해 **청에 파견**된 사절단으로, **김윤식** 등이 청의 무기 제조 기술을 습득하였다. 귀국 후 무기 제조 공장인 **기기창** 설립의 계기를 마련하였다.

바른 학문인 성리학을 지키고, 성리학 이외의 종교와 사상을 배격한다는 주장

2. 위정척사 운동, 유생들이 성리학을 지키기 위한 운동을 펼치다

통상 반대 운동 (1860년대)	화의하지 않고 싸우자는 주장 이항로, 기정진 등이 척화 주전론을 주장하며 서양과의 통상을 반대함
개항 반대 운동 (1870년대)	왜(일본)와 양(서양)의 실체가 같다는 주장 최익현, 유인석 등이 왜양 일체론·개항 불가론을 주장하며, 강화도 조약 체결에 반대하는 등 개항 반대 운동을 전개함
개화 반대 운동 (1880년대)	• 배경: 정부의 개화 정책 추진과 『조선책략』의 유포 • 전개: 이만손 등이 영남 만인소를 올려 개화 정책 및 미국과의 수교 반대

기출선택지 암기하기

1. 정부의 개화 정책
- 개화 정책을 총괄하는 **통리기무아문**이 설치되었다. 68·67·66·62·61·60회
- 신식 군대인 **별기군**이 창설되었다. 66·62·60·56·53·52회
- 박문국에서 한성순보가 발행되었다. 68·62·58·54·51회
- 무기 제조 공장인 **기기창**이 설립되었다. 59·58회
- 김윤식이 청에 **영선사**로 파견되었다. 66·65·59·57회

2. 위정척사 운동
- 『조선책략』 유포에 반발하여 이만손 등이 영남 만인소를 올렸다. 41회
- 이만손 등이 영남 만인소를 올렸다. 65·64·60·56·51회

흥선 대원군의 개혁 58회

창녕의 관산 서원 터에서 매주(埋主) 시설이 발견되었습니다. 이 시설은 서원에 모셔져 있던 신주를 옹기에 넣고 기와로 둘러싼 뒤 묻은 것입니다. 이번 발굴로 만동묘 철거 이후 서원을 철폐하던 시기에 신주를 어떻게 처리했는지 알 수 있게 되었습니다.

→ 서원 철폐 → 흥선 대원군의 개혁

01 ㅅㄱㅂ 가 부활하여 군국 기무를 전담하였다. 67·58회
02 궁궐 중건 비용을 마련하기 위해 ㄷㅂㅈ 을 발행하였다. 62·57회
03 양반에게도 군포를 징수하는 ㅎㅍ 제를 추진하였다. 65·57회
04 환곡의 폐단을 시정하기 위해 ㅅㅊ 제를 전국적으로 시행하였다. 55회

서양 세력의 침략 – 병인양요 40회

서울시는 (가) 때 정족산성 전투를 지휘한 양헌수 장군의 문집인 『하거집』과 일기 등을 서울시 유형문화재로 지정하였다. (가)은/는 로즈 제독의 함대가 강화도를 침략한 사건으로, 양헌수 장군은 정족산성에서 이를 물리치는 데 크게 기여하였다. → 병인양요

05 ㅂㅇㅂㅎ 로 천주교 선교사와 신자들이 처형되었다. 56회
06 ㅇㅎㅅ 부대가 정족산성에서 프랑스군을 격퇴하였다. 60·55회
07 ㅇㄱㅈㄱ 도서가 약탈당하는 피해를 입었다. 67·64·57회

강화도 조약(조·일 수호 조규) 61회

제1관 조선국은 자주 국가로서 일본국과 평등한 권리를 보유한다. ……
→ 강화도 조약
제10관 일본국 인민이 조선국 지정의 각 항구에 머무르는 동안 죄를 범한 것이 조선국 인민에게 관계되는 사건은 모두 일본국 관원이 심리하여 판결한다. ……

08 배경 – ㅇㅇㅎ 가 강화도와 영종도를 공격하였다. 66·65·64·62회
09 ㅂㅅ, 원산, 인천에 개항장이 설치되는 결과를 가져왔다. 62·59·53회
10 김기수가 ㅅㅅㅅ 로 일본에 파견되는 결과를 가져왔다. 61·60·59·56회

조·미 수호 통상 조약 57회

제14관 현재 양국이 의논해 정한 이후 대조선국 군주가 어떤 혜택·은전의 이익을 타국 혹은 그 나라 상인에게 베풀면 …… 미국과 그 상인이 종래 점유하지 않고 이 조약에 없는 것 또한 미국 관민이 일체 균점하도록 승인한다.
→ 최혜국 대우 → 조·미 수호 통상 조약

11 배경 – 제2차 수신사 김홍집이 『ㅈㅅㅊㄹ』을 들여왔다. 68·67회
12 ㅊ 의 알선으로 서양 국가와 맺은 최초의 조약이다. 41회
13 ㄱㅈㅈㅈ 에 대한 내용을 포함하였다. 50·48·45회
14 외국에 대한 ㅊㅎㄱ 대우를 처음으로 규정하였다. 59·51회

정부의 개화 정책 40회

→ 정부의 개화 정책

통리기무아문에서 아뢰기를, "무기 제조법을 배워 오는 일과 관련하여 …… 사신의 호칭은 영선사라고 부르고, 무기 제조는 먼저 공도(工徒)들을 파견하여 만드는 법을 배우고, 기술은 교사를 초청해서 연습하며, 군사들을 정해서 보내기로 한 일은 당분간 보류한다는 내용으로 상세히 말을 구성해서 보내도록 하는 것이 어떻겠습니까?"라고 하니, 모두 윤허하였다. – 『고종실록』

15 개화 정책을 총괄하는 ㅌㄹㄱㅁㅇㅁ 이 설치되었다. 68·67·66·62·61회
16 신식 군대인 ㅂㄱㄱ 이 창설되었다. 66·62·60·56·53회
17 ㅂㅁㄱ 에서 한성순보가 발행되었다. 68·62·58·54·51회
18 무기 제조 공장인 ㄱㄱㅊ 이 설립되었다. 59·58회
19 김윤식이 청에 ㅇㅅㅅ 로 파견되었다. 66·65·59·57회

위정척사 운동 – 개화 반대 운동 50회

지금 조정에서는 어찌 백해무익한 일을 하여 러시아가 없는 마음을 먹게 하고, 미국이 의도하지 않았던 일을 만들어 오랑캐를 끌어들이려 하십니까? 저 황준헌이라는 자는 스스로 중국에서 태어났다고 하면서도, 일본을 위해 말하고 예수를 좋은 신이라 하며, 난적의 앞잡이가 되어 스스로 짐승과 같은 무리가 되었습니다. 고금천하에 어찌 이런 이치가 있겠습니까? – 영남 만인소

→ 개화 반대 운동

20 『ㅈㅅㅊㄹ』 유포에 반발하여 이만손 등이 영남 만인소를 올렸다. 41회

21 ㅇㅁㅅ 등이 영남 만인소를 올렸다. 65·64·60·56·51회

정답 01 삼군부 02 당백전 03 호포 04 사창 05 병인박해 06 양헌수 07 외규장각 08 운요호 09 부산 10 수신사 11 조선책략 12 청 13 거중조정 14 최혜국 15 통리기무아문 16 별기군 17 박문국 18 기기창 19 영선사 20 조선책략 21 이만손

기출문제로 실전 감각 익히기

각 문제의 자료에 표시된 힌트를 참고하여 정답을 선택하세요!

01 (가) 인물에 대한 설명으로 옳은 것은? [1점]
[50회]

> 신(臣) 병창이 ___(가)___ 앞에 나아가 품의했더니, 이르기를 성묘(聖廟) 동서무(東西廡)에 배향된 제현 및 충절과 대의가 매우 빛나 영원토록 높이 받들기에 합당한 47곳의 서원 외에는 모두 향사(享祀)를 중단하고 사액을 철폐하라'고 하였습니다. 지시를 받들어 이미 사액된 서원 중 앞으로 계속 보존할 곳 47개를 별단에 써서 들였습니다. 계하(啓下)*하시면 각 도에 알리겠습니다.
> ├ 힌트❶
> – 『승정원일기』

*계하(啓下): 국왕의 재가

① 종로와 전국 각지에 척화비를 건립하였다.
② 나선 정벌을 위하여 조총 부대를 파견하였다.
③ 각 궁방과 중앙 관서의 공노비를 해방하였다.
④ 도성을 방비하기 위하여 총융청을 설치하였다.
⑤ 통치 체제를 정비하기 위해 『경국대전』을 편찬하였다.

02 다음 사건이 일어난 배경으로 옳은 것은? [2점]
[56회]

> ├ 힌트❶   ├ 힌트❷
> 양헌수가 은밀히 정족산 전등사로 가서 주둔하였다. …… 산 위에서 매복하고 있다가 한꺼번에 북을 치고 나발을 불며 좌우에서 총을 쏘았다. 적장이 총에 맞아 말에서 떨어지고 서양인 10여 명이 죽었다. 달아나는 서양인들을 쫓아가니 그들은 동료의 시체를 옆에 끼고 급히 본진으로 도망갔다.

① 종로와 전국 각지에 척화비가 세워졌다.
② 오페르트가 남연군 묘 도굴을 시도하였다.
③ 위안스카이가 이끄는 군대가 조선에 상륙하였다.
④ 병인박해로 천주교 선교사와 신자들이 처형되었다.
⑤ 김홍집이 가지고 온 『조선책략』이 국내에 유포되었다.

03 밑줄 그은 '조약'의 영향으로 가장 적절한 것은? [2점]
[62회]

> ├ 힌트❶
> 청의 알선으로 서양과 맺은 최초의 조약이 체결된 장소에 새로운 표석이 설치되었습니다. 기존 한글 안내판에 영어와 중국어 안내문을 추가한 이번 표석 설치는 개항기 대외 관계와 관련한 중요한 장소를 외국인에게도 널리 알리는 기회가 될 것으로 보입니다.

영어, 중국어 안내문을 추가한 표석 설치

① 부산, 원산, 인천 항구가 개항되었다.
② 김홍집이 국내에 『조선책략』을 소개하였다.
③ 민영익을 대표로 한 보빙사가 파견되었다.
④ 일본 군함 운요호가 영종도를 공격하였다.
⑤ 개화 정책을 총괄하는 통리기무아문이 설치되었다.

04 (가) 사절단에 대한 설명으로 옳은 것은? [2점]
[68회]

> ├ 힌트❶
> 미국 공사의 부임에 대한 답례로 ___(가)___ 이/가 파견되었습니다. 8명의 조선 관리로 구성된 이들은 40여 일 동안 미국에 체류하면서 뉴욕의 전등 시설과 우체국, 보스턴 박람회 등을 시찰하였습니다. ├ 힌트❷

(가) 일행

① 에도 막부의 요청으로 파견되었다.
② 별기군(교련병대) 창설을 건의하였다.
③ 『조선책략』을 들여와 국내에 소개하였다.
④ 기기국에서 무기 제조 기술을 습득하고 돌아왔다.
⑤ 전권대신 민영익과 홍영식, 서광범 등으로 구성되었다.

정답 및 해설 ⇒ 237쪽

02 | 근대 (임오군란 ~ 갑신정변)

쌩초보 탈출구 🔑

조선 정부의 개화 정책으로 차별 대우를 받던 구식 군인들은 임오년에 반란(임오군란)을 일으키게 돼요. 하지만 반란은 청에 의해 진압되었고, 이후 조선이 청의 간섭을 심하게 받으면서 개화 정책은 소극적이 되고 말았어요. 그러자 이에 불만을 품은 급진 개화파가 정변(갑신정변)을 일으키는데요, 일본의 배신과 청의 개입으로 3일 만에 실패로 끝났답니다.

1. 임오군란이 진압된 후 조선이 일본, 청 두 나라와 맺게 된 조약의 이름을 구분하여 알아두세요.

제물포 조약 (조선 – 일본)	조·청 상민 수륙 무역 장정 (조선 – 청)

2. 갑신정변이 실패로 끝난 후, 조선과 일본이 맺은 조약, 일본과 청이 맺은 조약의 이름을 알아두세요.

한성 조약 (조선 – 일본)	톈진 조약 (일본 – 청)

빈출개념 1

임오군란 (1882)

최근 3개년 시험에서 5문제 출제
65회 30번, 61회 33번, 55회 31번, 53회 31번, 51회 32번

1. 임오군란, 임오년에 구식 군인들이 난을 일으키다

(1) 배경

① 구식 군대에 대한 차별: 구식 군대의 군인들은 신식 군대인 별기군에 비해 열악한 대우를 받았으며, 13개월 간 급료가 밀려 있었다.

② 일본의 경제 침투: 일본의 경제 침탈로 쌀값이 폭등하자 하층민의 반일 감정이 커졌다.

(2) 전개

구식 군인들의 봉기	겨와 모래가 섞인 쌀이 밀린 급료로 지급됨 → 구식 군인들이 난을 일으켜 선혜청(급료 지급 관청)과 민씨 세력·고관들의 집을 습격함 → 일본 공사관을 습격하여 별기군의 일본인 교관을 살해함 → 하층민도 합세하여 궁궐을 습격함 → 왕비(명성 황후)가 충주로 피신함
▼	
흥선 대원군의 재집권	군란의 수습을 맡은 흥선 대원군이 개화 정책을 중단시킴(5군영 부활, 통리기무아문·별기군 폐지)
▼	
청의 군란 진압	민씨 정권이 청군의 출병을 요청함 → 청의 군대가 상륙하여 흥선 대원군을 톈진으로 압송하고 군란을 진압함 → 민씨 정권이 재집권함(친청)

(3) 결과

제물포 조약(조-일)	일본 정부에 배상금 지불, 일본 공사관에 일본 경비병 주둔 인정
조·청 상민 수륙 무역 장정(조-청)	조선을 '속방(종속국)'으로 규정, 청나라 상인의 내지 통상이 확대되는 계기가 됨, 치외법권(조선의 개항장에서 청의 상무위원이 재판권을 행사함) 인정 └개항장 근처가 아닌 내지에서까지 통상할 수 있는 권리┘
청의 내정 간섭	마젠창(내정 고문)과 묄렌도르프(외교 고문) 파견, 위안스카이의 청군 조선 주둔

기출선택지 암기하기

1. 임오군란

· 구식 군인에 대한 차별 대우가 발단이 되었다. 63·61회

· 구식 군인들이 일본 공사관을 습격하였다. 48·45회

· 선혜청과 일본 공사관을 공격하였다. 56회

· 흥선 대원군이 다시 집권하는 결과를 가져왔다. 49회

· 정부가 청군의 출병을 요청하는 계기가 되었다. 55·53회

· 청의 군대에 의해 진압되었다. 67·60회

· 흥선 대원군이 톈진으로 압송되는 결과를 가져왔다. 55회

· 일본 공사관 경비병의 주둔을 인정한 제물포 조약이 체결되었다. 38회

· 제물포 조약 – 일본 공사관에 경비병이 주둔하는 계기가 되었다. 67·59회

· 조·청 상민 수륙 무역 장정의 배경 – 구식 군인들이 임오군란을 일으켰다. 44회

· 조·청 상민 수륙 무역 장정 – 외국 상인의 내지 통상권을 최초로 규정하였다. 68회

2 갑신정변(1884)과 이후 국내외 정세

최근 3개년 시험에서 **9문제** 출제
66회 29번, 64회 30번, 63회 30번, 60회 30번, 59회 32번, 56회 31번, 55회 32번, 54회 38번, 52회 32번

1. 갑신정변, 갑신년에 급진 개화파가 조선의 자주 독립과 근대화를 위해 정변을 일으키다

(1) 배경

① 개화 정책 지연: 청의 내정 간섭과 민씨 정권의 견제로 개화 정책이 지연되었다.

② 개화파의 분화: 임오군란 이후 청에 대한 입장과 개화 정책의 추진 방법을 둘러싸고 개화파가 온건파와 급진파로 나뉘었다.

온건 개화파	• 김홍집·김윤식 등, 청과의 관계 중시 • 전통 사상을 지키며 서양 문물 수용 → 점진적 개혁 주장
급진 개화파 (개화당)	• 김옥균·박영효 등, 청에 대한 사대 관계 폐지 주장 • 서양 문물과 사상·제도까지 수용 → 급진적 개혁 주장

③ 국외 정세: 청·프 전쟁으로 조선 내에 있던 청군이 일부 철수하자, 일본 공사가 급진 개화파에게 정변 단행 시 군사적 지원을 약속하였다.

(2) 전개

갑신정변 발발	개화당(김옥균, 박영효, 홍영식 등의 급진 개화파)이 우정총국 개국 축하연┌근대적 우편 업무를 관장한 관청 에서 정변을 일으킨 후, 고종과 왕후의 거처를 경우궁으로 옮김

▼

개화당 정부 수립	민씨 정권의 주요 인물들을 제거한 후 개화당 정부를 수립함

▼

14개조 혁신 정강 발표	• 개화당 정부는 근대적 개화 정책 추진을 위해 혁신 정강을 발표함 • 주요 내용	
	정치	청에 대한 조공과 허례 폐지(청에 대한 사대 관계 폐지), 인민 평등을 바탕으로 능력에 따라 관리 등용, 대신과 참찬은 의정부에 모여 의결(입헌 군주제 실시)┌의정부의 관직
	경제	국가의 모든 재정을 호조로 일원화, 혜상공국을 혁파하여 특권적인 상업을 폐지┌보부상 보호 기관

▼

정변 실패	• 청의 군사 개입으로 일본군이 약속을 어기고 철수하여 3일만에 실패로 끝남 • 정변의 주동자들이 일본 등 해외로 망명함

(3) 결과

한성 조약(조-일)	• 정변 과정에서 일본 공사관이 불타고 일본인 사상자가 발생하자, 일본이 조선에 그 책임을 물어 조약을 체결함 • 조선이 일본에 배상금을 지불하고 일본 공사관 신축 비용을 부담함
텐진 조약(청-일)	조선에서 청·일 군대가 모두 철수함, 조선 파병 시 상대국에 미리 알릴 것을 규정(이후 청·일 전쟁의 원인이 됨)

2. 갑신정변 이후 국내외 정세, 조선을 둘러싸고 주변국의 갈등이 심해지다

(1) 청·일 대립 격화: 조선을 둘러싼 청과 일본의 정치적·경제적 대립이 심화되었다.

(2) 거문도 사건: 조선이 청을 견제하기 위해 러시아와 교섭을 시도하자, 영국이 러시아의 남진을 막는다는 구실로 거문도를 불법으로 점령하였다(1885~1887).

(3) 조선 중립화론: 한반도를 둘러싼 열강의 경쟁이 심화되자, 유길준과 독일 부영사 부들러가 조선 중립화론을 주장하였다.
┌조선을 중립국으로 삼자는 의견

기출선택지 암기하기

1. 갑신정변

• 김옥균, 박영효 등이 주도하였다. 51회

• 우정총국 개국 축하연에서 정변이 일어났다. 65·61·56·55회

• 국가 재정을 호조로 일원화하고자 하였다. 44회

• 청의 군대에 의해 진압되었다. 67·60회

• 3일 만에 실패로 끝나 주동자들이 해외로 망명하였다. 61회

• 청·일 간 텐진 조약 체결의 계기가 되었다. 50회

• 한성 조약이 체결되는 결과를 가져왔다. 66·63·52회

2. 갑신정변 이후 국내외 정세

• 거문도 사건 – 영국이 러시아를 견제하기 위해 거문도를 점령하였다. 65·63·60·58·54·53회

• 유길준 – 조선 중립화론을 주장하였다. 63·54회

임오군란 51회

- 인물 1: 개화 정책에 대한 불만과 구식 군인에 대한 차별 대우로 일어난 <u>이 사건</u>에 대해 말해 보자.
- 인물 2: 구식 군인들이 일본 공사관을 공격하였고, 이 과정에서 도시 하층민도 가담했어. → 임오군란
- 인물 3: 고종은 흥선 대원군에게 사태 수습을 맡겼지.

01 ㄱㅅㄱㅇ 들이 일본 공사관을 습격하였다. 48·45회

02 ㅅㅎㅊ 과 일본 공사관을 공격하였다. 56회

03 ㅎㅅㄷㅇㄱ 이 다시 집권하는 결과를 가져왔다. 49회

04 정부가 ㅊ 군의 출병을 요청하는 계기가 되었다. 55·53회

임오군란 – 제물포 조약 35회

제3관 조선국이 지불한 5만 원은 해를 당한 일본 관원의 유족 및 부상자에게 지급하여 특별히 돌보아 준다.
⋮ → 제물포 조약

제5관 일본 공사관에 일본군 약간 명을 두어 경비를 서게 한다.

제6관 조선국은 대관(大官)을 특별히 파견하고 국서를 지어 일본국에 사과한다.

05 일본 ㄱㅅㄱ 에 경비병이 주둔하는 계기가 되었다. 67·59회

임오군란 – 조·청 상민 수륙 무역 장정 67회

1조 청의 상무위원을 조선의 개항장에 파견하고, 조선은 대원(大員)을 톈진에 주재시키고 간원을 다른 개항장에 파견한다. …… 처리하기 어려운 문제가 생겼을 때는 청의 북양 대신과 조선 국왕이 서로 통지하여 처리한다.

4조 조선 상인은 베이징에서 규정에 따라 교역하고, 청 상인은 양화진과 한성에 상점을 개설한 경우를 제외하고는 내지 행상을 허가하지 않는다. 두 나라 상인이 내지로 들어가고자 할 때에는 허가증을 발급받아야 한다.
→ 조·청 상민 수륙 무역 장정

06 배경 – 구식 군인들이 ㅇㅇㄱㄹ 을 일으켰다. 44회

07 외국 상인의 ㄴㅈㅌㅅ 권을 최초로 규정하였다. 68회

갑신정변 64·60회

우정국 총판 홍영식이 우정국의 개국 축하연을 열면서 각국의 공사도 초청했다. …… 8시를 알리는 종이 울리자 담장 밖에서 불길이 치솟았다. …… 우영사 민영익이 불을 끄려고 먼저 일어나서 문밖으로 나왔는데, 자객 다섯 명이 잠복하고 있다가 칼을 휘두르며 습격했다. 민영익이 중상을 입고 되돌아와서 대청 위에 쓰러졌다. → 갑신정변
— 『대한계년사』

심히 급박한 상황 중에 나는 적의 활동과 청국 군대의 내습을 우려하여 주상을 모시고 지키기 편리한 경우 궁으로 옮기시게 한 후 일본 병사로 하여금 호위할 방침을 세웠다. 곧이어 주상께 일본군의 지원을 구하도록 요청하니, 주상은 곧 영숙문 앞 노상에서 연필로 "일본 공사는 와서 나를 보호하라."라는 글을 친히 쓰시어 주시는지라. …… → 갑신정변

08 ㄱㅇㄱ , 박영효 등이 주도하였다. 51회

09 ㅇㅈㅊㄱ 개국 축하연에서 정변이 일어났다. 65·61·56·55회

10 국가 재정을 ㅎㅈ 로 일원화하고자 하였다. 44회

11 ㅊ 의 군대에 의해 진압되었다. 67·60회

12 청·일 간 ㅌㅈ 조약 체결의 계기가 되었다. 50회

13 ㅎㅅ 조약이 체결되는 결과를 가져왔다. 66·63·52회

갑신정변 이후 국내외 정세 – 거문도 사건 43회

김윤식이 영국 총영사 아스톤에게 거문도를 점거한 지 3개월이 경과하였을 뿐 아니라 우리나라 조야의 여론이 비등하고 있으므로 속히 섬을 점거하고 있는 군대를 철수시킬 것을 요청하였다. → 거문도 사건

14 영국이 ㄹㅅㅇ 를 견제하기 위해 거문도를 점령하였다.
65·63·60·58·54·53회

정답 01 구식 군인 02 선혜청 03 흥선 대원군 04 청 05 공사관 06 임오군란 07 내지 통상 08 김옥균 09 우정총국 10 호조 11 청 12 톈진 13 한성 14 러시아

기출문제로 실전 감각 익히기

각 문제의 자료에 표시된 힌트를 참고하여 정답을 선택하세요!

01 (가)에 대한 설명으로 옳은 것은? [2점]
65회

> 동대문 일대 재개발 당시 발견된 하도감 터 사진이군요. 이곳은 어떤 용도로 사용된 장소인가요?

> 여기는 훈련도감에 속한 하도감이 있었던 장소로 군사를 훈련시키고 무기를 제작했던 곳입니다. 1881년부터 이듬해 구식 군인들에 대한 차별 대우로 ──힌트❶ 발생한 (가) 때까지 교련병대의 훈련 장소로 사용되었습니다.

TV 교양 한국사
하도감 터

① 입헌 군주제 수립을 목표로 하였다.
② 조선 총독부의 방해와 탄압으로 실패하였다.
③ 우정총국 개국 축하연을 이용하여 일어났다.
④ 홍범 14조를 기본 개혁 방향으로 제시하였다.
⑤ 일본 공사관에 경비병이 주둔하는 계기가 되었다.

02 다음 조약이 맺어진 배경으로 가장 적절한 것은? [2점]
44회

> 제1조 중국 상무위원은 개항한 조선의 항구에 주재하면서 본국의 상인을 돌본다. …… 중대한 사건을 맞아 조선 관원과 임의로 결정하기가 어려울 경우 북양 대신에게 청하여 조선 국왕에게 공문서를 보내 처리하게 한다. ──힌트❷
> 제2조 중국 상인이 조선 항구에서 개별적으로 고소를 제기할 일이 있을 경우 중국 상무위원에게 넘겨 심의 판결한다. 이밖에 재산 문제에 관한 범죄 사건에 조선 인민이 원고가 되고 중국 인민이 피고일 때에도 중국 상무위원이 체포하여 심의 판결한다.

① 영국이 거문도를 불법 점령하였다.
② 청·일 전쟁에서 일본이 승리하였다.
③ 구식 군인들이 임오군란을 일으켰다.
④ 시전 상인들이 철시 투쟁을 전개하였다.
⑤ 운요호가 강화도에 접근하여 무력 시위를 벌였다.

03 다음 자료에 나타난 상황 이후 전개된 사실로 옳은 것은? [2점]
56회

──힌트❶ ──힌트❷
> 김옥균이 일본 공사 다케조에에게 국왕의 호위를 위해 일본군이 필요하다고 요청하였다. 그는 호위를 요청하는 국왕의 친서가 있으면 투입하겠다고 약속하였다. 친서는 박영효가 전달하기로 합의하였다. 다케조에는 조선에 주둔한 청군 1천 명이 공격해 들어와도 일본군 1개 중대면 막을 수 있다고 장담하였다. ──힌트❸

① 신식 군대인 별기군이 창설되었다.
② 김기수가 수신사로 일본에 파견되었다.
③ 일본 군함 운요호가 영종도를 공격하였다.
④ 이만손이 주도하여 영남 만인소를 올렸다.
⑤ 우정총국 개국 축하연에서 정변이 일어났다.

04 다음 가상 대화의 상황이 나타난 시기를 연표에서 옳게 고른 것은? [2점]
55회

> 나으리, 지난 달부터 영국군이 이 섬에 들어와 병영을 짓고 머무르는데 그 이유가 무엇입니까?

> 영국이 러시아의 남진을 막는다는 구실로 조정의 허락도 없이 점령했다고 들었네.

1871	1876	1884	1895	1904	1909
	(가)	(나)	(다)	(라)	(마)
신미양요	조·일 수호 조규	갑신정변	삼국 간섭	한·일 의정서	기유각서

① (가)   ② (나)   ③ (다)
④ (라)   ⑤ (마)

정답 및 해설 ⇨ 237쪽

03 | 근대 (동학 농민 운동 ~ 개혁)

쌩초보 탈출구 🔑

갑신정변이 실패한 지 10년 뒤인 갑오년(1894)에 동학을 바탕으로 커다란 농민 봉기가 두 차례 일어나게 돼요. 1차 농민 봉기는 지방관의 횡포에 반발하여 일어났고, 2차 농민 봉기는 경복궁을 점령한 일본에 대항하여 일어났답니다. 이러한 가운데 조선은 일본의 강요로 개혁을 추진하게 되었고, 총 세 번의 개혁으로 정치·경제·사회 분야에서 근대화를 이루었어요.

1. 동학 농민 운동의 1차 농민 봉기와 2차 농민 봉기의 주요 전투를 구분하여 알아두세요.

1차 농민 봉기	2차 농민 봉기
황토현·황룡촌 전투	우금치 전투

2. 조선이 세 차례에 걸쳐 추진한 개혁을 순서대로 알아두세요.

제1차 갑오개혁 (1894) → 제2차 갑오개혁 (1894~1895) → 을미개혁 (1895)

빈출개념

1 동학 농민 운동

최근 3개년 시험에서 7문제 출제
68회 31번, 67회 32번, 65회 31번, 62회 32번, 56회 32번, 54회 33번, 51회 33번

1. 동학 농민 운동, 지방관의 횡포와 외세의 침탈에 농민이 저항하다

충청, 전라, 경상

(1) **동학의 교세 확대**: 2대 교주 최시형의 포교 활동과 포접제의 활용으로 동학의 교세가 삼남 지방을 중심으로 확대되었다.
└ 각 지방에 포와 접을 두고 접주가 통솔하게 함

(2) **교조 신원 운동**: 교조 최제우의 명예 회복과 포교의 자유를 획득하기 위한 운동이 전개되었다.

삼례 집회	삼례에서 교조 신원과 동학 탄압 중지를 요구하는 집회를 개최함
복합 상소	서울의 궐문 앞에서 엎드려 상소를 하며 교조 신원을 요구함
보은 집회	보은에서 보국안민, 척왜양창의를 주장하는 집회를 개최함

└ 나라를 돕고 백성을 편안히 함 └ 일본과 서양 세력을 축출할 것

(3) **전개**

고부 민란	고부 군수 조병갑의 횡포 → 남접 전봉준의 주도로 농민군이 고부 관아 습격 → 조병갑 도주, 농민군 자진 해산, 정부가 안핵사 이용태를 파견
제1차 농민 봉기	안핵사 이용태의 농민 탄압(고부 민란 관련자를 체포함) → 백산 집회(전봉준 등이 격문과 4대 강령을 발표) → 황토현·황룡촌 전투에서 농민군 승리 → 농민군의 전주성 점령 → 정부가 청에 군사 지원을 요청
청·일군의 상륙	청군의 상륙 → 일본군도 톈진 조약에 근거하여 인천 상륙
전주 화약 체결	농민군이 정부와 청·일 군대의 철수와 폐정 개혁을 조건으로 화약 체결
동학 농민군의 개혁	• 농민군은 집강소를 설치하여 폐정 개혁안을 실천하고, 정부는 개혁 추진 기구로 교정청을 설치함 • 폐정 개혁안의 주요 내용: 토지를 균등 분배함, 탐관오리를 징계하여 쫓아냄, 신분제를 철폐함, 과부의 재가를 허용함 등
청·일 전쟁	일본이 기습적으로 경복궁 점령 → 일본의 선제 공격으로 청·일 전쟁 발발
제2차 농민 봉기	정부의 개혁 부진과 일본의 내정 간섭 심화 → 농민군 재봉기(삼례), 논산에 남접과 북접(손병희)이 집결 → 공주 우금치 전투에서 관군과 일본군에 패배 → 전봉준 등 동학 지도부 체포

고부 지역의 접주

기출선택지 암기하기

1. 동학 농민 운동

• 교조 신원을 요구하는 삼례 집회가 개최되었다. 64·58·55회

• 보은 집회 – 척왜양창의를 기치로 내걸었다. 56·46회

• 고부 민란 – 전봉준이 농민들을 이끌고 고부 관아를 습격하였다. 67·51회

• 고부 민란 – 사태 수습을 위해 이용태가 안핵사로 파견되었다. 67·66·62·53회

• 제1차 농민 봉기 – 황토현에서 전라 감영군을 격파하였다. 58·56회

• 제1차 농민 봉기 – 황룡촌 전투에서 장태를 이용하여 승리하다 67회

• 정부와 농민군 사이에 전주 화약이 체결되었다. 64·55회

• 농민군이 정부와 약조를 맺고 집강소를 설치하였다. 57회

• 개혁 추진 기구로 교정청을 설치하였다. 65·63·62·58·54회

• 집강소를 중심으로 폐정 개혁안을 실천하였다. 63·56회

• 제2차 농민 봉기 – 남접과 북접이 연합하여 전개되었다. 67·65·62·61·58·56회

• 제2차 농민 봉기 – 우금치에서 일본군 및 관군에 맞서 싸웠다. 65·64·56·53·51회

2 갑오개혁과 을미개혁

최근 3개년 시험에서 **11문제 출제**
66회 34번, 64회 31번, 63회 32번, 59회 33번, 56회 29번, 55회 33번,
53회 33·34번, 52회 34·35번, 51회 34번

1. 제1차 갑오개혁, 군국기무처가 개혁을 주도하다

(1) **배경**: 경복궁을 점령한 일본은 내정 개혁을 강요하며 제1차 김홍집 내각을 수립하였다. 이후 정부는 교정청을 폐지하고 최고 결정 기구로 **군국기무처를 설치**하여 근대적 개혁을 추진하였다.
└ 김홍집이 군국기무처의 총재를 겸임함

(2) 개혁 내용
└ 조선이 건국된 해를 기준으로 연도를 세는 방식

독자적 연호 사용	청의 연호를 폐지하고 **개국 기원**(개국기년)을 사용함
행정 기구 개편	의정부에 권력을 집중시키고, 행정 기구를 6조에서 80아문으로 개편함
과거제 폐지	과거제를 폐지하고, 신분의 구별이 없는 관리 임용 제도를 실시함
재정의 일원화	탁지아문이 재정에 관한 모든 사무를 관할하도록 함
경제 제도 정비	은 본위제를 채택하고 조세의 금납화를 시행함
사회 개혁	공·사 노비법을 혁파함, 과부의 재가를 허용함, 연좌제를 철폐함

└ 범죄자의 가족에게 연대 책임을 지게 하는 제도

2. 제2차 갑오개혁, 고종이 홍범 14조를 반포하다

(1) **배경**: 청·일 전쟁의 승기를 잡은 일본은 **군국기무처를 폐지**하고, 제2차 **김홍집·박영효 연립 내각**(친일)을 구성하였다. 한편 고종은 **독립 서고문**을 바치고 개혁의 기본 방향을 제시하는 **홍범 14조**를 반포하였다.
└ 청에 의존하지 않는 자주 독립의 의지를 표명함

(2) 개혁 내용

체제 개편	중앙의 80아문을 7부로, 전국 8도를 23부로 개편함
근대 교육 제도 마련	• 교육의 기본 방향을 제시한 **교육 입국 조서**를 반포함 • 한성 사범 학교 관제를 마련하고 교원 양성을 위한 한성 사범 학교를 설립함
재판소 설치	고등·지방 재판소를 설치하여 사법권을 독립시킴

3. 을미개혁과 을미의병, 을미사변을 계기로 개혁과 의병이 일어나다

(1) **삼국 간섭**: 청·일 전쟁에서 승리한 일본이 청으로부터 랴오둥 반도를 획득하였으나, 러시아·프랑스·독일의 압력으로 랴오둥 반도를 반환하게 되었다(삼국 간섭). 이에 조선은 일본의 간섭에서 벗어나고자 친러 내각(제3차 김홍집·박정양 내각)을 수립하였다.

(2) **을미사변**: 친러 정책에 위기를 느낀 **일본이 명성 황후를 시해**하였다.

(3) **을미개혁**: 을미사변 이후 수립된 제4차 김홍집 내각(친일)이 개혁을 추진하였다.

정치	'건양' 연호 사용, 친위대(중앙군)·진위대(지방군) 설치
사회	태양력 사용, 단발령 시행, 종두법 실시, 소학교 설치

(4) 을미의병

원인	을미사변과 단발령(을미개혁) 시행 등에 대한 반발
주도 세력	위정척사 사상을 가진 유생 출신 유인석(충주), 이소응(춘천) 등이 주도
해산	아관 파천 이후 고종의 단발령 철회와 의병 해산 권고 조칙에 따라 자진 해산함

4. 아관 파천, 고종이 러시아 공사관으로 거처를 옮기다

원인	을미사변 이후 고종이 신변의 위협을 느낌
전개	친러파가 러시아 공사 베베르와 함께 **고종의 거처를 러시아 공사관으로 옮김**
결과	을미개혁이 중단되고 러시아의 내정 간섭과 열강의 이권 침탈이 본격화됨

기출선택지 암기하기

1. 제1차 갑오개혁
• 일본이 **경복궁**을 점령하고 내정 개혁을 요구하였다. 65·51회
• **군국기무처**를 설치하여 근대적 개혁을 추진하였다. 66·65·51회
• 청의 연호를 폐지하고 **개국 기원**을 사용하였다. 52회
• 행정 기구를 6조에서 **80아문**으로 개편하였다. 52회
• **공·사 노비법**을 혁파하였다.
　　　　　　　　　　　　　61·59·56·55회
• **과거제**를 폐지하였다. 56·52회
• 과부의 **재가**를 허용하였다. 64·52회
• **연좌제**를 금지하였다. 47회

2. 제2차 갑오개혁
• **홍범 14조**를 개혁의 기본 방향으로 제시하였다. 67·65·63·57·55·54회
• 전국 8도를 **23부**로 개편하였다.
　　　　　　　　　　　　　68·67·61·52회
• 교육의 기본 방향을 제시한 **교육 입국 조서**를 반포하였다. 64·57·55·53회
• 교원 양성을 위해 **한성 사범 학교**가 설립되었다. 66·60·54회
• 교육 입국 조서를 반포하고 한성 사범 학교 관제를 마련하였다. 59회
• **재판소**를 설치하여 사법권을 독립시켰다.
　　　　　　　　　　　　　63·53회

3. 을미개혁과 을미의병
• **을미사변** – 일본 낭인들이 **명성 황후**를 시해하였다. 49회
• **을미개혁** – **건양**이라는 독자적인 연호를 사용하였다. 66·64·62·61·58·54회
• **을미개혁** – **태양력**을 시행하였다. 63·59회
• **을미의병** – **단발령** 시행에 반발하여 일어났다. 55회
• **을미의병** – **이소응, 유인석** 등이 주도하였다. 55회

4. 아관 파천
• 고종이 **러시아 공사관**으로 거처를 옮겼다.
　　　　　　　　　　　　　63·59회

동학 농민 운동 47회

제목: 떨어진 녹두꽃

■ 장면별 구성 내용

#1. 고부 농민들, 폭정에 항거하여 봉기하다

#2. 황토현에서 관군을 물리치다

#3. 동학 농민군이 정부와 전주 화약을 체결하다

#4. 동학 농민군의 지도자, 전봉준이 체포되다

→ 동학 농민 운동

01 고부 민란 – [ㅈㅂㅈ]이 농민들을 이끌고 고부 관아를 습격하였다.
67·51회

02 고부 민란 – 사태 수습을 위해 [ㅇㅇㅌ]가 안핵사로 파견되었다.
67·66회

03 제1차 농민 봉기 – [ㅎㅌㅎ]에서 전라 감영군을 격파하였다. 58·56회

04 제1차 농민 봉기 – [ㅎㄹㅊ] 전투에서 장태를 이용하여 승리하다 67회

05 정부와 농민군 사이에 [ㅈㅈ] 화약이 체결되었다. 64·55회

06 농민군이 정부와 약조를 맺고 [ㅈㄱㅅ]를 설치하였다. 57회

07 정부가 개혁 추진 기구로 [ㄱㅈㅊ]을 설치하였다. 65·63·62회

08 집강소를 중심으로 [ㅍㅈ] 개혁안을 실천하였다. 63·56회

09 제2차 농민 봉기 – [ㄴㅈ]과 [ㅂㅈ]이 연합하여 전개되었다.
67·65·62·61·58회

10 제2차 농민 봉기 – [ㅇㄱㅊ]에서 일본군 및 관군에 맞서 싸웠다.
65·64·56·53·51회

제1차 갑오개혁 37회

우리 학회에서는 1894년에 동학 농민 운동이 전개되던 상황에서 군국기무처가 추진하였던 (가)의 성격과 의의를 조명하기 위해 학술 대회를 개최하고자 합니다.

→ 제1차 갑오개혁

■ 발표 주제

• 제1차 김홍집 내각의 구성과 역할

• 조혼 금지와 과부 재가 허용의 의미

• 과거제의 폐지와 관리 임용 제도의 변화

11 일본이 [ㄱㅂㄱ]을 점령하고 내정 개혁을 요구하였다. 65·51회

12 [ㄱㄱㄱㅁㅊ]를 설치하여 근대적 개혁을 추진하였다. 66·65회

13 청의 연호를 폐지하고 [ㄱㄱ] 기원을 사용하였다. 52회

14 행정 기구를 6조에서 [8ㅇㅁ]으로 개편하였다. 52회

15 공·사 [ㄴㅂㅂ]을 혁파하였다. 61·59·56·55회

16 [ㄱㄱㅈ]를 폐지하였다. 56·52회

17 과부의 [ㅈㄱ]를 허용하였다. 64·52회

제2차 갑오개혁 40회

이것은 고종이 종묘에 바친 독립서고문으로 홍범 14조가 포함되어 있습니다. 홍범 14조는 김홍집과 박영효의 연립 내각이 주도한 이 개혁의 기본 방향이 되었습니다. → 제2차 갑오개혁

18 [ㅎㅂ] 14조를 개혁의 기본 방향으로 제시하였다. 67·65·63·57회

19 전국 8도를 [23ㅂ]로 개편하였다. 68·67·61회

20 교육의 기본 방향을 제시한 [ㄱㅇ ㅇㄱ ㅈㅅ]를 반포하였다. 64·57회

21 [ㅈㅍㅅ]를 설치하여 사법권을 독립시켰다. 63·53회

을미개혁과 을미의병 – 을미개혁 46회

• 인물 1: 이번에 새로 구성된 내각에서 태양력을 채택했다고 하더군. → 을미개혁

• 인물 2: 나도 들었네. 올해 11월 17일을 새해 1월 1일로 삼는다는군. 이번 조치로 한동안 혼란이 있을 것 같네.

22 [ㄱㅇ]이라는 독자적인 연호를 사용하였다. 66·64·62·61·58회

23 [ㅌㅇㄹ]을 시행하였다. 63·59회

을미개혁과 을미의병 – 을미의병 43회

이곳은 의암 유인석의 위패가 모셔져 있는 충청북도 제천의 자양영당입니다. 이곳에서 유인석은 국모의 원수를 갚고 전통을 보전한다는 복수보형(復讐保形)을 기치로 8도의 유림을 모아 의병을 일으키려는 비밀 회의를 열었습니다. → 을미의병

24 [ㄷㅂㄹ] 시행에 반발하여 일어났다. 55회

25 [ㅇㅅㅇ], 유인석 등이 주도하였다. 55회

아관 파천 34회

왕의 위임을 받은 공사관 측은 조선 내의 모든 외국 대표들에게, 조선의 국왕이 현 정세가 불안하여 궁궐에 머무는 것이 자신의 생명에 위험하다고 판단하여 세자와 함께 러시아 공사관에 피신하기로 결정하였다고 알렸다. → 아관 파천

26 [ㄱㅈ]이 러시아 공사관으로 거처를 옮겼다. 63·59회

정답 01 전봉준 02 이용태 03 황토현 04 황룡촌 05 전주 06 집강소 07 교정청 08 폐정 09 남접, 북접 10 우금치 11 경복궁 12 군국기무처 13 개국 14 8아문 15 노비법 16 과거제 17 재가 18 홍범 19 23부 20 교육 입국 조서 21 재판소 22 건양 23 태양력 24 단발령 25 이소응 26 고종

기출문제로 실전 감각 익히기

각 문제의 자료에 표시된 힌트를 참고하여 정답을 선택하세요!

01 (가), (나) 사이의 시기에 있었던 사실로 옳은 것은? [2점]
65회

> (가) 복합 상소 이후에도 "물러나면 원하는 바를 시행할 것
> 이다."라던 국왕의 약속과 달리 관리들의 침학이 날로
> 심해졌다. …… 최시형은 도탄에 빠진 교도들을 구하고
> 최제우의 억울함을 씻기 위해 보은 집회를 개최하였다.
> — 힌트❶
> (나) 동학 농민군은 거짓으로 패한 것처럼 꾸며 황토현에 진
> — 힌트❶
> 을 쳤다. 관군은 밀고 들어가 그 아래에 진을 쳤다.
> — 힌트❷
> 농민군이 삼면을 포위한 채 한쪽 모퉁이만 빼고 크게 함
> 성을 지르며 압박하자 관군은 일시에 무너졌다.

① 논산으로 남접과 북접이 집결하였다.
② 개혁을 추진하기 위해 교정청이 설치되었다.
③ 일본이 군대를 동원하여 경복궁을 점령하였다.
④ 고부 농민들이 조병갑의 탐학에 맞서 만석보를 파괴하
  였다.
⑤ 공주 우금치에서 농민군이 관군과 일본군에게 패배하
  였다.

02 (가) 운동에 대한 설명으로 옳은 것은? [2점]
50회

이곳은 공주 우금치 전적으로 (가) 당시 남접과 북접 연합군이 북
상하던 중 관군과 일본군을 상대로 격전을 벌인 장소입니다. 우금치는 도
성으로 올라가는 길목으로 전략상 매우 중요한 지역이었습니다.

① 이소응, 유인석 등이 주도하였다.
② 황토현에서 전라 감영군을 격파하였다.
③ 한성 조약이 체결되는 결과를 가져왔다.
④ 관민 공동회를 개최하여 헌의 6조를 결의하였다.
⑤ 사건 수습을 위하여 박규수가 안핵사로 파견되었다.

03 밑줄 그은 '개혁안'의 내용으로 옳은 것을 〈보기〉에서 고른
64회 것은? [2점]

> 파리의 외무부 장관 아노토 각하께
>   전임 일본 공사는 국왕에게서 사실상 거의 모든
> — 힌트❶
> 권력을 빼앗고, 개혁 위원회[군국기무처]가 내린 결
> 정을 확인하는 권한만 남겨 놓았습니다. …… 이후
> 개혁 위원회[군국기무처]는 매우 혁신적인 개혁안
> 을 발표했습니다. 그런데 일부 위원들이 몇몇 조치
> 에 대해 시의적절하지 않다고 판단하더니 이에 대해
> 동의하기를 거부했습니다. …… 게다가 조선인들은
> 이 기구가 왕권을 빼앗고 일본에 매수되었다고 비
> 난하면서, …… 어떤 지방에서는 왕권 수호를 위해
> 봉기했다고 합니다.
>   주 조선 공사 르페브르 올림

〈보기〉
ㄱ. 건양이라는 연호를 제정하였다.
ㄴ. 탁지아문으로 재정을 일원화하였다.
ㄷ. 양전 사업을 실시하여 지계를 발급하였다.
ㄹ. 조혼을 금지하고 과부의 재가를 허용하였다.

① ㄱ, ㄴ   ② ㄱ, ㄷ   ③ ㄴ, ㄷ
④ ㄴ, ㄹ   ⑤ ㄷ, ㄹ

04 다음 자료에 나타난 사건이 발생한 배경으로 옳은 것은?
53회 [1점]

> 발신: 고무라(일본국 변리공사)
> 수신: 사이온지(일본국 외무대신)
> — 힌트❶
>   지난 11일 새벽, 대군주는 급히 외국 공사관에 피신해야 한다
> 는 거짓 밀고를 받았음. 대군주는 몹시 두려워하여 마침내 왕태자
> 와 함께 궁녀들이 타는 가마를 타고 경계의 허술함을 틈타 밖으로
> 나와 러시아 공사관으로 이어하였으나, 조금도 이를 저지하는 사
> 람이 없었음. — 힌트❷

① 을미사변이 일어났다.
② 원수부가 설치되었다.
③ 러·일 전쟁이 발발하였다.
④ 한·일 신협약이 체결되었다.
⑤ 용암포 사건이 발생하였다.

정답 및 해설 ⇒ 238쪽

04 | 근대 [독립 협회 ~ 대한 제국]

쌩초보 탈출구 🔑

열강들의 이권 침탈이 심해지자 서재필의 주도로 '독립 협회'라는 단체가 만들어져 국권을 지키고 민중을 계몽하기 위한 활동을 펼쳐나갔어요. 독립 협회와 민중의 요구에 힘입어 러시아 공사관에서 덕수궁으로 환궁한 고종은 황제 즉위식을 거행하고, 나라 이름을 '대한 제국'으로 바꾸면서 다양한 개혁을 실시하였답니다. 한편, 대한 제국 성립 전후에 걸쳐 근대의 시설과 건축물, 신문, 교육 기관 등 다양한 문물이 등장하였습니다.

1. 독립 협회가 펼친 주요 활동 중 세 가지는 반드시 기억해두세요.

| 러시아의 절영도 조차 요구 반대 | 만민 공동회 개최 | 의회 설립 추진 |

2. 대한 제국이 성립된 이후 고종의 황제권을 강화하기 위해 실시된 두 정책을 꼭 알아두세요!

대한국 국제 반포	원수부 설치
황제권의 무한함을 법으로 기록하여 반포함	황제 직속의 군사 기관을 설치함

빈출개념

1 독립 협회 (1896~1898)

1. 독립 협회, 민중 계몽과 의회 설립 운동에 힘쓰다

(1) **독립신문 창간**: 미국에서 귀국한 서재필이 독립신문을 창간하였다.

(2) **창립**(1896): 서재필과 정부 관료들이 자주 독립 국가 건설을 목표로 독립 협회를 창립하였다.

(3) **활동**

> 저탄소(석탄 창고) 기지 건설을 위해
> 부산 절영도의 땅을 빌려줄 것을 요구

민중 계몽 운동	독립문과 독립관을 건립함, 토론회·강연회를 개최함
이권 수호 운동	러시아의 절영도 조차 요구에 반대함, 한·러 은행의 폐쇄 등을 요구함
만민 공동회 개최	근대적인 민중 집회인 **만민 공동회**를 열어 민권 신장을 추구함
의회 설립 운동	관민 공동회를 개최하여 헌의 6조를 결의함 → **중추원**(국왕의 자문 기관) 관제 개편을 통한 **의회 설립**을 추진함

> └ 대한 제국의 개혁 방향을 담은 국정 개혁안

(4) **해산**: 보수 세력이 독립 협회가 **공화정**을 수립하려 한다고 모함(익명서 사건)하여 고종이 독립 협회 해산을 명령하였다. 이에 만민 공동회에서 해산 명령 철회를 요구하였으나, 고종이 군대를 동원하여 독립 협회를 해산시켰다.

최빈출개념

2 대한 제국의 성립과 광무개혁

1. 대한 제국의 성립, 고종 황제가 '대한 제국'을 선포하다

(1) **배경**: 고종이 **아관 파천** 이후 약 1년 만에 경운궁(덕수궁)으로 환궁하였으며, 당시 국외 정세는 러시아와 일본 간의 세력 균형이 이루어진 상황이었다.

(2) **대한 제국 성립**(1897): 고종은 연호를 '광무'로 고친 후 **환구단**에서 **황제 즉위식**을 거행하고 국호를 '대한 제국'으로 선포하였다.

> └ 황제가 하늘에 제사를 지내던 제단

최근 3개년 시험에서 **7문제 출제**
65회 36번, 64회 32번, 63회 33번, 62회 36번, 57회 31번, 53회 36번, 51회 36번

기출선택지 암기하기

1. 독립 협회
- 서재필이 독립 협회를 창립하고 독립문을 세웠다. 41회
- 러시아의 **절영도** 조차 요구에 반대하였다. 64·62·60·56회
- **만민 공동회**를 열어 민권 신장을 추구하였다. 66·61·57회
- 관민 공동회를 개최하여 **헌의 6조**를 결의하였다. 63·59·53회
- **중추원** 개편을 통해 의회 설립을 추진하였다. 65·62·61회

최근 3개년 시험에서 **11문제 출제**
68회 37번, 67회 35번, 66회 35번, 65회 34번, 62회 31번, 60회 32번, 59회 37번, 56회 36번, 55회 34번, 54회 34번, 51회 35번

기출선택지 암기하기

1. 대한 제국의 성립
- 고종이 **아관 파천** 이후에 덕수궁으로 환궁하였다. 62회
- 환구단에서 대한 제국 황제 즉위식이 거행되었다. 65회

---

2. 광무개혁, 옛 것을 바탕으로 개혁을 추진하다

(1) **성격**: <u>구본신참</u>의 원칙 아래 복고적인 성향을 띤 점진적인 개혁을 추진하였다.
└ 옛 것을 근본으로 삼고 새 것을 참고한다

(2) 광무개혁의 내용

대한국 국제 반포	대한 제국이 전제 정치 국가이며, 황제권은 무한함을 강조함
원수부 설치	군 통수권을 장악하기 위해 황제 직속의 군사 기관을 설치(1899)함
양전 사업과 지계 발급	• 양지아문 설치: 양전 사업을 실시하여 근대 토지 소유권 제도를 확립하고자 함 ┌ 근대적 토지 증명서 • 지계아문을 설치하고 토지 소유자에게 **지계**를 발급함
교육 기관 설립	관립 실업 학교인 상공 학교와 기술 교육 기관을 설립함
간도 관리사 임명	북간도 지역의 교민 보호를 위해 **이범윤**을 간도 관리사로 임명함

2. 광무개혁

• **구본신참**에 입각하여 개혁을 추진하였다.
52회

• 대한국 국제를 반포하였다. 65·60·58회

• 황제 직속의 **원수부**를 설치하였다.
65·63·60·59회

• 양전 사업을 실시하여 **지계**를 발급하였다.
68·66·65·64·60·58회

• 관립 실업 학교인 **상공** 학교가 개교되었다.
68회

• **이범윤**을 간도 관리사로 임명하였다. 60회

빈출개념

3 근대 문물의 수용

최근 3개년 시험에서 **9문제 출제**
67회 31·33번, 65회 37번, 64회 34번, 60회 36번, 57회 39번,
56회 35번, 55회 36번, 53회 32번

1. 근대의 시설과 건축물, 외국의 기술과 자본이 유입되다

전등	경복궁 건청궁에 전등을 **최초로 설치**함(1887) ┐ 대한 제국 황실과 미국인 콜브란이 합작하여 설립한 회사
전차	한성 전기 회사가 서대문~청량리를 잇는 전차를 가설함(1899)
철도	경인선(1899, 노량진–제물포), **경부선**(1905), 경의선(1906) 등
의료	• 미국인 알렌의 건의로 최초의 서양식 병원인 광혜원(1885)이 세워짐 • 광혜원은 이후 제중원(1885), 세브란스 병원(1904)으로 개편됨
건축	독립문(독립 협회가 설립, 1897), 명동 성당(중세 고딕 양식, 1898), 덕수궁 중명전(을사늑약 체결, 1901), 덕수궁 석조전(르네상스식 건물, 1910)

2. 근대의 신문, 다양한 신문이 발간되다

한성순보	박문국에서 순 한문으로 10일에 한 번씩 간행한 우리나라 최초의 근대 신문
한성주보	박문국에서 일주일에 한 번씩 발간한 신문, **최초로 상업 광고**가 게재됨
독립신문	서재필 등이 정부의 지원을 받아 발행한 우리나라 **최초의 민간 신문**
대한매일신보	• 양기탁과 영국인 베델이 창간하였으며 가장 많은 독자층을 보유한 신문 • 을사늑약의 부당성을 주장하였으며, 이후 **국채 보상 운동의 확산에 기여**함

3. 근대의 교육 기관, 근대 학문을 교육하다

원산 학사	덕원 부사 정현석과 덕원·원산 주민들이 설립한 최초의 근대적 사립 학교(1883)로, 근대 학문과 무술 교육을 실시함
육영 공원 ┌ '영재를 기른다'는 뜻	• 정부가 설립한 최초의 근대식 관립 학교(1886) • 상류층(양반) 자제를 대상으로 외국어와 근대 학문을 교육함 • 미국인 헐버트, 길모어 등을 외국인 교사로 초빙함
한성 사범 학교	교육 입국 조서 반포를 계기로 설립된 관립 학교로, 교원 양성을 목적으로 함
이화 학당	개신교 선교사 스크랜튼이 설립한 여성 학교, 근대적 여성 교육을 실시함
배재 학당	개신교 선교사 아펜젤러가 설립한 근대 학교, 신학문 보급에 기여함

기출선택지 암기하기

1. 근대의 시설과 건축물

• 1899년에 노량진에서 제물포를 잇는 **경인선**이 개통되었다. 50회
• 1905년에 **경부선**이 완공되었어요. 58회
• 1885년에 알렌의 건의로 **광혜원**이 세워졌다. 58회

2. 근대의 신문

• 한성순보, 한성주보 – 박문국에서 발간하였다. 60회
• 한성주보 – 최초로 **상업 광고**를 실었다.
64·55회
• 대한매일신보 – 을사늑약의 부당성을 주장하였다. 47회
• 대한매일신보 – **국채 보상 운동**의 확산에 기여하였다. 67·64·61·56회

3. 근대의 교육 기관

• 서양식 근대 교육 기관인 **육영 공원**을 설립하였다. 57·54회
• **헐버트**가 육영 공원에서 학생들에게 영어를 가르쳤다. 67회
• **이화 학당**을 설립하여 근대적 여성 교육에 기여하였다. 62·52회
• **배재 학당**을 세워 신학문 보급에 기여하였다. 68·67·66·61·59회

독립 협회 43회

11월 4일 밤, 조병식 등은 건의소청 및 도약소의 잡배들로 하여금 광화문 밖의 내국 조방 및 큰길가에 익명서를 붙이도록 하였다. …… 익명서는 "(가)이/가 11월 5일 본관에서 대회를 열고, 박정양을 대통령으로, 윤치호를 부통령으로, 이상재를 내부대신으로 …… 임명하여 나라의 체제를 공화 정치 체제로 바꾸려 한다."라고 꾸며서 폐하께 모함하고자 한 것이다. ─「대한계년사」

→ 익명서 사건 → 독립 협회

01 ㅅㅈㅍ 이 독립 협회를 창립하고 독립문을 세웠다. 41회

02 러시아의 ㅈㅇㄷ 조차 요구에 반대하였다. 64·62·60·56회

03 ㅁㅁ ㄱㄷㅎ 를 열어 민권 신장을 추구하였다. 66·61·57회

04 관민 공동회를 개최하여 ㅎㅇ 6ㅈ 를 결의하였다. 63·59회

05 ㅈㅊㅇ 개편을 통해 의회 설립을 추진하였다. 65·62·61회

대한 제국의 성립 41회

(환구단에서) 천지에 고하는 제사를 지냈다. 왕태자가 배참(陪參)하였다. 예를 마치고 의정부 의정(議政) 심순택이 백관을 거느리고 무릎을 꿇고 아뢰기를, "제례를 마치었으므로 황제의 자리에 오르소서."라고 하였다. 왕이 부축을 받으며 단에 올라 금으로 장식한 의자에 앉았다. 심순택이 나아가 12장문(章文)의 곤면(袞冕)을 입혀 드리고 옥새를 올렸다. 왕이 두 번 세 번 사양하다가 친히 옥새를 받고 황제의 자리에 올랐다.

→ 대한 제국의 성립

06 고종이 ㅇㄱ ㅍㅊ 이후에 덕수궁으로 환궁하였다. 62회

07 ㅎㄱㄷ 에서 대한 제국 황제 즉위식이 거행되었다. 65회

광무개혁 48회

제1조 원수부는 국방과 용병과 군사에 관한 각 항의 명령을 관장하며 특별히 세운 권한을 가지고 군부와 경외(京外)의 각 부대를 지휘 감독한다.

제2조 모든 명령은 대원수 폐하가 원수 전하를 경유하여 하달한다.

→ 광무개혁

제3조 원수부는 황궁(皇宮) 내에 설치한다.

08 ㄱㅂㅅㅊ 에 입각하여 개혁을 추진하였다. 52회

09 ㄷㅎㄱ 국제를 반포하였다. 65·60·58회

10 황제 직속의 ㅇㅅㅂ 를 설치하였다. 65·63·60·59회

11 양전 사업을 실시하여 ㅈㄱ 를 발급하였다. 68·66·65·64·60회

12 관립 실업 학교인 ㅅㄱ 학교가 개교되었다. 68회

13 ㅇㅂㅇ 을 간도 관리사로 임명하였다. 60회

근대의 시설과 건축물 – 전등 50회

이 문서는 에디슨이 설립한 전기 회사가 프레이저를 자사의 조선 총대리인으로 위촉한다는 내용을 담고 있다. 이 회사는 총대리인을 통해 경복궁 내의 전등 가설 공사를 수주하였다. 이에 따라 경복궁 내에 발전 설비를 마련하고, ㉠ 건청궁에 조선 최초의 전등을 가설하였다.

→ 전등 설치
→ 근대의 시설과 건축물

14 1899년에 노량진에서 제물포를 잇는 ㄱㅇㅅ 이 개통되었다. 50회

15 1905년에 ㄱㅂㅅ 이 완공되었어요. 58회

16 1885년에 알렌의 건의로 ㄱㅎㅇ 이 세워졌다. 58회

근대의 신문 – 대한매일신보 42회

- 종목: 등록문화재 제509-3호
- 소유기관: 문화재청 → 대한매일신보
- 소개: 영국인 베델과 양기탁이 함께 창간하고 박은식, 신채호 등이 항일 논설을 실었다. 외국인이 발행하는 신문이어서 일본의 사전 검열을 받지 않았다.

17 ㅇㅅㄴㅇ 의 부당성을 주장하였다. 47회

18 ㄱㅊ ㅂㅅ 운동의 확산에 기여하였다. 67·64·61회

근대의 교육 기관 – 육영 공원 60회

좌원과 우원을 두었는데, 좌원에는 젊은 현직 관리를, 우원에는 관직에 나아가지 않은 명문가 자제들을 입학시켰다. 외국인 3명을 교사로 초빙하였으며, 학생들은 졸업할 때까지 공원(公院)에서 학습에 전념하도록 하였다. → 육영 공원

19 서양식 ㄱㄷ 교육 기관인 육영 공원을 설립하였다. 57·54회

20 ㅎㅂㅌ 가 육영 공원에서 학생들에게 영어를 가르쳤다. 67회

정답 01 서재필 02 절영도 03 만민 공동회 04 헌의 6조 05 중추원 06 아관 파천 07 환구단 08 구본신참 09 대한국 10 원수부 11 지계 12 상공 13 이범윤 14 경인선 15 경부선 16 광혜원 17 을사늑약 18 국채보상 19 근대 20 헐버트

기출문제로 실전 감각 익히기

각 문제의 자료에 표시된 힌트를 참고하여 정답을 선택하세요!

01 (가) 단체에 대한 설명으로 옳은 것은? [1점]

[53회]

이달의 독립운동가

국권을 지키기 위해 노력한 남궁억

- 생몰년: 1863~1939
- 생애 및 활동

　　　서울 정동에서 태어났다. <u>동문학에서 교육을 받았다.</u> 1896년 서재필 등과 함께 [(가)] 을/를 창립하여 활동하였다. [(가)] 의 의회 설립 운동이 공화제를 수립하려는 것이라는 의심을 받아 이상재 등과 함께 체포되었다. <u>러시아와 일본의 한국 침략을 고발하는 논설과 기사를 실은 황성신문 사장을 역임하였다.</u> 정부는 그의 공훈을 기려 건국훈장 독립장을 추서하였다.

힌트❶ / 힌트❷ / 힌트❸

① 고종의 강제 퇴위 반대 운동을 전개하였다.
② 일제가 조작한 105인 사건으로 와해되었다.
③ 영은문이 있던 자리 부근에 독립문을 건립하였다.
④ 광주 학생 항일 운동의 진상 조사단을 파견하였다.
⑤ 독립운동 자금 마련을 위해 독립 공채를 발행하였다.

02 (가)에 들어갈 내용으로 가장 적절한 것은? [2점]

[67회]

한국사 특강

　　우리 학회에서는 <u>고종이 황제로 즉위한 이후 구본신참에 입각하여 추진한 정책</u>을 주제로 강좌를 마련하였습니다. 많은 관심과 참여 바랍니다.

힌트❶ / 힌트❷

■ 강좌 내용 ■

제1강 ｜　　　　(가)　　　　｜
제2강 대한국 국제 반포와 황제 중심 정치 구조
제3강 지계 발급과 근대적 토지 소유권

- 기간: 2023년 10월 ○○일~○○일
- 일시: 매주 토요일 14:00~16:00
- 장소: △△ 연구원

① 통역관 양성을 위한 동문학 설립
② 개혁 방향을 제시한 홍범 14조 반포
③ 통리기무아문 설치와 개화 정책 추진
④ 원수부 창설과 황제의 군 통수권 강화
⑤ 23부로의 지방 제도 개편과 지방관 권한 축소

03 (가) 신문에 대한 설명으로 옳은 것은? [1점]

[55회]

힌트❶ / 힌트❷

여기는 양기탁과 함께 [(가)] 을/를 창간하여 항일 언론 활동을 전개한 베델의 묘입니다. 그는 "나는 죽지만, [(가)] 은/는 영원히 살려 한국 동포를 구하시오."라는 유언을 남겼습니다.

① 최초로 상업 광고를 실었다.
② 천도교의 기관지로 발행되었다.
③ 우리나라 최초의 민간 신문이었다.
④ 국채 보상 운동의 확산에 기여하였다.
⑤ 일장기를 삭제한 손기정 사진을 게재하였다.

04 다음 대화에 해당하는 교육 기관에 대한 설명으로 옳은 것은? [2점]

[67회]

주제: 근대 교육 기관

- 이 학교는 신학문을 가르치는 관립 교육 기관이야. — 힌트❶
- 젊은 관리가 소속된 좌원과 명문가의 자제를 선발한 우원으로 구성되었어. — 힌트❷ / 힌트❸
- 주요 과목으로 영어, 산학, 지리 등이 있었어.

① 7재라는 전문 강좌가 개설되었다.
② 조선 총독부의 탄압으로 폐교되었다.
③ 교육 입국 조서에 근거하여 세워졌다.
④ 주요 건물로 대성전과 명륜당을 두었다.
⑤ 헐버트, 길모어 등이 교사로 초빙되었다.

정답 및 해설 ⇨ 239쪽

05 | 근대 [국권 피탈 과정]

쌩초보 탈출구 🔑

러시아와의 전쟁에서 승리한 일본은 대한 제국과 연달아 조약을 체결하며 본격적으로 조선의 국권을 피탈하였어요. 이에 우리 민족은 국권 피탈에 앞장 선 인물을 공격하거나, 실력 양성으로 국권을 회복하기 위해 여러 단체들을 조직하는 등 일제의 국권 피탈에 맞섰답니다.

1. 일제가 대한 제국의 국권을 피탈하기 위해 체결한 세 가지 주요 조약의 순서를 외워두세요!

제1차 한·일 협약(1904)		을사늑약(1905)		한·일 신협약(1907)
고문 정치: 스티븐스, 메가타 파견	→	대한 제국의 외교권 박탈	→	군대 해산, 차관 정치

2. 실력 양성으로 국권을 회복하고자 한 대표적인 세 단체의 이름을 주요 키워드와 함께 알아두세요!

보안회	대한 자강회	신민회
일본의 황무지 개간권 요구 저지	고종의 강제 퇴위 반대	대성 학교, 태극 서관, 삼원보

최빈출개념

1 일제의 국권 피탈 과정

최근 3개년 시험에서 14문제 출제
67회 36번, 65회 32·33번, 64회 35번, 63회 34번, 60회 34번,
59회 38번, 57회 38번, 55회 37번, 54회 37번, 53회 37번,
52회 36·37번, 51회 38번

1. 러·일의 대립, 대한 제국을 두고 두 나라가 대립하다

(1) **용암포 사건(1903):** 러시아가 용암포 및 압록강 하구 일대를 불법으로 점령하고 조차지로 인정할 것을 요구하였다. 이로 인해 러시아와 일본의 대립이 격화되어 러·일 전쟁의 계기가 되었다.

(2) **국외 중립 선언(1904. 1.):** 고종은 러·일 전쟁이 일어날 조짐이 보이자 국외 중립을 선언하였다.

(3) **러·일 전쟁 발발(1904. 2.):** 한반도와 만주의 지배권을 둘러싸고 러·일 간에 전쟁이 일어났다.

2. 일제의 국권 피탈 과정, 일본이 조약 체결을 통해 국권을 피탈하다

(1) **한·일 의정서(1904. 2.)**
① 체결: 러·일 전쟁 발발 직후 일본이 대한 제국의 영토 보전을 이유로 체결을 강요하였다.
② 내용: 일본이 대한 제국 내의 군사 기지 사용권을 획득하였다.

(2) **제1차 한·일 협약(1904. 8.)**
① 체결: 러·일 전쟁 중 전세가 유리해진 일본이 조약 체결을 강요하였다.
② 내용: 스티븐스(외교), 메가타(재정)가 고문으로 파견되어 고문 정치가 실시되었다.
③ 영향: 메가타의 주도 아래 화폐 정리 사업(1905)이 시작되었다.

┌ 구 백동화를 제일은행권으로 바꿔주되, 낮게 평가하여 바꿔줌

(3) **을사늑약**(제2차 한·일 협약, 1905. 11.) └ 이토 히로부미가 강요하고 이완용 등이 동조하여 불법적으로 체결됨
① 체결: 일본이 덕수궁 중명전에서 고종의 비준 없이 조약을 강제로 체결하였다.
② 내용: 통감부를 설치하여 통감 정치를 실시하고, 대한 제국의 외교권을 박탈하였다.
③ 을사늑약에 대한 저항

상소 운동	이상설 등이 조약의 폐기를 요구하는 상소 운동을 전개함
항일 순국	민영환, 조병세 등이 자결로써 항거함
5적 암살 시도	나철, 오기호가 자신회를 조직하여 5적의 처단을 시도함

└ 을사늑약에 찬성해 서명한 5명의 대신

(4) **을사의병(1905):** 최익현, 민종식(홍주성) 등의 주도로 의병 활동이 전개되었다.

(5) **헤이그 특사 파견(1907):** 고종이 네덜란드 헤이그 만국 평화 회의에 이상설, 이준, 이위종을 특사로 파견하여 을사늑약이 무효임을 알리게 하였으며, 이를 계기로 강제 퇴위되었다.

기출선택지 암기하기

1. 러·일의 대립

• 러시아가 **용암포**를 점령하고 조차를 요구하였다. 65·55회

• 고종이 **국외 중립**을 선언하였다. 47회

2. 일제의 국권 피탈 과정

• 제1차 한·일 협약 – 스티븐스가 외교 고문으로 부임하는 계기가 되었다. 41·38회

• 제1차 한·일 협약 – 재정 고문으로 메가타가 임명되었다. 64·59·57·51회

• 제1차 한·일 협약 – 재정 고문 메가타의 주도 아래 화폐 정리 사업을 실시하였다. 68·62·61·60·53회

• 을사늑약 – 외교권이 박탈되고 통감부가 설치되었다. 67·59·55·52·51회

• 을사늑약 – 민영환, 조병세 등이 자결로써 항거하였다. 48·45회

• 을사늑약 – 을사오적을 처단하기 위해 자신회를 결성하였다. 59·56회

• 을사의병 – 민종식이 이끈 부대가 홍주성을 점령하였다. 59회

• 고종이 헤이그 만국 평화 회의에 특사를 파견하였다. 67·66·55·54·53회

• 헤이그 특사 파견 – 고종이 강제로 퇴위 당하였다. 48회

(6) **한·일 신협약**(정미 7조약, 1907)

① 체결: 일본이 고종의 헤이그 특사 파견을 구실로 **고종을 강제 퇴위**시킨 후, 뒤이어 즉위한 순종을 압박하여 강제로 조약을 체결하였다.

② 내용: 통감의 권한을 강화하였으며, 일본인을 대한 제국의 관리로 임명하였다.

③ 군대 해산: 한·일 신협약의 부속 밀약을 통해 **대한 제국의 군대가 강제 해산**되었다.

(7) **정미의병**(1907): 해산된 대한 제국의 군인이 의병에 합류 → 13도 창의군 결성(총대장 이인영, 군사장 허위) → 각국 영사관에 의병을 국제법상 교전 단체로 승인해 줄 것을 요청 → 13도 창의군이 **서울 진공 작전**을 전개함 → 실패
┗ 서울에 주둔한 일본군을 몰아내고자 했던 작전

(8) **한·일 병합 조약**(1910)

① 체결: 통감인 데라우치와 총리대신 이완용이 체결하였다.

② 내용: 일본이 국권을 피탈하고 조선 총독부를 설치하였으며, 데라우치가 초대 총독이 되었다.

최빈출개념

2 의거 활동과 애국 계몽·경제적 구국 운동

1. 의거 활동, 국권 피탈에 앞장 선 인물들을 공격하다

전명운·장인환	미국 샌프란시스코에서 친일 외교 고문인 **스티븐스를 사살**함(1908)
안중근	• 만주 하얼빈 역에서 초대 통감인 **이토 히로부미를 사살**함(1909) • 뤼순 감옥에 수감되어 『동양평화론』을 저술하던 중 순국함
이재명	서울 명동 성당 앞에서 **이완용을 습격**하여 중상을 입힘(1909)

2. 애국 계몽 운동, 실력 양성을 통한 국권 회복을 목표로 하다

보안회	일본의 **황무지 개간권 요구를 저지**하기 위한 운동을 펼쳐 이를 철회시킴
대한 자강회	고종의 강제 퇴위 반대 운동을 주도함
신민회	• 조직: **안창호, 양기탁** 등을 중심으로 조직된 비밀 결사 단체(1907) • 목표: 실력 양성을 통한 국권 회복, 공화 정치 체제의 근대 국가 수립 • 활동 – 안창호는 **대성 학교**(평양), 이승훈은 **오산 학교**(정주)를 설립하여 민족 교육을 실시함 – 자기 회사(민족 산업 육성), **태극 서관**(계몽 서적 출판)을 설립함 – 국권 피탈 이후 남만주(서간도) 삼원보에 독립운동 기지를 건설함 • 해산: 일제가 조작한 **105인 사건**으로 와해됨(1911)

┗ 조선 총독부가 신민회를 비롯한 민족 운동 지도자들을 탄압하기 위해 조작한 사건

3. 경제적 구국 운동, 국민의 힘으로 경제를 지키다

(1) **황무지 개간권 요구 철회 운동**: 일본이 황무지 개간권을 요구하자 보안회가 반대 운동을 전개하였으며, 민간인과 관리들이 **농광 회사**를 설립하여 일본의 토지 침탈을 막고자 하였다.

(2) **국채 보상 운동**

배경	일본이 화폐 정리 사업, 개화 정책 실시를 이유로 차관(빌린 자금)을 강요하여 국채가 증가함(총 1,300만 원)
목적	국민의 성금을 모아 국채를 갚고 경제적 주권을 회복하고자 함
전개	• 대구에서 서상돈, 김광제 등의 발의로 시작됨 • 서울에서 국채 보상 기성회가 조직됨 • 금주·금연을 통한 차관 갚기 운동을 전개함 • 대한매일신보 등 언론 기관의 후원으로 전국적으로 확산됨
결과	**통감부**가 양기탁에게 횡령 혐의를 씌워 구속함, 일진회의 방해로 실패함

┗ 을사늑약을 찬성하고 고종의 강제 퇴위 등에 앞장선 친일 단체

일제의 국권 피탈 과정 – 제1차 한·일 협약 34회

- 대한 정부는 대일본 정부가 추천한 외국인 1명을 외교 고문으로 삼아 외부(外部)에 용빙하여 외교에 관한 주요 사무는 일체 그의 의견을 물어서 시행해야 한다. —— 제1차 한·일 협약
- 대한 정부는 외국과 조약을 체결하거나 기타 중요한 외교 안건 즉 외국인에 대한 특권 양여와 계약 등의 문제 처리에 관해서는 미리 대일본 정부와 상의해야 한다.

01 [ㅅㅌㅂㅅ]가 외교 고문으로 부임하는 계기가 되었다. 41·38회
02 재정 고문으로 [ㅁㄱㅌ]가 임명되었다. 64·59·57회
03 재정 고문 메가타의 주도 아래 [ㅎㅍ ㅈㄹ] 사업을 실시하였다. 68·62·61·60·53회

일제의 국권 피탈 과정 – 을사늑약 50회

사건 일지

11월 10일 이토, 고종에게 일왕의 친서 전달
11월 15일 이토, 고종을 접견하고 협상 초안 제출
11월 16일 이토, 대한 제국 대신들에게 조약 체결 강요
11월 17일 일본군을 동원한 강압적 분위기 속에서 조약 체결 진행
11월 18일 이토, 외부인(外部印)을 탈취하여 고종의 윤허 없이 조인 —— 을사늑약(제2차 한·일 협약)

04 [ㅇㄱ]권이 박탈되고 [ㅌㄱㅂ]가 설치되었다. 67·59·55·52회
05 [ㅁㅇㅎ], 조병세 등이 자결로써 항거하였다. 48·45회
06 을사오적을 처단하기 위해 [ㅈㅅㅎ]를 결성하였다. 59·56회
07 을사의병 – [ㅁㅈㅅ]이 이끈 부대가 홍주성을 점령하였다. 59회
08 고종이 [ㅎㅇㄱ] 만국 평화 회의에 특사를 파견하였다. 67·66·55·54·53회

일제의 국권 피탈 과정 – 정미의병 65회

이인영을 총대장으로 추대하고, 허위를 군사장으로 삼아 …… 각도에 격문을 전하니 전국에서 불철주야 달려온 지원자들이 만여 명이더라. 이에 서울로 진군하여 국권을 회복하고자 …… 먼저 이인영은 심복을 보내 각국 영사에게 진군의 이유를 상세히 알리며 도움을 요청하고, 각 도의 의병으로 하여금 일제히 진군하게 하였다. —— 정미의병

09 [ㄱㅈㅂ]상 교전 단체로 승인해 줄 것을 요구하였다. 43회
10 13도 창의군이 [ㅅㅇ ㅈㄱ] 작전을 전개하였다. 67·64·63·57회

의거 활동 – 안중근 46회

이것은 그가 뤼순에서 재판받는 장면을 묘사한 취재 삽화입니다. 재판장, 검사, 변호사들이 모두 일본인으로 구성된 불공정한 재판 상황을 보여주고 있습니다. —— 안중근
사형 판결을 받은 그는 『동양평화론』을 저술하던 중 순국하였습니다. 이 글에서 그는 일제의 침략상을 비판하며 한·중·일이 대등한 위치에서 상호 협력해야 한다고 주장하였습니다.

11 안중근이 하얼빈에서 [ㅇㅌ ㅎㄹㅂㅁ]를 사살하였다. 59·53회

애국 계몽 운동 – 신민회 61회

이 편지는 비밀 결사인 이 단체의 재무를 총괄한 전덕기가 안창호에게 보낸 것이다. 105인 사건으로 이 단체의 주요 회원인 양기탁, 이승훈 등이 형을 선고받은 사실과 대성 학교가 재정적으로 어려움을 겪고 있는 상황 등을 전하고 있다. —— 신민회

12 [ㄷㅅ] 학교와 [ㅇㅅ] 학교를 설립하였다. 67·64·63·57회
13 남만주 [ㅅㅇㅂ]에 독립운동 기지를 건설하였다. 45회
14 계몽 서적 출판을 위해 [ㅌㄱ ㅅㄱ]을 설립하였다. 65·64·63·61회
15 일제가 조작한 [105ㅇ ㅅㄱ]으로 와해되었다. 68·67·66·65회

경제적 구국 운동 – 국채 보상 운동 61회

우리나라가 채무를 지고 우리 백성이 채노(債奴)*가 된 것이 여러 해가 되었습니다. …… 대황제 폐하께서 진 외채가 1,300만 원이지만 채무를 청산할 방법이 없어 밤낮으로 걱정하시니, 백성된 자로서 있는 힘을 다하여 보상하려고 해도 겨를이 없습니다. …… 우리 동포는 빨리 단체를 결성하여 열성적으로 의연금을 내어 채무를 상환하고 채노에서 벗어나, 머리는 대한의 하늘을 이고, 발은 대한의 땅을 밟도록 해 주시기를 눈물을 머금고 간절히 요구합니다.
*채노(債奴): 빚을 갚지 못해 노비가 된 사람 —— 국채 보상 운동

16 [ㄷㄱ]에서 시작되어 전국으로 확산되었다. 49회
17 [ㄱㄱㅈ], 서상돈 등이 주도하였다. 63·58·57·54회
18 금주·금연을 통한 [ㅊㄱ] 갚기 운동을 전개하였다. 39회
19 [ㄷㅎㅁㅇㅅㅂ]의 후원을 받아 전국으로 확산되었다. 68·67·64·61회
20 [ㅌㄱㅂ]의 방해와 탄압으로 실패하였다. 64·63·60회

정답 01 스티븐스 02 메가타 03 화폐 정리 04 외교, 통감부 05 민영환 06 자신회 07 민종식 08 헤이그 09 국제법 10 서울 진공 11 이토 히로부미 12 대성, 오산 13 삼원보 14 태극 서관 15 105인 사건 16 대구 17 김광제 18 차관 19 대한매일신보 20 통감부

기출문제로 실전 감각 익히기

각 문제의 자료에 표시된 힌트를 참고하여 정답을 선택하세요!

01
[67회]

(가), (나) 사이의 시기에 있었던 사실로 옳은 것은? [2점]

힌트① 두 달 전 체결된 협약에 따라 메가타가 탁지부의 재정 고문으로 온다는군.

힌트② 일본이 우리 정부의 재정권을 침해하려는 의도인 것 같네.

힌트① 지난달 군대를 해산한다는 조칙이 발표된 이후 군인들의 반발이 계속되고 있다는군.

들었네. 일부는 의병에 합류하여 일본에 저항하는 활동을 전개한다고 하네.

① 데라우치가 초대 총독으로 부임하였다.
② 13도 창의군이 서울 진공 작전을 전개하였다.
③ 기유각서를 통해 일제에 사법권을 박탈당하였다.
④ 상권 수호를 위해 황국 중앙 총상회가 조직되었다.
⑤ 헤이그에서 열린 만국 평화 회의에 특사가 파견되었다.

02
[52회]

다음 상황이 나타난 시기를 연표에서 옳게 고른 것은? [2점]

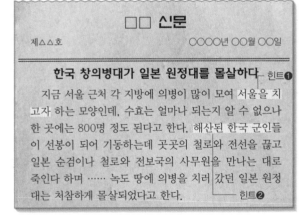

□□ 신문

제△△호   ○○○○년 ○○월 ○○일

한국 창의병대가 일본 원정대를 몰살하다 — 힌트①

지금 서울 근처 각 지방에 의병이 많이 모여 서울을 치고자 하는 모양인데, 수효는 얼마나 되는지 알 수 없으나 한 곳에는 800명 정도 된다고 한다. 해산된 한국 군인들이 선봉이 되어 기동하는데 곳곳의 철로와 전선을 끊고 일본 순검이나 철로와 전보국의 사무원을 만나는 대로 죽인다 하며 …… 녹도 땅에 의병을 치러 갔던 일본 원정대는 처참하게 몰살되었다고 한다. — 힌트②

1885	1894	1896	1899	1904	1910
(가)	(나)	(다)	(라)	(마)	
거문도 사건	청·일 전쟁	아관 파천	대한국 국제 반포	한·일 의정서	국권 피탈

① (가)   ② (나)   ③ (다)
④ (라)   ⑤ (마)

03
[56회]

(가) 단체에 대한 설명으로 옳은 것을 <보기>에서 고른 것은? [3점]

힌트① 이것은 평양에 있던 대성 학교의 교직원과 학생들을 촬영한 사진입니다. 이 학교는 안창호, 양기탁 등이 조직한 (가) 이/가 설립하였습니다. 힌트②

— 〈보기〉 —
ㄱ. 태극 서관을 운영하였다.
ㄴ. 105인 사건으로 와해되었다.
ㄷ. 이륭양행에 교통국을 설치하였다.
ㄹ. 입헌 군주제 수립을 목표로 하였다.

① ㄱ, ㄴ   ② ㄱ, ㄷ   ③ ㄴ, ㄷ
④ ㄴ, ㄹ   ⑤ ㄷ, ㄹ

04
[54회]

(가)에 들어갈 민족 운동에 대한 설명으로 옳은 것은? [2점]

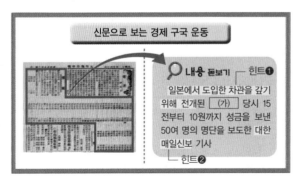

신문으로 보는 경제 구국 운동

🔍 **내용 돋보기** 힌트①

일본에서 도입한 차관을 갚기 위해 전개된 (가) 당시 15전부터 10월까지 성금을 보낸 500여 명의 명단을 보도한 대한 매일신보 기사 — 힌트②

① 회사령 폐지에 영향을 받았다.
② 김광제 등의 발의로 시작되었다.
③ 색동회가 주도적인 역할을 하였다.
④ 민족주의 계열과 사회주의 계열이 함께 준비하였다.
⑤ 중국, 프랑스 등의 노동 단체로부터 격려 전문을 받았다.

정답 및 해설 ⇨ 239쪽

06 | 일제 강점기 (1910년대)

쌩초보 탈출구 🔑

대한 제국의 국권을 강제로 빼앗은 일제는 1910년대에 무력으로 다스리는 무단 통치를 실시했어요. 이에 우리 민족은 국내에서 비밀 단체를 만들고, 국외로 이동하여 독립운동 기지를 건설했답니다. 이러한 여러 독립운동의 결과 1919년에 민족 최대 규모의 항일 운동인 3·1 운동이 일어났어요.

1. 1910년대에 국내에서 활동한 비밀 단체와 독립운동 기지가 건설된 국외 지역을 알아두세요!

국내 비밀 단체	국외 독립운동 기지
독립 의군부, 대한 광복회	서간도, 북간도, 연해주, 미주

2. 3·1 운동의 결과를 반드시 기억해두세요!

3·1 운동	→	대한민국 임시 정부 수립
	→	문화 통치로 변화

1

1910년대 일제의 무단 통치와 독립운동

1. 일제의 무단 통치, 헌병 경찰을 내세워 강압적으로 다스리고 토지를 약탈하다

무단 통치	• 조선 총독부 설치: 식민 통치의 중심 기관, 총독은 일본 군인 중에서 임명됨 • 헌병 경찰제 실시: 군인인 헌병 경찰이 범죄 즉결례에 의해 한국인을 처벌함 • 조선 태형령 공포: 한국인에 한하여 재판 없이 태형을 가할 수 있도록 함 • 제1차 조선 교육령 제정: 보통학교의 수업 연한을 4년으로 하는 등 식민지 교육 방침을 규정함 ┌ 재판 없이 즉결로 처벌할 수 있도록 한 법령 └ 작은 곤장으로 볼기를 치는 형벌

경제 수탈	• 토지 조사 사업 실시: 근대적 토지 소유권 확립을 명분으로 실시함
	  – 방법: 토지 조사령을 제정하여 기한 내에 토지를 신고하게 함 → 신고 기간이 짧고 절차가 복잡해 미신고 토지가 많았음 → 미신고 토지를 총독부에 귀속시킴
	  – 결과: 조선 총독부의 재정 수입 증대, 동양 척식 주식회사의 보유 토지 확대, 만주·연해주로 이주하는 농민 증가 ┌ 1908년에 일본이 대한 제국의 토지와 자원을 수탈하기 위해 설치한 기관
	• 회사령 제정: 회사 설립 시 총독의 허가를 받도록 함(민족 자본의 성장 억제)

2. 국내에서의 독립운동, 비밀 단체를 조직하여 독립운동을 펼치다

독립 의군부	• 임병찬이 고종의 밀지를 받아 결성한 단체로, 복벽주의를 내세움 • 조선 총독부에 국권 반환 요구서를 제출하려고 함 ┌ 대한 제국(군주정)으로의 회복을 목표로 함
대한 광복회	• 풍기 광복단과 조선 국권 회복단의 인사를 중심으로 결성, 총사령 박상진이 주도함 • 공화 정체의 국민 국가 수립을 목표로 군자금을 모금하고, 친일파를 처단함

3. 국외에서의 독립운동, 일제를 피해 국외에 독립운동 기지를 세우다

서간도 (남만주)	• 이회영, 이동녕 등이 삼원보에 한인 자치 기구인 경학사를 설립함 • 신흥 강습소(→ 신흥 무관 학교)를 세워 독립군을 양성함
북간도	• 대종교 신자들을 중심으로 항일 무장 단체인 중광단(→ 북로 군정서)을 결성함 • 서전서숙, 명동 학교 등 교육 기관을 설립하여 민족 교육에 힘씀

최근 3개년 시험에서 19문제 출제
67회 42번, 66회 37·38번, 65회 39번, 64회 36번, 63회 35번, 62회 38번, 61회 37·38·40번, 60회 37번, 59회 35번, 56회 44번, 55회 39번, 54회 40번, 53회 38번, 52회 43번, 51회 37·40번

기출선택지 암기하기

1. 일제의 무단 통치
• 강압적 통치를 목적으로 **헌병 경찰제**가 실시되었다. 67·66·65·62·58회
• **범죄 즉결례**에 의해 한국인을 처벌하였다. 46회
• 한국인에 한하여 적용하는 **조선 태형령**을 공포하였다. 67·66·57·55·53·51회
• 식민지 교육 방침을 규정한 **제1차 조선 교육령**을 제정하였다. 43회
• **토지 조사 사업** – 기한 내에 토지를 신고하게 하는 **토지 조사령**을 제정하였다. 62회
• 회사 설립 시 총독의 허가를 받도록 하는 **회사령**을 적용하였다. 64·61·60·59회

2. 국내에서의 독립운동
• 고종의 밀지를 받아 독립 의군부를 조직하였다. 63·55·53·52·51회
• 박상진이 대한 광복회를 조직하여 친일파를 처단하였다. 67·64·62·53회
• 대한 광복회 – 공화 정체의 국가 건설을 지향하였다. 61회

3. 국외에서의 독립운동
• 서간도 – 신흥 강습소를 세워 독립군을 양성하였다. 65·59·56·51회
• 북간도 – 중광단을 결성하여 항일 투쟁을 전개하였다. 68·66·65·63회

연해주	• 독립운동 기지인 신한촌에서 자치 기관인 **권업회**를 조직함 • 무장 독립 투쟁을 위해 대한 광복군 정부를 세움(정·부통령: 이상설, 이동휘) • **권업신문**, 해조신문을 발행하여 민족 의식을 고취함
미주	• **대한인 국민회**를 중심으로 외교 활동 중심으로 독립운동을 전개함 • 박용만이 하와이에 **대조선 국민 군단**을 결성하여 군사 훈련을 실시함 • 멕시코에 독립군을 양성하기 위한 **숭무 학교**가 설립됨 └ 샌프란시스코에 중앙 총회를 둠

• 연해주 – 권업회를 조직하여 기관지를 발행하였다. 61·59·56·51회
• 연해주 – 권업신문을 발간하여 민족 의식을 고취하였다. 61·54·51회
• 미주 – 대한인 국민회를 조직하여 외교 활동을 펼쳤다. 49·46회
• 미주 – 대조선 국민 군단을 창설하여 군사 훈련을 하였다. 67·61·58·51회

최빈출개념

2 3·1 운동과 대한민국 임시 정부

최근 3개년 시험에서 **11문제 출제**
68회 35·38번, 66회 39번, 63회 31번, 61회 39번, 57회 37번, 56회 39·45번, 54회 43번, 52회 38번, 51회 41번

1. 3·1 운동(1919), 민족 최대의 만세 운동이 일어나다

(1) 배경

국외	• 미국 대통령 윌슨이 파리 강화 회의에서 민족 자결주의를 제창함 ┌ 모든 민족에게는 정치적 운명을 스스로 결정할 권리가 있다는 주장 • **신한청년당**이 파리 강화 회의에 김규식을 대표로 파견하고, 독립 청원서를 제출함 └ 여운형을 중심으로 중국 상하이에서 조직된 단체 • 일본 도쿄 유학생들이 **2·8 독립 선언서**를 발표함
국내	무단 통치에 대한 반발, 고종 독살설의 유포로 국민들의 분노가 커짐

(2) 준비 및 전개 과정

만세 운동 계획	천도교·기독교·불교 단체와 학생들이 고종의 **인산일**(장례일)에 맞춰 만세 운동을 계획함
전개	• 만세 시위 전개: 3월 1일, 민족 대표 33인의 이름으로 태화관에서 독립 선언서 낭독 → 학생·시민들이 탑골 공원에서 독립 선언서 낭독, 만세 시위 전개 → 지방으로 만세 시위 확산 • 시위의 변화: 시위가 농촌으로 확산되면서 무력 저항으로 변화함
일제의 탄압	• 일제가 화성 제암리 학살 등을 자행함 • 유관순 열사가 천안 아우내 장터에서 만세 운동을 벌이다가 체포됨 └ 일제가 제암리 주민들을 교회에 감금한 후 무차별 학살한 사건

(3) 영향: 일제가 문화 통치로 통치 방식을 전환하고, 상하이에 대한민국 임시 정부가 수립되는 계기가 되었다. 또한 중국의 5·4 운동에 영향을 미쳤다.

2. 대한민국 임시 정부, 민족을 대표하는 임시 정부가 수립되다

(1) 임시 정부의 수립과 활동

수립	• **상하이**에서 3권 분립에 입각한 통합 임시 정부가 수립됨(1919) • 대통령에 이승만, 국무총리에 이동휘가 선임됨 ┌ 이륭양행(무역 회사)에 설치됨
활동	• 비밀 연락망 조직: **연통제**(국내 비밀 행정 조직), **교통국**(비밀 통신망) • 군자금 모금: 해외 동포들에게 **독립 공채**(독립운동 자금 마련)를 발행함 • 외교 활동: 파리 위원부(프랑스), 구미 위원부(미국)를 설치함 • 문화 활동: 독립신문을 발행함, 『한·일관계사료집』을 편찬함

(2) 임시 정부의 재정비(1920년대)

┌ 미국 대통령에게 국제 연맹의 위임 통치를 청원하는 내용이 담겨 있음

국민 대표 회의 (1923)	• 배경: 연통제와 교통국이 발각됨, 이승만이 위임 통치 청원서를 보냄 • 전개: 독립운동의 방향성을 논의하기 위해 개최됨 → 회의가 성과 없이 결렬됨 → 이승만이 탄핵되고 박은식이 제2대 대통령으로 선임됨
제2·3차 개헌	• 제2차 개헌: 국무령 중심의 내각 책임제(1925) • 제3차 개헌: 국무 위원 중심의 집단 지도 체제(1927)

기출선택지 암기하기

1. 3·1 운동
• 배경 – 신한청년당이 파리 강화 회의에 독립 청원서를 제출하였다. 68·66회
• 배경 – 일본 유학생들이 중심이 되어 2·8 독립 선언서를 발표하였다. 67·66·62회
• 전개 과정에서 일제가 제암리 학살 등을 자행하였다. 63회
• 전개 – 민족 대표 33인 명의의 독립 선언서가 발표되었다. 56·51회
• 영향 – 일제가 이른바 문화 통치를 실시하는 배경이 되었다. 67·61·51회
• 영향 – 대한민국 임시 정부가 수립되는 계기가 되었다. 68·66·55회

2. 대한민국 임시 정부
• 국내 비밀 행정 조직으로 **연통제**를 두었다. 66·55·53회
• 이륭양행에 **교통국**을 설치하여 국내와 연락을 취하였다. 67·61·56회
• 독립운동 자금 마련을 위해 독립 공채를 발행하였다. 59·57·54·53·52회
• **구미 위원부**를 설치하여 외교 활동을 추진하였다. 65·62·61·57회
• 임시 사료 편찬회를 두어 『한·일관계사료집』을 간행하였다. 57·51회
• 독립운동의 방략을 논의하기 위한 **국민 대표 회의**가 개최되었다. 66·55회

일제의 무단 통치 51회

제2조 즉결은 정식 재판을 하지 않으며 피고인의 진술을 듣고 증빙을 취조한 후 곧바로 언도해야 한다.
제11조 제8조, 제9조에 의한 유치 일수는 구류의 형기에 출발 산입하고, 태형의 언도를 받은 자에 대하여는 1일을 태 5로 절산하여 태 수에 산입하며, 벌금 또는 과료의 언도를 받은 자에 대하여는 1일을 1원으로 절산하여 그 금액에 산입한다. → 조선 태형령 → 무단 통치

01 강압적 통치를 목적으로 ㅎㅂ ㄱㅊㅈ 가 실시되었다. 67·66·65회
02 ㅂㅈ ㅈㄱㄹ 에 의해 한국인을 처벌하였다. 46회
03 한국인에 한하여 적용하는 ㅈㅅ ㅌㅎㄹ 을 공포하였다. 67·66·57·55·53회
04 식민지 교육 방침을 규정한 제1차 ㅈㅅ ㄱㅇㄹ 을 제정하였다. 43회

일제의 무단 통치 – 경제 수탈 46회

한·일 병합 이후 일반 기업들이 발흥하여 회사 조직으로써 각종 사업을 경영하려 하는 자가 점차 증가함으로, 일본 정부는 한인의 사업 경영에 제한을 주기 위하여 총독부제령(總督府制令)으로서 (가) 을/를 공포해서 허가주의를 채택하여(일본인에게는 관대하고 한인에게는 가혹함은 물론) 사소한 일까지 간섭을 다하되, 이를 어기는 자에게는 신체형 및 벌금형을 부과하였다. -『한·일관계사료집』 → 회사령 → 무단 통치 시기의 경제 수탈

05 기한 내에 토지를 ㅅㄱ 하게 하는 토지 조사령을 제정하였다. 62회
06 회사 설립 시 총독의 허가를 받도록 하는 ㅎㅅㄹ 을 적용하였다. 64·61·60·59회

국내에서의 독립운동 – 대한 광복회 61회

군자금 모집과 친일파 처단 등의 활동을 전개한 (가)의 총사령 박상진 의사의 유물이 국가등록문화재로 등록되었다. 이 유물은 친일 부호 처단 사건으로 체포된 박상진의 옥중 상황과 (가)의 비밀 연락 거점이었던 상덕태상회의 규모 등을 보여준다는 점에서 귀중한 가치를 지니고 있다. → 대한 광복회

07 ㅂㅅㅈ 이 대한 광복회를 조직하여 친일파를 처단하였다. 67·64·62회
08 ㄱㅎ ㅈㅊ 의 국가 건설을 지향하였다. 61회

3·1 운동 35회

정오가 가까워 오자 민족 대표들이 모여들기 시작하였다. 29인이 이 엄숙한 자리에 모였다. 33인 중 4인은 참석하지 못하였다. 정오가 되자 태화관의 정자 동쪽 처마에 태극기가 걸렸다. 일동은 근엄한 자세로 태극기를 향하여 경례하였다. '독립 선언서' 낭독을 생략하고 이종일이 선언서 백 장을 탁자 위에 놓고, 한용운이 일장의 식사(式辭)를 한 뒤에 그의 선창으로 '대한 독립 만세'를 외쳤다. 한편, 탑골 공원에 모인 학생들의 대한 독립 만세 소리는 천지를 진동하였다. 공원에 모였던 수천 명의 학생들은 길거리로 쏟아져 나갔다. → 3·1 운동

09 배경 – ㅅㅎㅊㄴㄷ 이 파리 강화 회의에 독립 청원서를 제출하였다. 68·66회
10 배경 – ㅇㅂ 유학생들이 중심이 되어 2·8 독립 선언서를 발표하였다. 67·66·62회
11 전개 – 민족 대표 33인 명의의 ㄷㄹ ㅅㅇㅅ 가 발표되었다. 56·51회
12 전개 과정에서 일제가 ㅈㅇㄹ ㅎㅅ 등을 자행하였다. 63회
13 영향 – 일제가 이른바 ㅁㅎ 통치를 실시하는 배경이 되었다. 67·61회
14 영향 – ㄷㅎㅁ ㅇㅅ ㅈㅂ 가 수립되는 계기가 되었다. 68·66·55회

대한민국 임시 정부 27회

조지 루이스 쇼
아일랜드계 영국인으로, 중국의 안동(지금의 단동)에서 이륭양행이라는 무역 회사를 운영하면서, 상하이에서 수립된 (가)이/가 국내와의 연락을 위해 교통 사무국을 설치할 수 있도록 도와주었다. 그는 1920년 일제에 의해 체포되어 4개월 간 옥고를 치른 뒤에도 변함없이 한국의 독립운동을 지원하였다. → 대한민국 임시 정부

15 국내 비밀 행정 조직으로 ㅇㅌㅈ 를 두었다. 66·55·53회
16 이륭양행에 ㄱㅌㄱ 을 설치하여 국내와 연락을 취하였다. 67·61회
17 독립운동 자금 마련을 위해 ㄷㄹ ㄱㅊ 를 발행하였다. 59·57·54·53·52회
18 ㄱㅁ ㅇㅇㅂ 를 설치하여 외교 활동을 추진하였다. 65·62회
19 임시 사료 편찬회를 두어 『ㅎ·ㅇㄱㄱㅅㄹㅈ』을 간행하였다. 57회
20 독립운동의 방략을 논의하기 위한 ㄱㅁ ㄷㅍ ㅎㅇ 가 개최되었다. 66·55회

정답 01 헌병 경찰제 02 범죄 즉결례 03 조선 태형령 04 조선 교육령 05 신고 06 회사령 07 박상진 08 공화 정체 09 신한청년당 10 일본 11 독립 선언서 12 제암리 학살 13 문화 14 대한민국 임시 정부 15 연통제 16 교통국 17 독립 공채 18 구미 위원부 19 한·일관계사료집 20 국민 대표 회의

기출문제로 실전 감각 익히기

각 문제의 자료에 표시된 힌트를 참고하여 정답을 선택하세요!

01 밑줄 그은 '법령'이 시행된 시기 일제의 정책으로 옳은 것은?

66회 [1점]

□□신문

제△△호　　　　　　　　　　○○○○년 ○○월 ○○일

어려움에 빠진 한인 회사

┌─힌트❶

회사를 설립할 때 조선 총독의 허가를 받도록 하는 법령이 제정되었다. 이후 한인의 회사는 큰 영향을 받아 손해가 적지 않기에 실업계의 원성이 자자하다. 전국에 있는 회사를 헤아려 보니 한국에 본점을 두고 설립한 회사가 171개인데 자본총액이 5,021만여 원이요, 외국에 본점을 두고 지점을 한국에 설립한 회사가 52개인데 자본 총액이 1억 1,230만여 원이다. 그중에 일본인의 회사가 3분의 2 이상이고, 몇 개 되지 않는 한인의 회사는 상업 경쟁에 밀리고 회사 세납에 몰려 도무지 유지하기가 어렵다고 한다.

① 신문지법을 제정하였다.
② 미쓰야 협정을 체결하였다.
③ 토지 조사 사업을 실시하였다.
④ 경성 제국 대학을 설립하였다.
⑤ 조선 사상범 예방 구금령을 시행하였다.

02 (가) 단체에 대한 설명으로 옳은 것은?

66회 [3점]

판결문

┌─힌트❶

피고인: 박상진, 김한종

주 문: 피고 박상진, 김한종을 사형에 처한다.

이 유

피고 박상진, 김한종은 한·일 병합에 불평을 가지고 구한국의 국권 회복을 명분으로 □(가)□을/를 조직하고 국권 회복을 위한 자금 조달을 위해 조선 각도의 자산가에게 공갈로 돈을 받아내기로 하고 …… 채기중 등을 교사하여 장승원의 집에 침입하여 자금을 강취하고 살해하도록 한 죄가 인정되므로 위와 같이 판결한다.

힌트❷─

① 중·일 전쟁 발발 직후에 결성되었다.
② 군대식 조직을 갖춘 비밀 결사였다.
③ 파리 강화 회의에 대표를 파견하였다.
④ 일제가 꾸며낸 105인 사건으로 와해되었다.
⑤ 만민 공동회를 열어 열강의 이권 침탈을 비판하였다.

03 (가) 민족 운동에 대한 설명으로 옳은 것은?

56회 [1점]

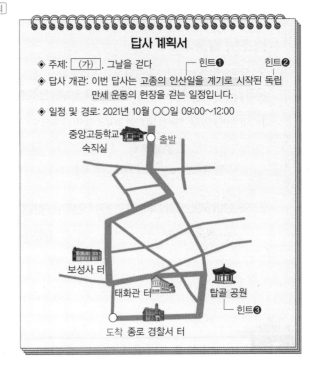

답사 계획서

◆ 주제: □(가)□, 그날을 걷다　　힌트❶　힌트❷
◆ 답사 개관: 이번 답사는 고종의 인산일을 계기로 시작된 독립 만세 운동의 현장을 걷는 일정입니다.
◆ 일정 및 경로: 2021년 10월 ○○일 09:00~12:00

중앙고등학교 숙직실　출발
보성사 터
태화관 터
탑골 공원　힌트❸
도착 종로 경찰서 터

① 통감부의 방해와 탄압으로 중단되었다.
② 러시아의 절영도 조차 요구를 저지하였다.
③ 민족 대표 33인 명의의 독립 선언서가 발표되었다.
④ 대한매일신보의 후원을 받아 전국으로 확산되었다.
⑤ 한국인 학생과 일본인 학생 간의 충돌에서 비롯되었다.

04 (가) 단체의 활동으로 옳은 것은?

52회 [1점]

이 책은 □(가)□이/가 국제 연맹에 한국 독립의 당위성을 호소하기 위해 편찬한 것입니다. 여기에는 삼국 시대 이후의 한·일 관계사가 기록되어 있으며, 특히 일제의 잔혹한 식민 통치 방식과 3·1 운동의 전개 과정이 잘 정리되어 있습니다.

『한·일관계사료집』　힌트❶

① 조선 혁명 간부 학교를 설립하였다.
② 한글 맞춤법 통일안과 표준어를 제정하였다.
③ 태극 서관을 운영하며 계몽 서적을 보급하였다.
④ 독립운동 자금 마련을 위해 독립 공채를 발행하였다.
⑤ 진상 조사단을 파견하여 광주 학생 항일 운동을 지원하였다.

정답 및 해설 ⇨ 240쪽

07 | 일제 강점기 (1920년대)

쌩초보 탈출구 🔑

3·1 운동으로 조선인들의 강력한 독립 의지를 확인한 일제는 1920년대에 문화 통치로 통치 방식을 바꿔 더욱 교묘히 조선을 탄압하였어요. 하지만 우리 민족은 의열 투쟁과 국외 무장 투쟁을 활발히 전개했으며, 민족 유일당 운동을 통해 신간회를 창립하였습니다.

1. 1920년대 일제의 문화 통치와 경제 수탈의 내용을 알아두세요.

문화 통치	경제 수탈
치안 유지법 제정, 경성 제국 대학 설립	산미 증식 계획, 회사령 폐지

2. 1920년대 국외의 무장 투쟁과 관련된 사건을 순서대로 알아두세요!

봉오동 전투	→	청산리 전투	→	자유시 참변

최빈출개념
1 ## 1920년대 일제의 문화 통치와 국내의 독립운동

┌ 총독 사이토 마코토가 실시함

1. 문화 통치, 일제가 친일파를 길러 민족을 분열시키다

문화 통치	• 친일파 양성: 우리 민족을 분열시키기 위해 친일파를 양성함 • 치안 유지법 실시: 사회주의 운동 탄압을 위해 치안 유지법을 제정함 • 도 평의회, 부·면 협의회 구성: 한국인이 참여하는 자문 기구를 설치함 • 교육 정책: 제2차 조선 교육령 시행, 경성 제국 대학 설립
경제 수탈	• 산미 증식 계획: 쌀을 수탈하기 위해 조선의 쌀 생산량을 늘리는 정책을 실시함 • 회사령 폐지(회사 설립을 신고제로 변경), 일본 상품에 대한 관세 철폐

└ 일본의 부족한 식량을 충당하기 위해 실시함

2. 실력 양성 운동, 독립을 위해 민족의 실력을 키우고자 하다

(1) **물산 장려 운동**: 조만식을 중심으로 평양에서 시작되어 '조선 사람 조선 것'이라는 구호를 내걸고 전개되었으며, 조선 물산 장려회·자작회·토산 애용 부인회 등 다양한 단체가 참여하였다.

(2) **민립 대학 설립 운동**: 이상재 등이 조선 민립 대학 기성회를 설립하고 인재 육성을 위해 모금 활동을 전개하였다.

3. 사회적 민족 운동, 다양한 계층이 민족 운동을 펼치다

(1) **농민 운동**: 암태도의 소작인들이 지주 문재철의 횡포에 맞서 소작 쟁의를 전개하였고, 소작료 인하에 성공하였다(신안 암태도 소작 쟁의, 1923).

(2) **노동 운동**
　① **원산 노동자 총파업(1929)**: 석유 회사의 일본인 감독이 한국인 노동자를 구타한 것이 원인이 되어 일어났으며, 일본, 프랑스 등지의 노동 단체로부터 격려 전문을 받았다.
　② **강주룡의 고공 농성(1931)**: 강주룡이 임금 삭감에 반대하여 을밀대에서 고공 농성을 벌였다.
　　　　　　　　　　　　└ 평양의 고무 공장 노동자

(3) **소년 운동**: 방정환 등 천도교 소년회가 어린이날을 제정하고 잡지 『어린이』를 발간하였다.

(4) **형평 운동**: 진주에서 조선 형평사가 결성되어 백정에 대한 사회적 차별 철폐를 주장하였다.
　　　　└ 저울처럼 평등한 사회를 만들겠다는 의미

최근 3개년 시험에서 **19문제** 출제
68회 37·41번, 67회 38번, 66회 42번, 65회 40번, 64회 37·38번, 63회 37번, 62회 37번, 60회 38번, 57회 42번, 56회 43번, 55회 41·43번, 54회 39번, 53회 40·41번, 52회 41번, 51회 42번

기출선택지 암기하기

1. 문화 통치
• 사회주의 운동을 탄압하기 위한 **치안 유지법**이 마련되었다. 58회
• **도 평의회, 부·면 협의회** 등의 자문 기구를 설치하였다. 44회
• **제2차 조선 교육령**을 시행하였다. 46회
• 쌀 수탈을 목적으로 하는 **산미 증식 계획**을 실시하였다. 68회

2. 실력 양성 운동
• **물산 장려 운동** – 조만식 등의 주도로 평양에서 시작되었다. 47·46회
• **물산 장려 운동** – 자작회, 토산 애용 부인회 등의 단체가 활동하였다. 61·60회
• **민립 대학 설립 운동** – 이상재 등이 주도하여 모금 활동을 전개하였다. 54·51회
• **민립 대학 설립 운동** – 인재 육성의 일환으로 민립 대학 설립 운동을 전개하였다. 65·64·57·52회

3. 사회적 민족 운동
• **소년 운동** – 천도교 세력이 중심이 되어 추진하였다. 65·61·56회
• **형평 운동** – 백정에 대한 사회적 차별 철폐를 목적으로 하였다. 63·61회

4. 대중 투쟁과 민족 유일당 운동, 독립운동의 힘을 하나로 모으다

(1) 6·10 만세 운동(1926)

배경	대한 제국의 마지막 황제였던 순종(융희 황제)이 서거함
전개	순종의 인산일을 기회로 민족주의 진영(천도교 일부 세력)과 사회주의 진영, 학생 단체가 시위를 준비함 → 민족주의·사회주의 진영의 계획이 사전에 발각되고, 학생 단체의 시위는 예정대로 진행됨

┌─ 이념과 사상을 뛰어넘어 민족 운동의 힘을 하나로 모으자는 운동

(2) 민족 유일당 운동: 6·10 만세 운동으로 사회주의 진영과 민족주의 진영의 연대 가능성을 발견함 → 정우회(사회주의 단체)가 민족주의 진영과의 연대를 주장함(정우회 선언) → 비타협적 민족주의 진영과 사회주의 진영이 연합하여 신간회를 창립함(1927)

└─ 초대 회장으로 이상재를 선출함

(3) 신간회의 활동

┌─ 일제에 타협적인 민족주의 진영

강령	민족의 정치적·경제적·사회적 각성, 민족 대단결, 기회주의 배격
활동	• 광주 학생 항일 운동에 진상 조사단을 파견하고 민중 대회를 준비함 • 자매 단체로 근우회가 성립되어 여성 운동을 전개함 • 전국에 지회를 설치하고, 원산 노동자 총파업을 지원함

(4) 광주 학생 항일 운동(1929)

발단	광주에서 일어난 한·일 학생 간의 충돌 사건을 일본 경찰이 편파 수사함
전개	• 광주에서 학생들이 검거자 탈환, 식민지 차별 교육 철폐 등을 요구함 • 신간회 중앙 본부가 진상 조사단을 파견하여 지원함
영향	전국적인 항일 투쟁으로 확산, 전국에서 일어난 동맹 휴학의 도화선이 됨

2 1920년대의 의열 투쟁과 국외 무장 투쟁

1. 의열단, 식민 통치 기관에 폭탄을 던지다

조직	3·1 운동 이후 김원봉, 윤세주 등이 만주 지린(길림)성에서 조직함(1919)
지침	신채호의 「조선혁명선언」을 행동 강령으로 삼음 ── 민중의 직접 혁명을 주장함
의거 활동	부산 경찰서(박재혁, 1920), 조선 총독부(김익상, 1921), 종로 경찰서(김상옥, 1923), 동양 척식 주식회사와 조선 식산 은행(나석주, 1926)에 폭탄을 투척함
활동 방향 전환	• 단원 일부가 황푸 군관 학교에 입학하여 군사 훈련을 받음(1926) • 조선 혁명 간부 학교를 설립하여 군사 훈련에 힘씀(1932) • 중국 내 독립운동 세력을 통합하기 위해 민족 혁명당을 결성함(1935)

└─ 중국 국민당 정부의 지원을 받음

2. 국외의 무장 투쟁, 봉오동·청산리 일대에서 일본군을 격파하다

봉오동 전투	일본군이 봉오동을 급습함 → 홍범도의 대한 독립군 등이 일본군에 승리를 거둠
청산리 전투	김좌진의 북로 군정서가 홍범도 부대 등과 연합하여 백운평·어랑촌 등 청산리 일대에서 일제에 승리를 거둠
간도 참변	일본이 봉오동 전투 등의 패배를 보복하고자 간도의 조선인들을 학살함
독립군 이동	독립군들이 서일을 총재로 대한 독립 군단을 결성함 → 자유시로 이동함
자유시 참변	무장 해제를 요구하는 러시아 적색군에 의해 독립군들이 희생됨
3부의 성립	육군 주만 참의부(임시 정부 직할 부대), 정의부(남만주 일대 관할), 신민부(북만주 일대 관할)가 성립됨
미쓰야 협정	일제가 독립군의 활동을 위축시키고자 중국의 군벌과 미쓰야 협정을 체결함

문화 통치 42회

1. 친일 단체 조직의 필요

…… 암암리에 조선인 중 …… **친일 인물을 물색케 하고**, 그 인물로 하여금 …… 각기 계급 및 사정에 따라 각종의 **친일적 단체를 만들게 한 후**, 그에게 상당한 편의와 원조를 제공하여 충분히 활동토록 할 것.

1. 농촌 지도

…… 조선 내 각 면에 ○재회 등을 조직하고 면장을 그 회장에 추대하고 여기에 간사 및 평의원 등을 두어 유지(有志)가 단체의 주도권을 잡고, 그 단체에는 국유 임야의 일부를 불하하거나 입회를 허가하는 등 당국의 양해 하에 각종 편의를 제공할 것.
　　　　　　　　　　　　　　　　　　－『사이토 마코토 문서』

→ 문화 통치

01 사회주의 운동을 탄압하기 위한 ㅊㅇ ㅇㅈㅂ 이 마련되었다. 58회

02 ㄷ ㅍㅇㅎ , ㅂ·ㅁ ㅎㅇㅎ 등의 자문 기구를 설치하였다. 44회

03 제2차 ㅈㅅ ㄱㅇㄹ 을 시행하였다. 46회

04 쌀 수탈을 목적으로 하는 ㅅㅁ ㅈㅅ ㄱㅎ 을 실시하였다. 68회

실력 양성 운동 – 물산 장려 운동 64회

- 인물 1: 이것은 평양에서 **조만식 등의 주도로 시작된** 이 운동의 선전 행렬을 보여주는 사진이야.
- 인물 2: 이 운동은 '**조선 사람 조선 것**' 등의 구호를 내세웠지만, 자본가의 이익만을 추구하는 이기적인 운동이라고 비판받기도 했어.
　　　　　　　　　　　→ 물산 장려 운동

05 조만식 등의 주도로 ㅍㅇ 에서 시작되었다. 47·46회

06 ㅈㅈㅎ , 토산 애용 ㅂㅇㅎ 등의 단체가 활동하였다. 61·60회

실력 양성 운동 – 민립 대학 설립 운동 38회

발기 취지서

…… 그러므로 우리는 이에 느낀 바 있어 감히 만천하 동포에게 향하여 민립 대학의 설립을 제창하노니, 형제 자매는 와서 찬성하고 나아가며 이루라.
　　　　　　　→ 민립 대학 설립 운동

07 ㅇㅅㅈ 등이 주도하여 모금 활동을 전개하였다. 54·51회

08 인재 육성의 일환으로 ㅁㄹ ㄷㅎ 설립 운동을 전개하였다. 65·64회

대중 투쟁과 민족 유일당 운동 – 6·10 만세 운동 32회

어제 오전 8시에 돈화문을 떠나기 시작한 순종 황제의 인산 행렬이 황금정 거리에까지 뻗쳤다. …… 그 행렬 동편에 학생 수십 인이 활판으로 인쇄한 격문 수만 매를 뿌리며 **조선 독립** 만세를 불렀다.
　　　　　　　　　　　　→ 6·10 만세 운동

09 ㅅㅈ 의 인산일을 계기로 발생하였다. 68·66·63·61회

10 ㅁㅈ 주의 진영과 ㅅㅎ 주의 진영이 함께 준비하였다. 54·50회

대중 투쟁과 민족 유일당 운동 – 신간회 45회

(가)은/는 '우리는 정치적, 경제적, 사회적 각성을 촉진함', '우리는 단결을 공고히 함', '우리는 일체 기회주의를 부인함'이라는 3대 강령 하에서 탄생되어 금일까지 140개 지회의 39,000여 명의 회원을 포함한 단체가 되었다.
　　　　　　→ 신간회　　　　　　－『동광』

11 ㅁㅈ ㅇㅇㄷ 운동의 일환으로 창립되었다. 57회

대중 투쟁과 민족 유일당 운동 – 광주 학생 항일 운동 67회

이것은 1929년 11월 한·일 학생 간의 충돌을 계기로 시작된 이 운동을 기념하는 탑입니다. 당시 민족 차별에 분노한 광주 지역 학생들이 대규모 시위를 전개하였고, 전국의 많은 학교가 동맹 휴학으로 동참하였습니다. 이 기념탑은 학생들의 단결된 의지를 타오르는 햇불로 형상화한 것입니다.
　　　　　　→ 광주 학생 항일 운동

12 ㅅㄱㅎ 중앙 본부가 진상 조사단을 파견하여 지원하였다.
　　　　　　　　　　　　68·67·63·61·57회

13 전국 각지에서 일어난 동맹 ㅎㅎ 의 도화선이 되었다. 50회

의열단 29회

이것은 일제 경찰이 작성한 감시 대상 인물 카드 중 하나로 (가) 단원들의 사진이 실려 있습니다. 조선 총독부에 폭탄을 투척하였던 **김익상**과 단장인 **김원봉**의 모습이 눈에 띕니다.
　　　　　　→ 의열단

14 「ㅈㅅㅎㅁㅅㅇ」을 행동 강령으로 삼았다. 66·65·64·62·61회

15 ㄴㅅㅈ 가 동양 척식 주식회사에 폭탄을 투척하였다. 67·65·59·56회

16 ㄱㅅㅇ 이 종로 경찰서에 폭탄을 투척하였다. 51·44회

17 단원 일부가 ㅎㅍ ㄱㄱ 학교에 입학해 군사 훈련을 받았다. 62회

정답 01 치안 유지법 02 도 평의회, 부·면 협의회 03 조선 교육령 04 산미 증식 계획 05 평양 06 자작회, 부인회 07 이상재 08 민립 대학 09 순종 10 민족, 사회 11 민족 유일당 12 신간회 13 휴학 14 조선혁명선언 15 나석주 16 김상옥 17 황푸 군관

01 밑줄 그은 '이 계획'에 대한 설명으로 옳은 것은? [1점]
68회

이 계획 실시로 인하여 수리 조합비 부담이 커졌어. 가뜩이나 지세도 부담되는데 개량 종자 구입비로 돈이 더 들어가네. 이래서 살겠나. ─힌트❶

힌트❷─ 우리 마을 박서방은 소작농으로 전락하였다지. 우리 집은 쌀이 없어 만주에서 들여온 잡곡만 먹고 있다네. ─힌트❸

① 독립 협회 결성의 계기가 되었다.
② 국채 보상 운동의 배경이 되었다.
③ 재정 고문 메가타의 주도로 시행되었다.
④ 토지 조사 사업이 시행되는 배경이 되었다.
⑤ 일본의 쌀 부족 현상을 해결하기 위해 시행되었다.

02 다음 대화에 나타난 민족 운동에 대한 설명으로 옳은 것은? [2점]
53회

─힌트❶
얼마 전 종로 일대에서 일어난 만세 시위 소식을 들었는가? 이날 체포된 학생들에 대한 공판이 곧 열린다더군.

힌트❷─
융희 황제의 인산일에 학생들이 격문을 뿌리고 만세를 외친 그 사건 말씀이시죠? 사전에 권오설 선생 등이 경찰에게 체포되어서 걱정이었는데, 학생들 덕분에 시위가 가능했지요.

① 원산 총파업의 노동자들과 연대하였다.
② 치안 유지법이 제정되는 결과를 가져왔다.
③ 국민 대표 회의가 개최되는 계기가 되었다.
④ 한·일 학생 간 충돌이 발단이 되어 일어났다.
⑤ 민족 협동 전선인 신간회 결성에 영향을 미쳤다.

03 밑줄 그은 '이 운동'에 대한 설명으로 옳은 것은? [1점]
55회

힌트❷ 힌트❶

이것은 '학생의 날' 기념우표이다. 학생의 날은 1929년 한·일 학생 간 충돌을 계기로 광주에서 일어나 전국으로 확산된 이 운동을 기리기 위해 1953년에 제정되었다. 우표는 이 운동의 기념탑과 당시 학생들의 울분을 함께 형상화 하여 도안되었다. 학생의 날은 2006년부터 '학생 독립운동 기념일'로 명칭이 변경되었다.

① 조선 형평사를 중심으로 전개되었다.
② 순종의 인산일을 기회로 삼아 추진되었다.
③ 대한민국 임시 정부 수립에 영향을 주었다.
④ 국내에서 민족 유일당 운동이 시작되는 계기가 되었다.
⑤ 신간회 중앙 본부가 진상 조사단을 파견하여 지원하였다.

04 (가) 단체에 대한 설명으로 옳은 것은? [2점]
67회

판결문

피고: 오복영 외 1인
주문: 피고 두 명을 각 징역 7년에 처한다.
이유
제1. 피고 오복영은 이전부터 조선 독립을 희망하고 있었다. ─힌트❶

1. 대정 11년(1922) 11월 중 김상옥, 안홍한 등이 조선 독립 자금 강탈을 목적으로 권총, 불온문서 등을 가지고 조선에 오는 것을 알고 천진에서 여비 40원을 조달함으로써 동인 등으로 하여금 조선으로 들어오게 하고
2. 대정 12년(1923) 8월 초순 (가) 단원으로 활약할 목적으로 피고 이영주의 권유에 의해 동 단에 가입하고 ─힌트❷
3. 이어서 피고 이영주와 함께 (가) 단장 김원봉 및 단원 유우근의 지휘 하에 피고 두 명은 조선 내 관리를 암살하고 주요 관아, 공서를 폭파함으로 민심의 동요를 초래하고 ......

① 일제의 황무지 개간권 요구를 저지하였다.
② 일제가 조작한 105인 사건으로 큰 타격을 입었다.
③ 단원인 나석주가 동양 척식 주식회사에 폭탄을 던졌다.
④ 조선 총독부에 국권 반환 요구서를 제출하고자 하였다.
⑤ 이륭양행에 교통국을 설치하여 국내와 연락을 취하였다.

정답 및 해설 ⇒ 241쪽

08 | 일제 강점기 (1930년 ~ 광복 직전)

쌩초보 탈출구 🔑

1930년 이후 일제는 우리 민족의 정신을 말살시키고, 전쟁에 필요한 자원을 수탈하였어요. 하지만 이에 맞서 우리 민족은 만주와 중국에서 무장 투쟁을 벌였고, 임시 정부는 충칭에 정착하여 체제를 재정비하였습니다. 또한 국권 피탈 이후 꾸준히 민족 문화를 지키기 위한 운동도 전개했답니다.

1. 1930년대 일제에 맞서 무장 투쟁을 펼친 독립군 이름과 독립군을 이끈 인물 이름을 알아두세요.

한국 독립군	조선 혁명군	조선 의용대
지청천	양세봉	김원봉

2. 1930년 이후 대한민국 임시 정부의 활동을 순서대로 알아두세요.

한인 애국단 조직	→	충칭 정착	→	한국광복군 창설	→	건국 강령 발표

최빈출개념

1 | 1930년 이후 일제의 민족 말살 통치와 수탈

최근 3개년 시험에서 **13문제 출제**
68회 34번, 67회 40번, 66회 43번, 65회 42번, 64회 39번, 62회 40번, 61회 41번, 59회 41번, 57회 45번, 56회 42번, 54회 46번, 53회 42번, 52회 42번

1. 민족 말살 통치, 우리 민족의 민족성을 없애려고 하다

황국 신민화 정책	• 내선일체 강요: 내지(일본)와 조선이 하나라고 주장함 • 황국 신민 서사 암송: 천황에게 충성을 맹세하는 내용의 서사를 강제로 암송하게 함 • 신사 참배: 전국에 일본의 신을 모신 신사를 세우고 강제 참배하게 함 • 창씨개명 실시: 한국인의 성과 이름을 일본식으로 바꾸도록 함
독립운동 탄압	• 조선 사상범 보호 관찰령, 조선 사상범 예방 구금령을 제정하여 탄압함 • 조선어 학회 사건을 통해 한글 학자들을 구속함 └ 일제가 조선어 학회를 독립운동 단체로 간주하여 회원들을 제포한 사건
교육 정책	제3차 조선 교육령, 국민학교령, 제4차 조선 교육령을 제정함 └ 황국 신민의 학교라는 뜻
신문 폐간	조선일보와 동아일보 등의 우리말 신문을 폐간하여 언론을 탄압함
농촌 진흥 운동	농촌 경제가 어려워져 소작 쟁의가 일어나자, 농민의 자력 갱생을 내세운 농촌 진흥 운동을 실시함

2. 인적·물적 수탈, 전쟁에 필요한 자원을 수탈하다

(1) 국가 총동원법 제정: 중·일 전쟁(1937) 발발 이후, 일제는 조선의 인력과 물자 수탈을 강화하기 위해 국가 총동원법을 제정하였다(1938).

(2) 인적·물적 수탈

인적 수탈	• 징병: 육군 특별 지원병제(1938), 학도 지원병제(1943), 징병제(1944) 실시 • 징용: 국민 징용령(1939) 제정(공사, 광산 등에 노동력 동원) • 여성 동원: 여자 정신 근로령(1944) 제정, 일본군 '위안부' 강제 동원
물적 수탈	• 군량 확보를 위해 산미 증식 계획을 다시 실시함 • 공출 제도를 실시하여 미곡과 농기구, 놋그릇 등 금속 제품까지 공출함

└ 여성들을 군수 공장에 강제로 동원함

기출선택지 암기하기

1. 민족 말살 통치
• 황국 신민 서사를 암송하는 어린이 67·63·58·57·55·54회
• 신사 참배에 강제 동원되는 학생 56회
• 독립운동 탄압을 위한 조선 사상범 보호 관찰령을 공포하였다. 45·44회
• 조선 사상범 예방 구금령을 통해 독립운동을 탄압하였다. 66·64·59·58·55회
• 일제가 한글 학자들을 구속한 조선어 학회 사건이 일어났다. 66·65·52회
• 농민의 자력갱생을 내세운 농촌 진흥 운동을 실시하였다. 46회

2. 인적·물적 수탈
• 국가 총동원법을 제정하여 인력과 물자를 강제 동원하였다. 65·64·60회
• 육군 특별 지원병제를 실시하였다. 48회
• 학도병 출전 권고 연설을 하는 친일파 인사 49회
• 노동력 동원을 위해 국민 징용령을 시행하였다. 55회
• 여자 정신 근로령을 공포하였다. 66·61회
• 식량 배급 및 미곡 공출 제도를 시행하였다. 62·60·57·55회
• 공출한 놋그릇, 수저를 정리하는 면사무소 관리 49회

2 1930년 이후 독립운동과 대한민국 임시 정부의 활동

최근 3개년 시험에서 **19문제 출제**
67회 39번, 66회 36번, 65회 43번, 64회 41번, 63회 39번, 62회 41번, 61회 43번, 60회 39·40번, 59회 43번, 57회 43번, 55회 45번, 54회 45번, 53회 43·45번, 52회 45번, 51회 39·44·45번

1. 국외 무장 투쟁, 만주와 중국에서 일제에 맞서 싸우다

(1) 만주에서의 한·중 연합 작전

한국 독립군	• 총사령관 지청천을 중심으로 북만주 일대에서 활동 • 중국 호로군 등과 연합하여 쌍성보·대전자령 전투에서 일본군을 격파함
조선 혁명군	• 총사령 양세봉을 중심으로 남만주 일대에서 활동 • 중국 의용군과 연합하여 영릉가·흥경성 전투에서 일본군을 격파함

└ 중국 국민당과 협력함

(2) 조선 의용대 ─ 중·일 전쟁이 발발한 직후 민족 혁명당과 다른 정당이 연합하여 결성한 단체

조직	김원봉이 조선 민족 전선 연맹 산하의 군사 조직으로 조직함
성격	중국 우한의 한커우(한구)에서 결성된 최초의 한인 무장 부대

2. 한인 애국단(1931), 의거 활동을 통해 침체된 임시 정부에 활기를 불어넣다

(1) **조직**: 김구가 침체된 임시 정부에 활기를 불어넣기 위해 상하이에서 조직하였다(1931).

(2) **의거 활동**
① **이봉창 의거**: 일본 도쿄에서 일왕이 탄 마차를 향해 폭탄을 던졌다.
② **윤봉길 의거**: 상하이 훙커우 공원에서 폭탄을 던져 일제 요인을 살상하였다.

(3) **영향**: 일제의 탄압이 심해져 임시 정부가 상하이를 떠나 이동하게 되었다.

3. 1940년대 임시 정부의 활동, 충칭에 정착하여 체제를 재정비하다

(1) **충칭 정착**: 대한민국 임시 정부가 중국 국민당 정부가 있는 충칭에 정착하였다(1940).

(2) **한국 광복군 창설(1940)** ─ 제2차 세계 대전 당시 일본과 연합국 사이에 벌어진 전쟁

조직	지청천을 총사령관으로 하여 대한민국 임시 정부의 산하 부대로 창설됨
활동	• 태평양 전쟁이 일어나자 대일 선전 포고문을 발표(1941)하고, 영국군의 요청으로 인도, 미얀마 전선에 투입됨 • 미국 전략 정보국(OSS)의 지원을 받아 국내 진공 작전을 계획함(1945)

(3) **건국 강령 발표(1941)**: 조소앙의 삼균주의에 기초한 건국 강령을 발표하였다.
└ 정치·경제·교육의 균등을 통해 개인과 민족, 국가의 균등을 이루자는 이념

기출선택지 암기하기

1. 국외 무장 투쟁
• 한국 독립군 – 쌍성보, 대전자령 전투에서 일본군을 격파하였다. 68·66·65·64·62·61회
• 조선 혁명군 – 총사령 양세봉의 지휘 아래 활동하였다. 60회
• 조선 혁명군 – 중국 의용군과 연합하여 흥경성 전투를 이끌었다. 59·54·51회
• 조선 혁명군 – 영릉가 전투에서 승리하였다. 68·64·63·59·58·57회
• 조선 의용대 – 중국 관내(關內)에서 결성된 최초의 한인 무장 부대였다. 67·66·61·58회

2. 한인 애국단
• 김구에 의해 상하이에서 결성되었다. 60회
• 이봉창이 도쿄에서 일왕이 탄 마차를 향해 폭탄을 던졌다. 61·58·51회
• 윤봉길이 상하이 훙커우 공원에서 의거를 일으켰다. 47·42회

3. 1940년대 임시 정부의 활동
• 한국광복군 – 영국군의 요청으로 인도, 미얀마 전선에 투입되었다. 68·67·54·51회
• 한국광복군 – 미국 전략 정보국(OSS)의 지원을 받았다. 50회
• 한국광복군 – 미군과 연계하여 국내 진공 작전을 계획하였다. 66·64·61·60·59회
• 삼균주의에 입각한 대한민국 건국 강령이 발표되었다. 68·64·62·58회

3 일제 강점기의 민족 문화 수호 운동

최근 3개년 시험에서 **10문제 출제**
67회 41·42번, 65회 44번, 63회 39번, 61회 42번, 60회 35번, 55회 38·42번, 52회 40번, 51회 44번

1. 한국사 연구, 조선의 역사를 지키다

역사를 '아(我)와 비아(非我)의 투쟁'으로 정의함

(1) **신채호**: 고대사 연구를 바탕으로 『조선상고사』 등을 저술하였다.

(2) **박은식**: 『한국통사』(일본의 침략 과정 서술), 『한국독립운동지혈사』를 저술하였다.
└ 나라는 형체, 역사는 정신이라고 표현함

(3) **백남운**: 『조선사회경제사』를 통해 우리 조선의 역사가 다른 민족과 거의 같은 궤도로 발전해왔음을 주장하며, 식민주의 사학의 정체성 이론을 반박하였다.

(4) **정인보**: 민족의 얼을 강조하고 조선학 운동을 추진하였다.
└ 정인보, 문일평 등이 정약용의 『여유당전서』 간행 사업을 계기로 전개한 운동

2. 국어 연구, 조선의 말을 지키다

조선어 연구회	한글 기념일인 '가갸날'을 제정하고, 잡지 『한글』을 간행함
조선어 학회	• 한글 맞춤법 통일안과 표준어를 제정하고, 말모이 작전을 통해 『우리말큰사전』의 편찬을 시도함 • 조선어 학회 사건으로 해산됨(1942)

└ 이극로, 최현배, 이윤재 등이 주도함

기출선택지 암기하기

1. 한국사 연구
• 신채호 – 고대사 연구를 바탕으로 『조선상고사』를 저술하였습니다. 57회
• 박은식 – 일본의 침략 과정을 서술한 『한국통사』를 저술하였다. 65·64·63·61회
• 박은식 – 독립 투쟁 과정을 서술한 『한국독립운동지혈사』를 저술하였다. 67회
• 백남운 – 『조선사회경제사』에서 식민 사학의 정체성론을 반박하였다. 60회

2. 국어 연구
• 조선어 학회 – 한글 맞춤법 통일안과 표준어를 제정하였다. 63·62·56·54·52회

민족 말살 통치 시기 62회

부평 공원 내에 있는 이 동상은 일제의 무기 공장인 조병창 등에 강제 동원된 노동자의 모습을 형상화한 작품입니다. 중·일 전쟁 이후 침략 전쟁을 확대하던 시기에 일제는 한국인을 탄광, 군수 공장 등으로 끌고 가 열악한 환경에서 혹사시켰습니다. → 민족 말살 통치 시기

01 ㅎㄱ ㅅㅁ ㅅㅅ 를 암송하는 어린이 67·63·58·57회

02 ㅅㅅ 참배에 강제 동원되는 학생 56회

03 독립운동 탄압을 위한 조선 사상범 ㅂㅎ ㄱㅊ 령을 공포하였다. 45·44회

04 조선 사상범 ㅇㅂ ㄱㄱ 령을 통해 독립운동을 탄압하였다. 66·64·59·58·55회

05 일제가 한글 학자들을 구속한 ㅈㅅㅇ ㅎㅎ 사건이 일어났다. 66·65회

06 농민의 자력갱생을 내세운 ㄴㅊ ㅈㅎ 운동을 실시하였다. 46회

07 ㄱㄱ ㅊㄷㅇ 법을 제정하여 인력과 물자를 강제 동원하였다. 65·64회

08 육군 특별 ㅈㅇㅂ 제를 실시하였다. 48회

09 ㅎㄷㅂ 출전 권고 연설을 하는 친일파 인사 49회

10 노동력 동원을 위해 국민 ㅈㅇㄹ 을 시행하였다. 55회

11 여자 ㅈㅅ ㄱㄹ 령을 공포하였다. 66·61회

12 ㄱㅊ 한 놋그릇, 수저를 정리하는 면사무소 관리 49회

국외 무장 투쟁 – 조선 혁명군 30회

○ 양세봉: 나는 남만주 지역에서 활동한 (나)의 총사령으로 영릉가 전투, 흥경성 전투 등을 승리로 이끌었습니다. → 조선 혁명군

13 총사령 ㅇㅅㅂ 의 지휘 아래 활동하였다. 60회

14 중국 의용군과 연합하여 ㅎㄱㅅ 전투를 이끌었다. 59·54회

15 ㅇㄹㄱ 전투에서 승리하였다. 68·64·63·59회

국외 무장 투쟁 – 조선 의용대 65회

자료는 (가)의 창립 1주년을 기념하며 계림에서 촬영된 사진이다. 중국 국민당 정부의 지원을 받아 김원봉 등을 중심으로 창설된 (가)은/는 중국 관내(關內)에서 만들어진 최초의 한인 무장 부대이다. → 조선 의용대

16 중국 관내에서 조직된 ㅊㅊ 의 ㅎㅇ ㅁㅈ 부대였다. 67·66·61·58회

한인 애국단 38회

오늘 아침 신년 관병식을 마치고 궁성으로 돌아가던 일왕의 행렬이 궁성 부근 앵전문(櫻田門) 앞에 이르렀을 때 군중 가운데서 돌연 한인(韓人) 한 명이 뛰쳐나와 행렬을 향해 수류탄을 투척하였다. → 이봉창 의거 → 한인 애국단 — 시보(時報)

17 ㄱㄱ 에 의해 상하이에서 결성되었다. 60회

18 ㅇㅂㅊ 이 도쿄에서 일왕이 탄 마차를 향해 폭탄을 던졌다. 61·58회

19 ㅇㅂㄱ 이 상하이 훙커우 공원에서 의거를 일으켰다. 47·42회

1940년대 임시 정부의 활동 – 한국광복군 44회

이것은 대한민국 임시 정부 산하의 (가) 총사령부 건물로, 지난 3월 이곳 충칭의 옛 터에 복원되었습니다. 과거 임시 정부가 중국의 도움으로 (가) 을/를 창설하였듯이, 오늘날 이 총사령부 건물도 양국의 노력으로 세울 수 있었습니다. → 한국광복군

20 영국군의 요청으로 ㅇㄷ, ㅁㅇㅁ 전선에 투입되었다. 68·67·54·51회

21 ㅁㄱ 전략 정보국(OSS)의 지원을 받았다. 50회

22 미군과 연계하여 ㄱㄴ ㅈㄱ 작전을 계획하였다. 66·64·61·60회

한국사 연구 – 박은식과 백남운 38회

(가): 옛 사람이 말하기를 나라는 멸망할 수 있으나 그 역사는 없어질 수 없다고 했으니, 이는 나라가 형체라면 역사는 정신이기 때문이다. → 박은식

(나): 우리 조선의 역사는 세계사적 일원론적인 역사 법칙에 의해 다른 민족들과 거의 같은 궤도로 발전 과정을 거쳐왔다. → 백남운

23 박은식 – 일본의 침략 과정을 서술한 『ㅎㄱㅅ』를 저술하였다. 65·64·63·61회

24 박은식 – 독립 투쟁 과정을 서술한 『ㅎㄱㄷㄹㅇㄷㅈㅎㅅ』를 저술하였다. 67회

25 백남운 – 『ㅈㅅㅅㅎㄱㅈㅅ』에서 식민 사학의 정체성론을 반박하였다. 60회

정답 01 황국 신민 서사 02 신사 03 보호 관찰 04 예방 구금 05 조선어 학회 06 농촌 진흥 07 국가 총동원 08 지원병 09 학도병 10 징용령 11 정신 근로 12 공출 13 양세봉 14 흥경성 15 영릉가 16 최초, 한인 무장 17 김구 18 이봉창 19 윤봉길 20 인도, 미얀마 21 미국 22 국내 진공 23 한국통사 24 한국독립운동지혈사 25 조선사회경제사

기출문제로 실전 감각 익히기

각 문제의 자료에 표시된 힌트를 참고하여 정답을 선택하세요!

01 (가)에 들어갈 내용으로 적절한 것은? [1점]

[68회]

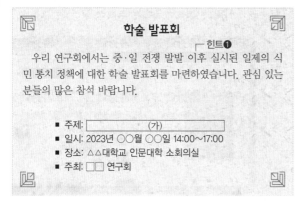

학술 발표회

└─ 힌트❶

우리 연구회에서는 중·일 전쟁 발발 이후 실시된 일제의 식민 통치 정책에 대한 학술 발표회를 마련하였습니다. 관심 있는 분들의 많은 참석 바랍니다.

■ 주제: [　　　(가)　　　]
■ 일시: 2023년 ○○월 ○○일 14:00~17:00
■ 장소: △△대학교 인문대학 소회의실
■ 주최: □□ 연구회

① 치안 유지법의 제정 배경
② 조선 태형령의 적용 사례 분석
③ 제1차 조선 교육령의 제정 목적
④ 경성 제국 대학의 설립 의도와 과정
⑤ 국가 총동원법의 제정과 조선에서의 시행

02 (가) 단체에 대한 설명으로 옳은 것은? [2점]

[54회]

─ 힌트❶

[　(가)　]의 총사령 양세봉, 참모장 김학규 등은 일부 병력을 이끌고 중국 의용군 부대와 합세하였다. 일본군과 만주군이 신빈현성의 고지대를 거점으로 삼아 먼저 공격했으나 아군이 응전하여 이를 탈취하였다. 아군은 승세를 몰아 적들을 추격한 끝에 당일 오후 3시경 영릉가성을 점령하였다. 5일간의 격렬한 전투에서 한·중 연합군은 신빈현 일대 여러 곳을 점령하는 등 커다란 수확을 거두었다.

└─ 힌트❷

① 흥경성 전투에서 승리하였다.
② 자유시 참변 이후 세력이 약화되었다.
③ 중국 팔로군에 편제되어 항일 전선에 참여하였다.
④ 영국군의 요청으로 인도·미얀마 전선에서 활동하였다.
⑤ 북만주 지역에서 활동한 한국 독립당의 산하 부대였다.

03 (가) 부대에 대한 설명으로 옳은 것은? [3점]

[61회]

조선 민족 혁명당 창립 제8주년 기념 선언

─ 힌트❶

우리는 중국의 난징에서 5개 당을 통합하여 전체 민족을 대표하는 유일한 정당인 조선 민족 혁명당을 창립하였다. …… 아울러 중국과 한국의 연합 항일 진영을 건립하여야 했다. …… 이 때문에 우리는 1938년 [　(가)　]을/를 조직하고 조선의 혁명 청년들을 단결시켜 장제스 위원장의 영도 아래 직접 중국의 항전에 참가하였고, 각 전쟁터에서 찬란한 전투 성과를 만들어냈다. …… 지난해 가을 [　(가)　]와/과 한국광복군의 통합 편성을 기반으로 전 민족의 통일을 성공적으로 구현하였다.

└─ 힌트❷

① 자유시 참변으로 큰 타격을 입었다.
② 대전자령 전투에서 일본군을 격퇴하였다.
③ 동북 항일 연군으로 개편되어 유격전을 펼쳤다.
④ 김원봉, 윤세주 등이 중국 관내(關內)에서 창설하였다.
⑤ 홍범도 부대와 연합하여 청산리에서 일본군과 교전하였다.

04 밑줄 그은 '의거'를 일으킨 단체에 대한 설명으로 옳은 것은? [1점]

[51회]

이 사진은 1945년 9월 2일 일왕을 대신하여 일본의 외무대신이 연합군 앞에서 항복 문서에 서명하는 장면입니다.

힌트❶ →

서명하는 인물은 시게미쓰 마모루인데, 그는 윤봉길의 상하이 홍커우 공원 의거 당시 폭탄에 맞아 다리를 다쳤습니다.

① 신채호의 「조선혁명선언」을 활동 지침으로 삼았다.
② 김구를 단장으로 하여 활발한 의열 활동을 펼쳤다.
③ 조선 총독을 저격한 강우규가 단원으로 활동하였다.
④ 이상재 등의 주도로 민립 대학 설립 운동을 전개하였다.
⑤ 진상 조사단을 파견하여 광주 학생 항일 운동을 지원하였다.

정답 및 해설 ⇒ 241쪽

01 (가) 인물에 대한 설명으로 옳은 것은? [2점]
54회

○ 왕이 말하였다. "요즘에 서원마다 사무를 자손들이 주관하고 붕당을 각기 주장하니, 이로 인한 폐해가 백성들에게 미치는 경우가 많다고 한다. [(가)]의 분부대로 서원을 철폐하고 신주를 땅에 묻어 버리는 등의 절차를 거행하도록 전국에 알려라."

○ [(가)]에게 군국사무를 처리하라는 명이 내려지자 그는 궐내에서 거처하며 5군영의 군사 제도를 복구하고 군량을 지급하게 하였다. 그리고 난병(亂兵)들을 물러가게 하고 대사면령을 내렸다.

① 친위 부대인 장용영을 설치하였다.
② 나선 정벌을 위해 조총 부대를 파견하였다.
③ 『속대전』을 편찬하여 통치 체제를 정비하였다.
④ 종로를 비롯한 전국 각지에 척화비를 세웠다.
⑤ 영은문이 있던 자리 부근에 독립문을 건립하였다.

02 (가) 사건에 대한 설명으로 옳은 것은? [1점]
67회

이 척화비는 자연석에 비문을 새긴 것이 특징입니다. 척화비는 제너럴셔먼호 사건을 구실로 일어난 [(가)] 이후 전국 각지에 세워졌습니다. 이를 통해 서양 세력과의 통상 수교를 거부한 역사의 한 장면을 엿볼 수 있습니다.

① 청군의 개입으로 종결되었다.
② 외규장각 도서가 약탈되는 결과를 가져왔다.
③ 에도 막부에 통신사가 파견되는 계기가 되었다.
④ 사태 수습을 위해 박규수가 안핵사로 파견되었다.
⑤ 전개 과정에서 어재연 부대가 광성보에서 항전하였다.

03 (가) 사절단에 대한 설명으로 옳은 것은? [2점]
52회

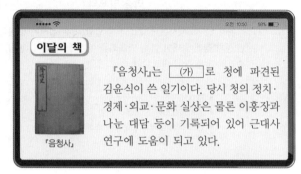

이달의 책

『음청사』는 [(가)]로 청에 파견된 김윤식이 쓴 일기이다. 당시 청의 정치·경제·외교·문화 실상은 물론 이홍장과 나눈 대담 등이 기록되어 있어 근대사 연구에 도움이 되고 있다.

『음청사』

① 기기창 설립의 계기가 되었다.
② 회답 겸 쇄환사로 파견되었다.
③ 『조선책략』을 처음으로 소개하였다.
④ 민영익, 홍영식, 서광범 등이 참여하였다.
⑤ 개화 반대 여론으로 인해 비밀리에 출국하였다.

04 밑줄 그은 '이 사건'의 영향으로 옳은 것은? [2점]
53회

사료로 보는 한국사

제1조
이하응을 보정성성(保定省城)으로 이송하여 청하도의 옛 관서에 거주시키도록 한다. …… 이하응에게 오가는 서신 일체는 밀봉할 수 없으며 간수 위원의 검열을 거쳐야 보낼 수 있다. 밀봉되었거나 한글로 된 서신은 위원이 반송한다.

[해설] 청으로 끌려간 흥선 대원군(이하응)을 감시하기 위해 만들어진 규정의 일부이다. 개화 정책에 대한 불만과 구식 군인에 대한 차별 대우로 일어난 이 사건을 진압한 청은 그 책임을 물어 흥선 대원군을 납치해 갔다.

① 삼정이정청이 설치되었다.
② 어재연 부대가 광성보에서 항전하였다.
③ 종로와 전국 각지에 척화비가 세워졌다.
④ 조·청 상민 수륙 무역 장정이 체결되었다.
⑤ 일본 군함 운요호가 영종도를 공격하였다.

05
[62회]

(가)에 들어갈 내용으로 옳은 것은? [2점]

동학 농민 운동의 전개 과정

(가) → 우금치 전투 → 고부 농민 봉기 → 황토현 전투 → 전주 화약 체결 → 일본군의 경복궁 점령

한성, 동해, 황해, 논산, 고부, 전주

→ 전개 순서
✳ 격전지

① 교정청 설치
② 전봉준 체포
③ 13도 창의군 결성
④ 안핵사 이용태 파견
⑤ 남접과 북접의 연합

06
[52회]

밑줄 그은 '개혁'의 내용으로 옳은 것은? [3점]

그동안 국정 논의를 주도한 군국기무처가 폐지되었다는군.

그렇다네. 이제는 김홍집과 박영효가 주도하는 내각에서 여러 개혁을 추진한다는군.

① 통리기무아문과 12사를 설치하였다.
② 지방 행정 구역을 8도에서 23부로 개편하였다.
③ 청의 연호를 쓰지 않고 개국 기년을 사용하였다.
④ 공·사 노비법을 혁파하고 과부의 재가를 허용하였다.
⑤ 6조에서 8아문으로 개편하고 과거제를 폐지하였다.

07
[55회]

(가) 시기에 볼 수 있는 모습으로 적절한 것은? [3점]

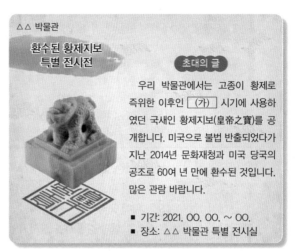

△△ 박물관

환수된 황제지보 특별 전시전

초대의 글

우리 박물관에서는 고종이 황제로 즉위한 이후인 (가) 시기에 사용하였던 국새인 황제지보(皇帝之寶)를 공개합니다. 미국으로 불법 반출되었다가 지난 2014년 문화재청과 미국 당국의 공조로 60여 년 만에 환수된 것입니다. 많은 관람 바랍니다.

■ 기간: 2021. 00. 00. ~ 00.
■ 장소: △△ 박물관 특별 전시실

① 간도 관리사로 임명되는 관료
② 영화 아리랑을 관람하는 청년
③ 육영 공원에서 영어를 배우는 학생
④ 제너럴셔먼호를 불태우는 평양 관민
⑤ 조사 시찰단으로 일본에 파견되는 통역관

08
[66회]

다음 자료를 활용한 탐구 활동으로 가장 적절한 것은? [2점]

각국 공관에 보내는 호소문

지금 일본 공사가 우리 외부(外部)에 공문을 보내어 산림, 천택(川澤), 들판, 황무지에 대한 권리를 청구하였습니다. 우리나라 사람들은 이를 이용해 2~3년 걸러 윤작을 해야만 먹고 살 수 있습니다. 그런데 만일 이를 외국인에게 주어버린다면 전국의 강토를 모두 빼앗기게 되며 수많은 사람이 참혹한 빈곤에 빠져 구제할 수 없게 될 것입니다. 일본인들의 침략을 막고 우리 강토를 보전하도록 힘써 주십시오.

1904년 ○○월 ○○일

① 독립문의 건립 과정을 알아본다.
② 보안회의 활동 내용을 파악한다.
③ 조·일 통상 장정의 조항을 검토한다.
④ 화폐 정리 사업이 끼친 영향을 살펴본다.
⑤ 황국 중앙 총상회가 조직된 목적을 분석한다.

09 [51회] 다음 법령이 시행된 시기에 있었던 사실로 옳은 것은? [2점]

> 제2조 즉결은 정식 재판을 하지 않으며 피고인의 진술을 듣고 증빙을 취조한 후 곧바로 언도해야 한다.
> 제11조 제8조, 제9조에 의한 유치 일수는 구류의 형기에 산입하고, 태형의 언도를 받은 자에 대하여는 1일을 태 5로 절산하여 태 수에 산입하며, 벌금 또는 과료의 언도를 받은 자에 대하여는 1일을 1원으로 절산하여 그 금액에 산입한다.

① 박문국을 설치하여 한성순보를 발행하였다.
② 황국 중앙 총상회가 상권 수호 운동을 주도하였다.
③ 근대적 개혁 추진을 위해 군국기무처가 설치되었다.
④ 강압적 통치를 목적으로 헌병 경찰제가 실시되었다.
⑤ 일본에 진 빚을 갚자는 국채 보상 운동이 전개되었다.

10 [56회] (가)에 들어갈 내용으로 옳은 것은? [3점]

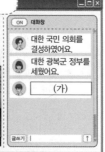

저는 지금 전로 한족회 중앙 총회가 개최된 건물 앞에 나와 있습니다. 이 단체는 이 지역에 거주한 한인들의 대표자 회의였습니다. 이 지역에서 전개된 민족 운동에 대해 올려주세요.

(ON) 대화창
- 대한 국민 의회를 결성하였어요.
- 대한 광복군 정부를 세웠어요.
- (가)

① 독립군 양성을 위해 신흥 강습소를 세웠어요.
② 권업회를 조직하여 권업신문을 발행하였어요.
③ 숭무 학교를 설립하여 무장 투쟁을 준비하였어요.
④ 한인 비행 학교를 세워 독립군 비행사를 육성하였어요.
⑤ 대일 항전을 준비하기 위해 조선 독립 동맹을 결성하였어요.

11 [68회] 다음 자료에 나타난 민족 운동에 대한 설명으로 옳지 않은 것은? [2점]

한국인들이 독립 선언을 하다
- 집회에 참가한 수천 명 체포 -

일본 당국은 고종의 장례식을 계기로 문제가 발생할 것으로 예상하고 많은 헌병을 서울로 집결시켰다. …… 전국의 모든 도시와 마을에서 독립을 위한 행진과 시위가 일어났다. 일본 측은 당황했지만 곧 재정비하여 강력하고 신속한 진압에 나섰다. 그 결과 수천 명의 시위대가 체포되었지만 일본 측 보고서에는 수백 명으로 기록되어 있다.

① 중국의 5·4 운동에 영향을 주었다.
② 대한민국 임시 정부 수립의 계기가 되었다.
③ 신간회에서 진상 조사단을 파견하여 지원하였다.
④ 국외로도 확산되어 필라델피아에서 한인 자유 대회가 열렸다.
⑤ 평화적 만세 운동에서 무력 투쟁 사례가 늘어나기 시작하였다.

12 [55회] (가) 단체에 대한 설명으로 옳은 것은? [2점]

〈영화 제작 기획안〉

청년 김상옥

■ 기획 의도
김상옥의 주요 활동을 영화로 제작하여 독립운동가의 치열했던 삶과 항일 투쟁의 역사적 의미를 되새겨 본다.

■ 대본 개요
1. 혁신공보를 발행하며 계몽 운동에 힘쓰다.
2. 김원봉이 조직한 [(가)]의 일원이 되다.
3. 종로 경찰서에 폭탄을 투척하다.
4. 일제 경찰과 총격전을 벌이다.

① 「조선혁명선언」을 행동 강령으로 삼았다.
② 비밀 행정 조직으로 연통제를 실시하였다.
③ 고종의 밀지를 받아 결성된 비밀 단체이다.
④ 도쿄에서 일어난 이봉창 의거를 계획하였다.
⑤ 신흥 무관 학교를 세워 무장 투쟁을 준비하였다.

13 (가), (나) 사이의 시기에 있었던 사실로 옳지 않은 것은?

52회

[2점]

> (가) 북간도에 주둔한 아군 7백 명은 북로 사령부 소재지인 봉오동을 향해 행군하다가 적군 3백 명을 발견하였다. 아군을 지휘하는 홍범도, 최진동 두 장군은 즉시 적을 공격하여 120여 명을 살상하고 도주하는 적을 추격하였다. — 독립신문
>
> (나) 조선 혁명군 총사령 양세봉, 참모장 김학규 등은 병력을 이끌고 중국 의용군과 합세하였다. …… 아군은 승세를 몰아 적들을 30여 리 정도 추격한 끝에 영릉가성을 점령하였다. — 「광복」

① 자유시 참변 이후 3부가 조직되었다.
② 일본군의 보복으로 간도 참변이 발생하였다.
③ 독립군 연합 부대가 청산리에서 큰 승리를 거두었다.
④ 일제가 독립군을 탄압하고자 미쓰야 협정을 체결하였다.
⑤ 스탈린에 의해 많은 한인이 중앙아시아로 강제 이주되었다.

14 (가) 단체의 활동으로 옳은 것은?

50회

[1점]

> [역사 다큐멘터리 기획안]
>
> **(가) , 좌·우가 힘을 합쳐 창립하다**
>
> ■ 기획 의도
> 일제 강점기 최대 규모의 사회 단체인 (가) 에 대한 다큐멘터리를 제작하여 그 역사적 의미를 살펴본다.
>
> ■ 장면별 구성 내용
> - 정우회 선언을 작성하는 장면
> - 이상재가 회장으로 추대되는 장면
> - 전국 주요 도시에 지회가 설립되는 장면
> - 순회 강연단을 조직하고 농민 운동을 지원하는 장면

① 평양에 자기 회사를 설립하였다.
② 2·8 독립 선언서를 작성하여 발표하였다.
③ 제국신문을 발행하여 민중 계몽에 힘썼다.
④ 어린이날을 제정하고 잡지 『어린이』를 간행하였다.
⑤ 광주 학생 항일 운동에 진상 조사단을 파견하였다.

15 다음 기사에 보도된 민족 운동에 대한 설명으로 옳은 것은?

54회

[2점]

> ### 역사 신문
> 제△△호 　　　　　　○○○○년 ○○월 ○○일
>
> **민대총회(民大總會) 개최, 460여 명의 대표 참석**
>
>
> ▲ 조선 민립 대학 기성회 발기 총회
>
> 조선 민립 대학 기성회 발기 총회(민대총회)가 오후 1시부터 종로 중앙청년회관에서 열렸다. 총회에서는 사업 계획을 확정하고 '이제 우리 조선인도 생존을 위해서는 대학의 설립을 빼고는 다른 길이 없도다. 만천하 동포에게 민립 대학의 설립을 제창하노니, 자매형제는 모두 와서 성원하라.'라는 요지의 발기 취지서를 발표하였다.

① 중국의 5·4 운동에 영향을 주었다.
② 사립 학교령 공포의 계기가 되었다.
③ 이상재 등이 모금 활동을 주도하였다.
④ 통감부의 방해와 탄압으로 실패하였다.
⑤ 여성 교육의 중요성을 강조한 여권통문을 발표하였다.

16 다음 성명서를 발표한 이후 대한민국 임시 정부의 활동으로 옳은 것은?

53회

[2점]

> 우리는 삼천만의 한국인 및 정부를 대표하여 중국, 영국, 미국, …… 기타 국가들이 일본에 대해 전쟁을 선포한 것을 삼가 축하한다. 이것은 일본을 격패(擊敗)시키고 동아시아를 재건하는 가장 유효한 수단이다. 이에 특별히 다음과 같이 성명한다.
>
> 1. 한국 전체 인민은 현재 이미 반침략 전선에 참가한 상태이며 하나의 전투 단위로서 추축국에 전쟁을 선포한다.
> 2. 1910년의 합병 조약 및 일체 불평등 조약이 무효임을 재차 선포한다. 아울러 반침략 국가가 한국에 지닌 합리적 기득 권익을 존중한다.
> 3. 왜구를 한국, 중국 및 서태평양에서 완전히 축출하기 위하여 혈전으로 최후의 승리를 거둔다.

① 충칭에서 한국광복군을 창설하였다.
② 국내 비밀 행정 조직으로 연통제를 두었다.
③ 파리 강화 회의에 독립 청원서를 제출하였다.
④ 의거 활동을 위해 한인 애국단을 조직하였다.
⑤ 미군과 연계하여 국내 진공 작전을 추진하였다.

정답 및 해설 ➡ 242쪽

5일

현대&통합 주제

구석기 시대 시작
약 70만년 전

삼국 건국
기원전 1세기경

고려 건국
918년

선사 시대

고대

고려 시대

1일

2일

📁 최근 3개년 시험 (68~51회) 기출 출제율

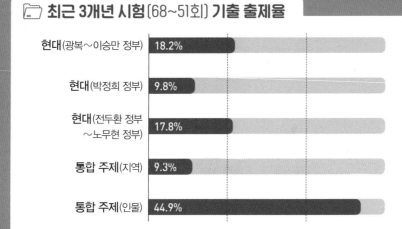

현대 (광복~이승만 정부)	18.2%
현대 (박정희 정부)	9.8%
현대 (전두환 정부 ~노무현 정부)	17.8%
통합 주제 (지역)	9.3%
통합 주제 (인물)	44.9%

👑 1위 **통합 주제**(인물) **44.9%**
고대부터 현대까지 다양한 인물들의 활동을 묻는 문제가 주로 출제됩니다.

2위 **현대**(광복~이승만 정부) **18.2%**
대한민국 정부 수립 과정과 4·19 혁명에 관한 문제가 주로 출제됩니다.

3위 **현대**(전두환 정부·~노무현 정부) **17.8%**
민주화 운동의 전개 과정 및 결과와 각 정부의 통일을 위한 노력을 묻는 문제가 주로 출제됩니다.

오늘 배울 시대

조선 건국	흥선 대원군 집권	국권 피탈	광복
1392년	1863년	1910년	1945년
조선 시대	**근대**	**일제 강점기**	**현대**

3일   **4일**   **5일**

현대 흐름 잡기

정부 수립기

광복과 함께 찾아온
한 민족, 두 국가

1945년 8월 15일, 우리 민족은 광복을 맞이하였습니다. 이와 동시에 남북이 갈라지게 되어 민족 지도자들이 단일 정부 수립을 위해 노력하였습니다. 그러나 결국 남한에서의 단독 총선거가 실시되었고, 이승만이 대통령에 선출되면서 대한민국 정부가 수립되었습니다.

이승만 정부~장면 내각

장기 집권과 민주화 운동의 시작

이승만은 자신이 계속 대통령에 당선될 수 있도록 발췌 개헌, 사사오입 개헌을 변칙적으로 통과시켰고, 장기 집권을 위해 3·15 부정 선거를 자행하였습니다. 이에 4·19 혁명이 일어났고, 결국 이승만은 하야하여 하와이로 망명하였습니다.

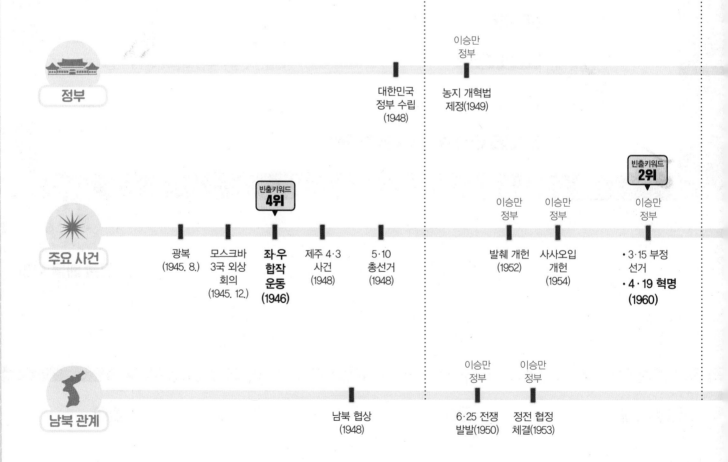

정부

| 대한민국 정부 수립 (1948) | 이승만 정부 / 농지 개혁법 제정(1949) |

주요 사건

- 광복 (1945. 8.)
- 모스크바 3국 외상 회의 (1945. 12.)
- 빈출키워드 **4위** 좌·우 합작 운동 (1946)
- 제주 4·3 사건 (1948)
- 5·10 총선거 (1948)
- 이승만 정부 / 발췌 개헌 (1952)
- 이승만 정부 / 사사오입 개헌 (1954)
- 빈출키워드 **2위** 이승만 정부 / ·3·15 부정 선거 ·4·19 혁명 (1960)

남북 관계

- 남북 협상 (1948)
- 이승만 정부 / 6·25 전쟁 발발(1950)
- 이승만 정부 / 정전 협정 체결(1953)

박정희 정부

경제 성장과
유신 체제의 성립

5 · 16 군사 정변으로 권력을 장악하고 대통령에 당선된 박정희는 정권의 정당성을 확보하기 위해 경제 개발에 주력하였습니다. 장기 집권을 꾀하였던 박정희는 1972년 유신 체제를 성립하였으나 10·26 사태로 시해되면서 유신 체제가 붕괴되었습니다.

빈출키워드
1위

박정희 정부	박정희 정부	박정희 정부
베트남 파병 (1964)	**10월 유신 선포(1972)**	수출 100억 달러 달성 (1977)

박정희 정부	박정희 정부	박정희 정부
6·3 시위 (1964)	3선 개헌 (1969)	• 부·마 민주 항쟁 • 10·26 사태 (1979)

박정희 정부

7·4 남북
공동 성명
(1972)

신군부~전두환 정부

민주화 운동의 목표,
직선제 개헌

10·26 사태 이후, 전두환·노태우 등의 신군부 세력이 권력을 장악하자 5 · 18 민주화 운동이 일어났지만 진압되었습니다. 전두환 정부의 장기 집권 이후에도 간선제를 유지하려고 하자 독재 타도를 주장하며 6월 민주 항쟁이 일어났습니다. 결국 직선제 개헌이 이뤄졌습니다.

빈출키워드
3위

신군부 집권기	전두환 정부
5·18 민주화 운동 (1980)	• 박종철 고문 치사 사건 • 4·13 호헌 조치 • **6월 민주 항쟁** • 제9차 개헌(1987)

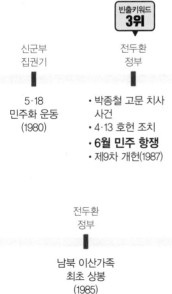

전두환 정부

남북 이산가족
최초 상봉
(1985)

노태우 정부~
노무현 정부

대한민국,
새로운 미래를 향하여

노태우 정부의 뒤를 이은 김영삼 정부는 군사 정변 이후 32년만에 세워진 민간 정부였습니다. 김영삼 정부는 금융 실명제 등의 성과를 보였지만 임기 말 외환 위기를 초래하였습니다. 이후 대통령에 당선된 김대중과 노무현은 남북 정상 회담을 가지는 성과를 이루어냈습니다.

노태우 정부	김영삼 정부	노무현 정부
서울 올림픽 개최(1988)	금융 실명제 실시(1993)	한·미 FTA 체결(2007)

빈출키워드
5위

노태우 정부	김대중 정부	노무현 정부
• 남북한 유엔 동시 가입 • 남북 기본 합의서 채택(1991)	**6·15 남북 공동 선언 (2000)**	10·4 남북 공동 선언(2007)

01 | 현대 (광복 ~ 이승만 정부)

쌩초보 탈출구 🗝

광복 이후 한반도는 이념의 대립으로 인해 남북으로 분단되고 말았고, 결국 1948년에 이승만을 대통령으로 선출하여 남한만의 대한민국 정부가 수립되었어요. 이후 1950년에는 북한의 남침으로 6·25 전쟁이 발발했고, 1960년에는 4·19 혁명으로 장기 집권했던 이승만 대통령이 하야했어요.

1. 대한민국 정부 수립 과정에서 전개된 여러 회의들을 순서대로 기억해두어요!

모스크바 3국 외상 회의 개최	→	미·소 공동 위원회 개최	→	유엔 총회의 결의	→	유엔 소총회의 결의

2. 이승만 정부 시기에 있었던 주요 사건들을 알아두세요!

북한과의 갈등	장기 집권 추진	장기 집권에 대한 반발
6·25 전쟁	발췌 개헌, 사사오입 개헌	4·19 혁명

빈출개념
1 ## 광복 이후 대한민국 정부의 수립

1. 대한민국 정부 수립 과정, 남한만의 정부가 수립되다

(1) 광복 직후의 국내 정세

┌ 좌·우익 세력이 광복 이전에 일제의 패망과 광복에 대비하여 결성한 단체

조선 건국 준비 위원회 결성	• 조직: 여운형이 중심이 되어 조선 건국 동맹을 바탕으로 조직함 • 활동: 치안대 조직, 조선 인민 공화국 수립 등의 활동을 펼침
미·소 군정 실시	한반도에 설정된 38도선의 남쪽은 미군이, 북쪽은 소련군이 통치함

(2) 모스크바 삼국 외상 회의 개최: 3국(미국·영국·소련)의 외상이 한반도 문제에 대해 협의하였다.
 ① 결정 사항: 임시 민주 정부의 수립, 최고 5년간 4개국(미국·영국·중국·소련)의 **신탁 통치 실시**, 미·소 공동 위원회 설치 등이 결정되었다.
 └ 유엔의 감독 하에 자격을 갖춘 국가가 특정 지역을 통치하는 제도
 ② 국내 정세: 신탁 통치를 두고 우익(반탁)과 좌익(찬탁) 세력 간에 대립이 심화되었다.
 ┌ 덕수궁 석조전에서 출범함
(3) 제1차 미·소 공동 위원회 개최: 미국과 소련이 **임시 민주 정부 수립을 위한 협의에 참여할 단체** 범위를 두고 논쟁하다가 결렬되었다(미국: 찬·반탁 세력 모두 포함 ↔ 소련: 찬탁 세력만 포함).

(4) 정읍 발언: 이승만이 남한만의 단독 정부 수립을 주장하였다.

(5) 좌·우 합작 위원회 조직: 민주주의 임시 정부를 수립하기 위해 중도파인 여운형(좌익)과 김규식(우익) 등이 조직하였으며, **좌·우 합작 7원칙을 발표**하였다. ┐ 민주주의 임시 정부 수립, 토지 개혁, 친일파 처리 등

(6) 국제 연합(UN)의 한반도 문제 논의: 제2차 미·소 공동 위원회 결렬 → **미국이 한반도 문제를 유엔에 이관** → 유엔 총회에서 인구 비례에 의한 **남북한 총선거 결의** → 유엔 한국 임시 위원단 설치 및 한국 파견 → 소련과 북한의 입북 거부 → 유엔 소총회에서 남한만의 총선거 결의

(7) 제주 4·3 사건: 좌익 세력이 남한만의 단독 정부 수립을 반대하며 봉기하자, 미 군정이 무력 진압하는 과정에서 무고한 제주도민들까지 희생되었다.
 └ 2000년 1월에 여야 의원의 공동 발의로 '제주 4·3 사건 특별법'이 제정됨
(8) 남북 협상: 김구, 김규식이 남한 단독 선거 결정에 반발하여 남북 협상에 참석하였다.

(9) 5·10 총선거: 우리나라 최초의 보통 선거가 실시되어 2년 임기의 **제헌 국회의원**이 선출되었다.

(10) 제헌 헌법 공포: 제헌 국회에서 대통령 간선제 등의 내용을 담은 제헌 헌법을 공포하였다.

(11) 정부 수립: 이승만을 대통령, 이시영을 부통령으로 선출하여 정부를 수립하였다(1948).

최근 3개년 시험에서 **9문제 출제**
65회 45번, 64회 42번, 62회 42번, 61회 45번, 60회 41번, 57회 46번, 55회 46번, 53회 46번, 51회 46번

기출선택지 암기하기

1. 대한민국 정부 수립 과정

• 여운형이 중심이 되어 조선 건국 준비 위원회를 조직하였다. 63회

• 조선 건국 준비 위원회 – 조선 인민 공화국을 수립하고 전국 각 지역에 인민 위원회를 조직하였다. 64회

• 모스크바 삼국 외상 회의가 개최되었다. 66·60·57·55·51회

• 제1차 미·소 공동 위원회 – 임시 민주 정부 수립을 위한 협의에 참여할 단체의 범위를 두고 논쟁하였다. 47회

• 남한만의 단독 정부 수립을 주장한 정읍 발언이 제기되었다. 68·54회

• 좌·우 합작 위원회에서 좌·우 합작 7원칙을 발표하였다. 62·60·57·56·55·51회

• 유엔 총회에서 인구 비례에 의한 남북 총선거가 의결되었다. 60회

• 유엔 한국 임시 위원단이 설치되었다. 49회

• 김구, 김규식 등이 남북 협상에 참석하였다. 47·42회

• 우리나라 최초의 보통 선거인 5·10 총선거가 실시되었다. 64·55회

• 2년 임기의 국회의원이 선출되었다. 46회

2 제헌 국회의 활동과 이승만 정부

최근 3개년 시험에서 **22문제 출제**
68회 42·44번 67회 45번 66회 45·49번 65회 46번 64회 44번 63회 43번 62회 43·44번 61회 46번 60회 42·43번 59회 44·45번 57회 48번 56회 47번 55회 47번 54회 47번 53회 47번 52회 46번 51회 47번

1. 제헌 국회의 활동, 친일파 청산과 경제 문제에 힘쓰다

친일파 청산	• 내용: 반민족 행위 처벌법 제정, 반민족 행위 특별 조사 위원회 출범 ┐ '반민특위'라고 불림 • 한계: 이승만 정부의 비협조적 태도, 국회 프락치 사건과 경찰의 반민특위 습격 사건 발생 └ 이승만이 반민특위 소속 국회의원들을 공산당과 내통했다는 구실로 구속한 사건
농지 개혁	농지 개혁법 제정(유상 매수, 유상 분배)
귀속 재산 처리	귀속 재산 처리법 제정(일제가 남긴 재산 처리)

2. 6·25 전쟁, 북한의 남침으로 전쟁이 발발하다

(1) **이전 상황**: 미국이 애치슨 선언을 발표했다(1950. 1.). ┐ 미국이 극동 방위선에서 한반도와 대만을 제외한다는 내용

(2) **북한의 남침**: 전쟁 발발(1950) → 서울 함락 → 유엔군 참전 → 낙동강 유역에서 치열하게 전투 ┐ 다부동 전투에서 북한군의 공세를 성공적으로 방어함(1950. 8.)

(3) **국군과 유엔군의 반격**: 인천 상륙 작전 → 서울 수복(1950. 9.) → 압록강 유역까지 진출

(4) **중국군의 개입**: 중국군의 북한군 지원 → 국군과 유엔군의 흥남 철수(1950. 12.) → 1·4 후퇴(서울 재함락) → 서울 재탈환 → 38도선 부근에서 전쟁이 교착 상태에 빠짐

(5) **정전 회담 시작**: 소련의 제의로 회담 시작(1951. 7.) → 군사 분계선 설정 및 포로 송환 문제로 체결 지연 → 이승만의 거제도 반공 포로 석방 → 판문점에서 정전 협정 체결(1953) ┐ 군사 분계선 확정, 비무장 지대 설정 └ 휴전 시 그어지는 군사 활동의 경계선

(6) **한·미 상호 방위 조약 체결**: 대한민국과 미국이 서로의 군사적 안전을 보장하기로 하였다.

3. 이승만 정부의 장기 집권 추진, 장기 집권을 위해 두 차례 헌법을 고치다

(1) 헌법 개정

발췌 개헌 (제1차 개헌, 1952)	• 배경: 간선제로는 이승만의 재선이 어렵다고 판단함 ┐ 제2대 총선에서 반대파가 다수 당선됨 • 과정: 6·25 전쟁 중 임시 수도였던 부산에서 계엄령을 선포하고 기립 표결로 개헌안을 통과시킴 • 내용: 정·부통령 직접 선거(대통령 직선제) 등
사사오입 개헌 (제2차 개헌, 1954)	• 배경: 6·25 전쟁 이후 자유당이 이승만의 장기 집권을 추구함 • 과정: 개헌 의석 수 1표 차이로 개헌안이 통과되지 않음 → 사사오입(반올림)의 논리로 개헌안을 불법 통과시킴 • 내용: 개헌 당시의 대통령(이승만)에 한하여 중임 제한을 철폐함

(2) 독재 체제 강화

진보당 사건	• 배경: 제3대 대통령 선거(1956)에서 선전한 조봉암이 진보당을 창당함 • 전개: 조봉암과 진보당 간부들을 북한의 간첩과 내통하고 북한의 통일 방안(평화 통일론)을 주장했다는 혐의로 구속한 후, 조봉암을 처형함
보안법 파동	반공 태세 강화 등을 내용으로 하는 국가 보안법 개정안을 통과시킴

4. 4·19 혁명, 부정 선거에 항의하여 대통령을 하야시키다

(1) **배경**: 자유당이 부통령에 이기붕을 당선시키기 위해 1960년 3월 15일에 실시된 정·부통령 선거에서 사전 투표, 투표함 바꿔치기 등의 부정 선거를 자행하였다(3·15 부정 선거, 1960). └ 고령인 이승만이 사망할 것을 대비함

(2) 전개

마산 3·15 의거	마산 시민들의 부정 선거 규탄 시위를 무력으로 진압 → 수많은 사상자 발생 → 시위에 참가했던 김주열의 시신이 발견됨
4·19 혁명	4월 19일에 학생과 시민들이 시위 전개 → 이승만 정부의 계엄령 선포 → 대학 교수단이 대통령 퇴진을 요구하며 시위 행진을 벌임 → 이승만 하야
결과	허정 과도 정부 수립 → 제3차 개헌(의원 내각제, 국회 양원제) → 장면 내각 출범 ┐ 완전한 정부를 수립할 때까지 일시적으로 성립하는 정부 └ 대통령과 내각으로 나뉘어 구성되는 정치 형태
영향	4·19 혁명 관련 기록물이 유네스코 세계 기록유산으로 등재됨

기출선택지 암기하기

1. 제헌 국회의 활동

• 반민족 행위 특별 조사 위원회가 출범하였다. 63·62·61·60·52·51회

• 경찰이 반민족 행위 특별 조사 위원회를 습격하였다. 64·58회

• 유상 매수, 유상 분배 원칙의 농지 개혁법이 제정되었다. 62·58·57·55·54회

• 일제가 남긴 재산 처리를 위한 귀속 재산 처리법이 처음 제정되었다. 63·51회

2. 6·25 전쟁

• 전쟁 이전 상황 - 애치슨 선언이 발표되었다. 66·65·64·62·61·55·51회

• 북한의 전면적인 남침으로 6·25 전쟁이 발발하였다. 44회

• 국군이 다부동 전투에서 북한군의 공세를 방어했어요. 55회

• 흥남 철수 작전이 전개되었다. 68·61회

• 소련의 제안으로 정전 회담이 개최됐어요. 55회

• 판문점에서 6·25 전쟁 정전 협정이 조인되었다. 50회

• 한·미 상호 방위 조약이 체결되었다. 68·65·64·61·59·51회

3. 이승만 정부의 장기 집권 추진

• 발췌 개헌 - 계엄령 아래 국회에서 기립 표결로 통과되었다. 68·66·59회

• 발체 개헌 - 정·부통령 직접 선거를 주 내용으로 하는 개헌이 이루어졌다. 44회

• 사사오입 개헌 - 개헌 당시의 대통령에 한하여 중임 제한이 철폐되었다. 67·58회

• 조봉암이 혁신 세력을 규합하여 진보당을 창당하였다. 56·54·52회

• 평화 통일론을 주장한 진보당의 조봉암이 구속되었다. 64·63·62·61·55·53회

• 국가 보안법 개정안을 통과시킨 이른바 보안법 파동이 발생하였다. 61·59·58회

4. 4·19 혁명

• 3·15 부정 선거에 항의하는 시위에서 시작되었다. 61·56회

• 대학 교수단이 대통령 퇴진을 요구하며 시위 행진을 벌였다. 50·48·46회

• 결과 - 허정을 수반으로 하는 과도 정부가 수립되었다. 63·61·53·52회

• 대통령 중심제에서 의원 내각제로 바뀌는 계기가 되었다. 54회

• 장면 내각이 출범하는 배경이 되었다. 68·65·60·51회

기출 자료와 선택지로 암기 강화

기출 자료를 통해 해석법을 익히고, 기출 선택지 초성 퀴즈로 암기를 강화하세요!

대한민국 정부 수립 과정 – 미·소 공동 위원회 24회

– 인물 1: 1945년 12월 모스크바에서 미국, 영국, 소련 3국의 외상들이 모여 우리나라 문제를 논의하였다면서요? → 모스크바 3국 외상 회의

– 인물 2: 네, 임시 민주 정부 수립과 신탁 통치 문제를 협의하기 위해 (가)를 구성하기로 하였다는군요. → 미·소 공동 위원회

01 임시 민주 정부 수립을 위한 협의에 참여할 [ㄷㅊ]의 범위를 두고 논쟁하였다. 47회

대한민국 정부 수립 과정 – 좌·우 합작 운동 48회

1. 조선의 민주 독립을 보장한 3상 회의 결정에 의하여 남북을 통한 좌·우 합작으로 민주주의 임시 정부를 수립할 것.
3. 토지 개혁에 있어 몰수, 유조건 몰수, 체감 매상 등으로 토지를 농민에게 무상으로 나누어 주며 …… → 좌·우 합작 운동

02 좌·우 합작 위원회에서 [ㅈㅇㅎㅈㄱㅇㅊ]을 발표하였다.
62·60·57·56·55·51회

대한민국 정부 수립 과정
– 유엔의 한반도 문제 논의 이후의 사실 46회

총회가 당면하고 있는 한국 문제는 근본적으로 한국민 자체의 문제이며 그 자유와 독립에 관련된 문제이므로 …… 조속히 유엔 한국 임시 위원단을 설치하여 한국에 주재케 하고, 이 위원단에게 한국 전체를 여행·감시·협의할 수 있는 권한을 부여할 것을 결의한다. → 유엔 총회의 남북한 총선거 결의

03 유엔 총회에서 인구 비례에 의한 [ㄴㅂㅊㄱ]가 의결되었다. 60회

04 김구, 김규식 등이 [ㄴㅂㅎㅅ]에 참석하였다. 47·42회

05 우리나라 최초의 [ㅂㅌ] 선거인 5·10 총선거가 실시되었다. 64·55회

제헌 국회의 활동 42회

지난 5·10 총선을 통해 구성된 국회가 반민족 행위자를 처벌할 수 있는 법안을 통과시켰습니다. 이 법의 적용을 받는 자는 한·일 합방에 협력한 자, 한국의 주권을 침해하는 데 도움을 준 자, 일본 치하 독립운동자나 그 가족을 살상·박해한 자 등입니다. → 제헌 국회

06 [ㅂㅁㅈㅎㅇ] 특별 조사 위원회가 출범하였다. 63·62·61·60회

07 유상 매수, 유상 분배 원칙의 [ㄴㅈ] 개혁법이 제정되었다.
62·58·57·55·54회

08 일제가 남긴 재산 처리를 위한 [ㄱㅅㅈㅅ] 처리법이 처음 제정되었다.
63·51회

6·25 전쟁 39회

…… 말씀하신 대로 인천항은 많은 난점을 안고 있습니다. 이곳은 좁은 단일 수로로 대규모 함정의 진입이 불가능하고, 적이 기뢰를 매설할 경우 많은 피해가 예상됩니다. 이와 같은 어려운 조건 때문에 적군도 이 작전이 불가능하다고 판단할 것입니다. → 인천 상륙 작전 → 6·25 전쟁

09 전쟁 이전 상황 – [ㅇㅊㅅ] 선언이 발표되었다. 66·65회

10 국군이 [ㄷㅂㄷ] 전투에서 북한군의 공세를 방어했어요. 55회

11 [ㅎㄴㅊㅅ] 작전이 전개되었다. 68·61회

12 소련의 제안으로 [ㅈㅈㅎㄷ]이 개최됐어요. 55회

13 [ㅍㅁㅈ]에서 6·25 전쟁 정전 협정이 조인되었다. 50회

14 한·미 [ㅅㅎㅂㅇ] 조약이 체결되었다. 68·65·64회

이승만 정부의 장기 집권 추진 – 사사오입 개헌 38회

자유당은 당시 대통령에 한하여 중임 제한을 적용하지 않는다는 내용을 골자로 하는 개헌을 추진하였다. 그해 11월, 개헌안은 의결 정족수에 1명이 부족하여 부결되었는데, 사사오입의 논리를 내세워 개헌안이 다시 통과된 것으로 번복하였다. → 사사오입 개헌

15 개헌 당시의 대통령에 한하여 [ㅈㅇ] 제한이 철폐되었다. 67·58회

4·19 혁명 52회

오늘은 부정 선거를 규탄하는 시위에 가담했다가 실종되었던 마산상고 김주열 학생의 사망이 확인된 날이다. 그가 눈에 최루탄을 맞은 상태로 마산 앞바다에서 발견된 이 사건을 계기로 시민들의 시위가 전국적으로 확산되었다. → 4·19 혁명

16 [3·15 ㅂㅈ ㅅㄱ]에 항의하는 시위에서 시작되었다. 61·56회

17 [ㄷㅎ ㄱㅅㄷ]이 대통령 퇴진을 요구하며 시위 행진을 벌였다.
50·48·46회

18 결과 – [ㅎㅈ]을 수반으로 하는 과도 정부가 수립되었다.
63·61·53·52회

19 대통령 중심제에서 [ㅇㅇ ㄴㄱㅈ]로 바뀌는 계기가 되었다. 54회

20 [ㅈㅁ] 내각이 출범하는 배경이 되었다. 68·65·60·51회

기출문제로 실전 감각 익히기

각 문제의 자료에 표시된 힌트를 참고하여 정답을 선택하세요!

[01~02] 다음 자료를 읽고 물음에 답하시오.

(가) 모스크바 삼상 회의에서 결정한 조선에 관한 제3조 제2항에 의거하여 구성된 [㉠]이/가 3천만의 큰 희망 속에 20일 드디어 덕수궁 석조전에서 출범하였다. 조선의 진로를 좌우하는 중대한 관건을 쥐고 있는 만큼 그 추이는 자못 3천만 민중의 주목을 받고 있다. ──힌트❷

(나) 조선인이 다 아는 것과 같이 [㉠]이/가 난관에 봉착함으로 인하여 미국 측은 조선의 독립과 통일 문제를 유엔 총회에 제출하였다. 그리고 대다수의 세계 각국이 41대 6으로 이 문제를 유엔 총회에 상정시키기로 가결하였다. …… 조선인에게 권고하고 싶은 것은 이 중요한 시간에 유엔 총회가 조선 문제를 해결할 수 있다는 믿음을 가지고 평화를 애호하는 세계의 모든 국가가 모인 유엔 총회의 결정을 전적으로 지지하여야 할 것이다. ──힌트❷

01 ㉠ 기구에 대한 설명으로 옳은 것은? [2점]
〔47회〕

① 반공을 국시로 내건 혁명 공약을 발표하였다.
② 정치인들의 활동을 규제하고, 언론 기관을 통폐합하였다.
③ 정수의 3분의 1에 해당하는 국회의원 선출권을 행사하였다.
④ 조선 인민 공화국을 수립하고 전국 각 지역에 인민 위원회를 조직하였다.
⑤ 임시 민주 정부 수립을 위한 협의에 참여할 단체의 범위를 두고 논쟁하였다.

02 (가), (나) 사이의 시기에 있었던 사실로 옳은 것은? [2점]
〔47회〕

① 김구, 김규식 등이 남북 협상에 참석하였다.
② 반민족 행위 특별 조사 위원회가 구성되었다.
③ 좌·우 합작 위원회에서 좌·우 합작 7원칙을 발표하였다.
④ 유상 매수, 유상 분배 원칙의 농지 개혁법이 제정되었다.
⑤ 우리나라 최초의 보통 선거인 5·10 총선거가 실시되었다.

03 다음 상황 이후에 일어난 사실로 옳은 것은? [2점]
〔64회〕

──힌트❶
유엔군과 국군은 서울에서 퇴각하고 한강 이북의 부대를 철수시키기로 결정하였다. 이들은 한강에 설치된 임시 교량을 이용해 철수하였고, 오후 1시경에 마지막 부대가 통과한 후 임시 교량을 폭파시켰다. 이에 앞서 정부는 서울 시민들에게 피란을 지시하였고, 많은 서울 시민들이 보따리를 싸서 피란길에 나섰다.

① 한·미 상호 방위 조약이 체결되었다.
② 장진호 전투에서 중국군이 유엔군을 포위하였다.
③ 경찰이 반민족 행위 특별 조사 위원회를 습격하였다.
④ 미국의 극동 방위선이 조정된 애치슨 라인이 발표되었다.
⑤ 우리나라 최초의 보통 선거인 5·10 총선거가 실시되었다.

04 (가) 민주화 운동에 대한 설명으로 옳은 것은? [2점]
〔50회〕

이것은 대전 지역의 고등학생들이 장면 부통령 후보 유세를 기회로 삼아 시작한 3·8 민주 의거를 기리는 탑입니다. 3·8 민주 의거는 대구의 2·28 민주 운동, 마산의 3·15 의거와 더불어 [(가)]이/가 전국적으로 확산되는 계기가 되었습니다. ──힌트❶

① 한·일 국교 정상화에 반대하여 일어났다.
② 호헌 철폐와 독재 타도 등의 구호를 내세웠다.
③ 대학 교수단이 대통령 퇴진을 요구하며 시위 행진을 벌였다.
④ 3·1 민주 구국 선언을 통해 긴급 조치 철폐 등을 요구하였다.
⑤ 5년 단임의 대통령 직선제 개헌이 이루어지는 계기가 되었다.

정답 및 해설 ⇨ 245쪽

02 | 현대 [박정희 정부]

쌩초보 탈출구 🔑

4·19 혁명 이후, 박정희 등 일부 군인들이 정변을 일으켜 정권을 장악하고 박정희 정부를 수립하였어요. 박정희 정부는 경제 개발을 큰 목표로 삼아 정책들을 실시하였고, 장기 집권을 위해 헌법을 고쳐 대통령에게 막강한 권한을 부여하며 유신 체제를 수립하였어요.

1. 박정희 정부가 경제 개발 자금을 마련하기 위해 다른 나라와 펼쳤던 정책들을 알아두세요.

일본	미국	서독(독일)
한·일 국교 정상화	베트남전에 군대 파병	광부와 간호사 파견

2. 박정희 정부의 유신 체제 시기에 국민들이 저항했던 대표적인 세 사건을 순서대로 알아두세요!

개헌 청원 100만인 서명 운동 → 3·1 민주 구국 선언 → 부·마 민주 항쟁

빈출개념

1 5·16 군사 정변(1961)과 박정희 정부

최근 3개년 시험에서 **2문제 출제**
65회 47번, 51회 48번

1. 5·16 군사 정변, 군인들이 정변을 일으켜 권력을 장악하다

5·16 군사 정변	박정희 중심의 일부 군인들이 군사 정변을 일으켜 장면 내각을 붕괴시킴 → 군사 혁명 위원회를 구성하여 반공을 국시로 내건 혁명 공약을 발표함
군정 실시	군사 혁명 위원회를 국가 재건 최고 회의로 고쳐 군정을 실시함

└ 공산주의에 반대함

2. 박정희 정부, 경제 개발 자금 마련에 힘쓰다

(1) 수립: 제5차 개헌(대통령 직선제) 이후 실시된 제5대 대통령 선거에서 박정희가 당선되었다.

(2) 한·일 국교 정상화(1965)

배경	경제 개발을 위한 자금이 필요하였고, 미국이 일본과의 국교 정상화를 권고함
전개	• 한·일 회담(1962): 국교 정상화 이전 중앙정보부장 김종필과 일본 외상 오히라가 한·일 회담에서 무상 원조와 차관의 대략적인 금액을 비밀 메모 형태로 합의함(김종필·오히라 메모) └ 정보, 사찰, 수사 등 막강한 권력을 휘두른 기관 • 6·3 시위(1964): 굴욕적인 한·일 국교 정상화에 반대하는 시위가 전개됨 • 한·일 협정 체결(1965): 일본의 독립 축하금이라는 명목으로 무상 3억 달러·유상 2억 달러·민간 차관 3억 달러 제공에 합의하면서 국교가 정상화됨

(3) 베트남 파병

파병	미국의 요청으로 베트남전(월남전) 파병을 결정함
브라운 각서 체결	• 미국 정부가 보상 조치 내용을 한국 정부에 보낸 각서 • 베트남전 추가 파병에 대한 대가로 경제 발전을 위한 원조를 받음

(4) 한·독 근로자 채용 협정 체결: 서독(독일)에 광부와 간호사를 파견하여 경제 개발에 필요한 외화를 획득하였다.

(5) 제1·2차 경제 개발 5개년 계획 실시: 저임금을 이용한 노동 집약적 산업을 중점적으로 육성하였다. 축적된 자본을 바탕으로 경부 고속도로 등 사회 간접 자본을 확충하였다.

기출선택지 암기하기

1. 5·16 군사 정변
• 반공을 국시로 내건 혁명 공약을 발표하였다. 47회

2. 박정희 정부
• 6·3 시위 – 한·일 국교 정상화에 반대하여 일어났다. 64·63·62·61·60회
• 6·3 시위가 전개되고 비상 계엄령이 선포되었다. 52·45회
• 한·일 협정을 체결하여 국교 정상화를 추진하였다. 41회
• 미국의 요청에 따라 베트남 파병이 시작되었다. 50회
• 베트남 파병에 관한 브라운 각서가 체결되었다. 58회
• 한·독 정부 간의 협정에 따라 서독으로 광부가 파견되었다. 43회
• 제1차 경제 개발 5개년 계획을 추진하였다. 68·61·56회
• 경부 고속 도로를 준공하였다. 56·51회

2 장기 집권 추진과 유신 체제(1972~1979)

최근 3개년 시험에서 **10문제 출제**
67회 49번, 64회 47번, 63회 44·45번, 62회 45번, 61회 47번, 59회 46번, 57회 49번, 55회 48번, 52회 47번

1. 장기 집권의 추진, 3선 개헌을 통해 장기 집권의 길을 열다

(1) **3선 개헌**(제6차 개헌, 1969): 제6대 대통령 선거(1967)에서 박정희가 당선된 이후, 장기 집권을 위해 대통령의 3선 연임을 허용하는 3선 개헌안을 편법으로 통과시켰다.

(2) **야당의 성장**: 제7대 대통령 선거(1971)에서 박정희가 야당의 김대중 후보를 힘겹게 이기고, 총선에서 야당이 과반에 가까운 의석을 차지하는 등 야당 세력이 성장하였다.

2. 유신 체제의 성립과 전개, 대통령의 권한이 막강해지다

(1) **10월 유신 선포**(1972. 10.): 박정희 정부가 10월 유신과 비상 계엄을 선포하고 국회를 해산하였으며, 유신 헌법을 제정하고 국민 투표로 확정하였다.

(2) **유신 헌법**(제7차 개헌, 1972. 12.)

① 장기 독재 체제 마련: **통일 주체 국민회의**에서 간선제로 대통령을 선출하고, 대통령 임기를 6년(중임 제한 폐지)으로 연장하였다. └ 유신 헌법에 의해 설치된 헌법 기관

② 대통령 권한 강화: 국회의원 1/3 선출권, **국회 해산권**, **긴급 조치권** 등을 부여하였다. └ 국민의 기본권을 제한할 수 있는 권리

(3) **유신 체제에 대한 저항과 탄압**

저항	• 장준하 등이 개헌 청원 100만인 서명 운동을 전개함 • 재야 인사들이 긴급 조치 철폐 등을 요구하는 3·1 민주 구국 선언을 발표함
탄압	인민 혁명당이 국가 전복을 계획하였다는 내용의 인민 혁명당 재건위 사건을 발표하고, 긴급 조치에 따라 영장 없이 관련자들을 체포함

(4) **유신 체제 시기의 경제**: 제3·4차 경제 개발 5개년 계획을 실시하여 중화학 공업을 육성하였고, 수출 100억 달러를 달성(1977)하였다.

3. 유신 체제의 붕괴(1979), 부·마 민주 항쟁이 유신 체제 붕괴의 불꽃이 되다
└ 석유 가격 폭등으로 세계 경제가 큰 혼란에 빠진 일

(1) **경제 불황 심화**: 1978년부터 시작된 제2차 석유 파동으로 경제 불황이 심화되었다.

(2) **YH 무역 사건**: YH 무역의 여성 노동자가 부당한 폐업 조치에 항의하는 과정에서 사망하였다.

(3) **부·마 민주 항쟁**: 유신 체제에 비판적이었던 야당 총재 김영삼의 국회 의원직이 제명되자, 부산과 마산에서 유신 반대 시위를 전개하였다.

(4) **붕괴**: 부·마 민주 항쟁의 진압을 둘러싸고 박정희 정부 내에서 갈등이 발생하였고, 중앙정보부장 김재규가 박정희를 살해한 10·26 사태로 유신 체제가 붕괴되었다.

기출선택지 암기하기

1. 장기 집권의 추진
• 장기 집권을 위한 3선 개헌안이 통과되었다. 55회

2. 유신 체제의 성립과 전개
• 국회 해산과 헌법의 일부 효력 정지를 담은 유신이 선포되었다. 61·55회
• 통일 주체 국민회의가 조직되었다. 46회
• 통일 주체 국민회의에서 대통령이 선출되었다. 67·59·58회
• 유신 헌법 - 대통령의 국회의원 1/3 추천 조항을 담고 있다. 67회
• 유신 헌법 - 정수의 3분의 1에 해당하는 국회의원 선출권을 행사하였다. 47·42회
• 3·1 민주 구국 선언을 통해 긴급 조치 철폐 등을 요구하였다. 68·65·62·59·58·54회

3. 유신 체제의 붕괴
• 제2차 석유 파동으로 경제 불황이 심화되었다. 52회
• YH 무역 노동자들이 폐업에 항의하며 농성하였다. 63·59회
• 부·마 민주 항쟁 - 유신 체제가 붕괴되는 배경이 되었다. 60·53회

---

3 박정희 정부의 사회 상황과 통일 정책

최근 3개년 시험에서 **7문제 출제**
68회 45·50번, 66회 46번, 64회 45번, 60회 44번, 56회 46번, 53회 48번

1. 박정희 정부의 사회 상황

(1) **새마을 운동**: 1970년부터 농촌 환경 개선을 목표로 전개되었다.

(2) **전태일 분신 사건**: 동대문 평화시장에서 재단사로 일하던 전태일이 낮은 임금과 열악한 노동 환경에 근로 기준법 준수를 외치며 분신하였다(1970).

(3) **광주 대단지 사건**: 서울 도심을 정비(도시화)하기 위해 10만여 명의 주민들을 경기도 광주로 강제 이주시키는 과정에서 대규모 시위가 발생하였다.

2. 박정희 정부의 통일 정책, 분단 이후 최초로 남북 대화가 시작되다

(1) **남북 적십자 회담 개최**: 남한의 대한 적십자사가 이산가족 찾기를 위한 남북 적십자 회담을 제안하였고, 북한이 수용하면서 분단 이후 최초로 남북 대화가 시작되었다.

(2) **7·4 남북 공동 성명 발표**: 통일 3대 원칙(자주·평화·민족 대단결)과 남북 조절 위원회 설치 등에 합의하였다(1972).

기출선택지 암기하기

1. 박정희 정부의 사회 상황
• 농촌 근대화를 표방한 새마을 운동이 전개되었다. 60·57·56회
• 전태일이 근로 기준법 준수를 외치며 분신하였다. 52회

2. 박정희 정부의 통일 정책
• 제1차 남북 적십자 회담을 개최하였다. 49회
• 7·4 남북 공동 성명을 발표하였다. 68·63·62·53·52·51회
• 남북 조절 위원회를 설치하여 통일 방안을 논의하였다. 65·64·63·62·61회

기출 자료와 선택지로 암기 강화

기출 자료를 통해 해석법을 익히고, 기출 선택지 초성 퀴즈로 암기를 강화하세요!

박정희 정부 – 한·일 국교 정상화 40회

1. 무상 원조에 대해 한국 측은 3억 5천만 달러, 일본 측은 2억 5천만 달러를 주장한 바 3억 달러를 10년에 걸쳐 공여하는 조건으로 양측 수뇌에게 건의함. → 김종필·오히라 메모 → 한·일 국교 정상화

3. 수출입 은행 차관에 대해 한국 측은 별개 취급을 희망하고 일본 측은 1억 달러 이상을 프로젝트에 따라 늘릴 수 있도록 하자고 주장한 바 양측 합의에 따라 국교 정상화 이전이라도 협력하도록 추진할 것을 양측 수뇌에게 건의함.

01 6·3 ㅅㅇ – 한·일 국교 정상화에 반대하여 일어났다. 64·63·62·61·60회

02 ㅎ·ㅇ ㅎㅈ을 체결하여 국교 정상화를 추진하였다. 41회

박정희 정부 – 베트남 파병 31회

1. 군사 원조
   • 한국에 있는 한국군의 현대화 계획을 위하여 앞으로 수년에 걸쳐 상당량의 장비를 제공한다. → 베트남 파병
   • 월남에 파견되는 추가 병력에 필요한 장비를 제공하는 한편, 파월 추가 병력에 따르는 모든 추가적 원화 경비를 부담한다.

03 ㅁㄱ의 요청에 따라 베트남 파병이 시작되었다. 50회

04 베트남 파병에 관한 ㅂㄹㅇ 각서가 체결되었다. 58회

장기 집권의 추진 – 3선 개헌 40회

제69조 ① 대통령의 임기는 4년으로 한다.
         ② 대통령이 궐위된 경우의 후임자는 전임자의 잔임 기간 중 재임한다. → 3선 개헌
         ③ 대통령의 계속 재임은 3기에 한한다.

05 장기 집권을 위한 3ㅅ ㄱㅎ안이 통과되었다. 55회

유신 체제의 성립과 전개 49회

국민의 직접 선거로 대의원이 선출되었으며, 통일 정책을 최종 결정하고 대통령 선거권 등을 행사하는 통일 주체 국민회의가 발족하였다. → 유신 체제

06 국회 해산과 헌법의 일부 효력 정지를 담은 ㅇㅅ이 선포되었다. 61회

07 통일 주체 국민회의에서 ㄷㅌㄹ이 선출되었다. 67·59·58회

08 유신 헌법 – 대통령의 ㄱㅎㅇㅇ 1/3 추천 조항을 담고 있다. 67회

09 3·1 민주 구국 선언을 통해 ㄱㄱ ㅈㅊ 철폐 등을 요구하였다. 68·65·62·59·58·54회

유신 체제의 붕괴 46회

이것은 부산과 마산 지역의 시민과 학생들이 일으킨 (가)을/를 기념하는 탑입니다. 야당 총재의 국회의원직 제명으로 촉발된 (가)은/는 민주화에 기여한 점을 인정받아 2019년에 국가 기념일로 지정되었습니다. → 부·마 민주 항쟁 → 유신 체제의 붕괴

10 제2차 ㅅㅇ 파동으로 경제 불황이 심화되었다. 52회

11 YH ㅁㅇ 노동자들이 폐업에 항의하여 농성하였다. 63·59회

12 부·마 민주 항쟁 – ㅇㅅ 체제가 붕괴되는 배경이 되었다. 60·53회

박정희 정부의 사회 상황 43회

어제 동대문 평화 시장 재단사 전태일 씨가 분신하는 사건이 발생하였습니다. 이 과정에서 그는 노동자들의 열악한 근무 환경 실태를 고발하며 근로 기준법의 준수를 외쳤습니다. → 전태일 분신 사건 → 박정희 정부의 사회 상황

13 농촌 근대화를 표방한 ㅅㅁ 운동이 전개되었다. 60·57회

14 ㅈㅌㅇ이 근로 기준법 준수를 외치며 분신하였다. 52회

박정희 정부의 통일 정책 32회

쌍방은 다음과 같은 조국 통일 원칙들에 합의를 보았다.
첫째, 통일은 외세에 의존하거나 외세의 간섭을 받음이 없이 자주적으로 해결하여야 한다.
둘째, 통일은 서로 상대방을 반대하는 무력행사에 의거하지 않고 평화적 방법으로 실현하여야 한다.
셋째, 사상과 이념·제도의 차이를 초월하여 우선 우리는 하나의 민족으로서 민족적 대단결을 도모하여야 한다. → 7·4 남북 공동 성명 → 박정희 정부

15 제1차 남북 ㅈㅅㅈ 회담을 개최하였다. 49회

16 7·4 남북 ㄱㄷ ㅅㅁ을 발표하였다. 68·63·62·53·52·51회

17 남북 ㅈㅈ ㅇㅇㅎ를 설치하여 통일 방안을 논의하였다. 65·64·63·62·61회

정답 01 6·3 시위 02 한·일 협정 03 미국 04 브라운 05 3선 개헌 06 유신 07 대통령 08 국회의원 09 긴급 조치 10 석유 11 YH 무역 12 유신 13 새마을 14 전태일 15 적십자 16 공동 성명 17 조절 위원회

기출문제로 실전 감각 익히기

각 문제의 자료에 표시된 힌트를 참고하여 정답을 선택하세요!

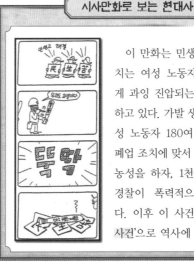

01 (가), (나) 문서가 작성된 사이의 시기에 있었던 사실로 옳은 것은? [3점]
[45회]

> (가)
> 1. 무상 원조에 대해 한국 측은 3억 5천만 달러, 일본 측은 2억 5천만 달러를 주장한 바 3억 달러를 10년에 걸쳐 공여하는 조건으로 양측 수뇌에게 건의함
> └ 힌트❶
> :
> 3. 수출입 은행 차관에 대해 …… 양측 합의에 따라 국교 정상화 이전이라도 협력하도록 추진할 것을 양측 수뇌에게 건의함
> └ 힌트❷
>
> (나)
> 제1조 양 체약 당사국 간에 외교 및 영사 관계를 수립한다.
> └ 힌트❶
> 제2조 1910년 8월 22일 및 그 이전에 대한 제국과 일본 제국 간에 체결된 모든 조약 및 협정이 이미 무효임을 확인한다.
> :

① 한·미 상호 방위 조약이 체결되었다.
② 6·3 시위가 전개되고 비상 계엄령이 선포되었다.
③ 경찰이 반민족 행위 특별 조사 위원회를 습격하였다.
④ 평화 통일론을 주장한 진보당의 조봉암이 구속되었다.
⑤ 유상 매수, 유상 분배 원칙의 농지 개혁법이 제정되었다.

02 다음 뉴스가 보도된 정부 시기의 경제 상황으로 옳은 것은? [2점]
[66회]

> ┌ 힌트❶
> 서울–부산 간 고속도로 준공식이 대구에서 열렸습니다. 대전–대구 구간을 마지막으로 경부 고속도로가 완공되면서 서울에서 부산까지의 이동 시간이 4시간 30분 정도로 줄어들게 되었습니다. 하지만 2년 5개월여의 단기간에 고속도로를 완공하면서 다수의 사상자가 발생하는 등 안타까운 일도 있었습니다.

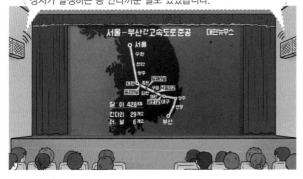

① 제2차 경제 개발 5개년 계획이 추진되었다.
② 미국의 경제 원조로 삼백 산업이 발달하였다.
③ 귀속 재산 처리를 위해 신한 공사가 설립되었다.
④ 대통령 긴급 명령으로 금융 실명제가 실시되었다.
⑤ 최저 임금 결정을 위한 최저 임금 위원회가 설치되었다.

03 밑줄 그은 '선거' 이후의 사실로 옳은 것은? [3점]
[55회]

> ┌ 힌트❶
> 김대중 후보는 이번 선거에서 정권 교체를 못하면 박정희 후보가 영구 집권하는 총통 시대가 온다고 말했다네.
> └ 힌트❷

> 장충단 유세에서 박정희 후보는 자신을 한 번 더 뽑아달라는 정치 연설은 이번이 마지막이라며 지지를 호소했다더군.

① 정부 형태가 내각 책임제로 바뀌었다.
② 평화 통일을 주장한 진보당의 조봉암이 처형되었다.
③ 대통령의 3선 연임을 허용하는 개헌안이 통과되었다.
④ 한·일 국교 정상화에 반대하는 6·3 시위가 전개되었다.
⑤ 국회 해산과 헌법의 일부 효력 정지를 담은 유신이 선포되었다.

04 다음 사건 이후의 사실로 옳은 것은? [3점]
[52회]

> **시사만화로 보는 현대사**
>
> 이 만화는 민생고 해결을 외치는 여성 노동자들이 경찰에게 과잉 진압되는 모습을 풍자하고 있다. 가발 생산 공장의 여성 노동자 180여 명이 업주의 폐업 조치에 맞서 신민당사에서 농성을 하자, 1천여 명의 무장 경찰이 폭력적으로 진압하였다. 이후 이 사건은 'YH 무역 사건'으로 역사에 기록되었다.
> └ 힌트❶

① 부·마 민주 항쟁이 일어났다.
② 3·1 민주 구국 선언이 발표되었다.
③ 민의원과 참의원의 양원제 국회가 출범하였다.
④ 6·3 시위가 전개되고 비상 계엄령이 선포되었다.
⑤ 전태일이 근로 기준법 준수를 외치며 분신하였다.

정답 및 해설 ⇨ 245쪽

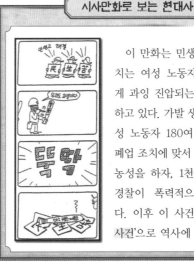

03 | 현대 (전두환 정부 ~ 노무현 정부)

쌩초보 탈출구 🗝

전두환 등 신군부 세력이 쿠데타로 정권을 장악하자, 1980년에 광주에서는 5·18 민주화 운동이 전개되었지만 무력 진압되었어요. 전두환 정부가 수립된 후 강압적인 통치가 계속 되자 1987년에는 6월 민주 항쟁이 일어나 국민의 힘으로 대통령 직선제 개헌을 이뤄내기도 했답니다. 이후 수립된 노태우 정부부터는 북한과의 관계가 개선되어 남북간의 교류가 활발해졌어요.

1. 전두환 정부부터 노무현 정부까지의 순서를 기억해두세요.

전두환 정부	→	노태우 정부	→	김영삼 정부	→	김대중 정부	→	노무현 정부

2. 노태우, 김대중, 노무현 정부 시기에 북한과 합의한 문서 및 선언의 이름을 구분하여 알아두세요!

노태우 정부	김대중 정부	노무현 정부
남북 기본 합의서 교환, 한반도 비핵화 공동 선언	6·15 남북 공동 선언	10·4 남북 공동 선언

최빈출개념 1

5·18 민주화 운동과 전두환 정부

1. 5·18 민주화 운동(1980), 광주 시민들이 신군부에 맞서 저항하다

(1) **배경**

① **신군부의 등장**: 10·26 사태 이후 최규하가 제10대 대통령으로 선출되었으나 정국이 불안하자 전두환, 노태우 등의 신군부가 쿠데타를 일으켜 정권을 장악하였다(12·12 사태).

② **신군부의 비상 계엄 확대**: 신군부가 비상 계엄을 전국으로 확대하고, 김대중 등 야당의 주요 정치 인사와 학생 운동 지도부를 체포·구속하였다.

(2) **전개 과정**: 광주에서 계엄령 확대와 무력 진압에 저항하는 시위 발생(5. 18.) → 신군부가 공수 부대를 동원하여 무력 진압 → 일부 시민이 시민군을 조직하여 대항하였으나 무력 진압됨

(3) **영향**: 5·18 민주화 운동 관련 기록물이 유네스코 세계 기록유산으로 등재되었다.

2. 신군부의 정권 장악과 전두환 정부, 강압 정책과 유화 정책을 동시에 실시하다

(1) **신군부의 정권 장악**: 5·18 민주화 운동을 무력 진압한 신군부는 국가 보위 비상 대책 위원회(국보위)를 설치하였다. 국보위에서 언론 통폐합, 삼청 교육대 운영, 과외 전면 금지, 본고사 폐지, 대학 졸업 정원제 등을 실시하였다.
ㄴ 사회 정화라는 명목 아래 설치된 기관   ㄴ 최고 군사 회의 성격의 대통령 자문 기구

(2) **전두환 정부 수립 과정**: 신군부의 압력으로 최규하 대통령 사퇴 → 통일 주체 국민회의에서 전두환을 제11대 대통령으로 선출(1980) → 제8차 개헌(7년 단임의 대통령제, 대통령 선거인단에 의한 대통령 간선제) → 대통령 선거인단이 제12대 대통령으로 전두환 선출(1981)

(3) **전두환 정부의 주요 정책**

강압 정책	언론 통제, 민주화 운동 탄압
유화 정책	프로 야구·축구단 창단, 중학교 의무 교육 실시, 야간 통행 금지 해제 등
경제 성장	3저 호황(저달러·저유가·저금리)으로 물가가 안정되고 수출이 증가함
통일 정책	최초의 이산가족 고향 방문과 예술 공연단 교환을 실현함

기출선택지 암기하기

1. 5·18 민주화 운동

• 배경 – 신군부가 비상 계엄을 전국으로 확대하였다. 62·60·58·57·53회

• 시위 과정에서 시민군이 자발적으로 조직되었다. 68·66·64·55회

• 관련 기록물이 유네스코 세계 기록유산으로 등재되었다. 61·58·57·53회

2. 신군부의 정권 장악과 전두환 정부

• 국가 보위 비상 대책 위원회가 설치되었다. 65·54회

• 정치인들의 활동을 규제하고, 언론 기관을 통폐합하였다. 56·53회

• 사회 정화를 명분으로 삼청 교육대가 설치되었다. 63·56회

• 과외 전면 금지와 대학 졸업 정원제를 시행하였다. 50·48회

• 제8차 개헌 – 대통령 선거인단에 의한 간접 선거제를 규정하였다. 50회

• 프로 야구가 6개 구단으로 출범되었다. 63·60회

• 남북 간 이산가족 상봉을 처음 실현하였다. 68·67·66·65·63회

• 최초의 이산가족 고향 방문과 예술 공연단 교환을 실현하였다. 58·51회

3. 6월 민주 항쟁(1987), 국민의 힘으로 대통령 직선제 개헌을 이끌어 내다

배경	전두환 정부의 권위주의적 통치와 강압적 통제로 민주화 운동이 활성화됨
전개 과정	1천만 서명 운동 전개(1985, 직선제 개헌 청원) → **박종철** 고문 치사 사건(1987) → 전두환 정부가 4·13 호헌 조치 발표(현행 헌법 유지) → **이한열** 최루탄 피격 사건 → 6·10 국민 대회가 열려 전국 각지에서 국민 대회와 시위 전개, "호헌 철폐·독재 타도·민주 헌법 쟁취" 요구 └ 연세대 학생 이한열이 최루탄에 맞아 쓰러진 사건 ┘
결과	노태우가 대통령 직선제 개헌을 주요 내용으로 한 6·29 민주화 선언 발표 → **5년 단임의 대통령 직선제**로 개헌(제9차 개헌) → 제13대 대통령 선거에서 노태우 당선 └ 민주 정의당(여당) 대표이자 대통령 후보

2. 노태우 정부~노무현 정부

1. 노태우 정부, 북방 외교를 펼치며 남북 대화에 나서다
└ 민주 정의당(노태우), 통일 민주당(김영삼), 신민주 공화당(김종필)

(1) **3당 합당**: 여소야대의 정국을 극복하기 위해 3당 합당으로 민주 자유당을 창립하였다.
　└ 야당의 의석 수가 여당보다 많은 경우

(2) **올림픽 개최**: 서울 올림픽의 개최로 국민의 일체감과 국제적 지위를 향상시켰다.

(3) **북방 외교**: **중화 인민 공화국**(중국), 소련 등 공산권 국가들과 **국교**를 수립하였다.
　└ 대한민국 대통령으로는 최초로 중국을 공식 방문

(4) **통일 노력**: 남북한이 **유엔에 동시 가입**하였으며, 북한과 **남북 기본 합의서**를 교환하고 **한반도 비핵화 공동 선언**에 서명하였다.
　└ 상호 화해와 불가침 및 교류·협력 확대에 관한 합의서

2. 김영삼 정부, 개혁 정책을 실시하였으나 외환 위기를 맞다

(1) 개혁 정책

금융 실명제 실시	대통령 긴급 명령으로 모든 금융 거래 시 실제 명의를 사용하게 함
지방 자치제 시행	지방 자치 단체장 선거를 실시하여 지방 자치제를 전면 시행함

(2) **역사 바로 세우기 운동**: 국민학교를 초등학교로 변경하였으며, 조선 총독부 건물 철거와 전직 대통령(전두환, 노태우) 구속 등을 통해 역사를 바로 세우고자 하였다.
　└ 일제 강점기 국민학교령에 의해 세워진 초등 교육 기관

(3) **시장 개방**: 경제 협력 개발 기구(OECD)에 가입하여 시장 개방 정책을 추진하였다.

(4) **외환 위기**: 경제 위기를 맞게 되어 국제 통화 기금(IMF)에 대기성 차관을 요청하였다.

3. 김대중 정부, 외환 위기를 극복하고 최초로 남북 정상 회담을 실시하다

(1) **외환 위기 극복**: 국민들의 금 모으기 운동, 노사정 위원회 설치, 기업에 대한 구조 조정 등을 통해 국제 통화 기금(IMF)의 구제 금융 지원금을 예정보다 빨리 상환하였다.
　└ 경제 위기 극복을 위한 사회적 협의 기구

(2) **국민 기초 생활 보장법 실시**: 생활이 어려운 국민의 최저 생활을 보장하는 정책을 실시하였다.

(3) **통일 노력**: 대북 화해 정책인 햇볕 정책을 추진하였다.
① **금강산 해로 관광 시작**: 햇볕 정책을 바탕으로 금강산 해로 관광을 시작하였다.
② **제1차 남북 정상 회담**: 최초로 남북 정상 회담을 실시하고, 6·15 남북 공동 선언을 채택하였다.
③ **개성 공업 지구 건설 합의**: 남북한의 교류 협력을 위한 개성 공업 지구 건설에 합의하였다.

4. 노무현 정부, 남북 교류 활성화를 위해 노력하다

(1) **주요 정책**: 호주제 폐지(양성 평등 실현), 과거사 정리 위원회 구성, 질병 관리 본부(국민 보건 증진) 설치 등의 정책을 실시하였다.

(2) **자유 무역 협정(FTA) 체결**: 미국, 칠레 등과 자유 무역 협정(FTA)을 체결하였다.

(3) **통일 노력**: 남북 간 경제 교류 활성화를 위한 개성 공업 지구 건설에 착수하였고, 제2차 남북 정상 회담을 실시하여 10·4 남북 공동 선언을 채택하였다.
　└ 6·15 남북 공동 선언 재확인, 경제 협력 사업의 활성화에 합의

---

3. 6월 민주 항쟁

- 박종철과 이한열의 희생으로 확산되었다. 62·51회

- 호헌 철폐와 독재 타도 등의 구호를 내세웠다. 66·62·61·60·59·58·55회

- 5년 단임의 대통령 직선제 개헌이 이루어졌다. 68·65·64·63·54회

최근 3개년 시험에서 23문제 출제
68회 43번, 67회 50번, 66회 47·50번, 65회 50번, 64회 48번, 63회 50번, 62회 47번, 61회 49·50번, 60회 48번, 59회 49번, 57회 50번, 56회 49·50번, 55회 50번, 54회 48·49·50번, 53회 50번, 52회 49·50번, 51회 50번

기출선택지 암기하기

1. 노태우 정부
- 중화 인민 공화국과 **국교**를 수립하였다. 50회
- 남북한이 유엔에 동시 가입하였다. 68·61·59·57·53회
- 남북한 간 최초의 공식 합의서인 **남북 기본 합의서**를 교환하였다. 68·57·51회
- 남북한이 한반도 비핵화 공동 선언에 서명하였다. 65·62·61·56·53·52회

2. 김영삼 정부
- 대통령 긴급 명령으로 **금융 실명제**가 실시되었다. 68·66·61·60·58·57회
- 경제 협력 개발 기구(OECD)에 가입하였다. 64·63·60·56·54·51회

3. 김대중 정부
- 외환 위기 극복을 위해 **금 모으기 운동**이 전개되었다. 57회
- 대통령 직속 자문 기구인 노사정 위원회가 구성되었다. 64·53·52회
- 국민 기초 생활 보장법이 실시되었다. 61회
- 금강산 해로 관광 사업을 시작하였다. 68·52회
- 남북한의 교류 협력을 위한 개성 공업 지구 건설에 **합의**하였다. 64·63·60·53·51회

4. 노무현 정부
- 10·4 남북 공동 선언을 발표하였다. 67·64·63·57회
- 남북한의 교류 협력을 위한 개성 공업 지구 건설에 **착수**하였다. 66·52회
- 한·미 자유 무역 협정(FTA)이 체결되었다. 63·61·60·58·57·56·55회

03 현대(전두환 정부~노무현 정부) **157**

5·18 민주화 운동 43회

광주 시민들에 따르면, 공수 부대가 학생들의 시위에 잔인하게 대응하면서 상호 간에 폭력적인 결과를 가져왔다고 한다. 계엄령 해제와 수감된 야당 지도자의 석방을 요구하는 학생들이 행진하면서 돌을 던졌다고 하지만, 그렇게 폭력적이지는 않았다고 한다.
→ 5·18 민주화 운동

01 시위 과정에서 [ㅅㅁㄱ]이 자발적으로 조직되었다. 68·66·64회

02 관련 기록물이 [ㅇㄴㅅㅋ] 세계 기록유산으로 등재되었다.
61·58·57·53회

신군부의 정권 장악과 전두환 정부 44회

정부가 대학 입시 본고사를 폐지하고 대학의 졸업 정원제를 실시한 데 이어, 중학교 의무 교육을 처음 도입하기로 하였습니다. 이에 따라 올해 도서·벽지 중학교 1학년부터 의무 교육이 시작되어 내년에는 도서·벽지 중학교 전 학년으로 확대 적용될 예정입니다.
→ 전두환 정부

03 [ㄱㄱㅂㅇ] 비상 대책 위원회가 설치되었다. 65·54회

04 제8차 개헌 – 대통령 [ㅅㄱㅇㄷ]에 의한 간접 선거제를 규정하였다.
50회

05 프로 [ㅇㄱ]가 6개 구단으로 출범되었다. 63·60회

06 최초의 [ㅇㅅㄱㅈ] 고향 방문과 예술 공연단 교환을 실현하였다.
58·51회

6월 민주 항쟁 38회

이제 우리 국민은 그 어떠한 명분으로도 더 이상 민주화의 실현이 지연되어서는 안된다고 요구하고 있다. …… 4·13 폭거가 무효임을 선언하는 행진은 이제 거스를 수 없는 역사의 대세가 되었다.
→ 6월 민주 항쟁

07 [ㅎㅎ] 철폐와 [ㄷㅈ] 타도 등의 구호를 내세웠다. 66·62·61·60·59·58회

08 5년 단임의 [ㄷㅌㄹ ㅈㅅ]제 개헌이 이루어졌다. 68·65·64·63·54회

노태우 정부 45회

우리는 지난 2년 동안 지난날 냉전 체제의 다른 한쪽 종주국이었던 소련과 국교를 열고 우호 협력하는 관계를 이루었습니다. …… 이러한 변화 속에서 이루어지는 남북한의 유엔 가입은 한국 전쟁 이후 남북 관계의 가장 큰 전환일 것입니다.
→ 노태우 정부

09 중화 인민 공화국과 [ㄱㄱ]를 수립하였다. 50회

10 남북한 간 최초의 공식 합의서인 남북 [ㄱㅂ ㅎㅇㅅ]를 교환하였다.
68·61·59회

11 남북한이 한반도 [ㅂㅎㅎ] 공동 선언에 서명하였다. 65·62·61·56·53·52회

김영삼 정부 48회

국제 통화 기금(IMF)에 지원 요청

정부는 최근 겪고 있는 금융, 외환 시장에서의 어려움을 극복하기 위해 국제 통화 기금에 유동성 조절 자금을 지원해 줄 것을 요청하기로 결정했습니다.
→ 김영삼 정부

12 대통령 긴급 명령으로 [ㄱㅇ ㅅㅁㅈ]가 실시되었다.
68·66·61·60·58·57회

13 [ㄱㅈ ㅎㄹ] 개발 기구(OECD)에 가입하였다. 64·63·60회

김대중 정부 43회

지난 3년 반은 개혁을 통해 외환 위기를 성공적으로 극복하고 21세기 세계 일류 국가로 들어설 수 있는 기틀을 마련하고자 힘써 온 시기였습니다. 우리는 국제 통화 기금(IMF)으로부터 지원받았던 195억 달러의 차관을 3년 앞당겨 전액 상환하게 되었습니다.
→ 김대중 정부

14 [ㅇㅎ ㅇㄱ] 극복을 위해 금 모으기 운동이 전개되었다. 57회

15 대통령 직속 자문 기구인 [ㄴㅅㅈ] 위원회가 구성되었다. 64·53·52회

16 [ㄱㅁ ㄱㅊ] 생활 보장법이 실시되었다. 61회

17 [ㄱㄱㅅ] 해로 관광 사업을 시작하였다. 68·52회

18 남북한의 교류 협력을 위한 개성 공업 지구 건설에 [ㅎㅇ]하였다.
64·63·60·53·51회

노무현 정부 44회

정부는 30일 11시 개성 공단 착공식이 북한 개성 현지 1단계 지구에서 남측과 북측 인사 300여 명이 참석한 가운데 열린다고 발표하였다. 남북이 분단 이후 처음으로 공동 조성하는 대규모 수출 공업 단지인 개성 공단은 남측의 기술력 및 대외 무역 능력과 북측의 노동력을 바탕으로 만들어지는 남북 경협의 마중물이 될 것으로 기대된다.
→ 노무현 정부

19 10·4 [ㄴㅂ ㄱㄷ] 선언을 발표하였다. 67·64·63·57회

20 남북한의 교류 협력을 위한 개성 공업 지구 건설에 [ㅊㅅ]하였다.
66·52회

21 한·미 [ㅈㅇ ㅁㅇ] 협정(FTA)이 체결되었다. 63·61·60·58·57·56·55회

정답 01 시민군 02 유네스코 03 국가 보위 04 선거인단 05 야구 06 이산가족 07 호헌, 독재 08 대통령 직선 09 국교 10 기본 합의서 11 비핵화 12 금융 실명제 13 경제 협력 14 외환 위기 15 노사정 16 국민 기초 17 금강산 18 합의 19 남북 공동 20 착수 21 자유 무역

기출문제로 실전 감각 익히기

각 문제의 자료에 표시된 힌트를 참고하여 정답을 선택하세요!

01 (가) 민주화 운동에 대한 설명으로 옳은 것은? [1점]
62회

─ 힌트❶
이 곡은 (가) 기념식에서 제창하는 노래입니다. (가) 당시 계엄군에 맞서 시민군으로 활동하다 희생된 윤상원과 광주에서 야학을 운영하다 사망한 박기순의 영혼 결혼식에 헌정된 노래입니다. 여러 나라에서 민주화를 염원하는 사람들이 이 곡을 함께 부르고 있습니다.

─ 힌트❷

① 시위 도중 대학생 이한열이 희생되었다.
② 경무대로 향하던 시위대가 경찰의 총격을 받았다.
③ 박종철 고문 치사 사건의 진상 규명을 요구하였다.
④ 신군부의 비상 계엄 확대와 무력 진압에 저항하였다.
⑤ 3·1 민주 구국 선언을 통해 긴급 조치 철폐 등을 주장하였다.

02 다음 기사에 보도된 민주화 운동의 결과로 옳은 것은? [2점]
49회

□□신문

제△△호   ○○○○년 ○○월 ○○일

민주 헌법 쟁취를 위한 국민 대회 열려

경찰이 사상 최대 규모인 5만 8천여 명의 병력을 동원하여 전국 집회장을 원천 봉쇄한다는 방침을 밝힌 가운데 서울을 비롯한 전국 20여 개 도시에서 국민 대회가 열렸다. ─ 힌트❶
민주 헌법 쟁취 국민 운동 본부는 "국민 합의를 배신한 4·13 호헌 조치는 무효임을 전 국민의 이름으로 선언한다."라고 발표하면서 민주 헌법 쟁취를 통한 민주 정부 수립 의지를 밝혔다.

① 국가 보위 비상 대책 위원회가 설치되었다.
② 신군부가 비상 계엄을 전국으로 확대하였다.
③ 5년 단임의 대통령 직선제 개헌이 이루어졌다.
④ 허정을 수반으로 하는 과도 정부가 수립되었다.
⑤ 조봉암이 혁신 세력을 규합하여 진보당을 창당하였다.

03 다음 발표가 있었던 시기를 연표에서 옳게 고른 것은? [2점]
66회

정부는 최근 겪고 있는 금융·외환 시장의 어려움을 극복하기 위해 국제 통화 기금(IMF)에 유동성 조절 자금을 지원해 줄 것을 요청하기로 결정하였습니다. …… 유동성 부족 상태가 조속한 시일 안에 해결될 것으로 기대합니다. 정부는 국제 통화 기금과 참여국의 지원과 함께 우리 스스로도 원활한 외화 조달을 위한 다각적인 대책을 함께 적극 추진해 나갈 계획입니다.

─ 힌트❶

1949	1965	1977	1988	1998	2007
(가)	(나)	(다)	(라)	(마)	
농지 개혁법 제정	한·일 기본 조약 체결	100억 달러 수출 달성	서울 올림픽 개최	노사정 위원회 구성	한·미 자유 무역 협정(FTA) 체결

① (가)   ② (나)   ③ (다)
④ (라)   ⑤ (마)

04 (가), (나) 사이의 시기에 있었던 사실로 옳은 것은? [2점]
62회

(가) 2. 남과 북은 나라의 통일을 위한 남측의 연합제 안과 북측의 낮은 단계의 연방제 안이 서로 공통성이 있다고 인정하고, 앞으로 이 방향에서 통일을 지향시켜 나가기로 하였다.
─ 힌트❶
– 「6·15 남북 공동 선언」

(나) 4. 남과 북은 현 정전 체제를 종식시키고 항구적인 평화 체제를 구축해 나가야 한다는 데 인식을 같이하고 직접 관련된 3자 또는 4자 정상들이 한반도 지역에서 만나 종전을 선언하는 문제를 추진하기 위해 협력해 나가기로 하였다.
─ 힌트❷
– 「10·4 남북 정상 선언」

① 남북 조절 위원회가 구성되었다.
② 7·4 남북 공동 성명이 발표되었다.
③ 개성 공업 지구 건설이 착공되었다.
④ 남북한 비핵화 공동 선언이 채택되었다.
⑤ 남북 이산가족 고향 방문단의 교환 방문이 최초로 성사되었다.

정답 및 해설 ⇒ 246쪽

04 | 통합 주제 [지역]

쌩초보 탈출구 🗝️

어떤 지역에서 어떤 역사적 사건이 전개되었는지를 알아두는 것이 중요해요. 특히, 일제 강점기와 관련된 국외 지역들과 활동 단체, 그리고 독도와 관련된 문서를 꼼꼼히 학습해야 해요.

1. 일제 강점기 독립운동가들의 서간도·북간도와 연해주 일대에서의 활동은 키워드를 구분해 알아두세요.

서간도	북간도	연해주
경학사, 신흥 강습소	서전서숙, 중광단	권업회, 대한 광복군 정부

2. 독도는 대한민국의 영토입니다. 독도가 우리나라 땅이라는 기록이 남아있는 문서들과 관련 기록들은 꼭 기억해두세요!

「세종실록」「지리지」	「동국문헌비고」	대한 제국 칙령 제41호

빈출개념
1 국외 지역

최근 3개년 시험에서 **6문제 출제**
67회 43번, 62회 38번, 61회 44번, 56회 44번, 54회 40번, 51회 37번

1. 국외 지역, 일제 강점기에 독립운동을 펼치다

서간도(남만주)	일제 강점기	삼원보에 경학사, 신흥 강습소 설립
북간도	근대	이범윤을 간도 관리사로 임명, 명동 학교, 서전서숙 설립
	일제 강점기	중광단 설립 → 북로 군정서로 개편됨
연해주	일제 강점기	신한촌에 권업회 조직, 권업신문 발간, 대한 광복군 정부 수립
일본 도쿄	일제 강점기	2·8 독립 선언서 발표, 관동 대학살, 이봉창 의거
샌프란시스코	일제 강점기	대한인 국민회 결성, 안창호의 흥사단 조직
하와이	일제 강점기	박용만이 대조선 국민 군단 조직
멕시코	일제 강점기	독립군 양성을 위한 숭무 학교 설립

기출선택지 암기하기

1. 국외 지역

- 서간도 – 한인 자치 기구인 경학사를 설립하였다. 67·62회
- 서간도 – 신흥 강습소를 세워 독립군을 양성하다. 65·61·59·56·51회
- 연해주 – 권업회 조직과 권업신문 발간 61회
- 연해주 – 대한 광복군 정부를 수립하여 무장 독립 전쟁을 준비하다. 67·53회
- 샌프란시스코 – 대한인 국민회를 중심으로 외교 활동을 전개하였다. 38회

최빈출개념
2 국내 지역

최근 3개년 시험에서 **14문제 출제**
68회 29번, 66회 48번, 65회 49번, 64회 50번, 63회 48번, 60회 26번, 59회 42·48번, 57회 32번, 56회 4·11번, 53회 27번, 52회 33번, 51회 29번

1. 한반도 북부, 고려 시대에 주요 사건이 일어나다

평양 (서경)	고려 시대	훈요 10조에서 서경(평양) 강조, 묘청의 서경 천도 운동
	근대	제너럴셔먼호 사건, 대성 학교 설립(안창호)
	일제 강점기	물산 장려 운동 시작, 강주룡의 고공 농성(평양 을밀대)
	현대	남북 협상(남북 지도자 회의) 실시, 제1·2차 남북 정상 회담 개최
개성 (송악, 개경)	고려 시대	고려의 수도, 만적의 난 발생, 경천사지 십층 석탑
	조선 시대	송상의 근거지
	현대	6·25 전쟁 때 정전 협정 시작, 개성 공단 건설

기출선택지 암기하기

1. 한반도 북부

- 평양 – 미국 상선 제너럴셔먼호가 관민들에 의해 불태워졌다. 61·60회
- 평양 – 노동자 강주룡이 을밀대 지붕에서 고공 농성을 벌였다. 68·64·60회

2. 한반도 남부, 여러 시대에 걸쳐 다양한 사건이 일어나다

인천	근대	• 강화도 조약을 통해 개항(1876) • 제물포 조약(1882)
	현대	인천 상륙 작전(6·25 전쟁)
공주	고대	백제 무령왕릉, 통일 신라 **김헌창**(웅천주 도독)의 난
	고려 시대	망이·망소이의 난
	근대	제2차 동학 농민 운동 때 우금치 전투 전개
청주	고려 시대	흥덕사에서 『**직지심체요절**』 간행
충주	조선 시대	신립의 탄금대 전투
천안	일제 강점기	유관순 열사의 만세 운동(아우내 장터)
부여	고대	백제 성왕이 천도한 지역, 정림사지 오층 석탑
안동 (고창)	고려 시대	고창 전투, **공민왕의 피난처**, 이천동 마애 여래 입상, 봉정사 극락전
	조선 시대	도산 서원, 병산 서원 위치
대구	고대	• 통일 신라 신문왕의 달구벌(대구)로의 천도 시도 • 공산 전투(후백제 vs 고려)
	근대	국채 보상 운동 시작
	현대	이승만 정부 때 2·28 민주 운동 전개
진주	조선 시대	임진왜란 때 진주 대첩(김시민) 전개, **임술 농민 봉기** 발발
	일제 강점기	조선 형평사 조직
전주	고대	견훤이 **후백제를 건국함**(완산주)
	조선 시대	태조 이성계의 어진(왕의 초상화)을 모신 **경기전**이 설치됨
	근대	제1차 동학 농민 운동 때 동학 농민군과 정부군이 **전주 화약 체결**
	일제 강점기	전동 성당 건립
강진	고려 시대	요세의 백련 결사 전개, 고려 상감 청자의 주요 생산 지역
	조선 시대	정약용의 유배지, 『경세유표』가 저술된 지역(다산 초당)

3. 섬

강화도	고려 시대	삼별초의 항쟁 전개, 팔만대장경 조판
울릉도· 독도	고대	신라 지증왕 때 이사부가 우산국(울릉도) 정벌
	조선 시대	• 『세종실록』 「지리지」에 우리나라 영토로 기재됨 • 숙종 때 안용복이 일본으로 건너가 우리나라 영토임을 확인 받음 • 『동국문헌비고』에 우산국의 땅이라는 기록 존재
	근대	대한 제국 칙령 제41호, 일본이 러·일 전쟁 중 불법으로 자국 영토에 편입, 울도 군수 심흥택이 독도가 일본 영토가 되었다는 소식 보고
제주도	고려 시대	삼별초의 마지막 근거지, 원 간섭기에 탐라총관부 설치
	조선 시대	김만덕의 빈민 구제 활동 전개, 하멜 일행의 표류 장소
	현대	제주 4·3 사건 발생
절영도	근대	러시아의 조차 요구
진도	고려 시대	삼별초의 대몽 항쟁 지역
거문도	근대	영국의 불법 점령 지역(거문도 사건)
완도	통일 신라	장보고가 청해진 설치
거제도	현대	6·25 전쟁 때 포로 수용소 설치
흑산도	조선 시대	정약전의 유배지, 『자산어보』 저술

• **개성** – 만적을 비롯한 노비들이 신분 해방을 도모하였다. 63·61·59·55회
• **개성** – 남북한 경제 협력 사업으로 설치된 공단의 위치를 파악한다. 49회

2. 한반도 남부
• **공주** – 김헌창이 반란을 일으킨 근거지를 검색한다. 64·52회
• **공주** – 중국 남조의 영향을 받은 **무령왕릉**이 있다. 66회
• **청주** – 금속 활자로 『**직지심체요절**』이 간행되었다. 60·59회
• **안동** – 홍건적의 침략 당시 공민왕이 피란한 지역을 찾아본다. 64회
• **대구** – 김광제 등의 발의로 국채 보상 운동이 일어났다. 58회
• **진주** – 유계춘이 백낙신의 수탈에 맞서 봉기한 지역을 조사한다. 60회
• **전주** – 태조의 어진을 모신 **경기전**이 건립된 장소이다. 65·60·52회
• **전주** – 동학 농민군이 정부와 **화약**을 맺은 장소이다. 65·57·53·52회

3. 섬
• **강화도** – 몽골에 항전할 때 임시 수도였다. 45회
• **독도** – 대한 제국 칙령 제41호에서 관할 영토로 명시한 곳이다. 58회
• **독도** – 일본이 러·일 전쟁 중에 불법적으로 편입하였다. 64회
• **제주도** – 김만덕의 빈민 구제 활동에 대해 알아본다. 56회
• **제주도** – 4·3 사건으로 많은 주민이 희생되었다. 59회
• **진도** – 배중손이 **삼별초**를 지휘하였던 근거지를 찾아본다. 49회
• **거문도** – 영국이 러시아의 남하를 구실로 불법 점령하였다. 58·56회
• **완도** – 통일 신라 때 장보고가 **청해진**을 설치하였다. 45회
• **흑산도** – 정약전이 『**자산어보**』를 저술한 곳을 검색한다. 59·56회

기출 자료를 통해 해석법을 익히고, 기출 선택지 초성 퀴즈로 암기를 강화하세요!

국외 지역 – 서간도 38회

이은숙의 회고록으로 본 국외 민족 운동
한국 독립운동사의 일면을 살펴볼 수 있는 책이 발간되었다. ……
이 책에는 국권 피탈 직후 (가) 지역으로 이주하여 독립운동에 헌
신한 이회영 일가의 삶이 담겨 있으며, (가) 지역의 삼원보에 터를
잡고 신흥 강습소를 설립하는 과정이 잘 드러나 있다.
→ 서간도 ←

01 한인 자치 기구인 ㄱㅎㅅ 를 설립하였다. 67·62회
02 ㅅㅎ ㄱㅅㅅ 를 세워 독립군을 양성하다. 65·61·59·56회

국외 지역 – 연해주 54회

이것은 한인 집단 거주지인 신한촌을 기념하기 위해 세운 조형물
입니다. 19세기 후반 한인들의 이주가 증가하면서 건설된 신한촌
은 이 지역 독립운동의 기지가 되었지만, 1937년 스탈린이 한인을
중앙아시아로 강제 이주시키면서 해체되었습니다.
→ 연해주

03 ㄱㅇㅎ 조직과 권업신문 발간 61회
04 ㄷㅎ ㄱㅂㄱ ㅈㅂ 를 수립하여 무장 독립 전쟁을 준비하다. 67·53회

국외 지역 – 샌프란시스코 29회

그래도 대한인 국민회가 독립운동을 하면서 우리의 권익도 보호해
주고 있으니 위안이 되네.
→ 샌프란시스코

05 ㄷㅎㅇ ㄱㅁㅎ 를 중심으로 외교 활동을 전개하였다. 38회

한반도 북부 – 평양 27회

훈요 10조 → 평양
5조 나는 삼한 산천 신령의 도움을 받아 왕업을 이루었다. 이곳은
수덕(水德)이 순조로워 우리나라 지맥의 근본이 되니 만대 왕
업의 땅이다. 마땅히 계절마다 가서 1년에 100일 이상 머물
러 안녕을 이루어야 할 것이다.

06 미국 상선 ㅈㄴㄹㅅㅁㅎ 가 관민들에 의해 불태워졌다. 61·60회
07 노동자 ㄱㅈㄹ 이 을밀대 지붕에서 고공 농성을 벌였다. 68·64회

한반도 북부 – 개성 57회

이 곡은 전수린이 고향인 (가)에 들렀다가 옛 궁터인 만월대를 보
고 작곡한 노래로, 일제에 국권을 빼앗긴 설움을 대변하여 장안의
화제가 되었다.
→ 개성
이 곡의 배경인 (가)의 만월대에서는 2007년부터 남북 공동 발굴
이 이루어져 금속 활자를 비롯하여 기와 및 도자기 등 다양한 유물
이 출토되었다.

08 ㅁㅈ 을 비롯한 노비들이 신분 해방을 도모하였다. 63·61·59·55회
09 남북한 경제 협력 사업으로 설치된 ㄱㄷ 의 위치를 파악한다. 49회

섬 – 독도 36회

울릉도 군수 심흥택 씨가 내부(內部)에 보고하되, 일본 관원이 본
군에 도착하여 본군 소재 이 섬을 일본 속지(屬地)라 자칭하고 토지
면적과 호구(戶口) 수를 적어 갔다고 하더라. 이에 내부에서 지령
하기를, 유람하는 길에 타국의 토지와 호구 정보를 적어 가는 것이
이상한 것은 아니지만, 이 섬을 일본의 속지라고 하는 것은 이치에
맞지 않으니 보고한 내용이 매우 놀랍다고 하더라.
→ 독도

10 ㄷㅎ ㅈㄱ ㅊㄹ 제41호에서 관할 영토로 명시한 곳이다. 58회
11 일본이 ㄹ·ㅇ ㅈㅈ 중에 불법적으로 편입하였다. 64회

섬 – 제주도 35회

우리 고장에는 삼별초의 마지막 근거지인 항파두리 항몽 유적이 있
다. 한편 일제가 주민들을 강제 동원하여 건설한 군사 시설 등의
유적도 있는데, 대표적인 것으로 비행장과 격납고, 그리고 연합군
의 상륙에 대비해 해안 절벽에 굴을 뚫어 만든 동굴 진지가 있다.
→ 제주도

12 ㄱㅁㄷ 의 빈민 구제 활동에 대해 알아본다. 56회
13 4·3 ㅅㄱ 으로 많은 주민이 희생되었다. 59회

정답 01 경학사 02 신흥 강습소 03 권업회 04 대한 광복군 정부 05 대한인 국민회 06 제너럴셔먼호 07 강주룡 08 만적 09 공단 10 대한 제국 칙령 11 러·일 전쟁 12 김만덕 13 4·3 사건

기출문제로 실전 감각 익히기

각 문제의 자료에 표시된 힌트를 참고하여 정답을 선택하세요!

01 밑줄 그은 '이 지역'에서 있었던 민족 운동으로 옳은 것은?

[67회] [2점]

힌트❶   힌트❷

이것은 1923년 이 지역에서 발생한 지진 당시 희생된 조선인을 위로하기 위해 세운 추도비입니다. 지진이 일어나자 "조선인이 불을 질렀다", "조선인이 공격해 온다" 등의 유언비어가 퍼졌고, 이에 현혹된 사람들이 조직한 자경단 등에 의해 수많은 조선인이 학살되었습니다.

① 한인 자치 기구인 경학사를 설립하였다.
② 민족 교육을 위해 서전서숙을 건립하였다.
③ 유학생을 중심으로 2·8 독립 선언서를 발표하였다.
④ 대조선 국민 군단을 결성하여 군사 훈련을 실시하였다.
⑤ 대한 광복군 정부를 세워 무장 독립 투쟁을 준비하였다.

02 다음 특별전에서 볼 수 있는 도시의 역사에 대한 설명으로 적절하지 <u>않은</u> 것은?

[68회] [2점]

송악(松嶽)
개주(開州)——힌트❶
열린 성(城)의 도시
특별전

여지도 속 옛 궁성

① 고려 태조 왕건이 도읍으로 삼았다.
② 원의 영향을 받은 경천사지 십층 석탑이 축조되었다.
③ 조선 후기 송상이 근거지로 삼아 전국적으로 활동하였다.
④ 일제 강점기 강주룡이 을밀대 지붕 위에서 고공 농성을 하였다.
⑤ 북위 38도선 분할 이후 남한에 속했다가 정전 협정으로 북한 지역이 되었다.

03 다음 지역에 대한 탐구 활동으로 옳은 것은?

[60회] [2점]

○○시 문화유산 홍보 채널
구독자 526명
홈   **동영상**   재생목록   커뮤니티   채널   정보   >

업로드한 동영상 ∨   정렬 기준

동고산성에서 찾아보는 후백제의 흔적
힌트❶

6·25 전쟁 중 소실된 전라 감영 복원

순교지에 세워진 전동 성당——힌트❷

① 장용영의 외영이 설치된 위치를 파악한다.
② 홍경래가 난을 일으켜 점령한 지역을 알아본다.
③ 인조가 피신하여 청군과 항전을 벌인 곳을 찾아본다.
④ 태조의 어진을 모신 경기전이 건립된 장소를 조사한다.
⑤ 유계춘이 백낙신의 수탈에 맞서 봉기한 지역을 검색한다.

04 (가) 섬에 대한 설명으로 옳지 <u>않은</u> 것은?

[58회] [1점]

1946년 1월에 작성된 연합군 최고 사령부 문서에는 제주도, 울릉도, (가) 이/가 우리 영토로 표시되어 있습니다. (가) 은/는 우리나라 동쪽 끝에 있는 섬입니다.

힌트❶

① 안용복이 일본에 건너가 우리 영토임을 주장하였다.
② 영국군이 러시아를 견제하기 위해 불법 점령하였다.
③ 러·일 전쟁 때 일본이 불법으로 자국 영토로 편입하였다.
④ 대한 제국이 칙령을 통해 울릉 군수가 관할하도록 하였다.
⑤ 1877년 태정관 문서에 일본과는 무관한 지역임이 명시되었다.

정답 및 해설 ➡ 247쪽

05 | 통합 주제[인물]

쌩초보 탈출구 🗝

고대부터 현대까지 다양한 인물들을, 전근대 인물은 전근대 인물들끼리 근현대 인물은 근현대 인물들끼리 묶어서 공부해두세요!

1. 전근대 인물 중 관리와 승려의 이름을 구분하여 알아두세요!

관리	승려
묘청, 최충헌, 최우, 정도전, 김종직, 이순지 등	원효, 의상, 의천, 지눌 등

2. 근현대 인물 중 특히 일제 강점기의 인물들을 독립운동과 연결해 알아두세요. 특히 아래의 인물은 꼭 기억해두세요.

박은식	이상설	지청천	김원봉
『한국통사』 저술	대한 광복군 정부 정통령	한국 독립군·한국광복군 총사령관	의열단·조선 의용대 조직

최빈출개념

1 전근대 인물

최근 3개년 시험에서 **28문제 출제**
68회 18번, 67회 6·13·22번, 66회 9번, 65회 13번, 64회 10·14번, 63회 11·16·22번, 62회 21번, 61회 5·11·15번, 60회 9·23번, 57회 10번, 56회 7번, 54회 10·14번, 52회 8·10·16·27번, 51회 6·16·18번

1. 고대의 인물, 승려가 활동하고 후삼국을 이끈 인물이 등장하다

원효	일심 사상, 아미타 신앙, **무애가 유포**, 『십문화쟁론』·『대승기신론소』	견훤	후백제 건국, 오월·후당과 외교, 신라 경애왕 살해, 왕건에게 투항
의상	화엄 사상, 관음 신앙, 영주 **부석사 건립**, 『화엄일승법계도』 저술	궁예	후고구려 건국, 천도: 송악 → 철원, 국호 변경: 마진 → 태봉, 광평성 설치

2. 고려 시대의 인물, 승려가 활동하고 무신 집권기를 이끈 인물이 등장하다

묘청	서경 천도·금국 정벌·칭제 건원 주장, 묘청의 난 전개	요세	강진 만덕사에서 **백련 결사 주도**, 법화 신앙 강조
의천	국청사, 천태종 창시, 교관겸수 주장, 『신편제종교장총록』·교장(속장경) 간행	최충헌	도방 확대, 봉사 10조, 교정도감 설치, **교정별감에 오름**
지눌	순천 송광사, 수선사 결사 운동, 정혜쌍수·돈오점수 주장	최우	정방·서방·삼별초 설치, **강화 천도**

3. 조선 시대의 인물, 관리들이 조선의 정치에 참여하다

정도전	재상 중심의 정치, 『조선경국전』, 『경제문감』, 『불씨잡변』 저술	이황	도산 서원, 예안 향약, 『주자서절요』·『성학십도』 저술
이순지	갑인자 제작, 『칠정산』 「외편」 편찬	이이	해주 향약, 『격몽요결』·『동호문답』·『성학집요』 저술
김종직	사림파, 정여창·김굉필·김일손 양성, 『조의제문』 작성	윤휴	북벌 주장, 사문난적으로 비판받음

기출선택지 암기하기

1. 고대의 인물
- 의상 – 영주에 부석사를 창건하다 47회
- 견훤 – 후당, 오월에 사신을 파견하였다. 66·64·63·62·60·56·52회

2. 고려 시대의 인물
- 지눌 – 불교 개혁을 주장하며 수선사 결사를 조직하였다. 65·62회
- 최충헌 – 교정별감이 되어 인사, 재정 등 국정 전반을 장악하였다. 60·51회

3. 조선 시대의 인물
- 정도전 – 『조선경국전』을 저술하여 통치 제도 정비에 기여하였다. 68회
- 정도전 – 『불씨잡변』을 지어 불교를 비판하였다. 67·60·56·52·51회
- 이순지 – 한양을 기준으로 천체 운동을 계산한 역법서를 저술하였다. 42회
- 이순지 – 『칠정산』 「외편」을 편찬하였습니다. 48회
- 김종직 – 무오사화의 발단이 된 『조의제문』을 작성하였다. 60회
- 이황 – 예안 향약을 시행하여 향촌 교화를 위해 노력하였다. 62·56회
- 이황 – 군주의 도를 도식으로 설명한 『성학십도』를 지었다. 68회

2 근현대 인물

최근 3개년 시험에서 **17문제 출제**
68회 47번, 67회 34·44번, 66회 40·44번, 63회 40번, 62회 39번, 60회 35번,
59회 40번, 57회 33·44번, 56회 37·41번, 55회 38번, 54회 38번, 52회 43번,
51회 43번

1. 근대의 인물, 개항과 항일 운동에 앞장서다

최익현	흥선 대원군의 하야·고종 친정 주장, 왜양 일체론 주장, 을사의병 거병, 쓰시마 섬에서 순국	이승훈	신민회 가입, 자기 회사 설립, 태극 서관 운영, 오산 학교 설립, 3·1 운동 때 기독교 대표, 민립 대학 설립 추진
전봉준	고부 민란 주도, 동학 농민 운동 주도, 공주 우금치 전투에서 패배	양기탁	만민 공동회 간부, 대한매일신보 창간, 국채 보상 운동 주도, 신민회 조직
유길준	『서유견문』 집필, 조선 중립화론 주장	안창호	신민회 조직, 대성 학교 설립, 대한인 국민회 조직
김홍집	『조선책략』 유포, 군국기무처 총재관 임명, 제1차 갑오개혁 주도	안중근	하얼빈 의거(이토 히로부미 사살), 『동양평화론』 저술

2. 일제 강점기의 인물, 일제에 맞서 독립운동을 전개하다

박은식	대한민국 임시 정부 제2대 대통령, 『한국통사』·『한국독립운동지혈사』 저술	지청천	대한 독립 군단 참여, 한국 독립군 총사령관, 쌍성보·대전자령 전투 승리, 한국광복군 총사령관
최재형	안중근의 하얼빈 의거 지원, 권업회 조직, 권업신문 발간	김좌진	대한 광복회 부사령, 북로 군정서를 지휘하여 청산리 전투 승리, 신민부 조직
홍범도	정미의병, 대한 독립군 총사령관, 봉오동·청산리 전투 승리	백남운	정체성론 반박, 『조선사회경제사』 저술
이동녕	신민회 조직에 참여, 경학사·신흥 강습소 설립 주도, 대한민국 임시 의정원 초대 의장	양세봉	조선 혁명군 총사령관, 영릉가·흥경성 전투 승리
이상설	서전서숙 설립, 헤이그 특사로 파견, 대한 광복군 정부 정통령	김원봉	의열단 조직, 조선 혁명 간부 학교·조선 의용대 창설, 한국광복군 합류
이동휘	대한 광복군 정부 부통령, 대한민국 임시 정부 국무총리	방정환	천도교 소년회 창립, 어린이날 제정, 잡지 『어린이』 발간
한용운	3·1 운동 때 불교 대표, 『님의 침묵』 발간, 『조선불교유신론』 저술	이범석	신흥 무관 학교 교관, 한국광복군 지휘관, 국내 진공 작전 준비, 대한민국 초대 국무총리
신채호	「독사신론」 발표, 「조선혁명선언」 작성, 『조선상고사』·『조선사연구초』 저술	유관순	이화 학당 출신, 3·1 운동 당시 천안 아우내 장터에서 만세 운동
조소앙	무오 독립 선언서 작성, 한국 독립당 창당, 삼균주의 제창, 임시 정부 건국 강령의 이론적 기초 마련	이육사	「청포도」·「절정」 발표

3. 현대의 인물, 광복 이후 대한민국의 정치를 주도하다

이승만	대한민국 임시 정부 초대 대통령, 정읍 발언, 대한민국 초대 대통령	여운형	신한청년당 결성, 조선 건국 동맹·조선 건국 준비 위원회 조직, 좌·우 합작 운동
김구	한인 애국단 조직, 대한민국 임시 정부 주석, '삼천만 동포에게 읍고함' 발표, 남북 협상 참석	조봉암	조선 공산당 결성, 진보당 사건으로 사형
김규식	파리 강화 회의 참석, 대한민국 임시 정부 부주석, 좌·우 합작 위원회 조직, 남북 협상 참석	장준하	한국광복군 입대, 국내 진공 작전 투입, 개헌 청원 백만인 서명 운동 전개

1. 근대의 인물

- 김홍집 – 황준헌이 쓴 『조선책략』을 국내에 들여왔다. 68·67·62·51회
- 유길준 – 조선 중립화론을 주장하였다. 63·54회
- 안창호 – 대성 학교를 설립하여 민족 교육을 실시하였다. 57회
- 안중근 – 하얼빈 역에서 이토 히로부미를 사살하였다. 59·53회
- 최익현 – 을사늑약 체결에 반대하여 태인에서 의병을 일으켰다. 64회
- 이승훈 – 민족 교육을 위해 오산 학교를 설립하였다. 67·64회

2. 일제 강점기의 인물

- 신채호 – 의열단의 활동 지침인 『조선혁명선언』을 작성하였다. 68·60회
- 신채호 – 고대사 연구를 바탕으로 『조선상고사』를 저술하였습니다. 57회
- 조소앙 – 삼균주의를 제창하여 정치·경제·교육의 균등을 강조하였다. 66·54회
- 지청천 – 쌍성보 전투에서 한·중 연합 작전을 전개하였다. 65·59·52회
- 지청천 – 대전자령 전투에서 일본군을 상대로 승리를 거두었다. 62회
- 이상설 – 권업회 조직과 대한 광복군 정부 수립 36회
- 이동녕 – 대한민국 임시 의정원의 초대 의장을 맡았다. 50회
- 김원봉 – 중국 우한에서 군사 조직인 조선 의용대 창설 32회
- 김원봉 – 한국광복군 부사령관으로 활약하였다. 45회
- 최재형 – 안중근의 하얼빈 의거를 지원하였다. 50회

3. 현대의 인물

- 김구 – 의거 활동을 전개하기 위해 한인 애국단을 결성하였다. 63·53회
- 김구 – 분단을 막기 위해 평양에 가서 김일성 등과 회담하였다. 54회
- 김규식 – 민족 자주 연맹을 이끌고 남북 협상에 참여하였다. 47·42회
- 김규식 – 신한청년당을 결성하고 파리 강화 회의에 참석하였다. 68·65·64회
- 조봉암이 혁신 세력을 규합하여 진보당을 창당하였다. 56·54·52회
- 여운형 – 일제의 패망과 광복에 대비하여 조선 건국 동맹을 결성하였다. 67·57·54회
- 여운형이 중심이 되어 조선 건국 준비 위원회를 조직하였다. 63회

조선 시대의 인물 – 정도전 38회

이 책은 (가)이/가 태조 이성계에게 지어 바친 법전으로, 『경제육전』과 『경국대전』의 모체가 되었다고 평가 받는다. 이 책에서 재상 중심의 정치를 강조한 (가)은/는 도성의 축조 계획을 세우고, 새 궁궐의 이름을 경복궁이라고 짓는 등 국가의 기틀을 다지는 데 주도적인 역할을 하였다. → 정도전

01 『ㅈㅅㄱㄱㅈ』을 저술하여 통치 제도 정비에 기여하였다. 68회

02 『ㅂㅆㅈㅂ』을 지어 불교를 비판하였다. 67·60·56·52·51회

조선 시대의 인물 – 김종직 45회

조선 시대에 활동했던 문신 겸 학자로 영남 학파의 종조로 불린다. 호는 점필재이며, 성종의 신임을 받아 홍문관 부제학, 승정원 도승지, 이조 참판 등 요직을 두루 거쳤다. 그의 학통을 이은 사람으로는 정여창, 김굉필, 김일손 등이 있다. → 김종직

03 무오사화의 발단이 된 「ㅈㅇㅈㅁ」을 작성하였다. 60회

조선 시대의 인물 – 이순지 48회

〈한국 과학 기술인 기념우표에 선정된 인물 탐구〉
- 생몰: ?~1465년
- 주요 활동 → 이순지
  - 세종 때 문과 급제
  - 갑인자 제작에 참여
  - 천문의상을 교정·제작
- 저서: 『제가역상집』, 『교식추보법』 등

04 ㅎㅇ을 기준으로 천체 운동을 계산한 역법서를 저술하였다. 42회

05 『ㅊㅈㅅ』 「외편」을 편찬하였습니다. 48회

일제 강점기의 인물 – 지청천 41회

이것은 한국광복군 총사령관을 역임한 (가)의 흉상입니다. 이 흉상은 3·1절과 대한민국 임시 정부 수립 99주년을 기념하기 위해 대한민국 육군 사관 학교에 건립되었습니다. 그는 일본 육군 사관 학교를 졸업하였으나 만주 지역으로 망명하여 신흥 무관 학교에서 독립군 양성에 힘썼습니다. 또한 한국 독립군의 총사령관으로 대전자령 전투를 지휘하여 승리로 이끌었습니다. → 지청천

06 ㅆㅅㅂ 전투에서 한·중 연합 작전을 전개하였다. 66·59회

07 ㄷㅈㅈㄹ 전투에서 일본군을 상대로 승리를 거두었다. 62회

일제 강점기의 인물 – 이상설 36회

보재(溥齋) 이상설 선생의 항일 투쟁	
활동 지역	주요 활동
국내(서울)	을사늑약 체결 비판과 을사 5적 처단 장소
간도	서전서숙 설립과 민족 교육 실시
네덜란드	만국 평화 회의에 파견되어 을사늑약의 부당성 폭로
러시아	(가)

→ 이상설

08 ㄱㅇㅎ 조직과 ㄷㅎ ㄱㅂㄱ ㅈㅂ 수립 36회

일제 강점기의 인물 – 김원봉 32회

○○○ 연보
1898년 경상남도 밀양 출생
1919년 의열단 조직
1926년 황푸 군관 학교 졸업
1935년 민족 혁명당 결성 → 김원봉
1938년 (가)
1942년 한국광복군 제1지대장 취임

09 중국 우한에서 군사 조직인 ㅈㅅ ㅇㅇㄷ 창설 32회

10 ㅎㄱㄱㅂㄱ 부사령관으로 활약하였다. 45회

현대의 인물 – 김구 33회

현시에 있어서 나의 유일한 염원은 3천만 동포와 손을 잡고 통일된 조국의 달성을 위하여 공동 분투하는 것뿐이다. …… 나는 통일된 조국을 건설하려다 38도선을 베고 쓰러질지언정 일신에 구차한 안일을 위하여 단독 정부를 세우는 데는 협력하지 아니하겠다. → '삼천만 동포에게 읍고함' → 김구

11 의거 활동을 전개하기 위해 ㅎㅇ ㅇㄱㄷ을 결성하였다. 63·53회

12 분단을 막기 위해 ㅍㅇ에 가서 김일성 등과 회담하였다. 54회

정답 01 조선경국전 02 불씨잡변 03 조의제문 04 한양 05 칠정산 06 쌍성보 07 대전자령 08 권업회, 대한 광복군 정부 09 조선 의용대 10 한국광복군 11 한인 애국단 12 평양

기출문제로 실전 감각 익히기

각 문제의 자료에 표시된 힌트를 참고하여 정답을 선택하세요!

01 다음 가상 인터뷰의 주인공에 대한 설명으로 옳은 것은?

[52회]

[2점]

힌트❶
최근 저술한 『조선경국전』에 대해 설명해 주십시오.

『주례』의 6전 체제를 참조하였고, 재상 중심의 정치를 강조하였습니다.
힌트❷

① 『불씨잡변』을 지어 불교를 비판하였다.
② 칭제 건원과 금국 정벌을 주장하였다.
③ 지공거 출신으로 9재 학당을 설립하였다.
④ 최초의 서원인 백운동 서원을 건립하였다.
⑤ 충청도 지역에 대동법을 실시하자고 건의하였다.

02 (가) 인물에 대한 설명으로 옳은 것은?

[64회]

[2점]

월간 역사
2023년 4월호

특집 (가) 의 상소, 조선의 정치를 뒤흔들다!
힌트❶
■ 흥선 대원군의 하야를 요구하는 상소를 올리다
■ 지부복궐척화의소를 올려 왜양 일체론을 주장하다
■ 단발령에 반대하는 상소를 올리다
힌트❷

① 대한 광복회를 조직하여 친일파를 처단하였다.
② 국권 피탈 과정을 정리한 『한국통사』를 집필하였다.
③ 을사늑약 체결에 반대하여 태인에서 의병을 일으켰다.
④ 13도 창의군을 지휘하여 서울 진공 작전을 전개하였다.
⑤ 보국안민을 기치로 우금치에서 일본군 및 관군에 맞서 싸웠다.

03 밑줄 그은 '그'의 활동으로 옳은 것은?

[53회]

[2점]

이곳 난징의 천녕사 옛터는 독립군 간부 양성을 위해 설립된 조선 혁명 군사 정치 간부 학교의 훈련 장소입니다. 의열단 단장이었던 그가 설립한 이 학교는 1932년부터 3년 동안 운영되었으며 윤세주, 이육사를 비롯한 수많은 졸업생을 배출하였습니다.
힌트❶

① 연해주에서 대한 광복군 정부를 수립하였다.
② 대한 광복회의 총사령으로 친일파를 처단하였다.
③ 중국 국민당과 협력하여 조선 의용대를 창설하였다.
④ 만주 사변 이후 대전자령 전투에서 일본군을 격퇴하였다.
⑤ 민중의 직접 혁명을 주장하는 「조선혁명선언」을 집필하였다.

04 (가), (나) 인물에 대한 설명으로 옳은 것을 〈보기〉에서 고른 것은?

[63회]

[2점]

독립과 통일 정부 수립을 열망한 인물

(가)

힌트❶
• 생몰: 1876년~1949년
• 호: 백범
• 대한민국 임시 정부 주석 역임
힌트❷
• 남북 협상 참여
• 서울 경교장에서 피살

(나)

힌트❶
• 생몰: 1886년~1947년
• 호: 몽양
• 신한청년당 결성
힌트❷
• 좌·우 합작 위원회 조직
• 서울 혜화동에서 피살 힌트❸

〈보기〉
ㄱ. (가) - 상하이에서 한인 애국단을 조직하였다.
ㄴ. (가) - 조선 혁명 간부 학교를 세워 독립군을 양성하였다.
ㄷ. (나) - 조선 건국 준비 위원회의 활동을 주도하였다.
ㄹ. (나) - 미국에서 귀국하여 독립 촉성 중앙 협의회를 이끌었다.

① ㄱ, ㄴ   ② ㄱ, ㄷ   ③ ㄴ, ㄷ
④ ㄴ, ㄹ   ⑤ ㄷ, ㄹ

정답 및 해설 ⇒ 247쪽

01
65회

다음 총선거에 대한 설명으로 옳은 것을 〈보기〉에서 고른 것은? [3점]

사진으로 보는
우리나라 첫 번째 총선거

협의 중인
유엔 한국 임시 위원단
투표하는 사람들
투표 용지를 세는
개표 종사원

〈보기〉
ㄱ. 좌·우 합작 위원회가 주도하였다.
ㄴ. 장면 정부가 수립되는 계기가 되었다.
ㄷ. 제주도에서 무효 처리된 선거구가 있었다.
ㄹ. 제헌 국회의원을 선출하기 위해 실시되었다.

① ㄱ, ㄴ   ② ㄱ, ㄷ   ③ ㄴ, ㄷ
④ ㄴ, ㄹ   ⑤ ㄷ, ㄹ

02
55회

교사의 질문에 대한 학생의 답변으로 옳은 것을 〈보기〉에서 고른 것은? [2점]

이것은 국군과 유엔군이 인천 상륙 작전 이후 10여 일 만에 서울을 수복한 사실을 알리는 전단지입니다. 뒷면에는 맥아더 장군이 서울을 탈환하여 적의 보급선을 끊었으며, 앞으로 힘을 합쳐 공산군을 끝까지 몰아내자는 내용이 있습니다. 이 서울 수복 이후에 있었던 사실을 말해 볼까요?

〈보기〉
ㄱ. 애치슨 선언이 발표됐어요.
ㄴ. 흥남 철수 작전이 전개됐어요.
ㄷ. 소련의 제안으로 정전 회담이 개최됐어요.
ㄹ. 국군이 다부동 전투에서 북한군의 공세를 방어했어요.

① ㄱ, ㄴ   ② ㄱ, ㄷ   ③ ㄴ, ㄷ
④ ㄴ, ㄹ   ⑤ ㄷ, ㄹ

03
67회

밑줄 그은 '개헌안'의 시행 결과로 옳은 것은? [2점]

헌법 이야기

헌법 개정의 역사

제2차 개정 배경

1954년 실시된 의원 선거에서 압도적으로 승리한 여당인 자유당은 대통령의 장기 집권을 위해 헌법 개정안을 제출하였다. …… 국회 표결에서 재적 의원 203명 중 135명이 찬성하여 부결이 선언되었다. 그러나 이틀 뒤 자유당은 야당 의원들이 총퇴장한 상황에서 사사오입의 논리를 내세워 부결 선언을 취소하고 의사록을 수정하여 개헌안 가결을 선포하였다.

① 통일 주체 국민 회의에서 대통령이 선출되었다.
② 5년 단임의 대통령이 직선제에 의해 선출되었다.
③ 대통령이 국회의원의 3분의 1을 추천하게 되었다.
④ 국회에서 간접 선거 방식으로 대통령이 선출되었다.
⑤ 개헌 당시의 대통령에 한하여 중임 제한이 철폐되었다.

04
60회

(가) 민주화 운동에 대한 설명으로 옳은 것은? [2점]

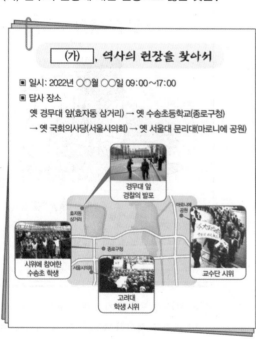

(가) , 역사의 현장을 찾아서

■ 일시: 2022년 ○○월 ○○일 09:00~17:00
■ 답사 장소
옛 경무대 앞(효자동 삼거리) → 옛 수송초등학교(종로구청)
→ 옛 국회의사당(서울시의회) → 옛 서울대 문리대(마로니에 공원)

경무대 앞
경찰의 발포

시위에 참여한
수송초 학생

고려대
학생 시위

교수단 시위

① 장면 내각이 출범하는 배경이 되었다.
② 유신 체제가 붕괴되는 결과를 가져왔다.
③ 한·일 국교 정상화에 반대하여 일어났다.
④ 신군부의 비상 계엄 확대가 원인이 되었다.
⑤ 호헌 철폐와 독재 타도 등의 구호를 내세웠다.

05 [68회] 다음 사건이 있었던 정부 시기의 경제 상황으로 옳은 것은? [3점]

사진으로 보는 현대사

YH 무역 여성 노동자들은 일방적인 폐업에 항의하며 신민당 당사에서 농성 시위를 벌이다 경찰에 의해 강제 해산되었다. 그 과정에서 노동자 김경숙이 사망하였다. 이 사진은 현장에 남아 있던 머리띠와 신발들이다. 머리띠에는 '안되면 죽음이다'라는 글귀가 쓰여 있다.

① 금융 실명제가 실시되었다.
② 연간 수출액 100억 달러가 달성되었다.
③ 개성 공단에서 의류 생산이 시작되었다.
④ 칠레와 자유 무역 협정(FTA)을 체결하였다.
⑤ 저금리, 저유가, 저달러의 3저 호황이 있었다.

06 [59회] 밑줄 그은 '이 정권' 시기에 있었던 사실로 옳지 않은 것은? [2점]

양심 선언문

들으라! 우리는 유신 헌법의 잔인한 폭력성을, 합법을 가장한 유신 헌법의 모든 부조리와 악을 고발한다. 우리는 유신 헌법의 비민주적 허위성을 고발한다. …… 우리 대한 학도는 민족과 역사 앞에 분연히 선언한다. 이 정권이 끝날 때까지 후퇴치 못하고 이 민족을 끝까지 못살게 군다면 자유와 평등과 정의를 뜨겁게 외치는 이 땅의 모든 시민의 준엄한 피의 심판을 면치 못하리라.

① 신민당사에서 YH 무역 노동자들이 농성을 하였다.
② 민주 회복을 위한 개헌 청원 백만인 서명 운동이 전개되었다.
③ 호헌 철폐, 독재 타도를 내세운 6·10 국민 대회가 개최되었다.
④ 야당 총재의 국회의원직 제명을 계기로 민주 항쟁이 일어났다.
⑤ 긴급 조치 철폐를 요구하는 3·1 민주 구국 선언이 발표되었다.

07 [55회] 다음 자료에 나타난 민주화 운동에 대한 설명으로 옳은 것은? [1점]

껍데기 정부와 계엄 당국을 규탄한다

껍데기 과도 정부와 계엄 당국은 민주의 피맺힌 소리를 들으라! …… 모든 시민과 학생들은 처음부터 평화적이고 질서정연한 투쟁을 전개하려고 노력해 왔다. 그러나 계엄 당국이 진지하고도 순수한 데모 대열에 무차별한 사격을 가하여 남녀노소를 불문하고 수많은 사망자가 발생하였고, 부상자 및 연행자는 추계가 불가능한 실정이다. …… 계엄 당국과 정부는 광주 시민과 전 국민의 민주 염원을 묵살함은 물론 민주 투사들을 난동자·폭도로 몰아 무력으로 진압하려고 하고 있다.

① 호헌 철폐와 독재 타도 등의 구호를 내세웠다.
② 야당 총재의 국회의원직 제명으로 촉발되었다.
③ 시위 과정에서 시민군이 자발적으로 조직되었다.
④ 경무대로 향하던 시위대가 경찰의 총격을 받았다.
⑤ 박종철 고문 치사 사건의 진상 규명을 요구하였다.

08 [65회] 밑줄 그은 '정부' 시기에 있었던 사실로 옳은 것은? [2점]

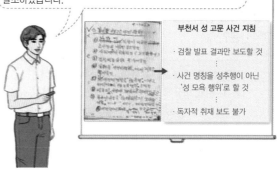

이것은 부천 경찰서에서 자행된 여성 노동자에 대한 성고문 사건을 축소, 은폐하기 위해 내린 정부의 보도 지침 내용입니다. 당시 정부는 언론의 보도 방향을 통제하고, 민주화 운동을 탄압하였습니다. 이후 박종철 고문 치사 사건도 단순 쇼크사로 날조하였습니다.

부천서 성 고문 사건 지침
· 검찰 발표 결과만 보도할 것
· 사건 명칭을 성추행이 아닌 '성 모욕 행위'로 할 것
· 독자적 취재 보도 불가

① 야당 총재가 국회의원직에서 제명되었다.
② 5년 단임의 대통령 직선제 개헌이 이루어졌다.
③ 국가 재건 최고 회의를 기반으로 군정이 실시되었다.
④ 평화 통일론을 내세우던 진보당의 조봉암이 처형되었다.
⑤ 긴급 조치 철폐 등을 포함한 3·1 민주 구국 선언이 발표되었다.

09 (가) 정부의 통일 노력으로 옳은 것은? [3점]
[51회]

□□신문

제△△호 　　　　　　　　　　　○○○○년 ○○월 ○○일

대한민국 대통령, 중국 최초 방문

9월 27일부터 30일까지 [(가)] 대통령이 대한민국 대통령으로는 최초로 중국을 공식 방문하였다. 베이징에서 진행된 회담에서 양국 정상은 지난달 성사된 한·중 수교의 의의를 높이 평가하면서 우호 협력 관계를 발전시키자고 하였다. 또한 양국 정상은 한반도의 긴장 완화가 한국 국민의 이익에 부합될 뿐 아니라 동북아시아 평화와 안정에 유익하며, 이와 같은 추세가 계속 발전해 나가야 한다는 데 합의하였다.

① 남북 기본 합의서를 채택하였다.
② 7·4 남북 공동 성명을 발표하였다.
③ 남북 정상 회담을 처음으로 성사시켰다.
④ 이산가족 고향 방문을 최초로 실현하였다.
⑤ 경제 협력을 위한 개성 공단 건설을 추진하였다.

10 다음 담화문을 발표한 정부 시기의 경제 상황으로 옳은 것은? [1점]
[56회]

　　헌법 제76조 제1항의 규정에 의거하여 「금융실명거래 및 비밀보장에 관한 대통령 긴급재정경제명령」을 반포합니다. …… 금융 실명제 없이는 건강한 민주주의도, 활력이 넘치는 자본주의도 꽃피울 수가 없습니다. 정치와 경제의 선진화를 이룩할 수가 없습니다. 금융 실명제는 '신한국'의 건설을 위해서 그 어느 것보다도 중요한 제도 개혁입니다.

① 경부 고속도로를 준공하였다.
② 제1차 경제 개발 5개년 계획이 추진되었다.
③ 경제 협력 개발 기구(OECD)에 가입하였다.
④ 미국과 자유 무역 협정(FTA)을 체결하였다.
⑤ 귀속 재산 처리를 위해 신한 공사가 설립되었다.

11 (가) 정부의 통일 정책에 대한 설명으로 옳은 것은? [1점]
[68회]

① 남북 기본 합의서에 서명하였다.
② 남북한이 유엔에 동시 가입하였다.
③ 7·4 남북 공동 성명을 발표하였다.
④ 6·15 남북 공동 선언을 채택하였다.
⑤ 남북 이산가족 고향 방문을 최초로 실현하였다.

12 다음 연설이 있었던 정부의 통일 노력으로 옳은 것은? [2점]
[67회]

진작부터 꼭 한 번 와 보고 싶었습니다. 참여 정부 와서 첫 삽을 떴기 때문에 …… 지금 개성 공단이 매출액의 증가 속도, 그리고 근로자의 증가 속도 같은 것이 눈부시지요. …… 경제적으로 공단이 성공하고, 그것이 남북 관계에서 평화에 대한 믿음을 우리가 가질 수 있게 만드는 것이거든요. 또 함께 번영해 갈 수 있는 가능성에 대해서 우리가 믿음을 갖게 되는 것이기 때문에 이것이 선순환되면 앞으로 정말 좋은 결과가 있을 것입니다.

① 남북한이 국제 연합(UN)에 동시 가입하였다.
② 민족 자존과 통일 번영을 위한 7·7 선언을 발표하였다.
③ 남북 이산가족 고향 방문단의 교환 방문을 최초로 성사시켰다.
④ 7·4 남북 공동 성명 실천을 위해 남북 조절 위원회를 구성하였다.
⑤ 남북 관계 발전과 평화 번영을 위한 10·4 남북 정상 선언을 발표하였다.

13 (가) 지역에서 있었던 민족 운동으로 옳은 것은? [2점]

53회

이 사진은 1905년 (가) 의 유카탄반도로 계약 노동 이민자들을 수송했던 일포드호입니다. 주택 무료 임대, 높은 임금 등을 내건 모집 광고를 믿고 이 화물선을 탄 천여 명의 한국인들은 한 달 넘게 걸려 에네켄 농장에 도착했습니다. 이들은 광고와 달리 사실상 노예와 다름 없는 생활을 하였습니다.

① 권업회의 기관지로 권업신문이 발간되었다.
② 독립군 양성을 위한 숭무 학교가 설립되었다.
③ 북로 군정서가 조직되어 무장 투쟁을 실시하였다.
④ 주권 재민을 천명한 대동 단결 선언서가 작성되었다.
⑤ 유학생들이 중심이 되어 2·8 독립 선언서를 발표하였다.

14 (가) 지역에 대한 탐구 활동으로 가장 적절한 것은? [2점]

64회

우리 모둠에서는 대한민국 임시 정부 국무령을 역임한 석주 이상룡의 생가인 임청각과 그의 독립 운동에 대해서 발표하려고 합니다.

지역사 모둠 발표

(가) 지역의 역사와 문화

1모둠	2모둠	3모둠
고창 전투와 후삼국 통일 과정	봉정사 극락전과 고려 후기 불교 건축물	도산 서원과 퇴계 이황의 성리학

4모둠
임청각과 이상룡의 독립운동

① 김헌창이 반란을 일으킨 근거지를 파악한다.
② 강주룡이 고공 시위를 전개한 장소를 알아본다.
③ 공민왕이 홍건적의 침입 때 피란한 지역을 찾아본다.
④ 신립이 배수의 진을 치고 전투를 벌인 위치를 검색한다.
⑤ 김사미가 가혹한 수탈에 저항하여 봉기한 곳을 조사한다.

15 밑줄 그은 '이 인물'에 대한 설명으로 옳은 것은? [3점]

63회

해주 향약을 시행하여 향촌 교화에 힘썼던 이 인물에 대해 말해 보자.

『동호문답』에서 수취 제도 개편 등 다양한 개혁 방안을 제시하였어.

『격몽요결』을 저술하여 체계적인 성리학 교육에 힘썼어.

① 명에 대한 의리를 내세운 기축봉사를 올렸다.
② 청으로부터 시헌력을 도입하자고 건의하였다.
③ 양반의 허례와 무능을 풍자한 『양반전』을 저술하였다.
④ 예학을 조선의 현실에 맞게 정리한 『가례집람』을 지었다.
⑤ 군주가 수양해야 할 덕목과 지식을 담은 『성학집요』를 집필하였다.

16 다음 인물의 활동으로 옳은 것은? [2점]

47회

[이달의 독립운동가]

한국광복군 창설의 주역
○○○ 장군

• 생몰: 1888년 ~ 1957년
• 주요 활동
  – 정의부 총사령관 역임
  – 한국 독립당 창당에 참여
  – 한국광복군 총사령관 역임
• 서훈 내용
  건국 훈장 대통령장 추서

① 동양 척식 주식회사에 폭탄을 투척하였다.
② 대한 광복회를 조직하여 친일파를 처단하였다.
③ 쌍성보, 대전자령 전투에서 일본군을 격파하였다.
④ 대한 국민회 군과 연합하여 봉오동 전투에서 승리하였다.
⑤ 민중의 직접 혁명을 주장하는 『조선혁명선언』을 집필하였다.

정답 및 해설 ⇨ 248쪽

초성 퀴즈로 최종 암기 점검

또 나올 기출 선택지를 모아 만든 주제별 초성 퀴즈로 빈출 키워드 최종 암기 점검!

♡ 절반씩 가려가면서 퀴즈를 풀면 훨씬 더 효과적으로 암기할 수 있어요!

| 설명을 보고 빈출 키워드 초성을 채워보세요. | 빈출 키워드와 관련된 기출 선택지의 초성을 채워보세요. |

● 고대의 왕

1. ㅈㅅㅇ (고구려)
① 평양 천도
② 한성 함락

장수왕 (고구려)
① 도읍을 국내성에서 ㅍㅇ 으로 옮겼다. 68·66·62·61·60회
② 백제를 공격하여 ㅎㅅ 을 함락시켰다. 58회

2. ㅅㅇ (백제)
① 사비 천도
② 한강 하류 지역 수복
③ 관산성 전투

성왕 (백제)
① ㅅㅂ 로 천도하고 행정 조직을 재정비하였다. 53회
② 진흥왕과 연합하여 ㅎㄱㅎㄹ 지역을 되찾았다. 50회
③ 성왕이 ㄱㅅㅅ 전투에서 피살되었다. 62·61·54·53회

3. ㅈㅎㅇ (신라)
① 대가야 정복
② 화랑도 개편
③ 『국사』 편찬

진흥왕 (신라)
① ㄷㄱㅇ 를 정복하여 영토를 확장하였다. 68·64·51회
② 국가적인 조직으로 ㅎㄹㄷ 를 개편하였다. 68·66·65·63회
③ 거칠부에게 『ㄱㅅ』를 편찬하게 하였다. 67·63·61·60회

4. ㅅㅁㅇ (통일 신라)
① 김흠돌 숙청
② 관료전 지급, 녹읍 폐지

신문왕 (통일 신라)
① ㄱㅎㄷ 을 비롯한 진골 귀족 세력을 숙청하였다. 63·54회
② 관리에게 ㄱㄹㅈ 을 지급하고 ㄴㅇ 을 폐지하였다. 67·63·62·61·60회

● 고려 시대의 왕

5. ㄱㅈ
① 광덕, 준풍 연호
② 과거제 시행
③ 노비안검법

광종
① ㄱㄷ, ㅈㅍ 등의 독자적인 연호를 사용하였다. 68·65·63·62회
② 쌍기의 건의를 받아들여 ㄱㄱㅈ 를 시행하였다. 67·66·61·58·57회
③ 왕권을 강화하기 위해 ㄴㅂㅇㄱㅂ 을 시행하였다. 61·60·59·54·53회

6. ㅅㅈ
① 최승로, 시무 28조
② 12목

성종
① ㅊㅅㄹ 의 ㅅㅁ 28ㅈ 를 받아들여 통치 체제를 정비하였다. 58회
② 전국에 12ㅁ 을 설치하고 지방관을 파견하였다. 67·62·61·57회

7. ㄱㅁㅇ
① 정방 폐지
② 신돈, 전민변정도감
③ 쌍성총관부 수복

공민왕
① 인사 행정을 담당하던 ㅈㅂ 이 폐지되었다. 67·56회
② ㅅㄷ 을 등용하고 전민변정도감을 두었다. 68·67·62·59·53회
③ 유인우, 이자춘 등이 ㅆㅅㅊㄱㅂ 를 수복하였다. 64·63·58·55회

정답 1. 장수왕 2. 성왕 3. 진흥왕 4. 신문왕 5. 광종 6. 성종 7. 공민왕

정답 1. ① 평양 ② 한성 2. ① 사비 ② 한강 하류 ③ 관산성 3. ① 대가야 ② 화랑도 ③ 국사 4. ① 김흠돌 ② 관료전, 녹읍 5. ① 광덕, 준풍 ② 과거제 ③ 노비안검법 6. ① 최승로, 시무 28조 ② 12목 7. ① 정방 ② 신돈 ③ 쌍성총관부

● **조선 시대의 왕**

1. ㅌㅈ ㅇㅂㅇ
① 사간원 독립
② 계미자
③ 혼일강리역대국도지도

2. ㅅㅈ
① 4군 6진
② 칠정산
③ 『농사직설』

3. ㅅㅈ
① 이시애의 난
② 직전법

4. ㅅㅈ
① 『경국대전』
② 홍문관 설치

5. ㅇㅈ
① 총융청, 수어청
② 영정법

6. ㅎㅈ
① 어영청
② 나선 정벌

7. ㅇㅈ
① 탕평비
② 균역법
③ 『동국문헌비고』

8. ㅈㅈ
① 초계문신제
② 장용영
③ 『대전통편』

태종 이방원
① 문하부 낭사를 분리하여 ㅅㄱㅇ으로 독립시켰다. 65·52회
② 주자소를 설치하여 ㄱㅁㅈ를 주조하였다. 68·63·61·59·54·51회
③ 세계 지도인 ㅎㅇㄱㄹㅇㄷㄱㄷㅈㄷ가 만들어졌다. 68·62회

세종
① 4ㄱ 6ㅈ을 설치하여 북방 영토를 개척하였다. 62·55·54회
② 한양을 기준으로 한 역법서인 『ㅊㅈㅅ』을 편찬하였다. 63·62·61·59회
③ 우리 풍토에 맞는 농법을 소개한 『ㄴㅅㅈㅅ』이 간행되었다. 68·66·63회

세조
① 함길도 토착 세력이 일으킨 ㅇㅅㅇ의 난을 진압하였다. 65·55회
② ㅈㅈㅂ을 제정하여 현직 관리에게만 수조지를 지급하였다. 68·63·61·59·55회

성종
① 『ㄱㄱㄷㅈ』을 완성하여 국가의 통치 규범을 마련하였다. 68·66·64·62·60회
② 집현전을 계승한 ㅎㅁㄱ을 설치하였다. 65회

인조
① ㅊㅇㅊ과 ㅅㅇㅊ을 설치하여 도성을 방비하였다. 52회
② 전세를 1결당 4~6두로 고정하는 ㅇㅈㅂ을 제정하였다. 66·58회

효종
① ㅇㅇㅊ을 중심으로 북벌이 추진되었다. 68·63·59·57회
② ㄴㅅ 정벌을 위하여 조총 부대를 파견하였다. 65·63·58·57·55회

영조
① 붕당의 폐해를 경계하고자 ㅌㅍㅂ를 세웠다. 67·65·62·57·55·54·52회
② 군역의 부담을 줄이기 위해 ㄱㅇㅂ을 시행하였다. 68·61·56·53·51회
③ 역대 문물을 정리한 『ㄷㄱㅁㅎㅂㄱ』가 간행되었다. 66·64·59·54·52회

정조
① ㅊㄱㅁㅅㅈ를 실시하여 문신들을 재교육하였다. 68·67·64·63·58회
② 국왕의 친위 부대인 ㅈㅇㅇ이 설치되었다. 68·59·57·54·53·52·51회
③ 통치 체제를 정비하기 위해 『ㄷㅈㅌㅍ』이 편찬되었다. 62·55회

정답 1. 태종 이방원 2. 세종 3. 세조 4. 성종 5. 인조 6. 효종 7. 영조 8. 정조

정답 1. ① 사간원 ② 계미자 ③ 혼일강리역대국도지도 2. ① 4군 6진 ② 칠정산 ③ 농사직설 3. ① 이시애 ② 직전법 4. ① 경국대전 ② 홍문관 5. ① 총융청, 수어청 ② 영정법 6. ① 어영청 ② 나선 7. ① 탕평비 ② 균역법 ③ 동국문헌비고 8. ① 초계문신제 ② 장용영 ③ 대전통편

● 고대의 사건

1. ㅅㅅ ㄷㅊ   **살수 대첩**
　① 을지문덕   ① ㅇㅈㅁㄷ 이 살수에서 승리를 거두었다. 67·66·65·64회

2. ㄴ·ㄷ ㅈㅈ   **나·당 전쟁**
　① 매소성   ① 신라군이 당의 군대에 맞서 ㅁㅅㅅ 에서 승리하였다. 59·52회
　② 기벌포   ② 신라군이 ㄱㅂㅍ 에서 적군을 격파하였다. 62회

3. ㅂㅈ ㅂㅎ 운동   **백제 부흥** 운동
　① 복신, 도침   ① ㅂㅅ 과 ㄷㅊ 이 부여풍을 왕으로 추대하였다. 68·62·58·52회
　② 백강 전투   ② 부여풍이 ㅂㄱ 에서 왜군과 함께 당군에 맞서 싸웠다. 67·61회

● 고려 시대의 사건

4. ㄱㄹ 의 침입   **거란** 의 침입
　① 서희, 강동 6주   ① 서희가 외교 담판을 벌여 ㄱㄷ 6ㅈ 를 획득하였다. 67·65·61·60회
　② 강감찬, 귀주 대첩   ② 강감찬이 ㄱㅈ 에서 대승을 거두었다. 64회

5. ㅁㅊ 의 난   **묘청** 의 난
　① 서경 천도   ① 묘청 등이 중심이 되어 ㅅㄱ 천도를 주장하였다. 66·52·51회
　② 칭제 건원, 금국 정벌   ② 칭제 건원과 ㄱㄱ 정벌을 주장하였다. 67·57회

6. ㅁㄱ 의 침입   **몽골** 의 침입
　① 강화도 천도   ① ㄱㅎㄷ 로 도읍을 옮겨 장기 항전을 준비하였다. 63·59·53회
　② 김윤후, 처인성   ② ㄱㅇㅎ 가 처인성에서 몽골군을 물리쳤다. 64·62·59회
　③ 팔만대장경   ③ 대장도감을 설치하여 ㅍㅁㄷㅈㄱ 을 만들었다. 57·51회

7. ㅇㄱ 의 침입   **왜구** 의 침입
　① 홍산 전투   ① 최영이 ㅎㅅ 전투에서 큰 승리를 거두었다. 64·62·60회
　② 진포 대첩   ② 나세, 심덕부 등이 ㅈㅍ 에서 왜구를 격퇴하였다. 62·56·55회

8. ㅇㄷ 정벌   **요동** 정벌
　① 명의 철령위 설치   ① 명의 ㅊㄹㅇ 설치에 반발하여 요동 정벌이 추진되었다. 64·60회
　② 최영   ② ㅊㅇ 을 중심으로 요동 정벌을 추진하였다. 61회
　③ 이성계, 위화도 회군   ③ 이성계가 ㅇㅎㄷ 에서 회군하여 최영을 제거하였다. 65·56·51회

정답 1. 살수 대첩 2. 나·당 전쟁 3. 백제 부흥 4. 거란 5. 묘청 6. 몽골 7. 왜구 8. 요동

정답 1. ① 을지문덕 2. ① 매소성 ② 기벌포 3. ① 복신, 도침 ② 백강 4. ① 강동 6주 ② 귀주 5. ① 서경 ② 금국 6. ① 강화도 ② 김윤후 ③ 팔만대장경 7. ① 홍산 ② 진포 8. ① 철령위 ② 최영 ③ 위화도

● 조선 시대의 사건

1. ☐ ㅁㅇㅅㅎ ☐
① 김종직의 「조의제문」
② 김일손 처형

무오사화
① ☐ ㄱㅈㅈ ☐의 「조의제문」이 빌미가 되었다. 60회
② 「조의제문」이 발단이 되어 ☐ ㄱㅇㅅ ☐ 등이 처형되었다. 64·61·60회

2. ☐ ㄱㅁㅅㅎ ☐
① 위훈 삭제, 훈구의 반발
② 조광조

기묘사화
① 위훈 삭제에 대한 ☐ ㅎㄱ ☐ 세력의 반발이 원인이었다. 68회
② 위훈 삭제를 주장한 ☐ ㅈㄱㅈ ☐가 제거되었다. 59회

3. ☐ ㅇㅈㅇㄹ ☐
① 한산도 대첩
② 평양성 탈환
③ 훈련도감
④ 명량

임진왜란
① 이순신이 ☐ ㅎㅅㄷ ☐ 대첩에서 승리하였다. 67·62·55·54회
② 조·명 연합군이 ☐ ㅍㅇㅅ ☐을 탈환하였다. 65·55·54회
③ 포수·사수·살수의 삼수병으로 편제된 ☐ ㅎㄹㄷㄱ ☐이 신설되었다.
66·63·62·59·58·56·54·52회
④ 이순신이 ☐ ㅁㄹ ☐에서 왜의 수군을 대파하였다. 58·51회

4. ☐ ㅂㅈㅎㄹ ☐
① 김준룡
② 김상용

병자호란
① ☐ ㄱㅈㄹ ☐이 근왕병을 이끌고 광교산에서 항전하였다. 65회
② ☐ ㄱㅅㅇ ☐이 강화도에서 순절하였다. 66·64·60회

5. ☐ ㅇㅅ ☐
① 서인, 남인
② 자의 대비의 복상 문제

예송
① ☐ ㅅㅇ ☐과 ☐ ㄴㅇ ☐ 사이에 발생한 전례 문제이다. 43회
② ☐ ㅈㅇㄷㅂ ☐의 복상 문제로 예송이 전개되었다. 67·66·64·60·57회

6. ☐ ㄱㅅㅎㄱ ☐
① 희빈 장씨의 원자 책봉 문제
② 남인 집권

기사환국
① 희빈 장씨 소생의 ☐ ㅇㅈ ☐ 책봉 문제로 환국이 발생하였다. 66·60·59회
② ☐ ㄴㅇ ☐이 권력을 장악하고 희빈 장씨가 왕비로 책봉되었다. 49·45회

7. ☐ ㅎㄱㄹ ☐의 난
① 홍경래, 우군칙
② 서북인에 대한 차별

홍경래의 난
① ☐ ㅎㄱㄹ ☐, 우군칙 등이 주도하였다. 61·59회
② ☐ ㅅㅂㅇ ☐에 대한 차별에 반발하여 일어났다. 54·52회

8. ☐ ㅇㅅ ㄴㅁ ㅂㄱ ☐
① 삼정이정청
② 박규수

임술 농민 봉기
① 삼정의 문란을 해결하기 위해 ☐ ㅅㅈㅇㅈㅊ ☐을 설치하였다. 66·65·57회
② 상황의 수습을 위해 ☐ ㅂㄱㅅ ☐가 안핵사로 파견되었다. 67·59·56·55·52회

정답 1. 무오사화 2. 기묘사화 3. 임진왜란 4. 병자호란 5. 예송 6. 기사환국 7. 홍경래 8. 임술 농민 봉기

정답 1. ① 김종직 ② 김일손 2. ① 훈구 ② 조광조 3. ① 한산도 ② 평양성 ③ 훈련도감 ④ 명량 4. ① 김준룡 ② 김상용 5. ① 서인, 남인 ② 자의 대비 6. ① 원자 ② 남인 7. ① 홍경래 ② 서북인 8. ① 삼정이정청 ② 박규수

● 근대의 사건

1. ㅂ○○○
   ① 양헌수
   ② 외규장각 도서 약탈

   병인양요
   ① ㅇㅎㅅ 부대가 정족산성에서 프랑스군을 격퇴하였다. 60·55회
   ② ㅇㄱㅈㄱ 건물이 불타고 『의궤』가 약탈당하였다. 67·64·57·52회

2. ㅇㅈㅊㅅ 운동
   ① 『조선책략』
   ② 이만손, 영남 만인소

   위정척사 운동
   ① 『ㅈㅅㅊㄹ』 유포에 반발하여 이만손 등이 영남 만인소를 올렸다. 41회
   ② ㅇㅁㅅ 등이 영남 만인소를 올렸다. 56·47·44·40회

3. ㅇㅇㄱㄹ
   ① 일본 공사관 습격
   ② 흥선 대원군 텐진 압송

   임오군란
   ① 구식 군인들이 ㅇㅂ ㄱㅅㄱ을 습격하였다. 48·45회
   ② ㅎㅅ ㄷㅇㄱ이 텐진으로 압송되는 결과를 가져왔다. 55회

4. ㄱㅅㅈㅂ
   ① 김옥균
   ② 우정총국 개국 축하연
   ③ 텐진 조약

   갑신정변
   ① ㄱㅇㄱ, 박영효 등이 주도하였다. 51·45회
   ② ㅇㅈㅊㄱ 개국 축하연에서 정변이 일어났다. 56·55회
   ③ 청·일 간 ㅌㅈ 조약 체결의 계기가 되었다. 50회

5. ㄷㅎㄴㅁ 운동
   ① 전봉준
   ② 황토현 전투
   ③ 전주 화약

   동학 농민 운동
   ① ㅈㅂㅈ이 농민들을 이끌고 고부 관아를 습격하였다. 67회
   ② ㅎㅌㅎ에서 전라 감영군을 격파하였다. 56·50·43회
   ③ 정부와 농민군 사이에 ㅈㅈ 화약이 체결되었다. 55·43회

6. ㅇㅁㅇㅂ
   ① 단발령 시행에 반발
   ② 이소응, 유인석

   을미의병
   ① ㄷㅂㄹ 시행에 반발하여 일어났다. 50·49·43회
   ② ㅇㅅㅇ, 유인석 등이 주도하였다. 50회

7. ㅈㅁㅇㅂ
   ① 국제법상 교전 단체 승인 요구
   ② 서울 진공 작전

   정미의병
   ① ㄱㅈㅂ상 교전 단체로 승인해 줄 것을 요구하였다. 43회
   ② 13도 창의군이 ㅅㅇ ㅈㄱ 작전을 전개하였다. 67·57·54·53회

8. ㄱㅊ ㅂㅅ 운동
   ① 대구
   ② 대한매일신보
   ③ 김광제

   국채 보상 운동
   ① ㄷㄱ에서 시작되어 전국으로 확산되었다. 49회
   ② ㄷㅎㅁㅇㅅㅂ 등 당시 언론이 적극적으로 참여하였다. 68·67·64·61회
   ③ ㄱㄱㅈ 등의 발의로 시작되었다. 63·58·57·54회

정답 1. 병인양요 2. 위정척사 3. 임오군란 4. 갑신정변 5. 동학 농민
6. 을미의병 7. 정미의병 8. 국채 보상

정답 1. ① 양헌수 ② 외규장각 2. ① 조선책략 ② 이만손 3. ① 일본 공사관 ② 흥선 대원군 4. ① 김옥균 ② 우정총국 ③ 텐진 5. ① 전봉준 ② 황토현 ③ 전주 6. ① 단발령 ② 이소응 7. ① 국제법 ② 서울 진공 8. ① 대구 ② 대한매일신보 ③ 김광제

● 일제 강점기의 사건

1. [3·1 ㅇㄷ]
① 제암리 학살 사건
② 대한민국 임시 정부 수립 계기

[3·1 운동]
① 전개 과정에서 일제가 [ㅈㅇㄹ ㅎㅅ] 등을 자행하였다. 63회
② [ㄷㅎㅁㄱ ㅇㅅ ㅈㅂ]가 수립되는 계기가 되었다. 68·66·55회

2. [ㅁㅅ ㅈㄹ] 운동
① 평양에서 시작
② 자작회, 토산 애용 부인회

[물산 장려] 운동
① 조만식 등의 주도로 [ㅍㅇ]에서 시작되었다. 47·46회
② [ㅈㅈㅎ], 토산 애용 부인회 등의 단체가 활동하였다. 61·60회

3. [6·10 ㅁㅅ] 운동
① 순종의 인산일
② 민족주의 진영, 사회주의 진영

[6·10 만세] 운동
① [ㅅㅈ]의 인산일을 계기로 발생하였다. 68·66·63·61회
② [ㅁㅈ]주의 진영과 [ㅅㅎ]주의 진영이 함께 준비하였다. 54·50회

4. [ㄱㅈ ㅎㅅ ㅎㅇ] 운동
① 신간회, 진상 조사단 파견
② 동맹 휴학의 도화선

[광주 학생 항일] 운동
① [ㅅㄱㅎ] 중앙 본부가 진상 조사단을 파견하여 지원하였다. 68·67·63회
② 전국 각지에서 일어난 동맹 [ㅎㅎ]의 도화선이 되었다. 50회

● 현대의 사건

5. [4·19 ㅎㅁ]
① 3·15 부정 선거
② 의원 내각제
③ 장면 내각 출범

[4·19 혁명]
① [3·15 ㅂㅈ ㅅㄱ]에 항의하는 시위에서 시작되었다. 61·56회
② 대통령 중심제에서 [ㅇㅇ ㄴㄱㅈ]로 바뀌는 계기가 되었다. 54회
③ [ㅈㅁ] 내각이 출범하는 배경이 되었다. 68·65·60·51회

6. [ㅂ·ㅁ ㅁㅈ] 항쟁
① 유신 체제 붕괴

[부·마 민주] 항쟁
① [ㅇㅅ] 체제가 붕괴되는 계기가 되었다. 60·53회

7. [5·18 ㅁㅈㅎ] 운동
① 신군부
② 유네스코 세계 기록유산

[5·18 민주화] 운동
① [ㅅㄱㅂ]의 계엄령 확대와 무력 진압에 저항하였다. 62·60·58·57회
② 관련 기록물이 [ㅇㄴㅅㅋ] 세계 기록유산으로 등재되었다. 61·58·57·53회

8. [6ㅇ ㅁㅈ ㅎㅈ]
① 호헌 철폐, 독재 타도
② 대통령 직선제 개헌

[6월 민주 항쟁]
① [ㅎㅎ] 철폐와 [ㄷㅈ] 타도 등의 구호를 내세웠다. 66·62·61·60·59·58회
② 5년 단임의 [ㄷㅌㄹ ㅈㅅ]제 개헌이 이루어졌다. 68·65·64·63·54회

해커스 한국사능력검정시험 초단기 5일 합격 심화

초성 퀴즈

● 근대의 단체

1. `ㄷㄹ ㅎㅎ` · **독립 협회**

① 독립문 건립   ① 영은문이 있던 자리 부근에 `ㄷㄹㅁ`을 건립하였다. 54·53·51회

② 헌의 6조   ② 관민 공동회를 개최하여 `ㅎㅇ 6ㅈ`를 결의하였다. 63·59·53회

③ 러시아의 절영도 조차 요구 저지   ③ 러시아의 `ㅈㅇㄷ` 조차 요구를 저지하였다. 64·62·56회

2. `ㅅㅁㅎ` · **신민회**

① 대성 학교, 오산 학교   ① `ㄷㅅ` 학교와 `ㅇㅅ` 학교를 설립하였다. 67·64·63·57·54·51회

② 태극 서관   ② 계몽 서적 출판을 위해 `ㅌㄱ` 서관을 설립하였다. 65·64·63·61회

③ 105인 사건   ③ 일제가 조작한 `105ㅇ ㅅㄱ`으로 와해되었다. 68·67·66·65·60·56·53회

● 일제 강점기의 단체

3. `ㄷㄹ ㅇㄱㅂ` · **독립 의군부**

① 고종의 밀지   ① `ㄱㅈ`의 밀지를 받아 독립 의군부를 조직하였다. 63·55·53·52·51회

② 국권 반환 요구서 제출 계획   ② `ㄱㄱ ㅂㅎ` 요구서를 조선 총독에게 제출할 것을 계획하였다. 67·66회

4. `ㄷㅎ ㄱㅂㅎ` · **대한 광복회**

① 박상진   ① `ㅂㅅㅈ`이 대한 광복회를 조직하여 친일파를 처단하였다. 67·64·62회

② 공화 정체   ② `ㄱㅎ ㅈㅊ`의 국가 건설을 지향하였다. 61회

5. `ㅅㄱㅎ` · **신간회**

① 민족 유일당 운동   ① `ㅁㅈ ㅇㅇㄷ` 운동의 일환으로 창립되었다. 57회

② 광주 학생 항일 운동 지원   ② 진상 조사단을 파견하여 `ㄱㅈ ㅎㅅ ㅎㅇ` 운동을 지원하였다. 68·67·63회

6. `ㅇㅇㄷ` · **의열단**

① 「조선혁명선언」   ① 「`ㅈㅅㅎㅁㅅㅇ`」을 활동 지침으로 삼았다. 66·65·64·62·61회

② 조선 혁명 간부 학교 설립   ② `ㅈㅅ ㅎㅁ ㄱㅂ` 학교를 세워 군사력을 강화하였다. 60·52회

7. `ㅎㅇ ㅇㄱㄷ` · **한인 애국단**

① 김구   ① `ㄱㄱ`를 단장으로 하여 활발한 의열 활동을 펼쳤다. 66·51회

② 이봉창   ② `ㅇㅂㅊ`이 도쿄에서 일왕이 탄 마차를 향해 폭탄을 던졌다. 58·51회

③ 윤봉길   ③ `ㅇㅂㄱ`이 상하이 훙커우 공원에서 의거를 일으켰다. 47·42회

8. `ㅈㅅ ㅇㅇㄷ` · **조선 의용대**

① 조선 민족 전선 연맹 산하의 부대   ① `ㅈㅅ ㅁㅈ ㅈㅅ` 연맹 산하에 조선 의용대가 조직되었다. 62·53회

② 중국 관내 최초의 한인 무장 부대   ② 중국 `ㄱㄴ`(關內)에서 결성된 최초의 한인 무장 부대였다. 67·66·61·58회

02 경제·사회

💬 절반씩 가려가면서 퀴즈를 풀면 훨씬 더 효과적으로 암기할 수 있어요!

설명을 보고 빈출 키워드 초성을 채워보세요.	빈출 키워드와 관련된 기출 선택지의 초성을 채워보세요.

● 경제

1. [ㅌㅇㅅㄹ]의 경제
  ① 울산항
  ② 청해진
  ③ 동시전

[통일 신라]의 경제
  ① [ㅇㅅ]항, 당항성이 무역항으로 번성하였다. 63·56회
  ② [ㅊㅎㅈ]이 국제 무역 거점으로 번성하였다. 63·62·61·58회
  ③ 시장을 감독하는 관청인 [ㄷㅅㅈ]이 있었다. 67·66·65·64·63회

2. [ㄱㄹ]의 경제
  ① 건원중보
  ② 벽란도

[고려]의 경제
  ① [ㄱㅇㅈㅂ]가 발행되어 금속 화폐의 통용이 추진되었다. 63·62·59회
  ② 예성강 하구의 [ㅂㄹㄷ]가 국제 무역항으로 번성하였다. 66·64·63·58회

3. [ㅈㅅㅎㄱ]의 경제
  ① 모내기법
  ② 상품 작물

[조선 후기]의 경제
  ① [ㅁㄴㄱㅂ]의 확산으로 벼와 보리의 이모작이 성행하였다. 60·50회
  ② 담배와 면화 등이 [ㅅㅍㅈㅁ]로 재배되었다. 65·64·63·61·59회

4. [ㄷㄷㅂ] (조선 후기)
  ① 특산물 대신 쌀, 베, 동전 납부
  ② 공인 등장

[대동법] (조선 후기)
  ① [ㅌㅅㅁ] 대신 쌀, 베, 동전 등으로 납부하게 하였다. 49회
  ② 관청에 필요한 물품을 조달하는 [ㄱㅇ]이 등장하는 배경이 되었다.
  66·65·57·51회

5. [ㄱㅇㅂ] (조선 후기)
  ① 결작
  ② 선무군관포

[균역법] (조선 후기)
  ① 토지 소유자에게 [ㄱㅈ]을 거두었다. 57회
  ② 부족한 재정의 보충을 위해 [ㅅㅁㄱㄱㅍ]를 징수하였다. 54회

● 사회

6. [ㄱㄹ]의 민생 안정책
  ① 상평창
  ② 혜민국
  ③ 제위보

[고려]의 민생 안정책
  ① 물가 조절을 위해 [ㅅㅍㅊ]을 설치하였어요. 48회
  ② 병자에게 의약품을 제공하는 [ㅎㅁㄱ]이 있었어요. 65회
  ③ 기금을 모아 그 이자로 빈민을 구제하는 [ㅈㅇㅂ]를 운영하였어.
  58·54·52회

정답 1. 통일 신라 2. 고려 3. 조선 후기 4. 대동법 5. 균역법 6. 고려

정답 1. ① 울산 ② 청해진 ③ 동시전 2. ① 건원중보 ② 벽란도 3. ① 모내기법 ② 상품 작물 4. ① 특산물 ② 공인 5. ① 결작 ② 선무군관포 6. ① 상평창 ② 혜민국 ③ 제위보

💗 절반씩 가려가면서 퀴즈를 풀면 훨씬 더 효과적으로 암기할 수 있어요!

설명을 보고 빈출 키워드 초성을 채워보세요.	문화유산 사진과 빈출 키워드를 함께 암기하세요.

● 고대의 탑

1. [ㅇㅅ ㅁㄹㅅㅈ] 석탑

① 백제
② 무왕이 건립
③ 탑 내부에서 금제 사리봉영기가 발견됨

 익산 미륵사지 석탑 67·63·62·57회

2. [ㄱㅈ ㅂㅎㅅ] 모전 석탑

① 신라 석탑 중 가장 오래됨
② 돌을 벽돌 모양으로 다듬음

 경주 분황사 모전 석탑 67·62·59회

3. [ㅇㄱ] 탑

① 발해
② 당(중국)의 영향

 영광 탑 67·66·62·57·51회

● 고려 시대의 탑

4. [ㅍㅊ ㅇㅈㅅ] 팔각 구층 석탑

① 고려
② 송의 영향

 평창 월정사 팔각 구층 석탑 66·64·63·59회

5. [ㄱㅊㅅㅈ] 십층 석탑

① 고려
② 원의 영향을 받음
③ 원각사지 십층 석탑에 영향을 줌

 경천사지 십층 석탑 66·56·53회

● 조선 시대의 탑

6. [ㅇㄱㅅㅈ] 십층 석탑

① 조선 세조 때 건립
② 15세기 불교 건축물

 원각사지 십층 석탑 57회

정답 1. 익산 미륵사지 2. 경주 분황사 3. 영광 4. 평창 월정사 5. 경천사지 6. 원각사지

● 고대의 불상

1. ㄱㄷ ㅇㄱ 7ㄴㅁ 여래 입상
　① 고구려
　② '연가 7년'

 금동 연가 7년명 여래 입상 68·66·65·64회

2. ㅅㅅ ㅇㅎㄹ 마애 여래 삼존상
　① 백제의 미소
　② 자비로운 인상

 서산 용현리 마애 여래 삼존상 67·59·53회

● 고려 시대의 불상

3. ㄴㅅ ㄱㅊㅅ 석조 미륵보살 입상
　① 고려
　② 은진 미륵

 논산 관촉사 석조 미륵보살 입상 67·64·56회

4. ㅇㅈ ㅂㅅㅅ 소조 여래 좌상
　① 고려
　② 통일 신라의 전통 양식 계승

 영주 부석사 소조 여래 좌상 68·63·61회

● 조선 시대의 그림

5. ㅁㄷㅇㄷ
　① 조선 전기
　② 안견

 **몽유도원도** 65·56·54회

6. ㅇㅇㅈㅅㄷ
　① 조선 후기
　② 정선
　③ 진경 산수화

 **인왕제색도** 65·63·61·56·54회

7. ㅆㄹ
　① 조선 후기
　② 김홍도
　③ 풍속화

 씨름 51회

8. ㅅㅎㄷ
　① 조선 후기
　② 김정희
　③ 문인화

 **세한도** 65·61·56회

정답 1. 금동 연가 7년명 2. 서산 용현리 3. 논산 관촉사 4. 영주 부석사 5. 몽유도원도 6. 인왕제색도 7. 씨름 8. 세한도

설명을 보고 빈출 키워드 초성을 채워보세요.	사진을 보고 빈출 키워드를 암기하세요.

● 역사서

1. 『 ㅅㄱㅅㄱ 』(고려 시대)
  ① 기전체
  ② 우리나라 최고(最古)

『 삼국사기 』(고려 시대)
  ① ㄱㅈㅊ 형식으로 서술하였습니다. 66·61·55·54·51회
  ② 현존하는 우리나라 ㅊㄱ 의 역사서이다. 58·51회

2. 『 ㅅㄱㅇㅅ 』(고려 시대)
  ① 단군
  ② 불교사

『 삼국유사 』(고려 시대)
  ① ㄷㄱ 의 건국 이야기를 수록하였다. 66·59·58·54회
  ② ㅂㄱ 사를 중심으로 고대의 민간 설화 등을 수록하였습니다. 67·66·61회

● 교육 기관

3. ㅅㅇ (조선 시대)
  ① 사림 세력
  ② 사액 서원
  ③ 선현의 제사, 유학 교육

서원 (조선 시대)
  ① 지방의 ㅅㄹ 세력이 주로 설립하였다. 47·42회
  ② ㅅㅇ 서원에 서적과 노비를 지급하다. 63회
  ③ 선현의 제사와 ㅇㅎ 교육을 담당하였다. 56회

4. ㅎㄱ (조선 시대)
  ① 교수, 훈도
  ② 부·목·군·현

향교 (조선 시대)
  ① 중앙에서 ㄱㅅ 와 ㅎㄷ 를 파견하기도 하였다. 67·64·57·56·54·51회
  ② 전국의 ㅂ·ㅁ·ㄱ·ㅎ 에 하나씩 설립되었다. 67·60·56회

5. ㅅㄱㄱ (조선 시대)
  ① 소과
  ② 생원시, 진사시
  ③ 최고 관립 교육 기관

성균관 (조선 시대)
  ① ㅅㄱ 에 합격해야 입학 자격이 주어졌다. 56회
  ② ㅅㅇ 시나 ㅈㅅ 시의 합격자에게 입학 자격이 부여되었다. 56·54회
  ③ 최고의 ㄱㄹ 교육 기관으로 성현의 제사도 지냈다. 42회

6. ㅇㅎ ㅎㄷ (근대)
  ① 근대적 여성 교육

이화 학당 (근대)
  ① 이화 학당을 설립하여 근대적 ㅇㅅ 교육에 기여하였다. 62·52회

7. ㅇㅇ ㄱㅇ (근대)
  ① 헐버트
  ② 서양식 근대 교육 기관

육영 공원 (근대)
  ① ㅎㅂㅌ 가 육영 공원에서 학생들에게 영어를 가르쳤다. 67회
  ② ㅅㅇ 식 ㄱㄷ ㄱㅇ 기관인 육영 공원을 설립하였다. 54회

정답 1. 삼국사기 2. 삼국유사 3. 서원 4. 향교 5. 성균관 6. 이화 학당 7. 육영 공원

정답 1. ① 기전체 ② 최고 2. ① 단군 ② 불교 3. ① 사림 ② 사액 ③ 유학 4. ① 교수, 훈도 ② 부·목·군·현 5. ① 소과 ② 생원, 진사 ③ 관립 6. ① 여성 7. ① 헐버트 ② 서양, 근대 교육

05 인물

절반씩 가려가면서 퀴즈를 풀면 훨씬 더 효과적으로 암기할 수 있어요!

설명을 보고 빈출 키워드 초성을 채워보세요.	빈출 키워드와 관련된 기출 선택지의 초성을 채워보세요.

● 고대의 인물

1. ㄱㅎ

① 후당, 오월에 사신 파견
② 경애왕을 죽게 함

견훤

① ㅎㄷ, ㅇㅇ에 사신을 파견하였다. 66·64·63·62·60회
② 신라의 금성을 습격하여 ㄱㅇㅇ을 죽게 하였다. 61·55회

2. ㄱㅇ

① 국호 마진
② 광평성 설치

궁예

① ㅁㅈ이라는 국호와 무태라는 연호를 사용하였다. 63·55회
② ㄱㅍㅅ을 비롯한 각종 정치 기구를 마련하였다. 67·66·65·64·60회

3. ㅇㅎ

① 『금강삼매경론』 저술
② 무애가

원효

① 원효가 『ㄱㄱㅅㅁㄱㄹ』을 저술하였습니다. 47·46회
② ㅁㅇㄱ를 지어 불교 대중화에 노력하였다. 67·60·55·53·51회

● 고려 시대의 인물

4. ㅊㅊㅎ

① 봉사 10조
② 교정별감

최충헌

① 최충헌이 ㅂㅅ 10ㅈ를 올려 시정 개혁을 건의하였다. 66·64·59·57회
② ㄱㅈㅂㄱ이 되어 인사, 재정 등 국정 전반을 장악하였다. 60·51회

5. ㅊㅇ

① 정방
② 삼별초
③ 강화도 천도

최우

① 최우가 인사 행정 담당 기구로 ㅈㅂ을 설치하였다. 64·63·59회
② 좌별초, 우별초, 신의군의 ㅅㅁㅊ를 조직하였다. 56·44회
③ ㄱㅎㄷ로 도읍을 옮겨 몽골의 침략에 대비하였다. 63·61·59회

● 조선 시대의 인물

6. ㅈㄷㅈ

① 『조선경국전』 저술
② 『불씨잡변』 저술

정도전

① 『ㅈㅅㄱㄱㅈ』을 저술하여 통치 제도 정비에 기여하였다. 68회
② 『ㅂㅆㅈㅂ』을 지어 불교를 비판하였다. 67·60·56·52회

7. ㄱㅈㅈ

① 『조의제문』 작성

김종직

① 무오사화의 발단이 된 『ㅈㅇㅈㅁ』을 작성하였다. 60회

정답 1. 견훤 2. 궁예 3. 원효 4. 최충헌 5. 최우 6. 정도전 7. 김종직

정답 1. ① 후당, 오월 ② 경애왕 2. ① 마진 ② 광평성 3. ① 금강삼매경론 ② 무애가 4. ① 봉사 10조 ② 교정별감 5. ① 정방 ② 삼별초 ③ 강화도 6. ① 조선경국전 ② 불씨잡변 7. ① 조의제문

● 근대의 인물

1. ㄱㅎㅈ   ———   김홍집
① 『조선책략』 유포
① 황준헌이 쓴 『ㅈㅅㅊㄹ』을 국내에 들여왔다. 68·67회

2. ㅇㄱㅈ   ———   유길준
① 『서유견문』 집필
② 조선 중립화론 주장
① 『ㅅㅇㄱㅁ』을 집필하여 서양 근대 문명을 소개하였다. 67·64회
② 조선 ㅈㄹㅎ론을 주장하였다. 63·54회

3. ㅇㅈㄱ   ———   안중근
① 이토 히로부미 사살
② 『동양평화론』 저술
① 하얼빈 역에서 ㅇㅌ ㅎㄹㅂㅁ를 사살하였다. 59·53회
② 『ㄷㅇㅍㅎㄹ』을 저술하였다. 56회

● 일제 강점기의 인물

4. ㅈㅅㅇ   ———   조소앙
① 삼균주의 제창
① ㅅㄱㅈㅇ를 제창하여 정치·경제·교육의 균등을 강조하였다. 66·54회

5. ㅈㅊㅊ   ———   지청천
① 쌍성보 전투
② 대전자령 전투
① ㅆㅅㅂ 전투에서 한·중 연합 작전을 전개하였다. 65·59·55회
② ㄷㅈㅈㄹ 전투에서 일본군을 상대로 승리를 거두었다. 68·66·62·61회

6. ㅇㅅㅅ   ———   이상설
① 권업회, 대한 광복군 정부 조직
① ㄱㅇㅎ 조직과 ㄷㅎ ㄱㅂㄱ ㅈㅂ 수립 53회

7. ㄱㅇㅂ   ———   김원봉
① 조선 의용대 창설
② 한국광복군 부사령관
① 중국 우한에서 군사 조직인 ㅈㅅ ㅇㅇㄷ 창설 61·53회
② ㅎㄱㄱㅂㄱ 부사령관으로 활약하였다. 45회

● 현대의 인물

8. ㄱㄱ   ———   김구
① 한인 애국단 조직
① 의거 활동을 전개하기 위해 ㅎㅇ ㅇㄱㄷ을 결성하였다. 63·53회

9. ㄱㄱㅅ   ———   김규식
① 파리 강화 회의 참석
② 남북 협상 참여
① 신한청년당을 결성하고 ㅍㄹ ㄱㅎ 회의에 참석하였다. 68·65·64회
② 민족 자주 연맹을 이끌고 ㄴㅂ ㅎㅅ에 참여하였다. 42회

10. ㅇㅇㅎ   ———   여운형
① 조선 건국 준비 위원회 결성
② 좌·우 합작 위원회 조직
① 조선 ㄱㄱ ㅈㅂ 위원회를 결성하였다. 68·66·63회
② 김규식과 함께 ㅈ·ㅇ ㅎㅈ 위원회를 조직하였다. 68·66·63회

정답 1. 김홍집 2. 유길준 3. 안중근 4. 조소앙 5. 지청천 6. 이상설
7. 김원봉 8. 김구 9. 김규식 10. 여운형

정답 1. ① 조선책략 2. ① 서유견문 ② 중립화 3. ① 이토 히로부미 ② 동양평화론
4. ① 삼균주의 5. ① 쌍성보 ② 대전자령 6. ① 권업회, 대한 광복군 정부
7. ① 조선 의용대 ② 한국광복군 8. ① 한인 애국단 8. ① 파리 강화 ② 남북 협상
10. ① 건국 준비 ② 좌·우 합작

06 지역

절반씩 가려가면서 퀴즈를 풀면 훨씬 더 효과적으로 암기할 수 있어요!

설명을 보고 빈출 키워드 초성을 채워보세요.

1. ㅅㄱㄷ
① 신흥 강습소

2. ㅂㄱㄷ
① 중광단, 북로 군정서
② 서전서숙

3. ㅇㅎㅈ
① 권업회

4. ㅍㅇ
① 제너럴셔먼호 사건
② 강주룡의 고공 농성

5. ㄱㅅ
① 만적의 난
② 남북한 협력, 공단 설치

6. ㅊㅈ
① 『직지심체요절』 간행

7. ㅈㅈ
① 경기전 건립
② 동학 농민군의 화약 체결

8. ㅂㅅ
① 송상현, 정발

9. ㄷㄷ
① 대한 제국 칙령 제41호

10. ㅈㅈㄷ
① 김만덕
② 4·3 사건

빈출 키워드와 관련된 기출 선택지의 초성을 채워보세요.

서간도
① ㅅㅎ ㄱㅅㅅ 를 세워 독립군을 양성하다. 65·61·59회

북간도
① 중광단이 ㅂㄹ ㄱㅈㅅ 로 개편된 과정을 조사한다. 68·66·65회
② ㅅㅈㅅㅅ 을 설립하여 민족 교육을 실시하였다. 67·65·54·51회

연해주
① ㄱㅇㅎ 를 조직하여 권업신문을 발행하였어요. 61·58·56·54·53회

평양
① 미국 상선 ㅈㄴㄹㅅㅁㅎ 가 관민들에 의해 불태워졌다. 63·61·60·57회
② 노동자 ㄱㅈㄹ 이 을밀대 지붕에서 고공 농성을 벌였다. 68·64·60회

개성
① ㅁㅈ 을 비롯한 노비들이 신분 해방을 도모하였다. 63·53회
② 남북한 경제 협력 사업으로 설치된 ㄱㄷ 의 위치를 파악한다. 49회

청주
① 『ㅈㅈㅅㅊㅇㅈ』 이 금속활자로 간행되었다. 59·57회

전주
① 태조의 어진을 모신 ㄱㄱㅈ 이 건립되었다. 65·60·52회
② ㄷㅎ ㄴㅁㄱ 이 정부와 화약을 체결하였다. 65·57회

부산
① 임진왜란 중 부사 ㅅㅅㅎ 과 첨사 ㅈㅂ 이 순절하였다. 53회

독도
① ㄷㅎ ㅈㄱ ㅊㄹ 제41호에서 관할 영토로 명시한 곳이다. 45회

제주도
① ㄱㅁㄷ 의 빈민 구제 활동에 대해 알아본다. 56회
② 4·3 ㅅㄱ 으로 많은 주민이 희생되었다. 59회

정답 1. 서간도 2. 북간도 3. 연해주 4. 평양 5. 개성 6. 청주 7. 전주
8. 부산 9. 독도 10. 제주도

정답 1. ① 신흥 강습소 2. ① 북로 군정서 ② 서전서숙 3. ① 권업회 4. ① 제너럴셔먼호
② 강주룡 5. ① 만적 ② 공단 6. ① 『직지심체요절』 7. ① 경기전 ② 동학 농민군
8. ① 송상현, 정발 9. ① 대한 제국 칙령 10. ① 김만덕 ② 4·3 사건

해커스 한국사능력검정시험 초단기 5일 합격 심화

초성 퀴즈

FINAL 최빈출 모의고사

실제 시험과 동일한 구성의 FINAL 최빈출 모의고사(2회분)로 합격 실력을 최종 점검!

01 (가) 시대의 생활 모습으로 옳은 것은? [1점]

① 주로 동굴이나 막집에서 거주하였다.
② 지배층의 무덤으로 고인돌을 축조하였다.
③ 농경과 목축을 시작하여 식량을 생산하였다.
④ 쟁기, 쇠스랑 등의 철제 농기구를 사용하였다.
⑤ 대표적인 도구로 주먹도끼, 찍개 등을 제작하였다.

02 교사의 질문에 대한 학생의 답변으로 옳은 것은? [2점]

이 유물은 지린성 마오얼산 유적에서 출토된 장신구입니다. 이 나라의 사람들은 금과 은으로 만든 장신구로 치장하는 것을 즐겼다고 합니다. 12월에 영고라는 제천 행사를 열었던 이 나라에 대해 발표해 볼까요?

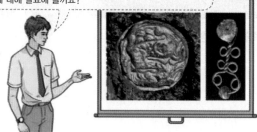

① 민며느리제라는 혼인 풍습이 있었습니다.
② 철이 많이 생산되어 낙랑과 왜에 수출하였습니다.
③ 여러 가(加)들이 별도로 사출도를 주관하였습니다.
④ 단궁, 과하마, 반어피 등이 대표적인 특산물입니다.
⑤ 대가들이 사자, 조의, 선인 등의 관리를 거느렸습니다.

03 다음 비석을 세운 왕이 시행한 정책으로 옳은 것은? [3점]

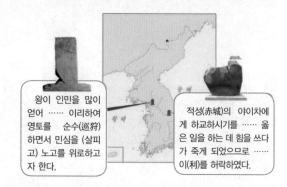

왕이 인민을 많이 얻어 …… 이리하여 영토를 순수(巡狩)하면서 민심을 (살피고) 노고를 위로하고자 한다.

적성(赤城)의 야이차에게 하교하시기를 …… 옳은 일을 하는 데 힘을 쓰다가 죽게 되었으므로 …… 이(利)를 허락하였다.

① 국학을 설립하여 유학을 교육하였다.
② 대가야를 정복하여 영토를 확장하였다.
③ 병부 등을 설치하여 지배 체제를 정비하였다.
④ 지방관을 감찰하기 위하여 외사정을 설치하였다.
⑤ 국호를 신라로 확정하고 왕이라는 칭호를 사용하였다.

04 밑줄 그은 '왕'의 재위 기간에 있었던 사실로 옳은 것은? [2점]

왕이 장군 윤충을 보내 군사 1만 명을 거느리고 신라의 대야성을 공격하게 하였다. 성주 품석이 처자를 데리고 나와 항복하자 윤충이 그들을 모두 죽이고 품석의 목을 베어 왕도(王都)에 보냈다. 남녀 1천여 명을 사로잡아 서쪽 지방의 주·현에 나누어 살게 하고 군사를 남겨 그 성을 지키게 하였다.
– 「삼국사기」

① 사비로 천도하고 국호를 남부여로 고쳤다.
② 수와 외교 관계를 맺고 친선을 도모하였다.
③ 평양성을 공격하여 고국원왕을 전사시켰다.
④ 계백의 결사대를 보내 신라군에 맞서 싸웠다.
⑤ 동진에서 온 마라난타를 통해 불교를 수용하였다.

05 (가) 국가에 대한 설명으로 옳은 것은? [2점]

> 이 글은 양태사가 지은 '밤에 다듬이 소리를 듣고'라는 한시로, 정효공주 묘지(墓誌) 등과 함께 (가) 의 한문학 수준을 보여주는 대표적인 사례입니다. 이 시에는 문왕 때 일본에 사신으로 파견된 그가 다듬이 소리를 듣고 고국을 그리워하는 마음이 잘 표현되어 있습니다.

> 서리 기운 가득한 하늘에 달빛 비치니 은하수도 밝은데
> 나그네 돌아갈 일 생각하니 감회가 새롭네
> 홀로 앉아 지새는 긴긴 밤 근심에 젖어 마음 아픈데
> 홀연히 들리누나 이웃집 아낙네 다듬이질 소리
> 바람결에 그 소리 끊기는 듯 이어지는 듯
> 밤 깊어 별빛 기우는데 잠시도 쉬지 않네
> 나라 떠나온 뒤로 아무 소리 듣지 못하더니
> 이제 타향에서 고향 소리 듣는구나
> ⋮

① 교육 기관으로 주자감을 설립하였다.
② 골품제라는 엄격한 신분제를 마련하였다.
③ 정사암에 모여 국가 중대사를 논의하였다.
④ 관리 선발을 위해 독서삼품과를 시행하였다.
⑤ 청연각과 보문각을 설치하여 학문 연구를 장려하였다.

06 (가) 국가의 경제 상황으로 옳은 것은? [2점]

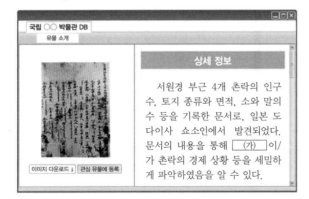

국립 ○○ 박물관 DB
유물 소개

상세 정보
서원경 부근 4개 촌락의 인구 수, 토지 종류와 면적, 소와 말의 수 등을 기록한 문서로, 일본 도다이사 쇼소인에서 발견되었다. 문서의 내용을 통해 (가) 이/가 촌락의 경제 상황 등을 세밀하게 파악하였음을 알 수 있다.

이미지 다운로드 ⓘ | 관심 유물에 등록

① 은병이 화폐로 제작되었다.
② 집집마다 부경이라는 창고가 있었다.
③ 목화, 담배 등이 상품 작물로 재배되었다.
④ 울산항, 당항성이 무역항으로 번성하였다.
⑤ 현직 관리를 대상으로 직전법이 실시되었다.

07 밑줄 그은 '대사'의 활동으로 옳은 것은? [3점]

> **부석사 창건 설화**
>
> 당에 유학했던 <u>대사</u>가 공부를 마치고 귀국길에 오르자 그를 사모했던 선묘라는 여인이 용으로 변하여 귀국길을 도왔다. 신라에 돌아온 <u>대사</u>는 불법을 전파하던 중 자신이 원하는 절을 찾았다. 그런데 그곳은 이미 다른 종파의 무리들이 있었다. 이때 선묘룡이 나타나 공중에서 커다란 바위로 변신하여 절의 지붕 위에서 떨어질 듯 말 듯 하자 많은 무리들이 혼비백산하여 달아났다. 이러한 연유로 이 절을 '돌이 공중에 떴다'는 의미의 부석사(浮石寺)로 불렀다.

① 향가 모음집인 『삼대목』을 편찬하였다.
② 무애가를 지어 불교 대중화에 힘썼다.
③ 화랑도의 규범으로 세속 5계를 제시하였다.
④ 『화엄일승법계도』를 지어 화엄 사상을 정리하였다.
⑤ 인도와 중앙아시아를 다녀와서 『왕오천축국전』을 남겼다.

08 밑줄 그은 '탑'에 해당하는 사진 자료로 옳은 것은? [1점]

> 어느 날 무왕이 부인과 함께 사자사(師子寺)에 가려고 용화산 밑의 큰 못가에 이르렀는데, 미륵 삼존이 연못 가운데서 나타나므로 수레를 멈추고 절을 올렸다. 부인이 왕에게 말하기를, "모름지기 이곳에 큰 절을 지어 주십시오. 그것이 제 소원입니다."라고 하였다. 왕이 이를 허락하여 …… 미륵이 세 번 법회를 연 것을 본 따 법당과 <u>탑</u>과 낭무(廊廡)*를 각각 세 곳에 세우고, 절 이름을 미륵사라고 하였다.
>   – 『삼국유사』
>
> * 낭무(廊廡): 건물 사이를 이어주는 복도

①   ②   ③

④   ⑤

09 (가) 인물에 대한 설명으로 옳은 것은? [2점]

◆ 문화유산 정보 ◆

(가) 산성

경상북도 기념물 제 53호로 상주시 화북면 장암리에 위치한 석성(石城)이다. 완산주(지금의 전주)를 도읍으로 삼아 후삼국 중 한 나라를 세웠던 (가) 이/가 쌓았다고 전해지기 때문에 그의 이름을 따서 명명하였다. 이 산성뿐만 아니라 상주 지역의 옛 성에는 그와 관계된 이야기가 많은데, 이는 사서에 그가 아자개의 아들로 상주 가은현 출신이라고 기록된 데에서 연유한다.

① 양길의 휘하에서 세력을 키웠다.
② 중앙군으로 9서당을 설치하였다.
③ 후당, 오월에 사신을 파견하였다.
④ 송악에서 철원으로 도읍을 옮겼다.
⑤ 이사부를 보내 우산국을 복속하였다.

10 밑줄 그은 '왕'의 재위 기간에 볼 수 있는 모습으로 가장 적절한 것은? [1점]

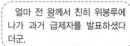

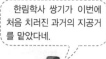

얼마 전 왕께서 친히 위봉루에 나가 과거 급제자를 발표하셨다더군.

한림학사 쌍기가 이번에 처음 치러진 과거의 지공거를 맡았다네.

① 녹과전을 지급받는 관리
② 만권당에서 책을 읽는 학자
③ 9재 학당에서 유교 경전을 읽는 학생
④ 노비안검법에 의해 양인으로 해방된 노비
⑤ 금속 활자로『직지심체요절』을 인출하는 기술자

11 다음 상황이 나타난 시기를 연표에서 옳게 고른 것은? [2점]

거란군이 귀주를 지날 때, 강감찬 등이 동쪽 교외에서 맞아 싸웠다. …… 고려군이 용기백배하여 맹렬하게 공격하니, 거란군이 북으로 도망치기 시작하였다. …… 거란군의 시신이 들판에 널렸고, 사로잡은 포로와 획득한 말, 낙타, 갑옷, 무기는 헤아릴 수 없이 많았다. 살아서 돌아간 자가 겨우 수천 명이었으니, 거란의 패배가 이토록 심한 적이 없었다.
－「고려사」

918	993	1104	1170	1232	1270
	(가)	(나)	(다)	(라)	(마)
고려 건국	서희의 외교 담판	별무반 조직	무신 정변	강화 천도	개경 환도

① (가)　　　　② (나)　　　　③ (다)
④ (라)　　　　⑤ (마)

12 다음 상황이 나타난 시기에 볼 수 있는 모습으로 가장 적절한 것은? [2점]

일전에 왕께서 화폐를 주조하여 재추와 문무 관료 및 군인에게 지급하라는 명을 내리셨습니다. 이에 따라 주전도감에서 해동통보를 발행하였습니다.

주전도감에서 해동통보 발행

① 『구황촬요』를 읽고 있는 지방관
② 시장을 감독하는 동시전의 관리
③ 초량 왜관에서 인삼을 판매하는 내상
④ 벽란도에서 물품을 거래하는 송의 상인
⑤ 솔빈부의 특산품인 말을 수입하는 상인

13 (가), (나) 기구에 대한 설명으로 옳은 것을 〈보기〉에서 고른 것은? [2점]

이번에 (가) 의 수장인 문하시중의 자리에 오르셨다고 들었습니다. 영전을 축하드립니다.

고맙네. 자네가 (나) 에서 맡고 있는 어사대부 직책도 중요하니 열심히 하시게.

〈보기〉
ㄱ. (가) - 화폐, 곡식의 출납과 회계를 맡았다.
ㄴ. (가) - 국정을 총괄하는 최고 중앙 관서였다.
ㄷ. (나) - 원 간섭기에 도평의사사로 개편되었다.
ㄹ. (나) - 관리 임명에 대한 서경권을 행사하였다.

① ㄱ, ㄴ   ② ㄱ, ㄷ   ③ ㄴ, ㄷ
④ ㄴ, ㄹ   ⑤ ㄷ, ㄹ

14 밑줄 그은 '그'에 대한 설명으로 옳은 것은? [3점]

이것은 개경 흥왕사 터에서 출토된 대각국사의 묘지명 탁본입니다. 여기에는 문종의 넷째 아들인 그가 송에 유학하고 돌아온 후 국청사를 중심으로 천태종을 개창한 내용이 기록되어 있습니다.

① 정혜쌍수와 돈오점수를 주장하였다.
② 「보현십원가」를 지어 불교 교리를 전파하였다.
③ 황룡사 구층 목탑의 건립을 건의하였다.
④ 백련사 결사를 통해 불교 정화 운동을 전개하였다.
⑤ 교장도감을 설치하여 불교 경전 주석서를 편찬하였다.

15 다음 자료에 나타난 시기의 사실로 옳은 것은? [1점]

> 흔도·홍다구·김방경이 일본의 세계촌 대명포에 이르러 통사 김저로 하여금 격문으로 이들을 회유하게 하였다. 김주정이 먼저 왜와 교전하자 여러 군사들이 모두 내려와 전투에 참여하였는데, 낭장 강언과 강사자 등이 전사하였다. 여러 군사가 일기도(一岐島)로 향할 때 수군 130명과 뱃사공 36명이 풍랑을 만나 행방을 잃었다.

① 왕조 교체를 예언하는 『정감록』이 유포되었다.
② 지배층을 중심으로 변발과 호복이 확산되었다.
③ 교정도감이 국정을 총괄하는 기구로 부상하였다.
④ 이자겸이 왕실의 외척이 되어 권력을 독점하였다.
⑤ 김사미와 효심이 가혹한 수탈에 저항하여 봉기하였다.

16 (가)에 대한 설명으로 옳은 것은? [2점]

국외 소재 우리 문화유산을 찾기 위해 헌신한 박병선 박사를 조명하는 다큐멘터리가 방영될 예정입니다. 그녀는 청주 흥덕사에서 금속 활자로 간행된 (가) 을/를 프랑스 국립 도서관에서 발견하였습니다. 또한 외규장각 의궤의 반환을 위해서도 노력하였습니다.

① 병인양요 때 일부가 약탈되었다.
② 세금 수취를 위해 3년마다 작성되었다.
③ 유네스코 세계 기록유산으로 등재되었다.
④ 거란의 침략을 물리치기 위해 제작하였다.
⑤ 충신, 효자, 열녀를 알리기 위해 간행하였다.

17 다음 사진전에 전시될 사진으로 적절하지 <u>않은</u> 것은? [2점]

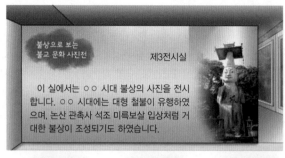

불상으로 보는
불교 문화 사진전

제3전시실

이 실에서는 ○○ 시대 불상의 사진을 전시합니다. ○○ 시대에는 대형 철불이 유행하였으며, 논산 관촉사 석조 미륵보살 입상처럼 거대한 불상이 조성되기도 하였습니다.

①   ②   ③

④   ⑤

---

18 밑줄 그은 '전하'의 재위 기간에 있었던 사실로 옳은 것은?

[2점]

> 우리 주상 전하께서는 오방의 풍토가 같지 아니하여 곡식을 심고 가꾸는 데 각기 적당한 방법이 있다고 하셨다. 이에 여러 도의 감사에게 명하기를, 주현의 나이든 농부들을 방문하여 농사지은 경험을 아뢰게 하시고 또 신(臣) 정초에게 그 까닭을 덧붙이게 하셨다. 중복된 것을 버리고, 요약한 것만 뽑아 한 편의 책으로 만들고 제목을 『농사직설』이라고 하였다.

① 예학을 정리한 『가례집람』이 저술되었다.
② 국가의 의례를 정비한 『국조오례의』가 완성되었다.
③ 아동용 윤리·역사 교재인 『동몽선습』이 간행되었다.
④ 한양을 기준으로 한 역법서인 『칠정산』이 편찬되었다.
⑤ 군주가 수양해야 할 덕목을 제시한 『성학집요』가 집필되었다.

---

19 (가), (나) 사이의 시기에 있었던 사실로 옳은 것은? [2점]

> (가) 항과 봉은 정씨의 소생이다. 왕은 어머니 윤씨가 폐위되고 죽은 것이 엄씨, 정씨의 참소 때문이라 여기고, 밤에 엄씨, 정씨를 대궐 뜰에 결박하여 놓고 손수 마구 치고 짓밟다가 항과 봉을 불러 엄씨, 정씨를 가리키며 "이 죄인을 치라."라고 하였다. …… 왕은 대비에게 "어찌하여 내 어머니를 죽였습니까?"라고 하며 불손한 말을 많이 하였다.
>
> (나) 이덕응이 진술하였다. "윤임과는 항상 대윤, 소윤이라는 말 때문에 화가 미칠까 우려하여 서로 경계하였을 뿐이었고, 모략에 대해서는 모르겠습니다. …… 윤임이 신에게 '주상이 전혀 소생할 기미가 없으니 만약 대군이 왕위를 계승하여 윤원로가 뜻을 얻게 되면 우리 집안은 멸족당할 것이다.'라고 하였습니다."

① 허적과 윤휴 등 남인이 대거 축출되었다.
② 정여립 모반 사건으로 기축옥사가 일어났다.
③ 신진 인사를 등용하기 위해 현량과가 시행되었다.
④ 『조의제문』이 발단이 되어 김일손 등이 처형되었다.
⑤ 이인좌를 중심으로 한 소론 세력이 난을 일으켰다.

---

20 다음 검색창에 들어갈 인물의 활동으로 옳은 것은? [2점]

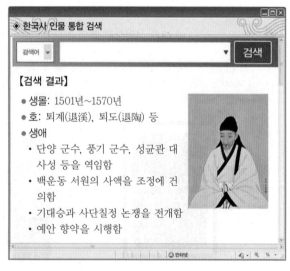

◆ 한국사 인물 통합 검색

검색어 ▾ [   ] ▾ [검색]

【검색 결과】
● 생몰: 1501년~1570년
● 호: 퇴계(退溪), 퇴도(退陶) 등
● 생애
  · 단양 군수, 풍기 군수, 성균관 대사성 등을 역임함
  · 백운동 서원의 사액을 조정에 건의함
  · 기대승과 사단칠정 논쟁을 전개함
  · 예안 향약을 시행함

① 양명학을 연구하여 강화 학파를 형성하였다.
② 명에 대한 의리를 내세워 기축봉사를 올렸다.
③ 군주의 도를 도식으로 설명한 『성학십도』를 지었다.
④ 다양한 개혁 방안을 제시한 『동호문답』을 저술하였다.
⑤ 재상 중심의 정치를 강조한 『조선경국전』을 편찬하였다.

21 다음 기사에 보도된 전투 이후의 사실로 옳지 <u>않은</u> 것은?

[3점]

역사 신문

제△△호 　　　　　　○○○○년 ○○월 ○○일

신립, 탄금대에서 패배

　삼도 순변사 신립이 이끄는 관군이 탄금대에서 적군에게 패배, 충주 방어에 실패하였다. 신립은 탄금대에 배수진을 쳤으나, 고니시 유키나가가 이끄는 적군에게 둘러싸여 위태로운 상황에 놓였다. 신립은 종사관 김여물과 최후의 돌격을 감행하였으나 실패하자 전장에서 순절하였다.

① 김시민이 진주성에서 항쟁하였다.
② 조·명 연합군이 평양성을 탈환하였다.
③ 이순신이 한산도에서 대승을 거두었다.
④ 송상현이 동래성 전투에서 항전하였다.
⑤ 권율이 행주산성에서 적군을 격퇴하였다.

22 다음 왕에 대한 설명으로 옳은 것은? [2점]

　왕은 늘 양역의 폐단을 염려하여 군포 한 필을 감하고 균역청을 설치하여 각 도의 어염·은결의 세를 걷어 보충하니, 그 은택을 입은 백성들은 서로 기뻐하였다. 이런 시책으로 화기(和氣)를 끌어 올려 대명(大命)을 이을 만하였다.

① 준천사를 신설하여 홍수에 대비하였다.
② 대외 관계를 정리한 『동문휘고』를 간행하였다.
③ 전제상정소를 두어 전분 6등법을 제정하였다.
④ 총융청과 수어청을 창설하여 도성을 방어하였다.
⑤ 삼정의 문란을 해결하기 위해 삼정이정청을 두었다.

23 (가)에 대한 설명으로 옳은 것을 〈보기〉에서 고른 것은? [2점]

　변방의 일은 병조가 주관하는 것입니다. …… 그런데 근래 변방 일을 위해 　(가)　 을/를 설치했고, 변방에 관계되는 모든 일을 실제로 다 장악하고 있습니다. …… 혹 병조 판서가 참여하는 경우가 있기는 하지만 도리어 지엽적인 입장이 되어버렸고, 참판 이하의 당상관은 전혀 일의 내용을 모르고 있습니다. …… 청컨대 혁파하소서.

〈보기〉
ㄱ. 왕명 출납을 맡은 왕의 비서 기관이었다.
ㄴ. 임진왜란 이후 조직과 기능이 확대되었다.
ㄷ. 조광조를 비롯한 사림의 건의로 혁파되었다.
ㄹ. 세도 정치 시기에 외척의 세력 기반이 되었다.

① ㄱ, ㄴ　　　② ㄱ, ㄷ　　　③ ㄴ, ㄷ
④ ㄴ, ㄹ　　　⑤ ㄷ, ㄹ

24 (가)에 대한 설명으로 옳지 <u>않은</u> 것은? [2점]

조선의 법궁, 　(가)　

■ 종목: 사적 제117호

■ 소개
　이곳은 '군자가 만년토록 큰 복을 누린다.'라는 뜻을 지닌 궁궐입니다. 궁궐 안에는 국왕의 정무 공간과 왕실의 생활 공간 등이 조성되어 있습니다.

■ 안내도

■ 주요 관람 경로
　광화문 → 근정전 → 사정전 → 강녕전과 교태전 → 향원정 → 건청궁 → 경회루

① 고종이 아관 파천 이후 환궁한 곳이다.
② 태조 때 한양으로 천도하면서 창건되었다.
③ 조선 물산 공진회 개최 장소로도 이용되었다.
④ 명성 황후가 일본 낭인들에 의해 시해된 장소이다.
⑤ 일제에 의해 궁궐 안에 조선 총독부 건물이 세워졌다.

25 (가) 시기에 있었던 사실로 옳은 것은? [3점]

> 이항 등이 "지금 왕자의 명호를 원자(元子)로 정하는 것은 간사한 마음을 품은 자가 아니라면 다른 말이 없어야 마땅합니다. 송시열은 방자하게도 상소를 올려 민심을 어지럽혔으니, 멀리 유배 보내소서."라고 상소하였다.

↓

> **(가)**

↓

> 임금이 "기사년 송시열의 상소는 한때의 실수였을 뿐 그가 어찌 다른 뜻을 가졌겠는가. 이제 그동안 잘못된 일이 다 해결되었으니 특별히 그의 관직을 회복하고 제사를 지내게 하라."라고 하교하였다.

① 자의 대비의 복상 문제로 예송이 전개되었다.
② 공신 책봉에 불만을 품고 이괄이 반란을 일으켰다.
③ 양재역 벽서 사건으로 이언적 등이 화를 입었다.
④ 붕당의 폐해를 경계하기 위해 탕평비가 건립되었다.
⑤ 남인이 권력을 장악하고 희빈 장씨가 왕비로 책봉되었다.

---

26 밑줄 그은 '이 법'에 대한 설명으로 옳은 것은? [1점]

> 이 법은 공납의 폐단을 해결할 목적으로 경기도와 강원도 지역에서 실시되고 있습니다. 고통 받는 백성을 위해 충청도와 전라도에도 이 법을 확대 시행해야 합니다.

> 그렇다면 충청도에 먼저 시행하시오.

① 양반에게도 군포를 부과하였다.
② 1결당 쌀 4~6두로 납부액을 고정하였다.
③ 전세를 풍흉에 따라 9등급으로 차등 과세하였다.
④ 일부 상류층에게 선무군관포를 징수하였다.
⑤ 특산물 대신 쌀, 베, 동전 등으로 납부하게 하였다.

---

27 (가) 인물에 대한 설명으로 옳은 것은? [2점]

> 이 그림은 『화성성역의궤』에 수록된 거중기 전도이다. 거중기는 화성 건설에 참여했던 **(가)** 이/가 고안하였다. 그는 조선 후기의 실학자로 『경세유표』를 통해 국가 제도의 개혁 방향을 제시하였으며, 지방 행정의 개혁안을 담은 『목민심서』를 저술하였다.

① 『양반전』에서 양반의 위선과 무능을 비판하였다.
② 『북학의』를 저술하여 청의 문물 수용을 강조하였다.
③ 사람의 체질을 연구하여 사상 의학을 확립하였다.
④ 『조선책략』 유포에 반발하여 영남 만인소를 주도하였다.
⑤ 여전론을 통해 토지의 공동 소유와 공동 경작을 주장하였다.

---

28 (가)~(라)의 문화유산을 제작된 순서대로 옳게 나열한 것은? [3점]

흙과 불의 예술, 우리나라 도자기

(가) (나) (다) (라)

① (가) - (나) - (다) - (라)
② (가) - (나) - (라) - (다)
③ (나) - (가) - (다) - (라)
④ (나) - (가) - (라) - (다)
⑤ (다) - (나) - (가) - (라)

(가) 우리 해동의 삼국도 역사가 오래되었으니 마땅히 책을 써야 합니다. 그러므로 폐하께서 이 늙은 신하에게 편찬하도록 하셨습니다. 폐하께서 이르시기를, "삼국은 중국과 통교하였으므로 『후한서』나 『신당서』에 모두 삼국의 열전이 있지만, 상세히 실리지 않았다. 우리의 옛 기록은 빠진 사실이 많아 후세에 교훈을 주기 어렵다. 그러므로 뛰어난 역사서를 완성하여 물려주고 싶다."라고 하셨습니다.

(나) 삼가 삼국 이후의 여러 역사서를 모으고 중국의 역사서에서 가려내어 연도에 따라 사실을 기록하였습니다. 범례는 『자치통감』에 의거하였고, 『자치통감강목』의 취지에 따라 번잡한 것은 줄이고 요령만 남겨두도록 힘썼습니다. 삼국이 서로 대치한 때는 삼국기라고 하였고, 신라가 통합한 시대는 신라기라고 하였으며, 고려 시대는 고려기라 하였고, 삼한 이전은 외기라고 하였습니다.

(다) 옛 성인은 예악으로 나라를 일으켰고 인의로 가르침을 폈으니 괴력난신은 말하지 않았다. 그러나 제왕이 일어날 때는 반드시 보통 사람과 다른 점이 있었고, 그러한 후에야 제왕의 지위를 얻고 대업을 이루었다. …… 그러므로 삼국의 시조가 모두 신이한 데서 나왔다고 해서 무엇이 괴이하다고 하겠는가. 이것이 책 첫머리에 「기이」 편이 실린 까닭이다.

(라) 옛날에 고씨가 북쪽에 살면서 고구려라 하였고, 부여씨가 서남쪽에 살면서 백제라 하였으며, 박·석·김씨가 동남쪽에 살면서 신라라고 하였으니, 이것이 삼국이다. 그러니 마땅히 삼국사가 있어야 할 것이다. …… 부여씨가 망하고 고씨가 망하니 김씨가 그 남쪽 땅을 차지하고 대씨가 그 북쪽 땅을 차지하여 발해라 하였다. 이것을 남북국이라 한다. 그러니 마땅히 남북국사가 있어야 한다.

29 (가)~(라) 역사서를 편찬한 순서대로 옳게 나열한 것은?

[3점]

① (가) – (나) – (다) – (라)
② (가) – (다) – (나) – (라)
③ (나) – (가) – (라) – (다)
④ (나) – (다) – (가) – (라)
⑤ (다) – (라) – (나) – (가)

30 (가)~(라) 역사서에 대한 설명으로 옳은 것을 <보기>에서 고른 것은? [2점]

─── <보기> ───
ㄱ. (가) - 유교 사관에 입각하여 기전체 형식으로 저술하였다.
ㄴ. (나) - 『사초』와 『시정기』를 바탕으로 실록청에서 편찬하였다.
ㄷ. (다) - 불교사를 중심으로 민간 설화 등을 수록하였다.
ㄹ. (라) - 고조선부터 고려까지의 역사를 편년체로 정리하였다.

① ㄱ, ㄴ   ② ㄱ, ㄷ   ③ ㄴ, ㄷ
④ ㄴ, ㄹ   ⑤ ㄷ, ㄹ

31 (가), (나) 사이의 시기에 있었던 사실로 옳은 것은? [2점]

(가) 대왕대비께서 전교하기를, "이번에 이렇게 만동묘를 철폐하고 다른 곳으로 옮겨 모시는 것에 대해서 선현의 혼령이 알게 되더라도 올바른 예법이라고 여기고 유감이 없을 것이다."라고 하였다.

(나) 최익현이 상소를 올려 대원군의 잘못을 탄핵하기를, "만약 그 지위가 아닌데도 국정에 관여하는 자는 단지 그 지위와 녹을 중요하게 여기기 때문입니다."라고 하였다. 왕은 너그러운 비답을 내려 특별히 그를 호조 참판에 발탁하고 총애하였다.

① 신식 군대인 별기군이 창설되었다.
② 서재필 등이 독립신문을 발행하였다.
③ 종로와 전국 각지에 척화비가 세워졌다.
④ 김옥균 등 개화 세력이 정변을 일으켰다.
⑤ 조·청 상민 수륙 무역 장정을 체결하였다.

32 다음 상황 이후에 전개된 사실로 옳은 것은? [2점]

> 진무사 정기원의 장계에, "초지와 덕진을 제대로 지키지 못한 것도 저의 불찰인데, 광성보에서는 군사가 다치고 장수가 죽었으니 저의 죄가 더욱 큽니다."라고 하였다. 이에 전교하기를, "병가의 승패는 늘 있는 일이다. 저 흉측한 무리들이 지금 다소 물러가기는 했으나 목전의 방비를 더욱 소홀히 할 수 없다."라고 하였다.

① 평양 관민이 제너럴셔먼호를 불태웠다.
② 로즈 제독의 함대가 양화진을 침입하였다.
③ 오페르트가 남연군 묘 도굴을 시도하였다.
④ 일본 군함 운요호가 영종도를 공격하였다.
⑤ 조선 정부가 프랑스인 선교사들을 처형하였다.

33 밑줄 그은 '개혁'에 대한 설명으로 옳은 것은? [1점]

> 구본신참을 원칙으로 추진된 개혁에 대해 말해보자.

> 상공업 진흥에 필요한 인재를 양성하기 위해 상공 학교를 세웠어.

> 양전 사업을 실시하여 지계를 발급했어.

① 과거제를 폐지하였다.
② 홍범 14조를 반포하였다.
③ 공·사 노비법을 혁파하였다.
④ 전국 8도를 23부로 개편하였다.
⑤ 황제 직속의 원수부를 설치하였다.

34 밑줄 그은 ㉠ 사건 이후의 사실로 옳은 것은? [3점]

> 이 문서는 에디슨이 설립한 전기 회사가 프레이저를 자사의 조선 총대리인으로 위촉한다는 내용을 담고 있다. 이 회사는 총대리인을 통해 경복궁 내의 전등 가설 공사를 수주하였다. 이에 따라 경복궁 내에 발전 설비를 마련하고, ㉠건청궁에 조선 최초의 전등을 가설하였다.

① 알렌의 건의로 광혜원이 세워졌다.
② 박문국에서 한성순보가 발행되었다.
③ 무기 제조 공장인 기기창이 설립되었다.
④ 정부가 외국어 교육 기관인 동문학을 세웠다.
⑤ 노량진에서 제물포를 잇는 경인선이 개통되었다.

35 다음 상황이 전개된 배경으로 옳은 것은? [2점]

> 백동화를 제일은행권으로 바꾸려고 교환소에 갔더니, 터무니없이 낮게 평가해 바꿔 주더군.

> 백동화는 곧 사용할 수 없을 테니 손해를 보더라도 교환할 수밖에 없지 않겠나.

① 금속류 회수령이 공포되었다.
② 국채 보상 운동이 전개되었다.
③ 산미 증식 계획이 실시되었다.
④ 조선 물산 장려회가 조직되었다.
⑤ 재정 고문으로 메가타가 임명되었다.

36 밑줄 그은 '이 지역'에서 있었던 민족 운동으로 옳은 것은? [2점]

이것은 한인 집단 거주지인 신한촌을 기념하기 위해 세운 조형물입니다. 19세기 후반 한인들의 이주가 증가하면서 건설된 신한촌은 이 지역 독립 운동의 기지가 되었지만, 1937년 스탈린이 한인을 중앙아시아로 강제 이주시키면서 해체되었습니다.

① 숭무 학교를 세워 독립군을 양성하였다.
② 권업회를 창립하여 항일 신문을 발행하였다.
③ 서전서숙을 설립하여 민족 교육을 실시하였다.
④ 임병찬이 주도하여 독립 의군부를 조직하였다.
⑤ 유학생들이 중심이 되어 2·8 독립 선언서를 작성하였다.

37 밑줄 그은 '시기'에 볼 수 있는 모습으로 적절한 것은? [2점]

이 문서에는 국가 총동원법을 위반했다는 죄목으로 벌금이 부과된 사실이 기록되어 있습니다. 일제는 중·일 전쟁 이후 침략 전쟁을 확대하던 시기에 이 법을 근거로 전쟁에 필요한 인적·물적 자원을 수탈하고, 국민의 일상생활까지 통제하였습니다.

국가 총동원법 위반
벌금 150엔

① 원산 총파업에 참여하는 노동자
② 조선 태형령 실시를 관보에 게재하는 직원
③ 조선어 학회 사건으로 탄압받는 한글 학자
④ 조선 민립 대학 기성회 창립 총회에 참석하는 교사
⑤ 경성 제국 대학 설립 업무를 수행하는 조선 총독부 관리

38 (가)~(다)를 공포된 순서대로 옳게 나열한 것은? [2점]

(가) 총독은 문무관 어느 쪽이라도 임용될 수 있는 길을 열 것이며, 헌병에 의한 경찰 제도를 고쳐 보통 경찰관에 의한 경찰 제도로 대신할 것이다. 또한 복제를 개정하여 일반 관리와 교원의 제복과 대검(帶劍)을 폐지하고, 조선인의 임용과 대우 등도 고려한다.

(나) 제1조 경찰서장 또는 그 직무를 취급하는 자는 그 관할 구역 안의 다음 각호의 범죄를 즉결할 수 있다.
......
제2조 즉결은 정식 재판을 하지 않으며 피고인의 진술을 듣고 증빙을 취조한 후 즉시 언도해야 한다.

(다) 제1조 치안 유지법의 죄를 범한 자에 대해 형의 집행유예 언도가 있었을 경우 또는 소추를 필요로 하지 않기 때문에 공소를 제기하지 않은 경우에는 보호 관찰 심사회의 결의에 따라 보호 관찰에 부칠 수 있다. 형의 집행을 마치거나 또는 가출옥을 허락받았을 경우도 역시 같다.

① (가) - (나) - (다)
② (가) - (다) - (나)
③ (나) - (가) - (다)
④ (나) - (다) - (가)
⑤ (다) - (가) - (나)

39 다음 자료에 나타난 민족 운동에 대한 설명으로 옳은 것은? [1점]

그날 오후 2시 10분 파고다 공원에 모였던 수백 명의 학생들이 10여 년간 억눌려 온 감정을 터뜨려 '만세, 독립 만세'를 외치자 뇌성 벽력 같은 소리에 공원 근처에 살던 시민들도 크게 놀랐다. 공원 문을 쏟아져 나온 학생들은 종로 거리를 달리며 몸에 숨겼던 선언서들을 길가에 뿌리며 거리를 누볐다. 윌슨 대통령이 주장한 약소민족의 자결권이 실현되는 신세계가 시작된 것이다. 시위 학생들은 덕수궁 문 앞에 당도하자 붕어하신 고종에게 조의를 표하고 잠시 멎었다.
– 스코필드 기고문

① 조선 형평사의 주도로 전개되었다.
② 신간회에서 진상 조사단을 파견하였다.
③ 「조선혁명선언」을 활동 지침으로 삼았다.
④ 전개 과정에서 일제가 제암리 학살 등을 자행하였다.
⑤ 성진회와 각 학교 독서회에 의해 전국적으로 확산되었다.

40 (가) 인물의 활동으로 옳은 것은? [3점]

도시샤 대학에 있는 이 시비는 민족 문학가인 ___(가)___ 을/를 기리기 위해 세워졌습니다. 비석에는 '죽는 날까지 하늘을 우러러'로 시작되는 그의 작품인 「서시」가 새겨져 있습니다. 북간도 출신인 그는 일본 유학 중 치안 유지법 위반 혐의로 체포되어 옥중에서 순국하였습니다.

① 『조선상고사』를 저술하였다.
② 소설 『상록수』를 신문에 연재하였다.
③ 저항시 「광야」, 「절정」 등을 발표하였다.
④ 영화 아리랑의 제작과 감독을 맡았다.
⑤ 「별 헤는 밤」, 「참회록」 등의 시를 남겼다.

41 (가) 부대에 대한 설명으로 옳은 것은? [2점]

30여 년이나 비밀리에 행동한 조선 혁명 청년은 지금도 중국 항일전에서 혁명 행동의 기회를 얻어, ······ ___(가)___ 은/는 10월 10일 한구(漢口)에서 성립, 중앙군의 이동에 따라 계림(桂林)으로 왔다. 대장 진빈 선생[김원봉]은 금년 41세로서, 1919년 조선의 3월 운동 및 조선 총독부 파괴의 의열단 사건 등도 그들에 의한 것이다.
― 「국민공론」

① 청산리에서 일본군과 교전하였다.
② 대전자령 전투에서 일본군을 격퇴하였다.
③ 일본군의 공세를 피해 자유시로 이동하였다.
④ 중국 의용군과 연합하여 흥경성 전투를 이끌었다.
⑤ 중국 관내(關內)에서 결성된 최초의 한인 무장 부대였다.

42 밑줄 그은 '이 운동'에 대한 설명으로 옳은 것은? [1점]

공평은 사회의 근본이요 애정은 인류의 본성입니다. 이 운동은 우리들의 모욕적 칭호를 폐지하며, 교육을 장려하고, 참다운 인간이 되는 것을 목표로 하고 있습니다.

① 만세보를 발행하여 민중 계몽에 힘썼다.
② 조만식, 이상재 등의 주도로 시작되었다.
③ 백정에 대한 사회적 차별 철폐를 목적으로 하였다.
④ 일제가 이른바 문화 통치를 실시하는 계기가 되었다.
⑤ 고종의 인산(因山)을 기회로 삼아 대규모 시위를 전개하였다.

43 (가) 단체에 대한 설명으로 옳은 것은? [2점]

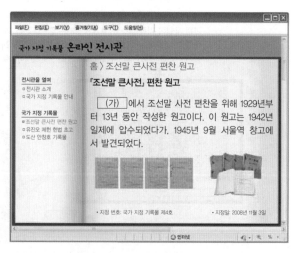

① 국어 문법서인 『대한문전』을 편찬하였다.
② 한글 맞춤법 통일안과 표준어를 제정하였다.
③ 우리말 음운 연구서인 『언문지』를 저술하였다.
④ 한글 연구를 목적으로 학부 아래에 설립되었다.
⑤ 주시경을 중심으로 국문을 정리하고 철자법을 연구하였다.

44 (가) 인물에 대한 설명으로 옳은 것은? [2점]

> 항복 전에 정무총감 엔도 등이 법과 질서를 유지하고 일본인들의 생명과 재산을 지키기 위하여 [(가)] 와/과 논의하였다. …… 일본인들은 그가 유혈 사태를 막아줄 수 있다고 믿었던 것 같다. …… 그런데 [(가)] 은/는 조선 총독부가 생각했던 바를 따르지 않았다. 일본이 원했던 것은 연합군이 올 때까지 질서를 유지하기 위한 평화 유지 위원회 정도였다. 그러나 그는 실질적인 정부로 여겨질 수 있는 조선 건국 준비 위원회를 만들었다.

① 샌프란시스코에서 흥사단을 결성하였다.
② 삼균주의를 바탕으로 한 건국 강령을 작성하였다.
③ 김규식과 함께 좌·우 합작 위원회를 조직하였다.
④ 반민족 행위 특별 조사 위원회에서 활동하였다.
⑤ 미국에서 귀국하여 독립 촉성 중앙 협의회를 이끌었다.

45 (가) 사건에 대한 설명으로 옳은 것은? [2점]

> 제주도에서 발생한 [(가)] 당시 토벌대는 남한만의 단독 선거에 반대하는 세력을 진압한다는 명분으로 초토화 작전을 벌였고, 이 과정에서 무고한 사람들이 희생되었습니다. 법원은 오늘 이 사건으로 억울한 옥살이를 했던 피해자 335명에 대해서, 재심을 통해 무죄 판결을 내렸습니다.

(가) 옥살이 335명, 70여 년 만에 재심에서 무죄

① 허정 과도 내각이 성립되는 배경이 되었다.
② 통일 주체 국민 회의가 설치되는 결과를 가져왔다.
③ 희생자들의 명예 회복을 위해 특별법이 제정되었다.
④ 귀속 재산 처리를 위한 신한 공사 설립의 계기가 되었다.
⑤ 관련 기록물이 유네스코 세계 기록 유산으로 등재되었다.

46 (가), (나) 발표 사이의 시기에 있었던 사실로 옳은 것은? [2점]

> (가) 첫째는 국민이 원한다면 대통령직을 사임할 것이며, 둘째는 지난번 정·부통령 선거에 많은 부정이 있었다고 하니, 선거를 다시 하도록 지시하였고, 셋째는 선거로 인연한 모든 불미스러운 것을 없애게 하기 위해서, 이미 이기붕 의장이 공직에서 완전히 물러나겠다고 결정한 것이다.
>
> (나) 1. 반공을 국시의 제일 의(義)로 삼고 지금까지 형식적이고 구호에만 그친 반공 태세를 재정비 강화한다.
> 2. 유엔 헌장을 준수하고 국제 협약을 충실히 이행할 것이며 미국을 위시한 자유 우방과의 유대를 더욱 공고히 한다.
> ……
> 6. 이와 같은 우리의 과업이 성취되면 참신하고 양심적인 정치인들에게 언제든지 정권을 이양하고 우리들 본연의 임무에 복귀할 준비를 갖춘다.

① 조봉암을 중심으로 진보당이 창당되었다.
② 국가 보위 비상 대책 위원회가 설치되었다.
③ 의원 내각제를 골자로 하는 개헌이 이루어졌다.
④ 유상 매수, 유상 분배를 규정한 농지 개혁법이 제정되었다.
⑤ 긴급 조치 철폐를 요구하는 3·1 민주 구국 선언이 발표되었다.

47 (가) 민주화 운동에 대한 설명으로 옳은 것은? [1점]

① 유신 체제가 붕괴되는 계기가 되었다.
② 굴욕적인 한·일 국교 정상화에 반대하였다.
③ 양원제 국회가 출현하는 결과를 가져왔다.
④ 신군부의 비상 계엄 확대가 원인이 되었다.
⑤ 호헌 철폐와 독재 타도 등의 구호를 내세웠다.

48 밑줄 그은 '정부'의 통일 노력으로 옳은 것은?　　[2점]

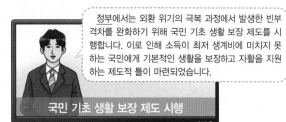

정부에서는 외환 위기의 극복 과정에서 발생한 빈부 격차를 완화하기 위해 국민 기초 생활 보장 제도를 시행합니다. 이로 인해 소득이 최저 생계비에 미치지 못하는 국민에게 기본적인 생활을 보장하고 자활을 지원하는 제도적 틀이 마련되었습니다.

국민 기초 생활 보장 제도 시행

① 남북한 유엔 동시 가입을 성사시켰다.
② 통일의 3대 원칙을 명시한 7·4 남북 공동 성명을 발표하였다.
③ 최초의 이산가족 고향 방문과 예술 공연단 교환을 실현하였다.
④ 남북 정상 회담을 개최하고 6·15 남북 공동 선언을 채택하였다.
⑤ 남북한 정부 간 최초의 공식 합의서인 남북 기본 합의서를 교환하였다.

49 (가) 정부 시기에 있었던 사실로 옳은 것은?　　[3점]

① 전국 민주 노동조합 총연맹이 창립되었다.
② 남북한이 한반도 비핵화 공동 선언에 서명하였다.
③ 경제 정의 실천 시민 연합 창립 대회가 개최되었다.
④ 중학교 입시 제도를 폐지하고 무시험 추첨제를 실시하였다.
⑤ 진실·화해를 위한 과거사 정리 위원회가 처음으로 출범하였다.

50 (가)에 해당하는 지역을 지도에서 옳게 찾은 것은?　　[1점]

탐구 활동 계획서

ㅇ학년 ㅇ반 이름 ㅇㅇㅇ

1. 주제: (가) 지역을 중심으로 본 조선의 대외 관계

2. 탐구 방법: 문헌 조사, 인터넷 검색 등

3. 탐구 내용
　가. 대일 무역의 거점, 초량 왜관
　나. 개항 이후 설정된 조계의 기능
　다. 관세 문제로 일어난 두모포 수세 사건

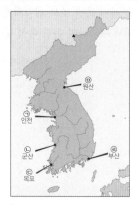

① ㉠　　　② ㉡　　　③ ㉢
④ ㉣　　　⑤ ㉤

정답 및 해설 ⇒ 251쪽

01 (가) 시대의 생활 모습으로 옳은 것은? [1점]

> 특별 기획전
> ### (가) 시대, 새로운 도구를 사용하다
> 우리 박물관에서는 농경과 정착 생활이 시작된 (가) 시대 특별전을 마련하였습니다. 당시 사람들이 사용하였던 도구를 통해 그들의 생활 모습을 살펴보는 기회가 되길 바랍니다.
> • 기간: 2020.○○.○○. ~ ○○.○○.
> • 장소: △△ 박물관 기획 전시실
> • 주요 전시 유물
>

① 주로 동굴이나 강가의 막집에서 살았다.
② 지배층의 무덤으로 고인돌을 축조하였다.
③ 거푸집을 이용하여 세형동검을 제작하였다.
④ 빗살무늬 토기를 만들어 식량을 저장하였다.
⑤ 쟁기, 쇠스랑 등의 철제 농기구를 사용하였다.

02 (가) 인물에 대한 설명으로 옳은 것은? [2점]

> 연(燕)의 (가) 이/가 망명하여 오랑캐의 복장을 하고 동쪽으로 패수를 건너 준왕에게 항복하였다. …… (가) 이/가 망명자들을 꾀어내어 그 무리가 점점 많아지자, 준왕에게 사람을 보내 "한의 군대가 열 갈래로 쳐들어오니 [왕궁에] 들어가 숙위하기를 청합니다."라고 속이고 도리어 준왕을 공격하였다.
> — 『삼국지』 동이전

① 한 무제가 파견한 군대와 맞서 싸웠다.
② 진번과 임둔을 복속하여 세력을 확장하였다.
③ 빈민을 구제하기 위해 진대법을 실시하였다.
④ 지방의 여러 성에 욕살, 처려근지 등을 두었다.
⑤ 연의 장수 진개의 공격을 받아 영토를 빼앗겼다.

03 (가), (나) 나라에 대한 설명으로 옳은 것은? [2점]

> (가) 여자의 나이가 열 살이 되기 전에 혼인을 약속하고, 신랑 집에서 맞이하여 장성할 때까지 기른다. 여자가 장성하면 여자 집으로 돌아가게 한다. 여자 집에서는 돈을 요구하는데, 신랑 집에서 돈을 지불한 후 다시 데리고 와서 아내로 삼는다.
>
> (나) 읍마다 우두머리가 있어 세력이 강대하면 신지라 하고, …… 그 다음은 읍차라 하였다. 나라에는 철이 생산되는데 예(濊), 왜(倭) 등이 와서 사간다. 무역에서 철을 화폐로 사용한다.

① (가) - 신성 지역인 소도가 존재하였다.
② (가) - 삼로라 불린 우두머리가 읍락을 다스렸다.
③ (나) - 여러 가(加)들이 별도로 사출도를 주관하였다.
④ (나) - 단궁, 과하마, 반어피 등의 특산물이 유명하였다.
⑤ (가), (나) - 범금 8조를 통해 사회 질서를 유지하였다.

04 (가), (나) 사이의 시기에 있었던 사실로 옳은 것은? [3점]

> (가) 영락 6년 병신(丙申)에 왕이 친히 군사를 이끌고 백제[百殘]를 토벌하였다. …… 백제가 의(義)에 복종치 않고 감히 나와 싸우니 왕이 크게 노하여 아리수를 건너 정병(精兵)을 보내 그 도성에 육박하였다. …… 이에 백제왕[殘主]이 …… 이제부터 영구히 고구려왕의 노객(奴客)이 되겠다고 맹세하였다.
>
> (나) 고구려의 대로 제우, 재증걸루, 고이만년 등이 북쪽 성을 공격한지 7일 만에 함락시키고 남쪽 성으로 옮겨 공격하자, 성 안이 위험에 빠지고 개로왕이 도망하여 나갔다. 고구려 장수 재증걸루 등이 왕을 보고 …… 그 죄를 책망하며 포박하여 아차성 아래로 보내 죽였다.

① 의자왕이 대야성을 함락하였다.
② 미천왕이 서안평을 점령하였다.
③ 동성왕이 나·제 동맹을 강화하였다.
④ 성왕이 한강 하류 지역을 수복하였다.
⑤ 장수왕이 국내성에서 평양으로 천도하였다.

05 (가)에 해당하는 나라에 대한 설명으로 옳은 것은? [1점]

문화재청은 (가) 고분군의 유네스코 세계유산 등재를 추진한다고 밝혔습니다. 여기에는 김해 대성동, 고령 지산동, 함안 말이산 등 7개 고분군이 포함되어 있습니다.

(가) 고분군, 유네스코 세계유산 등재 추진

① 22담로에 왕족을 파견하였다.
② 9주 5소경의 지방 행정 제도를 두었다.
③ 집집마다 부경이라는 창고가 있었다.
④ 화백 회의에서 국가의 중대사를 논의하였다.
⑤ 철이 많이 생산되어 낙랑, 왜 등에 수출하였다.

06 (가), (나) 사이의 시기에 있었던 사실로 옳은 것은? [3점]

(가) 김춘추가 무릎을 꿇고 아뢰기를, "…… 만약 폐하께서 당의 군사를 빌려주어 흉악한 무리를 잘라 없애지 않는다면 저희 백성은 모두 포로가 될 것이며, 산 넘고 바다 건너 행하는 조회도 다시는 바랄 수 없을 것입니다."라고 하였다. 태종이 매우 옳다고 여겨서 군사의 출동을 허락하였다.
　　　　　　　　　　　　　　　　　　－ 「삼국사기」
(나) 계필하력이 먼저 군사를 이끌고 평양성 밖에 도착하였고, 이적의 군사가 뒤따라 와서 한 달이 넘도록 평양을 포위하였다. …… 남건은 성문을 닫고 항거하여 지켰다. …… 5일 뒤에 신성이 성문을 열었다. …… 남건은 스스로 칼을 들어 자신을 찔렀으나 죽지 못했다. [보장]왕과 남건 등을 붙잡았다. －「삼국사기」

① 당이 안동 도호부를 요동 지역으로 옮겼다.
② 신라와 당의 연합군이 백강에서 왜군을 물리쳤다.
③ 신라가 당의 군대에 맞서 매소성에서 승리하였다.
④ 고구려 안승이 신라에 의해 보덕국왕으로 임명되었다.
⑤ 고구려가 당의 침입에 대비하여 천리장성을 완성하였다.

07 (가) 왕의 재위 기간에 있었던 사실로 옳은 것은? [2점]

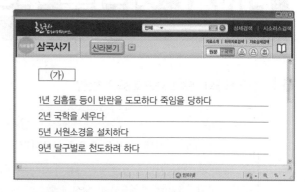

삼국사기 신라본기

(가)

1년 김흠돌 등이 반란을 도모하다 죽임을 당하다
2년 국학을 세우다
5년 서원소경을 설치하다
9년 달구벌로 천도하려 하다

① 이사부를 보내 우산국을 복속하였다.
② 화랑도를 국가 조직으로 개편하였다.
③ 관료전을 지급하고 녹읍을 폐지하였다.
④ 최고 지배자의 칭호를 마립간으로 하였다.
⑤ 이차돈의 순교를 계기로 불교를 공인하였다.

08 (가) 국가에 대한 설명으로 옳은 것은? [2점]

답사 보고서

▣ 주제: (가) 의 유적을 찾아서
▣ 기간: 2019년 ○○월 ○○일~○○월 ○○일
▣ 답사지: 러시아 연해주 콕샤로프카성 일대

1. 콕샤로프카 평지성 내부의 온돌 유적

콕샤로프카성
동모산
신라

이 유적은 전체 둘레가 1,645m에 이르는 대규모 성곽으로, 내부 건물지에서 고구려 계통의 온돌 시설과 토기 등이 발굴되었다. 이러한 유적과 유물은 해동성국으로 불린 (가) 이/가 고구려의 문화를 계승하였음을 보여준다.

2. 콕샤로프카 성벽

① 지방관 감찰을 위해 외사정을 파견하였다.
② 9서당 10정의 군사 조직을 갖추었다.
③ 5경 15부 62주의 지방 행정 제도를 갖추었다.
④ 집사부 외 13부를 두고 행정 업무를 분담하였다.
⑤ 상수리 제도를 시행하여 지방 세력을 견제하였다.

09 밑줄 그은 '이 시기'에 있었던 사실로 옳은 것은? [2점]

혜공왕이 피살되면서 무열왕 직계 자손의 왕위 계승이 끊기게 되었어.

맞아. 그 이후 방계 왕족 김양상이 선덕왕이 되었지. 왕위 쟁탈전이 치열해지는 이 시기 150여 년간은 왕위 교체가 잦아서 무려 20명의 왕이 등장하고 있어.

① 9산 선문 중 하나인 실상산문이 개창되었다.
② 국가 주도로 삼한통보, 해동통보가 발행되었다.
③ 지장의 건의로 황룡사 구층 목탑이 건립되었다.
④ 중국 화북 지방의 농법을 정리한 『농상집요』가 소개되었다.
⑤ 인간의 심성과 우주의 원리를 탐구하는 성리학이 전래되었다.

10 다음 대화에 나타난 인물에 대한 설명으로 옳은 것은? [2점]

신라 왕족의 후예로 알려져 있으며, 송악을 도읍으로 나라를 세운 인물에 대해 말해보자.

광평성 등 여러 정치 기구를 마련했어.

미륵불을 자칭하며 폭정을 일삼기도 했지.

① 후당, 오월에 사신을 보냈다.
② 금산사에 유폐된 후 고려에 귀부하였다.
③ 훈요 10조에서 불교 숭상을 강조하였다.
④ 청해진을 설치하여 해상 무역을 전개하였다.
⑤ 마진이라는 국호와 무태라는 연호를 사용하였다.

11 다음 교서를 내린 왕의 정책으로 옳은 것은? [3점]

> 우리 태조께서 흑창을 두어 가난한 백성에게 진대(賑貸)하게 하셨다. 지금 백성들이 점차 늘어나고 있는데 저축한 바는 늘어나지 않았으니, 미(米) 1만 석을 더하고 이름을 의창(義倉)으로 고친다. 또한 모든 주와 부에도 각각 의창을 설치하도록 하라.

① 한양을 남경으로 승격시켰다.
② 국자감에 서적포를 설치하였다.
③ 12목을 설치하고 지방관을 파견하였다.
④ 인사 행정을 담당하던 정방을 폐지하였다.
⑤ 개경에 귀법사를 세우고 균여를 주지로 삼았다.

12 (가), (나) 사이의 시기에 있었던 사실로 옳은 것은? [2점]

> (가) 왕이 서경에서 안북부까지 나아가 머물렀는데, 거란의 소손녕이 봉산군을 공격하여 파괴하였다는 소식을 듣자 더 가지 못하고 돌아왔다. 서희를 보내 화의를 요청하니 침공을 중지하였다.
>
> (나) 강감찬이 수도에 성곽이 없다 하여 나성을 쌓을 것을 요청하니 왕이 그 건의를 따라 왕가도에게 명령하여 축조하게 하였다.

① 사신 저고여가 귀국길에 피살되었다.
② 화통도감이 설치되어 화포를 제작하였다.
③ 강조가 정변을 일으켜 목종을 폐위시켰다.
④ 나세, 심덕부 등이 진포에서 왜구를 물리쳤다.
⑤ 공주 명학소에서 망이·망소이가 난을 일으켰다.

13 다음 검색창에 들어갈 인물에 대한 설명으로 옳은 것은? [2점]

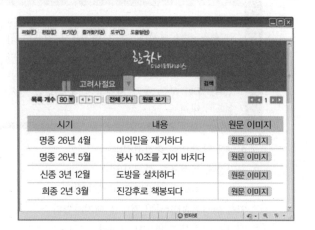

① 서경에서 난을 일으키고 국호를 대위로 하였다.
② 화약과 화포 제작을 위한 화통도감 설치를 건의하였다.
③ 삼별초를 이끌고 진도로 이동하여 대몽 항쟁을 펼쳤다.
④ 교정별감이 되어 인사, 재정 등 국정 전반을 장악하였다.
⑤ 전민변정도감의 책임자로 임명되어 권문세족을 견제하였다.

14 (가)에 들어갈 내용으로 옳은 것은? [2점]

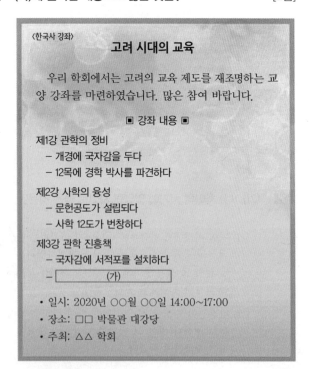

① 당에 유학생을 파견하다
② 전문 강좌인 7재를 개설하다
③ 사액 서원에 서적과 노비를 지급하다
④ 글과 활쏘기를 가르치는 경당을 설립하다
⑤ 관리 채용을 위해 독서삼품과를 시행하다

15 (가) 군사 조직에 대한 설명으로 옳은 것은? [1점]

① 최씨 무신 정권의 군사적 기반이었다.
② 거란의 침입에 대비하여 창설되었다.
③ 신기군, 신보군, 항마군으로 구성되었다.
④ 유사시에 향토 방위를 맡는 예비군이었다.
⑤ 옷깃 색을 기준으로 9개의 부대로 편성되었다.

16 다음 제도를 시행한 국가의 경제 상황으로 옳은 것은? [2점]

> 문종 3년 5월 양반 공음전시법을 정하였다. 1품은 문하 시랑평장사 이상으로 전지 25결, 시지 15결이다. 2품은 참정 이상으로 전지 22결, 시지 12결이다. 3품은 전지 20결, 시지 10결이다. 4품은 전지 17결, 시지 8결이다. 5품은 전지 15결, 시지 5결이다. 이를 모두 자손에게 전하여 주게 한다. …… 공음전을 받은 자의 자손이 사직을 위태롭게 할 것을 꾀하거나 모반이나 대역에 연좌되거나, 여러 공죄나 사죄를 범하여 제명된 것 이외에는 비록 그 아들에게 죄가 있더라도 그 손자에게 죄가 없다면 공음전시의 3분의 1을 지급한다.

① 모내기법이 전국적으로 확산되었다.
② 벽란도에서 국제 무역이 이루어졌다.
③ 계해약조를 맺어 일본과 교역을 하였다.
④ 시장을 감독하는 관청인 동시전이 있었다.
⑤ 감자, 고구마 등의 구황 작물이 재배되었다.

17 (가)에 들어갈 내용으로 옳지 <u>않은</u> 것은? [2점]

고려 시대 민생 안정을 위해 시행한 정책에 대해 이야기해 보자.

감염병 확산 등에 대처하기 위해 구제도감을 설치하였어.

(가)

① 물가 조절을 위해 상평창을 설치하였어.
② 병자에게 의약품을 제공하는 혜민국이 있었어.
③ 환자 치료와 빈민 구제를 위해 동·서 대비원을 두었어.
④ 국산 약재와 치료 방법을 정리한 『향약집성방』이 간행되었어.
⑤ 기금을 모아 그 이자로 빈민을 구제하는 제위보를 운영하였어.

18 (가) 역사서에 대한 설명으로 옳은 것은? [2점]

□□신문

제△△호 ○○○○년 ○○월 ○○일

(가) 범어사본, 국보로 승격

부산 범어사가 소장한 (가) 권4~5가 보물에서 국보로 승격되었다. 이번에 국보로 승격된 범어사 소장본은 일연이 저술한 (가) 의 현존 판각본 중 가장 이른 시기의 것으로 추정된다. 특히 이미 국보로 지정된 판각본의 누락된 부분을 보완할 수 있다는 점에서 사료적 가치가 매우 높다고 문화재청 관계자는 밝혔다.

① 단군의 건국 이야기를 수록하였다.
② 「사초」, 『시정기』 등을 바탕으로 편찬되었다.
③ 왕명에 의해 고승들의 전기를 기록하였다.
④ 본기, 열전 등 기전체 형식으로 서술되었다.
⑤ 서사시 형태로 고구려 계승 의식이 반영되었다.

19 밑줄 그은 '왕'의 재위 기간에 있었던 사실로 옳은 것은? [2점]

역사 신문

제△△호 ○○○○년 ○○월 ○○일

육조 직계제 부활하다

계유년에 황보인 등을 제거하고 권력을 장악한 이후 즉위한 왕은 강력한 왕권을 행사하고자 육조 직계제를 부활시켰다. 이번 조치는 형조의 사형수 판결을 제외한 육조의 서무를 직접 왕에게 보고하도록 한 것이다. 따라서 이전보다 더욱 강력한 육조 직계제가 시행될 것으로 예상된다.

① 주자소가 설치되어 계미자가 주조되었다.
② 폐비 윤씨 사사 사건의 전말이 알려져 관련자들이 화를 입었다.
③ 통치 체제를 정비하기 위해 『대전회통』이 편찬되었다.
④ 기유약조를 체결하여 일본과의 무역을 재개하였다.
⑤ 현직 관리에게만 수조지를 지급하는 직전법이 시행되었다.

20 다음 자료에 해당하는 정치 기구에 대한 설명으로 옳은 것은? [2점]

정치를 논하여 바르게 이끌고, 백관을 규찰하고, 풍속을 바로잡고, 원통하고 억울한 것을 풀어 주고, 외람되고 거짓된 것을 금하는 등의 일을 관장한다. …… 집의 1명, 장령 2명, 지평 2명, 감찰 24명을 둔다.

① 수도의 치안과 행정을 주관하였다.
② 고려의 삼사와 같은 역할을 하였다.
③ 조광조를 비롯한 사림의 건의로 혁파되었다.
④ 임진왜란을 거치면서 국정 최고 기구로 성장하였다.
⑤ 5품 이하 관리의 임명 과정에서 서경권을 행사하였다.

21 (가) 사건에 대한 설명으로 옳은 것은? [2점]

> 김종직의 자는 계온이고 호는 점필재이며, 김숙자의 아들로 선산 사람이다. …… 효행이 있고 문장이 고결하여 당시 유학자의 으뜸으로 추앙받았는데, 후학들에게 학문을 장려하여 많은 사람이 학문을 성취하였다. 후학 중에 김굉필과 정여창 같은 이는 도학으로 명성이 있었고, 김일손, 유호인 등은 문장으로 이름을 알렸으며 그 밖에도 명성을 얻은 이가 매우 많았다. 연산군 때 유자광, 이극돈 등이 주도한 ㅤ(가)ㅤ이/가 일어났을 당시 김종직은 이미 세상을 떠났지만, 화가 그의 무덤까지 미치어 부관참시를 당하였다.

① 계유정난의 배경이 되었다.
②「조의제문」이 발단이 되어 일어났다.
③ 반정 공신의 위훈 삭제를 주장하였다.
④ 윤임 일파가 제거되는 결과를 가져왔다.
⑤ 동인이 남인과 북인으로 나뉘는 계기가 되었다.

22 다음 일기의 훼손된 부분에 해당하는 시기의 사실로 옳은 것은? [2점]

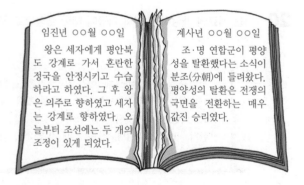

> **임진년 ○○월 ○○일**
> 왕은 세자에게 평안북도 강계로 가서 혼란한 정국을 안정시키고 수습하라고 하였다. 그 후 왕은 의주로 향하였고 세자는 강계로 향하였다. 오늘부터 조선에는 두 개의 조정이 있게 되었다.
>
> **계사년 ○○월 ○○일**
> 조·명 연합군이 평양성을 탈환했다는 소식이 분조(分朝)에 들려왔다. 평양성의 탈환은 전쟁의 국면을 전환하는 매우 값진 승리였다.

① 이순신이 한산도 대첩에서 승리하였다.
② 정발이 부산진성 전투에서 전사하였다.
③ 휴전 회담의 결렬로 정유재란이 시작되었다.
④ 명의 요청으로 강홍립의 부대가 파견되었다.
⑤ 정봉수와 이립이 의병을 이끌고 활약하였다.

23 밑줄 그은 '왕'에 대한 설명으로 옳은 것은? [2점]

> 왕 1년 3월 14일 광해를 폐하여 군으로 봉하다
> 　　　　 이광정, 이귀, 김류 등에게 관직을 제수하다
> 　　3월 15일 영창 대군 등의 관봉(官封)을 회복하도록 명하다
> 　　　　 인목 대비의 의복을 바꿀 시일을 정하도록 예조에 하교하다
> 　　3월 25일 반정에 공이 있는 김자점 등을 6품직에 제수하다

① 이시애의 난을 진압하고 유향소를 폐지하였다.
② 붕당 정치의 폐해를 경계하고자 탕평비를 세웠다.
③ 총융청과 수어청을 설치하여 도성을 방비하였다.
④ 전제상정소를 설립하고 전분 6등법을 제정하였다.
⑤ 변급, 신류 등을 파견하여 나선 정벌을 단행하였다.

24 밑줄 그은 '이 전쟁' 중에 있었던 사실로 옳은 것은? [3점]

> 소현 세자께서 돌아가셨다네. 그런데 시신이 검은빛이었고 이 목구비에서 모두 피가 흘러 나왔다는군.

> 이 전쟁에 패하여 청에 인질로 갔다가 8년 만에 돌아오실 때도 건강하셨던 세자께서 어찌 두 달 만에 그리되셨는가?

① 이괄의 반란 세력이 도성을 장악하였다.
② 곽재우, 고경명 등이 의병장으로 활약하였다.
③ 김준룡이 근왕병을 이끌고 광교산에서 항전하였다.
④ 외적의 침입에 대응하여 임시 기구로 비변사가 처음 설치되었다.
⑤ 포수·사수·살수의 삼수병으로 편제된 훈련도감이 신설되었다.

25 (가) 왕이 실시한 정책으로 옳은 것은? [2점]

이 편지는 (가) 이/가 노론 벽파의 영수인 심환지에게 비밀리에 보낸 어찰이다. 이 편지에서 그는 "최근 벽파가 떨어져 나간다는 소문이 성행한다고 한다. 지금처럼 벽파가 뒤죽박죽 되었을 때에는 종종 이처럼 근거 없는 소문이 있을 수 있다."라고 언급하기도 하였다. 이와 같이 그는 국정 운영에 필요한 경우 부친인 사도 세자의 추숭(追崇)을 반대한 노론 벽파의 영수와도 수차례 편지를 교환하였다.

① 양전 사업을 실시하고 지계를 발급하였다.
② 『속대전』을 편찬하여 통치 체제를 정비하였다.
③ 청과의 경계를 정한 백두산 정계비를 세웠다.
④ 삼군부를 부활시켜 군국 기무를 전담하게 하였다.
⑤ 유능한 인재를 양성하기 위해 초계문신제를 시행하였다.

26 다음 대화가 이루어진 시기의 경제 상황으로 옳지 <u>않은</u> 것은? [2점]

며칠 전 전하께서 형조와 한성부에 시전 상인의 금난전권을 철폐하고 이를 어길 경우 처벌하라는 지시를 내리셨다네.

나도 들었네. 다만 육의전은 이번 조치에서 제외되었다고 하더군.

① 고액 화폐인 활구가 주조되었다.
② 담배, 면화 등 상품 작물이 재배되었다.
③ 관청에 물품을 조달하는 공인이 활동하였다.
④ 송상, 만상이 대청 무역으로 부를 축적하였다.
⑤ 광산을 전문적으로 경영하는 덕대가 등장하였다.

27 (가) 사건에 대한 설명으로 옳은 것은? [2점]

이곳은 유계춘의 무덤입니다. 그는 경상 우병사 백낙신의 탐학과 향리들의 횡포에 맞서 농민들과 함께 (가) 을/를 일으켰습니다. 이를 계기로 농민 봉기가 삼남 지방으로 확산되었습니다.

① 청의 군대에 의해 진압되었다.
② 최제우가 동학을 창시하는 계기가 되었다.
③ 왕이 도성을 떠나 공산성으로 피란하였다.
④ 남접과 북접이 연합하여 조직적으로 전개되었다.
⑤ 사건의 수습을 위해 박규수가 안핵사로 파견되었다.

28 밑줄 그은 '그'에 대한 설명으로 옳은 것은? [2점]

□□신문

제△△호 ○○○○년 ○○월 ○○일

담헌(湛軒), 소행성의 이름으로 다시 태어나다.

한국천문연구원은 "국내 연구진이 발견한 새로운 소행성에 대해, 호가 담헌인 그의 인명을 헌정하여 국제천문연맹으로부터 최종 승인을 받았다."라고 밝혔다. 인명이 헌정된 이유는 그가 무한 우주론과 지전설 등을 주장한 조선 후기의 대표적인 과학자이자 실학자이기 때문이다.

담헌이 제작한 것으로 알려진 혼천의

① 『기기도설』을 참고하여 거중기를 설계하였다.
② 『북학의』에서 수레와 배의 이용을 강조하였다.
③ 「양반전」에서 양반의 위선과 무능을 지적하였다.
④ 『의산문답』에서 중국 중심의 세계관을 비판하였다.
⑤ 『우서』에서 사농공상의 직업적 평등과 전문화를 주장하였다.

29 교사의 질문에 대한 학생의 답변으로 가장 적절한 것은? [2점]

이 그림은 김홍도가 중인들의 시사(詩社) 광경을 그린 '송석원시사야연도'입니다. 당시 중인들은 시사를 조직해 활발한 문예 활동을 전개하기도 하였습니다. 이 그림이 그려진 시기의 문화에 대해 발표해 볼까요?

① 성현 등이 『악학궤범』을 편찬하였습니다.
② 정철이 「관동별곡」, 「사미인곡」 등의 작품을 지었습니다.
③ 노래와 사설로 줄거리를 풀어 가는 판소리가 발달하였습니다.
④ 서거정이 역대 문학 작품을 선별하여 『동문선』을 편찬하였습니다.
⑤ 청주 흥덕사에서 금속 활자본인 『직지심체요절』을 간행하였습니다.

30 밑줄 그은 '조약'에 대한 설명으로 옳은 것은? [2점]

발신: 의정부
수신: 각 도 관찰사, 수원·광주·개성·강화의 유수, 동래 부사
제목: 조약 체결 알림

1. 관련
 가. 영종진 불법 침입 보고(강화부, 을해년)
 나. 교섭 결과 보고(신헌, 병자년)

2. 일본국과의 조약 체결에 대해 알립니다. 해당 관아에서는 연해 각 읍에 통지하여, 앞으로 일본국의 표식을 계양 또는 부착한 선박이 항해 또는 정박 시 불필요한 충돌을 방지하기 바랍니다.

붙임: 조약 본문 등사본 1부. 끝.

① 천주교 포교의 허용 근거가 되었다.
② 거중조정에 대한 내용을 포함하였다.
③ 재정 고문을 두도록 하는 조항을 담고 있다.
④ 조약 체결에 반대하여 민영환이 자결하였다.
⑤ 부산 외 2곳에 개항장이 설치되는 결과를 가져왔다.

31 밑줄 그은 '이 사건'에 대한 설명으로 옳은 것은? [1점]

개화 정책에 대한 불만과 구식 군인에 대한 차별 대우로 일어난 이 사건에 대해 말해 보자.

구식 군인들이 일본 공사관을 공격하였고, 이 과정에서 도시 하층민도 가담했어.

고종은 흥선 대원군에게 사태 수습을 맡겼지.

① 김옥균, 박영효 등이 주도하였다.
② 입헌 군주제 수립을 목표로 전개되었다.
③ 통리기무아문이 설치되는 배경이 되었다.
④ 일본 공사관에 경비병이 주둔하는 계기가 되었다.
⑤ 전국 각지에 척화비가 건립되는 결과를 초래하였다.

32 (가) 인물에 대한 설명으로 옳은 것은? [2점]

심문자: 재차 기포(起包)한 것을 일본 군사가 궁궐을 침범하였다고 한 까닭에 다시 일어났다 하니, 다시 일어난 후에는 일본 병사에게 무슨 행동을 하려 하였느냐.
진술자: 궁궐을 침범한 연유를 힐문하고자 하였다.
심문자: 그러면 일본 병사나 각국 사람이 경성에 머물고 있는 자를 내쫓으려 하였느냐.
진술자: 그런 것이 아니라 각국인은 다만 통상만 하는데 일본인은 병사를 거느리고 경성에 진을 치고 있으므로 우리나라 영토를 침략하는가 하고 의아해한 것이다.

— (가) 공초

① 을사늑약에 반대하여 의병을 일으켰다.
② 독립 협회를 창립하고 독립문을 세웠다.
③ 지부복궐척화의소를 올려 왜양 일체론을 주장하였다.
④ 13도 창의군을 지휘하여 서울 진공 작전을 전개하였다.
⑤ 보국안민을 기치로 우금치에서 일본군 및 관군과 맞서 싸웠다.

33 (가)~(다)를 발표된 순서대로 옳게 나열한 것은? [3점]

> (가) 1. 문벌, 양반과 상인들의 등급을 없애고 귀천에 관계 없이 인재를 선발하여 등용한다.
> 　 1. 공노비와 사노비에 관한 법을 일체 혁파하고 사람을 사고파는 일을 금지한다.
>
> (나) 1. 청나라에 의존하는 생각을 끊어 버리고 자주 독립의 기초를 튼튼히 세운다.
> 　 1. 왕실 사무와 국정 사무는 반드시 분리시켜 서로 뒤섞이지 않는다.
>
> (다) 대군주 폐하께서 내리신 조칙에서 "짐이 신민(臣民)에 앞서 머리카락을 자르니, 너희들은 짐의 뜻을 잘 본받아 만국과 나란히 서는 대업을 이루라."라고 하셨다.

① (가) – (나) – (다)　　　② (가) – (다) – (나)
③ (나) – (가) – (다)　　　④ (나) – (다) – (가)
⑤ (다) – (나) – (가)

34 (가), (나) 사이의 시기에 볼 수 있는 모습으로 가장 적절한 것은? [3점]

> (가) 천지에 고하는 제사를 지냈다. 왕태자가 배참하였다. 예를 마친 뒤 의정부 의정 심순택이 백관을 거느린 채 무릎을 꿇고 아뢰기를, "제례를 마쳤으므로 황제의 자리에 오르소서." 라고 하였다. …… 임금이 두 번 세 번 사양하다가 옥새를 받고 황제의 자리에 올랐다. — 『고종실록』
>
> (나) 이제 본소(本所)에서 대한국 국제(國制)를 잘 상의하고 확정하여 보고하라는 조칙을 받들어서, 감히 여러 사람의 의견을 수집하고 공법(公法)을 참조하여 국제 1편을 정함으로써, 본국의 정치는 어떤 정치이고 본국의 군권은 어떤 군권인가를 밝히려 합니다. — 『고종실록』

① 영화 아리랑을 관람하는 교사
② 관민 공동회에서 연설하는 백정
③ 육영 공원에서 영어를 배우는 학생
④ 경부선 기차를 타고 부산으로 가는 기자
⑤ 한국광복군에 입대하여 전투에 참전하는 군인

35 (가)에 대한 설명으로 옳은 것은? [1점]

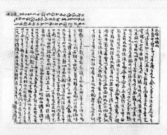

> 국권 침탈의 아픔이 서린
> **중명전**
> • 주소: 서울특별시 중구 정동길 41-11
> • 개방 시간: 09:30~17:30
>
> ⊙ 소개
> 지상 2층 지하 1층의 붉은 벽돌 건물인 중명전은 러시아 건축가 사바틴이 설계하였다. 이 건물은 황실의 도서관으로 사용되다가 1904년 경운궁의 대화재 이후 고종 황제의 집무실로 사용되었다. 이곳에서 이토 히로부미가 대한 제국의 외교권을 박탈하는 (가) 의 체결을 강요하였다.

① 아관 파천의 배경이 되었다.
② 청·일 전쟁 발발의 원인이 되었다.
③ 통감부가 설치되는 결과를 가져왔다.
④ 대한 제국의 군대 해산을 규정하였다.
⑤ 방곡령 시행에 대한 규정을 명시하였다.

36 밑줄 그은 '이 단체'에 대한 설명으로 옳은 것은? [2점]

> 이 편지는 비밀 결사인 이 단체의 재무를 총괄한 전덕기가 안창호에게 보낸 것이다. 105인 사건으로 이 단체의 주요 회원인 양기탁, 이승훈 등이 형을 선고받은 사실과 대성 학교가 재정적으로 어려움을 겪고 있는 상황 등을 전하고 있다.

① 정우회 선언의 영향으로 결성되었다.
② 조선 혁명 간부 학교를 설립하였다.
③ 일제의 황무지 개간권 요구를 저지하였다.
④ 중추원 개편을 통해 의회 설립을 추진하였다.
⑤ 계몽 서적의 보급을 위해 태극 서관을 운영하였다.

37 다음 자료에 해당하는 민족 운동에 대한 설명으로 옳은 것은? [2점]

경고 아 부인 동포라

우리가 함께 여자의 몸으로 규문에 처하와 삼종지의에 간섭할 사무가 없사오나, 나라 위하는 마음과 백성 된 도리에야 어찌 남녀가 다르리오. 들사오니 국채를 갚으려고 이천만 동포들이 석 달간 연초를 아니 먹고 대전을 구취한다 하오니, 족히 사람으로 흥감케 할지요 진정에 아름다움이라 ……

① 근우회의 주도로 전개되었다.
② 평양에서 시작되어 전국으로 확산되었다.
③ 조선 사람 조선 것 등의 구호를 내세웠다.
④ 러시아의 절영도 조차 요구를 저지시켰다.
⑤ 서상돈, 김광제 등의 발의로 본격화되었다.

38 (가) 신문에 대한 설명으로 옳은 것은? [1점]

경천사지 십층 석탑에 대한 일본인의 약탈 행위에 관해 보도한 (가) 기사를 읽어 보았는가? 보도 내용을 접한 헐버트가 사건 현장을 방문하여 사진을 촬영하고 목격자 의견을 청취했다더군.

일본인의 이런 행위가 알려진 것은 양기탁과 베델이 창간한 (가) 의 노력 덕분이라고 하네.

① 상업 광고를 처음으로 실었다.
② 천도교의 기관지로 발행되었다.
③ 국채 보상 운동의 확산에 기여하였다.
④ 일장기를 삭제한 손기정 사진을 게재하였다.
⑤ 순 한문 신문으로 열흘마다 발행하는 것이 원칙이었다.

39 (가)에 들어갈 내용으로 옳은 것은? [2점]

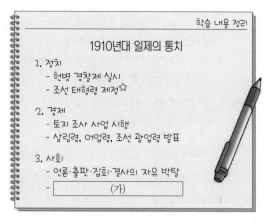

학습 내용 정리

1910년대 일제의 통치

1. 정치
 - 헌병 경찰제 실시
 - 조선 태형령 제정 ☆

2. 경제
 - 토지 조사 사업 시행
 - 삼림령, 어업령, 조선 광업령 발표

3. 사회
 - 언론·출판·집회·결사의 자유 박탈
 - (가)

① 국민 교육 헌장 발표
② 경성 제국 대학 설립
③ 한성 사범 학교 관제 마련
④ 소학교 명칭을 국민학교로 변경
⑤ 보통학교 수업 연한을 4년으로 함

40 (가) 부대의 활동으로 옳은 것은? [3점]

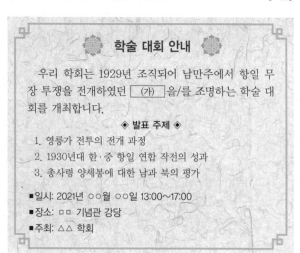

학술 대회 안내

우리 학회는 1929년 조직되어 남만주에서 항일 무장 투쟁을 전개하였던 (가) 을/를 조명하는 학술 대회를 개최합니다.

◆ 발표 주제 ◆
1. 영릉가 전투의 전개 과정
2. 1930년대 한·중 항일 연합 작전의 성과
3. 총사령 양세봉에 대한 남과 북의 평가

■일시: 2021년 ○○월 ○○일 13:00~17:00
■장소: □□ 기념관 강당
■주최: △△ 학회

① 흥경성에서 일본군을 격퇴하였다.
② 호가장 전투에서 크게 활약하였다.
③ 대전자령 전투에서 큰 전과를 올렸다.
④ 중국 팔로군에 편제되어 항일 전선에 참여하였다.
⑤ 연합군과 함께 인도·미얀마 전선에서 활동하였다.

41 다음 기사에 보도된 사건에 대한 설명으로 옳은 것은? [2점]

□□일보

제△△호 ○○○○년 ○○월 ○○일

광주고보, 중학생 충돌 사건
쌍방 기세 의연 험악

지난 3일 광주역 부근 일대에서는 광주 공립 고등 보통학교 학생과 광주 일본인 중학교 학생 각 300여 명이 다투어 쌍방에 수십 명의 부상자를 내었다. 이후 고등 보통학교 학생들은 막대를 총과 같이 어깨에 메고 시내에서 시위를 벌였다. 두 학교에서는 극도로 감정이 격앙된 학생들을 진정시키기 위해 6일까지 사흘 동안 임시 휴교를 하였다는데 쌍방 학생의 기세는 아직도 험악하다고 하더라.

① 순종의 인산일을 계기로 일어났다.
② 일제의 무단 통치를 완화시키는 배경이 되었다.
③ 대한민국 임시 정부가 수립되는 계기가 되었다.
④ 여성 교육의 중요성을 강조한 여권통문을 발표하였다.
⑤ 전국 각지에서 일어난 동맹 휴학의 도화선이 되었다.

42 (가)에 대한 설명으로 옳지 않은 것은? [2점]

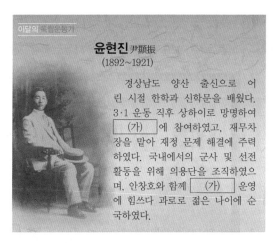

이달의 독립운동가

윤현진 尹顯振
(1892~1921)

경상남도 양산 출신으로 어린 시절 한학과 신학문을 배웠다. 3·1 운동 직후 상하이로 망명하여 (가) 에 참여하였고, 재무차장을 맡아 재정 문제 해결에 주력하였다. 국내에서의 군사 및 선전 활동을 위해 의용단을 조직하였으며, 안창호와 함께 (가) 운영에 힘쓰다 과로로 젊은 나이에 순국하였다.

① 구미 위원부를 설치하여 외교 활동을 추진하였다.
② 한인 애국단을 조직하여 의열 투쟁을 전개하였다.
③ 이륭양행에 교통국을 설치하여 국내와 연락을 취하였다.
④ 임시 사료 편찬회를 두어 『한·일관계사료집』을 간행하였다.
⑤ 농촌 계몽 운동을 위해 브나로드 운동을 전개하였다.

43 다음 글을 쓴 인물의 활동으로 옳은 것은? [2점]

대륙의 원기는 동으로는 바다로 뻗어 백두산으로 솟았고, 북으로는 요동 평야를 열었으며, 남으로는 한반도를 이루었다. …… 저들이 일찍이 우리를 스승으로 섬겨 왔는데, 이제는 우리를 노예로 삼았구나. …… 옛사람이 이르기를 나라는 멸할 수 있으나 역사는 멸할 수 없다고 하였다. 나라는 형체이고 역사는 정신이다. 이제 한국의 형체는 허물어졌으나 정신만을 홀로 보존하는 것이 어찌 불가능하겠는가.

태백광노(太白狂奴) 지음

① 진단 학회를 창립하고 『진단학보』를 발행하였다.
② 『여유당전서』를 간행하고 조선학 운동을 주도하였다.
③ 『한국독립운동지혈사』에서 독립 투쟁 과정을 정리하였다.
④ 『독사신론』을 저술하여 민족주의 사관의 기초를 마련하였다.
⑤ 『조선사회경제사』에서 식민 사학의 정체성 이론을 반박하였다.

44 (가) 단체에 대한 설명으로 옳은 것은? [2점]

□□신문

제△△호 1924년 ○○월 ○○일

이중교 폭탄 사건 주역은 (가) 의 김지섭
9월 1일 대지진 때 일어난 조선인 학살이 도화선

금년 1월 5일 오후 7시에 동경 궁성 이중교 앞에서 일어난 폭탄 투척 사건은 전 일본을 경악하게 만든 대사건이었다. 당국은 이 사건에 대한 신문 게재 일체를 금지하였고, 동경 지방 재판소의 검사와 예심 판사가 수사를 진행하였다. 이번에 예심이 결정되고 당국의 보도 금지가 해제되었기에, 피고 김지섭 외 4명은 전부 유죄로 공판에 회부되었음을 보도한다. 김지섭은 조선 독립을 위해 (가) 의 단장 김원봉과 함께 과격한 방법을 강구하였고, 이를 일본에서 실행하기로 하였다고 한다.

① 김구가 상하이에서 조직하였다.
② 비밀 행정 조직인 연통제를 운영하였다.
③ 『조선혁명선언』을 활동 지침으로 삼았다.
④ 신흥 무관 학교를 세워 무장 투쟁을 준비하였다.
⑤ 조선 총독부에 국권 반환 요구서를 제출하려 하였다.

45 밑줄 그은 '이 전쟁' 중에 있었던 사실로 옳은 것은? [3점]

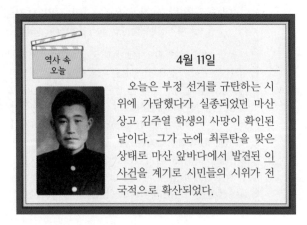

노래로 읽는 한국사

이별의 부산 정거장

보슬비가 소리도 없이
이별 슬픈 부산 정거장
잘 가세요 잘 있어요
눈물의 기적이 운다
한 많은 피난살이 설움도 많아
그래도 잊지 못할 판잣집이여
경상도 사투리의 아가씨가 슬피 우네
이별의 부산 정거장

[해설]

이 곡은 이 전쟁의 정전 협정이 체결된 이듬해에 발표된 노래로, 낯선 부산에서의 판잣집 피란살이를 마치고 서울로 떠나는 피란민의 심정을 애절하게 묘사하였습니다. 피란살이는 힘들었지만 부산에서 만난 사람들과의 인연이 힘이 되었다는 가사를 담고 있습니다.

① 한·미 상호 방위 조약이 체결되었다.
② 통일 주체 국민회의에서 대통령이 선출되었다.
③ 유상 매수·유상 분배 원칙의 농지 개혁법이 제정되었다.
④ 비상 계엄이 선포된 가운데 발췌 개헌안이 통과되었다.
⑤ 국가 보안법 개정안을 통과시킨 이른바 보안법 파동이 일어났다.

46 밑줄 그은 '이 사건' 이후에 있었던 사실로 옳은 것은? [2점]

역사 속 오늘

4월 11일

오늘은 부정 선거를 규탄하는 시위에 가담했다가 실종되었던 마산상고 김주열 학생의 사망이 확인된 날이다. 그가 눈에 최루탄을 맞은 상태로 마산 앞바다에서 발견된 이 사건을 계기로 시민들의 시위가 전국적으로 확산되었다.

① 조봉암을 중심으로 진보당이 창당되었다.
② 반민족 행위 특별 조사 위원회가 설치되었다.
③ 허정을 수반으로 하는 과도 정부가 수립되었다.
④ 귀속 재산 관리를 위해 신한 공사가 설립되었다.
⑤ 자유당이 정권 연장을 위해 직선제 개헌안을 통과시켰다.

47 교사의 질문에 대한 학생의 답변으로 옳은 것은? [1점]

이 노래는 새마을 운동을 처음 시작한 정부에서 보급한 것입니다. 새마을 운동은 도시와 농촌의 균형있는 발전을 목표로 근면, 자조, 협동을 구호로 내걸었습니다. 이 정부 시기의 경제 상황에 대해 말해 볼까요?

새마을 노래

1. 새벽종이 울렸네 새아침이 밝았네
   너도 나도 일어나 새마을을 가꾸세
   살기 좋은 내 마을 우리 힘으로 만드세
2. 초가집도 없애고 마을 길도 넓히고
   푸른 동산 만들어 알뜰살뜰 다듬세
   살기 좋은 내 마을 우리 힘으로 만드세

① 포항 제철소 1기 설비가 준공됐어요.
② 미국과 자유 무역 협정(FTA)을 체결했어요.
③ 3저 호황으로 물가가 안정되고 수출이 증가했어요.
④ 대통령의 긴급 명령으로 금융 실명제를 실시했어요.
⑤ 대통령 직속 자문 기구로 노사정 위원회가 구성됐어요.

48 다음 뉴스가 보도된 정부 시기의 사실로 옳은 것은? [2점]

정부가 대학 입시 본고사를 폐지하고 대학의 졸업 정원제를 실시한 데 이어, 중학교 의무 교육을 처음 도입하기로 하였습니다. 이에 따라 올해 도서·벽지 중학교 1학년부터 의무 교육이 시작되어 내년에는 도서·벽지 중학교 전 학년으로 확대 적용될 예정입니다.

정부, 올해부터 중학교 의무 교육 실시

① 프로 야구단이 정식으로 창단되었다.
② 금강산 해로 관광 사업이 시작되었다.
③ 제1차 경제 개발 5개년 계획이 추진되었다.
④ 양성평등의 실현을 위해 호주제가 폐지되었다.
⑤ 외환 위기 극복을 위해 금 모으기 운동이 전개되었다.

49 (가)에 해당하는 섬에 대한 설명으로 옳은 것은? [1점]

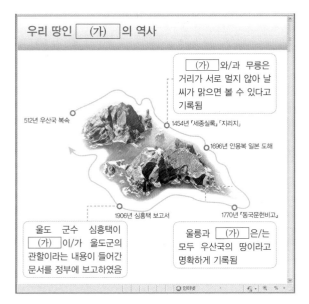

우리 땅인 [(가)]의 역사

[(가)]와/과 무릉은 거리가 서로 멀지 않아 날씨가 맑으면 볼 수 있다고 기록됨

512년 우산국 복속

1454년 『세종실록』 「지리지」

1696년 안용복 일본 도해

1906년 심흥택 보고서

1770년 『동국문헌비고』

울도 군수 심흥택이 [(가)]이/가 울도군의 관할이라는 내용이 들어간 문서를 정부에 보고하였음

울릉과 [(가)]은/는 모두 우산국의 땅이라고 명확하게 기록됨

① 몽골에 항전할 때 임시 수도였다.
② 정약전이 『자산어보』를 저술한 섬이다.
③ 하멜 일행이 표류하다가 도착한 곳이다.
④ 양헌수 부대가 프랑스군을 격퇴한 장소이다.
⑤ 대한 제국 칙령 제41호에서 관할 영토로 명시한 곳이다.

50 (가)~(다) 학생이 발표한 내용을 일어난 순서대로 옳게 나열한 것은? [2점]

주제: 역대 정부의 통일 노력

민족 자존과 통일 번영을 위한 7·7 선언을 발표하였습니다.

남북 이산가족 상봉 행사를 처음으로 열었습니다.

남북 교류 협력을 위한 개성 공단 조성에 합의하였습니다.

(가)   (나)   (다)

① (가) – (나) – (다)
② (가) – (다) – (나)
③ (나) – (가) – (다)
④ (나) – (다) – (가)
⑤ (다) – (가) – (나)

정답 및 해설 ⇒ 259쪽

정답 및 해설

1일
선사 시대~고대

01 선사 시대 [구석기~철기]

01 ②	02 ③	03 ①	04 ④

01 구석기 시대　　　　　　　　　　　정답 ②

☑ 빠른 정답 찾기

힌트❶ 주먹도끼 + 힌트❷ 뗀석기 → **구석기 시대**

② 구석기 시대에는 주로 동굴이나 강가의 막집에서 살면서 주먹도끼, 찍개 등을 사용하여 사냥과 채집을 하였다.

오답 개념 체크
① 청동기 시대: 벼의 이삭을 자르는 도구인 반달 돌칼을 사용하여 벼를 수확하였다.
③ 철기 시대: 중국 화폐인 반량전, 명도전 등을 사용하였다.
④ 신석기 시대: 빗살무늬 토기를 만들어 식량을 저장하고 조리하는 데 사용하였다.
⑤ 신석기 시대: 가락바퀴를 이용하여 실을 뽑고 뼈바늘로 옷과 그물을 만들었다.

02 신석기 시대　　　　　　　　　　　정답 ③

☑ 빠른 정답 찾기

힌트❶ 제주 고산리 유적 + 힌트❷ 이른 민무늬 토기 + 힌트❸ 갈돌, 갈판 → **신석기 시대**

③ 신석기 시대에는 농경과 목축을 시작하여 이를 통해 식량을 생산하였다.

오답 개념 체크
① 청동기 시대: 계급의 발생으로 등장한 지배층의 무덤으로 고인돌을 만들었으며, 돌널을 만들고 위에 판석을 덮은 돌널무덤을 만들기도 하였다.
② 청동기 시대 후기 ~ 철기 시대: 청동 제품을 제작하는 틀인 거푸집을 이용하여 청동검을 제작하였다.
④ 구석기 시대: 식량을 찾아 이동 생활을 하였기 때문에 주로 동굴에 살면서 사냥과 채집 생활을 하였다.
⑤ 철기 시대: 쟁기, 쇠스랑 등의 철제 농기구를 사용하여 농사를 지어 농업 생산력이 증가하였다.

03 신석기 시대　　　　　　　　　　　정답 ①

☑ 빠른 정답 찾기

힌트❶ 농경과 정착 생활이 시작 + 힌트❷ 갈돌과 갈판 → **신석기 시대**

① 신석기 시대에는 가락바퀴를 사용하여 실을 뽑고 옷과 그물 등을 제작하였다.

오답 개념 체크
② 구석기 시대: 이동 생활을 하여 주로 동굴이나 강가의 막집에서 거주하였다.
③ 청동기 시대: 계급이 발생하여 지배층의 무덤으로 고인돌을 축조하였다.
④ 철기 시대: 청동 제품을 제작하는 일종의 틀인 거푸집을 이용하여 세형동검을 제작하였다.
⑤ 철기 시대: 쟁기, 쇠스랑 등의 철제 농기구를 사용하여 농업 생산력이 증대되었다.

04 청동기 시대　　　　　　　　　　　정답 ④

☑ 빠른 정답 찾기

힌트❶ 계급이 출현 + 힌트❷ 환호, 고인돌 → **청동기 시대**

④ 청동기 시대에는 비파형동검과 청동 거울 등을 제작하였다.

오답 개념 체크
① 철기 시대: 철제 무기를 사용하여 정복 활동을 전개하였다.
② 구석기 시대: 이동 생활을 하여 주로 동굴이나 강가의 막집에서 살았다.
③ 고려 시대: 소를 이용한 깊이갈이(우경)는 철기 시대에 시작된 것으로 추정되며, 고려 시대에 일반화되었다.
⑤ 신석기 시대: 빗살무늬 토기를 만들어 음식을 조리하고 저장하는 데 사용하였다.

02 선사 시대 [고조선, 여러 나라]

01 ⑤	02 ①	03 ②	04 ①

01 고조선　　　　　　　　　　　정답 ⑤

☑ 빠른 정답 찾기

힌트❶ 우거(왕) + 힌트❷ 한에 항복 → **고조선**

ㄷ. 고조선은 위만 조선 시기에 진번과 임둔 지역을 복속시켜 영토를 확장하였다.
ㄹ. 고조선에는 사회 질서를 유지하기 위해 살인, 상해, 절도 등의 죄를 다스리는 범금 8조가 있었다.

오답 개념 체크
ㄱ. 백제: 무령왕 때 지방에 22담로라는 행정 구역을 설치하고 왕족을 파견하였다.
ㄴ. 고구려: 고국천왕 때 빈민을 구제하기 위해 진대법을 실시하였다. 진대법은 춘궁기에 곡식을 빌려 주었다가 추수기에 갚도록 한 제도이다.

02 부여　　　　　　　　　　　정답 ①

☑ 빠른 정답 찾기

힌트❶ 사출도 + 힌트❷ 순장 → **부여**

① 부여는 매년 12월에 영고라는 제천 행사를 개최해 하늘에 제사를 지냈다.

오답 개념 체크
② 삼한: 신지, 읍차라고 불린 지배자가 각 소국을 다스렸던 군장 국가이다.
③ 삼한: 제사장인 천군과 천군이 다스리는 신성 지역인 소도가 있었다.
④ 고구려: 왕 아래의 대가들이 사자, 조의, 선인 등의 관리를 별도로 거느렸다.
⑤ 동예: 읍락 간의 경계를 중시하여 다른 부족의 영역을 침범하면 노비나 소, 말 등으로 변상하는 책화의 풍습이 있었다.

03 고구려와 동예　　　　　　　　　　　정답 ②

☑ 빠른 정답 찾기

(가) 힌트❶ 사자·조의·선인 + 힌트❷ 동맹 → **고구려**
(나) 힌트❶ 무천 → **동예**

② 고구려에는 혼인 후 남자가 여자 집 뒤에 작은 집(서옥)을 짓고 살다가 자식이 크면 남자 집으로 돌아가는 서옥제라는 혼인 풍습이 있었다.

오답 개념 체크
① 변한, 금관가야: 철이 많이 생산되어 낙랑과 왜에 철을 수출하였다.
③ 고조선: 기원전 3세기 초에 중국 연나라 장수 진개의 공격을 받아 영토를 빼앗겼다.

④ 부여: 왕 아래에 마가·우가·저가·구가의 여러 가(加)들이 행정 구역인 사출도를 별도로 다스렸다.

⑤ 신라: 골품에 따라 관등 승진에 제한을 둔 신분 제도인 골품제가 있었다.

04 삼한

정답 ①

☑ 빠른 정답 찾기

힌트❶ 천군 + 힌트❷ 소도 → 삼한

① 삼한은 신지, 읍차 등의 지배자가 소국을 다스렸던 군장 국가이다.

오답 개념 체크

② 고구려: 남자가 여자 집 뒤에 작은 집(서옥)을 짓고 살다가 자식이 크면 남자 집으로 돌아오는 서옥제라는 혼인 풍습이 있었다.

③ 부여: 왕 아래에 마가·우가·구가·저가의 여러 가(加)들이 사출도라는 별도의 행정 구역을 주관하였다.

④ 고구려, 부여: 남의 물건을 훔쳤을 때 12배로 갚게 하는 1책 12법이 있었다.

⑤ 동예: 부족 간의 경계를 중시하여 다른 부족의 영역을 침범하면 노비, 소, 말 등으로 변상하도록 하는 책화의 풍습이 있었다.

03 고대 [고구려]

| 01 ② | 02 ⑤ | 03 ④ | 04 ④ |

01 소수림왕

정답 ②

☑ 빠른 정답 찾기

힌트❶ 고구려 + 힌트❷ 불교 수용 → 소수림왕

② 소수림왕은 우리나라 최초의 국립 대학인 태학을 설립하여 인재를 양성하고 유학을 보급하였다.

오답 개념 체크

① 장수왕: 남진 정책을 추진하기 위해 도읍을 국내성에서 평양으로 옮겼다.

③ 미천왕: 중국 요동 지역의 서안평을 공격하여 점령함으로써 영토를 확장하였다.

④ 고구려에서 '연가'라는 독자적인 연호가 사용된 시기는 소수림왕 재위 이후인 6세기로 추정된다.

⑤ 광개토 대왕: 신라 내물 마립간의 요청으로 군대를 파견하여 신라에 침입한 왜를 격퇴하였다.

02 고구려 광개토 대왕의 신라 구원

정답 ⑤

☑ 빠른 정답 찾기

힌트❶ 신라를 구원 + 힌트❷ 왜적이 퇴각

→ 고구려 광개토 대왕의 신라 구원

⑤ 고구려 광개토 대왕의 신라 구원으로 가야 연맹의 중심지가 김해 지역의 금관가야에서 고령 지역의 대가야로 이동하게 되었다.

오답 개념 체크

① 백강 전투는 백제 멸망 이후 부흥 운동이 전개될 때, 백제 부흥군과 이들을 지원하러 온 왜의 수군이 백강에서 나·당 연합군에 패배한 전투이다.

② 안동 도호부는 고구려 멸망 이후 당이 한반도를 지배하고자 고구려의 옛 땅에 설치한 통치 기관이다.

③ 백제 성왕은 수도를 웅진에서 사비로 옮겼는데, 그 이유는 사비에 평야 지대가 많고 가까운 바다를 통해 중국과 활발하게 교류할 수 있는 위치였기 때문이다.

④ 나·당 연합군은 고구려와 백제가 신라를 견제하자, 신라가 당에 군사 동맹을 제의하면서 결성되었다.

03 고구려의 항쟁

정답 ④

☑ 빠른 정답 찾기

(가) 힌트❶ 온달 + 힌트❷ 신라가 한강 이북 땅을 빼앗음

→ 온달의 출정(6세기)

(나) 힌트❶ 백제 왕(근초고왕) + 힌트❷ 평양성을 공격 + 힌트❸ 왕(고국원왕)이 서거 → 고국원왕 전사(4세기)

(다) 힌트❶ 백제를 침략하여 도읍 한성을 함락 + 힌트❷ 백제 왕 부여경을 죽임 → 장수왕의 한성 함락(5세기)

④ 순서대로 나열하면 (나) 고국원왕 전사(4세기) - (다) 장수왕의 한성 함락(5세기) - (가) 온달의 출정(6세기)이다.

(나) 고구려 고국원왕은 백제 근초고왕이 평양성을 공격해오자 이를 방어하다가 날아온 화살에 맞아 전사하였다(4세기).

(다) 고구려 장수왕은 도읍을 국내성에서 평양으로 옮겨 남진 정책을 본격화하였으며, 백제를 공격하여 수도인 한성을 함락시키고 백제 개로왕(이름은 부여경)을 전사시켰다(5세기).

(가) 고구려 영양왕 때 장군 온달이 신라에게 빼앗긴 한강 이북 지역을 되찾기 위해 출정하였으나, 아단성(현재의 아차산성으로 추정) 전투에서 전사하였다(6세기).

04 살수 대첩과 고구려 멸망 사이의 사실

정답 ④

☑ 빠른 정답 찾기

(가) 힌트❶ 살수 + 힌트❷ 을지문덕 → 살수 대첩(612)

(나) 힌트❶ 신라군이 당군과 함께 평양을 포위 + 힌트❷ 보장왕

→ 고구려 멸망(668)

④ 살수 대첩(612) 이후 수나라가 멸망하고 당나라가 건국된 상황에서, 연개소문은 정변을 일으켜 권력을 장악(642)하고 대당 강경책을 실시하였다.

오답 개념 체크

① (나) 이후: 고구려 멸망 이후인 7세기 후반에 보장왕의 외손자(혹은 서자)인 안승이 신라 문무왕에 의해 보덕국왕에 책봉되었다.

② (가) 이전: 4세기 초반에 고구려 미천왕이 서안평을 공격하여 영토를 넓혔다.

③ (가) 이전: 4세기 말에 고구려 광개토 대왕이 신라에 침입한 왜를 물리쳤다.

⑤ (가) 이전: 5세기 후반에 고구려 장수왕이 백제를 공격하여 한성을 함락시켰다.

04 고대 [백제, 가야]

| 01 ④ | 02 ① | 03 ③ | 04 ⑤ |

01 백제의 웅진 천도와 관산성 전투 사이의 사실

정답 ④

☑ 빠른 정답 찾기

(가) 힌트❶ 웅진으로 도읍을 옮김 → 백제의 웅진 천도(문주왕)

(나) 힌트❶ 왕이 신라를 습격 + 힌트❷ 신라 복병을 만나 그들과 싸우다가 살해됨 → 관산성 전투(성왕)

④ 백제의 수도가 웅진이던 시기에 즉위한 무령왕은 지방을 통제하기 위하여 22담로에 왕족을 파견하였다.

오답 개념 체크

① (나) 이후: 백제의 수도가 사비이던 시기인 무왕 때 익산에 미륵사라는 절을 창건하고 익산으로의 천도를 추진하였다.

② (나) 이후: 백제 멸망 이후에 흑치상지가 임존성에서 군사를 일으켜 백제 부흥 운동을 전개하였다.

③ (가) 이전: 백제의 수도가 한성이던 시기인 침류왕 때 동진에서 온 승려 마라난타를 통해 불교가 수용되었다.

⑤ (나) 이후: 백제의 마지막 왕인 의자왕 때 계백이 이끄는 결사대가 황산벌에서 신라군에 맞서 싸웠으나 패배하였다.

02 백제 성왕

정답 ①

☑️ 빠른 정답 찾기

힌트❶ 백제 제26대 왕 명농 + 힌트❷ 웅진에서 사비로 도읍을 옮김 → 백제 성왕

① 백제 성왕은 수도를 웅진에서 사비로 옮기고, 국호를 '백제'에서 '남부여'로 개칭하였다.

오답 개념 체크
② 무왕: 금마저(익산)에 미륵사라는 절을 창건하고 익산으로의 천도를 추진하였다.
③ 근초고왕: 박사 고흥으로 하여금 역사서인 『서기』를 편찬하게 하였다.
④ 의자왕: 장군 윤충을 보내 신라를 공격하여 대야성을 함락시켰다.
⑤ 침류왕: 중국 동진에서 온 승려 마라난타를 통해 불교를 수용하였다.

더 알아보기 🔍 백제 성왕

체제 정비	• 수도를 사비로 천도, 국호를 '남부여'로 개칭 • 중앙에 22부 설치, 지방 행정을 5부(수도) 5방(지방)으로 정비
정복 활동	신라 진흥왕과 연합하여 한강 하류 지역 회복 → 진흥왕의 배신으로 한강 하류 지역을 빼앗김 → 신라의 관산성을 공격하였으나 이 과정에서 전사

03 금관가야의 문화유산

정답 ③

☑️ 빠른 정답 찾기

힌트❶ 김해 + 힌트❷ 김수로왕이 건국 → 금관가야

③ 철제 갑옷은 김해 대성동 고분군에서 출토된 금관가야의 문화유산이다.

오답 개념 체크
① 산수무늬 벽돌(백제): 자연과 더불어 살고자 하는 도교의 사상이 표현된 백제의 문화유산이다.
② 칠지도(백제): 백제 근초고왕이 일본에 전해준 것으로 추정되는 문화유산이다.
④ 무령왕릉 석수(백제): 백제 무령왕의 무덤인 무령왕릉에서 발견된 백제 웅진 시기의 문화유산이다.
⑤ 돌사자상(발해): 발해 정혜 공주 묘에서 출토된 문화유산이다.

04 대가야

정답 ⑤

☑️ 빠른 정답 찾기

힌트❶ 이진아시왕 + 힌트❷ 고령 + 힌트❸ 지산동 고분군 → 대가야

⑤ 대가야는 금관가야가 고구려 광개토 대왕의 공격을 받아 쇠퇴한 이후 가야 연맹의 중심지가 되어 후기 가야 연맹을 주도하였다.

오답 개념 체크
① 고조선: 사회 질서를 유지하기 위해 범금 8조를 두어 살인죄, 상해죄, 절도죄 등을 처벌하였다.
② 신라: 임신서기석은 신라의 두 청년이 유교 경전을 공부할 것을 맹세하는 내용이 기록된 비석으로, 이를 통해 신라에서 유학 교육이 이뤄졌음을 알 수 있다.
③ 고구려: 당은 신라와 동맹을 맺고 고구려를 멸망시킨 이후 고구려의 옛 영토에 안동 도호부를 설치하였다.
④ 백제: 무령왕은 지방에 대한 통제를 강화하기 위해 지방의 22담로에 왕족을 파견하였다.

01 법흥왕

정답 ③

☑️ 빠른 정답 찾기

힌트❶ 병부를 설치 + 힌트❷ 율령을 반포 → 법흥왕

③ 법흥왕은 이차돈의 순교를 계기로 불교를 공인하였다.

오답 개념 체크
① 지증왕: 장군 이사부를 보내 우산국(울릉도)을 복속시켰다.
② 신문왕: 관리들에게 관료전을 지급하고, 귀족의 경제적 기반이었던 녹읍을 폐지하였다.
④ 원성왕: 인재를 등용하기 위해 유교 경전의 이해를 시험하는 독서삼품과를 시행하였다.
⑤ 진흥왕: 거칠부에게 명하여 역사서인 『국사』를 편찬하게 하였다.

02 진흥왕

정답 ③

☑️ 빠른 정답 찾기

힌트❶ 거칠부가 『국사』를 편찬 + 힌트❷ 황룡사를 완공 → 진흥왕

③ 진흥왕은 영토를 넓힌 후, 이를 기념하기 위해 마운령, 황초령 등을 순행하고 그곳에 순수비를 세웠다.

오답 개념 체크
① 경덕왕: 이중 기단 위에 3층의 탑신부로 구성된 경주 불국사 삼층 석탑을 건립하였다.
② 선덕 여왕: 천문 관측 시설인 첨성대를 세워 천체를 관측하였다.
④ 법흥왕: 김해의 금관가야를 복속하여 영토를 확대하였다.
⑤ 지증왕: 수도 경주에 시장을 감독하는 관청인 동시전을 설치하였다.

03 백강 전투와 매소성 전투 사이의 사실

정답 ⑤

☑️ 빠른 정답 찾기

(가) 힌트❶ 백강 + 힌트❷ 주류성 + 힌트❸ 왜의 군사 → 백강 전투(663)
(나) 힌트❶ 이근행 + 힌트❷ 매소성 → 매소성 전투(675)

⑤ 고구려 멸망(668) 이후인 670년경 검모잠이 고구려 보장왕의 외손자(혹은 서자)였던 안승을 왕으로 세워 고구려 부흥 운동을 벌였다.

오답 개념 체크
① (나) 이후: 732년에 발해 장문휴가 당의 등주(산둥 지방)를 선제공격하였다.
② (가) 이전: 608년에 신라 원광이 왕명으로 수에 고구려 공격을 위해 군사를 청하는 걸사표를 작성하였다.
③ (가) 이전: 612년에 고구려 을지문덕이 살수에서 수의 군대에게 대승을 거두었다(살수 대첩).
④ (가) 이전: 648년에 신라 김춘추가 당으로 건너가, 당 태종과의 군사 동맹을 성사시켰다.

04 삼국 통일 과정

정답 ②

☑️ 빠른 정답 찾기

○ 힌트❶ 연개소문이 죽고 내분 → 연개소문 사망(665년경)
○ 힌트❶ 신라 수군이 기벌포에서 승리 → 기벌포 전투(676)

② 674년에 신라 문무왕이 고구려 보장왕의 서자(혹은 외손자)인 안승에게 금마저(익산)에 보덕국을 세우게 하고 그를 보덕국왕으로 임명하였다.

오답 개념 체크

모두 연개소문 사망(665년경) 이전의 사실이다.

①, ④ 663년에 백강 전투에서 부여풍, 복신 등의 백제 부흥군이 왜군과 함께 나·당 연합군에 맞서 싸웠으나 섬멸당하였고, 부여풍은 고구려로 망명하였다. 한편, 백제 부흥 운동의 또 다른 주축이었던 흑치상지는 당의 유인궤에게 항복하였다.

③ 612년에 고구려 을지문덕이 살수에서 수의 군대를 물리쳤다(살수 대첩).

⑤ 472년에 백제 개로왕이 북위에 사신을 보내 고구려의 침공을 알리면서 고구려 공격을 요청하였다.

06 고대 [통일 신라, 발해]

01 ①	02 ②	03 ④	04 ②

01 통일 신라 신문왕
정답 ①

빠른 정답 찾기

힌트❶ 김흠돌의 반란을 진압 + 힌트❷ 국학을 설치 → **통일 신라 신문왕**

① 신문왕은 관료들에게 봉급의 개념으로 관료전을 지급하고, 귀족들의 경제적 기반이었던 녹읍을 폐지하였다.

오답 개념 체크

② 내물 마립간: 대군장을 뜻하는 마립간이라는 칭호를 처음으로 사용하였다.

③ 지증왕: 장군 이사부를 보내 우산국(지금의 울릉도)을 복속하였다.

④ 진흥왕: 청소년 수련 집단이었던 화랑도를 국가적인 조직으로 개편하였다.

⑤ 법흥왕: 이차돈의 순교를 계기로 불교를 공인하였다.

02 통일 신라의 통치 제도
정답 ②

빠른 정답 찾기

힌트❶ 5소경 → **통일 신라**

ㄱ. 통일 신라는 중앙군은 9서당과 지방군인 10정으로 이루어진 군사 조직을 운영하였다.

ㄷ. 통일 신라는 지방 세력을 견제하기 위해 각 주의 향리 1명을 일정 기간 수도에 머무르게 하는 상수리 제도를 실시하였다.

오답 개념 체크

ㄴ. 고구려: 지방의 여러 성에 지방관으로 욕살, 처려근지 등을 두었다.

ㄹ. 고려: 국경에 북계와 동계로 구성된 군사 행정 구역인 양계를 두었으며, 양계의 지방관으로 병마사를 파견하여 적의 침입에 대비하였다.

03 발해
정답 ④

빠른 정답 찾기

힌트❶ 해동성국 → **발해**

④ 발해는 선왕 때 5경 15부 62주의 지방 행정 제도를 갖추었다.

오답 개념 체크

① 고려: 정종 때 광군을 창설하여 거란의 침입에 대비하였다.

② 통일 신라: 중앙군으로 9서당을, 지방군으로 10정의 군사 조직을 운영하였다.

③ 고려: 광종 때 광덕, 준풍 등의 독자적인 연호를 사용하였다.

⑤ 통일 신라: 문무왕 때 지방관을 감찰하기 위하여 외사정을 파견하였다.

04 견훤
정답 ②

빠른 정답 찾기

힌트❶ 완산주 → **견훤**

ㄱ. 견훤은 중국의 후당, 오월에 사신을 파견하여 적극적으로 교류하였다.

ㄷ. 견훤은 신라의 수도 금성을 습격하여 경애왕을 죽게 하였다.

오답 개념 체크

ㄴ. 궁예: 국정 총괄 기관인 광평성 등의 각종 정치 기구를 마련하였다.

ㄹ. 태조 왕건: 『정계』와 『계백료서』를 지어 관리들이 지켜야 할 규범을 제시하였다.

07 고대 [경제·사회·문화]

01 ④	02 ④	03 ②	04 ④

01 발해
정답 ④

빠른 정답 찾기

힌트❶ 정혜 공주 + 힌트❷ 장문휴의 등주 공격 + 힌트❸ 인안, 대흥 → **발해**

ㄴ. 발해에서는 솔빈부의 말이 특산물로 거래되었다.

ㄹ. 발해는 거란도, 영주도라는 교통로를 통해 주변국과 교류하였다.

오답 개념 체크

ㄱ. 고려: 성종 때 우리나라 최초의 화폐로 철전인 건원중보가 발행되어 금속 화폐의 통용이 추진되었다.

ㄷ. 통일 신라: 문무왕 때 지방관을 감찰하는 관리인 외사정이 파견되었다.

더 알아보기 ┊ 발해의 대외 무역

대당 무역	• 발해에서 당의 장안으로 연결되는 영주도 및 압록강 하구에서 산둥 반도로 이어지는 조공도 이용 • 수출품: 모피, 인삼 등 토산물과 불상, 자기 등 수공업품, 솔빈부의 말 • 수입품: 귀족들의 수요품인 비단, 약재, 서적
대일 무역	• 활발한 무역 전개 • 일본도로 한 번에 수백 명 왕래
신라와 교류	발해에서 신라로 통하는 교통로인 신라도 이용

02 골품제
정답 ④

빠른 정답 찾기

힌트❶ 6두품 + 힌트❷ 아찬에서 더 이상 올라갈 수 없음 → **골품제**

④ 골품제는 신라의 신분 제도로, 관직 승진뿐 아니라 집과 수레의 크기 등 일상 생활까지 규제하였다.

오답 개념 체크

① 화랑도: 원화에 기원을 둔 신라의 청소년 수련 단체이자 일종의 군사 조직으로, 진흥왕 때 국가적인 조직으로 개편되었다.

② 진대법: 고구려 고국천왕 때 을파소의 건의로 처음 마련된 구휼 제도로, 춘궁기에 빈민들에게 곡식을 빌려주고 추수기에 갚도록 하였다.

③ 과거제(문과): 조선 시대의 인재 등용 제도로, 서얼과 탐관오리의 자제, 재가한 여자의 자손은 문과 응시가 불가능하였다.

⑤ 음서제: 문무 5품 이상 관리의 자손을 대상으로, 별도의 시험 없이 관리가 될 수 있게 한 제도이다.

03 의상과 원효
정답 ②

> (가) 힌트❶ 당에 유학 + 힌트❷ 부석사 → 의상
> (나) 힌트❶ 무애가 → 원효

② 의상은 신라의 승려로, 당에 유학하고 돌아와 영주 부석사를 세웠으며, 『화엄일승 법계도』를 지어 화엄 사상을 정리하였다.

오답 개념 체크
① 요세: 고려의 승려로, 법화 신앙을 바탕으로 강진 만덕사에서 백련 결사를 주도하였다.
③ 의천: 고려의 승려로, 불교 교단의 통합을 위해 국청사를 중심으로 해동 천태종을 개창하고 교종을 중심으로 선종을 통합하고자 하였다.
④ 혜초: 신라의 승려로, 인도와 중앙아시아를 여행하고 그 지역의 풍물을 기록한 『왕오천축국전』을 저술하였다.
⑤ 혜심: 고려의 승려로, 심성의 도야를 강조하여, 유교와 불교가 일치한다는 이론인 유·불 일치설을 주장하였다.

04 서산 용현리 마애 여래 삼존상
정답 ④

> 힌트❶ 마애불 + 힌트❷ 백제의 미소 → 서산 용현리 마애 여래 삼존상

④ 서산 용현리 마애 여래 삼존상은 절벽에 조각된 마애불로, '백제의 미소'라는 별칭을 가지고 있다.

오답 개념 체크
① 안동 이천동 마애 여래 입상(고려): 지역 특색이 잘 드러난 거대한 크기의 고려 불상이다.
② 경주 남산 칠불암 마애 불상군(통일 신라): 바위에 새긴 삼존불과 사각 돌기둥의 한 면에 하나씩 모두 7개의 불상이 새겨진 통일 신라의 불상이다.
③ 영암 월출산 마애 여래 좌상(통일 신라 말기~고려 초기): 얼굴과 손이 크게 강조된 거대한 크기의 불상으로, 통일 신라 말~고려 초기에 제작된 것으로 추정된다.
⑤ 파주 용미리 마애 이불 입상(고려): 두 불상을 절벽에 조각(마애)하여 마애 이불이란 이름이 붙여진 고려의 불상이다.

1일 선사 시대~고대 기출 테스트

01 ⑤	02 ⑤	03 ③	04 ①
05 ②	06 ⑤	07 ④	08 ④
09 ⑤	10 ③	11 ⑤	12 ④
13 ②	14 ②	15 ④	16 ⑤

01 [선사 시대] 청동기 시대
정답 ⑤

> 부여 송국리 + 민무늬 토기 + 비파형동검 → 청동기 시대

⑤ 청동기 시대에는 의례 도구로 청동 거울과 청동 방울 등을 제작하였다.

오답 개념 체크
① 구석기 시대: 이동 생활을 하여 주로 동굴이나 강가의 막집에서 살았다.
② 구석기 시대·신석기 시대: 계급이 없는 평등한 공동체 생활을 하였다.
③ 철기 시대: 중국 화폐인 오수전, 화천 등을 사용하여 중국과 교역하였다.
④ 신석기 시대: 실을 뽑기 위한 도구로 가락바퀴를 사용하였다.

더 알아보기 : 청동기 시대

도구	• 농기구: 돌도끼, 홈자귀, 반달 돌칼 • 의례 도구: 거친무늬 거울, 청동 방울 • 토기: 민무늬 토기, 송국리식 토기 등
경제	벼농사 시작, 사유 재산 제도 발생
사회	계급 사회, 군장 등장

02 [선사 시대] 고조선
정답 ⑤

> 위만 + 준왕 → 고조선

⑤ 고조선은 사회 질서를 유지하기 위한 범금 8조(8조법)를 두어 살인죄, 상해죄, 절도죄 등을 처벌하였다.

오답 개념 체크
① 백제: 정사암이라는 바위에서 국가 중대사를 논의하는 정사암 회의를 개최하였다.
② 신라: 내물왕 때부터 왕의 칭호로 대군장을 뜻하는 마립간을 사용하였다.
③ 부여: 왕 아래에 부족장인 가(加)들이 다스리는 행정 구역인 사출도가 있었다.
④ 고구려: 고국천왕 때 빈민을 구제하기 위해 봄에 곡식을 빌려주고 가을에 갚도록 한 제도인 진대법을 시행하였다.

03 [선사 시대] 옥저와 삼한
정답 ③

> (가) 뼈만 추려 곽 속에 안치함 → 가족 공동묘(골장제) → 옥저
> (나) 천군 + 소도 → 삼한

③ 삼한은 신지, 읍차 등으로 불리는 지배자(군장)가 각 소국을 다스렸다.

오답 개념 체크
① 고구려: 혼인 후 신랑이 신부의 집 뒤꼍에 지어진 서옥에 살다가, 자식이 장성하면 신랑 집으로 돌아가는 서옥제의 풍습이 있었다.
② 삼한: 마한, 진한, 변한 아래 많은 소국들로 구성되었고, 마한의 소국 중 하나인 목지국의 지배자가 삼한 전체를 이끌었다.
④ 부여: 매년 12월에 영고라는 제천 행사를 개최하여 하늘에 제사를 지냈다.
⑤ 부여: 여러 가(加)들이 별도로 사출도라는 행정 구역을 다스렸다.

04 [고대] 고구려 장수왕
정답 ①

☑ 빠른 정답 찾기

실직주성을 빼앗음 + 백제 도성을 함락시킴 → **고구려 장수왕**

① 고구려 장수왕은 남진 정책을 추진하기 위해 도읍을 국내성에서 평양으로 옮겼다.

오답 개념 체크
② 미천왕: 중국 한이 설치한 낙랑군·대방군을 축출하고 영토를 확장하였다.
③ 고국천왕: 을파소의 건의로 빈민 구제 정책인 진대법을 실시하였다.
④ 광개토 대왕: 영락이라는 독자적인 연호를 사용하여 자주성을 드러내었다.
⑤ 소수림왕: 중국 전진의 승려인 순도를 통해 불교를 수용·공인하였다.

05 [고대] 백제 성왕
정답 ②

☑ 빠른 정답 찾기

중앙 관청을 22부로 정비함 + 관산성 전투에서 전사함 → **백제 성왕**

② 백제 성왕은 수도를 웅진(공주)에서 대외 진출이 용이한 사비(부여)로 옮겼다.

오답 개념 체크
① 무왕: 금마저(익산)에 미륵사를 창건하고 천도를 시도하였다.
③ 의자왕: 장군 윤충을 보내 신라의 대야성을 공격하여 함락하였다.
④ 근초고왕: 박사 고흥으로 하여금 역사서인 『서기』를 편찬하게 하였다.
⑤ 개로왕: 고구려 장수왕이 남진 정책을 추진하자, 이를 견제하기 위해 북위에 사신을 보내 고구려 공격을 요청하였다.

06 [고대] 금관가야
정답 ⑤

☑ 빠른 정답 찾기

김해 대성동 + 김수로왕이 건국함 → **금관가야**

⑤ 금관가야는 풍부한 철을 낙랑과 왜 등에 수출하였다.

오답 개념 체크
① 신라: 골품에 따라 관등 승진에 제한을 둔 골품제가 있었다.
② 신라: 국가의 중대사를 논의한 귀족 회의 기구인 화백 회의가 있었으며, 만장일치제로 운영되었다.
③ 부여: 왕 아래에 마가, 우가, 저가, 구가라는 가(加)들이 별도의 행정 구역인 사출도를 주관하였다.
④ 신라: 내물 마립간 이전까지 박, 석, 김의 3성이 교대로 왕위를 계승하였다.

07 [고대] 신라 진흥왕
정답 ④

☑ 빠른 정답 찾기

사찰을 짓고, '황룡'이라는 이름을 내림 + 거칠부 + 『국사』를 편찬
→ **신라 진흥왕**

④ 신라 진흥왕은 인재를 양성하기 위하여 청소년 집단인 화랑도를 국가적인 조직으로 개편하였다.

오답 개념 체크
① 지증왕: 장군 이사부를 보내 우산국(울릉도)을 복속시켰다.
② 선덕왕: 예성강 이북에 패강진을 설치하여 군사 특수 지역으로 관리하였다. 한편, 패강진은 수비를 위해 요충지에 설치한 군진(군사적인 특수 지역)이다.
③ 신문왕: 관료들에게 봉급의 개념으로 관료전을 지급하고, 귀족들의 경제적 기반이었던 녹읍을 폐지하였다.
⑤ 법흥왕: 이차돈의 순교를 계기로 불교를 공인하였다.

08 [고대] 연개소문의 정변과 고구려 지배층의 내분 사이의 사실
정답 ④

☑ 빠른 정답 찾기

(가) 개소문 + 스스로 막리지가 됨 → **연개소문의 정변(642)**
(나) 개소문이 죽고 남생이 막리지가 됨 + 각자 붕당을 만들어 서로 공격
→ **고구려 지배층의 내분(666)**

④ 고구려 장군 연개소문은 세력을 확대한 후 정변을 일으켜 영류왕을 죽인 뒤 보장왕을 옹립하고, 스스로 최고 관직인 막리지가 되어 집권하였다(642). 한편 신라는 당나라와 나·당 동맹을 체결(648)하고, 백제의 수도 사비성을 공격하여 백제를 멸망시켰다(660). 이에 복신과 도침은 주류성에서 백제 부흥 운동을 전개하고, 부여풍을 왕으로 추대(661)하였다. 그러나 백제 부흥군이 백강 전투(663)에서 나·당 연합군에 패배하면서 백제 부흥 운동은 실패로 끝나게 되었다. 이후 고구려의 연개소문이 사망(665)하고 그의 아들인 남생·남건·남산 사이에 내분이 발생하자, 막리지였던 남생은 국내성으로 달아났다. 권력을 상실한 남생은 당나라에 투항(666)하였으며, 지배층의 내분으로 국력이 약해진 고구려는 결국 나·당 연합군의 공격으로 평양성이 함락되면서 멸망하였다(668).

오답 개념 체크
① (가) 이전: 을지문덕은 612년에 살수에서 수의 군대를 격파하였다.
② (나) 이후: 당은 668년에 고구려가 멸망한 후 한반도 전체를 장악하기 위해 평양에 안동 도호부를 설치하였다.
③ (나) 이후: 신라군은 675년에 매소성 전투에서 당군을 물리쳤다.
⑤ (나) 이후: 안승은 674년에 신라에 의해 보덕국왕으로 임명되었다.

09 [고대] 통일 신라 신문왕
정답 ⑤

☑ 빠른 정답 찾기

감은사 + 만파식적 → **통일 신라 신문왕**

⑤ 신문왕은 김흠돌을 비롯한 진골 귀족 세력을 숙청하여 왕권을 강화하였다.

오답 개념 체크
① 법흥왕: 군사 업무를 담당하는 관청인 병부와 귀족들의 대표인 상대등을 설치하였다.
② 지증왕: 이사부를 보내 우산국(울릉도)을 복속하였다.
③ 내물 마립간: 최고 지배자의 칭호로 마립간을 처음 사용하였다.
④ 문무왕: 매소성 전투에서 당의 20만 군대를 격파하였다.

더 알아보기 ▷ 통일 신라 신문왕의 업적

왕권 강화	김흠돌의 난을 계기로 진골 귀족 세력을 숙청
지방 제도 정비	9주 5소경의 지방 제도 완비
군사 제도 정비	9서당(중앙)·10정(지방) 편성
교육 제도 정비	국립 교육 기관인 국학을 설치하여 유학 교육 실시
토지 제도 개편	관료전을 지급하고 녹읍을 폐지

10 [고대] 발해
정답 ③

☑ 빠른 정답 찾기

동경 용원부 + 이불 병좌상(사진) → **발해**

③ 발해는 수도인 상경에서 시작해 동해안을 따라 신라로 가는 신라도를 통하여 신라와 교류하였다.

오답 개념 체크
① 백제: 백제 근초고왕 때 왜에 칠지도를 만들어 보낸 것으로 추정된다.
② 고려: 중앙군으로 국왕의 친위대 역할을 하는 2군과 수도 경비와 국경 방어를 담당하는 6위의 군사 조직을 운영하였다.
④ 후고구려: 국정 총괄 기관인 광평성 등의 정치 기구를 마련하였다.
⑤ 통일 신라: 신문왕 때 9주 5소경의 지방 행정 제도를 갖추었다.

11 [고대] 백제의 문화유산   정답 ⑤

☑ 빠른 정답 찾기

백제 역사 유적 지구 → 백제의 문화유산

⑤ 익산 미륵사지 석탑은 석탑의 해체 과정에서 미륵사의 창건 배경, 건립 연대 등이 기록된 금제 사리봉영기가 발견되었다.

오답 개념 체크

① 부여 능산리 절터: 도교와 불교의 요소가 복합적으로 표현된 것이 특징인 백제 금동대향로가 출토되었다.
② 한성: 한강 유역의 토착 세력과 결합한 북방 유이민 계통의 온조왕이 백제를 건국하고 왕성으로 삼았다.
③ 부여 호암리: 귀족들이 정사암 회의에서 재상을 선출하던 천정대가 있었다.
④ 공주 송산리 고분군: 중국 남조의 영향을 받아 벽돌로 축조된 무령왕과 왕비의 무덤이 발굴되었다.

12 [고대] 경주 분황사 모전 석탑   정답 ④

☑ 빠른 정답 찾기

현존하는 신라 탑 중에 가장 오래된 것 + 돌을 벽돌 모양으로 다듬어 쌓음 → 경주 분황사 모전 석탑

④ 경주 분황사 모전 석탑은 현재 남아 있는 신라 탑 중에 가장 오래된 것으로, 돌을 벽돌 모양으로 다듬어 쌓은 탑이다.

오답 개념 체크

① 경주 불국사 삼층 석탑(통일 신라): 2층 기단 위에 3층의 탑신부로 구성되었다.
② 부여 정림사지 오층 석탑(백제): 1층 탑신부에 당나라 장수 소정방이 백제를 평정한 자신의 공적을 새겨 놓아 평제탑으로 불리기도 하였다.
③ 영광탑(발해): 중국(당)의 영향을 받아 만들어진 발해의 전탑(벽돌 탑)이다.
⑤ 익산 미륵사지 석탑(백제): 목탑 양식을 반영하여 만든 석탑으로, 현존하는 삼국 시대 석탑 중 가장 규모가 크다.

13 [고대] 김헌창의 난과 시무 10조 건의 사이의 사실   정답 ②

☑ 빠른 정답 찾기

김헌창의 난(헌덕왕) → (가) → 최치원의 시무 10조 건의(진성 여왕)

② 신라 하대는 진골 귀족 사이의 왕위 다툼이 치열했던 시기로, 헌덕왕 때에는 왕위 계승에 불만이 있던 김헌창이 난을 일으켰다. 이후 진성 여왕 때에는 과중한 조세 부담에 반발하여 사벌주(상주)에서 원종과 애노가 봉기를 일으키기도 하였다. 이에 최치원은 진성 여왕에게 시무책 10여 조를 올려 문란한 정치를 바로잡으려고 노력하였으나, 정책에 제대로 반영되지 못하였다.

오답 개념 체크

모두 김헌창의 난(헌덕왕) 이전의 사실이다.
① 신라 상대인 법흥왕 때 이차돈의 순교로 불교가 공인되었다.
③ 신라 중대인 신문왕 때 관리들에게 관료전을 지급하고 녹읍을 폐지하였다.
④ 신라 상대인 진흥왕 때 국가의 강성함을 과시하기 위해 거칠부가 왕명을 받들어 『국사』를 편찬하였다.
⑤ 신라 상대인 내물 마립간 때 최고 지배자의 칭호가 '이사금'에서 '마립간'으로 바뀌었다.

14 [고대] 후고구려   정답 ②

☑ 빠른 정답 찾기

철원 + 궁예 → 후고구려

② 후고구려는 국정 총괄 기관인 광평성을 비롯한 각종 정치 기구를 두었다.

오답 개념 체크

① 통일 신라: 혜공왕 때 진골 귀족인 각간 대공이 반란을 일으켰으며, 이를 시작으로 진골 귀족들의 반란이 전국적으로 확대되었다.
③ 후백제: 중국의 후당과 오월에 사신을 파견하였다.
④ 고려: 왕건이 이끄는 군대가 고창 전투에서 견훤이 이끄는 후백제군과 싸워 승리하였다.
⑤ 발해: 선왕 때 5경 15부 62주의 지방 행정 제도를 갖추었다.

15 [고대] 혜초   정답 ④

☑ 빠른 정답 찾기

8세기 + 인도와 중앙아시아 + 신라 승려 → 혜초

④ 혜초는 인도와 중앙아시아를 다녀와 구법 순례기인 『왕오천축국전』을 저술하였다.

오답 개념 체크

① 대구화상, 위홍: 신라의 승려와 관료로, 신라 진성 여왕의 명으로 향가(우리나라 고유 형식의 시) 모음집인 『삼대목』을 편찬하였다.
② 원광: 신라의 승려로, 화랑도가 지켜야 할 행동 규범인 세속 5계를 제시하였다.
③ 원효: 신라의 승려로, 무애가라는 불교의 이치를 담은 가요를 지어 불교 대중화에 기여하였다.
⑤ 의상: 신라의 승려로, 화엄 사상의 요지를 담은 『화엄일승법계도』를 지어 화엄 사상을 정리하였다.

16 [고대] 발해와 고구려의 문화적 연관성   정답 ⑤

☑ 빠른 정답 찾기

연꽃무늬 수막새 + 온돌 유적 → 발해와 고구려의 문화적 연관성

⑤ 발해는 고구려를 계승한 나라로, 발해의 고구려 계승 의식은 문화유산에도 반영되어 있어 발해와 고구려의 문화적 연관성을 보여준다.

오답 개념 체크

① 백제 문화의 국제성을 보여주는 문화유산으로는 무령왕릉이 있다. 무령왕릉은 중국 남조의 영향을 받아 벽돌 무덤 양식으로 축조되었으며, 무덤의 관은 일본산 금송으로 만들어졌다.
② 신라와 서역의 교류를 보여주는 문화유산으로는 신라의 고분에서 출토된 유리잔, 유리병 등이 있다.
③ 가야 문화가 일본으로 전파된 것을 보여주는 문화유산으로는 가야의 토기 제작 기술의 영향을 받아 제작된 스에키 토기가 있다.
④ 고려(원 간섭기)에서 유행한 몽골풍을 보여주는 문화유산으로는 호복, 족두리 등이 있다.

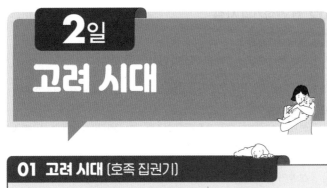

2일 고려 시대

01 고려 시대 [호족 집권기]

01 ①	02 ③	03 ⑤	04 ②

01 태조 왕건

정답 ①

☑ 빠른 정답 찾기

힌트❶ 『정계』와 『계백료서』를 지어 반포 + 힌트❷ 흑창 → **태조 왕건**

① 태조 왕건은 개국 공신에게 공로와 인품에 따라 역분전을 차등 지급하였다.

오답 개념 체크

② 정종(3대): 거란의 침입에 대비하여 광군을 조직하였다.
③ 광종: 스스로를 황제로 칭하고 광덕, 준풍 등의 독자적 연호를 사용하였다.
④ 예종: 관학 진흥을 목적으로 일종의 장학 재단인 양현고를 설치하여 운영하였다.
⑤ 숙종: 주전도감을 설치하여 해동통보와 은병(활구) 등 화폐를 발행하였다.

02 광종

정답 ③

☑ 빠른 정답 찾기

힌트❶ 광덕 + 힌트❷ 백관의 공복을 정함 → **광종**

③ 광종 재위 기간에는 왕권 강화를 위해 노비안검법을 실시하여 강제로 노비가 된 사람들을 양인으로 해방하였다.

오답 개념 체크

① 성종: 최승로의 건의에 따라 지방의 주요 지역에 행정 구역인 12목을 설치하고 지방관을 파견하였다.
② 숙종: 화폐 주조 기관인 주전도감을 설치하여 해동통보를 발행하였다.
④ 현종: 개경 주위에 도성을 에워싼 외성인 나성을 축조하여 거란의 침입에 대비하였다.
⑤ 숙종: 국자감에 출판을 담당하는 서적포를 두어 서적 간행을 활성화하였다.

03 성종

정답 ⑤

☑ 빠른 정답 찾기

힌트❶ 최승로 + 힌트❷ 시무 28조 → **고려 성종**

⑤ 고려 성종은 최승로의 건의를 받아들여 전국의 주요 지역에 12목을 설치하고 지방관을 파견하였다.

오답 개념 체크

① 태조 왕건: 빈민을 구제하기 위해 백성에게 곡식을 빌려주었다가 추수기에 갚도록 하는 흑창을 처음 설치하였다.
② 광종: 왕권을 강화하기 위해 불법으로 노비가 된 자들을 양인으로 해방시키는 노비안검법을 실시하였다.
③ 예종: 관학을 진흥시키기 위해 왕실 도서관 겸 연구소인 청연각과 보문각을 두어 학문 연구를 장려하였다.
④ 공민왕: 권문세족을 견제하기 위해 권문세족이 불법적으로 차지한 토지를 원래 주인에게 돌려주고, 억울하게 노비가 된 자를 본래 신분으로 되돌려주는 전민변정도감을 운영하였다.

04 거란에 대한 고려의 대응

정답 ②

☑ 빠른 정답 찾기

(가) 힌트❶ 광군을 창설 → **광군 창설(정종)**
(나) 힌트❶ 강감찬 + 힌트❷ 귀주에서 거란군을 크게 물리침 → **귀주 대첩(현종)**
(다) 힌트❶ 서희 + 힌트❷ 소손녕과 외교 담판을 벌여 강동 6주 지역을 확보 → **서희의 외교 담판(성종)**

② 순서대로 나열하면 (가) 광군 창설(정종) - (다) 서희의 외교 담판(성종) - (나) 귀주 대첩(현종)이 된다.

(가) 정종 때 거란이 고려를 침입할 움직임이 보이자, 이를 대비하기 위한 지방 군사 조직으로 30만 명에 달하는 광군을 창설하였다(947).
(다) 성종 때 거란이 송과의 친선 관계를 끊을 것을 요구하며 고려를 1차 침입하였다(993). 이때 서희가 거란의 장수 소손녕과 외교 담판을 벌여 송과의 관계를 끊고 거란과 교류할 것을 약속하는 대신 압록강 동쪽의 강동 6주를 획득하였다.
(나) 현종 때 2차 침입의 철수 조건인 현종의 입조가 지켜지지 않자, 거란은 고려를 3차 침입하였다(1018). 이때 강감찬이 이끄는 고려군이 귀주에서 소배압이 이끄는 거란군을 크게 격파하였다(1019).

02 고려 시대 [문벌 귀족~무신 집권기]

01 ③	02 ②	03 ⑤	04 ⑤

01 묘청의 난

정답 ③

☑ 빠른 정답 찾기

힌트❶ 서경 천도 + 힌트❷ 금국 정벌 → **묘청의 난**

③ 묘청은 서경에서 난을 일으켰으나, 김부식 등이 이끈 관군에 의해 진압되었다.

오답 개념 체크

① 거란의 2차 침입: 개경이 함락되고 현종이 나주로 피란하였다.
② 거란의 2차 침입: 부처의 힘으로 거란의 침입을 물리치기 위해 초조대장경이 간행되었다.
④ 위화도 회군: 요동 정벌에 반대한 이성계가 위화도에서 회군한 후 최영을 제거하고 정권을 장악하였다.
⑤ 여진이 성장하여 고려의 국경을 지속적으로 침범하자, 기병 중심의 여진을 효과적으로 정벌하기 위해 숙종 때 신기군(기병)·신보군(보병)·항마군(승병)으로 구성된 별무반을 편성하였다.

02 최충헌

정답 ②

☑ 빠른 정답 찾기

힌트❶ 이의민을 제거하고 정권을 장악함 → **최충헌**

② 최충헌은 국정 총괄 기구로 교정도감을 두고, 수장인 교정별감이 되어 국가의 중요한 사무를 처리하였다.

오답 개념 체크

① 공민왕: 인사권을 장악하기 위해 인사 행정을 담당하던 정방을 폐지하였다.
③ 배중손: 고려 정부의 개경 환도에 반발하여 삼별초를 이끌고 진도로 이동하여 대몽 항쟁을 전개하였다.
④ 최무선: 우왕 때 왜구에 대응하기 위해 화약과 화포 제작을 위한 화통도감 설치를 건의하였다.
⑤ 태조 왕건: 후대 왕들이 지켜야 할 10가지 도리를 담은 훈요 10조를 남겼다.

03 여진에 대한 고려의 대응　　　정답 ⑤

☑ 빠른 정답 찾기

힌트❶ 윤관 + 힌트❷ 동북 9성 → 여진에 대한 고려의 대응

⑤ 고려는 여진을 정벌하기 위해 윤관의 건의로 신기군, 신보군, 항마군으로 구성된 별무반을 편성하였다.

오답 개념 체크
① 왜구: 고려는 우왕 때 왜구를 토벌하기 위해 최무선의 건의로 화통도감을 설치하고 화포를 제작하였다.
② 왜구: 고려는 창왕 때 박위가 왜구의 근거지인 대마도를 토벌하였다.
③ 당: 고구려는 영류왕 때 당 태종이 즉위하여 팽창 정책을 펼치자, 당의 침입에 대비하기 위해 연개소문을 보내어 천리장성을 축조하였다.
④ 몽골: 고려는 고종 때 부처의 힘을 빌려 몽골의 침입을 극복하고자 대장도감을 설치하고 팔만대장경을 간행하였다.

04 몽골의 침입에 대한 고려의 대응　　　정답 ⑤

☑ 빠른 정답 찾기

힌트❶ 사신 저고여의 피살 → 몽골의 침입에 대한 고려의 대응

⑤ 고려는 부처의 힘을 빌려 몽골의 침입을 극복하고자 임시 관청인 대장도감을 설치하여 팔만대장경을 간행하였다.

오답 개념 체크
① 왜구의 침입에 대한 고려의 대응: 고려 우왕 때 왜구의 침입이 극심해지자 최무선의 건의로 화통도감을 설치하여 화약과 화포를 제작하였다.
② 조선 세조 때부터 각 도의 요충지에 성을 쌓아 방어하는 지역 단위의 방어 체제인 진관 체제를 실시하였다.
③ 여진의 침입에 대한 고려의 대응: 고려 숙종 때 여진에 대비하기 위해 윤관의 건의에 따라 별무반을 편성하였고, 예종 때 동북 9성을 축조하였다.
④ 왜의 침입에 대한 조선의 대응: 임진왜란 중인 조선 선조 때 포수·사수·살수의 삼수병으로 구성된 훈련도감을 설치하였다.

03 고려 시대 [원 간섭기]
| 01 ④ | 02 ③ | 03 ② | 04 ③ |

01 삼별초　　　정답 ④

☑ 빠른 정답 찾기

힌트❶ 최우 + 힌트❷ 야별초 + 힌트❸ 신의군 → 삼별초

④ 삼별초는 고려 정부의 개경 환도 결정에 반발하여 강화도, 진도, 제주도로 이동하며 항쟁하였다.

오답 개념 체크
① 광군: 정종 때 거란의 침입에 대비하여 창설된 부대로, 광군사의 통제를 받았다.
② 대한 제국의 군대: 순종 때 체결된 정미 7조약의 부속 밀약에 의해 해산되었다.
③ 조선 세종 때 최윤덕과 김종서가 여진족을 몰아내고 각각 4군과 6진을 개척하여 영토를 확장하였다.
⑤ 잡색군: 조선 시대에 유사시에 향토 방위를 맡은 예비군이다.

02 원 간섭기의 사실　　　정답 ③

☑ 빠른 정답 찾기

힌트❶ 개경 환도 + 힌트❷ 몽골의 간섭 → 원 간섭기

③ 원 간섭기에 중앙 정치 기구인 중서문하성과 상서성이 첨의부로 격하되었다.

오답 개념 체크
① 조선 후기: 임진왜란 중인 선조 때 포수(조총), 살수(창·칼), 사수(활)의 삼수병으로 구성된 훈련도감이 창설되었다.
② 흥선 대원군 집권기인 고종 때 삼군부가 부활하여 군국 기무를 전담하였다.
④ 조선 후기: 정조 때 젊고 유능한 관리들을 대상으로 초계문신제를 시행하여 인재를 양성하였다.
⑤ 조선 전기: 중종 때 삼포왜란이 일어나자 국방 문제를 논의하기 위한 임시 기구로 비변사가 설치되었다.

03 고려의 왕실 호칭 격하와 우왕 즉위 사이의 사실　　　정답 ②

☑ 빠른 정답 찾기

(가) 힌트❶ 다루가치 + 힌트❷ 선지를 왕지로, 짐을 고로 , 사를 유로, 주를 정으로 고침 → 고려의 왕실 호칭 격하(원 간섭기)
(나) 힌트❶ 왕이 시해당함 + 힌트❷ 우왕을 세움 → 우왕 즉위

② 공민왕 때 원나라에서 명나라로 중국의 지배 세력이 교체됨에 따라 원의 간섭이 약화되자, 유인우와 이자춘 등이 쌍성총관부를 공격하여 철령 이북을 수복하였다.

오답 개념 체크
① (나) 이후: 우왕 때 최무선의 건의로 화통도감을 설치하여 화포를 제작하였다.
③ (가) 이전: 정중부 등 무신들이 정변을 일으켜 권력을 장악하며 무신 집권기가 시작되었다.
④ (가) 이전: 무신 집권기에 최우가 강화도로 도읍을 옮겨 몽골의 침입에 대한 장기 항전을 준비하였다.
⑤ (나) 이후: 우왕 때 최영이 명의 철령위 설치에 반발하여 요동 정벌을 추진하였다.

04 우왕과 최영의 요동 정벌　　　정답 ③

☑ 빠른 정답 찾기

힌트❶ 명 황제 + 힌트❷ 철령 + 힌트❸ 요동에 소속 + 힌트❹ 왕(우왕)은 최영과 함께 요동을 공격 → 우왕과 최영의 요동 정벌(1388)

③ 고려 말 우왕 때 신흥 무인 세력인 이성계가 황산 대첩(1380)에서 왜구를 격퇴하며 성장하였다. 이후 이성계는 명이 철령 이북의 땅을 차지하려는 움직임에 반발한 우왕과 최영의 명으로 요동 정벌(1388)에 나서게 되었다.

04 고려 시대 [경제·사회·문화]
| 01 ④ | 02 ④ | 03 ② | 04 ③ |

01 고려 시대의 경제 상황　　　정답 ④

☑ 빠른 정답 찾기

힌트❶ 주전도감 + 힌트❷ 은병 → 고려 시대의 경제 상황

④ 고려 시대에는 시전의 상행위를 감독하는 기관으로 경시서를 설치하였다.

오답 개념 체크

① 조선 후기: 책문 후시를 통한 청과의 사무역이 활발하였다.

② 조선 후기: 개성의 송상은 전국적으로 송방이라는 지점을 설치하고 인삼 등을 교역하였다.

③ 조선 후기: 감자, 고구마 등 구황 작물이 재배되기 시작하였다.

⑤ 조선 후기: 광산 경영 전문가인 덕대가 등장하였다.

02 고려의 관학 진흥책 정답 ④

✓ 빠른 정답 찾기

힌트❶ 관학을 진흥 + 힌트❷ 서적포 + 힌트❸ 7재
→ 고려의 관학 진흥책

④ 고려 예종 때 관학을 진흥하기 위해 장학 재단인 양현고를 두어 장학 기금을 마련하였다.

오답 개념 체크

① 통일 신라 원성왕 때 유교 경전의 이해 수준을 시험하여 관리를 채용하는 독서삼품과를 시행하여 인재를 등용하였다.

② 조선 시대에는 국왕으로부터 편액(간판)을 받은 사액 서원에 서적과 노비 등을 지급하였다.

③ 조선 시대에는 한양에 중등 교육 기관인 4부 학당을 설립하였다.

⑤ 조선 후기 정조 때 인재 양성을 위해 초계문신제를 시행하여 젊고 유능한 문신들을 선발하여 재교육하였다.

03 『삼국유사』 정답 ②

✓ 빠른 정답 찾기

힌트❶ 일연 + 힌트❷ 불교사를 중심으로 민간 설화 등을 수록
→ 『삼국유사』

② 『삼국유사』는 고려 충렬왕 때 승려 일연이 저술한 역사서로, 『삼국유사』의 「기이」편에는 단군의 고조선 건국 이야기가 서술되어 있다.

오답 개념 체크

① 편년체는 역사적 사실을 연·월·일 순으로 정리한 형식으로, 『고려사절요』, 『조선왕조실록』 등이 대표적이다.

③ 『발해고』(조선): 조선 후기에 유득공이 저술한 역사서로, 통일 신라와 발해를 묶어 남북국이라는 용어를 처음으로 사용하였다.

④ 『해동고승전』(고려): 승려 각훈이 왕명에 의해 고승들의 전기를 기록하였다.

⑤ 『동명왕편』(고려): 이규보가 저술한 역사서로, 고구려 건국 시조인 동명왕(주몽)의 일대기를 서사시로 표현하였다.

04 지눌 정답 ③

✓ 빠른 정답 찾기

힌트❶ 돈오점수 → 지눌

③ 지눌은 고려의 승려로, 『권수정혜결사문』을 작성하여 선정과 지혜를 함께 닦아 수행해야 한다는 정혜쌍수를 강조하였다.

오답 개념 체크

① 각훈: 고려의 승려로, 왕명에 따라 승려들의 전기를 담은 『해동고승전』을 집필하였다.

② 의상: 신라의 승려로, 『화엄일승법계도』를 지어 화엄 사상을 정리하였다.

④ 의천: 고려의 승려로, 우리나라와 거란·송·일본의 불교 경전에 대한 주석서를 모아 교장(속장경)을 편찬하였다.

⑤ 균여: 고려의 승려로, 향가인 「보현십원가」를 지어 불교 교리를 대중에게 전파하였다.

2일 **고려 시대 기출 테스트**

01 ④	**02** ②	**03** ②	**04** ①
05 ①	**06** ①	**07** ⑤	**08** ①
09 ②	**10** ②	**11** ④	**12** ①
13 ③	**14** ②	**15** ①	**16** ③

01 태조 왕건 정답 ④

✓ 빠른 정답 찾기

고창 전투 + 후삼국 통일 → 태조 왕건

④ 태조 왕건은 『정계』와 『계백료서』를 지어 관리가 지켜야 할 규범을 제시하였다.

오답 개념 체크

① 견훤: 신라에 침입하여 경애왕을 죽게 하는 등 신라에 적대적이었다.

② 예종: 관학 진흥책의 일환으로 국자감에 7재라는 전문 강좌를 개설하였다.

③ 궁예: 국호를 후고구려에서 마진으로 바꾸고, 무태라는 연호를 사용하였다.

⑤ 광종: 왕권 강화를 위해 후주와 사신을 교환하여 대외 관계의 안정을 꾀하였다.

02 광종 정답 ②

✓ 빠른 정답 찾기

준풍이라는 연호를 사용함 + 백관의 공복을 정함 → 광종

② 광종 때 중국 후주 출신 쌍기의 건의로 과거제가 시행되었다.

오답 개념 체크

① 성종: 지방의 주요 지역에 설치된 12목에 지방관이 파견되었다.

③ 고종: 부처의 힘을 빌려 몽골의 침입을 극복하고자 대장도감에서 팔만대장경이 간행되었다.

④ 공민왕: 중국의 농민 반란 무리인 홍건적이 고려를 침입하였으나, 안우, 이방실 등이 이를 격파하였다.

⑤ 공민왕: 권문세족의 경제적 기반을 약화시키기 위해 전민변정도감을 설치하였으며, 승려 신돈이 그 책임자가 되었다.

03 12목 설치 시기 정답 ②

✓ 빠른 정답 찾기

처음으로 12목을 설치 → 고려 성종

② 왕규의 난(945) 이후, 성종은 최승로의 시무 28조를 받아들여 주요 지역에 12목을 설치(983)하고 지방관을 파견하였다.

04 고려의 중앙 정치 기구 정답 ①

✓ 빠른 정답 찾기

추밀원(중추원) + 어사대 + 상서성 + 중서문하성
→ 고려의 중앙 정치 기구

ㄱ. 중추원은 군사 기밀과 왕의 명령을 전달하는 출납을 담당하였다.

ㄴ. 어사대의 소속 관원은 중서문하성의 낭사와 함께 관리 임명에 대한 동의권인 서경권을 행사하였다.

오답 개념 체크

ㄷ. 삼사: 고려 시대에 화폐·곡식의 출납과 회계를 담당하였다.

ㄹ. 도병마사: 원 간섭기인 충렬왕 때 도평의사사로 개편되면서 최고 정치 기구가 되었다.

05 거란에 대한 고려의 대응 정답 ①

> ☑ 빠른 정답 찾기
>
> 강조를 토벌한다는 구실 + 흥화진 + 양규 → **거란에 대한 고려의 대응**

① 고려는 정종 때 광군을 조직하여 거란의 침입에 대비하였다.

오답 개념 체크

② 여진: 고려 숙종 때 윤관의 건의로 특수 부대인 별무반을 설치하였으며, 예종 때 별무반을 보내 여진을 정벌한 후 동북 9성을 개척하였다.

③ 왜구: 고려 우왕 때 최무선의 건의로 화통도감을 설치하고 화포를 제작하였으며, 이를 이용해 진포 대첩에서 왜구를 물리쳤다.

④ 몽골: 고려 무신 집권기 때 최고 집권자였던 최우는 강화도로 도읍을 옮겨 몽골과의 장기 항전을 준비하였다.

⑤ 원: 고려 공민왕 때 원이 철령 이북의 땅을 직접 통치하기 위해 설치하였던 쌍성총관부를 공격하여 철령 이북의 땅을 수복하였다.

더 알아보기 ⫶ 거란의 침입과 고려의 대응

1차 침입(성종)	• 원인: 고려의 친송 외교 정책, 대거란 강경책 • 결과: 서희의 외교 담판 → 강동 6주 획득
2차 침입(현종)	• 원인: 강조의 정변 • 결과: 양규의 흥화진 전투, 거란과 강화 체결
3차 침입(현종)	• 원인: 현종의 입조 거부 • 결과: 강감찬의 귀주 대첩으로 거란 격퇴

06 이자겸의 난 정답 ①

> ☑ 빠른 정답 찾기
>
> 인종이 그(이자겸)를 제거하려 하자 척준경과 함께 반란을 일으킴
> → **이자겸의 난(1126)**

① 별무반 조직(고려 숙종, 1104) 이후, 고려 인종 때 이자겸이 왕의 장인이자 외조부로서 권력을 장악하자, 인종은 이자겸을 제거하고자 하였다. 그러나 이를 알게 된 이자겸은 척준경과 함께 난을 일으켜 왕을 위협하고 반대파를 제거하였다 (이자겸의 난, 1126).

07 고려 시대의 사회 모습 정답 ⑤

> ☑ 빠른 정답 찾기
>
> 망이·망소이 → 망이·망소이의 난 → **고려 시대**

⑤ 고려 시대에는 특수 행정 구역인 소의 주민들이 일반 군현의 주민에 비하여 차별을 받았다.

오답 개념 체크

① 조선 후기: 서얼들이 통청 운동을 전개하여 문과에 응시할 수 있는 권리와 청요직에 진출할 수 있는 권리를 획득하였다.

② 신라 하대: 진성 여왕 때 원종과 애노가 가혹한 수탈에 반발하여 사벌주(상주)에서 봉기하였다.

③ 조선 후기: 부계 위주의 가족 형태로 변화하면서 적장자가 제사와 상속을 독점하였다.

④ 철기 시대에 성립된 여러 나라 중 하나인 동예에는 읍락 간의 경계를 중시하여 다른 부족의 영역을 침범하면 노비나 소·말 등으로 변상하게 하는 책화라는 풍습이 있었다.

08 최우 정답 ①

> ☑ 빠른 정답 찾기
>
> 몽골 침략 당시 실권자 + 강화 천도를 강행 → **최우**

① 최우는 자신의 집에 인사 행정 담당 기구로 정방을 설치하여 인사권을 장악하였다.

오답 개념 체크

② 최충헌: 무신 집권기의 최고 권력자 중 한 명으로, 명종에게 사회 개혁안인 봉사 10조를 올려 시정 개혁을 건의하였다.

③ 배중손: 고려 정부의 개경 환도에 반발하여 삼별초를 이끌고 진도 용장성에서 몽골에 항전하였다.

④ 경대승: 무신 집권기의 최고 권력자 중 한 명으로, 군사를 일으켜 정중부 등을 제거하고 권력을 장악하였다.

⑤ 신돈: 공민왕 때 전민변정도감의 책임자로 임명되어 권문세족을 견제하였다.

09 고려의 대외 관계 정답 ②

> ☑ 빠른 정답 찾기
>
> (가) 금을 섬기는 문제 + 이자겸 + 먼저 예를 갖춤
> → **금의 사대 요구 수용(12세기)**
> (나) 최무선 + 왜구를 진포에서 공격함 → **진포 대첩(14세기)**
> (다) 몽골군 + 충주성을 포위함 + 김윤후 → **충주산성 전투(13세기)**

② 순서대로 나열하면 (가) 금의 사대 요구 수용(12세기) – (다) 충주산성 전투(13세기) – (나) 진포 대첩(14세기)이다.

(가) 인종 때 금이 요(거란)를 멸망시킨 후 고려에 군신 관계를 요구하였고, 당시 집권자였던 이자겸이 금의 사대 요구를 수용하였다(12세기).

(다) 고종 때 몽골이 고려에 5차 침입하자, 김윤후가 충주산성 전투에서 몽골군을 격퇴하였다(13세기).

(나) 우왕 때 왜구가 고려를 자주 침입하자, 최무선 등이 진포에서 화포를 이용하여 왜구를 격퇴하였다(14세기).

10 공민왕 정답 ②

> ☑ 빠른 정답 찾기
>
> 왕비인 노국 대장 공주 + 기철 등 친원 세력을 숙청함 + 정동행성 이문소를 폐지함 → **공민왕**

② 공민왕은 권문세족을 견제하기 위해 신돈을 등용하고 전민변정도감을 운영하여 권문세족이 불법적으로 차지한 토지나 노비를 되찾아 바로잡도록 하였다.

오답 개념 체크

① 충선왕: 아들인 충숙왕에게 양위한 뒤, 원의 수도에 학문 연구소인 만권당을 두어 원의 학자들과 교유하도록 하였다.

③ 광종: 중국 후주 출신 쌍기의 건의를 받아들여 과거제를 실시하였다.

④ 태조 왕건: 『정계』와 『계백료서』를 지어 관리들이 지켜야 할 규범을 제시하였다.

⑤ 성종: 최승로의 시무 28조를 받아들여 유교 중심의 통치 체제를 정비하였다.

더 알아보기 ⫶ 공민왕의 개혁 정치

반원 자주 개혁	• 친원 세력을 숙청함 • 정동행성을 폐지함 • 쌍성총관부를 탈환함 • 왕실 호칭 및 관제를 복구함
내정 개혁	• 정방을 폐지하여 인사권을 장악함 • 신진 사대부를 등용하고 권문세족을 억압함 • 신돈을 등용하고 전민변정도감을 설치함

11 고려 시대의 경제 상황

정답 ④

☑ 빠른 정답 찾기

과(科)에 해당하는 토지를 줌 + 은병 + 경시서 → **고려 시대의 경제 상황**

④ 고려 시대에는 수도 개경과 가까운 예성강 하구의 벽란도가 국제 무역항으로 번성하였다.

오답 개념 체크

① 조선 후기: 모내기법(이앙법)의 확산으로 벼와 보리의 이모작이 가능해져 농업 생산량이 증가하였다.
② 조선 후기: 광산 경영 전문가인 덕대가 물주에게 자금을 받아 광산을 전문적으로 경영하였다.
③ 조선 후기: 소득이 높은 면화, 담배 등이 상품 작물로 재배되었다.
⑤ 조선 전기: 세종 때 토지의 비옥도를 6등급으로 나누어 전세(토지에 대한 세금)를 부과하였다.

12 평창 월정사 팔각 구층 석탑

정답 ①

☑ 빠른 정답 찾기

강원도 평창군 + 고려 시대 다각 다층 석탑 + 고려 전기
→ **평창 월정사 팔각 구층 석탑**

① 평창 월정사 팔각 구층 석탑은 고려 전기의 석탑으로, 송의 영향을 받은 다각 다층탑이다.

오답 개념 체크

② 경주 정혜사지 십삼층 석탑: 경주시 안강읍 정혜사 터에 있는 통일 신라의 특수형 석조 불탑이다.
③ 개성 경천사지 십층 석탑: 고려 후기의 석탑으로, 원의 영향을 받은 다각 다층탑이다.
④ 영광탑: 당의 영향을 받아 만들어진 발해의 전탑(벽돌 탑)이다.
⑤ 정선 정암사 수마노탑: 고려 시대의 석탑으로, 벽돌처럼 돌을 다듬어 올린 모전 석탑이다.

13 원 간섭기의 사회 모습

정답 ③

☑ 빠른 정답 찾기

제국 대장 공주 → **원 간섭기**

③ 원 간섭기에는 지배층을 중심으로 원의 풍습인 변발과 호복이 유행하였다.

오답 개념 체크

① 신라 하대: 진성 여왕 때인 889년에 원종과 애노가 가혹한 수탈에 반발하여 사벌주(상주)에서 반란을 일으켰다.
② 고려 문벌 귀족 집권기: 고려 숙종 때 대각국사 의천이 교종을 중심으로 선종을 통합하기 위해 해동 천태종을 개창하였다.
④ 조선 전기: 명종 때 기근에 대비하기 위해 『구황찰요』를 간행하여 보급하였다.
⑤ 고려 호족 집권기: 현종 때 부처의 힘을 빌려 거란의 침입을 물리치고자 초조대장경의 조판을 시작하였다.

14 영주 부석사 무량수전

정답 ②

☑ 빠른 정답 찾기

고려 시대 + 배흘림 기둥 + 주심포 양식 + 소조 여래 좌상이 봉안됨
→ **영주 부석사 무량수전**

② 영주 부석사 무량수전은 배흘림 기둥에 주심포 양식으로 축조된 고려 시대의 목조 건물로, 내부에 국보 제45호인 소조 여래 좌상이 봉안되어 있다.

오답 개념 체크

① 공주 마곡사 대웅보전: 조선 시대의 2층 건물로, 다포 양식을 취하고 있다.
③ 예산 수덕사 대웅전: 백제 계통의 목조 건축 양식을 이은 고려 시대 건물로, 건물 옆면의 장식적인 요소가 특징이다.
④ 구례 화엄사 각황전: 임진왜란 때 소실된 이후 조선 후기에 다시 지어진 사찰 건물로, 다포 양식과 중층 필작 지붕으로 지어져 매우 화려한 느낌을 주는 것이 특징이다.
⑤ 안동 봉정사 극락전: 고려 후기의 건물로, 맞배 지붕과 주심포 양식을 취하고 있으며 기둥은 배흘림 형태이다. 우리나라에서 가장 오래된 목조 건물로 보고 있다.

15 의천

정답 ①

☑ 빠른 정답 찾기

문종의 아들 + 『신편제종교장총록』 → **의천**

① 의천은 고려 시대의 승려로, 국청사의 주지가 되어 해동 천태종을 개창하였다.

오답 개념 체크

② 지눌(고려): 불교 개혁을 주장하며 수선사 결사를 조직하였다.
③ 혜심(고려): 『선문염송집』을 편찬하고 유·불 일치설을 주장하였다.
④ 일연(고려): 불교 관련 자료를 중심으로 『삼국유사』를 집필하였다.
⑤ 혜초(신라): 인도와 중앙아시아를 순례하고 『왕오천축국전』을 남겼다.

16 혜심

정답 ③

☑ 빠른 정답 찾기

지눌의 제자 + 수선사의 제2대 사주 → **혜심**

③ 혜심은 고려 시대의 승려로, 『선문염송집』을 편찬하고 유·불 일치설을 주장하여 심성의 도야를 강조하였다.

오답 개념 체크

① 의상(신라): 『화엄일승법계도』를 지어 화엄 사상의 주요 내용을 간결한 시로 정리하였다.
② 의천(고려): 교종을 중심으로 선종을 통합하기 위해 해동 천태종을 개창하였다.
④ 지눌(고려): 『권수정혜결사문』을 작성하여 선정과 지혜를 함께 닦아 수행해야 한다는 정혜쌍수를 강조하였다.
⑤ 균여(고려): 『보현십원가』를 지어 어려운 불교 교리를 노래로 쉽게 풀어 대중에게 전파하였다.

3일 조선 시대

01 조선 전기 (태조~성종)

01 ②	02 ③	03 ③	04 ②

01 조선의 건국 과정

정답 ②

빠른 정답 찾기

(가) 힌트❶ 이성계가 위화도에서 회군 → **위화도 회군**
(나) 힌트❶ 한양을 도읍으로 정함 → **한양 천도**
(다) 힌트❶ 과전법을 제정 → **과전법 제정**

② 순서대로 나열하면 (가) 위화도 회군(1388) – (다) 과전법 제정(1391) – (나) 한양 천도(1394)이다.

(가) 위화도 회군: 고려 우왕 때 명이 철령 이북의 땅을 차지하려 하자, 이성계는 우왕과 최영의 명으로 요동 정벌에 나섰다. 그러나 요동 정벌에 반대한 이성계는 위화도에서 회군하여 최영을 제거하고 정권을 장악하였다(1388).

(다) 과전법 제정: 정권을 장악한 이성계는 우왕과 창왕을 연이어 폐하고 공양왕을 추대하였다. 이후 혁명파 사대부 조준 등의 건의로 토지 제도인 과전법을 제정(1391)하여 신진 사대부의 경제적 기반을 마련하였다.

(나) 한양 천도: 혁명파 사대부가 정몽주 등 온건파 사대부를 제거한 후, 이성계가 왕위에 올라 조선을 건국하였다(1392). 태조 이성계는 한양을 도읍으로 결정하고 한양으로 천도(1394)한 후, 경복궁을 건설하였다.

더 알아보기 ⁞ 조선의 건국 과정

명의 철령위 설치 통고 → 요동 정벌 단행과 위화도 회군 → 우왕·창왕 폐위, 공양왕 옹립 → 과전법 실시 → 고려 멸망, 조선 건국 → 한양 천도

02 태종

정답 ③

빠른 정답 찾기

힌트❶ 신문고를 설치 + 힌트❷ 문하부 낭사를 사간원으로 독립 → **태종**

③ 태종은 왕권 강화를 위해 6조 직계제를 실시하여, 정책 집행 기관인 6조가 의정부의 심의를 거치지 않고 국왕에게 직접 업무를 보고하도록 하였다.

오답 개념 체크

① **숙종**: 임진왜란 때 조선에 원병을 보낸 명의 신종을 제사하기 위한 제단인 대보단을 창덕궁 안에 설치하였다.
② **세종**: 집현전 학자들에게 명하여 백과사전류 의서인 『의방유취』를 편찬하게 하였다.
④ **성종**: 조선의 기본 법전인 『경국대전』을 완성·반포하여 국가의 통치 규범을 마련하였다.
⑤ **영조**: 조선의 역대 문물과 제도를 분류·정리한 『동국문헌비고』를 간행하였다.

03 세종 재위 시기의 사실

정답 ③

빠른 정답 찾기

힌트❶ 공법 + 힌트❷ 전품을 6등급으로, 풍흉을 9등급으로 나누어 전세를 수취 → **세종**

③ 세종 때 정초와 변효문에 의해 우리 풍토에 맞는 농법을 소개한 『농사직설』이 편찬되었다.

오답 개념 체크

① **성종**: 성현 등에 의해 음악 이론 등을 집대성한 이론서인 『악학궤범』이 완성되었다.
② **효종**: 관청에서 세금을 징수하는 조건으로 민간의 광산 개발을 허용하는 설점수세제가 시행되었다.
④ **세조**: 관리에게 지급할 토지가 부족해지자 현직 관리에게만 수조권을 지급하는 직전법이 제정되었다.
⑤ **광해군**: 허준에 의해 우리나라와 중국의 의서를 망라한 『동의보감』이 간행되었다.

04 홍문관

정답 ②

빠른 정답 찾기

힌트❶ 궁중의 서적과 문서를 관리 + 힌트❷ 옥당, 옥서 등의 별칭 → **홍문관**

② 홍문관은 사헌부, 사간원과 함께 3사로 불리며 언론 기능을 수행하였다.

오답 개념 체크

① **한성부**: 수도인 한양의 행정과 치안을 담당하였다.
③ **비변사**: 외적의 침입에 대응하여 설치된 임시 기구였으나 을묘왜변을 계기로 상설 기구화되었다.
④ **승정원**: 은대라고도 불렸으며, 왕의 비서 기관으로 왕명의 출납을 담당하였다.
⑤ **의금부**: 국왕 직속 사법 기구로 반역죄와 강상죄(유교 윤리를 어긴 죄) 등을 처결하였다.

02 조선 전기 (연산군~선조)

01 ③	02 ⑤	03 ①	04 ②

01 사화의 전개

정답 ③

빠른 정답 찾기

(가) 힌트❶ 갑자년 + 힌트❷ 임금은 어머니가 비명에 죽은 것을 분하게 여김 + 힌트❸ 대역죄로 추죄 → **갑자사화(연산군, 1504)**
(나) 힌트❶ 김종직의 「조의제문」 → **무오사화(연산군, 1498)**
(다) 힌트❶ 대윤 + 힌트❷ 소윤 + 힌트❸ 윤원형 → **을사사화(명종, 1545)**
(라) 힌트❶ 조광조가 현량과를 설치하자고 청함 + 힌트❷ 그를 없앤 뒤에 보고 → **기묘사화(중종, 1519)**

③ 순서대로 나열하면 (나) 무오사화(연산군, 1498) – (가) 갑자사화(연산군, 1504) – (라) 기묘사화(중종, 1519) – (다) 을사사화(명종, 1545)이다.

(나) 무오사화: 연산군 때 사림 김일손이 『실록』의 자료가 되는 「사초」에 스승 김종직이 쓴 「조의제문」을 실은 것이 문제가 되어, 사림 세력이 제거되었다(1498).

(가) 갑자사화: 연산군은 자신의 생모인 폐비 윤씨의 사사 사건과 연관된 훈구와 김굉필 등의 일부 사림 세력을 제거하였다(1504).

(라) 기묘사화: 반정을 일으켜 연산군을 몰아내고 왕위에 오른 중종은 훈구파를 견제하기 위해 신진 사림 조광조를 등용하였다. 조광조는 현량과 설치 등 개혁 정치를 주도하였으나, 반정 공신의 위훈(거짓 공훈) 삭제를 주장하였다가 이에 반발한 공신들에게 제거되었다(1519).

(다) 을사사화: 중종의 아들인 명종이 이복 형인 인종의 뒤를 이어 즉위하자, 명종의 외척인 윤원형 등의 소윤은 인종의 외척인 대윤을 역적으로 몰아 대거 숙청하였고, 이 과정에서 연관된 사림들까지 제거되었다(1545).

02 중종

정답 ⑤

☑ **빠른 정답 찾기**

힌트❶ 소격서 혁파 + 힌트❷ 정국공신의 훈적 삭제 → **중종**

⑤ 중종은 조광조의 건의를 받아들여 추천을 통해 신진 인사를 등용하는 현량과를 실시하였다.

오답 개념 체크

① 효종: 청의 요청에 따라 조총 부대를 나선(러시아) 정벌에 파견하였다.
② 세종: 최윤덕과 김종서를 보내 국경 지역에 4군 6진을 설치하여 북방 영토를 개척하였다.
③ 세조: 성삼문, 박팽년 등의 집현전 출신 학자들이 단종 복위 운동을 일으키자, 이를 계기로 집현전을 폐지하였다.
④ 성종: 신숙주, 정척 등이 국가의 의례를 정비한 『국조오례의』를 편찬하였다.

03 위훈 삭제 주장과 동·서 분당 사이의 사실

정답 ①

☑ **빠른 정답 찾기**

(가) 힌트❶ 반정 때 뚜렷한 공을 세우지 못한 사람 + 힌트❷ 삭훈해야 마땅함 → **위훈 삭제 주장**(1519, 중종)
(나) 힌트❶ 김효원과 심의겸 + 힌트❷ 붕당이 나뉘어 대립함 → **동·서 분당**(1575, 선조)

① 중종 때 조광조 등의 위훈 삭제 주장으로 발생한 기묘사화 이후, 명종 때 외척 사이의 대립으로 윤임 등이 제거되는 을사사화가 일어났다.

오답 개념 체크

② (가) 이전: 연산군 때 「조의제문」이 발단이 되어 김일손 등이 화를 입은 무오사화가 발생하였다.
③ (나) 이후: 영조 때 붕당의 폐해를 경계하기 위해 탕평비를 건립하였다.
④ (나) 이후: 숙종 때 희빈 장씨 소생의 원자 책봉 문제로 기사환국이 발생하였다.
⑤ (가) 이전: 연산군 때 폐비 윤씨 사사 사건의 전말이 알려져 김굉필 등이 처형된 갑자사화가 발생하였다.

04 정여립 모반 사건 이후의 사실

정답 ②

☑ **빠른 정답 찾기**

힌트❶ 정여립을 토벌 → **정여립 모반 사건**(선조, 1589)

② 정여립 모반 사건을 처리하는 과정에서 서인의 주도로 기축옥사가 일어나 이발 등 동인 세력이 제거되었다.

오답 개념 체크

① 이시애의 난(1467): 세조 때 함경도 토착 세력인 이시애가 길주를 근거지로 난을 일으켰으나 진압되었다.
③ 양재역 벽서 사건(1547): 명종 때 외척인 윤원형이 반대 세력을 숙청하기 위해 일으킨 양재역 벽서 사건으로 이언적 등이 화를 입었다.
④ 계유정난(1453): 단종 때 왕의 숙부였던 수양 대군(세조)이 김종서 등을 살해하고 권력을 장악하였다.
⑤ 동·서 분당: 선조 때 이조 전랑 임명을 둘러싸고 사림이 동인과 서인으로 나뉘어 붕당을 형성하였다.

01 직전법

정답 ③

☑ **빠른 정답 찾기**

힌트❶ 수신전, 휼양전 + 힌트❷ 세조 + 힌트❸ 과전을 없앰 → **직전법**

③ 직전법은 조선 세조 때 실시된 토지 제도로, 과전법 체제에서 관리에게 지급할 토지가 부족해지자 현직 관리에게만 토지의 수조권을 지급한 제도이다.

오답 개념 체크

① 전시과(고려): 농사를 짓는 전지와 땔감을 거둘 수 있는 시지를 등급에 따라 지급하였다.
② 영정법(조선): 인조 때 풍흉에 관계없이 전세 부담액을 토지 1결당 4~6두로 고정하였다.
④ 녹봉제(조선): 명종 때 관리에게 녹봉(물질적인 급여)만 지급하고 수조권을 폐지하였다.
⑤ 역분전(고려): 태조 왕건 때 개국 공신에게 인성, 공로를 기준으로 토지를 차등 지급하였다.

02 성균관

정답 ④

☑ **빠른 정답 찾기**

힌트❶ 궁을 나와 (가)에 도착(한양) + 힌트❷ 대성전 + 힌트❸ 명륜당 → **성균관**

④ 성균관은 생원시나 진사시의 소과 합격자에게 입학 자격이 주어졌다.

오답 개념 체크

① 국자감(고려): 고려 예종 때 전문 강좌인 7재가 개설되어 운영되었다.
②, ③ 향교(조선): 조선 시대 지방의 중등 교육 기관으로, 전국의 부·목·군·현에 하나씩 설립되었으며 중앙에서 교관인 교수나 훈도가 파견되었다.
⑤ 사역원(고려·조선): 외국어의 통역과 번역에 관한 업무를 관장하였던 기구로, 한어(漢語), 왜어(倭語), 여진어 등 외국어 교육을 실시하였다.

더 알아보기 ▶ 성균관

> • 한양에 위치한 조선의 최고 학부이자 고등 교육 기관
> • 성현에 대한 제사와 유학 중심의 교육 실시
> • 공자 사당인 대성전, 강의실인 명륜당, 기숙사인 동재와 서재, 도서관인 존경각 등으로 구성

03 조선 전기의 과학 기술

정답 ①

☑ **빠른 정답 찾기**

힌트❶ 15세기 조선 + 힌트❷ 과학 기술 → **조선 전기의 과학 기술**

① 정약용이 『기기도설』을 참고하여 거중기를 제작한 것은 조선 후기이다.

오답 개념 체크

② 조선 전기에는 우리 풍토에 맞는 약재 활용법과 치료 방법을 종합적으로 소개한 『향약집성방』이 편찬되었다.
③ 조선 전기에는 한양을 기준으로 천체 운동을 계산한 역법서인 『칠정산』 「내편」이 편찬되었다.
④ 조선 전기에는 주자소에서 금속 활자인 계미자, 갑인자 등이 주조되었다.
⑤ 조선 전기에는 우리 풍토에 맞는 농법을 정리한 『농사직설』이 편찬되었다.

해커스 한국사능력검정시험 조선전기 5일 합격 심화

정답 및 해설

04 원각사지 십층 석탑　　　　　　　　　　　정답 ①

☑️ 빠른 정답 찾기

힌트❶ 세조 때 축조함 + 힌트❷ 대리석으로 만듦 → **원각사지 십층 석탑**

① 원각사지 십층 석탑은 조선 세조 때 대리석으로 축조된 석탑이다.

오답 개념 체크

② 익산 미륵사지 석탑: 목탑 양식을 계승한 백제의 석탑으로, 우리나라에 현존하는 가장 오래된 석탑이다.

③ 경주 불국사 다보탑: 통일 신라의 석탑으로, 독특한 형태로 만들어져 높은 예술성과 뛰어난 건축술이 반영된 석탑이다.

④ 부여 정림사지 오층 석탑: 백제의 석탑으로, 1층 탑신부에 당나라 장수 소정방이 백제를 평정한 자신의 공적을 새겨 놓아 평제탑으로 불리기도 하였다.

⑤ 영광탑: 중국 당나라의 영향을 받아 만들어진 발해의 전탑(벽돌 탑)이다.

04 왜란과 호란 [선조~효종]

01 ①	02 ②	03 ④	04 ④

01 임진왜란　　　　　　　　　　　정답 ①

☑️ 빠른 정답 찾기

힌트❶ 김시민 + 힌트❷ 진주성 전투에서 대승을 거둠 → **임진왜란**

① 임경업이 청에 대항하여 백마산성에서 항전한 것은 병자호란 때이다.

오답 개념 체크

② 임진왜란 때 조·명 연합군이 평양성 전투에서 승리하여 평양성을 탈환하였다.

③ 임진왜란 때 권율이 행주산성에서 왜군을 상대로 크게 승리하였다.

④ 임진왜란 때 조헌이 금산에서 의병을 이끌고 활약하였다.

⑤ 임진왜란 때 이순신이 한산도 앞바다에서 학이 날개를 펼친 모습으로 포위하는 전술인 학익진을 펼쳐 왜군에 승리하였다.

더 알아보기 ▶ 임진왜란의 주요 전투

한산도 대첩(1592)	임진왜란 3대 대첩 중 하나로, 학익진 전법으로 승리
진주 대첩(1592)	진주 목사 김시민이 왜군을 상대로 큰 승리를 거둠
평양성 전투(1593)	조·명 연합군이 평양성 탈환
행주 대첩(1593)	권율이 행주산성에서 왜군을 크게 격파

02 조·명 연합군의 평양성 탈환 이후의 사실　　　　　정답 ②

☑️ 빠른 정답 찾기

힌트❶ 조·명 연합군 + 힌트❷ 평양성 탈환
→ **조·명 연합군의 평양성 탈환(1593. 1.)**

② 조·명 연합군의 평양성 탈환 이후인 1593년 2월에 권율이 행주산성에서 왜군을 격퇴하였다(행주 대첩).

오답 개념 체크

①, ④ 1592년 4월: 왜군이 부산을 침입하자, 송상현이 동래성에서 항전하였으나 패배하였다(동래성 전투). 이후 북상하는 왜군에 맞서 신립이 충주 탄금대에서 항전하였으나 패배하였다(충주 탄금대 전투).

③ 1592년 7월: 이순신이 이끄는 수군은 왜군에 맞서 한산도 앞바다에서 학익진을 펼쳐 승리하였다(한산도 대첩).

⑤ 1433년: 세종 때 최윤덕이 여진족 이만주 부대를 정벌하였다.

03 인조　　　　　　　　　　　정답 ④

☑️ 빠른 정답 찾기

힌트❶ 이괄의 난 + 힌트❷ 반정 → **인조**

④ 조선 인조 때 전세를 풍흉에 관계없이 토지 1결당 4~6두로 고정하는 영정법을 제정하였다.

오답 개념 체크

① 고려 태조 왕건: 개국 공신에게 공로와 인품에 따라 역분전을 차등 지급하였다.

② 조선 철종: 삼정(전정, 군정, 환곡)의 문란을 개선하기 위한 기구로 삼정이정청을 설치하였다.

③ 조선 정조: 자유로운 상업 활동을 장려하기 위해 시전 상인의 특권을 축소하는 신해통공을 단행하였다.

⑤ 조선 영조: 군역의 부담을 줄이고자 1년에 2필씩 걷던 군포를 1필로 줄이는 균역법을 시행하였다.

04 병자호란　　　　　　　　　　　정답 ④

☑️ 빠른 정답 찾기

힌트❶ 봉림 대군과 인평 대군 등이 강화로 이동함 + 힌트❷ 국왕과 세자는 남한산성으로 피란함 → **병자호란**

④ 병자호란 때 임경업이 백마산성에서 적의 침입에 대비하였다.

오답 개념 체크

① 임진왜란: 선조 때 정문부가 함경북도 길주 등지에서 의병을 이끌고 활약하였다.

② 광해군 때 후금의 공격을 받은 명의 원군 요청으로 강홍립이 사르후 전투에 참전하였다.

③ 임진왜란: 선조 때 김시민이 진주성에서 왜군을 크게 물리쳤다(진주 대첩).

⑤ 세종 때 최윤덕이 올라산성에서 이만주 부대를 정벌하고 압록강 유역에 4군을 개척하였다.

05 조선 후기 [현종~철종]

01 ②	02 ③	03 ⑤	04 ②

01 환국의 전개 과정　　　　　　　　　　　정답 ②

☑️ 빠른 정답 찾기

(가) 힌트❶ 허적의 당파 + 힌트❷ 그들을 제거하고자 결심
→ **경신환국(1680)**

(나) 힌트❶ 왕비가 복위 + 힌트❷ 장씨의 왕후 지위를 거둠
→ **갑술환국(1694)**

(다) 힌트❶ 송시열 + 힌트❷ 원자의 명호를 정한 것이 너무 이르다고 하였으니, 삭탈관작함 → **기사환국(1689)**

② 순서대로 나열하면 (가) 경신환국(1680) – (다) 기사환국(1689) – (나) 갑술환국(1694)이다.

(가) 경신환국: 남인인 허적이 왕의 허락 없이 왕실 천막을 무단으로 사용하여 왕의 불신을 산 상황에서 서인이 허적의 서자인 허견의 역모 사건을 고발하였다. 이를 계기로 허적, 윤휴 등 남인이 대거 축출되고 서인이 권력을 장악하였다(1680).

(다) 기사환국: 숙종이 희빈 장씨의 아들을 원자로 정하려 하자 송시열 등이 반대하였고, 이를 계기로 서인이 축출되고 남인이 권력을 장악하였다(1689). 또한 서인 계열의 인현 왕후가 폐위되고 남인 계열의 희빈 장씨가 왕비로 책봉되었다.

(나) 갑술환국: 남인이 인현 왕후 복위 운동을 빌미로 서인을 제거하려다 실패하여 남인이 몰락하고 서인이 재집권하였다(1694). 이때, 인현 왕후가 복위되고 장씨가 희빈으로 강등되었다.

02 영조
정답 ③

☑ 빠른 정답 찾기

힌트❶ 탕평 군주 + 힌트❷ 청계천 준설 + 힌트❸ 균역법 → **영조**

③ 영조는 『경국대전』 이후의 법령을 모아 정리한 법전인 『속대전』을 편찬하여 통치 제도를 정비하였다.

오답 개념 체크
① 세종: 학문의 진흥을 위해 학문 연구 기관으로 집현전을 두었다.
② 선조: 임진왜란 때 유성룡의 건의에 따라 포수(조총)·사수(활)·살수(창·칼)의 삼수병으로 구성된 훈련도감을 설치하였다.
④ 성종: 성현 등에 의해 궁중 음악을 집대성한 음악서인 『악학궤범』을 편찬하였다.
⑤ 정조: 자유로운 상업 활동을 장려하기 위해 시전 상인의 금난전권(난전을 단속할 수 있는 권리)을 폐지하는 조치인 신해통공을 단행하였다.

더 알아보기 ᵈ 영조의 정책

완론 탕평 실시	온건하고 타협적인 탕평파를 등용하여 왕권 뒷받침
균역법 실시	군역 부담을 줄이기 위해 군포를 2필에서 1필로 경감
신문고 부활	백성들이 억울한 일을 호소할 수 있도록 신문고 제도 부활
청계천 준설	준천사를 신설하여 홍수에 대비

03 홍경래의 난
정답 ⑤

☑ 빠른 정답 찾기

힌트❶ 평안도 + 힌트❷ 정주성을 점령함 → **홍경래의 난**

⑤ 홍경래의 난은 세도 정치기의 수탈과 평안도 지역에 대한 차별 대우에 반발하여 일어났다.

오답 개념 체크
① 임오군란과 갑신정변: 청의 군대에 의해 진압되었다.
② 보은 집회: 동학교도들이 보은에서 교조 최제우의 명예 회복과 포교의 자유를 획득하기 위한 집회를 개최하였으며, 이때 일본과 서양 세력을 배척하여 의병을 일으킨다는 뜻의 척왜양창의를 기치로 내걸었다.
③ 임오군란: 별기군과의 차별 대우에 반발한 구식 군인들이 급료 지급을 담당하던 선혜청과 일본 공사관을 공격하였다.
④ 임술 농민 봉기: 사건 수습을 위해 박규수가 안핵사로 파견되었으며, 박규수의 건의에 의해 삼정이정청이 설치되었다.

04 임술 농민 봉기
정답 ②

☑ 빠른 정답 찾기

힌트❶ 진주 + 힌트❷ 경상 우병사 백낙신 + 힌트❸ 박규수를 경상도 안핵사로 내려보냄 → **임술 농민 봉기**

② 임술 농민 봉기는 안핵사로 파견된 박규수의 건의에 따라 삼정이정청이 설치되는 계기가 되었다.

오답 개념 체크
① 임오군란과 갑신정변: 청의 군대에 의해 진압되었다.
③ 홍경래의 난: 서북인(평안도민)에 대한 차별에 반발하여 홍경래를 중심으로 일어났다.
④ 제2차 동학 농민 운동: 전봉준의 남접과 손병희의 북접이 논산에서 연합하여 조직적으로 전개되었다.
⑤ 개항 이후 일본으로의 곡물 유출은 조선 내의 식량 부족을 초래하여, 함경도와 황해도에 방곡령이 선포되는 결과를 가져왔다.

01 조선 후기의 경제 상황
정답 ②

☑ 빠른 정답 찾기

힌트❶ 담배 + 힌트❷ 이앙 + 힌트❸ 목화 → **조선 후기**

② 신라 지증왕 때 수도 경주에 시장을 관리하기 위한 관청인 동시전이 설치되었다.

오답 개념 체크
① 조선 후기에는 상평통보가 법화로 채택되어 화폐로 사용되었다.
③ 조선 후기에는 대동법의 시행으로 국가에 필요한 물품을 조달하는 공인이 활동하였다.
④ 조선 후기에는 봇짐이나 등짐을 지고 물건을 파는 보부상이 장시를 돌아다니며 상품을 판매하였다.
⑤ 조선 후기에는 국경 지대에서 공무역인 개시 무역과 사무역인 후시 무역이 이루어졌다.

더 알아보기 ᵈ 조선 후기의 경제 상황

농업	상품 작물(채소, 담배 등) 및 구황 작물(고구마, 감자 등) 재배
상업	• 독점적 도매 상인인 도고 등장 • 송상(개성), 경강 상인(한강), 내상(부산), 만상(의주) 등 사상 발달 • 장시들을 연결해주는 보부상이 활동 • 대외 무역 발달(개시·후시 무역)
광업	• 민간인의 광산 채굴을 허용하고 세금을 거두는 설점수세제 실시 • 광산 경영 전문가인 덕대의 등장

02 대동법
정답 ⑤

☑ 빠른 정답 찾기

힌트❶ 광해군 + 힌트❷ 방납의 폐단을 혁파 + 힌트❸ 경기도 내에서 시범적으로 실시 → **대동법**

⑤ 대동법의 시행 결과 관청에서 필요한 물품을 대신 구입하여 조달하는 상인인 공인이 등장하는 배경이 되었다.

오답 개념 체크
① 호포제: 양반에게도 군포를 부과한 제도로, 고종 때 흥선 대원군이 군정의 문란을 해결하기 위해 시행하였다.
② 직전법: 세조 때 현직 관리에게만 수조권을 지급하고 수조권이 세습되던 수신전과 휼양전을 폐지하였다.
③ 대한 제국 시기에 광무개혁의 일환으로 양전 사업을 실시하여 근대적 토지 소유권을 증명하는 문서인 지계를 발급하였다.
④ 연분 9등법: 세종 때 전세를 풍흉에 따라 9등급으로 차등 과세하였다.

03 홍대용
정답 ①

☑ 빠른 정답 찾기

힌트❶ 혼천의를 개량 → **홍대용**

① 홍대용은 조선 후기의 실학자로서, 『의산문답』에서 지구가 우주의 중심이 아니라는 무한 우주론을 주장하여 중국 중심의 세계관을 비판하였다.

오답 개념 체크
② 정약용: 서양 기술을 소개한 『기기도설』을 참고하여 무거운 물건을 들어올리는 데 사용하는 기계인 거중기를 만들었다.
③ 장영실: 자동으로 시보를 알려주는 장치를 갖춘 물시계인 자격루를 만들었다.

④ 이제마: 『동의수세보원』을 편찬하여 사람의 체질에 따라 처방을 달리해야 한다는 사상 의학을 정립하였다.
⑤ 최한기: 서양의 과학 기술을 정리한 『지구전요』를 저술하여 지구의 자전과 공전을 주장하였다.

04 조선 후기의 모습

정답 ②

✅ **빠른 정답 찾기**

힌트❶ 공인 + 힌트❷ 송상 → 조선 후기의 모습

② 남북국 시대에 발해의 지방 행정 구역인 15부 중 하나인 솔빈부의 말이 특산물로 거래되었다.

오답 개념 체크

① 조선 후기에는 역관 등 중인들이 시사라는 문예 모임을 조직하여 문예 활동을 펼쳤다.
③ 조선 후기에는 보부상이 여러 장시를 돌며 물품을 판매하였다.
④ 조선 후기에는 저잣거리에서 한글 소설을 읽어 주는 전기수가 등장하였다.
⑤ 조선 후기에는 일부 농민들이 소득이 높은 채소, 담배 등의 상품 작물을 재배하였다.

01 세종

정답 ①

✅ **빠른 정답 찾기**

『동국정운』 + 집현전 → 세종

① 세종 때 금속 활자인 갑인자가 제작되었다.

오답 개념 체크

② 숙종: 국왕 호위와 수도 방위를 위해 금위영이 설치되어 5군영 체제가 완성되었다.
③ 정조: 이덕무, 박제가 등에 의해 훈련 교범인 『무예도보통지』가 편찬되었다.
④ 성종: 세조 때부터 편찬된 국가의 기본 법전인 『경국대전』이 완성되었다.
⑤ 중종: 신진 인사를 등용하기 위해 조광조의 건의로 일종의 추천 제도인 현량과가 시행되었다.

02 세조

정답 ①

✅ **빠른 정답 찾기**

직전을 설치 + 현직 관원들만 수조권을 지급받게 됨 → 세조

① 세조는 강력한 왕권 행사를 위해 태종 때 시행되었던 6조 직계제를 재실시하였다.

오답 개념 체크

② 명종: 외척인 윤원형 등 권세가들의 부패가 심해져 임꺽정과 같은 도적이 나타났다.
③ 중종: 박세무 등이 아동들을 위한 학습 교재인 『동몽선습』을 저술하였다.
④ 광해군: 허준이 전통 한의학을 집대성한 『동의보감』을 완성하였다.
⑤ 조선 후기에는 시장에 팔기 위해 담배와 같은 상품 작물이 활발히 재배되었다.

03 성종

정답 ③

✅ **빠른 정답 찾기**

창경궁 + 『경국대전』 완성 → 성종

③ 조선 성종 때 성현 등에 의해 음악 이론서인 『악학궤범』이 간행되었다.

오답 개념 체크

① 영조: 붕당의 폐해를 경계하기 위해 성균관 입구에 탕평비를 건립하였다.
② 숙종: 상평통보를 법화로 채택하고 주조하여 전국적으로 유통하였다.
④ 선조: 임진왜란 도중 유성룡의 건의에 따라 포수(총)·사수(활)·살수(창·칼)의 삼수병으로 구성된 훈련도감을 설치하였다.
⑤ 정조: 유능한 인재를 양성하기 위해 젊고 유능한 문신을 초계문신으로 선발하여 재교육하는 초계문신제를 실시하였다.

더 알아보기 ┆ 조선 성종 때 편찬된 서적

서적	내용
『경국대전』	세조 때 편찬을 시작하여 성종 때 완성·반포된 조선의 기본 법전
『동국여지승람』	노사신, 양성지 등이 각 도의 지리, 풍속 등을 수록한 지리서
『동국통감』	서거정이 고조선부터 고려까지의 역사를 정리한 역사서
『악학궤범』	성현 등이 편찬한 음악 이론서
『국조오례의』	신숙주, 정척 등이 완성한 의례서

04 승정원

정답 ④

☑ **빠른 정답 찾기**

도승지 + 은대 → **승정원**

④ 승정원은 왕의 비서 기관으로 왕명의 출납을 담당하였다.

오답 개념 체크

① 한성부: 수도의 행정과 치안을 맡아보았다.

② 의정부: 재상들이 합의하여 국정을 총괄하였다.

③ 의금부: 국왕 직속의 사법 기구로, 반역죄, 강상죄를 범한 중죄인을 다스렸다.

⑤ 비변사: 중종 때 3포 왜란이 계기가 되어 외적의 침입에 대비하기 위한 임시 기구로 설치되었다.

05 조광조의 개혁 정치

정답 ②

☑ **빠른 정답 찾기**

현량과 + 정국공신 + 허위가 많음 → **조광조의 개혁 정치(중종)**

② 연산군 때 일어난 갑자사화 이후, 연산군이 폐위되고 중종이 즉위한 중종반정이 일어났다. 중종은 즉위 이후 반정 공신인 훈구를 견제하기 위해 조광조를 비롯한 사림을 등용하였으며, 이때 조광조는 현량과 실시와 위훈 삭제 등의 급진적인 개혁 정치를 추진하였다.

06 명종 재위 기간의 사실

정답 ②

☑ **빠른 정답 찾기**

벽서 + 양재역 → 양재역 벽서 사건 → **명종**

② 명종 때 인종의 외척인 윤임 일파(대윤)와 명종의 외척인 윤원형 일파(소윤)의 대립으로 을사사화가 일어났다.

오답 개념 체크

① 선조: 이조 전랑 임명 문제와 척신 정치 청산 문제를 두고 사림이 동인과 서인으로 나뉘었다.

③ 광해군: 서인이 반정을 일으켜 광해군을 몰아내고 인조를 옹립한 후, 정권을 장악하였다.

④ 성종: 김종직 등의 사림이 과거를 통해 중앙 정계에 진출하기 시작하였다.

⑤ 연산군: 폐비 윤씨 사사 사건의 전말이 알려져 김굉필 등의 사림이 처형되었다.

07 향교

정답 ④

☑ **빠른 정답 찾기**

조선 시대 지방 교육 기관 + 대성전 + 명륜당 → **향교**

④ 향교는 지방에 설치된 조선의 중등 교육 기관으로, 중앙에서 교관인 교수와 훈도를 파견하기도 하였다.

오답 개념 체크

① 국자감(고려): 고려 예종 때 전문 강좌인 7재가 운영되었다.

② 서원(조선): 풍기 군수 주세붕이 처음 세운 백운동 서원이 시초였다.

③ 성균관(조선): 수도 한양에 위치한 조선 시대 최고의 관립 교육 기관으로, 소과에 합격한 생원과 진사에게 입학 자격이 주어졌다.

⑤ 국자감(고려): 유학을 비롯하여 기술학인 율학(형율), 서학(서예), 산학(산술)을 교육하였다.

08 서원

정답 ②

☑ **빠른 정답 찾기**

주세붕이 처음 건립 + 흥선 대원군에 의해 정리 → **서원**

② 서원은 조선 시대에 지방 사림이 선현의 제사와 성리학 연구를 위해 설립한 사립 교육 기관이다.

오답 개념 체크

① 향교: 지방에 설치된 조선의 중등 교육 기관으로, 전국의 모든 군현에 하나씩 설치되었다.

③ 국자감: 고려의 최고 교육 기관으로, 관학 진흥을 위해 예종 때 전문 강좌인 7재가 설치되어 운영되었다.

④ 향교: 지방에 설치된 조선의 중등 교육 기관으로, 중앙에서 교관인 교수와 훈도가 파견되었다.

⑤ 성균관: 한양에 설치된 조선 최고의 학부이자 고등 교육 기관으로, 소과에 합격한 생원·진사에게 입학 자격이 부여되었다.

09 행주 대첩 이후의 사실

정답 ③

☑ **빠른 정답 찾기**

권율 + 행주산 위에 진을 침 → **행주 대첩(1593)**

③ 행주 대첩(1593) 이후 명과 일본 사이에서 휴전 협상이 진행되었으나, 협상이 결렬되자 1597년에 왜군이 다시 침입하며 정유재란이 시작되었다.

오답 개념 체크

① 1376년: 고려 우왕 때 최영이 홍산에서 왜구를 상대로 대승을 거두었다(홍산 대첩).

② 1592년: 임진왜란이 일어나자 이순신이 한산도 대첩에서 왜군을 상대로 승리하였다.

④ 1419년: 조선 세종 때 이종무가 왜구의 소굴인 쓰시마를 정벌하였다.

⑤ 1592년: 신립이 충주 탄금대에서 배수의 진을 치고 왜군에 항전하였으나 패배하였다.

10 병자호란 이후의 사실

정답 ②

☑ **빠른 정답 찾기**

볼모로 잡혀간 봉림 대군 + 척화론 → **병자호란**

② 병자호란 이후 즉위한 효종은 청의 요청에 따라 나선(러시아) 정벌을 단행하였다.

오답 개념 체크

모두 인조 때 일어난 병자호란(1636) 이전의 사실이다.

① 세종 때 최윤덕과 김종서로 하여금 국경 지역에 4군 6진을 개척하게 하였다.

③ 광해군 때 명의 요청에 따라 강홍립이 후금과 명의 전투인 사르후 전투에 참전하였다.

④ 인조 때 정묘호란(1627)이 발발하자 정봉수와 이립이 각각 용골산성과 의주에서 항전하였다.

⑤ 광해군 때 일본과 기유약조를 체결하여 제한된 범위 내에서의 교섭을 허용하였다.

11 정조

정답 ②

☑ **빠른 정답 찾기**

탕평책 + 수원 화성 → **정조**

② 정조는 왕권 강화를 위해 국왕의 친위 부대인 장용영을 설치하였다.

오답 개념 체크

① 효종: 어영청의 기능을 강화해 청에 복수하자는 북벌 운동을 추진하였다.

③ 성종: 세조 때부터 편찬을 시작한 조선의 기본 법전인 『경국대전』을 완성하여 반포하였다.

④ 숙종: 간도 지역을 둘러싸고 청과 분쟁이 일어나자 백두산 정계비를 건립하여 국경을 확정하였다.

⑤ 영조: 군역의 폐단으로 고통 받던 백성들의 부담을 줄이기 위해 군포를 2필에서 기존의 절반인 1필로 줄이는 균역법을 제정하였다.

12 임술 농민 봉기

정답 ⑤

✓ 빠른 정답 찾기

안핵사로 파견된 박규수 + 삼정이정청을 설치함 → **임술 농민 봉기**

⑤ 임술 농민 봉기는 철종 때 경상 우병사 백낙신의 탐학이 발단이 되어 진주에서 농민들이 봉기한 사건이다.

오답 개념 체크

① 1881년에 이만손 등이 『조선책략』의 내용을 비판하고 정부의 개화 정책 추진에 반대하는 영남 만인소를 올렸다.
② 1875년에 일본 군함 운요호가 강화도와 영종도를 공격하여 약탈을 저질렀으며, 이때 조선군이 경고 사격을 한 것을 구실로 이듬해에 강화도 조약이 체결되었다.
③ 1892년에 동학교도들이 교조인 최제우의 신원을 요구하는 삼례 집회를 개최하였다.
④ 1801년에 천주교 신자 황사영이 외국 군대의 출병을 요청하는 백서를 작성하였다.

더 알아보기 ⁝ 임술 농민 봉기

원인	경상 우병사 백낙신의 수탈
전개	• 몰락 양반 유계춘을 중심으로 봉기, 진주를 시작으로 전국으로 확산 • 봉기 수습을 위해 안핵사로 파견된 박규수가 삼정이정청 설치 건의 • 정부는 삼정이정청을 설치하여 삼정의 문란을 시정할 것을 약속
한계	삼정이정청이 2개월 만에 폐지되어 근본적인 해결책 마련에는 실패

13 균역법

정답 ①

✓ 빠른 정답 찾기

군포를 2필에서 1필로 감면 → **균역법**

① 균역법의 실시로 부족해진 재정을 해결하기 위해 지방의 토호나 일부 부유한 양민에게 선무군관이라는 명예직을 수여하고 선무군관포를 징수하였다.

오답 개념 체크

② 연분 9등법: 조선 세종 때 풍흉에 따라 전세를 9등급으로 차등 과세하였다.
③ 고구려 고국천왕 때 백성들에게 곡식을 빌려주는 진대법을 시행하였다.
④ 직전법: 세조 때 관료에게 지급할 토지가 부족해지자, 수신전, 휼양전 등의 명목으로 세습되는 토지를 폐지하였다.
⑤ 고려 광종 때 일정 기금을 모아 그 이자로 빈민을 구제하는 제위보를 운영하였다.

더 알아보기 ⁝ 균역법 시행에 따른 재정 보충책

결작	토지 소유자에게 1결당 미곡 2두 부과
선무군관포	관직이 없는 지방의 토호나 일부 부유한 양민에게 선무군관이라는 명예직을 수여하고 군포 1필 징수
잡세	어장세, 염세, 선박세 등의 잡세 수입을 국가 재정으로 전환

14 보은 법주사 팔상전

정답 ①

✓ 빠른 정답 찾기

보은군 + 현존하는 유일한 조선 시대 목탑 → **법주사 팔상전**

① 법주사 팔상전은 정유재란으로 소실되었다가 중건된 현존하는 유일한 조선 시대 목탑이다.

오답 개념 체크

② 화엄사 각황전: 조선 후기에 건립된 건축물로, 팔작 지붕과 다포 양식이 활용된 것이 특징이다.
③ 금산사 미륵전: 조선 후기에 건립된 건축물로, 거대한 미륵존불을 모신 법당이다.
④ 무량사 극락전: 우리나라에서 흔치 않은 2층 불전으로, 외관상으로는 2층이지만 내부에서는 하나로 트여 있는 것이 특징이다.
⑤ 마곡사 대웅보전: 조선 후기에 건립된 팔작 지붕의 건축물로, 중층으로 조성된 것이 특징이다.

15 조선 후기 사회 개혁론

정답 ③

✓ 빠른 정답 찾기

조선 후기 사회 개혁론

③ 박지원은 연행사를 따라 청에 다녀온 후 저술한 『열하일기』에서 수레와 선박의 필요성을 강조하였다.

오답 개념 체크

① 홍대용: 『의산문답』에서 지전설과 무한 우주론을 주장하여 중국 중심의 세계관을 비판하였다.
② 정약용: 지방 행정의 개혁안을 제시한 『목민심서』를 저술하였다.
④ 이익: 『성호사설』에서 나라를 좀먹는 여섯 가지의 폐단을 지적하였다.
⑤ 박제가: 『북학의』에서 생산과 소비의 관계를 우물에 비유하여 절약보다 소비를 강조하였다.

더 알아보기 ⁝ 박지원의 활동

청나라 방문	연행사(베이징에 간 사신)를 따라 청나라의 수도 연경(베이징)에 다녀옴
토지 개혁론	한전론 주장(토지 소유의 상한선 설정, 그 이상의 토지 소유 금지)
상공업 진흥책	수레 선박의 이용, 화폐 유통의 필요성 주장
저술 활동	『열하일기』, 『과농소초』, 「양반전」, 「허생전」 등

16 동학

정답 ④

✓ 빠른 정답 찾기

경주 사람 최복술(최제우) + 양학(서학)이 퍼지는 것을 차마 보고 앉아 있을 수 없음 → **동학**

④ 동학은 마음속에 한울님을 모시는 시천주를 강조하였다.

오답 개념 체크

① 개신교: 선교사 아펜젤러가 서울에 근대식 사립 학교인 배재 학당을 세워 신학문 보급에 기여하였다.
② 원불교: 박중빈을 중심으로 불교의 현대적 생활화를 주장한 새 생활 운동을 추진하였다.
③ 불교: 일제 강점기에 일제의 통제에 맞서 사찰령 폐지 운동을 벌였다.
⑤ 천주교: 순조 재위 시기에 발생한 신유박해 때 천주교 신자 황사영이 외국 군대의 출병을 요청하는 백서를 작성하였다.

4일
근대 ~ 일제 강점기

01 근대 [흥선 대원군 ~ 개항]

01 ①	02 ④	03 ③	04 ⑤

01 흥선 대원군
정답 ①

☑ 빠른 정답 찾기

힌트❶ 47곳의 서원 외에는 모두 향사를 중단 → **흥선 대원군**

① 흥선 대원군은 척화의 의지를 드러내고자 종로와 전국 각지에 척화비를 건립하였다.

오답 개념 체크

② 효종: 청이 나선(러시아) 정벌을 위해 원병을 요청함에 따라 조총 부대를 파견하였다.

③ 순조: 궁방과 중앙 관서 소속의 공노비를 해방하여 모두 양민으로 삼도록 하였다.

④ 인조: 이괄의 난을 계기로 총융청을 설치하여 경기도 일대를 방어하도록 하였다.

⑤ 성종: 통치 체제를 정비하기 위하여 세조 때부터 편찬을 시작한 『경국대전』을 완성·반포하였다.

02 병인양요
정답 ④

☑ 빠른 정답 찾기

힌트❶ 양헌수 + 힌트❷ 정족산 → **병인양요**

④ 병인양요는 흥선 대원군이 프랑스 선교사들과 수천 명의 천주교도들을 처형한 사건인 병인박해가 배경이 되어 일어났다.

오답 개념 체크

① 신미양요 이후 흥선 대원군이 외세에 대한 척화 의지를 밝히기 위해 전국 각지에 척화비를 건립하였다.

② 오페르트 도굴 사건: 독일 상인 오페르트가 조선과의 통상을 시도하였으나 실패하자, 남연군(흥선 대원군의 아버지)의 유해를 미끼로 통상을 요구하기 위해 도굴을 시도하였으나 실패하였다.

③ 임오군란: 청의 장군인 위안스카이가 지휘하는 군대가 조선에 상주하는 결과를 가져왔다.

⑤ 조·미 수호 통상 조약: 제2차 수신사로 파견되었던 김홍집이 『조선책략』을 국내에 유포한 것을 배경으로 체결되었다.

03 조·미 수호 통상 조약
정답 ③

☑ 빠른 정답 찾기

힌트❶ 서양과 맺은 최초의 조약 → **조·미 수호 통상 조약(1882)**

③ 조·미 수호 통상 조약의 결과 민영익을 대표로 한 보빙사가 미국에 파견되었다.

오답 개념 체크

① 강화도 조약: 부산, 원산, 인천의 세 항구가 개항되고, 개항장이 설치되었다.

② 1880년에 제2차 수신사로 일본에 다녀온 김홍집이 국내에 『조선책략』을 소개하였다. 『조선책략』은 조·미 수호 통상 조약 체결의 원인이 되었다.

④ 1875년에 일본 군함 운요호가 영종도를 공격하는 운요호 사건이 일어났고, 이를 계기로 강화도 조약이 체결되었다.

⑤ 1880년에 개화 정책을 총괄하는 핵심 기구로 통리기무아문이 설치되었다.

04 보빙사
정답 ⑤

☑ 빠른 정답 찾기

힌트❶ 미국 공사의 부임에 대한 답례 + 힌트❷ 미국에 체류 → **보빙사**

⑤ 보빙사는 미국에 파견된 사절단으로, 전권대신 민영익과 부대신 홍영식 등으로 구성되었다.

오답 개념 체크

① 통신사: 왜란 이후 일본에도 막부의 요청으로 파견되었다.

② 일본: 개항 이후 조선 정부가 강병책의 일환으로 신식 군사 연습 실시를 추진하자, 일본은 이를 사전에 탐지하고 별기군(교련병대) 창설을 건의하였다.

③ 제2차 수신사: 김홍집은 일본에 파견되었다가 돌아오면서 황준헌의 『조선책략』을 들여와 국내에 소개하였다.

④ 영선사: 청나라에 파견된 사절단으로, 기기국에서 무기 제조 기술을 습득하고 돌아와 우리나라 최초 근대식 무기 공장인 기기창의 설치를 주도하였다.

02 근대 [임오군란 ~ 갑신정변]

01 ⑤	02 ③	03 ⑤	04 ③

01 임오군란
정답 ⑤

☑ 빠른 정답 찾기

힌트❶ 구식 군인들에 대한 차별 대우로 발생함 → **임오군란**

⑤ 임오군란의 결과, 조선은 일본과 제물포 조약을 맺어 일본 공사관에 경비병이 주둔하는 것을 허용하였다.

오답 개념 체크

①, ③ 갑신정변: 근대적 우편 업무를 담당하는 기관인 우정총국 개국 축하연을 이용해 일어났으며, 입헌 군주제 수립을 목표로 하였다.

② 민립 대학 설립 운동: 1920년대 초반 이상재, 이승훈 등이 고등 교육 기관을 설립하기 위해 모금 활동을 전개했으나, 조선 총독부의 방해와 탄압, 자연재해 등으로 성과를 거두지 못하고 실패하였다.

④ 제2차 갑오개혁: 고종이 홍범 14조를 반포하여 기본 개혁 방향을 제시하였다.

02 조·청 상민 수륙 무역 장정
정답 ③

☑ 빠른 정답 찾기

힌트❶ 중국, 조선 + 힌트❷ 중국 상무위원에게 넘겨 심의 판결(치외 법권) → **조·청 상민 수륙 무역 장정**

③ 구식 군인들이 일으킨 임오군란을 진압한 청의 요구로 조·청 상민 수륙 무역 장정이 체결되었다.

오답 개념 체크

모두 조·청 상민 수륙 무역 장정과 관련 없는 사실이다.

① 영국이 거문도를 불법 점령한 것은 러시아의 남하를 견제하기 위함이다.

② 청·일 전쟁은 조선에 대한 지배권을 놓고 벌어진 청과 일본의 전쟁이다.

④ 시전 상인들이 철시 투쟁을 전개한 것은 임오군란 이후의 일이다.

⑤ 일본은 조선에 개항을 요구하기 위하여 운요호를 강화도로 보내 무력 시위를 벌였고, 그 결과 강화도 조약이 체결되었다.

해커스 한국사능력검정시험 조선후기 5일 합격 심화

03 갑신정변

정답 ⑤

☑ 빠른 정답 찾기

힌트❶ 김옥균 + 힌트❷ 일본군이 필요하다고 요청함 + 힌트❸ 박영효
→ 갑신정변(1884)

⑤ 김옥균, 박영효 등 급진 개화파가 일본의 군사적 도움을 약속받은 후 우정총국 개국 축하연을 기회로 갑신정변을 일으켰다(1884).

오답 개념 체크

① 초기 개화 정책: 1881년에 신식 군대인 별기군이 창설되어 근대적인 군사 훈련을 받았다.

② 초기 개화 정책: 김기수가 제1차 수신사로 일본에 파견되어 일본의 신식 기관과 근대 시설을 시찰하였다(1876).

③ 운요호 사건: 1875년 일본 군함 운요호가 영종도를 공격하여 약탈을 저질렀으며, 이때 조선군이 경고 사격을 한 것을 구실로 강화도 조약이 체결되었다.

④ 개화 반대 운동: 미국과의 외교를 주장하는 내용을 담은 『조선책략』이 유포되자, 이만손을 중심으로 한 영남 지역의 유생들이 개화 정책과 미국과의 수교를 반대하기 위해 영남 만인소를 올렸다(1881).

04 거문도 사건

정답 ③

☑ 빠른 정답 찾기

힌트❶ 영국군이 이 섬에 들어옴 + 힌트❷ 러시아의 남진을 막는다는 구실
→ 거문도 사건(1885)

③ 거문도 사건은 영국이 전라남도 여수에 속한 섬인 거문도를 불법으로 점령한 사건이다. 급진 개화파가 일으킨 갑신정변(1884)이 청의 군사 개입으로 실패한 이후, 청의 내정 간섭은 더욱 심해졌고, 조선 정부는 청을 견제하기 위해 러시아와 교섭을 시도하였다. 이에 당시 러시아와 대립하고 있던 영국은 러시아의 남진을 견제한다는 구실로 조선 정부의 허락 없이 거문도를 불법 점령하였다(거문도 사건, 1885). 이처럼 한반도를 둘러싼 열강의 경쟁이 심화되자, 유길준과 독일 부영사 부들러 등은 한반도 중립화론을 주장하기도 하였으나, 받아들여지지 않았다.

03 근대 [동학 농민 운동 ~ 개혁]

01 ④   02 ②   03 ④   04 ①

01 보은 집회와 황토현 전투 사이의 사실

정답 ④

☑ 빠른 정답 찾기

(가) 힌트❶ 최시형 + 힌트❷ 보은 집회 → 보은 집회(1893. 3.)
(나) 힌트❶ 동학 농민군 + 힌트❷ 황토현 → 황토현 전투(1894. 4.)

④ 1894년 1월에 전봉준을 중심으로 한 고부 농민들이 군수 조병갑의 탐학에 맞서 고부 관아를 습격하고, 축조된 만석보(저수지)를 파괴하였다(고부 민란).

오답 개념 체크

① (나) 이후: 1894년 10월에 논산으로 전봉준의 남접과 손병희의 북접이 집결하였다.

② (나) 이후: 1894년 6월에 조선 정부에 의해 개혁을 추진하기 위한 기구로 교정청이 설치되었다.

③ (나) 이후: 1894년 6월에 일본이 철수하지 않고 군대를 동원하여 경복궁을 기습 점령하였다.

⑤ (나) 이후: 1894년 11월에 공주 우금치에서 동학 농민군이 신식 무기로 무장한 관군과 일본군에게 패배하였다.

02 동학 농민 운동

정답 ②

☑ 빠른 정답 찾기

힌트❶ 공주 우금치 + 힌트❷ 남접과 북접 연합군 → 동학 농민 운동

② 제1차 동학 농민 운동 당시, 동학 농민군은 황토현에서 관군에 승리를 거두었다.

오답 개념 체크

① 을미의병: 이소응, 유인석 등의 유생들이 단발령과 을미사변 등에 반발하여 일어났다.

③ 갑신정변: 조선과 일본 사이에 한성 조약이 체결되어, 조선은 일본에 배상금을 지불하고 일본 공사관의 신축 비용을 부담하게 되었다.

④ 독립 협회: 관민 공동회를 개최하여 대한 제국의 개혁 방향을 제시한 헌의 6조를 결의하였다.

⑤ 임술 농민 봉기: 사건 수습을 위하여 박규수가 안핵사로 파견되었다.

03 제1차 갑오개혁

정답 ④

☑ 빠른 정답 찾기

힌트❶ 군국기무처 → 제1차 갑오개혁(1894)

ㄴ. 제1차 갑오개혁 때 탁지아문이 재정에 관한 모든 사무를 관할하도록 하여 재정을 일원화하였다.

ㄹ. 제1차 갑오개혁 때 조혼, 연좌제 등과 같은 봉건적 악습을 금지하고 과부의 재가를 허용하였다.

오답 개념 체크

ㄱ. 을미개혁: '양력으로 세운다'는 뜻의 건양이라는 연호를 제정하였다.

ㄷ. 광무개혁: 양전 사업을 실시하여, 이를 토대로 토지 소유자에게 근대적 토지 소유 증명서인 지계를 발급하였다.

더 알아보기 ⨥ 제1차 갑오개혁

배경	일본이 경복궁을 점령하고 김홍집 내각을 수립하여 조선에 내정 개혁 강요
내용	• 최고 결정 기구인 군국기무처 설치 • 청의 연호 폐지 및 '개국' 기원 사용 • 6조를 80아문으로 개편, 과거제 폐지 • 탁지아문으로 재정 일원화, 은 본위제 채택 • 공·사 노비법 혁파, 과부의 재가 허용, 연좌제 및 조혼 폐지

04 아관 파천의 배경

정답 ①

☑ 빠른 정답 찾기

힌트❶ 대군주(고종) + 힌트❷ 러시아 공사관으로 이어(임금이 거처하는 곳을 옮김) → 아관 파천(1896)

① 을미사변으로 신변에 위협을 느낀 고종은 러시아 공사관으로 피신하는 아관 파천을 단행하였다(1896).

오답 개념 체크

모두 아관 파천(1896) 이후의 사실이다.

② 러시아 공사관에서 경운궁(지금의 덕수궁)으로 환궁한 고종은 대한 제국을 선포하고 황제 직속의 군 통수 기관인 원수부를 설치(1899)하였다.

③ 일본이 제물포에서 러시아군을 기습 공격하면서 러·일 전쟁이 발발(1904)하였다.

④ 일본은 고종을 강제 퇴위시키고 한·일 신협약을 체결(1907)하여 통감의 권한을 강화하였다.

⑤ 러시아가 압록강 하구의 용암포를 불법 점령하고 대한 제국에 조차를 요구하였다(용암포 사건, 1903).

04 근대 [독립 협회~대한 제국]

| 01 ③ | 02 ④ | 03 ④ | 04 ⑤ |

01 독립 협회

정답 ③

☑ 빠른 정답 찾기

힌트❶ 서재필 + 힌트❷ 의회 설립 운동 + 힌트❸ 공화제를 수립하려는 것이라는 의심을 받음 → **독립 협회**

③ 독립 협회는 독립 의식을 고취하기 위해 청나라의 사신을 맞이하던 영은문을 헐고, 그 부근에 독립문을 건립하였다.

오답 개념 체크

① 대한 자강회: 고종의 강제 퇴위 반대 운동을 주도하였으나, 일제에 의해 해산되었다.

② 신민회: 일제가 데라우치 총독 암살 사건을 조작하여 독립운동가들을 잡아들인 105인 사건으로 해체되었다.

④ 신간회: 광주 학생 항일 운동에 진상 조사단을 파견하고 대대적인 민중 대회 개최를 계획하였다.

⑤ 대한민국 임시 정부: 독립운동 자금 마련을 위해 독립 공채를 발행하였다.

02 광무개혁

정답 ④

☑ 빠른 정답 찾기

힌트❶ 고종이 황제로 즉위(1897) + 힌트❷ 구본신참에 입각하여 추진한 정책 → **광무개혁**

④ 광무개혁 때 황제 직속의 군 통수 기관인 원수부를 창설(1899)하여 황제의 군 통수권을 강화하였다.

오답 개념 체크

① 초기 개화 정책: 정부가 통역관 양성을 위한 외국어 교육 기관인 동문학(1883)을 설립하였다.

② 제2차 갑오개혁: 고종이 개혁의 방향을 제시한 홍범 14조를 반포하였다.

③ 초기 개화 정책: 개화 정책을 총괄하는 핵심 기구로 통리기무아문을 설치하여 군국 기밀과 일반 정치를 총괄하도록 하였다.

⑤ 제2차 갑오개혁: 지방 행정 구역을 8도에서 23부로 개편하였으며, 지방관의 권한을 축소하고 재판소를 설치하였다.

03 대한매일신보

정답 ④

☑ 빠른 정답 찾기

힌트❶ 양기탁 + 힌트❷ 베델 → **대한매일신보**

④ 대한매일신보는 국채 보상 운동을 후원하여 전국적인 확산에 기여하였다.

오답 개념 체크

① 한성주보: 박문국에서 일주일에 한 번씩 발행된 신문으로, 최초로 상업 광고를 실었다.

② 만세보: 천도교의 기관지로 발행되어 민중 계몽에 기여하였다.

③ 독립신문: 우리나라 최초의 민간 신문으로, 한글판과 영문판을 동시에 발행하였다.

⑤ 동아일보, 조선중앙일보: 베를린 올림픽에서 우승한 손기정의 사진에서 일장기를 삭제하여 게재하였다.

04 육영 공원

정답 ⑤

☑ 빠른 정답 찾기

힌트❶ 관립 교육 기관 + 힌트❷ 좌원 + 힌트❸ 우원 → **육영 공원**

⑤ 육영 공원은 헐버트, 길모어 등 외국인 교사를 초빙하여 근대 학문을 가르쳤다.

오답 개념 체크

① 국자감(국학): 고려 예종 때 관학을 진흥시키기 위해 7재라는 전문 강좌가 개설되었다.

② 조선 총독부가 설치(1910)되기 이전에 육영 공원이 폐교(1894)되었다.

③ 교육 입국 조서가 반포(1895)되기 이전에 육영 공원이 설립(1886)되었다.

④ 성균관, 향교: 조선의 관립 교육 기관으로, 주요 건물로 제사 공간인 대성전과 강의 공간인 명륜당을 두었다. 성균관은 한양(중앙)에 위치한 최고 교육 기관이고, 향교는 지방에 설립된 중등 교육 기관이다.

05 근대 [국권 피탈 과정]

| 01 ⑤ | 02 ⑤ | 03 ① | 04 ② |

01 제1차 한·일 협약과 한·일 신협약 체결 사이의 사실
정답 ⑤

☑ 빠른 정답 찾기

(가) 힌트❶ 메가타 + 힌트❷ 재정 고문 → 제1차 한·일 협약(1904. 8.)

(나) 힌트❶ 군대를 해산한다는 조칙
　　→ 한·일 신협약(정미 7조약, 1907. 7.)

⑤ 고종은 을사늑약의 부당함을 알리기 위해 1907년 네덜란드 헤이그에서 열린 만국 평화 회의에 특사를 파견하였다.

오답 개념 체크

① (나) 이후: 1910년 한·일 병합 조약의 결과 초대 총독으로 데라우치가 부임하였다.

② (나) 이후: 1908년 13도 창의군이 서울 진공 작전을 전개하였다.

③ (나) 이후: 1909년 일제의 강요로 조인된 기유각서로 일제에 대한 제국의 사법권을 박탈당하였다.

④ (가) 이전: 1898년 시전 상인들이 황국 중앙 총상회를 조직하고 외국 상인들의 상업 활동 중단을 요구하는 운동을 전개하였다.

더 알아보기 국권 피탈 과정에 체결된 조약

한·일 의정서(1904. 2.)	일본이 대한 제국의 군사적 요지와 시설 이용 가능
제1차 한·일 협약(1904. 8.)	외교, 재정 분야에서 고문 정치 실시
을사늑약(1905. 11.)	통감부 설치, 외교권 박탈
한·일 신협약(1907)	통감의 권한 강화, 부속 밀약 통해 차관 정치 실시 및 대한 제국 군대 강제 해산
한·일 병합 조약(1910)	대한 제국의 국권 피탈

02 서울 진공 작전 당시의 상황
정답 ⑤

☑ 빠른 정답 찾기

힌트❶ 서울을 치고자 함 + 힌트❷ 해산된 한국 군인들
→ 서울 진공 작전(1908)

⑤ 일본이 한·일 의정서(1904)와 을사늑약(1905)을 차례로 체결하며 국권을 피탈하려는 움직임을 보이자, 고종은 을사늑약의 부당함을 폭로하기 위해 헤이그 특사를 파견하였다. 이에 일본은 헤이그 특사 파견을 구실로 고종을 강제 퇴위시킨 뒤, 한·일 신협약을 강제로 체결(1907)하였다. 이와 더불어 일본은 부속 밀약을 통해 대한 제국의 군대를 해산시켰는데, 이를 계기로 정미의병(1907)이 일어나게 되었다. 해산된 군인들이 정미의병에 합류하면서 의병의 전투력이 강화되었고, 이인영을 총대장, 허위를 군사장으로 하는 전국 의병 연합 부대인 13도 창의군이 결성되었다. 이들은 각국 영사관에 13도 창의군을 국제법상의 교전 단체로 승인해 줄 것을 요구하였고, 서울에 주둔한 일본군을 물리치기 위해 양주에 집결하여 서울 진공 작전(1908)을 전개하였으나, 결국 일본군에 패배하였다.

03 신민회
정답 ①

☑ 빠른 정답 찾기

힌트❶ 대성 학교 + 힌트❷ 안창호, 양기탁 등이 조직함 → 신민회

ㄱ. 신민회는 태극 서관을 운영하여 계몽 서적을 출판·보급하였다.
ㄴ. 신민회는 일제가 신민회를 비롯한 민족 운동 지도자들을 탄압하기 위해 조작한 105인 사건으로 와해되었다.

오답 개념 체크
ㄷ. 대한민국 임시 정부: 영국인이 설립한 무역 선박 회사인 이륭양행에 국내와의 연락을 취하기 위한 통신 기관인 교통국을 설치하였다.
ㄹ. 헌정 연구회: 입헌 군주제 수립을 목표로 활동하였으나, 지도부가 체포되면서 활동이 중단되었다.

04 국채 보상 운동
정답 ②

☑ 빠른 정답 찾기

힌트❶ 일본에서 도입한 차관을 갚기 위해 전개 + 힌트❷ 대한매일신보 → 국채 보상 운동

② 국채 보상 운동은 일본에 진 국채(국가의 빚)를 갚기 위한 운동으로, 대구에서 김광제 등의 발의로 시작되었다.

오답 개념 체크
① 물산 장려 운동: 국산품을 사용하자는 운동으로, 일본 기업이 한국으로 진출하는 계기가 된 회사령 폐지에 영향을 받아 전개되었다.
③ 소년 운동: 방정환이 소년 운동과 아동 문학을 위해 설립한 색동회가 주도적인 역할을 하였다.
④ 6·10 만세 운동: 민족주의 계열과 사회주의 계열이 함께 준비하여 민족 유일당 운동의 계기를 마련하였다.
⑤ 원산 노동자 총파업: 원산의 한 석유 회사에서 일본인 감독이 한국인 노동자를 구타한 사건을 계기로 총파업이 일어나, 중국, 프랑스 등의 노동 단체로부터 격려 전문을 받았다.

06 일제 강점기 [1910년대]

| 01 ③ | 02 ② | 03 ③ | 04 ④ |

01 무단 통치 시기
정답 ③

☑ 빠른 정답 찾기

힌트❶ 회사를 설립할 때 조선 총독의 허가를 받도록 함 → 회사령 → 무단 통치 시기

③ 일제는 무단 통치 시기에 조선의 토지를 약탈하기 위하여 토지 조사 사업을 실시하였다.

오답 개념 체크
① 국권 피탈 이전: 일제는 국권 피탈 과정에서 우리나라의 언론을 탄압·통제하기 위해 신문지법을 제정(1907)하였다.
② 문화 통치 시기: 일제가 독립군의 활동을 위축시키기 위해 중국의 만주 군벌 장작림과 미쓰야 협정을 체결하였다.
④ 문화 통치 시기: 일제는 한국인의 고등 교육 요구 열기를 무마하기 위해 경성 제국 대학을 설립하였다.
⑤ 민족 말살 통치 시기: 일제는 독립운동가를 재판 없이 구금할 수 있는 조선 사상범 예방 구금령을 시행하였다.

02 대한 광복회
정답 ②

☑ 빠른 정답 찾기

힌트❶ 박상진 + 힌트❷ 국권 회복을 위한 자금 조달 → 대한 광복회

② 박상진, 채기중 등이 조직한 대한 광복회는 군대식 조직을 갖춘 비밀 결사 단체였다.

오답 개념 체크
① 대한 광복회는 중·일 전쟁 발발 이전인 1915년에 결성되었다.
③ 신한청년당: 파리 강화 회의에 김규식을 대표로 파견하였다.
④ 신민회: 일제가 데라우치 총독 암살 사건을 꾸며내 독립운동가들을 잡아들인 105인 사건으로 와해되었다.
⑤ 독립 협회: 근대적 민중 집회인 만민 공동회를 열어 열강의 이권 침탈을 비판하였다.

03 3·1 운동
정답 ③

☑ 빠른 정답 찾기

힌트❶ 고종의 인산일을 계기로 시작됨 + 힌트❷ 독립 만세 운동 + 힌트❸ 탑골 공원 → 3·1 운동

③ 3·1 운동은 천도교·기독교·불교 단체 대표로 구성된 민족 대표 33인 명의의 독립 선언서가 발표되며 시작되었다.

오답 개념 체크
① 국채 보상 운동: 국채 보상 기성회의 간사인 양기탁이 모금액을 횡령했다는 혐의로 구속되는 등 통감부의 방해와 탄압을 받아 중단되었다.
② 아관 파천 이후 열강의 경제 침탈이 본격화되자 독립 협회가 이권 수호 운동을 전개하여 러시아의 절영도 조차 요구를 저지하였다.
④ 국채 보상 운동: 대구에서 처음 시작되었으며, 대한매일신보의 후원으로 전국적으로 확산되었다.
⑤ 광주 학생 항일 운동: 광주에서 나주로 가는 통학 열차 안에서 일본 남학생이 한국 여학생을 희롱하여 한·일 학생 간의 충돌이 발생한 것을 계기로 일어났다.

04 대한민국 임시 정부
정답 ④

☑ 빠른 정답 찾기

힌트❶ 『한·일관계사료집』 → 대한민국 임시 정부

④ 대한민국 임시 정부는 해외 동포들에게 독립 공채를 발행하여 독립운동 자금을 마련하였다.

오답 개념 체크
① 의열단: 김원봉은 독립운동 군사 간부를 양성하기 위해 중국 국민당 정부의 지원을 받아 조선 혁명 간부 학교를 설립하였다.
② 조선어 학회: 우리 말과 글을 연구하여 한글 맞춤법 통일안과 표준어를 제정하였다.
③ 신민회: 서적의 출판과 보급을 통한 국민 계몽을 목적으로 태극 서관을 운영하였다.

⑤ 신간회: 광주 학생 항일 운동에 진상 조사단을 파견하여 운동을 지원하였다.

07 일제 강점기 (1920년대)

01 ⑤ **02** ⑤ **03** ⑤ **04** ③

01 산미 증식 계획

정답 ⑤

☑ 빠른 정답 찾기

힌트❶ 수리 조합비 부담이 커짐 + 힌트❷ 소작농으로 전락 + 힌트❸ 만주에서 들여온 잡곡 → 산미 증식 계획

⑤ 산미 증식 계획은 일본이 자국의 쌀 부족 현상을 해결하기 위해 시행한 정책이다.

오답 개념 체크

① 독립 협회는 아관 파천 이후 열강의 이권 침탈이 심화되자, 근대적 자주 독립 국가의 건설을 목표로 서재필, 윤치호 등이 결성한 단체이다.

② 일본의 강요로 도입된 차관(빌린 자금)을 갚기 위해 국채 보상 운동이 일어났으나, 통감부의 방해와 탄압으로 실패하였다.

③ 재정 고문 메가타의 주도로 화폐 정리 사업이 실시되었다.

④ 일제는 1910년대에 조선의 토지를 약탈하기 위하여 토지 조사 사업을 시행하였다.

02 6·10 만세 운동

정답 ⑤

☑ 빠른 정답 찾기

힌트❶ 만세 시위 + 힌트❷ 융희 황제(순종)의 인산일 → 6·10 만세 운동

⑤ 6·10 만세 운동 이후, 민족주의 계열과 사회주의 계열의 연대 가능성이 제기되어 민족 협동 전선인 신간회가 결성되었다.

오답 개념 체크

① 원산 총파업은 원산에 위치한 석유 회사의 일본인 감독이 한국인 노동자를 폭행한 사건을 계기로 발생한 사건으로, 6·10 만세 운동 이후에 전개되었다.

② 치안 유지법은 일제가 사회주의 운동을 억압하기 위해 제정한 법령으로, 6·10 만세 운동 이전에 제정되었다.

③ 이승만의 위임 통치 청원서 제출을 계기로 독립운동이 나아갈 방향을 논의하기 위해 국민 대표 회의가 개최되었다.

④ 광주 학생 항일 운동: 한·일 학생 간 충돌을 일본 경찰이 편파적으로 수사한 것이 발단이 되어 전개되었다.

03 광주 학생 항일 운동

정답 ⑤

☑ 빠른 정답 찾기

힌트❶ 한·일 학생 간 충돌 + 힌트❷ 광주에서 일어남
→ 광주 학생 항일 운동

⑤ 광주 학생 항일 운동은 신간회 중앙 본부가 진상 조사단을 파견하여 지원하였다.

오답 개념 체크

① 형평 운동: 조선 형평사를 중심으로 백정에 대한 사회적 차별 철폐를 주장하였다.

② 6·10 만세 운동: 순종의 인산일을 기회로 삼아 추진되었으나 일제에 의해 사전에 발각되어 전국적으로 확산되지 못하였다.

③ 3·1 운동: 운동 과정에서 독립운동을 조직적으로 추진해야 할 필요성이 대두되어, 대한민국 임시 정부 수립에 영향을 주었다.

④ 6·10 만세 운동: 천도교 계열의 민족주의 진영과 사회주의 진영이 함께 준비함으로써 국내에서 민족 유일당 운동이 시작되는 계기가 되었다.

04 의열단

정답 ③

☑ 빠른 정답 찾기

힌트❶ 김상옥 + 힌트❷ 단장 김원봉 → 의열단

③ 의열단 단원인 나석주는 동양 척식 주식회사와 조선 식산 은행에 폭탄을 투척하였다.

오답 개념 체크

① 보안회: 일제의 황무지 개간권 요구를 저지하는 운동을 전개하여 일본의 요구를 철회시켰다.

② 신민회: 일제가 데라우치 총독 암살 사건을 조작하여 독립운동가들을 잡아들인 105인 사건으로 해체되었다.

④ 독립 의군부: 임병찬이 조직한 단체로, 국권 반환 요구서를 작성하여 조선 총독부에 제출하려 하였다.

⑤ 대한민국 임시 정부: 영국인이 설립한 무역 선박 회사인 이륭양행에 국내와의 연락을 취하기 위한 통신 기관인 교통국을 설치하였다.

08 일제 강점기 (1930년~광복 직전)

01 ⑤ **02** ① **03** ④ **04** ②

01 중·일 전쟁 이후 일제의 통치 정책

정답 ⑤

☑ 빠른 정답 찾기

힌트❶ 중·일 전쟁 발발 이후 실시된 일제의 식민 통치 정책
→ 중·일 전쟁 이후 일제의 통치 정책

⑤ 중·일 전쟁(1937) 이후인 1938년에 일제는 전쟁 수행을 위한 물적·인적 수탈을 위해 국가 총동원법을 제정하고 조선에서 이를 시행하였다.

오답 개념 체크

① 1925년: 일제는 사회주의자를 탄압하기 위한 치안 유지법을 제정하였으며, 이 법으로 많은 독립운동가가 처벌받았다.

② 1910년대: 무단 통치 시기에 일제는 조선 태형령을 제정하여 한국인에 한하여 재판없이 태형을 가할 수 있도록 하였다.

③ 1911년: 일제는 제1차 조선 교육령을 제정하여 식민 교육 방침을 규정하였다.

④ 1924년: 민립 대학 설립 운동을 무마하기 위해 일제에 의해 경성 제국 대학이 설립되었다.

02 조선 혁명군

정답 ①

☑ 빠른 정답 찾기

힌트❶ 총사령 양세봉 + 힌트❷ 영릉가성 → 조선 혁명군

① 조선 혁명군은 흥경성 전투에서 일본군에 승리하였다.

오답 개념 체크

② 대한 독립 군단: 간도 참변을 피해 러시아의 자유시로 이동하였으나, 지휘권 다툼이 발생하고 러시아 적색군이 무장 해제를 요구하면서 세력이 약화되었다.

③ 조선 의용대 화북 지대: 중국 팔로군에 편제되어 호가장 전투 등 항일 전선에 참여하였다.

④ 한국광복군: 대한민국 임시 정부의 산하 부대로, 연합군의 일원이 되어 영국군의 요청으로 인도·미얀마 전선에서 활동하였다.

⑤ 한국 독립군: 북만주 지역에서 활동한 한국 독립당의 산하 부대로, 쌍성보, 대전자령, 사도하자 전투에서 일본군에게 승리하였다.

03 조선 의용대

정답 ④

☑ **빠른 정답 찾기**

힌트❶ 조선 민족 혁명당 + 힌트❷ 한국광복군의 통합 편성
→ 조선 의용대

④ 조선 의용대는 김원봉, 윤세주 등이 중국 한구(우한)에서 중국 국민당의 지원을
받아 창설한 부대로, 중국 관내(關內)에서 창설된 최초의 한인 무장 부대였다.

오답 개념 체크

① 대한 독립 군단: 서일을 총재로 결성된 후 러시아 자유시로 이동하였으나, 자유시
에서 일어난 독립군 부대의 내부 분쟁 때 무장 해제를 요구한 러시아 적색군에 의
해 큰 타격을 입었다(자유시 참변).

② 한국 독립군: 지청천을 중심으로 한 한국 독립당의 군사 조직으로, 대전자령 전투
에서 일본군을 격퇴하였다.

③ 동북 인민 혁명군: 만주 지역의 중국 공산당과 항일 세력이 결합하여 조직한 무장
부대로, 이후 동북 항일 연군으로 개편되어 유격전을 펼쳤다.

⑤ 북로 군정서를 비롯한 대한 국민회군 등은 홍범도의 대한 독립군과 연합하여 청
산리에서 일본군과 교전해 승리를 거두었다.

04 한인 애국단

정답 ②

☑ **빠른 정답 찾기**

힌트❶ 윤봉길의 상하이 훙커우 공원 의거 → 한인 애국단

② 한인 애국단은 김구가 침체된 대한민국 임시 정부에 활기를 불어넣기 위해 상
하이에서 조직한 단체로, 이봉창, 윤봉길 등을 중심으로 활발한 의열 활동을 전
개하였다.

오답 개념 체크

① 의열단: 김원봉이 만주 지린(길림)에서 조직한 의열 단체로, 신채호의 「조선혁명
선언」을 활동 지침으로 삼아 활동하였다.

③ 노인 동맹단: 연해주 블라디보스토크 신한촌에서 노인들이 결성한 단체로, 단원
인 강우규가 사이토 마코토 조선 총독에게 폭탄을 투척하였다.

④ 조선 민립 대학 기성회: 서울에서 이상재 등의 주도로 조직된 단체로, 일제의 식민
지 차별 교육에 대항하기 위해 민립 대학 설립 운동을 전개하였다.

⑤ 신간회: 민족 유일당 운동을 통해 결성된 단체로, 광주 학생 항일 운동에 진상 조
사단을 파견하여 이를 지원하였다.

4일 근대~일제 강점기 기출 테스트

01 ④	02 ⑤	03 ①	04 ④
05 ⑤	06 ②	07 ①	08 ②
09 ④	10 ②	11 ③	12 ①
13 ⑤	14 ⑤	15 ③	16 ⑤

01 [근대] 흥선 대원군

정답 ④

☑ **빠른 정답 찾기**

서원을 철폐함 + 5군영의 군사 제도를 복구함 → 흥선 대원군

④ 흥선 대원군은 신미양요 이후 척화의 의지를 드러내고자 종로를 비롯한 전국 각
지에 척화비를 세웠다.

오답 개념 체크

① 정조: 왕권 강화를 위해 친위 부대인 장용영을 설치하였다.

② 효종: 청의 요청에 따라 나선(러시아) 정벌을 위해 조총 부대를 파견하였다.

③ 영조: 조선 후기의 사회 변화상을 반영한 「속대전」을 편찬하여 통치 체제를 정
비하였다.

⑤ 독립 협회는 청의 사신을 맞이하던 영은문이 있던 자리 근처에 독립문을 건립
하였다.

더 알아보기 흥선 대원군 집권기의 외세 침입과 격퇴 과정

| 병인박해 (1866. 1.) | → | 제너럴셔먼호 사건 (1866. 7.) | → | 병인양요 (1866. 9.) | → |

| 오페르트 도굴 사건 (1868) | → | 신미양요 (1871) | → | 척화비 건립 |

02 [근대] 신미양요

정답 ⑤

☑ **빠른 정답 찾기**

제너럴셔먼호 사건을 구실로 일어남 → 신미양요

⑤ 신미양요 때 어재연 부대가 강화도 광성보에서 미군에 맞서 항전하였다.

오답 개념 체크

① 구식 군인들의 주도로 일어난 임오군란(1882)은 청군에 의해 난이 진압되었으며,
급진 개화파가 일으킨 갑신정변(1884)은 일본의 배신과 청군의 개입으로 3일 만
에 실패하였다.

② 병인양요: 프랑스군이 퇴각하는 과정에서 외규장각에 보관되어 있던 「의궤」를 비
롯한 각종 문화재를 약탈하였다.

③ 왜란 이후 일본 에도 막부의 요청으로 선조 때인 1607년에서 순조 때인 1811년까
지 12회에 걸쳐 통신사가 파견되었다.

④ 임술 농민 봉기: 사건 수습을 위하여 박규수가 안핵사로 파견되었다.

03 [근대] 영선사

정답 ①

☑ **빠른 정답 찾기**

청에 파견 + 김윤식 → 영선사

① 영선사는 청의 근대 무기 제조술을 습득하기 위해 김윤식을 중심으로 청에 파견
되었다가 귀국한 후 무기 제조 공장인 기기창을 설립하였다.

오답 개념 체크

② 회답 겸 쇄환사는 임진왜란 이후 조선이 일본에서 보낸 국서에 회답 국서를 전하
고 포로를 쇄환하기 위해 파견된 사절단이다.

③ 제2차 수신사: 김홍집이 귀국할 때 러시아를 막기 위해 조선이 청, 일본, 미국과 연대해야 한다는 내용의 『조선책략』을 들여왔다.
④ 보빙사: 조·미 수호 통상 조약 체결 이후 미국에 파견된 사절단으로, 전권 대신 민영익과 홍영식, 서광범 등을 파견하였다.
⑤ 조사 시찰단: 일본의 근대 문물을 배워 오기 위해 조선 정부가 파견한 시찰단으로, 개화 반대 여론으로 인해 비밀리에 출국하였다.

04 [근대] 임오군란   정답 ④

☑ 빠른 정답 찾기

개화 정책에 대한 불만과 구식 군인에 대한 차별 대우로 일어남
→ 임오군란

④ 임오군란의 결과, 조선과 청 사이에 조·청 상민 수륙 무역 장정이 체결되었다.

오답 개념 체크
① 임술 농민 봉기: 안핵사로 파견되었던 박규수의 건의에 따라 삼정의 문란을 해결하기 위한 기구로 삼정이정청이 설치되었다.
② 신미양요: 어재연 부대가 강화도 광성보에서 미군에 맞서 결사적으로 항전하였다.
③ 신미양요 이후 흥선 대원군은 척화의 의지를 드러내고자 종로와 전국 각지에 척화비를 건립하였다.
⑤ 운요호 사건: 일본 군함 운요호가 문호 개방을 요구하며 강화도 초지진을 포격하고 영종진에 불법 침입하여 약탈을 저질렀다.

더 알아보기 ▶ 임오군란

원인	구식 군인에 대한 차별, 봉급 체불 등
전개	구식 군인들의 봉기 → 선혜청과 일본 공사관 습격 → 민씨 세력 축출 → 흥선 대원군의 일시적 재집권 → 청의 군란 진압
결과	• 일본과 제물포 조약 체결 → 일본 공사관에 경비병 주둔 • 청과 조·청 상민 수륙 무역 장정 체결 → 청 상인의 내지 통상 확대

05 [근대] 동학 농민 운동의 전개 과정   정답 ⑤

☑ 빠른 정답 찾기

일본군의 경복궁 점령(1894. 6.) → (가) → 우금치 전투(1894. 11)

⑤ 일본군이 경복궁을 점령(1894. 6.)한 이후인 1894년 10월에 전봉준의 남접과 손병희의 북접이 논산에 집결한 뒤 공주로 진격하였다.

오답 개념 체크
① 1894년 6월 11일에 조선 정부는 개혁 추진 기구로 교정청을 설치하였다.
② 1894년 12월에 전봉준이 순창에서 체포되었다.
③ 정미의병 때인 1907년에 양주에서 의병 연합 부대인 13도 창의군이 결성되었다.
④ 1894년 2월에 조선 정부는 고부 민란의 수습을 위해 안핵사로 이용태를 파견하였다.

06 [근대] 제2차 갑오개혁   정답 ②

☑ 빠른 정답 찾기

군국기무처가 폐지됨 + 김홍집과 박영효가 주도하는 내각
→ 제2차 갑오개혁

② 제2차 갑오개혁 때 지방 행정 구역을 8도에서 23부로 개편하였다.

오답 개념 체크
① 초기 개화 정책: 개화 정책을 총괄하는 핵심 기구로 통리기무아문을 설치하고, 그 소속 부서로 12사를 두었다.
③ 제1차 갑오개혁: 청의 연호를 폐지하고 개국 기년을 사용하였다.
④ 제1차 갑오개혁: 공·사 노비법을 혁파하고, 과부의 재가를 허용하는 등 사회 개혁을 실시하였다.

⑤ 제1차 갑오개혁: 의정부 산하의 행정 기구를 6조에서 80문으로 개편하고 과거제를 폐지하여 신분 구별 없는 관리 임용 제도를 실시하였다.

07 [근대] 대한 제국 시기의 모습   정답 ①

☑ 빠른 정답 찾기

고종이 황제로 즉위함 → 대한 제국 시기

① 대한 제국 시기에 고종은 북간도 교민을 보호하기 위해 이범윤을 간도 관리사로 임명하였다.

오답 개념 체크
② 일제 강점기인 1926년에 나운규가 영화 아리랑을 제작하여 식민 지배를 받던 한국인의 고통스러운 삶을 표현하였다.
③ 개항기인 1886년에 최초의 근대식 관립 학교인 육영 공원이 설립되어 1894년에 폐교될 때까지 상류층(양반) 자제를 대상으로 영어 등 외국어를 가르쳤다.
④ 흥선 대원군 집권기인 1866년에 미국 상선 제너럴셔먼호가 조선에 통상을 요구하며 횡포를 부리자, 평양 관민이 제너럴셔먼호를 불태워 침몰시켰다(제너럴셔먼호 사건).
⑤ 개항기인 1881년에 박정양을 비롯한 통역관을 조사 시찰단으로 일본에 파견하였다.

08 [근대] 보안회의 황무지 개간권 요구 반대 운동   정답 ②

☑ 빠른 정답 찾기

일본 공사가 황무지에 대한 권리를 청구 + 우리의 강토를 보전
→ 보안회의 황무지 개간권 요구 반대 운동

② 일본이 황무지 개간권을 요구하자, 보안회는 반대 운동을 전개하여 일본의 요구를 저지하였다.

오답 개념 체크
① 독립 협회는 독립 의식을 고취시키기 위해 청의 사신을 맞이하던 영은문을 헐고 그 자리에 독립문을 건립하였다.
③ 조선은 1883년에 방곡령 규정을 명시한 조·일 통상 장정 개정을 체결하였다. 이후 함경도와 황해도에서 방곡령을 선포하였으나, 일본은 방곡령 시행 1개월 전에 일본 영사관에 통보해야 한다는 방곡령 규정을 어겼다고 주장하며 조선에 방곡령 철폐와 배상금을 요구하였다.
④ 재정 고문 메가타가 주도한 화폐 정리 사업의 결과, 국내 상공업자들은 큰 타격을 입었고, 일본의 경제적 영향력이 강화되었다.
⑤ 시전 상인들은 외국인의 상권 침탈을 막고 국내 상인의 권익을 보호하기 위해 황국 중앙 총상회를 조직하고 상권 수호 운동을 전개하였다.

09 [일제 강점기] 무단 통치 시기   정답 ④

☑ 빠른 정답 찾기

즉결 + 태형 → 조선 태형령 → 무단 통치 시기

④ 무단 통치 시기(1910년대)에 일본은 헌병이 군사 경찰뿐 아니라 일반 치안 유지까지 담당하는 헌병 경찰제를 실시하여 강압적으로 통치하였다.

오답 개념 체크
모두 무단 통치 시기(1910년대) 이전의 사실이다.
① 1883~1884년에 박문국에서 우리나라 최초의 근대 신문인 한성순보를 발행하였다.
② 1898년에 시전 상인을 중심으로 조직된 황국 중앙 총상회가 외국 상인의 침투에 대항하여 상권 수호 운동을 주도하였다.
③ 1894년에 군국기무처가 설치되어 제1차 갑오개혁 등 근대적 개혁을 추진하였다.
⑤ 1907~1908년에 서상돈, 김상제 등이 국채 보상 운동을 전개하여 일본에 진 빚을 갚아 국권을 회복하고자 하였다.

10 [일제 강점기] 연해주 지역의 민족 운동 정답 ②

☑ 빠른 정답 찾기

대한 국민 의회 + 대한 광복군 정부 → **연해주**

② 연해주 지역에서는 의병 계열과 애국 계몽 운동 계열이 합작하여 자치 기관인 권업회를 조직하고 권업 신문을 발행하였다.

오답 개념 체크

① 서간도: 신민회 계열의 인사들이 독립군을 양성하기 위해 신흥 강습소를 세웠으며, 이후 신흥 무관 학교로 개편되었다.
③ 미주: 멕시코 지역에 숭무 학교를 설립하여 독립군을 양성하고 무장 투쟁을 준비하였다.
④ 미주: 대한민국 임시 정부가 캘리포니아 지역에 한인 비행 학교를 세워 독립군 비행사를 육성하였다.
⑤ 중국 화북: 대일 항전을 위해 김두봉을 중심으로 조선 독립 동맹을 결성하였다.

11 [일제 강점기] 3·1 운동 정답 ③

☑ 빠른 정답 찾기

고종의 장례식을 계기 + 수천 명의 시위대가 체포됨 → **3·1 운동**

③ 신간회에서 진상 조사단을 파견하여 지원한 민족 운동은 광주 학생 항일 운동(1929)이다.

오답 개념 체크

① 3·1 운동은 중국의 5·4 운동 등 해외의 반제국주의 민족 운동에 영향을 주었다.
② 3·1 운동의 결과 조직적으로 독립운동을 추진해야 할 필요성이 대두하여 중국 상하이에 대한민국 임시 정부가 수립되었다.
④ 3·1 운동은 미국 등 해외까지 확산되어 필라델피아에서 한인 자유 대회가 열렸다.
⑤ 3·1 운동은 평화적 만세 운동으로 전개되다가, 시위가 농촌으로 확산되며 무력 저항 운동으로 바뀌어갔다.

12 [일제 강점기] 의열단 정답 ①

☑ 빠른 정답 찾기

김상옥 + 김원봉이 조직함 → **의열단**

① 의열단은 신채호가 민중의 직접 혁명을 강조하여 작성한 「조선혁명선언」을 행동 강령으로 삼았다.

오답 개념 체크

② 대한민국 임시 정부: 국내 비밀 행정 조직으로 연통제를 실시하였다.
③ 독립 의군부: 임병찬이 고종의 밀지를 받아 비밀 단체로 조직하였다.
④ 한인 애국단: 이봉창이 도쿄에서 일왕 히로히토의 마차에 폭탄을 투척하는 의거를 계획하여 실행에 옮겼다.
⑤ 신민회의 주요 인사들이 서간도에 신흥 강습소를 설립하여 독립군을 양성하였으며, 이후 신흥 강습소는 신흥 무관 학교로 개편되어 무장 투쟁을 준비하였다.

13 [일제 강점기] 봉오동 전투와 영릉가 전투 사이의 사실 정답 ⑤

☑ 빠른 정답 찾기

(가) 봉오동 + 홍범도 → **봉오동 전투(1920. 6.)**
(나) 조선 혁명군 총사령 양세봉 + 영릉가성을 점령함
　　→ **영릉가 전투(1932)**

⑤ 영릉가 전투(1932) 이후인 1937년에 소련의 스탈린에 의해 많은 한인이 중앙아시아로 강제 이주되었다.

오답 개념 체크

① 자유시 참변 이후, 1923~1925년에 만주에 3부가 조직되었다.
② 봉오동 전투(1920. 6.) 등에 대한 보복으로 1920년 10월에 일본군이 간도 참변을 일으켰다.
③ 1920년 10월에 북로 군정서와 대한 독립군 등 독립군 연합 부대가 청산리에서 일본군을 대파하였다.
④ 1925년에 일본이 만주 군벌과 미쓰야 협정을 체결하여 독립군을 탄압하였다.

14 [일제 강점기] 신간회 정답 ⑤

☑ 빠른 정답 찾기

좌·우가 힘을 합쳐 창립함 + 일제 강점기 최대 규모의 사회 단체 + 정우회 선언 → **신간회**

⑤ 신간회는 광주 학생 항일 운동에 진상 조사단을 파견하고 대대적인 민중 대회 개최를 계획하였다.

오답 개념 체크

① 신민회: 평양에 자기 회사를 세워 민족 산업을 육성하였다.
② 조선 청년 독립단: 일본 도쿄에서 2·8 독립 선언서를 작성하여 발표하였다.
③ 이종일 등은 대한 제국 시기에 순 한글로 제국신문을 발행하여 민중 계몽에 힘썼다.
④ 천도교 소년회: 어린이날을 제정하고 아동 문학과 동요 등을 실은 잡지 『어린이』를 간행하였다.

15 [일제 강점기] 민립 대학 설립 운동 정답 ③

☑ 빠른 정답 찾기

조선 민립 대학 기성회 → **민립 대학 설립 운동**

③ 민립 대학 설립 운동은 일제의 식민지 차별 교육에 대항하기 위해 전개된 운동으로, 이상재 등이 조선 민립 대학 기성회를 조직하고 모금 활동을 주도하였다.

오답 개념 체크

① 3·1 운동: 중국의 5·4 운동 등 해외의 반제국주의 민족 운동에 영향을 주었다.
② 1900년대 후반에 한국인이 설립하는 사립 학교 수가 증가하자, 이는 일제의 압력으로 사립 학교령이 공포되는 계기가 되었다.
④ 국채 보상 운동: 대한매일신보 등 민족 언론이 적극적으로 참여하면서 전국적으로 확산되었으나, 통감부의 방해와 탄압으로 실패하였다.
⑤ 서울 북촌의 양반 부인들이 최초의 여성 권리 선언문인 여권 통문을 발표하고, 곧이어 찬양회를 조직하였다.

16 [일제 강점기] 대일 선전 성명문 발표 이후 대한민국 임시 정부의 활동 정답 ⑤

☑ 빠른 정답 찾기

삼천만의 한국인 및 정부를 대표 + 일본에 대해 전쟁을 선포
→ **대일 선전 성명문 발표(1941)**

⑤ 대한민국 임시 정부가 대일 선전 성명문을 발표(1941)한 이후, 임시 정부 산하의 한국광복군은 미국 전략 정보국(OSS)과 연계하여 국내 진공 작전을 추진하였다(1945).

오답 개념 체크

① 1940년에 대한민국 임시 정부가 충칭에서 한국광복군을 창설하였다.
② 1919년에 대한민국 임시 정부 수립 직후 국내 비밀 행정 조직으로 연통제를 설치하였다.
③ 1919년에 대한민국 임시 정부가 파리 강화 회의에 독립 청원서를 제출하였다.
④ 1931년에 김구가 침체된 임시 정부에 활기를 불어넣고, 의거 활동을 전개하기 위해 한인 애국단을 조직하였다.

5일

5일
현대&통합 주제

01 현대 [광복~이승만 정부]

| 01 ⑤ | 02 ③ | 03 ① | 04 ③ |

01 미·소 공동 위원회
정답 ⑤

✅ 빠른 정답 찾기

힌트❶ 모스크바 삼상 회의에서 결정 + 힌트❷ 덕수궁 석조전에서 출범
→ 미·소 공동 위원회

⑤ 제1차 미·소 공동 위원회에서 미국과 소련은 임시 민주 정부 수립을 위한 협의에 참여할 단체를 두고 논쟁하였다.

오답 개념 체크
① 군사 혁명 위원회: 5·16 군사 정변으로 정권을 장악한 군부 세력이 조직한 최고 권력 기구로, 반공을 국시로 내건 혁명 공약을 발표하였다.
② 국가 보위 비상 대책 위원회: 전두환 등 신군부 세력이 설치한 대통령의 자문 기구로, 정치인들의 활동을 규제하고, 언론 기관을 통폐합하였다.
③ 통일 주체 국민회의: 박정희 정부 때 개헌된 유신 헌법에 따라 조직된 기관으로, 정수의 3분의 1에 해당하는 국회의원 선출권을 행사하였다.
④ 조선 건국 준비 위원회: 광복 직후 여운형이 건국을 준비하기 위해 결성한 단체로, 조선 인민 공화국을 수립하였다.

02 좌·우 합작 운동
정답 ③

✅ 빠른 정답 찾기

(가) 힌트❶ 모스크바 삼상 회의에서 결정 + 힌트❷ 덕수궁 석조전에서 출범 → 제1차 미·소 공동 위원회 개최(1946)
(나) 힌트❶ 미국 측은 조선의 독립과 통일 문제를 유엔 총회에 제출 + 힌트❷ 유엔 총회에 상정 → 한반도 문제의 유엔 이관 및 상정(1947)

③ 제1차 미·소 공동 위원회(1946)가 무기한 휴회에 돌입한 이후 좌·우 합작 위원회에서는 좌·우 합작 7원칙을 1946년 10월에 발표하였다.

오답 개념 체크
모두 (나) 한반도 문제가 유엔에 이관 및 상정된 이후의 사실이다.
① 김구, 김규식 등이 남북 협상에 참석한 것은 1948년이다.
② 반민특위가 구성된 것은 이승만 정부 때인 1948년이다.
④ 유상 매수, 유상 분배 원칙의 농지 개혁법이 제정된 것은 이승만 정부 때인 1949년이다.
⑤ 우리나라 최초의 보통 선거인 5·10 총선거가 실시된 것은 1948년이다.

더 알아보기 ░ 광복 이후 대한민국 정부 수립 과정

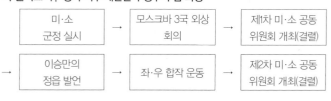

| 미·소 군정 실시 | → | 모스크바 3국 외상 회의 | → | 제1차 미·소 공동 위원회 개최(결렬) |
| 이승만의 정읍 발언 | → | 좌·우 합작 운동 | → | 제2차 미·소 공동 위원회 개최(결렬) |

| 한반도 문제의 유엔 이관 및 상정 (미국의 제안) | → | 유엔 총회의 남북한 총선거 실시 결의 | → | 유엔 소총회의 남한만의 단독 총선거 실시 결의 |
| 남북 협상(냉전 체제 강화로 실패) | → | 5·10 총선거 실시 | → | 대한민국 정부 수립 |

03 1·4 후퇴 이후의 사실
정답 ①

✅ 빠른 정답 찾기

힌트❶ 유엔군과 국군은 서울에서 퇴각함 → 1·4 후퇴(1951. 1.)

① 1·4 후퇴(1951. 1.) 이후인 1953년 10월에 한·미 상호 방위 조약이 체결되었다.

오답 개념 체크
② 1950년 11월에 장진호 전투에서 중국군이 유엔군을 포위하였다.
③ 1949년에 경찰이 반민족 행위자를 조사·구속하기 위해 활동하던 반민족 행위 특별 조사 위원회를 습격하였다.
④ 1950년 1월에 미국의 극동 방위선이 조정된 애치슨 라인이 발표되었다.
⑤ 1948년 5월에 우리나라 최초의 보통 선거인 5·10 총선거가 실시되었다.

04 4·19 혁명
정답 ③

✅ 빠른 정답 찾기

힌트❶ 마산의 3·15 의거 → 4·19 혁명

③ 4·19 혁명 당시 대학 교수단이 대통령 이승만의 퇴진을 요구하는 시국 선언문을 발표하고 시위 행진을 벌였다.

오답 개념 체크
① 6·3 시위: 국민들이 굴욕적인 한·일 국교 정상화에 반대하는 시위를 전개하였다.
②, ⑤ 6월 민주 항쟁: 전두환 정부의 4·13 호헌 조치에 반발하여 일어난 것으로, 국민들은 호헌 철폐와 독재 타도 등의 구호를 내세워 시위를 전개하였다. 그 결과 5년 단임의 대통령 직선제 개헌(제9차 개헌)이 이루어졌다.
④ 유신 체제 반대 운동: 윤보선, 김대중 등 재야 인사들이 3·1 민주 구국 선언을 통해 긴급 조치 철폐 등을 요구하며 박정희 정부의 독재에 저항하였다.

02 현대 [박정희 정부]

| 01 ② | 02 ① | 03 ⑤ | 04 ① |

01 한·일 회담과 한·일 협정 체결 사이의 사실
정답 ②

✅ 빠른 정답 찾기

(가) 힌트❶ 양측 수뇌에게 건의 + 힌트❷ 국교 정상화 이전이라도 협력하도록 추진 → 김종필·오히라 비밀 메모 → 한·일 회담(1962)
(나) 힌트❶ 양 체약 당사국 간에 외교 및 영사 관계를 수립 → 한·일 협정(한·일 기본 조약, 1965)

② 박정희 정부는 한·일 국교 정상화에 반대하는 6·3 시위(1964)가 전개되자 비상 계엄령을 선포하였다.

오답 개념 체크
모두 한·일 회담(박정희 정부) 이전인 이승만 정부 시기의 사실이다.
① 이승만 정부 때 일어난 6·25 전쟁 이후 북한의 재침 방지 및 한국 문제에 대한 미국의 정식 개입에 합의한 한·미 상호 방위 조약이 체결되었다.
③ 이승만 정부 때 경찰이 반민족 행위 특별 조사 위원회를 습격하였다.

④ 이승만 정부 때 평화 통일론을 주장한 진보당의 조봉암이 구속되었다.
⑤ 이승만 정부 때 유상 매수, 유상 분배 원칙의 농지 개혁법이 제정되었다.

02 박정희 정부 시기의 경제 상황
정답 ①

☑ 빠른 정답 찾기

힌트❶ 서울–부산 간 고속도로 준공식 → 박정희 정부

① 박정희 정부 시기인 1967년에 공업화 추진, 과학 기술의 발전 등을 목표로 한 제 2차 경제 개발 5개년 계획이 추진되었다.

오답 개념 체크
② 이승만 정부: 미국의 경제 원조로 제분·제당·면방직의 삼백 산업이 발달하였다.
③ 미 군정기: 일본인의 소유였던 귀속 재산 처리를 위해 신한 공사가 설립되었다.
④ 김영삼 정부: 대통령 긴급 명령으로 금융 거래에서 당사자의 실명 사용을 의무화 한 금융 실명제가 실시되었다.
⑤ 전두환 정부: 최저 임금 결정을 위한 최저 임금 위원회가 설치되었다.

03 제7대 대통령 선거 이후의 사실
정답 ⑤

☑ 빠른 정답 찾기

힌트❶ 김대중 후보 + 힌트❷ 박정희 후보가 영구 집권하는 총통 시대가 옴 → 제7대 대통령 선거(1971)

⑤ 제7대 대통령 선거(1971) 이후인 1972년에 국회 해산과 헌법의 일부 효력 정지를 담은 10월 유신이 선포되었다.

오답 개념 체크
모두 제7대 대통령 선거(1971) 이전의 사실이다.
① 3차 개헌: 1960년에 일어난 4·19 혁명의 결과로 정부의 형태가 내각 책임제로 바 뀌었다.
② 진보당 사건: 1958년에 평화 통일을 주장한 진보당의 조봉암이 간첩과 내통했다 는 혐의로 구속된 뒤 처형되었다.
③ 3선 개헌: 1969년에 박정희 정권에 의해 대통령의 3선 연임을 허용하는 개헌안 이 통과되었다.
④ 6·3 시위: 1964년에 박정희 정부의 굴욕적인 한·일 국교 정상화에 반대하는 시 위가 전개되었다.

04 YH 무역 사건 이후의 사실
정답 ①

☑ 빠른 정답 찾기

힌트❶ YH 무역 사건 → YH 무역 사건 이후의 사실

① YH 무역 사건(1979. 8.) 이후 박정희 정부가 유신 체제에 비판적이었던 야당 총재 김영삼을 국회 의원직에서 제명하자, 부산과 마산에서 유신 체제에 반대하는 부· 마 민주 항쟁(1979. 10.)이 일어났다.

오답 개념 체크
모두 YH 무역 사건(1979. 8.) 이전의 사실이다.
② 1976년에 재야 인사들은 유신 정권이 국민의 기본권을 제한하자, 긴급 조치 철폐 등을 요구하는 3·1 민주 구국 선언을 발표하였다.
③ 1960년에 4·19 혁명의 결과로 의원 내각제와 국회 양원제를 주요 내용으로 한 제 3차 개헌이 단행되어, 민의원과 참의원의 양원제 국회가 출범하였다.
④ 1964년에 굴욕적인 한·일 국교 정상화에 반대하는 6·3 시위가 전개되자, 박정희 정부는 비상 계엄을 선포하여 이를 진압하였다.
⑤ 1970년에 전태일이 낮은 임금과 열악한 노동 환경을 개선하기 위해 근로 기준법 준수를 요구하며 분신하였다.

01 5·18 민주화 운동
정답 ④

☑ 빠른 정답 찾기

힌트❶ 계엄군에 맞서 시민군으로 활동함 + 힌트❷ 광주 → 5·18 민주화 운동

④ 5·18 민주화 운동은 신군부의 비상 계엄 확대와 무력 진압에 저항하여 발생하 였다.

오답 개념 체크
① 6월 민주 항쟁: 시위 도중 대학생 이한열이 경찰이 쏜 최루탄에 희생되는 사건 이 발생하였다.
② 4·19 혁명: 3·15 부정 선거에 항의하는 시위대가 이승만과의 면담을 요구하며 경 무대(청와대의 옛 이름)로 행진하다가 경찰의 총격을 받았다.
③ 6월 민주 항쟁: 직선제 개헌 요구 운동 과정에서 서울대학교 학생인 박종철이 경 찰의 고문으로 사망하는 사건이 발생하자, 이 사건의 진상 규명을 요구하였다.
⑤ 유신 체제 반대 운동: 재야 인사와 야당 지도자들이 3·1 민주 구국 선언을 발표하 여 긴급 조치 철폐 등을 요구하였다.

02 6월 민주 항쟁
정답 ③

☑ 빠른 정답 찾기

힌트❶ 4·13 호헌 조치는 무효임 → 6월 민주 항쟁

③ 6월 민주 항쟁의 결과, 여야의 합의에 따라 5년 단임의 대통령 직선제 등의 내용 을 담은 제9차 개헌이 이루어졌다.

오답 개념 체크
① 신군부 집권기에 정치인들의 활동을 규제하고 언론 기관을 통폐합하기 위한 기 구로 국가 보위 비상 대책 위원회가 설치되었다.
② 12·12 사태로 정권을 장악한 신군부 세력은 전국에 비상 계엄을 확대하여 국회 폐 쇄, 정치 활동 금지 등을 선언하였다.
④ 4·19 혁명: 자유당 정권이 붕괴되고 이승만이 하야하면서 허정을 수반으로 하는 허정 과도 정부가 수립되었다.
⑤ 이승만 정부 시기 조봉암은 조선 평화 통일론 등을 주장하며 혁신 세력을 규합 해 진보당을 창당하였다.

더 알아보기 ᆞ 6월 민주 항쟁
배경	• 전두환 정부의 4·13 호헌 조치 • 박종철 고문 치사 사건
전개	시민과 학생들이 호헌 철폐와 독재 타도 등을 구호로 시위 전개
결과	• 당시 여당 대표이자 대통령 후보였던 노태우가 대통령 직선제 개헌안 등을 주요 내용으로 하는 6·29 민주화 선언 발표 • 5년 단임의 대통령 직선제로 헌법 개정(제9차 개헌, 현행 헌법)

03 국제 통화 기금(IMF) 지원 요청 시기
정답 ④

☑ 빠른 정답 찾기

힌트❶ 국제 통화 기금(IMF)에 유동성 조절 자금을 지원해 줄 것을 요청함 → 국제 통화 기금(IMF) 지원 요청(1997)

④ 김영삼 정부는 임기 말인 1997년에 국제 경제의 악화와 외환 부족으로 국제 통화 기금(IMF)에 지원을 요청하였다.

04 6·15 남북 공동 선언과 10·4 남북 공동 선언 사이의 사실
정답 ③

☑ 빠른 정답 찾기
(가) 힌트❶ 6·15 남북 공동 선언(2000)
(나) 힌트❶ 10·4 남북 정상 선언(2007)

③ 6·15 남북 공동 선언(2000) 이후인 2003년에 개성 공업 지구 건설이 착공되었다.

오답 개념 체크
①, ② (가) 이전: 박정희 정부 때인 1972년에 자주·평화·민족 대단결의 원칙에 합의한 7·4 남북 공동 성명이 발표되었고, 이를 실천하기 위해 남북 조절 위원회를 구성하였다.
④ (가) 이전: 노태우 정부 때인 1991년에 핵 전쟁의 위험을 제거하고, 평화 통일의 기반을 다지기 위해 한반도 비핵화 공동 선언을 채택하였다.
⑤ (가) 이전: 전두환 정부 때인 1985년에 남북 이산가족 교환 방문이 성사되어 최초의 이산가족 고향 방문과 예술 공연단 교환을 실현하였다.

04 통합 주제(지역)
| 01 ③ | 02 ④ | 03 ④ | 04 ② |

01 일본 지역의 민족 운동
정답 ③

☑ 빠른 정답 찾기
힌트❶ 1923년 + 힌트❷ 지진 당시 희생된 조선인 → 관동 대학살 → **일본**

③ 일본 도쿄에서 유학생을 중심으로 조직된 조선 청년 독립단이 2·8 독립 선언서를 발표하였다.

오답 개념 체크
① 서간도: 한인 자치 기구인 경학사를 설립하였다.
② 북간도: 민족 교육을 위해 서전서숙을 건립하였다.
④ 하와이: 박용만의 주도로 대조선 국민 군단을 결성하여 군사 훈련을 실시하였다.
⑤ 연해주: 대한 광복군 정부를 세워 무장 독립 투쟁을 준비하였다.

02 개성(개경)
정답 ④

☑ 빠른 정답 찾기
힌트❶ 송악 → **개성(개경)**

④ 일제 강점기에 강주룡이 을밀대 지붕 위에서 고공 농성을 전개한 지역은 평양이다.

오답 개념 체크
① 개성은 고려의 태조 왕건이 도읍으로 삼은 지역이다.
② 개성 경천사지 십층 석탑은 원의 영향을 받은 다각 다층의 탑으로, 고려 후기에 건립되었다.
③ 개성은 조선 후기에 송상이 근거지로 삼아 활동한 지역으로, 송상은 전국 각지에 송방이라는 지점을 설치하고 청에 인삼을 판매하였다.
⑤ 개성은 6·25 전쟁 중 유엔군과 공산군 사이의 첫 번째 정전 회담이 개최된 곳으로, 북위 38도선 분할 이후 남한에 속했다가 정전 협정으로 북한 지역이 되었다.

더 알아보기 ⁝ 개성(개경)
고대	궁예가 후고구려 건국(송악)
고려 시대	고려의 수도, 만적의 난 발생, 선죽교(정몽주 피살)
조선 시대	송상의 근거지
현대	6·25 전쟁 때 정전 협정 시작, 개성 공단 건설

03 전주
정답 ④

☑ 빠른 정답 찾기
힌트❶ 후백제 + 힌트❷ 전동 성당 → **전주**

④ 전주에는 조선 태조 이성계의 어진(왕의 초상화)을 모신 경기전이 설치되었다.

오답 개념 체크
① 수원: 조선 후기 정조 때 화성에 국왕의 친위 부대인 장용영의 외영이 설치되었다.
② 정주 등: 조선 후기 순조 때 홍경래가 난을 일으켜 청천강 이북을 대부분 점령하기도 하였으나, 관군에 의해 진압되었다(홍경래의 난).
③ 남한산성은 조선 후기 인조가 병자호란 당시 피신하여 청과 항전한 곳으로, 경기도 광주·성남·하남시 일대에 위치하고 있다.
⑤ 진주: 조선 후기 철종 때 유계춘 등이 경상 우병사 백낙신의 수탈에 맞서 봉기하였다(임술 농민 봉기).

04 독도
정답 ②

☑ 빠른 정답 찾기
힌트❶ 우리나라 동쪽 끝에 있는 섬 → **독도**

② 영국군이 러시아의 남하를 견제하기 위해 불법으로 점령한 섬은 거문도이다.

오답 개념 체크
① 조선 숙종 때 안용복이 일본으로 건너가 독도가 우리나라 영토임을 확인받고 돌아왔다.
③ 일본은 러·일 전쟁 중 독도를 불법으로 자국의 영토에 편입시켰다.
④ 대한 제국은 칙령 제41호를 반포하여 울릉도를 군으로 승격시키고 울릉군수가 독도를 관할함을 명시하였다.
⑤ 1877년에 일본 최고 행정 기구인 태정관이 독도와 울릉도가 자국(일본)과는 무관한 지역임을 문서(태정관 문서)를 통해 명시하였다.

05 통합 주제(인물)
| 01 ① | 02 ③ | 03 ③ | 04 ② |

01 정도전
정답 ①

☑ 빠른 정답 찾기
힌트❶ 『조선경국전』 + 힌트❷ 재상 중심의 정치 → **정도전**

① 정도전은 불교의 사회적 폐단을 비판하는 『불씨잡변』을 저술하였다.

오답 개념 체크
② 묘청·정지상 등: 칭제 건원과 금국 정벌을 주장하며 서경 천도를 추진하였다.
③ 최충: 지공거 출신으로 9재 학당을 설립하여 사학을 유행시켰다.
④ 주세붕: 조선 중종 때 최초의 서원인 백운동 서원을 건립하였다.
⑤ 김육: 충청도 지역까지 대동법을 확대 실시할 것을 건의하였다.

더 알아보기 ⁝ 정도전의 저서
『조선경국전』, 『경제문감』	재상 중심의 정치 강조
『불씨잡변』	유교의 입장에서 불교의 폐단을 비판함
『진법』	요동 정벌을 위해 편찬한 진법서

02 최익현

정답 ③

☑ 빠른 정답 찾기

힌트❶ 흥선 대원군의 하야를 요구 + 힌트❷ 왜양 일체론 → **최익현**

③ 최익현은 을사늑약 체결에 반대하여 태인에서 의병을 일으켰다.

오답 개념 체크

① 박상진 등: 대구에서 공화 정체의 국민 국가 수립을 목표로 대한 광복회를 조직하여 친일파를 처단하였다.

② 박은식: 국권 피탈 과정을 정리한 『한국통사』를 집필하였다.

④ 이인영 등: 정미의병 때 연합 부대인 13도 창의군을 지휘하여 서울 진공 작전을 전개하였다.

⑤ 동학 농민군은 보국안민을 기치로 공주 우금치에서 일본군 및 관군에 맞서 싸웠다.

03 김원봉

정답 ③

☑ 빠른 정답 찾기

힌트❶ 의열단 단장 → **김원봉**

③ 김원봉은 중국 국민당 정부의 지원을 받아 조선 의용대를 창설하였다.

오답 개념 체크

① 이상설·이동휘: 러시아 연해주에서 권업회를 중심으로 대한 광복군 정부를 수립하였다.

② 박상진 등: 비밀 결사인 대한 광복회를 조직하여 공화 정치 체제의 국민 국가 수립을 목표로 친일파를 처단하였다.

④ 지청천: 만주 사변 이후, 한국 독립군을 이끌고 북만주 일대에서 중국 호로군 등과 연합하여 대전자령 전투 등에서 일본군을 격파하였다.

⑤ 신채호: 의열단의 활동 지침으로 민중의 직접 혁명을 주장하는 내용의 「조선혁명선언」을 집필하였다.

04 김구와 여운형

정답 ②

☑ 빠른 정답 찾기

(가) 힌트❶ 백범 + 힌트❷ 대한민국 임시 정부 주석 역임 → **김구**

(나) 힌트❶ 몽양 + 힌트❷ 신한청년당 결성 + 힌트❸ 좌·우 합작 위원회 조직 → **여운형**

ㄱ. 김구는 침체된 임시 정부에 활기를 불어넣고자 상하이에서 한인 애국단을 조직하였다.

ㄷ. 여운형은 광복 직후 조선 건국 준비 위원회를 결성하였으며, 조선 인민 공화국을 수립하고 전국에 인민 위원회를 조직하였다.

오답 개념 체크

ㄴ. 김원봉: 중국 국민당 정부의 지원 아래 조선 혁명 간부 학교를 세워 독립군을 양성하였다.

ㄹ. 이승만: 광복 이후 미국에서 귀국하여 독립 촉성 중앙 협의회를 이끌었다.

---

01 ⑤	02 ③	03 ⑤	04 ①
05 ②	06 ③	07 ③	08 ②
09 ①	10 ③	11 ④	12 ⑤
13 ②	14 ③	15 ⑤	16 ③

01 [현대] 5·10 총선거

정답 ⑤

☑ 빠른 정답 찾기

우리나라 첫 번째 총선거 → 5·10 총선거

ㄷ. 제주 4·3 사건으로 제주도 일부 지역에서 5·10 총선거가 제대로 실시되지 못해 무효 처리된 선거구가 있었다.

ㄹ. 5·10 총선거는 임기 2년의 제헌 국회의원을 선출하기 위해 실시되었다.

오답 개념 체크

ㄱ. 좌·우 합작 운동은 좌·우 합작 위원회가 주도하였으며, 임시 민주 정부 수립, 신탁 통치 문제 해결 등을 내용으로 한 좌·우 합작 7원칙을 발표하였다.

ㄴ. 4·19 혁명의 결과로 수립된 허정 과도 정부에서 내각 책임제와 양원제를 핵심으로 하는 제3차 개헌안이 통과되었고, 이는 장면 정부가 수립되는 계기가 되었다.

02 [현대] 서울 수복 이후의 사실

정답 ③

☑ 빠른 정답 찾기

서울 수복 → 서울 수복(1950. 9.) 이후에 있었던 사실

ㄴ. 서울 수복 이후 중국군의 개입으로 전세가 다시 역전되어 1950년 12월에 흥남 철수 작전이 전개되었다.

ㄷ. 서울 수복 이후인 1951년 7월에 소련의 제안으로 정전 회담이 개최되었다.

오답 개념 체크

ㄱ. 서울 수복 이전인 1950년 1월에 미국의 극동 방위선에서 한반도와 대만을 제외한다는 내용의 애치슨 선언이 발표되었다.

ㄹ. 서울 수복 이전인 1950년 8월에 국군이 다부동 전투에서 북한군의 공세를 성공적으로 방어하였다.

03 [현대] 사사오입 개헌안(제2차 개헌안)

정답 ⑤

☑ 빠른 정답 찾기

1954년 + 사사오입의 논리를 내세움
→ 사사오입 개헌안(제2차 개헌안, 1954)

⑤ 사사오입 개헌안(제2차 개헌안)의 시행 결과, 개헌 당시의 대통령(이승만)에 한하여 중임 제한이 철폐되었다.

오답 개념 체크

① 제7차 개헌안(유신 헌법): 통일 주체 국민회의에서 대통령이 선출되었다.

② 제9차 개헌안(현행 헌법): 5년 단임의 대통령이 직선제에 의해 선출되었다.

③ 제7차 개헌안(유신 헌법): 대통령이 국회의원의 3분의 1을 추천하게 되었다.

④ 제헌 헌법: 5·10 총선거의 실시로 수립된 제헌 국회에서 제정된 헌법으로, 제헌 헌법 제정 결과 국회에서 간접 선거 방식으로 대통령이 선출되었다.

더 알아보기 ▒ 이승만 정부 시기의 개헌

1차 개헌 (발췌 개헌, 1952)	• 배경: 간선제로 재선이 어렵다고 판단한 이승만 정부의 직선제 개헌 추진 • 결과: 대통령 직선제로 개헌
2차 개헌 (사사오입 개헌, 1954)	• 배경: 6·25 전쟁 이후 이승만의 장기 집권 추진 • 결과: 개헌 당시의 대통령에 한하여 중임 제한 규정 철폐

04 [현대] 4·19 혁명

정답 ①

☑ **빠른 정답 찾기**

> 경무대 앞 경찰의 발포 + 교수단 시위 → **4·19 혁명**

① 4·19 혁명은 이승만 정부의 3·15 부정 선거를 규탄한 민주화 운동으로, 이승만이 대통령직에서 하야하였고, 이는 이후 장면 내각이 출범하는 계기가 되었다.

오답 개념 체크

② 부·마 민주 항쟁: YH 무역 사건을 비판한 신민당 총재 김영삼의 국회의원직 제명을 계기로 일어난 민주화 운동으로, 이의 진압을 둘러싸고 박정희 정부 내에서 갈등이 발생하여 유신 체제가 붕괴되는 결과를 가져왔다.

③ 6·3 시위: 박정희 정부가 한·일 국교 정상화를 추진하자, 굴욕적인 한·일 국교 정상화에 반대하여 시위가 일어났다.

④ 5·18 민주화 운동: 신군부의 비상 계엄 확대와 무력 진압이 원인이 되어 광주 지역 학생과 시민들이 계엄령 철폐 등을 요구하며 민주화 운동을 전개한 사건이다.

⑤ 6월 민주 항쟁: 전두환 정부의 4·13 호헌 조치에 반발하여 호헌 철폐와 독재 타도 등의 구호를 내세우며 시위를 전개하였다.

05 [현대] 박정희 정부 시기의 경제 상황

정답 ②

☑ **빠른 정답 찾기**

> YH 무역 여성 노동자들 + 농성 시위 → **박정희 정부 시기**

② 박정희 정부 시기에 중화학 공업의 성장으로 연간 수출액 100억 달러가 달성되었다.

오답 개념 체크

① 김영삼 정부: 대통령 긴급 명령으로 모든 금융 거래 시 실제 명의를 사용하는 금융 실명제가 시행되었다.

③ 노무현 정부: 김대중 정부 때 협의된 개성 공단이 건설되어 의류 생산이 시작되었다.

④ 노무현 정부: 칠레와 자유 무역 협정(FTA)을 체결하였다.

⑤ 전두환 정부: 1980년대 중반 이후 전 세계적으로 나타난 저금리·저유가·저달러의 3저 호황을 맞이하였다.

06 [현대] 유신 체제 시기의 사실

정답 ③

☑ **빠른 정답 찾기**

> 유신 헌법 → **유신 체제 시기(박정희 정부, 1972~1979)**

③ 정부의 4·13 호헌 조치에 반발하여 호헌 철폐, 독재 타도를 내세운 6·10 국민 대회를 전개가 개최된 것은 전두환 정부 시기의 사실이다.

오답 개념 체크

① 유신 체제 시기에 YH 무역의 여성 노동자들이 부당한 폐업 조치에 반발하여 신민당사에서 농성을 하였다.

② 유신 체제 시기에 장준하 등을 중심으로 민주 회복을 위한 개헌 청원 백만인 서명 운동이 전개되었다.

④ 유신 체제 시기에 야당 총재인 김영삼의 국회의원직 제명을 계기로 부·마 민주 항쟁이 일어났다.

⑤ 유신 체제 시기에 재야 인사와 야당 지도자들이 긴급 조치 철폐 등을 요구하는 3·1 민주 구국 선언을 발표하였다.

07 [현대] 5·18 민주화 운동

정답 ③

☑ **빠른 정답 찾기**

> 계엄 당국 + 광주 시민 → **5·18 민주화 운동**

③ 5·18 민주화 운동 때 신군부의 무력 진압에 대항하여 시민군이 자발적으로 조직되었다.

오답 개념 체크

① 6월 민주 항쟁: 전두환 정부의 4·13 호헌 조치에 반발한 시민들이 호헌 철폐와 독재 타도 등의 구호를 내세워 시위를 전개하였다.

② 부·마 민주 항쟁: 유신 체제에 비판적이었던 야당 총재 김영삼의 국회의원직 제명으로 촉발되었다.

④ 4·19 혁명: 시위대가 이승만과의 면담을 요구하며 경무대(청와대의 전 이름)로 향하던 도중 경찰의 총격을 받았다.

⑤ 6월 민주 항쟁: 전두환 정부가 박종철 고문 치사 사건을 은폐·조작한 정황이 드러나자, 학생과 시민들은 박종철 고문 치사 사건의 진상 규명을 요구하였다.

08 [현대] 전두환 정부

정답 ②

☑ **빠른 정답 찾기**

> 박종철 고문 치사 사건 + 날조 → **전두환 정부**

② 전두환 정부 시기에는 당시 여당 대통령 후보였던 노태우가 6·29 선언을 통해 직선제로 개헌할 것을 약속하였고, 5년 단임의 대통령 직선제 개헌이 이루어졌다.

오답 개념 체크

① 박정희 정부: 유신 체제에 비판적이었던 야당 총재 김영삼이 국회의원직에서 제명되었다.

③ 박정희 군부 시기: 군부 세력에 의해 국가 재건 최고 회의를 기반으로 한 군정이 실시되었다.

④ 이승만 정부: 평화 통일론을 내세우던 진보당의 조봉암이 간첩 혐의로 처형되었다.

⑤ 박정희 정부: 윤보선, 김대중 등에 의해 긴급 조치 철폐와 대통령의 퇴진 등을 포함한 3·1 민주 구국 선언이 발표되었다.

09 [현대] 노태우 정부의 통일 노력

정답 ①

☑ **빠른 정답 찾기**

> 최초로 중국을 공식 방문함 + 한·중 수교 → **노태우 정부**

① 노태우 정부는 상호 화해와 불가침 및 교류·협력 확대에 관해 북한과 합의한 남북 기본 합의서를 채택하였다.

오답 개념 체크

② 박정희 정부: 통일의 3대 원칙(자주·평화·민족 대단결)과 남북 조절 위원회 설치 등에 합의한 7·4 남북 공동 성명을 발표하였다.

③ 김대중 정부: 최초로 남북 정상 회담을 개최하고, 6·15 남북 공동 선언을 채택하였다.

④ 전두환 정부: 최초의 이산가족 고향 방문과 예술 공연단 교환을 실현하였다.

⑤ 김대중 정부: 남북한의 교류 협력을 위한 개성 공업 지구 건설에 합의하였고, 노무현 정부 때 건설에 착수하였다.

10 [현대] 김영삼 정부 시기의 경제 상황

정답 ③

☑ **빠른 정답 찾기**

> 금융 실명제 → **김영삼 정부**

③ 김영삼 정부는 시장 개방 정책을 추진하여 경제 협력 개발 기구(OECD)에 가입하였다.

오답 개념 체크

① 박정희 정부: 경부 고속도로를 준공하는 등 사회 간접 자본을 확충하였다.

② 박정희 정부: 경공업 중심의 제1차 경제 개발 5개년 계획을 추진하였다.

④ 노무현 정부: 미국과 자유 무역 협정(FTA)을 체결하였다.

⑤ 미 군정 시기에 일제의 귀속 재산 처리를 위해 신한 공사가 설립되었다.

금융 실명제 실시	모든 금융 거래를 실제 본인의 이름으로 하도록 함
역사 바로 세우기 운동	조선 총독부 건물 철거, 국민학교를 초등학교로 개칭, 전직 대통령 전두환과 노태우 구속 등
OECD 가입	시장 개방을 위해 경제 협력 개발 기구(OECD)에 가입
외환 위기	국제 경제의 악화와 외환 부족으로 IMF(국제 통화 기금)에 지원 요청

11 [현대] 김대중 정부의 통일 정책   정답 ④

☑ 빠른 정답 찾기

최초의 남북 정상 회담 성사 + 노벨 평화상 수상 → 김대중 정부

④ 김대중 정부는 대북 화해 협력 정책인 햇볕 정책을 추진한 결과 최초로 남북 정상 회담을 개최하고, 6·15 남북 공동 선언을 채택하였다.

오답 개념 체크
① 노태우 정부: 남북 기본 합의서에 서명하였다.
② 노태우 정부: 남북한이 유엔에 동시 가입하였다.
③ 박정희 정부: 7·4 남북 공동 성명을 발표하였다.
⑤ 전두환 정부: 남북 이산가족 고향 방문을 최초로 실현하였다.

12 [현대] 노무현 정부의 통일 노력   정답 ⑤

☑ 빠른 정답 찾기

개성 공단의 첫 삽을 떴음 → 노무현 정부

⑤ 노무현 정부 시기에 제2차 남북 정상 회담을 개최하여 10·4 남북 정상(공동) 선언을 발표하였다.

오답 개념 체크
① 노태우 정부: 북한과 적극적으로 대화를 시도하여 관계의 진전을 이루었고, 그 결과 남북한이 유엔에 동시 가입하였다.
② 노태우 정부: 민족 자존과 통일 번영을 위해 통일 외교 정책의 기본 방향을 담은 대통령 특별 선언인 7·7 선언을 발표하였다.
③ 전두환 정부: 남북 이산가족 고향 방문을 성사시켜 최초의 이산가족 고향 방문과 예술 공연단 교환을 실현하였다.
④ 박정희 정부: 자주·평화·민족 대단결의 원칙에 합의한 7·4 남북 공동 성명을 실천하기 위해 남북 조절 위원회를 구성하였다.

13 [통합 주제] 멕시코 지역의 민족 운동   정답 ②

☑ 빠른 정답 찾기

계약 노동 이민자 + 에네켄 농장 → 멕시코

② 멕시코에서는 이근영 등에 의해 독립군 양성 기관인 숭무 학교가 설립되었다.

오답 개념 체크
① 연해주: 한인 자치 기관인 권업회를 조직하였으며, 기관지로 권업신문을 발행하였다.
③ 북간도: 중광단이 북로 군정서로 확대 개편되어 항일 무장 투쟁을 전개하였다.
④ 중국 상하이: 신규식, 조소앙 등에 의해 주권 재민을 천명한 대동 단결 선언서가 작성되었다.
⑤ 일본 도쿄: 유학생들을 중심으로 조선 청년 독립단이 결성되어 2·8 독립 선언서를 발표하였다.

14 [통합 주제] 안동   정답 ③

☑ 빠른 정답 찾기

고창 전투 + 봉정사 극락전 → 안동

③ 안동(복주)은 홍건적의 2차 침입 때 수도 개경이 함락되면서 공민왕이 피란한 지역이다.

오답 개념 체크
① 공주: 신라 하대 헌덕왕 때 웅천주(공주) 도독 김헌창이 자신의 아버지가 왕위에 오르지 못한 것에 불만을 품고 반란을 일으켰다.
② 평양: 일제 강점기에 고무 공장 여성 노동자 강주룡이 임금 삭감에 반대하여 을밀대 지붕에서 고공 시위를 전개하였다(1931).
④ 충주: 임진왜란 때 신립이 탄금대에 배수의 진을 치고 왜군에 맞서 전투를 벌였다.
⑤ 청도(운문): 고려 무신 집권기에 지배층의 수탈에 저항하여 김사미가 운문(지금의 청도)에서, 효심이 초전(지금의 울산)에서 봉기하였다(김사미·효심의 난).

15 [통합 주제] 율곡 이이   정답 ⑤

☑ 빠른 정답 찾기

해주 향약 + 「동호문답」 + 「격몽요결」을 저술 → 율곡 이이

⑤ 이이는 군주가 수양해야 할 덕목과 지식을 담은 「성학집요」를 집필하여 선조에게 바쳤다.

오답 개념 체크
① 송시열: 효종 때 청나라에 복수할 것을 주장한 상소문인 기축봉사를 올려 명에 대한 의리를 강조하였다.
② 김육: 효종에게 서양식 역법인 시헌력을 도입하자고 건의하였다.
③ 박지원: 양반의 허례와 무능을 풍자한 한문 소설인 「양반전」을 저술하였다.
④ 김장생: 주자의 「가례」를 해설하고 보충하여 예학을 조선의 현실에 맞게 정리한 「가례집람」을 지었다.

16 [통합 주제] 지청천   정답 ③

☑ 빠른 정답 찾기

한국광복군 총사령관 → 지청천

③ 지청천이 이끄는 한국 독립군은 1930년대 초 북만주 일대에서 중국 호로군 등과 연합하여 쌍성보, 대전자령, 사도하자 전투 등에서 일본군을 격파하였다.

오답 개념 체크
① 나석주: 의열단의 단원으로, 동양 척식 주식회사와 조선 식산 은행에 폭탄을 투척하였다.
② 박상진 등: 비밀 결사인 대한 광복회를 조직하여 공화 정치 체제의 국민 국가 수립을 목표로 친일파를 처단하였다.
④ 홍범도: 대한 독립군을 이끌며 대한 국민회군과 연합하여 봉오동 전투에서 일본군을 상대로 승리하였다.
⑤ 신채호: 의열단의 활동 지침으로 민중의 직접 혁명을 주장하는 내용의 「조선혁명선언」을 집필하였다.

더 알아보기 : 지청천의 주요 활동

- 신흥 무관 학교 입학
- 대한 독립 군단 조직
- 한국 독립군 총사령관으로 임명
- 쌍성보, 대전자령, 사도하자 전투에서 활약
- 한국광복군 총사령관으로 임명

FINAL 최빈출 모의고사

FINAL 최빈출 모의고사 1회

01 ②	**02** ③	**03** ②	**04** ④	**05** ①
06 ④	**07** ④	**08** ①	**09** ③	**10** ④
11 ②	**12** ④	**13** ④	**14** ⑤	**15** ②
16 ③	**17** ②	**18** ④	**19** ③	**20** ③
21 ④	**22** ①	**23** ④	**24** ①	**25** ⑤
26 ⑤	**27** ⑤	**28** ③	**29** ②	**30** ②
31 ①	**32** ④	**33** ⑤	**34** ⑤	**35** ③
36 ②	**37** ③	**38** ③	**39** ④	**40** ⑤
41 ⑤	**42** ③	**43** ②	**44** ③	**45** ③
46 ③	**47** ⑤	**48** ④	**49** ⑤	**50** ④

01 [선사 시대] 청동기 시대
정답 ②

☑ 빠른 정답 찾기

비파형동검, 민무늬 토기 → **청동기 시대**

② 청동기 시대에는 계급이 발생하여 지배층의 무덤으로 고인돌을 축조하였다.

오답 개념 체크
① 구석기 시대: 이동 생활을 하여 주로 동굴이나 강가의 막집에서 거주하였다.
③ 신석기 시대: 농경과 목축을 시작하여 식량을 생산하는 경제 활동을 하였다.
④ 철기 시대: 쟁기, 쇠스랑 등의 철제 농기구를 사용하여 농업 생산력이 증대되었다.
⑤ 구석기 시대: 주먹도끼, 찍개 등의 뗀석기를 제작해 사용하였다.

02 [선사 시대] 부여
정답 ③

☑ 빠른 정답 찾기

12월에 영고라는 제천 행사 → **부여**

③ 부여에는 왕 아래 마가, 우가, 저가, 구가 등의 여러 가(加)들이 존재하였으며, 이들은 별도의 행정 구역인 사출도를 주관하였다.

오답 개념 체크
① 옥저: 어린 신부를 남자 집에 데려와 신부가 성장하면 남자가 여자 집에 예물을 치르고 혼인을 하는 풍습인 민며느리제가 있었다.
② 변한, 금관가야: 철이 많이 생산되어 낙랑과 왜에 수출하였다.
④ 동예: 단궁, 과하마, 반어피 등이 특산물로 유명하였다.
⑤ 고구려: 왕 아래의 대가들이 각각 사자, 조의, 선인 등의 관리를 거느렸다.

03 [고대] 신라 진흥왕
정답 ②

☑ 빠른 정답 찾기

순수(진흥왕 순수비) + 적성(단양 적성비) → **신라 진흥왕**

② 신라 진흥왕은 대가야를 복속하여 영토를 확장하였다.

오답 개념 체크
① 신문왕(통일 신라): 국립 교육 기관인 국학을 설립하여 유학을 교육하였다.
③ 법흥왕(신라): 중앙 부서로 병부 등을 설치하여 지배 체제를 정비하였다.
④ 문무왕(통일 신라): 지방관을 감찰하기 위하여 외사정을 파견하였다.
⑤ 지증왕(신라): 국호를 '신라'로 확정하고 마립간 대신 '왕'이라는 칭호를 사용하였다.

04 [고대] 백제 의자왕
정답 ④

☑ 빠른 정답 찾기

윤충 + 신라의 대야성을 공격 → **백제 의자왕**

④ 의자왕 때 백제는 김유신이 이끄는 신라군에 맞서 계백의 결사대를 보냈으나 황산벌 전투에서 신라군에 패배하였다.

오답 개념 체크
① 성왕: 웅진에서 사비로 천도하고 국호를 백제에서 남부여로 고쳤다.
② 수나라는 의자왕의 재위(641~660) 이전에 멸망(618)하였다.
③ 근초고왕: 고구려의 평양성을 공격하여 고구려 고국원왕을 전사시켰다.
⑤ 침류왕: 중국 동진에서 온 승려 마라난타를 통해 불교를 수용하였다.

05 [고대] 발해
정답 ①

☑ 빠른 정답 찾기

정효 공주 묘지 + 문왕 → **발해**

① 발해는 유학 교육 기관으로 주자감을 설치하여 인재를 양성하였다.

오답 개념 체크
② 신라: 골품에 따라 관등 승진에 제한을 둔 신분 제도인 골품제가 있었다.
③ 백제: 귀족들이 정사암에 모여서 재상 선출 및 국가 중대사를 논의하였다.
④ 통일 신라: 원성왕 때 인재 등용을 위해 유교 경전의 이해 수준을 시험하여 관리를 선발하는 독서삼품과를 시행하였다.
⑤ 고려: 예종 때 도서관 겸 학문 연구소인 청연각과 보문각을 두어 학문 연구를 장려하였다.

06 [고대] 통일 신라의 경제 상황
정답 ④

☑ 빠른 정답 찾기

촌락의 인구수, 토지 종류와 면적, 소와 말의 수 등을 기록한 문서 → 민정 문서(신라 촌락 문서) → **통일 신라**

④ 통일 신라는 수도 경주와 근접한 울산항이 국제 무역항으로 번성하였으며, 한강 유역의 당항성을 통해 중국과도 교류하였다.

오답 개념 체크
① 고려: 숙종 때 은병(활구)이라는 고액 화폐가 제작·유통되었다.
② 고구려: 지배층은 집집마다 부경이라는 창고를 두어 곡식을 저장하였다.
③ 조선: 조선 후기에 목화, 담배 등이 상품 작물로 재배되었다.
⑤ 조선: 세조 때 관리들에게 지급할 토지가 부족해지자, 현직 관리에게만 토지를 지급하는 직전법이 실시되었다.

07 [고대] 의상

정답 ④

✓ **빠른 정답 찾기**

당에 유학함 + 부석사 → **의상**

④ 의상은 화엄 사상의 요지를 담은 『화엄일승법계도』를 저술하였다.

오답 개념 체크

① 대구화상, 위홍: 신라의 승려와 관료로, 신라 진성 여왕의 명으로 향가(우리나라 고유 형식의 시) 모음집인 『삼대목』을 편찬하였다.

② 원효: 신라의 승려로, 무애가라는 불교의 이치를 담은 가요를 지어 불교 대중화에 기여하였다.

③ 원광: 신라의 승려로, 화랑도가 지켜야 할 행동 규범으로 세속 5계라는 규율을 제시하였다.

⑤ 혜초: 신라의 승려로, 인도와 중앙아시아를 다녀와서 그 나라의 풍물을 기록한 여행기인 『왕오천축국전』을 남겼다.

08 [고대] 익산 미륵사지 석탑

정답 ①

✓ **빠른 정답 찾기**

무왕 + 미륵 삼존 + 미륵사 → **익산 미륵사지 석탑**

① 익산 미륵사지 석탑은 백제 무왕 때 건립된 목탑 양식을 계승한 석탑으로, 우리나라에 현존하는 석탑 중 가장 오래되었다.

오답 개념 체크

② 경주 불국사 다보탑(통일 신라): 경덕왕 때 창건된 불국사에 위치한 탑으로, 기존의 석탑과는 다르게 독특하고 복잡한 양식으로 축조되었다.

③ 영광탑(발해): 중국 지린(길림)에 있는 현존하는 유일한 발해의 전탑(벽돌탑)이다.

④ 부여 정림사지 오층 석탑(백제): 좁고 낮은 1단의 기단 위에 5층의 탑신부로 구성되었으며 목조탑의 형식을 많이 보존하고 있는 것이 특징이다.

⑤ 경주 분황사 모전 석탑(신라): 돌을 벽돌 모양으로 다듬어 쌓은 모전 석탑으로, 현존하는 신라 석탑 중 가장 오래되었다.

09 [고대] 견훤

정답 ③

✓ **빠른 정답 찾기**

완산주를 도읍으로 삼아 후삼국 중 한 나라를 세움 → **견훤**

③ 후백제를 세운 견훤은 중국의 후당과 오월에 사신을 파견하며 적극적으로 교류하였다.

오답 개념 체크

① 궁예(후고구려): 양길의 휘하에서 세력을 키운 뒤 후고구려를 세웠다.

② 신문왕(통일 신라): 군사 제도를 정비하여 중앙군으로 9서당을 설치하였다.

④ 궁예(후고구려): 송악(개성)을 도읍으로 삼아 후고구려를 건국했고, 국가 기반을 다진 후 도읍을 송악에서 철원으로 옮겼다.

⑤ 지증왕(신라): 장군 이사부를 보내 우산국(울릉도)을 복속하였다.

10 [고려 시대] 광종

정답 ④

✓ **빠른 정답 찾기**

쌍기 + 과거의 지공거를 맡음 → **광종**

④ 고려 광종은 노비안검법을 시행하여 억울하게 노비가 된 사람들을 양인으로 해방시켰다.

오답 개념 체크

① 고려 말 원종~우왕: 무신 집권기를 거치면서 전시과 체제가 붕괴되어 관리들에게 토지와 녹봉을 지급할 수 없게 되자, 관리들의 생계 유지를 위해 녹과전을 지급하였다.

② 고려 원 간섭기: 충선왕은 원의 수도에 학문 연구소인 만권당을 설치하였다.

③ 고려 문종~공양왕: 최충이 사립 교육 기관으로 9재 학당(문헌공도)을 세워 유학 교육을 실시하였다.

⑤ 고려 우왕: 청주 흥덕사에서 금속 활자본인 『직지심체요절』을 간행하였다.

11 [고려 시대] 귀주 대첩

정답 ②

✓ **빠른 정답 찾기**

거란군 + 귀주 + 강감찬 → **귀주 대첩(1019)**

② 고려 성종 때 거란의 1차 침입을 서희의 외교 담판(993)으로 극복한 이후, 현종 때 3차 침입한 거란군을 강감찬이 귀주에서 대파하였다(귀주 대첩, 1019).

12 [고려 시대] 고려 시대의 모습

정답 ④

✓ **빠른 정답 찾기**

주전도감 + 해동통보 → **고려 시대**

④ 고려 시대에는 예성강 하류의 벽란도가 국제 무역 항구로 번성하여 송·일본·아라비아 상인들이 왕래하는 등 대외 교류가 활발하였다.

오답 개념 체크

① 조선 전기: 명종 때 흉년에 대비하기 위해 『구황촬요』를 편찬하였다.

② 신라: 지증왕 때 시장을 감독하는 동시전을 설치하였다.

③ 조선 후기: 초량 왜관에서 내상이 인삼 등을 판매하였다.

⑤ 발해: 솔빈부의 말이 특산품으로 유명하여, 중국으로 수출되었다.

13 [고려 시대] 중서문하성과 어사대

정답 ④

✓ **빠른 정답 찾기**

(가) 수장인 문하시중 → **중서문하성**

(나) 어사대부 → **어사대**

ㄴ. 중서문하성은 고려 시대의 최고 중앙 관서로, 장관인 문하시중이 국정을 총괄하였다.

ㄹ. 어사대는 고려 시대에 정치의 잘잘못을 논하고 관리를 감찰하는 업무를 수행한 기구로, 관리 임명에 대한 서경권을 행사하였다.

오답 개념 체크

ㄱ. 삼사: 화폐와 곡식의 출납과 회계를 담당하였다.

ㄷ. 도병마사: 고위 관리인 재신과 추밀이 모여 국방 및 군사 문제를 논의한 회의 기구로, 원 간섭기에 도평의사사로 개편되었다.

14 [고려 시대] 의천

정답 ⑤

✓ **빠른 정답 찾기**

대각국사 + 문종의 넷째 아들 + 국청사를 중심으로 천태종을 개창함 → **의천**

⑤ 대각국사 의천은 흥왕사에 교장도감을 설치하여 불교 경전에 대한 주석서인 교장(속장경)을 편찬하였다.

오답 개념 체크

① 지눌(고려): 선정과 지혜를 함께 닦아 수행해야 한다는 정혜쌍수와 불성을 깨달은 다음에도 꾸준히 수행해야 한다는 돈오점수를 주장하였다.

② 균여(고려): 『보현십원가』를 지어 어려운 불교 교리를 노래로 쉽게 풀어 대중에게 전파하였다.

③ 자장(신라): 선덕 여왕에게 황룡사 구층 목탑의 건립을 건의하였다.

④ 요세(고려): 참회를 강조하는 법화 신앙을 중심으로 백련사 결사를 주도하여 불교 정화 운동을 전개하였다.

15 [고려 시대] 원 간섭기의 사실 정답 ②

☑ 빠른 정답 찾기

홍다구(원나라의 장군) + 긴방경(고려의 장군) + 왜와 교전 + 풍랑을 만나 행방을 잃음 → 원 간섭기의 일본 원정

② 원 간섭기에는 고려의 지배층을 중심으로 몽골 남자의 머리 모양인 변발과 몽골의 복장인 호복이 유행하였다.

오답 개념 체크

① 『정감록』은 왕조의 교체를 예언한 일종의 예언서로, 조선 후기에 사회가 혼란해지자 민간에 널리 유포되었다.
③ 교정도감은 고려 무신 집권기에 최충헌이 반대 세력을 처벌하기 위해 설치한 기구였으나, 이후 국정을 총괄하는 기구가 되었다.
④ 이자겸은 고려 중기인 인종 때 왕실의 외척이 되어 권력을 독점하였다.
⑤ 김사미와 효심은 고려 무신 집권기인 명종 때 가혹한 수탈에 저항하여 운문(청도)과 초전(울산)에서 봉기를 일으켰다.

16 [고려 시대] 『직지심체요절』 정답 ③

☑ 빠른 정답 찾기

청주 흥덕사에서 금속 활자로 간행 → 『직지심체요절』

③ 『직지심체요절』은 현존하는 가장 오래된 금속 활자본으로, 그 가치를 인정받아 2001년에 유네스코 세계 기록유산으로 등재되었다.

오답 개념 체크

① 『의궤』: 병인양요 때 프랑스군에 의해 강화도 외규장각에 소장되어 있던 『의궤』가 약탈되었으며, 이는 2011년에 영구 임대의 방식으로 모두 반환되었다.
② 신라 촌락 문서: 통일 신라 시기에 세금을 수취하기 위해 제작된 문서로, 촌주가 촌락의 경제 상황을 파악하여 3년마다 작성하였다.
④ 초조대장경: 고려 현종 때 부처의 힘으로 거란의 침략을 물리치기 위해 제작하였다.
⑤ 『삼강행실도』: 조선 세종 때 편찬된 윤리서로, 충신·효자·열녀를 알리기 위해 간행하였다.

17 [고려 시대] 고려 시대의 불상 정답 ②

☑ 빠른 정답 찾기

대형 철불 + 논산 관촉사 석조 미륵보살 입상 → 고려 시대의 불상

② 경주 석굴암 본존불은 신라 중대에 제작된 것으로, 신라 예술의 뛰어난 균형미를 보여 준다.

오답 개념 체크

① 하남 하사창동 철조 석가여래 좌상: 고려 초기의 대형 철불로, 석굴암 본존불의 양식을 이어받은 것이 특징이다.
③ 안동 이천동 마애여래 입상: 고려의 불상으로, 자연 암벽에 신체를 조각(마애)하고 머리는 따로 올려놓았다.
④ 영주 부석사 소조 여래 좌상: 고려의 불상으로, 통일 신라의 전통 양식을 계승한 것이 특징이다.
⑤ 하남 교산동 마애 약사여래 좌상: 고려의 불상으로, 질병에서 중생을 구제해 준다는 약사불을 절벽에 새겨 놓았다.

18 [조선 시대] 세종 정답 ④

☑ 빠른 정답 찾기

정초 + 『농사직설』 → 세종

④ 세종 때 이순지 등이 한양을 기준으로 한 역법서인 『칠정산』을 편찬하였다.

오답 개념 체크

① 선조: 김장생이 주자의 『가례』를 해설하고 보충하여 예학을 조선의 현실에 맞게 정리한 『가례집람』을 저술하였다.
② 성종: 신숙주, 정척 등이 국가의 의례를 유교의 예법에 맞게 정비한 『국조오례의』를 완성하였다.
③ 중종: 박세무 등이 아동용 윤리·역사 교재인 『동몽선습』을 간행하였다.
⑤ 선조: 이이가 군주가 수양해야 할 덕목을 제시한 『성학집요』를 집필하여 선조에게 바쳤다.

19 [조선 시대] 갑자사화와 을사사화 사이의 사실 정답 ③

☑ 빠른 정답 찾기

(가) 왕 + 어머니 윤씨가 폐위되고 죽음 → 갑자사화(연산군)
(나) 대윤, 소윤 → 을사사화(명종)

③ 갑자사화 등 연산군의 폭정에 대한 불만으로 중종반정이 일어나 연산군이 쫓겨나고 중종이 즉위하였다. 이후 중종은 자신을 왕위에 올린 훈구를 견제하기 위해 사림 조광조의 건의에 따라 일종의 천거제인 현량과를 실시하여 신진 인사를 등용하였다.

오답 개념 체크

① (나) 이후: 숙종 때 서인이 남인인 허견(허적의 서자) 등의 역모 사건을 고발한 경신환국으로 허적과 윤휴 등의 남인들이 축출되었다.
② (나) 이후: 선조 때 정여립 모반 사건으로 동인이 대거 축출되고, 서인이 정국을 주도한 기축옥사가 발생하였다.
④ (가) 이전: 연산군 때 김일손이 스승 김종직이 작성한 『조의제문』을 「사초」에 실은 것이 발단이 되어 무오사화가 일어나 김일손 등이 처형되었다.
⑤ (나) 이후: 영조 때 이인좌를 중심으로 한 일부 소론 세력이 경종의 죽음에 영조와 노론이 관계되었다고 주장하며 난을 일으켰다.

20 [조선 시대] 이황 정답 ③

☑ 빠른 정답 찾기

퇴계 + 백운동 서원의 사액을 조정에 건의 → 이황

③ 퇴계 이황은 군주의 도를 도식으로 설명한 『성학십도』를 지어 선조에게 바쳤다.

오답 개념 체크

① 정제두: 양명학을 체계적으로 연구하여 강화도를 중심으로 강화 학파를 형성하였다.
② 송시열: 명에 대한 의리를 내세워 청에 대한 복수를 주장하는 기축봉사를 올렸다.
④ 이이: 다양한 개혁 방안을 문답 형식으로 제시한 『동호문답』을 저술하였다.
⑤ 정도전: 재상 중심의 정치를 강조한 법전인 『조선경국전』을 편찬하였다.

21 [조선 시대] 충주 탄금대 전투 이후의 사실 정답 ④

☑ 빠른 정답 찾기

신립 + 탄금대 → 충주 탄금대 전투(1592. 4.)

④ 1592년 4월에 왜군이 부산을 침입한 직후 송상현이 동래성 전투에서 항전하였으나 패배하였다.

오답 개념 체크

① 1592년 10월에 진주 목사 김시민이 진주성에서 왜군을 상대로 크게 승리하였다(진주 대첩).

② 1593년 1월에 조선은 명의 원군과 조·명 연합군을 결성하고 왜군으로부터 평양성을 탈환하였다.

③ 1592년 7월에 이순신의 수군이 한산도에서 왜군을 상대로 대승을 거두면서 전세가 서서히 역전되기 시작하였다(한산도 대첩).

⑤ 1593년 2월에 권율이 행주산성에서 왜군을 격퇴하였다(행주 대첩).

22 [조선 시대] 영조   정답 ①

✓ **빠른 정답 찾기**

군포 한 필을 감하고 균역청을 설치함 → **영조**

① 영조는 한양 도성 내의 하천을 정비하고 산의 나무를 보호하여 홍수에 대비하는 관청인 준천사를 새로 설치하였다.

오답 개념 체크

② 정조: 대청·대일 외교 관계 등 조선 후기의 대외 관계를 정리한 『동문휘고』를 간행하였다.

③ 세종: 전제상정소를 설치하여 토지를 비옥도 기준으로 여섯 등급으로 나눠 전세 징수의 기준으로 삼는 전분 6등법을 제정하였다.

④ 인조: 이괄의 난을 진압한 후 도성 수비의 중요성을 인지하여 경기 북부 일대와 남한산성에 각각 총융청과 수어청을 설치하였다.

⑤ 철종: 임술 농민 봉기를 수습하는 과정에서 안핵사로 파견되었던 박규수의 건의에 따라 삼정의 문란을 해결하기 위한 임시 기구로 삼정이정청을 설치하였다.

23 [조선 시대] 비변사   정답 ④

✓ **빠른 정답 찾기**

변방 일을 위해 설치 + 변방에 관계되는 모든 일을 실제로 다 장악 → **비변사**

ㄴ. 비변사는 임진왜란 이후 구성원이 대폭 확대되면서 그 조직과 기능이 확대되었다.

ㄹ. 비변사는 세도 정치 시기에 핵심 정치 기구 역할을 하면서 외척의 세력 기반이 되었다.

오답 개념 체크

ㄱ. 승정원: 조선 시대에 왕명의 출납을 맡은 왕의 비서 기관이었다.

ㄷ. 소격서: 도교의 제례 의식을 거행하기 위하여 설치되었던 관청으로, 조광조를 비롯한 사림에 의해 혁파되었다.

24 [통합 주제] 경복궁   정답 ①

✓ **빠른 정답 찾기**

조선의 법궁 + 광화문 + 건청궁 → **경복궁**

① 덕수궁은 경운궁으로 불렸던 조선 시대의 궁궐로, 고종이 아관 파천 이후 환궁한 곳이다.

오답 개념 체크

② 경복궁은 태조 때 수도를 한양으로 옮기면서 창건되었다.

③ 경복궁은 일제가 식민 통치를 미화하고 그 실적을 선전하기 위한 조선 물산 공진회를 개최한 장소이다.

④ 경복궁 건청궁에서 명성 황후가 일본 낭인들에 의해 시해되었다.

⑤ 경복궁은 일제에 의해 조선 총독부 건물이 세워진 장소이다.

더 알아보기 : 경복궁의 주요 건물

근정전	• 경복궁의 정전 • 신하들이 조회를 하거나 공식적인 의식을 치르던 곳
경회루	• 연못 안에 만들어진 누각 • 외국 사신의 접대나 연회 장소로 사용됨
건청궁	• 명성 황후가 시해된 사건인 을미사변이 발생함

25 [조선 시대] 기사환국과 갑술환국 사이의 사실   정답 ⑤

✓ **빠른 정답 찾기**

○ 왕자의 명호를 원자(元子)로 정하는 것 + 송시열이 상소를 올림 → **기사환국(숙종)**

○ 송시열 + 관직을 회복 → **갑술환국(숙종)**

⑤ 기사환국의 결과 남인이 권력을 장악하면서, 서인 계열의 인현 왕후가 폐위되고 남인 계열의 희빈 장씨가 왕비로 책봉되었다.

오답 개념 체크

① 기사환국 이전: 현종 때 효종과 효종 비의 사망 후 자의 대비의 상복 착용 기간을 두고 예송이 전개되었다.

② 기사환국 이전: 인조 때 인조반정의 공신 책봉에 불만을 품은 이괄이 반란을 일으켰다.

③ 기사환국 이전: 명종 때 외척인 윤원형이 양재역 벽서 사건을 빌미로 반대파를 숙청하여 이언적 등이 화를 입었다.

④ 갑술환국 이후: 영조 때 붕당의 폐해를 경계하기 위해 탕평비가 건립되었다.

26 [조선 시대] 대동법   정답 ⑤

✓ **빠른 정답 찾기**

공납의 폐단을 해결할 목적 + 경기도와 강원도 지역에서 실시 → **대동법**

⑤ 대동법은 특산물 대신 쌀, 베, 동전 등으로 공납을 납부하게 하는 제도였다.

오답 개념 체크

① 호포제: 고종 때 흥선 대원군은 군정의 문란을 바로잡기 위해 양반에게도 군포를 부과하였다.

② 영정법: 인조 때 전세를 풍흉에 관계없이 토지 1결당 쌀 4~6두로 고정하였다.

③ 연분 9등법: 세종 때 전세를 풍흉에 따라 9등급으로 차등 과세하였다.

④ 균역법: 영조 때 부족한 재정을 보충하기 위해 지방의 토호나 부유한 집안의 자제들에게 선무군관이라는 명예직을 수여한 후 선무군관포를 징수하였다.

27 [조선 시대] 정약용   정답 ⑤

✓ **빠른 정답 찾기**

거중기 + 『경세유표』 + 『목민심서』 → **정약용**

⑤ 정약용은 토지 제도 개혁론으로 여전론을 제시하여 토지의 공동 소유와 공동 경작을 주장하였다.

오답 개념 체크

① 박지원: 소설 『양반전』에서 양반의 위선과 무능을 비판하였다.

② 박제가: 『북학의』를 저술하여 청의 문물을 수용할 것을 강조하였다.

③ 이제마: 사람의 체질을 연구하여 태양인, 태음인, 소양인, 소음인으로 구분하는 사상 의학을 확립하였다.

④ 이만손 등: 김홍집이 들여온 『조선책략』의 유포에 반발하여 영남 만인소를 주도하였다.

28 [통합 주제] 시대별 도자기의 변화   정답 ③

☑ 빠른 정답 찾기

(가) 청자 상감 운학문 매병 → **고려 시대**

(나) 도기 기마인물형 뿔잔 → **삼국 시대**

(다) 분청사기 음각어문 편병 → **조선 전기**

(라) 백자 철화포도원숭이문 항아리 → **조선 후기**

③ 순서대로 나열하면 (나) 도기 기마인물형 뿔잔(삼국 시대) – (가) 청자 상감 운학문 매병(고려 시대) – (다) 분청사기 음각어문 편병(조선 전기) – (라) 백자 철화포도원숭이문 항아리(조선 후기)이다.

(나) 도기 기마인물형 뿔잔은 삼국 시대에 만들어진 것으로 추정되는 토기로, 갑옷과 무기, 방패 등이 사실적으로 표현되어 있다.

(가) 청자 상감 운학문 매병은 아름다운 빛깔과 조형미가 돋보이는 고려 시대의 대표적인 청자이다. 청자의 표면을 파내고 그 자리를 백토나 흑토 등으로 메워 무늬를 내는 고려 특유의 청자 제조 기법인 상감법으로 제작되었다.

(다) 분청사기 음각어문 편병은 회흑색 빛깔이 돋보이는 조선 전기의 도자기로, 두 마리의 물고기가 생동감 넘치는 선으로 표현되어 있다.

(라) 백자 철화포도원숭이문 항아리는 조선 후기의 도자기로, 쇳가루가 포함된 검은색 안료를 사용하여 포도송이가 달린 포도 덩굴을 사실적으로 표현하였다.

29 [통합 주제] 우리나라 주요 역사서 편찬 순서   정답 ②

☑ 빠른 정답 찾기

(가) 삼국 + 옛 기록은 빠진 것이 많음 → 『삼국사기』 → **고려 인종**

(나) 삼국 이후의 역사서를 모음 + 『자치통감』에 의거함 → 『동국통감』 → **조선 성종**

(다) 삼국의 시조가 모두 신이한 데서 나옴 + 「기이」편 → 『삼국유사』 → **고려 충렬왕**

(라) 대씨 + 발해 + 남북국 → 『발해고』 → **조선 정조**

② 순서대로 나열하면 (가) 『삼국사기』(고려 인종) – (다) 『삼국유사』(고려 충렬왕) – (나) 『동국통감』(조선 성종) – (라) 『발해고』(조선 정조)이다.

(가) 『삼국사기』는 고려 인종 때 왕명으로 김부식이 편찬한 역사서로, 현존하는 우리나라 최고(最古)의 역사서이다.

(다) 『삼국유사』는 고려 충렬왕 때 일연이 저술한 역사서로, 「기이」편에 단군의 건국 이야기와 삼국의 건국 신화 등을 수록하였다.

(나) 『동국통감』은 조선 성종 때 서거정 등이 고조선부터 고려까지의 역사를 편년체 형식으로 편찬한 역사서이다. 『동국통감』에는 삼국의 역사를 삼국기, 통일 신라는 신라기, 고려 시대는 고려기, 삼한 이전은 외기로 정리되어 있다.

(라) 『발해고』는 조선 정조 때 유득공이 저술한 발해의 역사서로, 통일 신라와 발해를 묶어 남북국이라는 용어를 처음으로 사용하였다.

30 [통합 주제] 우리나라의 주요 역사서   정답 ②

☑ 빠른 정답 찾기

(가) 삼국 + 옛 기록은 빠진 것이 많음 → 『삼국사기』(김부식)

(나) 삼국 이후의 역사서를 모음 + 『자치통감』에 의거함 → 『동국통감』(서거정 등)

(다) 삼국의 시조가 모두 신이한 데서 나옴 + 「기이」편 → 『삼국유사』(일연)

(라) 대씨 + 발해 + 남북국 → 『발해고』(유득공)

ㄱ. 『삼국사기』는 유교적 합리주의 사관에 기초하였으며, 역사를 본기, 열전 등 여러 항목으로 나누어 서술하는 기전체 형식으로 편찬되었다.

ㄷ. 『삼국유사』는 일연이 불교사를 중심으로 고대의 민간 설화, 삼국의 건국 신화 등을 수록한 역사서이다.

오답 개념 체크

ㄴ. 『조선왕조실록』: 『사초』, 『시정기』, 『승정원일기』 등을 바탕으로 실록청에서 편찬하였다.

ㄹ. 『동국통감』: 고조선부터 고려까지의 역사를 편년체 형식으로 정리하여 편찬하였다.

31 [근대] 흥선 대원군의 만동묘 철폐와 흥선 대원군의 하야 사이의 사실   정답 ③

☑ 빠른 정답 찾기

(가) 만동묘를 철폐함 → **흥선 대원군의 만동묘 철폐(1865)**

(나) 최익현 + 대원군의 잘못을 탄핵함 → **흥선 대원군의 하야(1873)**

③ 흥선 대원군은 신미양요 이후 서양과의 통상 수교 거부 의지를 담은 척화비를 종로 등 전국에 세웠다(1871).

오답 개념 체크

모두 흥선 대원군 하야(1873) 이후의 사실이다.

① 1881년에 고종은 개화 정책의 일환으로 신식 군대인 별기군을 창설하였다.

② 1896년에 서재필 등이 우리나라 최초의 민간 신문인 독립신문을 발행하였다.

④ 1884년에 김옥균 등 개화 세력이 우정국 개국 축하연에서 갑신정변을 일으켰다.

⑤ 1882년에 임오군란의 결과로 조·청 상민 수륙 무역 장정이 체결되면서 청 상인의 내지 진출이 가능해졌다.

32 [근대] 신미양요 이후의 사실   정답 ④

☑ 빠른 정답 찾기

초지와 덕진 + 광성보 → **신미양요(1871)**

④ 신미양요(1871) 이후인 1875년에 일본 군함 운요호가 영종도를 공격한 운요호 사건이 일어났다.

오답 개념 체크

① 1866년에 미국 상선 제너럴셔먼호가 조선에 통상 수교를 요구하며 횡포를 부리다 평양 관민에 의해 불타 침몰하였다(제너럴셔먼호 사건).

② 1866년에 프랑스 로즈 제독의 함대가 병인박해를 구실로 양화진에 침입한 후 강화도를 점령한 병인양요가 발생하였다.

③ 1868년에 독일 상인 오페르트가 조선에 통상을 요구하였다가 실패하자 남연군 묘 도굴을 시도한 오페르트 도굴 사건이 발생하였다.

⑤ 1866년에 흥선 대원군이 프랑스 선교사들과 천주교도들을 처형한 병인박해가 발생하였다.

33 [근대] 광무개혁   정답 ⑤

☑ 빠른 정답 찾기

구본신참 + 지계를 발급 → **광무개혁**

⑤ 광무개혁 때 고종 황제는 황제 직속의 군 통수 기관인 원수부를 설치하여 국방과 군사에 관한 지휘권을 장악하였다.

오답 개념 체크

①, ③ **제1차 갑오개혁**: 과거제를 폐지해 신분의 구별 없이 인재를 등용하는 새로운 관리 임용 제도를 실시하였으며, 공·사 노비법을 혁파하여 신분 제도를 철폐하였다.

②, ④ **제2차 갑오개혁**: 고종이 개혁의 기본 방향을 담은 홍범 14조를 반포하였으며, 지방 행정 구역을 전국 8도에서 23부로 개편하였다.

34 [근대] 전등 가설 이후의 사실
정답 ⑤

✅ **빠른 정답 찾기**

건청궁에 조선 최초의 전등을 가설함 → **전등 가설(1887)**

⑤ 경복궁 건청궁에 전등이 가설(1887)된 이후, 1899년에 노량진에서 제물포를 잇는 경인선이 개통되었다.

오답 개념 체크

모두 전등 가설(1887) 이전의 사실이다.

① 1885년에 알렌의 건의로 최초의 근대식 병원인 광혜원이 세워졌다.

② 1883~1884년에 박문국에서 최초의 근대 신문인 한성순보가 발행되었다.

③ 1883년에 우리나라 최초의 근대식 무기 제조 공장인 기기창이 설립되었다.

④ 1883년에 정부가 통역관 양성을 위한 외국어 교육 기관인 동문학을 세웠다.

더 알아보기 ▶ 근대의 문물

1883년	• 한성순보 발행 • 원산 학사 설립	1898년	한성 전기 회사 설립
1885년	광혜원 설립	1899년	서대문 – 청량리 전차 개통
1886년	육영 공원 설립	1900년	서울에 가로등 설치
1887년	경복궁에 전등 설치	1904년	세브란스 병원 설립
1897년	독립문 건립	1905년	경부선 개통(완공은 1904년)

35 [근대] 화폐 정리 사업
정답 ⑤

✅ **빠른 정답 찾기**

백동화를 제일은행권으로 바꿈 + 낮게 평가해 바꿔줌 → **화폐 정리 사업**

⑤ 화폐 정리 사업은 대한 제국의 재정 고문으로 취임한 메가타의 주도로 시행되었다.

오답 개념 체크

① 중·일 전쟁, 태평양 전쟁: 일제는 전쟁에 필요한 군수품을 제조하기 위해 금속류 회수령을 공포하였다.

② 국채 보상 운동은 일본이 화폐 정리 사업 등을 이유로 대한 제국에 차관을 강요하자, 대구에서 서상돈, 김광제 등의 발의로 전개된 운동이다.

③ 산미 증식 계획은 일본이 문화 통치 시기에 실시한 것으로, 일본은 조선의 쌀 생산량을 늘려 수탈하여 일본의 식량 부족을 해결하고자 하였다.

④ 물산 장려 운동: 평양에서 조만식 등이 조선 물산 장려회를 조직하여 토산품 애용을 통한 경제적 실력 양성을 추구하였다.

36 [통합 주제] 연해주 지역의 민족 운동
정답 ②

✅ **빠른 정답 찾기**

신한촌 → **연해주 지역의 민족 운동**

② 연해주 지역에서는 이상설 등이 한인 자치 단체인 권업회를 창립하여 항일 신문인 권업신문을 발행하였다.

오답 개념 체크

① 멕시코: 이근영 등이 숭무 학교를 설립하여 독립군을 양성하고 독립운동을 지원하였다.

③ 북간도: 이상설이 민족 교육 진흥을 위해 서전서숙을 설립하여 민족 교육을 실시하였다.

④ 국내: 고종의 밀지를 받은 임병찬이 주도하여 독립 의군부를 조직하였다.

⑤ 일본 도쿄: 유학생들이 중심이 되어 조선 청년 독립단을 결성하고 2·8 독립 선언서를 작성하였다.

37 [일제 강점기] 민족 말살 통치 시기
정답 ③

✅ **빠른 정답 찾기**

국가 총동원법 + 전쟁에 필요한 인적·물적 자원을 수탈함
→ **민족 말살 통치 시기**

③ 민족 말살 통치 시기인 1942년에 일제는 조선어 학회를 독립운동 단체로 간주한 조선어 학회 사건을 일으켜 한글 학자들을 탄압하였다.

오답 개념 체크

모두 민족 말살 통치 시기 이전의 사실이다.

① 1929년에 일본인 감독이 한국인 노동자를 폭행한 것이 원인이 되어 원산 노동자 총파업이 일어났다.

② 1910년대 무단 통치 시기에 일제는 한국인에 한하여 재판 없이 태형을 가할 수 있는 조선 태형령을 실시하였다.

④ 1920년대 초에 조선 민립 대학 기성회를 중심으로 민립 대학 설립 운동이 전개되었다.

⑤ 1924년에 일제는 민립 대학 설립 운동을 무마하기 위해 경성 제국 대학을 설립하였다.

38 [일제 강점기] 일제가 제정한 주요 법령
정답 ③

✅ **빠른 정답 찾기**

(가) 총독은 문무관 어느 쪽이라도 임용 + 보통 경찰
　 → 조선 총독부의 관제 개혁(문화 통치 시기)
(나) 범죄를 즉결할 수 있음 → 범죄 즉결례(무단 통치 시기)
(다) 치안 유지법의 죄를 범한 자 + 보호 관찰에 부칠 수 있음
　 → 조선 사상범 보호 관찰령(민족 말살 통치 시기)

③ 순서대로 나열하면 (나) 범죄 즉결례(무단 통치 시기) – (가) 조선 총독부의 관제 개혁(문화 통치 시기) – (다) 조선 사상범 보호 관찰령(민족 말살 통치 시기)이다.

(나) 무단 통치 시기인 1910년대에 일제는 한국인을 강압적으로 통치하였다. 일제는 헌병 경찰제를 실시하여 군인인 헌병이 일반 경찰의 역할을 수행하도록 하였는데, 이때 헌병 경찰은 범죄 즉결례에 따라 정식 재판 없이 한국인을 즉시 처벌할 수 있었다.

(가) 일제는 3·1 운동 이후 식민 통치에 대한 조선인의 반발을 무마하기 위해 조선 총독부의 관제 개혁을 공포하며 문화 통치를 실시하였다. 이에 따라 일제는 무관이 아닌 문관도 총독에 임명될 수 있도록 하였으며, 헌병 경찰제를 보통 경찰제로 전환하였다. 그러나 실제로 문관 총독은 한 명도 임명되지 않았고, 경찰의 인원은 오히려 증가하였다.

(다) 민족 말살 통치 시기에 일제는 조선 사상범 보호 관찰령을 제정하여 치안 유지법을 위반한 자의 재범을 막기 위해 이들의 사상과 행동을 관찰하고 제한할 수 있도록 하였다. 이를 통해 일제는 독립운동가에 대한 감시를 강화하였다.

39 [일제 강점기] 3·1 운동
정답 ④

✅ **빠른 정답 찾기**

파고다 공원 + 만세, 독립 만세 + 고종에게 조의를 표함 → **3·1 운동**

④ 3·1 운동이 전개되는 과정에서 일제가 화성 제암리의 주민들을 교회에 불러 모은 후 학살을 자행하였다.

오답 개념 체크

① 형평 운동: 백정들에 대한 차별을 철폐하기 위해 조선 형평사의 주도로 전개되었다.

② 광주 학생 항일 운동: 신간회에서 진상 조사단을 파견하였다.

③ 의열 활동을 전개한 의열단은 「조선혁명선언」을 활동 지침으로 삼았다.

⑤ 광주 학생 항일 운동: 광주에서 조직된 성진회와 각 학교 독서회에 의해 전국적으로 확산되었다.

40 [일제 강점기] 윤동주

정답 ⑤

☑ 빠른 정답 찾기

「서시」 → 윤동주

⑤ 윤동주는 일제 강점기에 활동한 민족 문학가이자 저항 시인으로, 「별 헤는 밤」, 「참회록」 등의 시를 남겼다.

오답 개념 체크

① 신채호: 일제 강점기에 활동한 민족주의 사학자로, 역사를 '아(나)와 비아(나 밖의 모든 것)의 투쟁'으로 정의한 『조선상고사』를 저술하였다.
② 심훈: 일제 강점기에 활동한 저항 문학가로, 동아일보에 브나로드 운동을 배경으로 한 소설인 『상록수』를 연재하였다.
③ 이육사: 일제 강점기에 활동한 저항 문학가로, 저항시인 「광야」, 「절정」 등을 발표하였다.
④ 나운규: 영화 아리랑의 제작과 감독을 맡아 식민 지배를 받던 한국인의 고통스러운 삶을 표현하였다.

41 [일제 강점기] 조선 의용대

정답 ⑤

☑ 빠른 정답 찾기

한구(한커우)에서 성립 + 김원봉 → 조선 의용대

⑤ 조선 의용대는 조선 민족 전선 연맹 산하의 군사 조직으로, 중국 관내에서 결성된 최초의 한인 무장 부대였다.

오답 개념 체크

① 북로 군정서 등: 청산리 일대에서 일본군과 교전하여 승리하였다.
② 한국 독립군: 한국 독립당 산하의 독립군 부대로, 대전자령 전투에서 일본군을 격퇴하였다.
③ 대한 독립 군단: 일본군의 공세를 피해 전열을 정비하여 자유시로 이동하였다.
④ 조선 혁명군: 조선 혁명당 산하의 독립군 부대로, 중국 의용군과 연합하여 흥경성 전투를 이끌었다.

42 [일제 강점기] 형평 운동

정답 ③

☑ 빠른 정답 찾기

형평사 창립 대회 + 모욕적 칭호를 폐지 → 형평 운동

③ 형평 운동은 백정에 대한 사회적 차별 철폐를 목적으로 전개되었다.

오답 개념 체크

① 천도교는 기관지로 만세보를 발행하여 민중 계몽에 힘썼다.
② 물산 장려 운동: 조만식 등의 주도로 평양에서 시작되어 전국으로 확산되었다.
④, ⑤ 3·1 운동: 고종의 인산일(장례일)을 기회로 삼아 대규모 만세 시위가 전개되었으며, 이로 인해 일제는 이른바 문화 통치를 실시하게 되었다.

43 [일제 강점기] 조선어 학회

정답 ②

☑ 빠른 정답 찾기

『조선말 큰사전』 → 조선어 학회

② 조선어 학회는 한글 맞춤법 통일안과 표준어를 제정하였다.

오답 개념 체크

① 유길준은 국어 문법서인 『대한문전』을 편찬하여 우리 말의 체계를 종합적으로 정리하였다.
③ 유희는 조선 후기 순조 때 음운 연구서인 『언문지』를 저술하였다.
④ 국문 연구소: 한글 연구를 목적으로 대한 제국의 학부 아래에 설립되었다.
⑤ 국문 동식회: 주시경을 중심으로 국문을 정리하고, 철자법의 표기 통일을 위해 철자법을 연구하였다.

44 [통합 주제] 여운형

정답 ③

☑ 빠른 정답 찾기

조선 건국 준비 위원회를 만듦 → 여운형

③ 여운형은 좌·우 합작에 의한 통일 정부를 수립하기 위해 김규식과 함께 좌·우 합작 위원회를 조직하였다.

오답 개념 체크

① 안창호: 미국 샌프란시스코에서 재미 한인을 중심으로 흥사단을 결성하였다.
② 조소앙: 삼균주의를 바탕으로 한 대한민국 임시 정부의 건국 강령을 작성하였다.
④ 김상덕·김상돈 등: 친일파 청산을 위해 10명의 국회의원으로 구성된 반민족 행위 특별 조사 위원회를 조직하였고, 위원장으로 김상덕이, 부위원장으로 김상돈이 임명되었다.
⑤ 이승만: 광복 이후 미국에서 귀국하여 독립 촉성 중앙 협의회를 이끌었다.

45 [현대] 제주 4·3 사건

정답 ③

☑ 빠른 정답 찾기

제주도에서 발생 + 남한만의 단독 선거에 반대하는 세력을 진압한다는 명분 + 무고한 사람들이 희생됨 → 제주 4·3 사건

③ 제주 4·3 사건 희생자들의 명예 회복을 위해 2000년에 특별법이 제정되었다.

오답 개념 체크

① 4·19 혁명: 이승만 대통령이 하야하면서 허정을 중심으로 하는 과도 내각이 성립되었다.
② 제7차 개헌: 유신 헌법이 통과되어 통일 주체 국민 회의가 설치되었다.
④ 광복 이후, 미 군정은 일본인 소유였던 귀속 재산을 관리하기 위해 신한 공사를 설립하였다.
⑤ 4·19 혁명, 5·18 민주화 운동: 관련 기록물이 2023년과 2011년에 유네스코 세계 기록유산에 각각 등재되었다.

46 [현대] 이승만 하야와 5·16 군사 정변 사이의 사실

정답 ③

☑ 빠른 정답 찾기

(가) 대통령직을 사임 + 정·부통령 선거에서 많은 부정
　　→ 이승만 하야(1960)
(나) 반공을 국시의 제일 의로 삼음 → 5·16 군사 정변(1961)

③ 4·19 혁명으로 대통령 이승만이 하야한 후 의원 내각제를 주요 내용으로 하는 제3차 개헌이 이루어졌다.

오답 개념 체크

① (가) 이전: 이승만 정부 시기인 1956년에 조봉암이 평화 통일론 등을 내세우며 진보당을 창당하였다.
② (나) 이후: 1980년 5·18 민주화 운동을 무력으로 진압한 신군부 세력이 국가 보위 비상 대책 위원회를 설치하였다.
④ (가) 이전: 이승만 정부 시기인 1949년에 제헌 국회가 유상 매수, 유상 분배를 규정한 농지 개혁법을 제정하였다.
⑤ (나) 이후: 박정희 정부 시기인 1976년에 재야 인사와 야당 지도자들이 긴급 조치 철폐 등을 요구하는 3·1 민주 구국 선언을 발표하였다.

47 [현대] 6월 민주 항쟁

정답 ⑤

박종철 + 대통령 직선제 개헌을 요구 + 6·29 선언 + 이한열
→ 6월 민주 항쟁

⑤ 6월 민주 항쟁 때 전국의 시민들은 호헌 철폐와 독재 타도 등의 구호를 내세우며 시위를 전개하였다.

오답 개념 체크

① 부·마 민주 항쟁: 부산·마산에서 전개된 시위로, 박정희 정부의 유신 체제가 붕괴되는 계기가 되었다.
② 6·3 시위: 국민들이 굴욕적인 한·일 국교 정상화에 반대하며 시위를 전개하였다.
③ 4·19 혁명: 이승만의 하야 이후 성립한 허정 과도 정부 시기에 내각 책임제와 양원제 국회를 주요 내용으로 하는 헌법 개정이 단행되었다.
④ 5·18 민주화 운동: 쿠데타에 성공한 신군부가 비상 계엄을 전국으로 확대하자, 광주 시민들이 계엄 철폐와 신군부 퇴진을 요구하였다.

48 [현대] 김대중 정부의 통일 노력

정답 ④

외환 위기 극복 + 국민 기초 생활 보장 제도 시행 → 김대중 정부

④ 김대중 정부는 평양에서 최초로 남북 정상 회담을 개최하고 6·15 남북 공동 선언을 채택하였다.

오답 개념 체크

① 노태우 정부: 적극적인 북방 외교의 결과, 남북한이 유엔에 동시 가입하였다.
② 박정희 정부: 자주·평화·민족 대단결의 통일 3대 원칙을 명시한 7·4 남북 공동 성명을 발표하였다.
③ 전두환 정부: 최초의 이산가족 고향 방문과 예술 공연단 교환이 이루어졌다.
⑤ 노태우 정부: 남북 고위급 회담에서 남북한 정부 간 최초의 공식 합의서인 남북 기본 합의서를 교환하였다.

49 [현대] 노무현 정부

정답 ⑤

질병 관리 본부 출범 + 행정 중심 복합 도시 건설 시작 → 노무현 정부

⑤ 노무현 정부 시기에 진실·화해를 위한 과거사 정리 위원회가 처음으로 출범하여, 일제 강점기부터 대한민국 정부 수립 이후에 일어난 반민주적·반인권적 사건들의 진상을 규명하고자 하였다.

오답 개념 체크

① 김영삼 정부: 노동자의 권익을 도모하기 위한 전국 민주 노동조합 총연맹이 창립되었다.
② 노태우 정부: 평화 통일의 기반을 다지기 위해 남북한이 한반도 비핵화 공동 선언에 서명하였다.
③ 노태우 정부: 사회의 경제 정의를 실현하기 위한 시민 운동 단체인 경제 정의 실천 연합의 창립 대회가 개최되었다.
④ 박정희 정부: 중등 교육의 기회를 확대하기 위해 중학교 입시 제도를 폐지하고 무시험 추첨제를 실시하였다.

50 [통합 주제] 부산

정답 ④

초량 왜관 + 조계 → 부산

④ 부산은 조선 후기에 일본과의 무역을 위한 초량 왜관이 설치되었으며, 강화도 조약으로 개항된 후에는 조계가 설정되었다.

오답 개념 체크

① 인천: 강화도 조약으로 부산·원산과 함께 개항되었다.
② 군산: 일제 강점기에 일본으로 쌀이 반출되던 주요 항구가 있었다.
③ 목포: 일제 강점기에 항만 도시로 크게 성장하였다.
⑤ 원산: 강화도 조약으로 부산·인천과 함께 개항되었으며, 우리나라 최초의 근대적 사립 교육 기관인 원산 학사가 설립되었다.

더 알아보기 ╬ 부산

조선 시대	임진왜란 때 부사 송상현과 첨사 정발이 순절함
근대	강화도 조약으로 개항되었으며, 조계가 설정됨
일제 강점기	의열단원 박재혁이 부산 경찰서에 폭탄을 투척함
현대	6·25 전쟁 때 임시 수도로, 부산 정치 파동이 일어남

01 ④	02 ②	03 ②	04 ⑤	05 ⑤
06 ②	07 ③	08 ③	09 ①	10 ⑤
11 ③	12 ③	13 ④	14 ②	15 ①
16 ②	17 ④	18 ①	19 ⑤	20 ⑤
21 ②	22 ①	23 ③	24 ⑤	25 ②
26 ①	27 ⑤	28 ⑤	29 ③	30 ⑤
31 ④	32 ⑤	33 ①	34 ②	35 ③
36 ⑤	37 ⑤	38 ③	39 ⑤	40 ①
41 ⑤	42 ②	43 ③	44 ③	45 ④
46 ③	47 ①	48 ①	49 ⑤	50 ③

01 [선사 시대] 신석기 시대
정답 ④

☑ 빠른 정답 찾기

농경과 정착 생활이 시작 + 갈돌과 갈판(사진) → 신석기 시대

④ 신석기 시대에는 빗살무늬 토기를 만들어 식량을 조리하거나 저장하는 데 사용하였다.

오답 개념 체크
① 구석기 시대: 이동 생활을 하여 주로 동굴이나 강가의 막집에서 살았다.
② 청동기 시대: 계급이 발생하면서 지배자인 군장이 등장하였고, 지배층의 무덤으로 고인돌을 축조하였다.
③ 철기 시대: 청동 제품을 제작하는 틀인 거푸집을 이용하여 세형동검을 제작하였다.
⑤ 철기 시대: 쟁기, 쇠스랑 등의 철제 농기구를 사용하여 농업 생산력이 증대되었다.

02 [선사 시대] 위만
정답 ②

☑ 빠른 정답 찾기

오랑캐의 복장 + 준왕에게 항복 + 도리어 준왕을 공격 → 위만

② 위만은 고조선으로 망명해 왕위에 오른 이후, 진번과 임둔을 복속하는 등 세력을 확장하였다.

오답 개념 체크
① 우거왕(고조선): 고조선의 마지막 왕으로, 중국의 한 무제가 파견한 군대와 맞서 싸웠다.
③ 고국천왕(고구려): 진대법을 실시하여 빈민을 구제하였다.
④ 고구려는 지방의 여러 성에 지방관인 욕살, 처려근지 등을 두었다.
⑤ 위만이 왕위에 오르기 전인 기원전 3세기 초에 고조선은 연의 장수 진개의 공격을 받아 영토를 빼앗겼다.

03 [선사 시대] 옥저와 변한(삼한)
정답 ②

☑ 빠른 정답 찾기

(가) 여자의 나이가 열 살이 되기 전에 혼인을 약속함 + 신랑 집에서 돈을 지불함 → 민며느리제 → 옥저
(나) 철이 생산됨 + 무역에서 철을 화폐로 사용함 → 변한(삼한)

② 옥저는 삼로라 불린 우두머리가 읍락을 다스리는 군장 국가였다.

오답 개념 체크
① 삼한: 제사장인 천군과 천군이 다스리는 신성 지역인 소도가 존재하였다.
③ 부여: 왕 아래에 마가·우가·구가·저가의 여러 가(加)들이 별도로 사출도라는 행정 구역을 주관하였다.
④ 동예: 단궁(활), 과하마(작은 말), 반어피(바다표범 가죽) 등의 특산물이 유명하였다.
⑤ 고조선: 사회 질서를 유지하기 위해 살인, 상해, 절도 등의 죄를 다스리는 범금 8조를 두었다.

04 [고대] 광개토 대왕의 백제 토벌과 장수왕의 한성 함락 사이의 사실
정답 ⑤

☑ 빠른 정답 찾기

(가) 영락 + 백제를 토벌 → 광개토 대왕의 백제 토벌
(나) 개로왕이 도망 → 장수왕의 한성 함락

⑤ 4세기에 즉위한 고구려 광개토 대왕은 '영락'이라는 독자적인 연호를 사용하였고, 백제를 공격하여 아신왕의 항복을 받아냈다. 이후 5세기에 광개토 대왕의 아들인 장수왕이 남쪽으로 진출하기 위해 국내성에서 평양으로 천도하였다.

오답 개념 체크
① (나) 이후: 7세기에 백제 의자왕이 신라의 대야성을 함락하였다.
② (가) 이전: 4세기에 고구려 미천왕이 서안평을 점령하였다.
③ (나) 이후: 5세기 말에 백제 동성왕이 신라 소지 마립간과 결혼 동맹을 맺어 나·제 동맹을 강화하였다.
④ (나) 이후: 6세기에 백제 성왕이 한강 하류 지역을 일시적으로 수복하였다.

05 [고대] 가야
정답 ⑤

☑ 빠른 정답 찾기

김해 대성동 + 고령 지산동 → 가야

⑤ 가야는 철이 많이 생산되어 낙랑과 왜에 철을 수출하였다.

오답 개념 체크
① 백제: 무령왕 때 지방에 22담로를 설치하고 왕족을 파견하였다.
② 통일 신라: 신문왕 때 9주 5소경의 지방 행정 제도를 두었다.
③ 고구려: 지배층은 집집마다 부경이라는 창고를 두고 곡식을 저장하였다.
④ 신라: 귀족 회의 기구인 화백 회의에서 국가의 중대사를 논의하였으며, 만장일치제로 운영되었다.

06 [고대] 나·당 동맹과 고구려 멸망 사이의 사실
정답 ②

☑ 빠른 정답 찾기

(가) 김춘추 + 당의 군사를 빌려줌 → 나·당 동맹(648)
(나) 평양을 포위 + [보장]왕 → 고구려 멸망(668)

② 백제가 멸망한 이후, 신라와 당의 연합군은 백제의 부흥 운동을 지원하기 위해 출전한 왜의 수군을 백강에서 물리쳤다(백강 전투, 663).

오답 개념 체크
① (나) 이후: 당은 평양에 설치한 안동 도호부를 요동 지역으로 옮겼다(676).
③ (나) 이후: 신라는 당의 군대에 맞서 매소성에서 승리하였다(매소성 전투, 675).
④ (나) 이후: 고구려 보장왕의 외손자(혹은 서자)였던 안승이 신라에 의해 보덕국왕으로 임명되었다(674).
⑤ (가) 이전: 고구려는 보장왕 때 당의 침입에 대비하여 천리장성을 완성하였다(647).

07 [고대] 통일 신라 신문왕
정답 ③

☑ 빠른 정답 찾기

김흠돌 등이 반란 + 국학 → **통일 신라 신문왕**

③ 신문왕은 관료들에게 봉급의 개념으로 관료전을 지급하고, 귀족들의 경제적 기반이었던 녹읍을 폐지하였다.

오답 개념 체크

① 지증왕: 장군 이사부를 보내 우산국(울릉도)을 복속하였다.
② 진흥왕: 인재 양성을 위해 청소년 집단인 화랑도를 국가 조직으로 개편하였다.
④ 내물 마립간: 최고 지배자의 칭호를 대군장을 뜻하는 마립간으로 하였다.
⑤ 법흥왕: 이차돈의 순교를 계기로 불교를 공인하였다.

08 [고대] 발해
정답 ③

☑ 빠른 정답 찾기

해동성국 + 고구려의 문화를 계승 → **발해**

③ 발해는 선왕 때 5경 15부 62주의 지방 행정 제도를 갖추었다.

오답 개념 체크

① 통일 신라: 문무왕 때 지방관을 감찰하기 위해 외사정을 파견하였다.
② 통일 신라: 신문왕 때 중앙군인 9서당과 지방군인 10정으로 군사 조직을 갖추었다.
④ 통일 신라: 집사부 아래에 13부를 두어 행정 업무를 분담하였다.
⑤ 통일 신라: 지방 귀족(향리)을 일정 기간 수도에 머물게 하는 상수리 제도를 시행하여 지방 세력을 견제하였다.

09 [고대] 신라 하대의 사실
정답 ①

☑ 빠른 정답 찾기

혜공왕 피살 + 왕위 쟁탈전이 치열해짐 → **신라 하대**

① 신라 하대에는 참선과 수행을 통해 깨달음을 얻는 선종 불교가 유행하여, 9개의 선종 문파(9산 선문) 중 하나인 실상산문이 개창되었다.

오답 개념 체크

② 고려 중기: 숙종 때 국가 주도로 삼한통보, 해동통보 등의 화폐가 발행되었다.
③ 신라 상대: 선덕 여왕 때 자장의 건의에 따라 황룡사 구층 목탑이 건립되었다.
④ 고려 원 간섭기: 중국 화북 지방의 선진 농법을 정리한 원나라 농서인 『농상집요』가 이암에 의해 소개되었다.
⑤ 고려 원 간섭기: 충렬왕 때 인간의 심성과 우주의 원리를 탐구하는 성리학이 전래되었다.

10 [고대] 궁예
정답 ⑤

☑ 빠른 정답 찾기

신라 왕족의 후예 + 송악을 도읍으로 나라를 세움 + 광평성 → **궁예**

⑤ 궁예는 통일 신라 말기에 후고구려를 세운 후, 마진이라는 국호와 무태라는 연호를 사용하였다.

오답 개념 체크

① 견훤(후백제): 중국의 후당, 오월에 사신을 보내는 등 적극적인 외교 관계를 맺었다.
② 견훤(후백제): 아들 신검에 의해 금산사에 유폐되었다가 탈출한 후 고려에 귀부하였다.
③ 태조 왕건(고려): 훈요 10조를 통해 후손들에게 불교를 숭상할 것을 강조하였다.
④ 장보고(통일 신라): 완도에 청해진을 설치하여 당·일본과 해상 무역을 전개하였다.

11 [고려 시대] 고려 성종
정답 ③

☑ 빠른 정답 찾기

태조께서 흑창을 둠 + 의창으로 고침 → **고려 성종**

③ 성종은 전국에 행정 조직인 12목을 설치하고 지방관을 파견하였다.

오답 개념 체크

① 문종: 처음으로 한양을 남경으로 승격시켰다.
② 숙종: 국자감에 출판을 담당하는 서적포를 설치하여 서적 간행을 활성화하였다.
④ 공민왕: 인사권을 장악하기 위해서 인사 행정을 담당하던 정방을 폐지하였다.
⑤ 광종: 개경에 귀법사를 세우고 균여를 주지로 삼았다.

12 [고려 시대] 서희의 외교 담판과 나성 축조 사이의 사실
정답 ③

☑ 빠른 정답 찾기

(가) 거란 + 서희 → **서희의 외교 담판(993)**
(나) 강감찬 + 나성을 쌓을 것을 요청 → **나성 축조(1029)**

③ 거란의 1차 침입 때 고려는 서희의 외교 담판(993)을 통해 송과의 단교를 조건으로 강동 6주를 획득하였다. 이후 고려가 송과의 친선 관계를 유지하자, 거란은 강조가 정변을 일으켜 목종을 폐위한 사건(1009)을 구실로 고려를 2차 침입하였다(1010).

오답 개념 체크

① 1225년에 몽골의 사신 저고여가 고려에서 몽골로 돌아가는 귀국길에 피살되었다.
② 1377년에 최무선의 건의로 화통도감이 설치되어 화포를 제작하였다.
④ 1380년에 나세, 심덕부 등이 화통도감에서 제작한 화약과 화포를 이용해 진포에서 왜구를 물리쳤다.
⑤ 1176년에 공주 명학소에서 망이·망소이가 가혹한 수탈에 저항하여 난을 일으켰다.

13 [고려 시대] 최충헌
정답 ④

☑ 빠른 정답 찾기

이의민을 제거 + 봉사 10조 → **최충헌**

④ 최충헌은 교정도감이라는 기구를 설치하고, 수장인 교정별감이 되어 인사, 재정 등 국정 전반을 장악하였다.

오답 개념 체크

① 묘청: 국호를 대위, 연호를 천개로 하여 서경에서 난을 일으켰다.
② 최무선: 고려 우왕 때 왜구에 대응하기 위해 화약과 화포 제작을 위한 화통도감 설치를 건의하였다.
③ 배중손: 고려 조정이 몽골과 강화를 맺자 삼별초를 이끌고 진도로 근거지를 옮겨 대몽 항쟁을 펼쳤다.
⑤ 신돈: 토지와 노비 문제를 해결하기 위한 기구인 전민변정도감의 책임자로 임명되어 권문세족의 경제 기반을 약화시켰다.

14 [고려 시대] 고려의 관학 진흥책
정답 ②

☑ 빠른 정답 찾기

고려 + 관학 진흥책 → **고려의 관학 진흥책**

② 고려는 예종 때 관학 진흥책의 일환으로 국자감(국학)에 전문 강좌인 7재를 개설하였다.

오답 개념 체크

① 통일 신라: 당과의 문화 교류가 활발해지면서 당에 유학생을 파견하였다.
③ 조선: 왕이 사액 서원에 편액(간판)과 함께 서적, 노비, 토지 등을 하사하였다.
④ 고구려: 지방 교육 기관으로 경당이 설립되어 청소년에게 글과 활쏘기를 가르쳤다.
⑤ 통일 신라: 원성왕 때 유교 경전의 이해 수준을 시험하여 관리를 채용하는 독서삼품과를 시행하였다.

숙종	국자감에 서적포 설치
예종	• 국자감(국학)에 7재 설치, 장학 재단인 양현고 설치 • 청연각·보문각 등 왕실 도서관 겸 학문 연구소 설치
인종	교육 제도를 경사 6학으로 정비

더 알아보기 ⫶ 고려의 민생 안정책

흑창	봄에 곡식을 빌려 주었다가 가을에 갚게 한 빈민 구휼 기구
제위보	일정 기금을 마련한 뒤 그 이자로 빈민을 구제한 기구
상평창	개경, 서경, 12목에 설치된 물가 조절 기구
동·서 대비원	개경(동·서쪽)에 설치한 빈민 구제 기구
혜민국	백성의 질병을 치료하고 약을 처방한 기구
구제도감	병자의 치료와 빈민 구제를 위해 설치된 임시 기구

15 [고려 시대] 삼별초
정답 ①

☑ 빠른 정답 찾기

개경 환도 결정에 반발 + 강화도와 진도 + 제주도 → 삼별초

① 삼별초는 고려 무신 집권기에 최우가 설치한 야별초에서 유래된 군사 조직으로, 최씨 무신 정권의 군사적 기반이었다.

오답 개념 체크
② 광군(고려): 고려 정종 때 거란의 침입에 대비하여 창설된 군사 조직이다.
③ 별무반(고려): 고려 숙종 때 여진 정벌을 위해 설치한 특수군으로, 신기군, 신보군, 항마군으로 구성되었다.
④ 잡색군(조선): 서리, 잡학인, 신량역천인, 노비 등으로 구성된 일종의 예비군으로, 생업에 종사하다가 유사시에 향토 방위를 맡았다.
⑤ 9서당(통일 신라): 통일 신라의 중앙군으로, 옷깃 색을 기준으로 9개의 부대로 편성되었다.

더 알아보기 ⫶ 삼별초의 항쟁

배경	몽골과의 강화와 고려 정부의 개경 환도 결정에 대한 반발
전개	• 배중손의 지휘 아래 진도로 이동하여 서남해 지역 장악 • 배중손의 전사 후 김통정의 지휘 아래 제주도로 이동하여 항쟁 전개
종결	고려·원 연합군에 의해 진압

16 [고려 시대] 고려의 경제 상황
정답 ②

☑ 빠른 정답 찾기

문종 + 공음전시법 → 고려

② 고려는 예성강 하구의 벽란도에서 송·일본·아라비아 상인과의 국제 무역이 이루어졌다.

오답 개념 체크
①, ⑤ 조선: 조선 후기에 모내기법이 전국적으로 확산되었으며, 외국에서 전래된 감자·고구마 등의 구황 작물이 재배되었다.
③ 조선: 세종 때 계해약조를 맺어 일본과 제한적인 교역을 규정하였다.
④ 신라: 지증왕 때 시장을 감독하는 관청인 동시전이 설치되었다.

17 [고려 시대] 고려 시대의 민생 안정책
정답 ④

☑ 빠른 정답 찾기

고려 시대 민생 안정을 위해 시행한 정책 + 구제도감
→ 고려 시대의 민생 안정책

④ 『향약집성방』은 조선 전기인 세종 때 편찬된 의약서로, 우리 풍토에 맞는 약재 활용법과 치료 방법을 종합적으로 정리하였다.

오답 개념 체크
① 고려 시대에는 물가 조절을 위해 상평창이라는 기구를 설치하였다.
② 고려 시대에는 백성의 질병을 치료하고 약을 처방하는 기구인 혜민국이 있었다.
③ 고려 시대에는 환자 치료와 빈민 구제를 위해 개경의 동쪽과 서쪽에 동·서 대비원을 두었다.
⑤ 고려 광종 때에는 일정 기금을 모아 그 이자로 빈민을 도와주는 기구인 제위보를 운영하였다.

18 [고려 시대] 『삼국유사』
정답 ①

☑ 빠른 정답 찾기

일연이 저술 → 『삼국유사』

① 『삼국유사』에는 고조선의 시조인 단군의 건국 이야기가 수록되어 있다.

오답 개념 체크
② 『조선왕조실록』: 『사초』, 『시정기』 등을 바탕으로 실록청에서 편찬되었다.
③ 『해동고승전』: 승려 각훈이 왕명에 의해 승려들의 전기를 기록하였다.
④ 『삼국사기』 등: 역사를 본기, 열전 등으로 나누어 편찬하는 기전체 형식으로 서술되었다.
⑤ 『동명왕편』: 이규보가 고구려 계승 의식을 반영하여 고구려 건국 시조인 동명왕(주몽)의 일대기를 서사시 형태로 서술하였다.

19 [조선 시대] 세조
정답 ⑤

☑ 빠른 정답 찾기

계유년에 황보인 등을 제거하고 권력을 장악함 + 육조 직계제를 부활시킴
→ 세조

⑤ 과전법 체제 아래에서 토지가 세습되어 관리에게 지급할 토지가 부족해지자, 세조 때 직전법을 실시하여 현직 관리를 대상으로 토지의 수조권을 지급하고, 수신전, 휼양전 등의 명목으로 세습되는 토지를 폐지하였다.

오답 개념 체크
① 태종: 활자 주조 담당 관청인 주자소를 설치하고 활자인 계미자를 주조하였다.
② 연산군: 연산군의 생모인 폐비 윤씨 사사 사건의 전말이 알려져 사림을 비롯한 관련자들이 화를 입었다.
③ 고종 때 흥선 대원군은 『대전회통』을 편찬하여 통치 체제를 정비하였다.
④ 광해군: 기유약조를 체결하여 일본과 제한된 무역을 재개하였다.

20 [조선 시대] 사헌부
정답 ⑤

☑ 빠른 정답 찾기

정치를 논함 + 백관을 규찰 + 풍속을 바로잡음 → 사헌부

⑤ 사헌부는 사간원과 함께 5품 이하의 관리의 임명에 대한 동의권인 서경권을 행사하였다.

오답 개념 체크
① 한성부: 수도인 한양의 치안과 행정을 주관하였다.
② 호조: 고려의 삼사와 같이 회계 업무를 담당하였다.
③ 소격서: 조선 시대에 도교의 제례 의식을 거행하기 위하여 설치되었던 관청으로, 중종 때 조광조를 비롯한 사림의 건의로 폐지되었다.
④ 비변사: 중종 때의 3포 왜란을 계기로 처음 설치된 임시 회의 기구였으나, 임진왜란을 거치며 국정 총괄 기구로 성장하였다.

더 알아보기 :: 사헌부

기능	관리의 비리 감찰과 탄핵 등을 담당
수장	종2품의 대사헌
특징	• 사간원과 함께 양사 또는 대간이라 불렸으며, 5품 이하의 관리를 처음 임명할 때 동의권(서경권)을 행사함 • 홍문관·사간원과 함께 삼사로 불림, 언론 기능 수행

21 [조선 시대] 무오사화

정답 ②

☑ 빠른 정답 찾기

김종직 + 김일손 + 연산군 → 무오사화

② 무오사화는 사림인 김일손이 스승 김종직의 「조의제문」을 「사초」에 기록한 것이 발단이 되어 일어났다.

오답 개념 체크

① 단종이 어린 나이에 즉위한 후 김종서 등이 권력을 장악하자, 수양 대군(세조)은 계유정난을 일으켜 김종서 등을 제거하였다.

③ 중종 때 조광조 등 사림은 중종반정 공신의 거짓 공훈(위훈)을 삭제해야 한다고 주장하였다.

④ 을사사화: 명종 때 명종의 외척인 윤원형 일파(소윤)가 인종의 외척인 윤임 일파(대윤)를 제거하였다.

⑤ 건저의 사건: 선조 때 서인 정철이 광해군을 왕세자로 책봉할 것을 건의하자, 동인이 정철 등 서인을 공격하였다. 이때 동인은 서인에 대한 처벌을 두고 남인(온건파)과 북인(강경파)으로 나뉘게 되었다.

22 [조선 시대] 선조의 의주 피난과 평양성 탈환 사이의 사실

정답 ①

☑ 빠른 정답 찾기

• 왕이 의주로 향함 → 선조의 의주 피난(1592)
• 조·명 연합군이 평양성을 탈환함 → 평양성 탈환(1593)

① 선조가 의주로 피난한 이후, 이순신이 이끄는 수군은 왜군을 한산도로 유인하여 학익진 전법으로 격파하였다(한산도 대첩, 1592).

오답 개념 체크

② 선조의 의주 피난 이전: 임진왜란이 발발한 직후, 부산진성에서 첨사 정발이 왜군에 맞서 싸웠으나 전사하였다.

③ 평양성 탈환 이후: 3년에 걸친 휴전 회담이 결렬되자, 1597년에 일본이 다시 조선을 침략하며 정유재란이 발발하였다.

④ 평양성 탈환 이후: 광해군 때 명의 요청으로 후금과의 전쟁에 강홍립의 부대가 파견되었다.

⑤ 평양성 탈환 이후: 인조 때 정묘호란이 발발하자, 정봉수와 이립이 의병을 이끌고 후금의 군대에 맞서 활약하였다.

23 [조선 시대] 인조

정답 ③

☑ 빠른 정답 찾기

광해를 폐함 + 반정 → 인조

③ 인조는 군사 조직으로 총융청과 수어청을 설치하여 도성을 방비하였다.

오답 개념 체크

① 세조: 이시애의 난을 진압하고, 이를 후원하였다는 이유로 유향소를 폐지하였다.

② 영조: 붕당 정치의 폐해를 경계하고자 성균관 입구에 탕평비를 세웠다.

④ 세종: 공법의 제정을 추진할 기구로 전제상정소를 설립하고, 전분 6등법을 제정하여 토지의 비옥도에 따라 토지의 등급을 구분해 세금을 차등 징수하였다.

⑤ 효종: 청의 요청에 따라 변급, 신류 등을 중심으로 한 조총 부대를 파견하여 나선(러시아) 정벌을 단행하였다.

24 [조선 시대] 병자호란

정답 ③

☑ 빠른 정답 찾기

소현 세자 + 전쟁에 패하여 청에 인질로 감 → 병자호란

③ 병자호란 때 김준룡이 근왕병(임금·왕실을 지키는 병사)을 이끌고 남한산성으로 진군하던 중, 용인의 광교산에서 청나라 부대에 맞서 항전하였다.

오답 개념 체크

① 이괄의 난: 인조반정의 공신 책봉에 불만을 품은 이괄의 반란 세력이 도성을 장악하였다.

② 임진왜란: 곽재우, 고경명 등이 의병장으로 활약하여 왜군을 물리쳤다.

④ 외적의 침입에 대응하여 임시 기구로 비변사가 처음 설치된 계기가 된 것은 중종 때 발생한 3포 왜란이다.

⑤ 임진왜란: 유성룡의 건의에 따라 포수·사수·살수의 삼수병으로 편제된 훈련도감이 신설되었다.

더 알아보기 :: 병자호란

배경	후금이 청으로 국호를 고치고 조선에 군신 관계 요구
전개	조선 내에 주전론이 우세해지자 청이 조선에 침입 → 김상용이 왕족들을 데리고 강화도로 피신 → 인조는 남한산성에서 저항
결과	청과 군신 관계 체결(삼전도의 굴욕)

25 [조선 시대] 정조

정답 ⑤

☑ 빠른 정답 찾기

부친인 사도 세자 → 정조

⑤ 정조는 유능한 인재를 양성하기 위해 중·하급 관리 중 재능 있는 관리를 재교육하는 초계문신제를 실시하였다.

오답 개념 체크

① 대한 제국 시기에 광무개혁의 일환으로 양전 사업을 실시하고 지계를 발급하였다.

② 영조: 「속대전」을 편찬하여 통치 체제를 정비하였다.

③ 숙종: 청과 간도 지역을 둘러싼 영토 분쟁이 발생하자, 박권을 보내 양국의 국경을 확정하는 백두산 정계비를 세웠다.

④ 고종 때 흥선 대원군은 삼군부를 부활시켜 군국 기무를 전담하게 하였다.

26 [조선 시대] 조선 후기의 경제 상황

정답 ①

☑ 빠른 정답 찾기

시전 상인의 금난전권을 철폐 + 육의전은 이번 조치에서 제외
→ 조선 후기의 경제 상황

① 고려 숙종 때 의천의 건의로 주전도감을 설치하여 고액 화폐인 활구(은병)가 주조되었다.

오답 개념 체크

② 조선 후기에 소득이 높은 담배, 면화 등 상품 작물 재배가 활발해졌다.

③ 조선 후기에 대동법의 실시로 공인이 관청에서 필요한 물품을 구입하여 조달하였다.

④ 조선 후기에 개성의 송상과 의주의 만상이 대청 무역으로 크게 성장하였다.

⑤ 조선 후기에 광산 경영 전문가인 덕대가 물주에게 자금을 받아 광산을 전문적으로 경영하였다.

27 [조선 시대] 임술 농민 봉기 정답 ⑤

☑ 빠른 정답 찾기

유계춘 + 경상 우병사 백낙신의 탐학 → **임술 농민 봉기**

⑤ 임술 농민 봉기가 일어나자 조선 정부는 사건을 수습하기 위하여 박규수를 안핵사로 파견하였다.

오답 개념 체크

① 청에 의해 진압된 사건으로는 임오군란, 갑신정변 등이 있다.
② 최제우가 동학을 창시(1860)한 것은 임술 농민 봉기(1862) 이전의 사실이다.
③ 이괄의 난: 왕이 도성을 떠나 공산성으로 피란하였다.
④ 제2차 동학 농민 운동: 전봉준의 남접과 손병희의 북접이 연합하여 조직적으로 전개되었다.

28 [조선 시대] 홍대용 정답 ④

☑ 빠른 정답 찾기

담헌 + 혼천의 제작 + 무한 우주론과 지전설 → **홍대용**

④ 홍대용은 『의산문답』을 통해 지구가 우주의 중심이 아니라는 무한 우주론을 주장함으로써 중국 중심의 세계관을 비판하였다.

오답 개념 체크

① 정약용: 『기기도설』을 참고하여 거중기를 설계하였으며, 그가 제작한 거중기는 수원 화성을 축조하는 데 이용되었다.
② 박제가: 『북학의』에서 수레와 선박의 이용 등을 강조하였다.
③ 박지원: 소설 「양반전」에서 양반의 위선과 무능을 지적하였다.
⑤ 유수원: 『우서』에서 사농공상의 직업적 평등과 전문화를 주장하였다.

29 [조선 시대] 조선 후기의 문화 정답 ③

☑ 빠른 정답 찾기

김홍도 + 중인들은 시사를 조직 → **조선 후기**

③ 조선 후기에는 감정을 직접적으로 표현한 노래와 사설로 줄거리를 풀어가는 판소리가 발달하였다.

오답 개념 체크

① 조선 전기: 성종 때 성현 등이 음악 이론서인 『악학궤범』을 편찬하였다.
② 조선 전기: 선조 때 정철이 「관동별곡」, 「사미인곡」 등의 가사 문학 작품을 지었다.
④ 조선 전기: 성종 때 서거정이 역대 문학 작품을 선별하여 『동문선』을 편찬하였다.
⑤ 고려 시대: 우왕 때 청주 흥덕사에서 금속 활자본인 『직지심체요절』을 간행하였다.

30 [근대] 강화도 조약 정답 ⑤

☑ 빠른 정답 찾기

영종진 불법 침입(운요호 사건) + 일본국과의 조약 체결 → **강화도 조약**

⑤ 강화도 조약 체결 결과, 부산 외 2곳(인천, 원산)에 개항장이 설치되었다.

오답 개념 체크

① 조·프 수호 통상 조약: 조선에서의 천주교 포교가 허용되는 근거가 되었다.
② 조·미 수호 통상 조약: 양국 중 한 나라가 제3국의 압박을 받을 경우 서로 돕는다는 거중조정에 대한 내용을 포함하였다.
③ 제1차 한·일 협약: 재정 고문을 두도록 하는 조항을 담고 있어, 일본인 메가타가 재정 고문으로 부임하였다.
④ 을사늑약: 조약 체결에 반대하여 민영환이 자결하였다.

더 알아보기 ┊ 강화도 조약(1876, 조·일 수호 조규)

배경	운요호 사건
내용	• 청의 종주권 부인 • 부산, 원산, 인천 개항 • 해안 측량권과 치외 법권을 허용하는 불평등 조항 포함
성격	최초의 근대적 조약이자 불평등 조약

31 [근대] 임오군란 정답 ④

☑ 빠른 정답 찾기

구식 군인에 대한 차별 대우 + 일본 공사관을 공격함 + 흥선 대원군에게 사태 수습을 맡김 → **임오군란**

④ 임오군란은 개화 정책에 대한 불만과 구식 구인에 대한 차별 대우로 일어난 사건으로, 임오군란의 결과 조선은 일본과 제물포 조약을 맺어 일본 공사관에 경비병이 주둔하게 되었다.

오답 개념 체크

①, ② 갑신정변: 김옥균, 박영효 등 급진 개화파가 주도하여 일으킨 정변으로, 민씨 정권의 주요 인물들을 제거한 후 입헌 군주제를 수립하고자 하였다.
③ 통리기무아문은 고종이 흥선 대원군 하야 이후 초기 개화 정책을 총괄하기 위해 설치한 기구이다.
⑤ 신미양요: 흥선 대원군이 전국 각지에 서양과의 통상 수교 거부 의지를 표현한 척화비를 건립하는 계기가 되었다.

32 [통합 주제] 전봉준 정답 ⑤

☑ 빠른 정답 찾기

재차 기포 + 일본 군사가 궁궐을 침범 → 제2차 동학 농민 운동 → **전봉준**

⑤ 전봉준은 동학 농민군을 이끌고 우금치에서 일본군 및 관군에 맞서 싸웠으나 패배하였다.

오답 개념 체크

① 최익현, 신돌석 등: 을사늑약에 반대하여 을사의병을 일으켰다.
② 서재필 등: 독립 협회를 창립하고 청의 사신을 맞이하던 영은문이 있던 자리 부근에 독립문을 세웠다.
③ 최익현: 지부복궐척화의소를 올려 왜양 일체론을 주장하고 개항에 반대하였다.
④ 이인영 등: 정미의병 때 13도 창의군을 지휘하여 서울 진공 작전을 전개하였다.

33 [근대] 갑오개혁과 을미개혁 정답 ①

☑ 빠른 정답 찾기

(가) 공노비와 사노비에 관한 법을 일체 혁파 → **제1차 갑오개혁**
(나) 청나라에 의존하는 생각을 끊음 → **제2차 갑오개혁**
(다) 머리카락을 자름 → **을미개혁**

① 순서대로 나열하면 (가) 제1차 갑오개혁(1894) – (나) 제2차 갑오개혁(1894) – (다) 을미개혁(1895)이다.

(가) 제1차 갑오개혁: 경복궁을 점령한 일본은 내정 개혁을 강요하여 교정청을 폐지하고 최고 결정 기구로 군국기무처를 설치하여 공·사 노비 혁파, 과부의 재가 허용 등 개혁을 실시했다.
(나) 제2차 갑오개혁: 청·일 전쟁의 승기를 잡은 일본은 군국기무처를 폐지하였으며, 고종은 개혁의 기본 방향을 제시하는 홍범 14조를 반포하였다.
(다) 을미개혁: 을미사변 이후 수립된 김홍집 친일 내각의 주도로 단발령 등의 개혁이 추진되었다.

34 [근대] 대한 제국 성립과 대한국 국제 반포 사이의 사실

정답 ②

☑ 빠른 정답 찾기

> (가) 황제의 자리에 오름 + 고종 → 대한 제국 성립(1897)
> (나) 대한국 국제 → 대한국 국제 반포(1899)

② 1898년에 독립 협회는 관민 공동회를 개최하여 헌의 6조를 결의하였다.

오답 개념 체크

① (나) 이후: 1926년에 나운규가 제작한 영화 아리랑이 상영되었다.

③ (가) 이전: 1886년부터 1894년까지 육영 공원에서 상류층 자제를 대상으로 외국어와 근대 학문을 교육하였다.

④ (나) 이후: 1905년에 일본에 의해 경부선 기차가 개통되었다.

⑤ (나) 이후: 1940년에 충칭에서 대한민국 임시 정부의 산하 부대로 한국광복군이 창설되었으며, 연합군의 일원으로 인도·미얀마 전선에서 활동하였다.

35 을사늑약

정답 ③

☑ 빠른 정답 찾기

> 이토 히로부미 + 외교권을 박탈함 → 을사늑약

③ 을사늑약 체결 결과, 일본이 대한 제국의 외교권을 박탈하였고, 통감부가 설치되어 이토 히로부미가 초대 통감이 되었다.

오답 개념 체크

① 을미사변으로 명성 황후가 시해당한 이후 신변의 위협을 느낀 고종은 거처를 러시아 공사관으로 옮기는 아관 파천을 단행하였다.

② 톈진 조약: 조선이 동학 농민 운동 진압을 위해 청에 군사 지원을 요청하자, '조선에 군대를 파병할 시 서로에게 통보한다'는 내용에 따라 청·일 양국이 동시에 조선에 파병하였고, 이를 계기로 청·일 전쟁이 발발하였다.

④ 한·일 신협약(정미 7조약): 부속 밀약을 통해 대한 제국의 군대가 강제 해산되었다.

⑤ 조·일 통상 장정 개정: 곡물의 수출을 금지하는 방곡령 시행에 대한 규정을 명시하였다.

36 [근대] 신민회

정답 ⑤

☑ 빠른 정답 찾기

> 비밀 결사 + 105인 사건 + 대성 학교 → 신민회

⑤ 신민회는 계몽 서적의 보급을 위해 태극 서관을 운영하였다.

오답 개념 체크

① 신간회: 사회주의 단체인 정우회가 민족주의 세력과의 연대를 주장한 정우회 선언의 영향으로 결성되었다.

② 의열단: 중국 국민당 정부의 지원을 받아 조선 혁명 간부 학교를 설립하고 군사 교육을 실시하였다.

③ 보안회: 일제의 황무지 개간권 요구를 저지하기 위한 운동을 펼쳐 이를 철회시켰다.

④ 독립 협회: 중추원 개편을 통한 의회 설립 운동을 추진하였으나, 실패하고 강제 해산되었다.

더 알아보기 ☷ 신민회

목표	• 실력 양성을 통한 국권 회복 • 공화 정치 체제의 근대 국가 수립
활동	• 오산 학교(정주)·대성 학교(평양) 설립, 태극 서관 운영 • 만주 삼원보에 신흥 강습소 설립 등
해산	일제가 조직한 105인 사건으로 와해

37 [근대] 국채 보상 운동

정답 ⑤

☑ 빠른 정답 찾기

> 국채를 갚으려고 이천만 동포들이 연초를 아니 먹음 → 국채 보상 운동

⑤ 국채 보상 운동은 서상돈, 김광제 등의 발의로 대구에서 시작되었다.

오답 개념 체크

① 근우회는 일제 강점기에 여성 운동을 주도한 단체이다.

②, ③ 물산 장려 운동: 1920년대에 평양에서 조만식 등에 의해 시작되어 전국으로 확산된 운동으로, '내 살림 내 것으로', '조선 사람 조선 것' 등의 구호를 외치며 국산품 애용 등을 주장하였다.

④ 이권 수호 운동: 독립 협회가 러시아의 절영도 조차 요구를 저지시켰다.

38 [근대] 대한매일신보

정답 ③

☑ 빠른 정답 찾기

> 양기탁과 베델이 창간 → 대한매일신보

③ 대한매일신보는 국채 보상 운동을 후원하여 국채 보상 운동이 전국적으로 확산되는 데 기여하였다.

오답 개념 체크

① 한성주보: 박문국에서 일주일에 한 번씩 발행된 신문으로, 최초로 상업 광고를 실었다.

② 만세보: 천도교의 기관지로 발행되어, 민중 계몽에 기여하였다.

④ 동아일보, 조선중앙일보: 일제 강점기에 베를린 올림픽에서 우승한 손기정의 사진에서 일장기를 삭제하여 게재하였다.

⑤ 한성순보: 박문국에서 발행한 우리나라 최초의 근대 신문으로, 순 한문 신문으로 열흘마다 발행하는 것이 원칙이었다.

39 [일제 강점기] 무단 통치 시기

정답 ⑤

☑ 빠른 정답 찾기

> 1910년대 + 헌병 경찰제 + 조선 태형령 → 무단 통치 시기

⑤ 무단 통치 시기에 일제는 제1차 조선 교육령을 제정하여, 조선인의 보통학교 수업 연한을 일본인의 소학교(6년)보다 적은 4년으로 하였다.

오답 개념 체크

① 박정희 정부(현대): 대한민국 교육의 지표를 제시한 국민 교육 헌장이 발표되었다.

② 문화 통치 시기: 일제가 고등 교육 기관인 경성 제국 대학을 설립하였다.

③ 제2차 갑오개혁(근대): 교원 양성을 위해 한성 사범 학교 관제를 마련하고 학교를 설립하였다.

④ 민족 말살 통치 시기: 일제가 소학교 명칭을 황국 신민의 학교라는 뜻의 국민학교로 변경하였다.

40 [일제 강점기] 조선 혁명군

정답 ①

☑ 빠른 정답 찾기

> 남만주 + 영릉가 전투 + 총사령 양세봉 → 조선 혁명군

① 조선 혁명군은 한·중 연합 작전을 통해 흥경성 전투에서 일본군을 격퇴하였다.

오답 개념 체크

② 조선 의용대 화북 지대: 조선 의용대가 개편된 항일 무장 투쟁 단체로, 호가장 전투에서 일본군을 상대로 크게 활약하였다.

③ 한국 독립군: 북만주 일대에서 중국 항일군과 연합하여 대전자령 전투에서 일본군에게 승리하였다.

④ 조선 의용군: 조선 독립 동맹의 산하 부대로, 중국 팔로군과 연합하여 항일 전선에 참여하였다.

⑤ 한국광복군: 대한민국 임시 정부의 산하 부대로, 연합군의 일원으로 인도·미얀마 전선에서 활동하였다.

더 알아보기 : 조선 혁명군

결성	총사령관 양세봉을 중심으로 한 조선 혁명당이 군사 조직으로 결성
활동	남만주 일대에서 중국군과 한·중 연합 작전을 전개 → 영릉가·흥경성 전투 등에서 일본군을 상대로 승리

41 [일제 강점기] 광주 학생 항일 운동   정답 ⑤

☑ 빠른 정답 찾기

광주 + 중학생 충돌 → 광주 학생 항일 운동

⑤ 광주 학생 항일 운동은 전국 각지에서 식민지 차별 교육에 항거하는 동맹 휴학이 일어나는 도화선이 되었다.

오답 개념 체크
① 6·10 만세 운동: 순종의 인산일을 계기로 학생들의 주도하에 일어났다.
② 3·1 운동: 일제의 무단 통치를 완화시켜 문화 통치가 실시되는 배경이 되었다.
③ 3·1 운동: 독립운동을 조직적으로 추진해야 할 필요성이 대두되어, 대한민국 임시 정부가 수립되는 계기가 되었다.
④ 서울 북촌의 양반 부인들이 최초의 여성 권리 선언문인 여권통문을 발표하고, 곧이어 찬양회를 조직하였다.

42 [일제 강점기] 대한민국 임시 정부   정답 ⑤

☑ 빠른 정답 찾기

3·1 운동 직후 상하이 → 대한민국 임시 정부

⑤ 1930년대에 문맹 타파와 근검절약, 미신 타파 등 농촌 계몽을 위해 브나로드 운동을 전개한 것은 동아일보이다.

오답 개념 체크
① 대한민국 임시 정부는 미국 워싱턴에 구미 위원부를 설치하여 외교 활동을 추진하였다.
② 대한민국 임시 정부는 국민 대표 회의 이후 활동이 침체되자, 김구의 주도로 한인 애국단을 조직하여 의열 투쟁을 전개하였다.
③ 대한민국 임시 정부는 중국 단둥에 위치한 이륭양행(무역 선박 회사)에 교통국을 설치하여 국내와 연락을 취하였다.
④ 대한민국 임시 정부는 임시 사료 편찬 위원회를 두고 『한·일관계사료집』을 간행하였다.

43 [통합 주제] 박은식   정답 ③

☑ 빠른 정답 찾기

나라는 형체이고 역사는 정신 → 박은식

③ 박은식은 『한국독립운동지혈사』에서 갑신정변부터 3·1 운동까지의 독립 투쟁 과정을 정리하였다.

오답 개념 체크
① 이병도, 손진태 등: 실증주의 사학에 기반한 진단 학회를 창립하고 『진단학보』를 발행하였다.
② 정인보, 안재홍 등: 다산 정약용 서거 99주기를 맞이하여 『여유당전서』를 간행하고 조선학 운동을 주도하였다.
④ 신채호: 『독사신론』을 저술하여 민족을 역사 서술의 중심에 두는 민족주의 사관의 기초를 마련하였다.
⑤ 백남운: 『조선사회경제사』에서 한국사가 세계사적인 역사 법칙에 따라 발전했음을 주장하며, 식민 사학의 정체성 이론을 반박하였다.

44 [일제 강점기] 의열단   정답 ③

☑ 빠른 정답 찾기

이중교 폭탄 사건 + 김지섭 + 단장 김원봉 → 의열단

③ 의열단은 민중의 직접 혁명을 주장하는 신채호의 「조선혁명선언」을 활동 지침으로 삼았다.

오답 개념 체크
① 한인 애국단: 김구가 침체된 임시 정부에 활기를 불어넣고자 상하이에서 조직하였다.
② 대한민국 임시 정부: 독립운동 자금을 모으기 위한 국내 비밀 행정 조직인 연통제를 운영하였다.
④ 신민회의 주요 인사들이 서간도에 신흥 강습소를 설립하여 독립군을 양성하였으며, 이후 신흥 강습소는 신흥 무관 학교로 개편되었다.
⑤ 독립 의군부: 조선 총독부에 국권 반환 요구서를 제출하려 하였다.

45 [현대] 6·25 전쟁 중의 사실   정답 ④

☑ 빠른 정답 찾기

정전 협정 + 부산에서의 판잣집 피란살이 → 6·25 전쟁(1950~1953)

④ 6·25 전쟁(1950~1953) 중인 1952년에 이승만 정부는 임시 수도 부산에서 비상계엄을 선포하고 발췌 개헌안(제1차 개헌안)을 통과시켰다.

오답 개념 체크
① 6·25 전쟁 이후: 1953년 10월에 대한민국과 미국이 서로의 군사적 안전을 보장하는 한·미 상호 방위 조약을 체결하였다.
② 제8대~제11대 대통령 선거가 시행된 1972년, 1978년, 1979년, 1980년에는 통일 주체 국민회의에서 간접 선거로 대통령이 선출되었다.
③ 6·25 전쟁 이전: 1949년에 유상 매수, 유상 분배 원칙의 농지 개혁법이 제정되었다.
⑤ 6·25 전쟁 이후: 1958년에 국회에서 여당인 자유당 단독으로 국가보안법 개정안을 통과시킨 보안법 파동이 발생하였다.

46 [현대] 김주열 시신 발견 이후의 사실   정답 ③

☑ 빠른 정답 찾기

부정 선거를 규탄하는 시위 + 김주열 + 마산 앞바다에서 발견
→ 김주열 시신 발견(1960)

③ 김주열의 시신이 발견(1960)되면서 전국적으로 확산된 4·19 혁명의 결과, 외무부 장관 허정을 수반으로 한 과도 정부가 수립되었다.

오답 개념 체크
① 1956년에 조봉암을 중심으로 진보당이 창당되었다.
② 1948년에 친일파를 처벌하기 위한 반민족 행위 특별 조사 위원회가 설치되었다.
④ 1946년에 신한 공사가 설립되어 귀속 재산을 관리하였다.
⑤ 1952년에 자유당은 직선제 개헌안을 통과시켜 정권 연장을 도모하였다.

47 [현대] 박정희 정부 시기의 경제 상황   정답 ①

☑ 빠른 정답 찾기

새마을 운동 → 박정희 정부

① 박정희 정부 시기에는 중화학 공업이 육성됨에 따라 포항 제철소 1기 설비가 준공되었다.

오답 개념 체크
② 노무현 정부: 미국과 자유 무역 협정(FTA)을 체결하여 시장을 개방하였다.

③ 전두환 정부: 1980년대 중반 이후 전 세계적으로 나타난 저유가, 저달러, 저금리의 3저 호황으로 한국 경제가 고도 성장하였다.
④ 김영삼 정부: 대통령의 긴급 명령으로 금융 거래 시 실제 명의를 사용하는 금융 실명제를 실시하였다.
⑤ 김대중 정부: 외환 위기를 극복하기 위해 대통령 직속 자문 기구로 노사정 위원회를 구성하였다.

더 알아보기 ⋮ 박정희 정부의 경제 개발 계획

1·2차 경제 개발 5개년 계획	• 의류, 신발 등 노동 집약적 산업을 육성해 수출을 늘림 • 경부 고속 국도 등 사회 간접 자본 확충함 • 베트남 파병에 의한 특수에 힘입어 경제 성장 • 경공업 및 비료·시멘트·정유 산업의 수출 증대 • 한계 : 외채 상환 부담 증가, 노동자의 저임금 문제
3·4차 경제 개발 5개년 계획	• 중화학 공업 육성에 주력하여 포항 제철을 중심으로 대규모 중화학 공업 단지 건설 • 결과 : 1970년대 말 중화학 공업 비중이 경공업을 추월함

48 [현대] 전두환 정부
정답 ①

☑ 빠른 정답 찾기

대학 졸업 정원제를 실시 + 중학교 의무 교육을 처음 도입 → **전두환 정부**

① 전두환 정부 시기에 국민들의 정치적 관심을 다른 곳으로 돌리기 위해 프로 야구단이 정식으로 창단되었다.

오답 개념 체크
② 김대중 정부: 햇볕 정책으로 남북 관계가 개선되어 금강산 해로 관광 사업이 시작되었다.
③ 박정희 정부: 경공업 중심의 제1차 경제 개발 5개년 계획이 추진되었다.
④ 노무현 정부: 양성평등과 민주적인 가족법을 구현하기 위해 호주제를 폐지하였다.
⑤ 김대중 정부: 외환 위기 극복을 위해 국민들이 금 모으기 운동을 전개하였다.

49 [통합 주제] 독도
정답 ⑤

☑ 빠른 정답 찾기

울도 군수 심흥택 + 안용복 → **독도**

⑤ 독도는 대한 제국이 칙령 제41호를 통해 우리 영토로 명시한 섬이다.

오답 개념 체크
① 강화도: 고려 시대 몽골이 침입했을 때의 임시 수도였다.
② 흑산도: 정약전이 섬의 어종과 해초를 조사한 『자산어보』를 저술하였다.
③ 제주도: 하멜 일행이 표류하다 도착한 섬으로, 하멜은 네덜란드로 돌아간 후 『하멜표류기』를 저술하였다.
④ 강화도: 병인양요 때 양헌수 부대가 정족산성에서 프랑스군을 격퇴하였다.

더 알아보기 ⋮ 독도

고대	신라 지증왕 때 우산국(울릉도)과 부속 도서(독도)를 복속시킴
조선 시대	• 『세종실록』 「지리지」에 우리나라 영토로 기재됨 • 숙종 때 안용복이 일본에 건너가 우리 영토임을 확인받고 옴
근대	• 대한 제국 칙령 제41호를 통해 울릉도를 군으로 승격시키고, 울릉 군수가 독도를 관할하도록 함 • 러·일 전쟁 중 일본이 불법적으로 독도를 시마네 현에 편입시킴

50 [현대] 역대 정부의 통일 노력
정답 ③

☑ 빠른 정답 찾기

(가) 민족 자존과 통일 번영을 위한 7·7 선언 → **노태우 정부**
(나) 남북 이산가족 상봉 행사를 처음으로 엶 → **전두환 정부**
(다) 개성 공단 조성에 합의 → **김대중 정부**

③ 순서대로 나열하면 (나) 전두환 정부 - (가) 노태우 정부 - (다) 김대중 정부의 통일 노력이다.
(나) 전두환 정부 때 남북 이산가족 고향 방문을 성사시켜 처음으로 이산가족 상봉이 실현되었다.
(가) 노태우 정부 때 통일 외교 정책의 기본 방향을 담은 대통령 특별 선언인 7·7 선언을 발표하였다.
(다) 김대중 정부 때 남북 정상 회담을 처음으로 개최하고, 6·15 남북 공동 선언을 발표하였다. 그 결과 남북한 경제 협력 사업의 일환으로 개성 공단 조성에 합의하였다.

2024·2025 시험 대비

해커스
한국사
능력
검정시험 심화 [1·2·3급]

초단기 **5일 합격**

개정 4판 2쇄 발행 2024년 8월 19일
개정 4판 1쇄 발행 2024년 2월 8일

지은이	해커스 한국사연구소
펴낸곳	㈜챔프스터디
펴낸이	챔프스터디 출판팀

주소	서울특별시 서초구 강남대로61길 23 ㈜챔프스터디
고객센터	02-537-5000
교재 관련 문의	publishing@hackers.com
	해커스한국사 사이트(history.Hackers.com) 교재 Q&A 게시판
동영상강의	history.Hackers.com

ISBN	978-89-6965-474-8 (13910)
Serial Number	04-02-01

한국사능력검정시험 1위,
해커스한국사
history.Hackers.com

해커스한국사

· 인물문제 완전 정복을 위한 **폰 안에 쏙! 출제예감 인물 카드**(PDF)

· 헷갈리기 쉬운 빈출 포인트를 정리한 **폰 안에 쏙! 혼동 포인트 30**(PDF)

· 한능검 목표 달성을 위한 추가 기출문제! **합격 예측 기출문제 모바일 서비스**

· 연표와 스토리로 정리하는 **시대 흐름 잡기 무료 특강**

주간동아 선정 2022 올해의 교육 브랜드 파워 온·오프라인 한국사능력검정시험 부문 1위

해커스한국사 단기 합격생이 말하는
한능검 합격의 비밀!

한달 만에 노베이스에서 1급 따기!

교재는 개념만 나와있지 않고 바로 뒷장에 해당 개념에 관한 문제들이 나와있어서 공부하기 편했습니다.
시대별로 기출문제를 정리해 푸니까 머릿속에 정리되는 느낌이 들더라구요.
선생님께서 강의 중간중간에 암기꿀팁 같은 거 알려주셔서 시험볼 때까지 절대 까먹지 않았습니다.

선*진 (icecr****012)

꼼꼼하고 꽉찬 개념 정리 덕에 수월하게 공부했습니다!

무료로 볼 수 있는 인강이어도 꼼꼼하고 꽉찬 개념 정리 덕에 수월하게 공부했습니다!
특히 후반부에 출제예상 부분과 빈출, 지역과 문화재를 정리를 잘해주셔서 두 번이나 보고 제대로
외워가려 했습니다. 덕분에 다소 어려웠던 출제 난이도였음에도 좋은 성적으로 합격할 수 있었습니다.

박*규 (vp****76)

이동할 때도 편리하게 한국사 공부!

해커스 교재가 가장 맘에 든 이유는 매 기출 주제마다 초성 키워드가 있어서 암기에 도움이 된다는 것과
문제풀이를 하고 나서 오답 클리어를 보면 오답에 대해 정확하고 짧은 설명으로 암기에 도움을 주고자
노력한 게 보인다는 겁니다. 또 해커스 사이트를 통해 빈출 키워드와 문화유산 사진 등을 다운받아서
스마트폰에 저장하고 지하철로 이동할 때 공부하니 더욱 편리하게 공부할 수도 있었어요!

김*철 (mc****3)

이 책이 정말 예뻐죽겠습니다.

저 같은 경우는 문화재를 외우는 게 너무 어려워서 포기를 해야 하나 싶었는데 울며 겨자 먹기로
하루에 한 번씩 미니북과 빈출 문화재 퀴즈만 보면서 외웠습니다. 결과는 성공 ㅎㅎ!!
57회 문화재 파트 문제 다 정답! 많은 수험생들을 합격으로 이끌어주셔서 너무 감사합니다.
노베이스였던 저한테 도움이 많이 됐어요!

김*경 (ga****13)